Oss Kröher lebt in Pirmasens am Naturpark Pfälzerwald, wo er mit Heinrich 1927 als eineiiger Zwilling auf die Welt kam. Nach seiner Rückkehr aus der britischen Kriegsgefangenschaft machte er Abitur, eine Lehre als Industriekaufmann und später absolvierte er ein Studium der Pädagogik. Er arbeitete als Lehrer an deutschen Schulen, sowie am Landesinstitut für Pädagogik und Medien im Saarland. 1963 gründet er zusammen mit seinem Bruder »Chanson Folklore International« auf Burg Waldeck und ist seitdem dort ständiger Teilnehmer. Oss Kröher erhielt für diese Arbeit zahlreiche nationale und internationale Auszeichnungen und Kunstpreise.

OSS KRÖHER

DAS MORGENLAND IST WEIT

Die erste Motorradreise vom Rhein zum Ganges

NATIONAL GEOGRAPHIC
FREDERKING & THALER

Die Deutsche Bibliothek – CIP-Einheitsaufnahme
Ein Titeldatensatz für die Publikation ist bei
Der Deutschen Bibliothek erhältlich.

NATIONAL GEOGRAPHIC ADVENTURE PRESS
Reisen · Menschen · Abenteuer
Die Taschenbuch-Reihe von
National Geographic und Frederking & Thaler

2. Auflage März 2004

Fotos: Dr. Gustav Pfirrmann, soweit nicht anders vermerkt
Umschlaggestaltung: Petra Dorkenwald, München
Herstellung: Caroline Sieveking, München
Druck und Bindung: Clausen & Bosse, Leck
Printed in Germany

ISBN 3-89405-165-5
www.frederking-thaler.de

Das Papier wurde aus chlorfrei gebleichtem Zellstoff hergestellt.

Meinem Gefährten
Gustav Pfirrmann zugeeignet

Wem Gott will rechte Gunst erweisen,
den schickt er in die weite Welt.
Dem will er seine Wunder weisen
in Berg und Tal, in Strom und Feld.

JOSEPH V. EICHENDORFF

Inhalt

Vorwort

Wir lebten am Rande der Vagabondage – Fürsten in Lumpen und Loden. Mal waren wir gefeierte Artisten, dann wieder beinahe Bettler fern der Heimat. Länder, Ströme und Gebirge überquerten wir im Sattel, Grenzen öffneten sich eine nach der anderen. Manches schöne Mädchen lachte uns an, schwarzhaarig, bronzehäutig und rehäugig. Freunde gewannen wir, während Europa hinter uns versank und Asien begann.

Gustav konnte barfuß auf Glasscherben gehen, Feuer fressen und sich unter Wasser aus einem Sack befreien, worin er mit Handschellen gefesselt war. Ich sang meine Lieder, Songs und Chansons von der Unrast und der Liebe, von der Heimat und fremden Welten zum Saitenspiel meiner Gitarre. Die Gagen waren anfangs mager, dann nahmen sie zu und wurden später fürstlich. Und jenseits der Morgenröte lockte das ferne Fahrtenziel: Calcutta.

Zwar waren schon die beiden Österreicher Max Reisch und Herbert Tichy in den Jahren 1933 und 1934 auf einer 250er Puch Solomaschine von Wien nach Bombay gefahren. Das machte uns Mut und schenkte uns Zuversicht. Jedoch war ihnen Afghanistan verschlossen geblieben. Aber würde uns das ebenso gelingen? Mit einer »alten Mühle« von 600 ccm Hubraum, Einzylinder, Baujahr 1928, Marke NSU, die wir für 300 Mark bei einem Bauern erstanden hatten?

Noch besaßen wir keine Reisepässe, konnten nicht nach Hause telefonieren, kannten weder Kreditkarte noch Girokonto oder gar eine Reiseversicherung. Unsere Beiwagenmaschine verschlang die Kilometer, und der Pannen gab es viele. Abends schlugen wir das Zelt auf und schliefen bis zum Morgen. Dann ging es weiter, Meile um Meile südostwärts.

Wir mußten Staub fressen; und als ständiger Gefährte spielte der Fahrtwind in unseren Haaren und auf den Saiten. Schnee fiel auf uns in winterlichen Bergen, die Sonne gerbte unsere Haut, und der Regen wusch sie glatt. Schwielen auf dem Sitzleder ließen uns nur noch stehend oder liegend rasten. Im Frühling rochen wir die mediterrane Macchia. Vor der sommerlichen Wüstenhitze flohen wir in die Nächte Arabiens, da war es kühler zu fahren. Beduinen bettelten uns um Wasser an, Affen fraßen unsere Bananen. Ostpersien duftete im Spätherbst nach Äpfeln und Aprikosen. Weiß beschneit blickte der Hindukusch auf unser Gespann.

Dann standen wir wieder im Rampenlicht der Bühne. Das Publikum staunte über den Zauberer und lauschte meinen Liedern. Gustavs Pluderhose aus roter Seide glänzte im Licht der Scheinwerfer. Dazu trug er schwarze Rohrstiefel. Sein Oberkörper war frei. Er steckte sich zwei brennende Fackeln in den Mund, den Kopf weit zurückgebeugt, und ließ dann mit geschürzten Lippen seine Mini-Eruptionen in die Luft knallen wie ein kleiner Stromboli. Tusch! Beifall ... Verbeugung ... mehr Beifall ... letzte Verbeugung ... raus.

Unbekümmert wie die Vögel waren wir, 24 Jahre jung und kerngesund. Bei Huren und Heiligen, in Opiumhöhlen und Tempeln, bei Brahmanen, Parsen und Betrügern. Unter dem Gebetsruf des Muezzin, im Dieselgestank der Landstraße und in den Düften der Windrose.

Pfeffer brannte auf unserer Zunge, Limonensaft löschte den Durst. Wir schmeckten palmfrische Datteln, kosteten Granatäpfel, tranken Kokosmilch aus der Nuß und löffelten duftigen Langkornreis zum Hammelbraten. Was wir bisher aus Geschichtsbüchern kannten, jetzt nahm es Gestalt an: Heerstraßen der Antike, Handelswege des Ostens, Kaiserkastelle Italiens und Kreuzfahrerburgen der Levante, Moscheen und Sultanspaläste aus der Blütezeit des Islams, Karawansereien, Festungen und Stadtmauern aus tausend Jahren.

Durch die Regengüsse des Monsun ritt ich auf einem Elefantennacken zum Hafen, weitere sieben Dickhäuter und zwei Leoparden – lauter Wildfänge – an meiner Seite. Da staunten selbst die Kulis von Bombay.

So flogen uns die Herzen der Menschen mit brauner Haut und dunklen Augen zu. Wir hatten auch die unseren weit geöffnet, traten auf die Kinder des Südens zu und erkannten uns gegenseitig. Der Frieden des Orients ermöglichte uns den Aufbruch ins Offene, in die so lange ersehnte Freiheit.

Fast anderthalb Jahre im Staub der Straßen – das hieß auch Sorge um das Weiterkommen und ein immer ungewisses Morgen. Aber wir hatten es ja so gewollt. Täglich mußten wir die Unrast büßen und blieben trotzdem guter Dinge.

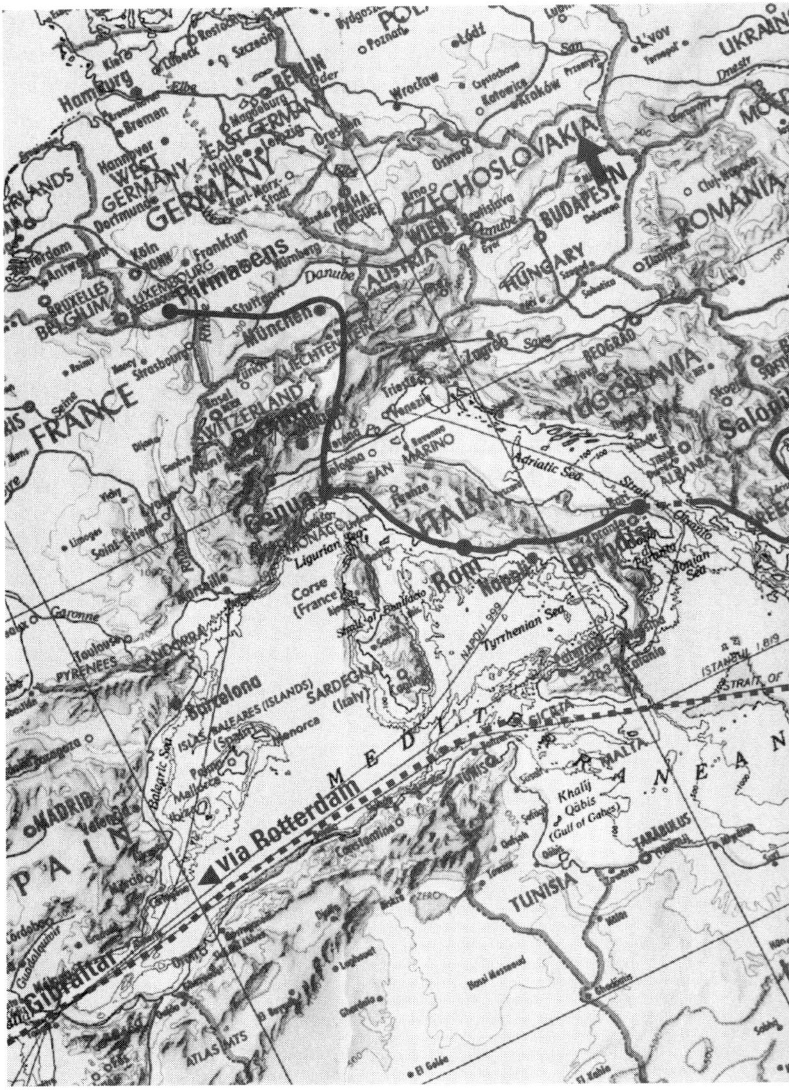

Hamburg
Bremen
Rostock
Szczecin
BERLIN
Hannover
WEST GERMANY
EAST GERMANY
GERMANY
Magdeburg
Leipzig
Halle
Dresden
Dortmund
Köln
BONN
Frankfurt
Parmaseens
LUXEMBOURG
BRUXELLES
BELGIUM
Stuttgart
Nürnberg
Danube
München
LIECHTENSTEIN
Zürich
Basel
SWITZERLAND
Strasbourg
FRANCE
Genua
MONACO
Ligurian Sea
Corse (France)
Marseille
Garonne
Toulouse
PYRENEES
ANDORRA
Barcelona
ISLAS BALEARES (ISLANDS) (Spain)
Menorca
Mallorca
Balearic Sea
MADRID
Valencia
SPAIN
Gibraltar
via Rotterdam
MEDITERRANEAN
ATLAS MTS
TUNISIA
TUNIS
MALTA
Khalij Qābis (Gulf of Gabes)
SARDEGNA (Italy)
Tyrrhenian Sea
Strait of Bonifacio
Rom
Napoli
Brindisi
ITALIA
SAN MARINO
Bologna
Firenze
Venezia
Trieste
Adriatic Sea
Ionian Sea
Zagreb
YUGOSLAVIA
BEOGRAD
ALBANIA
AUSTRIA
WIEN
Bratislava
Danube
BUDAPEST
HUNGARY
Szeged
CZECHOSLOVAKIA
PRAHA (PRAGUE)
Brno
Ostrava
POLAND
Poznań
Łódź
Wrocław
Kraków
Katowice
L'vov
UKRAINE
ROMANIA
Cluj-Napoca
Timişoara
Skopje
Saloniki
ISTANBUL
STRAIT OF

BLACK SEA
SEA
Krasnodar
Azouskoye More (Sea)
Krymskiy Poluostrov (Peninsula)
Kherson
Odessa
Gora El'brus
5633
Baku
Istanbul
Ankara
TURKEY
Konya
Tarsus
SYRIA
IRAQ
Baghdad
Euphrates
Tigris
Damaskus
CYPRUS
LEBANON
BAYRUT
TEL AVIV-YAFO
ISRAEL
JORDAN
AN NAFŪD (DESERT)
Athens
Sea of Crete
ISTANBUL 806
VENEZIA 1,313
BUR SA'ID (PORT SAID) 1,935
Al Iskandarīyah (Alexandria)
AL QĀHIRAH (CAIRO)
Wāhat Sīwah
Siwa Oasis
Nile
EGYPT
LIBYAN DESERT
LIBYA
Jālū (Oasis)
As Sadd al 'Ālī (Aswān High Dam)
Lake Nasser
Al Kufrah (Oasis)
Jabal al 'Uwaynāt
1934

TEIL I:
Nach Stambul und Bagdad

Abschied und Aufbruch

Es war am Vormittag des 15. März 1951 in der Stadt Pirmasens, als vor dem Hause Klosterstraße 29 – unweit der Horebschule – ein kleiner Volksauflauf entstand. Die Menge umringte ein schier vorsintflutliches NSU-Motorrad, Baujahr 1928, das wundersamerweise den Krieg überlebt hatte und auf dem zwei abenteuerlich gewandete Gestalten saßen. Seitlich angekoppelt war ein heillos überladener Beiwagen, auf dessen Bug ein Schild mit der Aufschrift »Germany – India« prangte.

Immer mehr Pirmasenser kamen und blieben stehen. »Niemals kommen die bis Indien«, sagte der eine, und ein anderer bestätigte: »Damit kommen die nicht mal bis München, nächste Woche sind sie wieder da.« Ein Metzgermeister eilte noch schnell in seinen nahen Laden und drückte einem der Indienfahrer eine Salami als Reiseproviant in die Hand. Auf dem nahen Exerzierplatz drehten die angehenden Weltenbummler noch eine Ehrenrunde. Die Marktfrauen, die dort den ersten Löwenzahn des Jahres feilboten, sahen es ratlos. Dann brauste das Gespann zur Stadt hinaus.

Die beiden Reisenden, die unter solchen Auspizien Abschied von ihrer Heimat nahmen, waren wir beide, Gustav und ich.

Wir saßen in den Sätteln, und unter uns brummte der 600-ccm-Einzylindermotor mit seinen 12 PS. Die dünne Märzensonne schien uns ins Gesicht, aber sie wärmte noch nicht. Gegen den kalten Fahrtwind trugen wir Rohrstiefel, Wollmützen und dicke Wintermäntel. Handschuhe schützten unsere Hände. Wir fuhren nach Osten.

Gustav steuerte. Er saß breit und fest im Sattel. Mit der Rechten konnte er das Gas aufdrehen, mit der Linken die Kupplung ziehen. Die drei Gänge wurden rechts mit einem kleinen Hebel in Kniehöhe geschaltet und eingelegt. Fuß- und Handbremse wirkten aufs Vorder- oder Hinterrad. Die Teleskop-Federung war noch nicht erfunden. Den Beiwagen hatten wir nicht nur vollgepackt, sondern obenauf auch noch ein Rohrgestell montiert als Ablage für die großen Koffer. Eine breite Zeltbahn, die wir an dem Rohrgestell festgezurrt hatten, deckte alles ab.

Ich saß als Sozius hinter Gustav und konnte, weil mein Sattel höher lag als seiner, über seinen Kopf nach vorne blicken. Er sollte der Fahrer sein, ich der Koch. Meine Gitarre trug ich im Futteral auf dem Rücken, ihr Hals zeigte nach rechts unten.

Wir hatten Abschied genommen von Eltern, Geschwistern und Kameraden. Auch von meiner Liebsten, die unsere Fahrt gefördert hatte: jene Indienfahrt, von der wir ein Jahr lang geträumt hatten, während wir die Vorbereitungen trafen, kurz nach der Währungsreform, als jeder Deutsche vierzig Mark ausbezahlt bekam für den Neuanfang nach sechs Jahren Krieg und drei Jahren Nachkrieg. Die Reichen waren damals noch selten. Autos fuhren ganz wenige, und das Geld war knapp.

Gustav war während seiner Semesterferien 1950 von der London School of Economics heimgekommen. Wir kannten uns seit der Schulzeit und aus der Jugendbewegung. *Er* war mehr für Karl May gewesen, *ich* schwärmte für Rolf Torrings Abenteuer. Beide aber brannten wir darauf, endlich einmal rauszukommen aus diesem Deutschland, das am Boden lag.

Die ganze Jugendzeit über waren wir in Deutschland eingesperrt gewesen, hatten nie ins Ausland reisen, höchstens in den österreichischen Alpen klettern können. Geschichten aus fernen Ländern, von Stevenson, Gerstäcker und Ernst Löhndorff hatten es uns angetan. Fremde Welten des Orients, kühle Moscheen mit Kuppeln aus türkisfarbenen Majolikafliesen, Omar Kayyams Vierzeiler aus dem »Rub'ajat« des zwölften Jahrhunderts, arabische Vollblutstuten mit ihren Fohlen, Nächte an Feuern persischer Karawansereien, bärtige Turbankrieger vom Kaiberpaß mit überlangen Kugelbüchsen, krokodilbewachte Marmortempel am Gangesufer, leere Weiten Innerasiens, solche Lesefrüchte prägten unsere Träume. Farbige und friedliche Menschen wollten wir als Freunde gewinnen, schlanke Kokospalmen im Monsunregen sich wiegen sehen, Elefanten reiten und Tiger im hohen Schilf beobachten.

Kurz, das graue, zerkriegte Europa hinter uns lassen und in Freiheit die Welt »erfahren«, wie es im Lied der Wandervögel heißt:

Nach fernen Landen fliegen,
an fremden Stranden liegen ...

Wir wollten also nach Indien, und zwar über Land. Mit dem Motorrad ging das zwar nicht am bequemsten, aber am billigsten. Geld hatten wir keins. Deshalb verriet uns Karl Oelbermann, als er 1950 aus südafrikanischem Exil auf die Nerotherburg Waldeck im Hunsrück zurückkam:

»Ihr müßt ein Programm haben, am besten ein Lieder-Repertoire, und das müßt ihr einüben und in den Städten vortragen! Überall sind Menschen neugierig auf Fremdes, und vor allem die Musik kann wie ein Zauber wirken; sie macht euch überall sofort sympathisch. Wer zur Gitarre singen kann, hat ausgesorgt, wenn er es richtig anpackt.«

Wir stellten also demnach ein Programm zusammen: »Magie und Musik« sollte es heißen, »magic and music«.

Gustav konnte zaubern wie ein Hexenmeister. Schließlich war er Mitglied im Magischen Zirkel, dem Verband der Zauberer. So ließ er u.a. einen Hundertmarkschein in der Luft verschwinden. Der fand sich dann später wieder, eingewachsen in eine Zitrone und mit derselben Banknotennummer wie der gerade verschwundene. Auch konnte er sich wie ein Fakir mit Fleischerhaken an den Schultermuskeln aufhängen, ohne daß ein Tröpfchen Blut floß. Er konnte barfüßig auf frischen Flaschenscherben wandeln und sie sogar zerstampfen, auf scharfgeschliffenen Säbelklingen wie auf Leitersprossen barfuß aufwärtssteigen, Feuer fressen und acht eiserne Ringe ineinanderflechten. Beim Feuerfressen pustete er nicht etwa bloß einen viertel Liter Benzin in die Flamme. Weit gefehlt! Er steckte sich zwei brennende Fackeln in den Mund und ließ dann die Flammen aus seinen gerundeten Lippen empor lodern. Und weil er mit dieser Nummer wahrscheinlich einige Damen aus dem Publikum in Ohnmacht werfen würde, erwarteten wir günstige Engagements.

Ich selber konnte gut Gitarre spielen, mit Rumbaschlag und Barrégriffen; meine Rechte war für alle Anschlagsarten auch in hohen Lagen geübt, vom einfachen Zupfen bis zum Rasqueado der Flamencospieler. Mein Liederrepertoire in Deutsch, Englisch, Französisch und Russisch sollte sich auf der Reise noch ins Griechische und Serbokroatische erweitern, auch ins Türkische. In den Country-and-Western-Songs der damaligen Hitlisten war ich zuhause, beherrschte den Blue-Grass-Style der Hillbillies und konnte sogar jodeln. Wir nannten uns »Corano-Brothers«, denn wir hatten unsere 600er NSU auf den Namen »Cora« getauft. Wir beide glaubten fest an das Gelingen dieser Wahnsinnsfahrt, aber wer sonst noch? Schließlich verfügten wir kaum über Geld, konnten weder Auslandserfahrung vorweisen noch Bühnenpraxis. Europas Straßen waren vom Krieg ziemlich mitgenommen, aber die Herzen der Menschen, so hofften wir, würden sich gewiß zwei jungen Fremden öffnen, wenn sie friedlich kamen mit Singen und Zauberei – das sollte sich schon jenseits des Brenners bestätigen.

Beim Aufbruch stellte die Lokalzeitung die Frage »Ob sie Indien erreichen?« Und mancher mag sich schon ausgemalt haben, wie wir verzagt wieder heimkehren würden, gescheitert ... Denn Indien lag damals noch weiter entfernt als heute die Rückseite des Mondes, und wir kannten niemanden, der jemals dort geweilt hatte.

Unser Reiseausweis trug die Bezeichnung »Temporary Travel Document«, war von der Inter-Alliierten Kommission ausgestellt und galt lediglich für die Beneluxländer, für Italien, England, Frankreich, die Schweiz und Österreich. Gustavs Kommilitonen aus dem Irak hatten deshalb unsere Pässe für die Länder des Nahen Ostens erweitern lassen, und so hatten wir es schriftlich.

Nach einer halben Stunde Fahrt blickte die Stauferburg Trifels über Annweiler auf uns herab. Dort hatte König Richard Löwenherz von England eine Zeitlang als Gefangener gesessen, weil er auf dem Kreuzzug von 1192 den Herzog von Österreich schwer beleidigt hatte. Der ließ ihn deshalb auf dem Heimritt nach England gefangennehmen und zunächst in der Burg Dürnstein in der Wachau einkerkern – sein Inkognito hatte ihm nichts genützt.

Es liegt ein Schloß in Österreich,
das ist gar hoch gebauet,
von Silber und von rotem Gold,
mit Marmelstein gemauert.

Darinnen liegt ein Königssohn,
auf seinen Hals gefangen.
Zwölf Klafter tief wohl in der Erd',
bei Nattern und bei Schlangen.

So besingt die alte Ballade das Geschehen. Sie weiß aber nichts davon, daß der Gefangene später auf den Trifels verlegt wurde und dort ausharren mußte, bis ihn seine Mutter, Königin Eleonore von Aquitanien, für das sagenhafte Lösegeld von 100.000 Silbermark, das höchste der Geschichte, freikaufen konnte. Wir fuhren weiter nach Osten, die Berge des Pfälzerwaldes blieben hinter uns, wir überquerten den Rhein. Aus den Sätteln schauten wir von der Brücke hinab auf seine Fluten, die ebenso auf der Reise waren wie wir: aus der Heimat ihrer Alpenberge fort zu einem fernen, fremden Ziel – wer weiß, mit welchem Ende?

Vorbei an Heidelberg, hinein ins Neckartal. Im Nachmittagslicht der Märzensonne blickten wir nach rechts zum Schloß empor, dem prächtigen Renaissancebau aus rotem Buntsandstein über der Altstadt. Hier verbrachte Lieselotte von der Pfalz ihre Jugend, bevor sie nach Frankreich verheiratet wurde an den Bruder des Sonnenkönigs, der seinerseits dann Heidelberg mitsamt dem Schloß in Brand stecken ließ.

Nach ein paar Kilometern talaufwärts schlugen wir uns seitlich in die Büsche und bauten das große Zelt auf. Rechts und links darin stand jeweils ein amerikanisches Feldbett als Nachtlager. Sie sollten sich im Lauf der Reise glänzend bewähren. Eine Wolldecke auf dem gespannten Segeltuch diente als Matratze und der Schlafsack wärmte angenehm, als draußen die Märznacht bis fast auf den Gefrierpunkt auskühlte. Abends zuvor hatte ich auf dem Petroleumkocher Tee aufgebrüht – es war das erste Mal von Hunderten, bei all den vielen Rasten während der kommenden anderthalb Jahre.

In der Nacht stand die Cora vorm Zelt. Morgens weckten uns die Stimmen der Meisen und Buchfinken. Beim Aufstehen entdeckten wir, daß uns ein ungebetener Besucher in der Nacht das Benzin aus dem Tank gezapft hatte: kein gutes Omen für den Anfang. Es sollte nicht der einzige Diebstahl bleiben, den wir auf der Fahrt erlebten.

In den NSU-Werken von Neckarsulm deckten wir uns mit Ersatzteilen ein. Die Werbeleute betrachteten uns dabei mehr als skeptisch: »Auf *der* Maschine wollen Sie nach Indien? Die ist doch schon genau so alt wie Sie! Da haben Sie sich ja was vorgenommen! Seien Sie ja vorsichtig! Was machen Sie denn, wenn mal einer krank wird, oder gar beide? Wir helfen Ihnen, wo wir können. Geben Sie uns nur recht bald Nachricht.« – Sie hielten Wort.

Vor allem mit Ersatzspeichen deckten wir uns ein. Hatten wir doch vom Österreicher Herbert Tichy gelesen, der 1938 vom indischen Pandschab nach Salzburg gefahren war. Durch seine Erfahrung gewitzt, sorgten wir für Ersatzspeichen. Und wir sollten sie auch alle brauchen auf den wellblechartig ondulierten Pistenstrecken des östlichen Persiens und durch Afghanistan.

In Ludwigsburg besuchten wir Freunde, dann brausten wir auf der Autobahn nach Osten. Der Motor brummte gefräßig, wenn auch der überladene Beiwagen viel von ihm verlangte. Über den Drackensteiner Hang ging es die Schwäbische Alb hinauf. Die heutige Tunnelstrecke dort war noch für viele Jahre unvollendet. In ihren Stollen hatten während des Krieges Rüstungsbetriebe gearbeitet.

Abends kamen wir in München an. Ein Bekannter bewohnte ein paar kleine Mansarden neben der Wirtschaft »Zum Blauen Bock«. Seine italienische Freundin kochte Spaghetti, während die Maschine vollbeladen im Hinterhof parkte. So vertrauensselig war man damals noch. Anderntags kaufte ich beim ADAC das »Carnet de Passage«. Der fingerdicke Großband im Querformat war in allen Weltsprachen ausgestellt, darunter in Kisuaheli, Twi, Urdu, Farsi, Koreanisch und Volapük. Dies teure Dokument garantierte die zollfreie Ein- und Ausfuhr der »Cora«. Wir brauchten es an jedem Grenzübergang für die Zollstempel. Es war auf meinen Namen ausgestellt.

Anschließend statteten wir der Redaktion der Illustrierten »Quick« einen Besuch ab. Illustrierte waren damals so beliebt wie heute das Fernsehen, das es zu jener Zeit noch nicht gab.

»Sie fahren in den Nahen und Mittleren Osten? Sicher, wir können immer gute Fotos brauchen. Schicken Sie uns welche, und schreiben Sie auch lesbare Texte dazu! Am besten was Aktuelles. Dann bringen wir Ihre Berichte und honorieren sie auch. Wie sind denn Ihre Bankverbindungen?«

Oje! – Die »Quick« hat nicht einen von den paar Berichten gedruckt, die wir ihr nach und nach schickten. Vermutlich kamen unsere Erlebnisse den Redakteuren nicht sensationell, nicht dramatisch oder pikant genug vor, oder wir beherrschten nicht die »süffige Schreibe«, die man sich in München wünschte, das effektvolle, pointierte Deutsch, mit dem ein Illustrierten-Journalist seine Themen zu würzen pflegt. Erst nach fast vier Monaten begann die heimische »Rheinpfalz« unsere Schilderungen regelmäßig abzudrucken, in einer Serie, die am Ende stolze vierzig Folgen umfassen sollte.

Am nächsten Tage galt es, die Alpen zu »schaffen«, genauer: im schlimmsten Lawinenwinter der letzten Jahrzehnte den Brenner zu überqueren – auf einem 24jährigen Motorrad mit Beiwagen ohne Winterreifen. Hätten wir gewußt, was auf uns zukommen würde, so hätten wir vielleicht aufgegeben.

Im Inntal meldete sich der erste »Plattfuß«. Die Kleinigkeit wuchs zu einem Problemfall, da keiner von uns jemals an einem Motorrad einen solchen geflickt hatte.

Ein hilfsbereiter Tiroler verriet mir zwischen Rattenberg und Schwaz das Verfahren. Der Himmel blaute zwischen Kumuluswolken, die Berge des Karwendels und der unteren Zillertaler Alpen lagen im Sonnenschein, ich kannte sie ja von früheren Bergfahrten her.

Den Schlauch herauszunehmen, zu flicken und wieder zu montieren, erwies sich als ein großes Unterfangen. Montiereisen besaßen wir keine, also mußten die Rohrzange und ein großer Schraubenzieher herhalten. Dabei klemmten wir den Schlauch mehrmals in den Reifenwulst und beschädigten ihn aufs neue. Also wieder raus mit ihm, noch ein Flickstück drauf, dann dasselbe nochmal.

Als die »Cora« wieder flott war, zogen von Westen schwere Wolken auf. Inzwischen war der Abend nahe.

Innsbruck, ich muß dich lassen,
ich fahr dahin mein Straßen
in fremde Land dahin.
Mein Freud' ist mir genommen,
die ich nit weiß bekommen,
wo ich im E-e-eee-e-lend bin.

Wahre Worte des vierstimmigen Madrigals aus Forsters »Frischen deutschen Liedlein«, 1539!

Die Kurven am Berg Isel stiegen steil an. Noch steiler ragte die Sprungschanze in den dunklen Winterhimmel. Es regnete und die Temperatur fiel. Schließlich schaffte die Cora es nicht mehr, obgleich ihr Motor lief und der erste Gang eingeschaltet war. Was tun?

Wir wendeten und fuhren bergabwärts zurück. Unten in Innsbruck nahmen wir einen zweiten Anlauf Richtung Brennerpaß. Die Nacht war vollends angebrochen und der Regen in Schnee übergegangen, der pappig auf der Paßstraße liegen blieb. Aber wir fuhren bergan. Die Schneeflocken kamen immer schräger, was aber nicht an unserer Geschwindigkeit lag, sondern an einem Schneesturm. Unser Scheinwerfer bohrte sich in immer dichteres Schneetreiben.

Gustav hielt die Lenkstange eisern umklammert, auf seinen Schultern blieb der Schnee liegen. Auch die Zeltbahn überm Gepäck des schweren Beiwagens war schon weiß, ihre Schneedecke wuchs mit jedem weiteren Kilometer. Sturmböen fegten durch die eisweiße Nacht. An zwei Stellen hatten Lawinen die Talseite der Trasse hinabgerissen. Über das schmale Berghangstück, das als Straße übrig war, schmuggelten wir uns hinüber, immer in Gefahr, abzurutschen und in die Tiefe zu stürzen.

Blitz und Knall!

Hell und hart schmerzte er auf dem Trommelfell.

War der Schlauch geplatzt? Nein, ein heftiges Wintergewitter mit Donner und Blitz war losgebrochen, der Blitz dicht neben uns in den Wald geschlagen.

Weiter bergan durch schlafende Dörfer. Weiß fällt der Schnee, jetzt nicht mehr pappig wie in Innsbruck: feines Pulver rieselt herunter. Der Sturm ist eingeschlafen, das Gewitter abgezogen. Vor der letzten Steigung zur Paßhöhe dreht das Hinterrad durch, der Reifen rutscht im Neuschnee. Anhalten, absteigen. Ich wickle ein Seil um den Hinterreifen, eine Schneekette aus Hanf. Das wirkt. Wir fahren die letzten Kilometer hinan und erreichen um halb eins in der Nacht die österreichische Grenze auf der Paßhöhe. Sie liegt verschneit im Schein einer Straßenlampe. Der Schlagbaum ist geschlossen. Aus den Fensterscheiben des Zollhauses fällt warmer Lichtschein. Unser Durchreisevisum war um Mitternacht abgelaufen.

»So hoakel san mir net«, tröstete mich der österreichische Zöllner, als er mir das Reisedokument und das Carnet de Passage abstempelte. Es hatte aufgehört zu schneien. Das italienische Zollhaus lag auf der linken Seite hinter seinem Schlagbaum. Auch hier die Stube warm in der kalten Winternacht. Der kleine Zöllner erinnerte mich an ein italienisches Zwerghähnchen. Seine Hakennase pickte unentwegt in der Luft herum. »Halbe Mark, halbe Mark«, gackerte er immerfort. Was meinte er bloß?

Bis ich mutmaßte, daß die Gebühr für das Carnet de Passage 50 Pfennig betrug. Ich zahlte, und dann roch ich zum erstenmal im Leben den Duft von frischem Espresso: aromatisch, kräftig und würzig, anregend und vielleicht auch belebend – ein Duft, so typisch für die italienische Lebensweise – und seitdem in allen Kulturnationen zu riechen und zu genießen.

Ein weiterer Duft mischte sich draußen in der Winternacht hinzu: der Ruch von hochoktanigem Benzin, wie es die italienischen Kurzhubmotoren benötigten. Deutsches Benzin roch altmodischer, gemütlicher. So begrüßte uns Italien mit Espressoduft und dem Ruch von Superbenzin auf der Brennergrenze, die ja erst 1919 entstanden war, als die Siegernationen des Ersten Weltkriegs Südtirol zu Italien schlugen.

Noch eine weitere Begrüßung überraschte uns auf dem Brenner in der Winternacht: Der italienische Zöllner trällerte eine kleine Melodie vor sich hin, eine sehr einprägsame, wehmütig fließende Weise, die ich damals zum erstenmal hörte. Noch bis heute, 45 Jahre später, blieb die neapolitanische Weise in ganz Italien lebendig. Sie heißt »Luna rossa« (Roter Mond).

Der Himmel klarte auf, kalt glitzerten die Sterne, der Frost brannte schärfer. Auf der Paßhöhe verlief die Straße eine kurze Strecke eben. Das nächtliche Brennerbad schlief unter tiefem Neuschnee. Der Winterreifen auf dem Hinterrad, d.h. das darum gewickelte Seil, griff gut auf der beschneiten Fahrbahn. Dann begann sich die Straße zu senken. An beiden Seiten traten die Tiroler Bauernhäuser und Gasthäuser eng an den Straßenrand. Langsam kurvten wir durch Gossensass. Da löste sich eine Dachlawine: Ein halbmeterdickes Schneebrett rutschte vom Blechdach und begrub uns mitsamt dem Motorrad bis an die Brust.

Wir hatten uns das Willkommen in Italien anders vorgestellt. Als ich merkte, daß wir noch lebten und sogar die Arme frei hatten, fiel mir der seltene vierzeilige Schüttelreim ein:

Ein Auto fuhr durch Gossensaß
stracks mitten durch die Soßengaß,
als sich die dicke Gassensoß
grad über die Insassen goß.

Ja, wäre es nur Gassensoß gewesen! Aber es war dicker, schwerer Schnee! Zwei Feldspaten führten wir mit, eigentlich für den Wüstensand. Jetzt leisteten sie uns gute Dienste zum Schneeschippen. Nach kurzer Zeit legten wir die nassen Mäntel ab, auch die Wollmützen. Es fror uns schon lange nicht mehr, uns war warm geworden durch die nächtliche Arbeit. Es waren immerhin ein paar Kubikmeter Schnee, festgebacken und zusammengepreßt. Wir schippten sie weg und legten die Cora frei mitsamt dem Beiwagen.

Wir schippten auch die Fahrbahn frei talabwärts, denn dorthin ging ja die Fahrt. Als wir nach zwei Stunden in die Sättel stiegen, gut durchgewärmt, spürten wir den scharfen Frost der späten Winternacht in 1400 Meter Höhe. Der Motor sprang an, die Kupplung war gezogen und der Gang eingelegt. Aber die Cora rührte sich nicht. Sie stand da wie der Gaul in dem Liede »Zieh, Schimmel, zieh« von Baumbach. Also lösten wir die Bremse und rollten im Leerlauf die Brennerpaß-Südseite hinab, bis die Cora endlich auf der Sohle des Eisacktales stehenblieb. Da war es vier Uhr morgens. Jetzt hieß es schieben.

Die bitterkalte Frostnacht ging zu Ende. Im Osten graute der Morgen. Die Sterne verblaßten, und der Tag begann mit strahlendem Sonnenschein über weißverschneiten Alpengipfeln unter blauem Himmel. Im dunklen Schatten der Berghänge schoben wir die schwere Beiwagenmaschine bis nach Sterzing. Da fror es uns nicht mehr. Wir fanden die Autowerkstatt Leitner und warteten in den Sätteln auf den Arbeitsbeginn um sieben Uhr früh. Beinahe wären wir vor Erschöpfung bei minus acht Grad eingeschlafen. Während der ganzen Winternacht war uns weder ein Fahrzeug begegnet, noch hatte uns eins überholt. Die Dachlawine hatte das Antriebsritzel zerfetzt, und die abrupte Vollbremsung durch die Schneemassen hatte alle Radzähne abgerissen. So konnte das zerstörte Zahnrad die Motorkraft nicht mehr auf den Kettenantrieb übertragen.

»Da mueß i z'erscht den Modul berechnen, damit i Eana a neies Ritzel aus Rotguß drehen kann. Bis dös nämlich aus Deitschland zu uns einikommt, dauert's Wochen.«

Ein schwacher Trost aus dem Munde des Südtirolers. Aber der Automechanikermeister hielt Wort. Zuerst berechnete er den Modul, das ist die genaue Form der Zähne des Ritzels. Er stellte es auf seiner Drehbank her, fräste die Zähne, bohrte die Wellenöffnung, polierte und hohnte das fertige Werkstück. Dann baute er sein handgefertigtes Zahnrad ins Getriebe ein, und wir konnten weiterfahren. Das Ganze dauerte einen Nachmittag und einen Vormittag, und so erlebte Gustav erstmalig zwei sonnige Wintertage in verschneiter Bergwelt.

Jahre später hat er sich dort ein wunderschönes Tirolerhaus auf die Sonnenseite von Telfes gebaut, oberhalb des malerischen Städtchens Sterzing. In diesem Telfes verbrachten wir damals die Nacht. Der Kachelofen wärmte die Bauernstube, nebenan läuteten die Halsglöckchen der Schafe im Stall, dreimal krähte ein Hahn.

Die Reparatur bezahlten wir bar: In seinen goldfarbenen Knickerbockers trug Gustav nämlich ein paar neuseeländische Pfundnoten eingenäht, gewissermaßen als Notgroschen. Meister Leitner staunte nicht schlecht über diesen Zahlungsmodus; aber die harte Währung Neuseelands notierte haushoch über der italienischen Lira. Eine Mark entsprach damals 110 Lire, dafür bekam man allenfalls zwei duftende Espressi.

Vollgetankt, Kickstarter getreten, losgefahren! Die Maschine zieht stramm davon. Ein paar Kilometer weiter unten im Eisacktal, kurz hinter Mauls, waren die Talwiesen schon aper, das heißt schneefrei. So schlugen wir gegen Abend unser Zelt am Straßenrand auf und verbrachten die Nacht auf den Klappbetten in den Schlafsäcken. Als wir anderntags weiterfuhren, spürten wir den Temperaturanstieg mit jedem Kilometer. Franzensfeste und Brixen flogen vorbei – abwärts geht's doch am besten. Die grüne Talaue verengte sich, wo sich Ritten und Schlern gegenüberstehen. An einem strahlenden Frühlingstag, unter gelben Forsythien und rosa blühenden Mandelbäumchen in den Weinbergen, erreichten wir den Stadtrand von Bozen am alten Wasserkraftwerk. Da zerfetzte ein scharfer Stein den Beiwagenreifen!

Mir sträubten sich fast die Haare. Sollte das ewig so weitergehen? Auf diese Weise würden wir es niemals schaffen – jeden Tag eine Panne und kein Geld mehr in der Tasche? Verzweiflung stand uns in den Augen. Hätten wir nicht besser das ganze Gefährt vor der Abfahrt generalüberholen sollen?

Zündung ausgeschaltet, Benzinhahn zugedreht, abgestiegen. Immerhin, die Sonne meinte es gut, und wir froren nicht mehr. Die plattfüßige Cora hatten wir in einen Seitenweg geschoben und das Beiwagenrad abmontiert. Der Reifen war gänzlich hinüber. Wie man uns aber in Neckarsulm mitgeteilt hatte, arbeitete die NSU-Vertretung für ganz Italien in Bozen und ihre Anschrift besaßen wir. Glück im Unglück! Mit einer Münze warfen wir »Kopf oder Adler«.

Ich wählte Adler, den Tiroler Adler. So oblag es mir, einen neuen Reifen zu besorgen, und zwar sofort und gratis. Denn unser Geld war alle.

Die Straßenbahn brachte mich in die schöne Stadt Bozen. Neue Hochhäuser waren uns nicht geläufig, auch keine Marmorfassaden oder gar Aufzüge im Treppenhaus. Mit Todesverachtung bestieg ich einen solchen und drückte auf den Knopf neben der Stockwerkziffer aus Messing. Siehe da, die Tür schloß automatisch, und lautlos stieg der Lift empor. Stolz auf meine Kühnheit verließ ich ihn in der sechsten Etage und läutete am Türschild NSU.

Eine sehr gepflegte Blondine mit engem Rock und ebensolcher Bluse meldete mich an. Von den beiden Chefs empfing mich Signore Macola. Sein Compagnon Dr. Vock war nicht anwesend.

In einer »Lingua Franca« aus Deutsch, Latein und Französisch, durchmischt mit englischen Brocken, erzählte ich dem eleganten Herrn im feinen Tuch von unserer Reise und ihren Miseren. Seine dunklen Augen blickten halb belustigt und halb überrascht, aber mit wachsender Teilnahme hörte er mir zu, erkannte die Lage sofort und nahm mich mit hinaus.

Vor dem modernen Geschäftshaus parkte sein rotes Alfa-Romeo-Cabriolet, es spiegelte sich in den tiefgezogenen Glasscheiben. Wie im Film. Mit offenem Verdeck fuhren wir in das riesige Reifenlager von Pirelli. Dort fanden wir den passenden Pneu, und Signore Macola hängte ihn mir um den Hals wie einen Siegerkranz. So geschmückt, brausten wir auf der schmalen Straße zur Stadt hinaus zum Wasserkraftwerk, wo Gustav in der Nachmittagssonne am Wegrand schlief. Sein rotkariertes Wollhemd hatte schon bessere Tage gesehen, und die vormals goldfarbenen Knickerbockers hätten eine chemische Reinigung gut vertragen; auch eine Naßrasur wäre kein Schaden gewesen. Neben dem Schläfer gähnte eine frischgeleerte Ölsardinenbüchse.

Der elegante Herr lächelte amüsiert bei diesem Anblick, freute sich aber an unserem Vorhaben und seiner eigenen Hilfeleistung. Ich stellte Gustav vor, der sich sogleich mit einem massiv silbernen Drehbleistift revanchierte, einem vierfarbigen, denn der staatsexaminierte Volkswirt Pfirrmann pflegte solche Accessoires als Muster deutscher Wertarbeit bei sich zu tragen. Weil mir kein anderes Wort einfiel, dankte ich mit der Vokabel »Amicicia«. Herr Macola verstand es sehr wohl. Wenn alle Italiener so hilfsbereit wären, müßten wir keine Bange mehr haben. Es sollte fast immer so kommen.

Kaum war der neue Reifen montiert, da kam ein Mann auf einer Vespa in den Seitenweg gebraust – er wohnte offenbar in einem Haus weiter oben. Er hatte gerade Feierabend gemacht und musterte überrascht den nagelneuen Pirellireifen.

»Also, daß Sie in Deitschland jetzt scho Pirelli fohrn, dös hätt' i nie glaubt.« Wir ließen ihn in seinem Glauben und schafften es am selben Tage noch bis Salurn, wo die deutsche Sprachgrenze quer über das Etschtal verläuft. Hier endet Südtirol, und das Trentino beginnt, die hochgerühmte Dolomitenprovinz.

Wohl ist die Welt so groß und weit,
so voller Sonnenschein!
Das allerschönste Stück davon
ist doch die Heimat mein.
Dort, wo aus steiler Felsenschlucht
der Eisack rauscht heraus
von Siegmundskron der Etsch entlang
bis zur Salurner Klaus'.
Heidi, heido, hei tralalalala.

So beginnt das damals sehr bekannte Bozener Bergsteigerlied. Heute kennt fast jeder »La Montanara« vom Bergführerchor aus Trient. Die Hauptstadt des Trentino und des italienischen Alpinismus lag nur noch wenige Kilometer talabwärts, »der Etsch entlang«, die unterhalb Bozens den Eisack aufgenommen hatte. Rotes Dolomitgestein erhob sich über den Hangwäldern. Wir verließen den deutschen Sprachraum.

La Strada

1954 nannte Federico Fellini seinen zweiten Film, der später zum Kultfilm wurde, »La Strada«. Darin spielt Anthony Quinn den »Großen Zampano«, einen Straßenartisten. Seine Partnerin, der »Rettichkopf« Giulietta Masina, lernt ihm assistieren. Der »Große Zampano« kann Trompete blasen, Ketten sprengen und zaubern, sie spielt den weißen Clown, den Harlekin. Beide verdienen ihre schmalen Gagen auf den Plätzen der Dörfer, und sie fahren auf einer hochbeladenen Dreiradvespa die Landstraßen entlang. Fellini drehte den Film drei Jahre nach unserer Reise durch Italien. Als wir ihn später sahen, erkannten wir vieles wieder. Auch uns selbst.

Wir durchquerten den Stiefel vom Einschlupf bis zum Absatz, durchmaßen Italien gänzlich vom Brenner bis Brindisi. Wir tingelten vor Stadtmauern, in Kneipen und Bauernhäusern, auf Bühnen und in Klöstern. Hier begann unsere Artistenlaufbahn, vom Alpenkamm bis zur Straße von Otranto am Absatz. »Del tacco« zu stammen – vom Absatz –, gilt nach wie vor in ganz Oberitalien als Schimpfwort für die armen Teufel aus dem Mezzogiorno.

»Dov' andate? – Wohin fahrt ihr?«

»In India. – Nach Indien.«

»Andate in India! – Ihr fahrt nach Indien!«

»E niente paura? … – Und keine Angst? …«

Dazu die Angstgeste mit der Rechten: Fingerspitzen konzentrisch zusammengelegt und nach vorn und rückwärts geschoben. Offenheit und Hilfsbereitschaft, aber auch Verwunderung ob unseres Reiseziels jenseits der Morgenröte strömten uns entgegen.

Kurz vor Trient bogen wir rechts ab, über die Etsch in Richtung Riva am Gardasee. Dort wollten wir Freunde aus Ludwigsburg treffen. Sie waren in ein Osterlager der Schwäbischen Jungenschaft getrampt. Das lag bei Riva, auf der Bastion der alten venezianischen Festung vom Jahre 1508, oberhalb der Stadt. Von der Höhe des Monte Rochetta, vom Hausberg des Städtchens aus, blickten wir auf die Ziegeldächer des Badeorts, der bis 1919 zu Österreich gehört hatte.

Unter uns verlor sich der Gardasee im Dunst des südlichen Horizonts. Zu beiden Seiten flankierten ihn steil abfallende Felsberge mit teilweise senkrechten Wänden.

Das Lagerleben inmitten der Teens und Twens berührte uns sonderbar fremd. Gustav hatte während seines Studiums in London schon die Luft einer Weltstadt gerochen und ohnehin Distanz gewonnen. Ich selbst war seit meinem zwölften Lebensjahr auf Großfahrt gegangen, vornehmlich in die Alpen zum Bergsteigen. Zusammen mit meinem Zwillingsbruder Hein und einer Handvoll Gefährten hatten wir uns nach dem Krieg der Deutschen Jungenschaft angeschlossen, bei Wind und Wetter hinter den Hecken geschlafen, mit den Freunden am Feuer gesessen und die schönsten Lieder der Welt in vielen Sprachen gehört, gelernt und gesungen, halbe und auch ganze Nächte lang. Und es war schön gewesen.

Aber jetzt? Jetzt spürten wir, daß diese Art, auf Fahrt zu gehen, hinter uns lag. Jetzt ging uns auf, daß wir unsere jugendbewegte Epoche abgeschlossen hatten, daß wir künftig etwas Eigenes gestalten mußten.

Am Ostersamstag 1951, als wir angekommen waren, sahen wir in Riva die erste Palme am Bootshafen stehen, wo Rudi Rogoll in der Kneipe sein großes Lied schreiben sollte:

»Saßen vier beisammen«. Hier ging unsere Jugend zu Ende. Erwachsen wurden wir trotzdem nie.

Die Liedernacht in der Kohte, dem Feuerzelt, verlief rauchig. Die Cora wurde teils bewundernd, teils mißbilligend betrachtet. »Was ist schon eine Motorradfahrt nach Indien«, fragte einer geringschätzig. »Mein Bruder hat sich auf einem Floß aus Ziegenbälgen die Drau hinabtreiben lassen – das ist doch viel zünftiger.«

Nach diesem naserümpfenden Vergleich verließen wir ohne Reue am Ostersonntag das Lager der Schwäbischen Jungenschaft und nahmen aufs Geratewohl die östliche Uferstraße. Kein Lüftlein wehte, still lag der See zur Rechten. In seiner spiegelglatten Fläche sah man die westlichen Uferberge kopfstehen. Die Ruhe über dem Wasser, die milde Luft, die Blütenbäume und der Sonnenschein ließen eine Art von Feierstimmung aufkommen. Über den sich weitenden See klang aus einer Kirche vom jenseitigen Ufer her Orgelmusik. Dazu sang eine Frauenstimme, lieblich und kraftvoll. Ihr strahlender Sopran trug die Melodie über die spiegelnde Fläche zu uns her. Da die Uferstraße nicht verbaut war und an diesem Ostermorgen ganz leer, nahmen wir die stimmungsvollen Klänge in uns auf. Nicht einmal das Blubbern unseres Motors störte dabei.

Jetzt lag das Hochgebirge hinter uns. Vor uns öffnete sich eine Parklandschaft mit Villen, Feldern und Fluren, Ölbergen und Weingärten. Die Lombardei gehört ja zu Italiens reichsten Provinzen, reich an Geschichte, an Städten und Landschaften – und an Industrie.

Uns aber zog es zur Küste. Noch kannte keiner von uns das Mittelmeer. Wir wollten versuchen, in Genua ein Schiff zu bekommen, das uns in den Persischen Golf bringen könnte. Schließlich war im wichtigsten Handelshafen Italiens die Wahrscheinlichkeit dafür am größten. Wir hätten auch durch Jugoslawien fahren können. Aber dort waren die Straßen vom Krieg her noch übel zugerichtet. Also blieb nur Italien. Und falls der

Versuch in Genua scheitern sollte, wollten wir weiter über Rom und Neapel in den Süden. Von dort eventuell über Libyen und Ägypten in den Nahen Osten – oder aber über Griechenland und die Türkei. Das hieß jedoch in jedem Falle, eine Fähre übers Mittelmeer zu nehmen, sei es von Sizilien aus oder von Apulien, dem Stiefelabsatz der Apennin-Halbinsel und das Geld dafür mußten wir erst verdienen.

Mailand blieb rechts, Verona links liegen. Wir fuhren durch Solferino, wo die Österreicher am 24. Juni 1859 die Schlacht gegen Napoleon III. verloren hatten. Nachdem der Genfer Kaufmann Henri Dunant am nächsten Tage das blutige Schlachtfeld besucht und das Elend der vielen tausend Verwundeten und Sterbenden gesehen hatte, gründete er das Rote Kreuz.

Das geschichtsträchtige Städtchen Salo und die Halbinselstadt Sirmione ließen wir rechts liegen. Spätere Heerscharen deutscher Touristen haben diese Versäumnisse mehr als wettgemacht.

Die ersten Schwalben wetzten durch den Osterhimmel, Mimosen blühten blaßgelb und Kamelienbüsche trugen himbeerfarbene Blüten. Rebenhänge und südländische Parke säumten die Straße. Die Zypressen ähnelten zugeklappten, die Zedern mit ihren weit ausladenden Kronen eher aufgeklappten Sonnenschirmen. Dann löste die flache Po-Ebene mit ihren Bewässerungskanälen für den »Bitteren Reis« die Parklandschaft des Alpenvorlands ab. Eine Straßenbrücke führte über den Po, grüne Saaten und Fluren zu beiden Seiten. Rast im Schatten der Pinien. Den frischen Rotwein vom Kalterer See löste jetzt der Bardolino ab, er schmeckte samtiger und weicher. Zwei Flaschen weißen Soave hielten wir in Reserve. Dazu aßen wir salzarmes Weißbrot und aufgeschnittene Zwiebeln. Mehr gaben unsere Geldbeutel nicht mehr her.

Großflächige Reklameschilder hatten seit der Brennergrenze die Felder nahe der Straße verunziert. So auch hier in der Po-

Ebene. Vom Borsalino-Hut bis zum »Pibigas«, vom Dieselmotor Ansaldo bis zum sechsbeinigen Höllenhund Zerberus der AGIP – in knalligen Farben, auf einer Fläche von mindestens zwanzig Quadratmetern. Jahrzehnte sollte es dauern, bis sie verschwanden.

In der Dämmerung krochen wir eine Steigung hinauf. Die Rebstöcke zu beiden Seiten trugen winzige Blättchen, die Olivenbäume silbergraues Laub. Wir bogen in einen Seitenweg, hielten an und schlugen das Zelt auf. Überm Tal drüben war das Bergdorf der Weinbauern mit seinem Campanile und den Kalksteinfassaden der Häuser wie eine Kolonie Schwalbennester an die Bergseite gekleistert.

Staubig und müde sanken wir auf die Klappbetten, hatten die Rohrstiefel ausgezogen und die Gürtel gelöst. Da hörten wir Geräusche und Flüstern vorm Zelt.

Räuber und Banditen! Rinaldo Rinaldini!

Der Eingangsschlitz wird langsam aufgeschoben und herein streckt sich eine 9-mm-Beretta-Pistole. Den Handgriff umklammert eine Faust. Die Mündung weist direkt auf uns. Der Lauf bewegt sich leicht hin und her, und eine männliche Stimme ruft auf italienisch: »Hände hoch! Was machen Sie hier? Hier spricht die Dorfpolizei.«

Unser berstendes Lachen löste die Spannung. Das Zelt öffnete sich, und herein trat der Polizist des gegenüberliegenden Dorfes, in Uniform und die Beretta immer noch in der Hand. Hinter ihm versuchte die männliche Dorfjugend ins Zelt zu spitzeln. Vom Feldbett aus klärten wir die Lage: Daß wir unterwegs seien auf dem Wege nach Genua, nach Indien. Daß wir abends immer unser Zelt aufzuschlagen pflegten, am Straßenrand, auf Feldwegen. Daß der Seitenweg doch so einladend sei und wir hier bleiben wollten …

Einige Dorfjugendliche holten bereits die Weinflaschen hervor. Korken ploppten satt. Andere brachten Brot, Schinken und

Käse. So löste sich die Pistolengeschichte auf in ein völkerverbindendes österliches Abendmahl zwischen Weinberg und Ölberg. Ich nahm die Gitarre, und Gustav packte sein Akkordeon aus. Dann sangen wir gemeinsam und feierten Ostern. Die Freude, der schöne Götterfunken, ließ uns alle zu Brüdern werden. Leider fehlten die Schwestern.

Spät erst ging die männliche Landjugend heim in ihr Bergdorf, und wir schliefen bis spät in den Ostermontagmorgen. Unsere »Premiere« als Musikanten war also nicht in der Mailänder Scala über die Bühne gegangen.

Das dichte Autobahnnetz von heute mußte damals in Italien erst noch geflochten werden. So zuckelten wir denn durch die Landschaft unter Chausseebäumen hin oder zwischen den Häuserfassaden malerischer Städte. Wo hatten wir jemals in Deutschland so üppige Auslagen gesehen wie hier in den Obst- und Gemüseläden? Der Süden zeigte sich von seiner schönsten Seite. Sogar an Feiertagen hatten die Geschäfte vormittags geöffnet.

Die Landstraße nach Genua führte ein Flußtal hinauf. Dicke Tankwagen krochen bergan, auf dem Wege zu den Raffinerien an der Küste. Die Motorisierung Italiens verlangte schließlich ihren Treibstoff. Wer fragte da schon nach Luftverschmutzung? Auf den kahlen Höhen der Küstenberge thronten Festungen, die ihre guten Tage überlebt hatten. Dann begannen die Vorstädte von Genua, ins enge Flußtal gequetscht, mit ärmlichen Fassaden. Als diese schließlich stattlichen Gebäuden wichen, bog die Hauptverkehrsader nach links, und bald hielten wir auf dem Parkplatz der Stazione Marittima, mitten im Hafen. Am Kai lag stolz die »Andrea Doria«, das elegante Fahrgastschiff, – wir hatten das Mittelmeer erreicht.

Kaum waren wir abgestiegen, da sprach uns auch schon ein Zuhälter an. Er könne uns alles bieten, was wir wollten: Schwarze, Braune, Weiße mit Schuß, und seine fernöstliche Palette in Gelb sei ebenfalls gut sortiert. Er sprach ein verständliches

Deutsch. Auf unsere Antwort, daß wir ein Schiff suchten, bot er uns auf der Stelle einen Dampfer nach Argentinien an. Vielleicht hatte er kurz nach dem Krieg so manchen Deutschen oder Österreicher, der hierzulande abtauchen mußte, nach Buenos Aires vermittelt.

Die Genuesen flanierten am Hafen, doch ihr Osterspaziergang neigte sich schon dem Ende zu, der Nachmittag ging in den Abend über. Im Palazzo dei Studenti, jenseits der engen Gassen des Hafenviertels und der mondänen Innenstadt, fanden wir Bleibe. Eine magere Hausmeisterin öffnete uns die Turnhalle als Unterkunft. Ganz so groß hätte das Zimmer zwar nicht zu sein brauchen; aber wenn es nichts kostet, nimmt man auch das.

Waschräume in Turnhallen können ihre Tücken haben, und das »Gabinetto« mit den zwei ebenerdigen Porzellan-Tritten, wo man sich also hinhocken mußte, überraschte mich denn auch kalt. Noch in der Hocke hatte ich den Porzellangriff an der Metallkette gezogen – da kippte ein ganzer Wasserfall auf mich herab und goß mir eisig über Kopf, Nacken und Rücken. Bis ich meine Hose wieder hochgezogen hatte und mit einem jähen Satz davongehechtet war, sah ich aus wie ein begossener Pudel.

Die Erklärung fand sich später: Aus Kostenersparnis war die »Naßzelle« sowohl als Hock-Abtritt wie auch als Brausekabine eingerichtet. Man mußte nur rechtzeitig einen Armaturenhebel umlegen, dann ergossen sich die Fluten in die richtigen Kanäle: entweder von oben als Dusche oder als Wasserspülung untenher. Seitdem vergewissere ich mich in romanischen Ländern jedesmal, bevor ich die Kette zum Spülen ziehe, mit welchem System ich es zu tun habe.

In einer Ecke der Turnhalle hatten wir uns eingerichtet. Die Cora grenzte unsere Wohnung nach außen hin ab, und im »Schlafzimmer« standen die Klappbetten. Meine schlichte »Pantry« mit ihrem Petroleumkocher bot Raumkomfort mit hoher Decke. Mittlerweile hatte die magere Hausmeisterin auch die Duschen warmgeschaltet, sonst wären sie bis zum Ende der Osterferien kalt geblieben. Aber da wollten wir schon auf einem Schiff zum Persischen Golf schwimmen ...

Wir feierten Orgien unter der langentbehrten Dusche. Koffer auf, frische Kleider an und ab in den Hafen! Die Strecke dorthin dehnte sich. Wir flanierten durch elegante Straßen mit hochmodernen Geschäften. Nie hatte ich solche Prachtentfaltung gesehen. Mosaikpflaster, Marmorfassaden, Messingbeschläge an Teakholztüren. Eine dekadente Herrenboutique zierten Jacques Callots chimärisch gezeichnete Comedia-del-arte-Studien zu den »Balli di Sfessania«, und zwar in Lebensgröße: Capitano Cocodrillo, Scapino und Zerbino, Franca Trippa und Fritallino. Dekadenz und Manierismus für Satte, für uns etwas Neues. Picobello beschnittene Grasbeete begrenzten die Parkwege, und Palmen wiegten ihre Kronen im milden Zephyr.

Da war schon der Hafen. Nun galt es, ein Schiff zu finden. Die Hafenpolizei ließ uns glatt passieren. Ein extravaganter Frachter aus Brasilien erwies sich als nicht ganz der Richtige für den Mittleren Osten, aber die Einladung des Zweiten Offiziers zum Lunch in der Messe stillte den Hunger. Als junger Dachs war dieser »Zweite« auf US-Geleitzügen nach Murmansk geschippert, hart bedrängt von deutschen U-Booten. Die Seegefechte in der Arktis nannte er »tough engagements« (harte Treffen).

Vor den Kesselfeuern eines französischen Frachters, den wir anschließend besuchten, servierte uns der Heizer aus dem Senegal Couscous mit Hammelfleisch. Er hatte sofort kapiert, was wir benötigten.

Die stockbesoffene Besatzung eines Kohlendampfers aus Cardiff, dem unser dritter Besuch galt, dämmerte in den Kojen vor sich hin. Ihr Gesöff: Uralt Lavendel – Kölnisch Wasser aus dickbauchigen grünen Flacons mit Glasstöpseln. Eine Duftwolke wie von einer »Yorikke« waberte über Molen und Piers und roch stärker als alle Kosmetikshops auf dem Corso Vittorio Emanuele. Die großenteils baltischen Seeleute hatten im Krieg bei der Waffen-SS gedient. Ob ihnen die Einsätze in den Ghettos von Wilna, Kowno und Riga wohl jetzt, in ihrem Rausch, als Alpträume erschienen?

Für den niederländischen Kapitän des Frachters »Saporoea« mit Heimathafen Batavia, die Nummer vier unserer Hafentouren, kamen Gustav und ich zur rechten Zeit. Er war klein und trug einen Trenchcoat. Eine Baskenmütze bedeckte seine Glatze. »Ja, meine Herren, ich kann Sie brauchen. Übermorgen laufen wir nach Basra aus. Ihr Motorrad nehmen wir an Bord. Sie arbeiten als Seeleute und kriegen normale Heuer. Mir fehlen nämlich noch zwei Deckshands. Unser Agent in Genua heißt Barbagelata. Der heuert Sie an und stellt Ihnen die Seemannsbücher aus.«

Das Messingschild der Schiffsagentur neben dem Portal glänzte frischpoliert. Ein Aufzug brachte uns ins richtige Stockwerk. In den holzgetäfelten Geschäftsräumen ging es ruhig und ernsthaft zu. Wir trugen unsere feinsten Anzüge: meiner mit dezenten Nadelstreifen, Gustav einen Glencheck kombiniert. Signore Barbagelata empfing uns. Sein Bart war gestutzt, sein Wesen vornehm, aber doch aufgeschlossen. Er hörte uns an, brauchte aber nicht lange zu überlegen.

»Leider geht es nicht. Die ›Saporoea‹ fährt mit einer farbigen Besatzung, einer ›coloured crew‹: Malayen, Laskaren, Singhalesen. Sie sind jedoch Weiße, Europäer. Unsere Bestimmungen lassen das nicht zu, auch nicht die Gewerkschaft. Ich muß Sie leider enttäuschen.«

Der Aufzug brachte uns auf die Erde zurück. Anderntages lief die »Saporoea« aus: ihre Rauchfahne am Südwesthimmel wurde immer kleiner, bis sie ganz verschwunden war. Wir blickten ihr lange nach.

In »Charlie's Black Cat Bar« an der »Wasserfront« verkehrten die Matrosen der US-Mittelmeerflotte. Charlie selbst stammte aus Darmstadt und war ein verkrachter Medizinstudent mit heiserer Stimme, ein paar Jahre älter als wir. Mit »Welcome Navy« begrüßte ein Schild über der Eingangstür die Matrosen. In dieser Hafenkneipe gaben wir unser Debüt: Gustav spielte auf dem Akkordeon »Flicflac« und »Tanzende Finger«. Ich hatte die Saiten gestimmt und sang »Boots and Saddle«. Am liebsten hörten die »Lords« Country- and Western-Music von Hank Williams. Sie lauschten aber auch Hans Leip's »Einmal noch nach Bombay«, dessen Melodie im Kehrreim so harmonisch moduliert, bei der Textstelle: »...einmal durch den Suez/ und durch den Pa-na-ma ...«

Sie schmissen mit den Dollars nur so um sich, und wir verdienten leidlich. Jeder von ihnen hatte ein Mädchen auf den Knien sitzen, ihre Arme um seinen Hals geschlungen. »Eng sind die Schiffe«, sagt Saint John-Perse. Barhocker sind noch enger ...

Hinter der Theke servierte Charlie als Barmixer. Sein Shaker blitzte metallisch im Tiefstrahler, wenn er ihn einhändig schüttelte. Er mixte Gin und Campari, Wodka und Whisky, Malt, Bourbon oder Scotch mit den gewünschten Zugaben: Tomatensaft, Zitrone, Limone, Orange. Er rieb auch mal Muskatnuß darüber, wenn eine durstige Kehle Sehnsucht nach der Karibik hatte. Gin Fizz, Manhattan, Bloody Mary, Dry Martini mit Olive oder Daikiri – Charlie kannte alle Cocktails.

Bevor die »Lords« mit ihren Mädchen nach oben verschwanden, zahlten sie großzügig. Das fiel ihnen auch leicht, denn der Dollar notierte vier Mark zwanzig. Lokale »off limits« durften sie freilich nicht betreten, dafür sorgten stündliche Kontrollen der strammen Militärpolizei, der »Kettenhunde«. Jeden Abend spielten wir nun dort.

Als Gustav einmal in einem Geschäft mit einem Zehntausendlireschein bezahlte, nicht ganz hundert Mark wert, bekam er das Wechselgeld auf tausend Lire heraus. Erst in der Turnhalle merkten wir den Betrug. Die Verkäuferin, darauf angesprochen, behauptete patzig, sich an nichts erinnern zu können. »Armut bringt außer Weisheit auch Verdruß«, sagt Bertolt Brecht in der Dreigroschenoper. Nun waren wir zwar gewitzt, aber fast völlig blank.

Eine Woche lang versuchten wir täglich, ein Schiff in die Levante oder in den Persischen Golf zu ergattern. Es gelang uns nicht. Die magere Hausmeisterin in der Kittelschürze fing an, die Turnhalle zu reinigen – ein sanfter Hinweis auf unsere erwünschte Abreise.

Immerhin hatten wir in Genua erstmalig auftreten und ein paar Groschen verdienen können – gerade genug, um den Tank zu füllen und Öl nachzugießen. Ein paar Oliven und Parmesankäse waren auch noch »drin« gewesen, und die Kleidung war gewaschen.

Genua hatte uns in unserem Selbstgefühl bestärkt. Die weltgewandte Hafenstadt hatte uns mittelmeerische Stadtkultur gelehrt, auf neudeutsch »mediterrane Urbanität«. Ich hatte bis dahin ja nur die brennenden Großstädte des Bombenkrieges gekannt, das kaputte Berlin vom Januar 1945, die Ruinen von Köln und Würzburg.

Hier in Genua lernte ich eine lebendige Großstadt kennen, die stolz auf ihre Schönheit und ihr Können war, auf den Handel, die Seefahrt, ihre lebhafte Geschichte als alte Rivalin von Venedig.

Über die engen Gassenschluchten des Hafenviertels spannten sich Wäscheleinen mit wehenden Schlüpfern, Büstenhaltern, Unterröcken, Hemden, Strümpfen und allem, was sonst aus dem Waschzuber kam. Aus den Cafés strömte das Aroma des Espresso, meinem »Riechfeld« inzwischen geläufig. Unverzollte amerikanische Zigaretten kamen stangenweise ins Angebot, die Marktstände quollen über von Grünzeug und Orangen und anderen uns unbekannten Früchten. Auf den Höhen schmolz der Schnee, eine milde Brise strich von Korsika herüber, und die

Flaneure summten die Melodie von »Luna Rossa«, dem neuen Schlager aus Neapel. Auch wenn uns eine Seereise über das Mittelmeer versagt geblieben war, so hatte sich doch unser Plan im ganzen als durchführbar erwiesen. Die winzige Gage aus Charlie's Black Cat Bar bewies es. Wir würden von unseren Auftritten leben können.

An einem regnerischen Frühlingsmorgen saßen wir wieder im Sattel. Unter uns flog die Straße dahin. Hinter uns ließen wir Genua, die stolze Schöne. Vor uns wußten wir viele tausend Meilen, zunächst aber mal 550 Kilometer bis Rom.

Ich sang während des Fahrens und das gefiel Gustav, auch wenn mir der Fahrtwind die Worte vom Mund riß. Die Vorstädte hatten aufgehört, La Strada nahm uns auf, die Via Aurelia der Antike. Das Ligurische Meer zur Rechten, links die immer höher ansteigenden Berge des Apennin, steil und grün – so ging der Norden Italiens in den Mittelteil über.

Betrug die Paßhöhe der Berge von Portofino kaum 200 Meter, so stiegen sie im dortigen Naturpark doch auf über 600 Meter an. Die Via Aurelia, die Nr. 1 aller Straßen Italiens, umging den mondänen Badeort Santa Margherita di Ligure. Villen der Belle Epoque unter Palmen säumten den Straßenrand. Hatten nicht in Rapallo die frischgebackene Sowjetunion und das versaillesgeschädigte Deutschland sich ihre Kriegsschulden gegenseitig erlassen?

Die Küstenstraße verläuft unmittelbar hinter der Strandlinie, windet sich hie und da durch Villenviertel und ist überall von Häusern gesäumt. Neben ihr führt die elektrifizierte Eisenbahn rauchlos nach Rom.

Hinter Sestri Levante verläßt die Straße die Küste und klettert in die Berge – eine großartige Strecke für jeden Italienreisenden. Das Faltengebirge aus Kalkstein steigt von der Meereshöhe bis über tausend Meter empor, mit jähen Abgründen und schmalen Kerbtälern. Beständig kletterten wir die Straßenkurven hinan und gewannen langsam an Höhe. Immer einsamer wurde die Gegend. Tief unten sahen wir ab und zu ein Fischerdorf, neben der Bahnlinie entlang der Küste hingestreckt. Es war schon dunkel, als wir in einen steinigen Weg einbogen, der abrupt nach etwa hundert Metern endete. Wir hielten an, stellten den Motor ab, schlugen das Zelt auf, dazu die Feldbetten, und schliefen ein.

Als ich in der Morgenfrühe vors Zelt trat, blaute tief unter unserem Lagerplatz das Meer. Sein fernes Rauschen war die Nacht über an unser Ohr gedrungen. Der Berghang senkte sich in einem Schwung bis hinunter ans Ufer, nach links hin zog er sich in steilem Bogen bis zu einem Vorgebirge. Die Macchia duftete herb nach Buchsbaum, Oleander, Steineiche und Lorbeer. Das Gestrüpp immergrüner Hartlaubgewächse bedeckte die Hänge von oben bis unten. Da, wo sie in einem Winkel von etwa 30 Grad ins Meer tauchten, säumte ein heller Schaumkragen den Bogen der Bucht. Dahinter verlief ein türkisblauer Streifen, der sich zur Tiefe hin dunkelblau färbte. Leichter Wellengang lief von draußen ans Ufer, wo er sich weiß an den Felsen brach.

Nach Westen hin erstreckte sich das ungeheuer blaue Meer bis zum Horizont. Die Kimm zog einen dunklen Streifen unter die leuchtende Himmelsglocke. Noch hatten die Morgenstrahlen unser Zelt nicht erreicht, sie wärmten aber bereits den rechten Hang unserer Bucht. Da kam ein Zweimastschoner um das Kap gesegelt, lautlos, ein paar hundert Meter entfernt. Seine geblähten Segel waren von hinten durchleuchtet, und der Rumpf neigte sich leicht nach Steuerbord; die Toppen der Masten zeigten fast auf mich, und sein Klüverbaum wies nach Norden.

Rhythmisch hob und senkte er sich in den Wellentälern, und so glitt er außerhalb der Bucht vorbei, in schweigender Fahrt. Nur die leichte Morgenbrise wehte von Südwest, rauschte zart in dem harten Laub der Macchia, und ihr Rauschen vermischte sich mit dem der Wellen am weißbekränzten Wassersaum.

Gustav war vors Zelt getreten. Wir standen schweigend, überwältigt von der Macht der vier Elemente in einer bisher nie gesehenen Harmonie. Feuer, Wasser, Luft und Erde klangen in einem Akkord, wie ihn die Musik der Menschen wohl niemals zum Tönen bringt. War das der »Brudersphären-Wettgesang« aus dem Faust, diese Stille der Bergeinsamkeit im Wehen der Morgenbrise? Nur ganz wenige Vogelstimmen piepten aus dem immergrünen Buschgehölz.

Der Schoner hielt noch immer Kurs, und sein Kielwasser war noch zu sehen, als er schon längst unseren Blicken entschwunden war. Die Sonne trocknete den Tau auf der Zeltbahn und in den Gräsern. Auf dem Petroleumkocher wärmte ich das Wasser zum Waschen und für den Frühstückskaffee, wir führten ja einen 20-l-Kanister mit. Nach kurzer Stärkung packten wir alles zusammen, beluden den Beiwagen und machten uns wieder auf die Straße.

Die stieg für eine kurze Strecke weiter an, doch knapp vor dem Bergsattel ging unser Treibstoff zur Neige. So schoben wir die nächsten paar hundert Meter. Ein uns entgegenkommender Amischlitten mit Heckflossen verlangsamte seine Fahrt. Der Fahrer las auf dem Beiwagen die von mir fein säuberlich gemalten Worte »Germany – India«, er kurbelte das Wagenfenster herunter und rief uns beiden ein aufmunterndes »Good luck« zu. Dann beschleunigte er und verschwand.

Auf dem Bergsattel parkte ein Touristenbus an einem kleinen Hotel. Die Gäste stiegen gerade ein – sie hatten es leichter gehabt. Da die Straße nun bergab führte, brauchten wir den Motor nicht laufen zu lassen und rollten ohne Treibstoff die lange Paßstraße abwärts. Nach 8 km erreichten wir die Talsohle. Auf der linken Straßenseite winkte eine Tankstelle. Wir rollten vor die Zapfsäule. Der Tankwart wollte gerade den Einfüllstutzen in den Tank stecken, als Gustav seine große Chromonica auspackte – eine chromatische Mundharmonika. Ich konnte sie spielen, auch wenn das Motiv »Parla piu piano« aus dem Film »Der Pate« noch nicht komponiert war. Es hätte sich angeboten.

So spielte ich vor dem Tankwart die Melodie »Luna rossa«, und er stimmte ein:

Vaco distrattamente abbandonato
l'uocchie sotto o'capiello annascunnute ...

Ich gehe zerstreut und verlassen umher,
die Augen unter dem Hut versteckt ...

Das schwermütige Nachtstück klang fremd in den Frühlingsvormittag. Schon wärmten die Strahlen, und der Wachhund hatte sich in den Schatten gelegt, von wo er uns scharf beobachtete.

Weil wir kein Geld hatten, boten wir dem musikalischen Tankwart die Chromonica zum Tausch für eine Tankfüllung an. Er schlug sofort ein, ließ den Tank bis zum Rand vollaufen und erhielt sein Tauschobjekt. Damit hatte er ein glänzendes Geschäft gemacht. Wir fühlten uns beide wie Hans im Glück.

Nach kurzer Fahrt rasteten wir auf der Piazza zwischen dem Schiefen Turm von Pisa und dem herrlichen Marmordom der Stadt. Parkuhren gehörten in eine ferne Zukunft. Die riesigen Marmorplatten auf dem Domplatz stammten aus dem nahen Carrara, wie auch die Säulen des Domes und des Schiefen Turms. Die Entfernung nach Rom war bereits auf 310 Kilometer geschrumpft.

Wir hielten weiter Südkurs. Zwei Anhalterinnen winkten auf der Gegenseite – eine der beiden hatte unser Motorradblubbern vernommen und sich umgedreht, so hatte sie das Beiwagenschild gelesen und winkte nun. Runter mit dem Gas, zurückschalten in den ersten Gang, ganz langsam eine Linkskurve eingeschlagen und die paar Meter zurückgefahren. Vor uns stehen zwei lachende Mädchen, so alt wie wir, eine Blonde und eine Braune.

»Hi, was seid ihr denn für zwei auf dem Motorrad? Wollt ihr beide wirklich nach Indien? Das ist aber weit zu fahren! Wir haben die ganze Strecke per Anhalter zurückgelegt. Wir kommen nämlich aus Neuseeland. Dies ist Maud, und ich bin Mary.«

»How do you do?«

»How do you do?«

»I'm Oskar and this is Gustav. Ja, wir fahren nach Indien. Wir sind erst ein paar Wochen unterwegs. Wie wär's mit einer heißen Tasse Tee?«

»Aber gern. Wir haben schon lange keinen guten Tee mehr getrunken.«

Ich packte den Petroleumkocher aus, setzte Teewasser auf und brühte den Trank. Am Straßenrand zwischen Pisa und Rom tranken zwei Mädchen aus Neuseeland und wir beide einen Nachmittagstee. Sie wollten nach London, das ja gleichsam schon zum Greifen nahe lag – ein lebender Beweis, daß unser Plan verwirklicht werden konnte. Das bestärkte unseren Mut.

Auf der Seite zum Meer hin donnerten die olivbraunen Züge der italienischen Staatsbahnen vorbei. Sie störten unsere Unterhaltung nur wenig. Die beiden Tramps hatten dicke Rucksäcke mit, wahrscheinlich verfügten sie über größere Barmittel als wir.

»Wenn ihr jemals nach Neuseeland kommt, seid ihr unsere Gäste.«

»Kommt gut nach London! Wir haben's noch weit bis Calcutta.«

»Auf Wiedersehen.«

»Good bye and A rivederci.«

Und wirklich hat Gustav Maud in Melbourne wiedergesehen. Sie fragte sogar nach mir.

»Oskar? Der ist von Indien nach Deutschland zurückgefahren.«

»Oh, what a shame.«

Gegen Abend trafen wir vor den Mauern einer kleinen Stadt auf einen winzigen Zirkus. Die Artisten bereiteten sich zum Auftritt vor. Zu einem Zelt hatte es bei ihnen nicht gereicht, wohl aber zu einer drei Meter hohen Leinwand, die sie hinter den Bänken rings um die Manege aufgespannt hatten. So konnten die Gaffer nichts sehen, und das Publikum blieb ungestört. Drei Zirkuspferde grasten neben den Wohnwagen. Ein Kamel blickte scheinbar hochmütig über das Völkchen hin und hatte zu wiederkäuen aufgehört. Wir waren abgestiegen, und die Artisten sprachen uns freundlich an. Woher wir kämen, wohin wir führen? Ob wir keine Angst hätten? Und wozu die Gitarre?

Als sie von unserem Artistenprogramm hörten, waren sie platt. »Da seid ihr also Kollegen? Schaut euch doch unser Abendprogramm an, setzt euch zu uns, prego!«

Gustav packte seine Zauberkiste aus. Seine Nummer mit den acht eisernen Ringen kam glänzend an. Er flocht die etwa spannenweiten Ringe ineinander, nachdem er sie einzeln vorgezeigt hatte. Einen der Ringe hatte er sogar ins Publikum zum Nachprüfen gereicht. Jawohl, der Ring war massiv und geschlossen!

In diesen Ring flocht er einen zweiten, dann einen dritten. Er reichte die Ringkette sogar zum Nachprüfen ins Publikum. Das staunte nicht schlecht. Die italienischen Kollegen jonglierten anschließend mit Bällen, Keulen und Hüten. Ein Sprungtrio wirbelte durch die Luft, und der Dumme August bekam seine Ohrfeigen, daß er schreiend umfiel. Die drei Zirkuspferde waren prächtig aufgezäumt, beherrschten alle Gangarten und sogar die Levade auf der Hinterhand. Die Scheinwerfer strahlten in die Manege, das Publikum klatschte. Der weiße Harlekin lächelte traurig. Wir beide strahlten, freuten uns, waren stolz: Die italienischen Artistenkollegen hatten uns anerkannt, wir galten ihnen als ebenbürtig. Wieder eine Bestätigung, daß wir guten Gewissens auftreten und ehrliches Geld verdienen konnten.

Gegen elf Uhr nachts war alles vorbei. Unser Zelt stand zwischen den Wohnwagen, Wäscheleinen spannten sich kreuz und quer. Nachts schnaubten die Pferde. Sie grasten angepflockt an der Longe, und das Kamel hatte sich niedergetan.

Zum Nachtmahl tranken wir Brunello- und Chiantiwein unter Lampen und Sternen. Die Stadtmauer begrenzte den Schauplatz auf der einen Seite, sie strahlte vom Lampenlicht und erhellte die Szene.

Als wir am anderen Morgen abfuhren, ging mir das Gedicht von Nikolaus Lenau nicht aus dem Kopf, das Meyer-Steinegg so singbar vertont hat und das mit der Strophe endet:

Nach den Zigeunern lange noch schau'n
mußt' ich im Weiterfahren,
nach den Gesichtern dunkelbraun,
nach den schwarzlockigen Haaren.

Meine Schwester hatte es zu Hause gern gesungen und mir beigebracht. Als sich der Benzintank geleert hatte, goß ich dummerweise Petroleum nach, weil nichts anderes verfügbar war. Petroleum brennt aber heißer als Benzin, und bald verstärkte sich das Blubbern des Motors zum Klopfen und das Klopfen zum Knallen, mit jedem neuen Kolbenhub. Schon knatterte der Motor wie eine automatische 3,7-cm-Kanone von Hotchkiss. Die Zylinderkopfdichtung war durchgebrannt, und an der Brandstelle knallte die Zündexplosion ins Freie. Anhalten, absteigen.

Im nächsten Dorf schnitt uns ein barmherziger Mechaniker eine neue Dichtung aus Aluminiumblech, wobei ihm die alte Dichtung als Schablone diente. Wir hatten dafür den Benzintank abmontieren müssen und die Zylinderkopfschrauben gelöst.

Neue Dichtung eingelegt, Zylinderkopf drauf, Schrauben festgezogen, Zündkerze eingeschraubt, Zündkabel dran, Benzintank montiert, alle Leitungen angeschlossen, Benzinhahn auf, Zündung eingeschaltet, Lufthahn in Anlasserposition, Leerlauf eingeschaltet, Kickstarter getreten: Hurra, sie springt an und läuft ruhig!

Wir zahlen wiederum mit einem silbernen Drehbleistift und einer Mundharmonika. Der Tankwart bekreuzigt sich und segnet unsere Weiterfahrt.

»Auguri! – Viel Glück!«

»Grazie mille. A rivederci.«

Die Aluminiumdichtung hielt keine zehn Kilometer, dann brannte auch sie durch. Wieder das automatische Knallen der 3,7-cm-Hotchkiss-Kanone. Wieder anhalten und erneut eine Reparaturwerkstatt suchen in der Gewißheit, nicht korrekt zahlen zu können. Noch wußten wir die Ursache nicht.

Der Mechaniker sah sich die Dichtung an. »Aluminium ist dafür viel zu weich. Es schmilzt ja schon bei tausend Grad. Sie müssen eine Kupferdichtung einlegen. Eine 2 mm dicke Kupferplatte brennt nicht durch. Leider habe ich so eine Dichtung nicht auf Lager. Aber ich kann eine aus Kupferblech schneiden.«

Diesmal diente die Aluminiumdichtung als Schablone, und die Montage und Bezahlung erfolgten auf die gleiche Weise wie zuvor. Ich weiß nicht, ob wir in Deutschland eine ähnlich spontane Hilfe erfahren hätten wie an dieser Küstenstraße zwischen Pisa und Rom. Zugleich aber ging unser Vorrat an Drehbleistiften wie an Mundharmonikas zur Neige, und die Barmittel waren ja gänzlich erschöpft. Unsere Nerven fast auch.

Nachmittags tangierte die Straße eine sonnige Bucht: Der halbmondförmige Sandstrand lag zum Greifen nahe. Bei blühenden Stechginsterbüschen schwenkten wir rechts ein und hielten an. Rohrstiefel ausgezogen, runter mit der Jacke, dem Hemd, der Hose, den Strümpfen, dem Unterzeug, Badehose ausgepackt und hineingeschlüpft. Dann rennen wir los, in das flache Wasser des Sandstrandes. Zärtlich kommen uns die durchsichtigen

Wellen entgegen, steigen übers Knie, und da stürzen wir auch schon hinein: Ha, dieses Schwimmen im schon frühlingshaften Mittelmeer, sein Salz schmecken und den Hauch von Jod!

Die Wellen weiter draußen, etwa einen halben Meter hoch, tragen uns schwerelos. Wir gehen vom Kraulen zum Brustschwimmen über, so sieht man mehr, man schmeckt die Luft, die Sonne und das Meer, man riecht den Frühling über den Wellen.

Nach einigen Minuten schwimmen wir zurück zu dem makellosen Sandstrand, der leer und einsam in der Sonne liegt. Herrlich erfrischt fühlten wir uns, gleichsam schaumgeboren. Wir kannten Botticellis Venus, wie sie aus der Muschel steigt, und fühlten uns ihr verwandt.

Die Toskana lag nun hinter uns, Latium hatte begonnen. Gegen Abend bogen wir zum Meer hin ab. In der hügeligen Landschaft stand ein Bauernhaus in einer Senke. Die Familie hatte schon im Hof den Abendtisch gedeckt. Wir zelteten auf der Rückseite. Als Dank für den Landwein, den uns der Bauer in einer bauchigen Flasche spendierte, packten wir die Musikinstrumente aus und gaben eine Soirée. Die vollschlanke Tochter begann zu singen, ihre Eltern saßen dabei, auch der jüngere Bruder hörte zu.

Sie sang mit einer kräftigen Stimme voller Schmelz, sie sang richtig und schön. Ihre Jugend verlieh ihrem Singen Glanz, Wärme und Frische. Als sie beim Kehrreim in die Oktave stieg, war sie mutig genug, nicht leise zu werden. Ihr römisches Profil paßte zu den Liedern. Ich begleitete sie auf der Gitarre und hatte bald die typischen Harmoniesysteme begriffen. Die Aprilnacht kam lau, wir saßen im Freien vor dem Bauernhaus und lauschten dem Gesang. Vielleicht hatte mein Saitenspiel La Bella so befeuert? Oder war es Gustavs Akkordeonklang?

Dann sang sie »Mama, son' tanto felice«, wie wir es von Benjamino Gigli kannten: Der Schlager aus Kriegszeiten begann erzählend in einer Molltonart, scharf akzentuiert wie ein Tango; in der zweiten Hälfte löste sich die Melodie zum Durgeschlecht auf, stieg empor und endete in der Tiefe. Das Bauernmädchen sang aus vollem Herzen und legte seine ganze Seele in den Ausdruck. Die Eltern staunten, auch ihr Bruder sah sie an und lauschte. Wir beiden Musikanten freuten uns mit der Familie. Bisher hatte ich erst ein paar italienische Filme gesehen. Aber die Frauen der Hauptrollen ähnelten alle dem Bauernmädchen, fast hätten sie ihre Schwestern sein können. Ganz gleich, ob es Anna Magnani war oder Silvana Mangano: weiblich, sinnlich und doch mütterlich zugleich.

He, Fahnenträger, schlaf nicht ein,
heut' soll's nach Roma gehen!
Vor Ostia im Sonnenschein
soll unser Banner wehen.

So beginnt das pseudo-romantische Landsknechtslied aus den zwanziger Jahren. Ich sang es im Sattel, als wir an einem Samstagvormittag im April 1951 in Rom einfuhren. Gustav, vor mir im Sattel, genoß es sichtlich: Vor Wohlbehagen und wohl auch vor Stolz drückte er sein breites Kreuz im Sitzen durch.

Wir hatten uns durch die Vorstädte gequält und fuhren nun leicht bergan. Am linken Straßenrand stieg die Festungsmauer des Vatikans schräg empor. »Mensch, Gustav, hier nebenan wohnt der Papst!«

Ein Straßentunnel öffnete seinen dunklen Schlund. Kurz darauf war er schon zu Ende: Vor uns im Gegenlicht lag die Tiberbrücke Principe Aosta. Wir überquerten sie nicht, sondern folgten der Uferstraße etwa 200 Meter; dann hatten wir unser Ziel erreicht, die »Casa Internazionale per Studiosi«, heute eine Militärakademie, aber damals wie heute im Grünen gelegen. Die Adresse hatten wir in Genua erhalten.

Notturno di Roma

Sieben – fünf – drei
schloff Rom aus dem Ei.
753 v.Chr. der Sage nach die Gründung Roms

Den Spruch hatte ich von einem Lateinlehrer aus Österreich gehört. Die spätere römische Geschichte bekamen wir dann in der Oberprima zu hören, als die entnazifizierten Studienräte wieder zugelassen waren.

Als Protestant besaß ich nur ein undeutliches Rombild, allerdings hatte ich Felix Dahns »Ein Kampf um Rom« verschlungen. Mucius Scaevola, der sich seine linke Hand abbrannte, um den belagernden Kelten römische Tapferkeit zu demonstrieren, fiel mir ein. Julius Caesars »De bello gallico« lasen wir im Urtext, und vom Sacco di Roma 1527 hatte ich im Roman »Michael, der Finne« gelesen. Daß in Rom das Kolosseum steht, wußte ich auch und auf die faschistische Hymne »Giovinezza« hatten wir zwei verschiedene Spott-Texte gesungen, von denen einer anfing:

Wenn der Nordpol italienisch
und der Mussolini König …

Aber auch Roma aeterna, die Ewige Stadt auf sieben Hügeln, war mir als Schlagwort bekannt.

Vom antiken Rom sollten wir allerdings nicht viel mitbekommen, und das war auch kaum unsere Absicht. Wohl aber von der

Ewigen Stadt, vom Centro Storico, dem unvergleichlichen Stadtkern mit seinen Fassaden aus gelben, roten, goldenen und rostroten Tünchschichten, die den leichtverwitternden Tuff der Campagna schützen; mit seinen Palästen aus nacktem Stein, dem berühmten feinlöchrigen Travertin von heller Honigfarbe, jedoch vielfach rußgeschwärzt; mit seiner Stadtmauer aus schwerem Ziegelwerk, von Kaiser Aurelian im 3. Jahrhundert um den Kern der Innenstadt herum erbaut; mit seinen prächtigen Brunnen und mittelalterlichen Glockentürmen, die viel versteckter sind als die barocke Pracht – dieses Rom sollte uns aufnehmen und bergen, nähren und bestärken. Wir haben es nie vergessen.

Wir standen mit der Cora vor einem pompösen Palazzo, der neben einem Park lag. Mitten in seiner Fassade, die im rechten Winkel von der Straße wegführte, öffnete sich ein hoher, gewölbter Durchgang mit Mosaikboden und zwei Nischen auf jeder Seite, mit je einer Statue. Waren es wohl Minerva und Venus?

Zwischen den nackten Figuren prangte eine breite Doppeltür aus dunklem Holz, massiv und glänzend poliert. Die überdimensionale Türklinke aus Messing stellte einen Delphin dar, dessen geschwungener Leib als Handgriff diente. Ich klopfte an, und eine hohe Stimme rief: »Entrate!«

Ich drückte die Klinke. Vor mir, in einem ausgedehnten Raum mit Marmorfußboden, stand zwischen zwei Säulen ein großer Schreibtisch. Dahinter saß ein stattlicher Herr im grauen Zweireiher. Ich konnte ihn schlecht erkennen, weil die beiden Fenster ihn nur von hinten beleuchteten. Das hatte er sicherlich so geplant, um seine Besucher ein wenig zu verunsichern. Ich raffte mein Schul-Französisch zusammen:

»Guten Morgen, Herr Direktor! Wir sind zwei deutsche Studenten und möchten hier Quartier nehmen. Wir bleiben ein paar Tage in Rom, dann fahren wir weiter.«

Sein Französisch klang kaum formvollendeter als meins.

»Seien Sie willkommen! Wir vermieten Ihnen gern ein Appartement. Das kostet Sie bei Halbpension am Tag 2800 Lire (etwa 25 DM). Ich lasse es Ihnen gleich zeigen.«

Um Gottes willen, das war uns viel zu teuer, das konnten wir uns niemals leisten! Sollten wir nicht lieber fragen, ob wir nicht auf dem Gelände zelten durften? Aber wenn er dann nein sagte? Ich ließ es in der Schwebe …

»Vielen Dank, mein Herr! Könnten wir unser Fahrzeug im Hofe abstellen, bitte? Mein Kommilitone steht noch draußen. Wenn Sie bitte das Hoftor öffnen lassen wollen, dann können wir hereinfahren.«

»Aber gern.«

Der Herr läutete, und ein livrierter Diener erschien. Der Herr wechselte vom Französisch unseres Gesprächs wieder ins Italienische und gab dem Diener die Anweisung. Der nahm einen gewaltigen Schlüssel – Petrus mit dem Schlüssel ist ja nebenan begraben –, eilte mit mir hinaus und öffnete die beiden Torflügel der Einfahrt. Gustav kickstartete die Cora und fuhr auf dem Pflaster in den Hof, worauf der Bedienstete das große Tor wieder abschloß.

Jetzt stand das Beiwagengespann auf dem Vorplatz. Rechts davon erstreckte sich die dreistöckige Längsfront des Palazzos, mit seinem Torbogen in der Mitte. Dort drinnen hatte ich mit dem Herrn Direktor das Gespräch auf französisch geführt.

An der linken Seite des Vorplatzes aber, und das schien uns verlockender, lag ein hübscher kleiner Park mit Büschen, Palmen und grünen Buchshecken, die den Rasen flankierten. Blumenrabatten leuchteten rot und gelb. Ein weißer Kiesweg führte zu einem Denkmal.

Weil daneben auch ein Wasserhahn tropfte, erkannte ich die einmalige Lage: Hier müßten wir lagern, hier könnte ich kochen, hier lägen wir zentral, mitten in Rom, am Ufer des Tiber, ruhig und im Grünen. Auch Gustav verstand auf der Stelle und parkte die Cora vor dem Sockel des Denkmals.

Der Herr Direktor war aus dem Haus getreten und sah uns zu. Jetzt erkannte ich seine wohlgenährten, gütigen Züge, das blaurasierte Kinn und die satten Wangen. Der beleibte Herr erkannte die Lage ebenso blitzartig, klatschte vornehm zweimal in die Hände und sagte etwas lauter als gewöhnlich: »Bravo, bravo.«

Er hatte unseren Verzicht auf das teure Appartement sofort begriffen und gönnte uns die kostenlose Freiluft-Bleibe. Er kannte uns nicht, er sah nur unsere bestaubten Gesichter und die Motorradkleidung, die Knobelbecher und meine Gitarre, die ich auf den Beiwagen gelegt hatte. Das Zelt stand im Nu, die Feldbetten darin wurden aufgeschlagen.

Jetzt waren wir in Rom, jetzt konnten wir anfangen, Geld zu verdienen. Unsere Kasse war ja ganz leer, wir besaßen nicht einmal zehn Lire. Wen würde das Los treffen? Denn vorerst wollten wir es nur mit Einzelauftritten versuchen. Gustav war der erste.

Abends warf er sich in Schale. Er band sich die rote Krawatte um, trug sein doppeltgeknöpftes Glencheck-Sacco zur dunklen Hose, und mit Einbruch der Dunkelheit ergriff er sein schweres Akkordeon im Koffer und machte sich auf den Weg zur »Arbeit«. Ob er überhaupt auftreten dürfte?

Ich lag auf dem gespannten Segeltuch des Feldbetts und konnte nicht einschlafen. Die Frühlingsnacht im Park war voller Leben. In den Büschen raschelte es. Dann begann ganz nah am Zelt eine Nachtigall zu schlagen. Ich hörte ihr zu, hörte sie schluchzen und singen. Die Strophe bestand nur aus einem Ton, der sich wiederholte, langgezogen, immer wieder, als wollte er die kleine Vogelbrust sprengen.

Dennoch war es nie so ganz der gleiche Ton, jeder wurde wieder anders vorgetragen, klagend oder silberhell. Die Sängerin beherrschte nur eine Oktave, aber sie modulierte Strophe um Strophe. Die Töne stiegen und sanken, verbanden sich legato zu

Läufen und Trillern und endeten im Schlußakkord. Das Stillschweigen zwischen den Strophen vertiefte den musikalischen Eindruck. So verging mein Warten.

Nach Mitternacht hörte ich Schritte auf dem Kiesweg: Gustav kehrte heim. Ich knipste die Taschenlampe an, schlug die Zeltbahn zurück und sah zu, wie er sich gegenüber auf sein Feldbett setzte. Das Akkordeon hatte er abgestellt. Dann griff er in seine Jackentaschen und häufte Lirescheine, Unmengen von Lirescheinen auf mein Bett. Abgegriffene schmutzige Geldscheine, durch tausend Hände gegangen, zerknittert und eingerissen: Fünflirescheine, kaum größer als heute eine Telefonkarte; größere Zehnlirescheine und dann die gängigen, handlichen Hundertlirescheine. Auch ein paar Fünfhunderter waren dabei.

Wir schauten einander an, hörten keine Nachtigall mehr, sahen den Haufen Geld auf dem Bett liegen und freuten uns. Selbstverdientes Geld, in Nachtarbeit erspielt auf den Tasten und Knöpfen eines Akkordeons! Dann sortierten wir die Scheine nach ihren Werten, steckten sie ordentlich gebündelt in eine Ledermappe und löschten die Taschenlampe.

Jetzt konnte ich unbesorgt schlafen. Ab und zu noch drang der Nachtigallenschlag in mein Ohr, erst am frühen Morgen begannen die anderen gefiederten Sänger ihre Matinée und übertönten die Primadonna. Der Sonntag war da.

Nach der Morgentoilette kaufte ich in der nächsten Bäckerei frische Brötchen. Die Bäckersfrau rollte aus einem Stück Packpapier eine spitze Tüte und gab die acht Brötchen hinein. Dafür bezahlte ich hundert Lire, mit einem Geldschein aus Gustavs gestriger Gage. Die Brötchen dufteten köstlich, hatten eine matte Kruste und ließen sich wie Schneckennudeln entrollen. Zum Frühstück goß ich frischen Tee auf. Zu den Brötchen aßen wir rohe Zwiebeln, unter den grünen Bäumen, mitten in Rom.

Bereits am frühen Nachmittag hatte ich mich fein gemacht.

Der Zweireiher mit feinen Nadelstreifen war leicht tailliert,das cremefarbene Seidenhemd paßte im Farbton zur weichgeschlungenen Rohseidenkrawatte in Gold. Die Bügelfalte der weiten Hose fiel locker auf die schwarzen Halbschuhe aus Chevreauxleder, ein Seidentüchlein zierte die linke Brusttasche. Die Gitarre trug ich ausgepackt unterm Arm, hatte sie lupenrein gestimmt und die Korpusdecke nebst Griffbrett poliert.

Über den Ponte Mazzini überquerte ich schlendernd den Tiber, berührte das jüdische Viertel der römischen Altstadt. Die Mittagstische waren dort schon abgeräumt, zum Draußensitzen lud die warme Nachmittagssonne ein.

Wie sollte ich anfangen? Welcher Gastwirt erlaubt mir das Singen und Spielen? Mein Italienisch basierte auf dem Latein der Schule, dennoch verstand ich schon etwa die Hälfte des Gesprochenen.

So flanierte ich durch die engen Gassen der Altstadt mit ihrem Kopfsteinpflaster und den ockerfarbenen Fassaden der schmalen Häuser mit ihren sechs Etagen. Katzen balgten sich um Fischreste, ein paar Hunde dösten im Schatten, die Restaurants hielten Siesta zwischen Mittagstisch und Abendbrot. Auf dem Corso Vittorio Emanuele folgte ich dem Touristenstrom. Der Verkehr brauste geschäftig, Straßenbahnen quietschten in den Schienen und läuteten, wenn sie anhielten oder abfuhren.

Noch hatte ich kein Lokal betreten, noch wußte ich nicht, wie ich anfangen sollte. Der Frühlingsabend senkte sich über die Dächer, noch sirrten die ersten Mauersegler des Jahres im Himmel. Die Schatten wurden länger. In den Fenstern gingen die Lichter an, imposante Travertinfassaden alter Adelspaläste säumten den Bürgersteig. Am Palazzo Venezia trat ich um die Ecke, und vor mir erhob sich das protzige Denkmal Vittorio Emanueles II mit seinen Rampen und Kolonnaden, davor das Reiterstandbild. Die weißliche Farbe des Steins aus Brescia reflektierte das Abendlicht. Ich wußte nicht, daß rechts daneben die Cordonata-Treppe in leichter Steigung auf den Kapitolplatz führte, den römischsten aller Plätze der Ewigen Stadt. Das Reiterstandbild Marc Aurels, in ziviler Toga und mit ausgestreckter, grüßender Hand, krönte noch den Mittelpunkt des Kapitols.

Heute ist das Weltwunder wegen der Schadstoffe in der Stadtluft ins Museum verbannt. Damals aber versäumte ich auch noch die Kirche Santa Maria in Aracoeli und die souveräne Aussicht auf die Ruinenstätte des Forum Romanum direkt hinter dem Kapitolhügel.

Mein Sinnen und Trachten stand nach Geldverdienen, langsam hatte sich auch der Hunger gemeldet. Ich tauchte wieder in die schmalen Gassen des »Centro Storico«, schweifte umher, die Gitarre unter den Arm geklemmt. Die Dunkelheit war vollends eingefallen, piekfeine Speiselokale hielten die Türen geöffnet.

Wo hatte ich je solche Speisetische gesehen? Auf weiß oder rot gedeckten Tafeln standen dreistöckige Fruchtschalen, üppig mit Orangen beladen. In den Buffets hatten die Köche ihre Vorspeisen ausgebreitet, junge Tintenfische nach Größe in Reihe und Glied, Schüsseln mit gebackenen Auberginen, schräg aufgeschnitten; eingelegte Pilze und Artischocken, erlesene Olivenöle und Markenessige. Grüne Salate verschiedenster Sorten, jungen Löwenzahn und Brunnenkresse. Die Kellner servierten Antipasti, Penne, Maccaroni, Spaghetti und feine Bandnudeln. In blinkenden Silberschüsseln wartete der Parmesan auf seine Stunde.

Überall bodenständiges, volkstümliches Essen: scharlachroter Bergschinken, dazu schwarze Feigen; dann Spaghetti all'amatriciana, deren Soße nach Knoblauch, Pfeffer, frischen Tomaten, gehackten Schweinsfüßen und geriebenem Schafskäse duftete. Dann gab es Pollastrino in padella (gebratenes Masthuhn), das nach Wein und Majoran schmeckte, und Scamorze abruzzesi (Büffelkäse), zuletzt noch Ciambellone (Nußgebäck) und frische Erdbeeren aus Castelgandolfo. Über dieses Mahl ergoß sich der »Cannellino«, der herbe Wein, ruhig und frisch, und beileibe nicht nur in Foglietten, wie man die Halblitergläser in Rom und Umgebung nennt.

Hinter den Theken standen alle Aperitive und Digestive der Welt, die Flaschenreihen im Holzregal reichten bis unter die Decke: Dicke und dünne, schlanke und bauchige, kurze und lange, grüne und braune, schwarze und glasklare reihten sich neben- und übereinander, mit lauter leckeren Getränken: Magenbitter, Minzgeschmack, Anisette und Lakritzgaumenkitzel. Bestaubte Rotweinflaschen verdeckten die andere Wand. Bestaubt waren sie zwar, doch Spinnweben zwischen Regal und Flaschen sah ich dort nicht.

Alle Rassen, alle Völker, alle Lebensalter gaben sich in Rom zu jener Zeit ihr Stelldichein. Elegante Damen im »Deux Pièces« von Coco Chanel mit seriösen Herren jenseits des besten Alters. Burschikose Amerikanerinnen, schlank und sportlich, aber noch nicht in Blue Jeans – das erlaubte die Gastronomie erst später, als auch die T-Shirts salonfähig wurden.

Junge Männer in karierten Hemden mit Titushaarschnitt in der Stirn. Wenig Offiziere, dafür schwarze Rollkragen-Pullover en masse, wie sie im Quartier Latin des linken Seineufers en vogue waren, seit Boris Vian in diesem Habit die Jazztrompete blies und Juliette Greco in den Kellerlokalen der Rive Gauche singend auftrat.

Ich suchte den Blickkontakt mit dem Wirt hinter der Theke. Der senkte unmerklich die Augenlider. Ich hatte verstanden, ich konnte eintreten. Und ich trat ein. Vor der Theke, im hellen Licht, nahm ich Aufstellung. Die Esser blickten auf, manche legten sogar das Besteck hin, nahmen einen Schluck aus dem Weinglas und warteten auf meinen Einsatz. Ich sang »La Mer« von Charles Trenet.

Das kannten alle, viele verstanden sogar den französischen Text. Bei der Wiederholung des Kehrreims mit den enharmonischen Passagen variierte ich den Cantus Firmus und endete ganz leise im Fast-Rezitativ eine Oktave höher »...pour la vie« – nur noch geflüstert.

Ein Blick zum Wirt hinter die Theke. Der lächelt mit den Augen, senkt die Lider – ich darf weitermachen.

Ich singe ein zweites, diesmal in einer Kreuztonart, die mit der typischen Baßkadenz des amerikanischen Westens aufgelöst wird. Es ist »Cool Water« von Bob Nolan und den »Sons of the Pioneers«. Die Amis blicken auf und hören zu. Als ich fertig bin, klatschen sie, obgleich mein »Westerndrawl« noch seine Tücken hatte.

»American?«

»No, ...Dutch.«

Ich wollte nicht eingestehen, daß ich Deutscher sei – der Nazispuk war allen noch zu nahe. Wieder ein Blick zum Wirt. Dem lächelt der Schalk in den Augenwinkeln, und das heißt: noch eins.

»Bitte ein Tiroler Lied!« ruft mir eine Dame zu, mitten aus einer angeregten Tischgesellschaft. Tonartwechsel, flotter Rhythmus im Gitarrenvorspiel – und hineeeiiin:

Die Gamslan schwoarz und braun,
sie san so liéb zum Schau'n,
Bua, wannst sie schiéßen wüllst,
da mueßt di aufitrau'n!
Sie san so vogelg'schwind
und ham di glei' im Wind.
Sie fangen s' Pfeifen an,
schon sans davon.
Tri-holleradi-ria,
tri holleradi ho ...

In Tirol hatte ich 1940 mit 12 Jahren jodeln gelernt und beherrschte das Überschlagen der Kopfstimme.

Jetzt werden sie alle wissen, daß ich kein »Flying Dutchman« bin. Das Publikum klatscht! Ich hab's geschafft! Die Sekunde der Wahrheit kam aber erst jetzt. Die Gage wollte eingesammelt sein.

Ich nahm die Gitarre herunter, drehte sie um – mit dem Rücken nach oben – und machte Kasse. Ich sammelte die Gage ein wie ein Küster die Kollekte in der Kirche oder wie ein Bäcker, der mit dem »Schießer« die heißen Laibe Brot aus dem Backofen zieht.

Auf dem Rücken der Gitarre häuften sich die Geldscheine, die kleinen Fünflirescheine, die größeren Zehnlirescheine, die Hunderter und zwei – man staune – Fünfhunderter. Ich mußte höllisch achtgeben, daß sie nicht herunterfielen, weil sie sich häuften und der leicht gewölbte Korpusrücken glatt poliert war. Aber ich schaffte es.

Alle Tische machte ich durch, legte schließlich die Gitarre auf die Theke, stopfte die Gage in meine Taschen, bedankte mich beim freundlichen Wirt, verabschiedete mich höflich und verließ das Lokal. Draußen zitterten mir die Knie. Es war geschafft, das Eis war gebrochen! Ich stand auf der Straße, die laue Aprilnacht dunkelte in Ecken und Winkeln. Die Gitarre unter den Arm geklemmt, wandelte ich über fremde Plätze, hörte Straßenmusikanten Mandoline spielen, entdeckte auch zuweilen einen Sänger mit Gitarre unterm Arm. Aber dem wich ich aus, schließlich wollte ich Streit vermeiden.

Noch viermal fand ich an diesem Abend mein Publikum. Da die meisten Lokale offen standen, fiel mir der Blick-Kontakt mit dem Wirt oder dem Oberkellner nicht schwer. Dann trat ich ein, blickte mich um und suchte mir den günstigsten Platz für meinen Auftritt. Ich sang meine drei Lieder, erhob die Kollekte, bedankte mich und zog weiter. So begann meine Laufbahn als Sänger.

Nach Mitternacht trat ich aus einer Gasse unverhofft auf einen schmalen Platz, wo sechs Straßen zusammenliefen. Mächtige Wasser rauschten, schlichte Häuser bildeten drei Seiten des Brunnenplatzes, die vierte war von einer Palastwand eingenommen mit hohen Pilastern und Säulen, von einem Papstwappen gekrönt, Statuen in flachen Nischen traten aus der Wand. Im Zentrum des Platzes rauschten Kaskaden über aufgetürmte Felsen, und der Meeresgott Neptun stand auf seinem von Tritonen und brausender Seerössern gezogenen Muschelwagen inmitten schäumender Fluten.

Die barocke Szene wirkte fast wie eine Theaterkulisse, prachtvoll, überladen, und zugleich beruhigend. Weil mir die Füße vom zehnstündigen Flanieren weh taten, zog ich die Halbschuhe und die feinen Strümpfe aus. Dann tauchte ich die nackten Füße ins kühle Naß der weltbekannten Fontana Trevi. Anita Ekberg sollte es mir Jahre später nachtun, in dem Film »La Dolce Vita«.

Nach meinem mitternächtlichen Fußbad lenkte ich die Schritte wieder heimwärts. Spät war es geworden, ich war leergesungen, müde und froh: Die finanzielle Basis der Fahrt hatte sich erheblich verbreitert, ja sogar verdoppelt, weil ich ebensoviel wie Gustav ersungen hatte. Fast eine Stunde brauchte ich, bis jenseits des Tibers der Nachtpförtner eine kleine Tür neben dem breiten Parktor aufschloß und mich einließ. Ich störte die Nachtigall mit meinen Schritten auf dem Kiesweg, Gustav empfing mich im Schein der Taschenlampe. Wir zählten das Geld, ordneten die Scheine nach Werten und steckten sie zu den anderen in die Ledertasche.

Militärische Kommandos störten unseren Morgenschlaf. Sie bellten von jenseits der Parkmauer her, wo Offiziere ihren Frühsport betrieben. Die römische Militärakademie befand sich ja damals noch gleich nebenan. Belustigt hörten wir aus unseren Feldbetten den Kommandos zu: Das lag gottlob für immer hinter uns. Nach einer halben Stunde kehrte wieder Ruhe ein.

»Du verfluchter Italiener!« rief eine junge Stimme direkt vor dem Zelt. Was soll das nur? Wer kann das sein? Was will der?

Ich öffnete das Zelt, und vor mir stand ein junger Alpini-Oberleutnant in Uniform. Fragend schaute ich ihn an, und ein Lachen trat auf sein Gesicht. »Ich bin Tenente Pescatori von der Militärakademie. Nach dem Frühsport blickte ich über die Mauer und sah Ihr Zelt. ›Du verfluchter Italiener‹ hat mein deutscher Schmiedemeister jeden Tag zu mir gesagt. Ich arbeitete damals in Castrop-Rauxel als IMI, als Italienischer-Miliz-Internierter, nach dem Putsch von Marschall Badoglio 1943.« [1)]

Deshalb also konnte Aldo Pescatori so gut Deutsch! Zwei Jahre als IMI während des totalen Krieges im Ruhrgebiet, das mußte Heimweh, Hunger und wohl auch Todesangst für ihn bedeutet haben. Doch er ließ uns nichts davon merken. Er war ein junger Europäer der ersten Stunde.

»Da drüben, in den kleinen Bungalows an der Parkmauer, wohnen amerikanische Studenten und Studentinnen. Eine von ihnen, in dem zweiten Bungalow neben der Toreinfahrt, hat mir's angetan, deshalb kam ich vorbei. Ich habe eure Musikinstrumente gesehen, die Gitarre und das Akkordeon. Der Amerikanerin möchte ich so gern ein Ständchen bringen. Könnte mich einer von euch begleiten, bitte?«

Das war etwas für mich. Ich sagte zu, und Aldo sang mir leise mehrmals die Romanze für das Ständchen vor:

Firenze, sta notte sei belle
di un manto di stelle …

1) Nach dem Sturz Mussolinis am 25. Juni 1943 übernahm Marschall Badoglio die Regierung, hielt aber zunächst trotz wachsender Opposition am Bündnis mit Deutschland fest. Erst am 8. September 1943 schloß er Waffenstillstand mit den USA und Großbritannien. Auf diesen Schritt reagierten die Nazis mit der Besetzung der noch nicht befreiten Teile Italiens und führten den Krieg gegen die Alliierten und den ehemaligen Verbündeten in Italien fort.

Florenz, heute nacht bist du schön
in einem Mantel aus Sternen

Die Weise ging im langsamen Dreivierteltakt, selbstverständlich anfangs in d-Moll, löste sich aber dann, bei der Stelle »Sul Arno d'argente ...« mit Ritardandi und Fermaten nach D-Dur hin auf.

Täglich probten wir nun dieses Ständchen: Aldo kam über die Mauer geklettert, sang, und ich begleitete ihn. Auch brachte er mir den Text bei, den ich bald verstand. Er versorgte uns auch mit echter italienischer Salami, schräg aufgeschnitten in hauchdünnen Scheiben. Ebenso mit Parma-Schinken.

Nun konnte ich die Frühstückstafel reicher decken und die Brötchen stilgerecht reichen. Als er am nächsten Morgen auch noch eine Dose Aprikosenmarmelade mitbrachte, war der Frühstückstisch vollends lukullisch. Die »Dolce Vita« begann.

Abends gingen wir weiterhin abwechselnd auf »Nachtschicht«, Gustav mit seinem Akkordeon, ich mit meiner Gitarre. Wir lernten die exklusiven Restaurants der Innenstadt bei Nacht kennen, in denen der Barolo 35 Minuten vorm Trinken schräg ins Flaschenkörbchen zum Dekantieren gelegt wird; wo man von links vorlegt und von rechts abräumt; wo die Mineralwässer wohltemperiert im Glase sprudeln, selbst die Artischocken »al dente« zubereitet und die Zahnstocher aus schräggeschnittenen Gänsekielen in Papier gepackt sind, die »Mousse au chocolat« nicht zu süß und der Espresso immer heiß ist, die Austern eiskalt und ganz frisch, und die Pfeilhechte vom Fang des Morgens noch am gleichen Abend auf den Tisch kommen.

Eines Nachts kam ich nach vielen Auftritten spät an den Spanischen Platz, von dessen Existenz ich nichts wußte. Links stand der Palazzo di Spagna, das Palais der spanischen Botschaft beim Vatikan, der dem Platz den Namen gibt. Vor der Treppe von Trinità dei Monti, die man die Spanische Treppe nennt, plätscherte ein Brunnen. Die Kirche am oberen Ende der Stufen konnte ich in der Dunkelheit nicht erkennen. Ich setzte mich auf die Stufen und ruhte nach getaner Arbeit aus. Die Prachttreppe läßt der Phantasie viel Spielraum, weil ihre Rampen und Absätze so gut wie nie im rechten Winkel aneinanderstoßen. Ich lehnte mich an die Balustrade, genoß die laue Nacht und entspannte mich völlig. Vom untersten Podest hinab betrachtete ich den Spanischen Platz im Licht der Laternen, dann stieg ich von Podest zu Podest bis zu einer Terrasse empor, wo sich Liebespaare eingefunden hatten. Ich wunderte mich über die erste, nach vorn gewölbte Sperrmauer, dann über die zweite, diesmal nach hinten gebauchte Terrasse. Dort fand ich auf dem Boden farbig glasierte Tonscherben eines großen Kruges. Ich steckte ein paar davon in die Tasche und nahm sie mit.

Unser Freund Aldo sang immer klarer und freier, auch meine Begleitung auf der Gitarre klang sicher und fest. Eines Abends stieg die Uraufführung: Beide gingen wir durch den Park zum zweiten Bungalow neben dem breiten Holztor. Ich schlug die ersten drei Akkorde an, und Aldo stand vor dem niedrigen Fenster und begann zu singen. Da öffnete sich die Tür, und zwei erstaunte Mädchen traten hervor, hörten uns zu, strahlten und lächelten, während der Lichtschein ihres Appartements auf uns beide Musikanten fiel: auf Aldo, den Sänger, und auf mich, den Gitarrenspieler. Die Mädchen klatschten Beifall und riefen »Great! Come in«. Ein »Latin Lover« hat's eben leichter!

Nun saßen wir in dem kleinen Appartement der zwei Amerikanerinnen. Aldo radebrechte nur ein schlichtes Englisch, bei mir ging das besser. Die zwei Amerikanerinnen telefonierten gleich ihre Landsleute herbei, und im Nu war die Bude voll: Lauter Studenten der zehnten Muse, deren Väter in Hollywood Regie führten. Hier, in Cine-Citta, sollten die jungen Amis das Filmen lernen, wo Rosselini, Fellini, De Sica und ihre weltberühmten Kollegen alljährlich Kultfilme drehten, von denen man heute noch spricht und die man heute genau so gefesselt verfolgt wie in jener Zeit, als vor den Kinos noch Schlangen standen.

Ich war für die jungen Amerikaner aber ebenso interessant wie Tenente Aldo Pescatori aus den Dolomiten. So fand er Gelegenheit, sich mehr seiner Angebeteten zu widmen.

»Was, aus Deutschland, mit einem Motorrad? Und ihr wollt nach Indien? Ihr spielt jede Nacht in den Tavernen, um Geld zu verdienen? Mighty smart!«

»Bringt uns eure Wäsche, wir haben Waschmaschinen. Und das da drüben ist euer Zelt! Darin wohnt ihr?«

Ich holte Gustav herein, wir saßen auf Betten, Hockern und auf dem Fußboden. Gustav ließ die »Tanzenden Finger« auf dem Akkordeon wüten, ich spielte Gitarre und sang »On top of Old Smokie«. Alle stimmten ein: »Don't fence me in«, »Mule train«, »On the Grand Canyon Line« …

Wir erzählten von Burl Ives, den manche von ihnen persönlich kannten. Als ich »Auf, nach Mahagonny« anstimmte, hätte man eine Stecknadel fallen hören können, so angespannt lauschten sie.

»Das hat mein Onkel noch kurz vor unserer Flucht in Berlin inszeniert.« Fast die Hälfte des jungen Volkes stammte nämlich aus Deutschland, sprach gut deutsch, kannte das deutsche Theaterleben entschieden besser als ich und freute sich über mein Repertoire an Brecht-Liedern. Ihre jüdischen Familien hatten Deutschland wegen der Nürnberger Gesetze von 1935 verlassen müssen, und so traf ich denn hier auf die ersten Emigranten meines Alters: prächtige Kameraden aus Hollywood.

»Kennst du ›Freiheit‹ von Ernst Busch?« Ich kannte es.

»Kennst du ›Das Einheitsfrontlied‹ von Eisler und Brecht?« Ich kannte es auch.

»Dann steigt nächste Woche eine Galavorstellung im Großen Saal des Palazzo!«

Die Internationale Brigade der Solidarität in der »Casa Internazionale per Studiosi« von Rom vereinte Deutsche, Amerikaner, Franzosen und Italiener. Der Herr Direktor ließ uns aber wissen, daß kein Eintrittsgeld verlangt werden dürfe. Deshalb strich Bob aus Beverly Hills den Betrag auf seinem Plakat zweimal durch und schrieb daneben »untersagt«. Jeder Plakatleser verstand den Hinweis.

Am Samstagabend strahlten die Kronleuchter im Marmorsaal. Wir hatten die Bestuhlung in leichten Bögen auf die Schmalseite ausgerichtet, und die Studenten von Cine-Citta verstanden unseren Auftritt glänzend auszuleuchten: weiße Scheinwerfer von oben, zwei Punktstrahler aus der Saalmitte und dazu noch Rampenlicht. Originelle Plakate hatten die Wände von Buchhandlungen und Bistros, Zeitungskiosken und Behördeneingängen geziert.

Als Gustav und ich mit klopfenden Herzen den Saal betraten, waren alle Stühle besetzt. Das Licht ging aus, die Bühnenbeleuchtung strahlte weiß und Gustav begann mit den acht eisernen Ringen, die er ineinanderflocht. Dazu spielte ich auf der Gitarre mit abgestoppten Barrégriffen »On the sunny side of the street«; die Melodie dazu pfiff ich. Leise und doch stark wirkte die Musik auf die Zuschauer, lenkte ihre Aufmerksamkeit gerade so weit ab, daß Gustav zaubern konnte wie Houdini – Simsalabim! – Nach dem Beifall folgte als zweite Nummer der Trick mit dem Geldschein, der sich in Luft auflöste, nachdem er unter einem Seidentuch noch ganz fest mit den Fingerspitzen erfühlt werden konnte. Als Gustav ihn dann aus einer grünen Limone herausschnitt, wobei der Saft auf die Bühne tropfte, staunten selbst abgebrühte Bühnenleute aus den Studios von MGM. – Abrakadabra! –

So folgte ein Hexenmeisterstück nach dem anderen: Unsichtbar ließ Gustav kleine rote Bälle hinter seinem Rücken von der Rechten in seine ausgestreckte Linke hinüberwechseln, berührte mit dem Zauberstab den Zylinderhut auf dem Tisch: Da flogen zwei Tauben heraus! »Aaaaaaa...!« Die hatte er tags zuvor auf dem Markt erstanden, später brachte er sie wieder dorthin zurück.

Dann singe ich: Expressionistische Fahrtenlieder, zwei kantable Tucholskys, und beim »Mackie Messer« von Brecht und Weill summen alle mit. Nun habe ich das Publikum in der Tasche. »Drifting along with the tumbeling tumbleweed« hatten mir die amerikanischen Studenten wohl kaum zugetraut. Aber wer Ohren hatte zum Hören, der konnte in jenen Jahren auf AFN Munich-Stuttgart viel lernen: Im »Hillbilly-Gasthouse« traten die Asse der »Gran' Ole Op'ry« auf – jede Woche zweimal über den deutschen Äther der Radiozeiten.

Weil Aldo das Ständchen so gut mit mir eingeübt hatte, gaben wir dann eine Einlage als Gesangsduo. Das Vorspiel: langsamer Walzer in D-Moll, dann zweistimmiger Einsatz mit Blicken ins Publikum, und weil jeder Italiener die Canzone »Firenze, sta notte sei belle« kennt, sangen alle mit. Gustavs Glanznummer mit dem Feuerfressen als Höhepunkt der Soirée verfremdete die Lichtorgie der Scheinwerfer in züngelnde Flammen, rot und rauchig, aus dem Munde des Magiers mit nacktem Oberkörper. Auf der dunklen Bühne flackerten Feuerzungen, leise spielte ich dazu die Habanera »Tabu« nach dem Arrangement der Lecuona Cubana Boys.

Als die Kronleuchter wieder in den Marmorsaal strahlten, erhob sich das Publikum unter Applaus. Wir dankten strahlend mit Verbeugung. Wir hatten leider keinen Vorhang, sonst wäre der gewiß ein paarmal auf- und zugegangen. Die Amis waren Amigos geworden. An den drei hohen Flügeltüren der Ausgänge erhoben sie für uns die Kollekte und übergaben uns die erste gute Artisten-Gage, die wir bekamen.

Gustav hatte sich wieder angekleidet und seinen Mund ausgespült – das Reinigungsbenzin der Fackelbällchen aus Watte schmeckte ja bei weitem nicht so gut wie der Chianti Classico.

Außerdem muß ein Feuerspucker auch auf seinen Schnurrbart achten – der darf ja bei den Vorführungen nicht angesengt werden.

Aldo hatte Kameraden aus seiner Militärakademie mitgebracht – prompt stieg unser nächster Auftritt im Offizierskasino. Gage: bar Kasse. Ein Capitano aus Sardinien engagierte uns danach für einen Auftritt bei einer sardischen Hochzeit: die Braut im weißen Schleier, der Bräutigam in Frack und mit Brillantine im Haar. Die Hochzeitsgesellschaft und wir beide bestaunten uns gegenseitig. Zum köstlichen Lammbraten, mit Rosmarin satt gewürzt, tranken wir tiefdunkelroten Wein aus den sardischen Bergen. Elegante Damenkleider, schulterfrei, funkelnder Schmuck an schlanken Hälsen und Armen, gestutzte Kinnbärte bei den Herren, Lachen an der Tafel und strahlende Blicke aus dunklen Augen. Als Zugabe schenkte uns das Brautpaar eine Korbflasche Wein.

An einem Sonntagmorgen nahm mich Aldo in die Peterskirche mit. Der Vatikan lag ja nur ein paar hundert Meter tiberaufwärts, zwischen der Engelsburg und unserem Park. Papst Pius XII. feierte dort eine Seligsprechung, doch als Protestant stand ich fremd in der Menge. Auf einem Thron trugen zwölf Würdenträger den Pontifex Maximus durch die jubelnden Massen, die niederknieten und verzückt: »Pio Papa, Pio Papa!« riefen. Seine gewaltige Hakennase zeugte von uraltem römischem Geschlecht. Über den Gläubigen wölbte sich weit oben die ungeheure Kuppel des Petersdomes, dessen Ausmaße alles übertrafen, was ich bisher gesehen hatte – auch in Rom. Chorische Sphärenmusik widerhallte in der Höhe.

Auch der Petersplatz vor der Kirche versetzte mich in Erstaunen. Harmonie und Größe vollendeten sich in ihm auf wunderbare Weise, selbst die vierfache, geschweifte Kolonnade wirkte wohlgestaltet in ihrem Verhältnis zu dem Obelisken und den beiden Springbrunnen aus dreifach gestaffelten Steinschalen.

Die Landsknechte der Schweizergarde hatten ihre Helme frisch poliert, darüber schwankten farbige Federbüsche, die zu den blau-gelb-rot geschlitzten engen Wämsern und den ebensolchen Pluderhosen paßten. Sattelbraune Lederkoppel trugen sie, und auf dem Koppelschloß prangte das Wappen des Vatikans. Daß die Degen an ihrer Seite kein Spielzeug waren, sah ich gleich. Unter klingendem Spiel mit Trommeln und Pfeifen zogen sie am Schildwachhaus vorbei. Als ich sie ansprach, antworteten sie auf Schwyzerdütsch.

Gustav lernte in diesen Tagen eine Römerin kennen, von der er mir erzählte. Dennoch blieb mir die Affäre immer etwas dunkel – vielleicht war es nur ein römisches Spaghettiverhältnis? Er hat sich nie genau dazu geäußert, und ich ließ es dabei.

Wir hatten mittlerweile unsere Sichtvermerke für den Aufenthalt in Italien verlängern lassen. Wir hatten Geld verdient, Freunde gefunden und eine Weltstadt erobert – aus Fleisch und Blut, mit Größe und Pracht. Sie hatte uns aufgenommen und sich uns offen gezeigt: lieblich und frühlingshaft, als Dame, als Freundin und dennoch mütterlich. Die in Deutschland so geschmähten Spaghetti-Fresser hatten sich als generöse Partner, überlegene Großstädter und freundliche Helfer erwiesen. Dabei blieben sie immer urban und locker, oft mit einem Lachen in den Augenwinkeln.

In der letzten Aprilwoche beluden wir den Beiwagen, tankten voll, hatten Öl nachgefüllt und den Reifendruck überprüft, klappten die Feldbetten zusammen und legten die Zeltbahn obendrauf. In den Koffern lagen frischgewaschene Hemden und gebügelte Anzüge. Am Kolosseum drehten wir eine Ehrenrunde, nachdem wir die erst 1950 fertiggestellte moderne Stazione Termini nur von außen bewundert hatten.

»A rivederci, Roma! Good bye, and au revoir!«

Im Mezzogiorno

Hörst du die Landstraß',
wie sie lockt und ruft?
Schnür dein Bündel, komm!
Draußen, da weht eine andere Luft,
draußen scheint die Sonn'.
Ade, mein liebes Mädchen,
fällt es auch schwer.
Aber die Landstraß'
läßt uns nimmermehr.
Aus der »Kundenzeit«

Auf dem Straßenschild stand »Via Appia« – hier hatten sie 71 vor Christus die gefangenen Sklaven vom Spartakusaufstand entlang dem Straßenrand zu Tausenden gekreuzigt.

Schon in der Antike führte die Via Appia zum Stiefelabsatz der Apenninhalbinsel; sie sollte auch uns dorthin bringen.

Erste Briefe aus der Heimat hatten uns »posta restante« erreicht und bestärkt. So konnten wir mit frischem Mut die zweite Etappe in Angriff nehmen, die Strecke von Rom nach Brindisi. Dort wollten wir ein Schiff nach Griechenland finden.

Routinierte Landfahrer wissen, wo die günstigsten Schlafplätze liegen. Da es in Rom bei der Abfahrt etwas spät geworden war, brauchten wir an den grünen Ufern des Albaner Sees nicht lange zu suchen. War der Papst bereits in Rom unser Nachbar gewesen, so auch hier: Sein Castel Gandolfo in Sichtweite, schlugen wir uns für die Mainacht in die Büsche.

Die einstigen Pontinischen Sümpfe südlich dieses Platzes grüßten uns am nächsten Morgen mit dem Duft blühender und reifer Apfelsinen – ja, man staune: blühender und reifer zugleich! Endlose Plantagen mit Orangenbäumchen säumten hier die Via Appia. Der schwere Duft dieser köstlichen Früchte schwängerte förmlich die Luft, eroberte unsere Nasen, aromatisierte das Riechfeld und blieb haften. Die Plantagen waren eingezäunt und scharf bewacht. An den Eingängen verkauften Erntearbeiter die prallen Kugeln, die so appetitlich leuchteten mit ihrer rauh-glatten Schale und zuweilen noch an einem grünen Zweig hingen.

Die Zitrusfrüchte der Mittelmeerländer stehen ja symbolisch für heiße trockene Sommer und milde regenfeuchte Winter, für die ewige deutsche Sehnsucht nach dem Süden, die bis heute endlose Touristenströme an die Adria lockt, an die Côte d'Azur, die Costa Brava und die Costa del Sol.

Unsere pralle Geldbörse erlaubte es, frische Orangen zu kaufen; so teuer wie nie zuvor und danach, aber auch ebenso schmackhaft, süß und saftig.

Die 220 Kilometer nach Neapel flogen unter uns hinweg. Welch eine Wonne, im sonnigen Süden Motorrad zu fahren! Kein Sturzhelm hielt den Fahrtwind ab, nur unsere dicken Brillen schützten die Augen. Wir sogen alle Gerüche ein, alle Aromen und Düfte der Olivenhaine und Weinberge, des Weihrauchs um die Klöster, ihrer Mädchenpensionate, der Tavernen und Gerbereien, der Auspuffgase schlecht brennender Dieselmotoren – und entdeckten schließlich knapp über dem Berghorizont die Rauchfahne des Vesuvs.

Neapel sehen und rasten! An einem heißen Vormittag holten wir die Briefe am Schalter der Hauptpost ab und lasen, an den hochbepackten Beiwagen gelehnt, weil das Sitzleder mal seine

Ruhe brauchte, die Nachrichten der Lieben daheim. »... und wenn ihr auf Krücken nach Indien wankt«, so schrieb mein Zwillingsbruder Hein, »ihr müßt unsere Sehnsucht stillen.«

Die einzigartige Bucht der südlichen Hafenstadt sieht wirklich genau so aus wie auf den Bildpostkarten. Weit außerhalb der Stadt, am flach auslaufenden Hang des Vulkankegels, entdeckten wir Pompeji.

Die einst wohlhabende römische Kleinstadt hatte noch griechisch gesprochen, als sie im Jahre 79 n.Chr. ein Aschenregen des explodierenden Vesuvs verschüttete. Weil uns der Eintrittspreis zu happig schien, umfuhren wir den Drahtzaun und betraten die Ausgrabungsstätte etwas außerhalb der Legalität. Beim Betrachten der Atriumhäuser mit ihren Wandmalereien in lebhaften Farben näherten sich zwei Wächter. Wir folgten dem Bild eines fleischigen Phallus in pompejanischem Rot, der als Wegweiser zum Freudenhaus diente – da kamen unauffällig auch aus der Gegenrichtung zwei Uniformierte, und unser Fluchtweg war abgeschnitten. Höflich, aber bestimmt geleiteten uns die vier Pompejaner zum Ausgang. Kein böses Wort fiel, kein Naserümpfen, nicht mal ein Stirnrunzeln. Wir schämten uns ein wenig und fuhren ab.

Gebt Raum, ihr Völker, unserm Schritt,
wir sind die letzten Goten.
Wir tragen keine Krone mit,
wir tragen einen Toten.

Wir kommen her – gebt Raum dem Schritt –
aus Romas falschen Toren.
Wir tragen nur den König mit,
die Krone ging verloren.
Aus »Ein Kampf um Rom« von Felix Dahn

Hatten nicht hier am Vesuv die Ostgoten ihren letzten Kampf geliefert unter König Teja? Der war nach langem Gefecht im Jahre 552 n.Chr. gefallen, und die paar Überlebenden trugen den Toten im freien Geleit von der Walstatt, wie es Prokop im »Gotenkrieg« berichtet.

Wir verließen die Küstenebene hinter Pompeji und umfuhren das breite Massiv des Monte Vesuvio an der Talstation seiner »Funiculi, Funicula, Funiculi, Funiculaaaa...«

Der Süden zeigte sich zunehmend karger. Agaven am Straßenrand blühten trotz Staub und Auspuffgasen, und die Siedlungen wirkten nicht mehr so stolz wie jene in Oberitalien. Der Sommer hatte schon eingesetzt, und die erbarmungslosen Strahlen zwangen uns, Mützen zu tragen.

Die Berge traten näher, hell strahlte ihr Kalkstein in der Abendsonne. Die Felder im Talgrund waren von Trockenmauern umfriedet, schmale Steinwege zweigten von der Hauptstraße ab. Spät am Abend bezogen wir unter Olivenbäumen das Nachtquartier. In der Nähe sang ein Mann. War es ein Hirte? Ein Wächter? Sein Gesang tremolierte. Die Melodie zog sich in ewigen Bögen hin, irgendwie klagend und langgezogen, jedenfalls fremder als die heiteren Weisen bisher. Ob diese Art zu singen wohl die Sarazenen aus dem Heiligen Land mitgebracht hatten? Tatsächlich hörten wir später in den Bergen des Antilibanon Hirten, die bei ihren nächtlichen Herden ähnlich intonierten.

Wieder hatten wir Besuch in unserem Ölberg. Mein Italienisch ermöglichte die Unterhaltung. Der ärmlich gekleidete Landarbeiter fragte nach dem Woher und Wohin und ob wir Kommunisten wären wie hier alle. Das Land gehöre lauter Großgrundbesitzern, sie selber seien nur Pächter.

»Auguri, auguri! – Viel Glück!«

Der klagende Gesang blieb bis Mitternacht hörbar, dann müssen wir wohl eingeschlafen sein.

In der Frühe war kein Tau gefallen, doch die Morgenkühle genügte, um uns zu erfrischen, und bald saßen wir wieder im Sattel, um die Apenninen zu überqueren, ans adriatische Meer, über jene Stadt, die ein Landsknecht in Forsters »Frischen deutschen Liedern« 1540 besingt:

Wir kam' vor Benevent,
da hätt' all unser Not ein End.
Strampedemi.
Alarmi presente!
Al vostra signori.

Die wilde Bergstrecke quer über die südlichen Abruzzen verlangte viel von der Maschine. Ständig stand uns das Bild des zerfetzten Ritzels am Brenner vor Augen, oder das des geplatzten Reifens; auch die zweimal durchgebrannte Zylinderkopfdichtung war nicht vergessen. Aber der Motor lief ruhig. Wir kurvten die Serpentinen der Paßstraßen hoch, machten auf dem Bergsattel kurze Rast, vertraten uns die Beine und schauten in eine wilde Bergwelt mit wenig Grün; in den Schluchten rauschten die Wildwasser.

Und überall in der sonnenverbrannten Felsenwildnis wucherte das Kaktusgestrüpp der Indischen Feige. Auf den Oberkanten der fleischigen Blätter, die wie übergroße Pingpongschläger aussahen, saßen fingerlange Blüten in Rosa, Lila und Gelb. Beim näheren Betrachten entdeckte ich in den offenen Kelchen goldgelbe Staubgefäße. Sie hatten mit ihrer fast sinnlichen Zärtlichkeit Bienen und Hummeln angelockt und zum Hineinschlüpfen bewogen – Kaktusblüten wirken unwiderstehlich anziehend auf Insekten.

Trunken vom überschwänglichen Duft, taumelten sie in den Blütenkelchen von Wand zu Wand, mästeten sich am Nektar und waren von Blütenstaub bezuckert. Und obgleich ich sie zu ärgern trachtete, indem ich mit einem Grashalm in der Blüte herumstocherte, ließ sich keine von ihnen verscheuchen oder zum Angriff reizen. Sie blieben alle drin. Sie verhielten sich wie Zecher, die erst mit der Sperrstunde aufhören wollen, zu trinken.

Immer wieder bezauberte mich die zierliche Anmut dieser Blüten, ganz im Gegensatz zum wirren, ungeschlachten Gefüge der ganzen Pflanze, für die man sich meistens erst dann interessiert, wenn man sich in ihrem Dornenlabyrinth verheddert hat. Trotzdem bringt dies Stachelnest, dies Gewirr voll bösartiger Nadelspitzen alljährlich eine solche Blütenpracht hervor. Zwar kann man sie kaum pflücken, für jedes Wesen – außer den Insekten – bleiben sie unnahbar, aber gleichwohl sind sie lieblich und begehrenswert. Beispielhafter noch als eine »Rose unter Dornen« verkörpern sie für mich die Einheit in der Polarität der Gegensätze.

Hinter dem Zentralkamm der Bergkette ging's talauswärts. Zuerst in steilen Spitzkehren, dann in immer offeneren Straßenschlingen entlang der Bergfüße, endlich auf der Talsohle neben dem Flußbett durch Felder mit Gerste und Weizen, aber auch Reben und Frischgemüse.

Die Talaue weitete sich, die Berge blieben zurück, Foggia war erreicht. Weiter, ihr Morgenlandfahrer! Jetzt seid ihr in Apulien! Hier lebte der Staufenkaiser Friedrich II., der in eurer pfälzischen Heimat so gern die Beizjagd betrieb mit dem Wanderfalken, den ihr jetzt als Wappentier vorne am Beiwagen führt. »Puer Apuliae« – Knabe aus Apulien – wurde der Prinz genannt, den seine normannische Mutter Konstanze 1194 zu Weihnachten geboren hatte. Er wuchs in Palermo bei Fremden auf und sprach Italienisch, Lateinisch, Griechisch und Arabisch. Mit 18 Jahren ritt er nach Deutschland und wurde Kaiser. Dabei verstand er als Sizilianer kein Deutsch, sein unvergleichliches Falkenbuch »De arte venandi cum avibus« schrieb er auf Latein.

Als ihn sein unversöhnlicher Feind Papst Gregor IX. im Jahre 1239 zum zweitenmal mit dem Kirchenbann belegte, riß der Streit zwischen den beiden Häuptern der Christenheit die beiden Länder Deutschland und Italien in einen Strudel aufwühlenden Kampfes. Ein Jahr später begann Friedrich II. in steiniger Einöde, aber im weithin sichtbaren Mittelpunkt Apuliens den Bau eines wunderbaren Symbols seiner Herrschaft: des »Castel del Monte«.

Das achteckige Jagdschloß, regelmäßig wie eine mathematische Formel, scheint für die Ewigkeit geprägt. Es strahlt wie ein Kristall die Herrlichkeit der Majestät über die kahle Heidelandschaft zwischen Foggia und Andria. Später hielt der grausame Zerstörer des Staufergeschlechts, Karl von Anjou, in seinen Mauern die drei Enkelsöhne Friedrichs II. von 1266 bis 1299 gefangen. Waren diese Söhne Manfreds jahrzehntelang vielleicht die einzigen staufischen Bewohner der »Krone Apuliens« gewesen?

Hatten sich die Gefangenen hinter schwer vergitterten Fenstern wohl in jene Ferne hinausgesehnt, die sich draußen so verlockend ausdehnt und die wir soeben im Motorradsattel eroberten?

Im Unterschied zu den vielen Stauferburgen meiner pfälzischen Heimat, die ausnahmslos als Ruinen überdauerten, besteht Castel del Monte noch heute in fast unveränderter Schönheit. Leider lag es zu weit ab von unserer Route, aber vom Bilde her war es uns gegenwärtig genug.

Die Bergtour quer über die Abruzzen hatte uns ziemlich geschlaucht. Müde und staubig ließen wir Foggia hinter uns und gewannen die Küstenstraße nach Süden. Im kleinen Städtchen Trani war es schon dunkel.

Durch nächtliche Felder schaukelten wir auf Sandwegen bis ans Meer. Die Küste brach ein paar Meter tief ab zum kiesigen Strand. Gleich hinter dem Zelt rauschte das Meer in der Nacht, die Wellen brachen sich rhythmisch im seichten Uferwasser und liefen rollend aus in den Kies.

Ich bereitete das Nachtmahl: In den Gemüsefeldern erntete ich ein paar faustdicke Grünköpfe, die ich einfach mit dem Messer abschnitt. Als der große Aluminiumtopf ziemlich mit ihnen gefüllt war, gab ich Wasser mit einer Prise Salz hinzu und kochte das Ganze, bis es weich war. Dann servierte ich das Gericht zu Weißbrotscheiben und einem lauwarmen Frascati. Die große Taschenlampe beleuchtete die faustdicken Gemüseköpfe, die wir auf die Gabeln gespießt hatten. Beim Kauen störten uns zwar die kleinen Stacheln an den Blattspitzen, aber je mehr äußere Blätter wir ablösten, desto köstlicher schmeckte das Innere. Am besten aber mundeten die Böden, knapp über der Schnittfläche vom Strunk.

Erst viel später erfuhren wir, daß es Artischocken waren, lernten sie dann kennerisch zu lutschen und vor allem ihre Böden wertzuschätzen. Das frugale Mahl zur Nachtzeit am Strand der Adria mit dem noch unbekannten Gemüse lehrte uns jedenfalls eines: Artischocken verlangen Zeit beim Essen und auch gutes Licht. Nicht ihre Stacheln gehören auf die Zunge, sondern nur die dicken, gleichsam »gefüllten« Blattwurzeln, die man gemächlich auslutschen muß.

An einem Frühsommertag kamen wir nach Bari. Die Großstadt an der Ferse Italiens streckt ihre Vororte wie die Arme eines Tintenfischs nach allen Seiten. Vor dem Zweiten Weltkrieg bauten die italienischen Faschisten die Stadt zu einem wichtigen Handelszentrum aus mit modernen Vierteln und einem weitläufigen Ausstellungsgelände für die »Fora del Levante«, eine jährliche Handelsmesse für den östlichen Mittelmeerraum. Hier in Bari wollten wir die Überfahrt nach Griechenland vorbereiten.

Eine Pier ragte weit in das Meer hinaus, und dicke Öltanker löschten dort ihre Ladung vom Persischen Golf. Dorthin stand unser Sinn, und deshalb glaubten wir, uns von Bari aus einschiffen zu können.

Auch hier, wie in jeder Stadt, wo wir haltmachten, bildete sich um uns und die Maschine sofort eine Menschentraube.

»Dov' andate? – Wohin fahrt ihr?«

»Andiamo in India. – Wir fahren nach Indien.«

»Andate in India ...? E niente paura ...? – Und keine Angst?«

Und wieder das langsame Wedeln mit den geschürzten Fingern der rechten Hand.

Vor dem Postamt in Bari umringte uns wieder die Gruppe der Gaffer. Einer fragte, alle hörten zu. Wir hatten uns quer auf die Sättel gesetzt und lasen die Briefe von daheim. Die fast 2000 Kilometer bis hierher waren hart gewesen und hatten viel Ausdauer erfordert.

Ein junger Italiener aber blieb am Ball, sein Fragen nahm kein Ende: Wo wir in Bari wohnen würden? Er wisse für uns eine zentrale Bleibe, direkt in der Altstadt. Das Haus sei uns gar nicht so unbekannt, immerhin habe es ein Deutscher gebaut, sogar ein Schwabe. Es sei das »Castello Svevo« des Federico Secundo. Zwar hatten wir schon von seinem »Castel del Monte« in Apulien gehört, von der »Schwabenburg« am Porto Vecchio aber noch kein Wort.

Die historische Festung am Alten Hafen besitzt noch hohenstaufisches Format in Größe und Stil, Würde und Anmut. Die von Friedrich II. an dem Platz einer Normannenburg im Jahre 1233 begonnene Vierflügelanlage wurde später unter Karl von Anjou – großenteils nach den ursprünglichen Plänen – weiter ausgebaut.

Der junge Italiener geleitete uns die paar Meter dorthin. Keine der Burgen unserer Heimat ist auch nur annähernd so gut erhalten – dennoch müssen sie ganz ähnlich ausgesehen haben. Durch einen gepflasterten Eingang fuhren wir in den Innenhof; dort führte eine doppelläufige Treppe zum Obergeschoß. Eine staufische Hoflaube mit drei romanischen Bögen wurde von polierten Kalksteinsäulen getragen, Ritterköpfe zierten eine Wandkonsole in der Eingangshalle des Westflügels, alle Säulen trugen fein behauene Kapitelle.

Über dem westlichen Eingangsportal wölbte sich ein herrlich skulpturierter Bogen mit Tierfiguren und floralen Sinnbildern, und das Adlerkapitell in der Hoflaube zeigte feine Steinmetzarbeit. Vom sonnigen Wehrgang blickte man über den Alten Hafen, der voller Segelboote lag, hinüber zur Basilika. Dort liegt Sankt Nikolaus begraben, der Heilige der Seefahrer.

In Griechenland hörten wir später seinen Namen in den »Rembétika«, das sind fetzige Schlager aus den Hafen- und Hurenvierteln vom Pyräus, von Saloniki und Konstantinopel. Wie die Legende erzählt, hat »Sankt Nikolaus« vorzeiten mit drei goldenen Kugeln drei leichte Mädchen aus der Prostitution freigekauft.

Drei dicke Türme aus Buckelquadern überragten die hohen Mauern der »Schwabenburg«. Die quadratischen Bergfriede erhoben sich 25 Meter über die Molen. Nur eine schmale Fensteröffnung ließ auf jeder Seite Licht ins Innere fallen, und in einem solchen Turm, der sicherlich hundert Quadratmeter Bodenfläche einnahm, bezogen wir unser Quartier. Den gewaltigen Schlüssel bewahrten wir sorgfältig auf.

Warum hatte uns der unbekannte Bareser dieses zentrale Quartier so bereitwillig und gratis angeboten? Weil er, wie sich später herausstellte, als italienischer Pfadfinder über das Heim im Castello Svevo verfügte. Er hatte uns vorher nie gesehen, vielleicht deutete er aber den Falken und die drei Wellen auf grauem Grunde am Beiwagen, das Zeichen der Deutschen Jungenschaft, als eine Art von Scoutsymbol. Auch beim Einräumen des Gepäckes war er uns behilflich. Die Cora parkten wir im Innenhof, fließend Wasser gab es dort auch, und zwei dicke Dattelpalmen spendeten Schatten.

Draußen blies ein heißer Wind von Afrika herüber – oder kam er aus dem Heiligen Land? Selbst der blaue Himmel gleißte, und mittags war die Sonne eine weißglühende Himmelsgegend. Auf der Leine trocknete die Wäsche innerhalb von dreißig Minuten – der Südwind zerrte so heiß und heftig daran wie ein ungeheurer Haarföhn.

So fühlten wir uns im schattigen Festungsturm kühl und geborgen. Nur staunten wir, daß fast alle Italiener stets ein Jackett trugen, selbst bei großer Hitze, und dazu noch eine Krawatte. Gehörte dieser unbequeme Aufwand zum Korrektsein? Bei den kleinen Südländern sah man vornehmlich dunkle Saccos, und die Damen waren durchwegs elegant gekleidet, gepflegt vom Scheitel bis zur Sohle. Ihre Blicke konnten sprechen.

Es dauerte nicht lange, da klopfte es an unsere Tür. Schon wieder Besuch? Wieder die gleichen Fragen? Mit einem leicht verärgerten »entrate, prego« baten wir einzutreten. Herein trat ein kleiner, junger Herr, knapp älter als wir. Er trug einen Straßenanzug mit Krawatte und hellem Hemd.

»Ich heiße Sie herzlich in Bari willkommen! Mein Name ist Giulio Negretto. Als Vorsitzender des ASTA der hiesigen Universität erlaube ich mir, Ihnen für vierzehn Tage Freitisch in der Mensa anzubieten – hier sind die Küchenbons.«

Er legte zwei Rollen gelochter Gutscheine auf den Tisch. Sie sahen aus wie Fahrscheine für die Straßenbahn oder Eintrittskarten zum Kino. Auf unsere Frage, was ihn dazu veranlasse, sagte er: »Die MSI (Movimento Sociale del Italia, die Neofaschistische Partei) besitzt im ASTA die Mehrheit. Sie ist in Süditalien heute die tragende politische Kraft. Wir sind Deutschland in Waffenbrüderschaft und Ideologie verbunden. Deshalb helfen wir Ihnen.«

Weder Gustav noch ich hatten jemals etwas von der MSI gehört und vom Faschismus in Deutschland waren wir längst geheilt. Warum aber unhöflich sein? Wir bedankten uns beim

Vorsitzenden des ASTA der Universität Bari und versprachen, am nächsten Mittag in der Mensa zu speisen. Es gab Spaghetti-Bolognese mit reichlich Parmesankäse und einer Schüssel Kopfsalat. Dazu für jeden einen halben Liter Rotwein aus der Karaffe sowie Brötchen nach Belieben. Als Nachtisch schälten wir uns Orangen, süße, frische, saftige. Dort aßen wir nun jeden Tag zu Mittag. Immer gab es dasselbe, und jedesmal schmeckte es vorzüglich. Ich wurde diese einfache Kost nie leid und mag sie bis heute. Welches andere Volk kann sich noch solch eines universalen Gerichts erfreuen? Manche sagen, der Venezianer Marco Polo habe die »Pasta« (Nudeln) aus China mitgebracht.

Die Fleischbällchen in der Sauce waren mit Rosmarin gewürzt und dufteten ein wenig nach Knoblauch: Der Balkan ließ grüßen. Ob die Köchin wohl den Eisenhafen mit einer frisch aufgeschnittenen Knoblauchzehe ausgerieben oder kleine Würfel hineingehackt hatte? Das Olivenöl glättete die Kopfsalatblätter, und der feine Essig war kaum zu ahnen.

Auch Giulio Negretto, der ASTA-Vorsitzende, hatte als italienischer Miliz-Internierter nach dem Badoglio-Putsch in Deutschland geschmachtet. Er bewunderte die Deutschen – und hatte Auschwitz gänzlich verdrängt. Er vermittelte uns ein Gastspiel in Baris Innenstadt. Das mondäne Caféhaus »Savoy« veranstaltete eine Matinée mit den »Corano Brothers«. Überall warben Plakate dafür. Als wir anfingen, drängten sich die Zuschauer im proppenvollen Gastzimmer. Sie hatten alle Stühle besetzt und die Tische umlagert, sie standen sogar an den Seitenwänden. Das polnische Besitzerpaar des Cafés aalte sich im stolzen »Ausverkauft«. Der Chef des Hauses war 1943 mit den britischen Streitkräften nach Bari gekommen, von wo aus Titos Partisanen handfeste Unterstützung erfuhren.

Trotz ausverkauften Hauses und horrender Einnahmen zahlten uns die Veranstalter nicht eine Lira. Wir hatten dummerweise vorher keine Gage ausgemacht. Um den stattlichen Betrag geprellt, packten wir enttäuscht die Utensilien ein. Von nun an legten wir vor jedem Auftritt unser Honorar vertraglich fest.

Das Offizierskasino der Luftwaffe machte diesen Reinfall wieder wett: Der Zahlmeister tat sich schwer, den fast handtuchgroßen Zehntausendlireschein nebst Quittung aus dem Umschlag zu kriegen, und nach der Vorstellung speisten wir mit dem Kommandeur der Garnison. Hatten wir im nächtlichen Rom nur zuschauen können, wenn die Kellner beflissen vorlegten und einschenkten, so waren wir jetzt (bei den Soldaten) geladene Gäste. Es begann mit einer Minestrone, dann folgte die unvermeidliche Pasta, anschließend saftiges Scaloppino mit Frischgemüse und als Dessert »Tiramisu«. Die Ordonnanz reichte roten Fasano aus den Bergen Apuliens, und mit einem duftenden Espresso endete das Mahl.

Wie das Offizierskorps der Streitkräfte, so waren auch die Studentenschaft und die Fakultäten politisch in drei große Gruppen zerspalten. Die unverbesserlichen Faschisten gehörten zur MSI, Togliattis stalinistische PCI (Kommunistische Partei Italiens) führte die Linke an – weit vor den Sozialisten –, und in der Mitte regierte die mächtige Democrazia Christiana unter de Gasperi die 60 Millionen Italiener. An den Mensatischen saßen uns Studenten zur Seite, die immer wieder nach dem gespaltenen Deutschland fragten. Der Zweite Weltkrieg schmerzte aus tausend Wunden.

Ein Bote aus dem klösterlichen Waisenhaus brachte uns ein weiteres Engagement. Wir mußten vor der Klosterpforte warten, bis uns ein junger Priester in der Soutane einließ. Er geleitete uns zum Prior. »Seien Sie herzlich willkommen«, begrüßte uns der elegante, hochgewachsene Gottesmann mit freundlichen Augen und schmalem Gesicht unter dunkelblondem Haar. Deutsch sprach er ohne Akzent. »Unsere dreihundert Waisenkinder erwarten Sie schon.«

Im Innenhof der mächtigen Klosteranlage erhob sich eine

Holzbühne. Die späte Nachmittagssonne leuchtete heller als alle Scheinwerfer der Filmstudios von Cine-Citta. Gustav zauberte wie ein Hexenmeister, ließ Banknoten verschwinden, Tauben in die Lüfte flattern und zog ein Kaninchen an den Ohren aus einem Zylinderhut. – »Hokuspokus! Der Teufel weist den Dokus!«

Acht eiserne Ringe flocht er zu einer Kette und manipulierte rote Bällchen zwischen den gespreizten Fingern der seitlich ausgestreckten Arme. Nur untersagte er sich diesmal den Trick mit dem Büstenhalter aus der Sacco-Innentasche eines Zuschauers. Die Waisenkinder staunten, lachten und applaudierten – dann trat ich auf. Ich sang von Deutschland, Frankreich und der Schweiz, von der Nordsee und dem Rhein, der Lorelei, von La Petite Gilberte und dem Roi Renaud. Vielleicht hörten die Kinder, lauter Knaben zwischen acht und achtzehn Jahren, zum erstenmal die deutsche und französische Sprache?

Aldo Pescatori, der Oberleutnant aus den Dolomiten, hatte mir in Rom das Lied vom schönen »Val Sogana« beigebracht. Da konnten sie mitsingen, obgleich dieses grüne Alpental zwischen Trient und Bassano viel weiter von Bari entfernt war als von meiner pfälzischen Heimat.

Vor dem Schlußbeifall bat der Prior zu meinem Erstaunen um ein Stück klassischen Jazz – konnte er haben! Ich sang ihm den »Basin Street Blues« aus New Orleans. Gustav spielte auf dem Akkordeon die gegenläufige Oberstimme dazu, deren weiche Bögen kontrapunktisch die Staccati des Cantus Firmus umspielten. Der Prior kannte das klassische Stück der zwanziger Jahre und genoß es sichtlich. Sein Finanzchef überreichte uns die Gage diskret im blauen Couvert.

»Sie sind bei uns zur Vesper eingeladen. Verglichen mit den Benediktinern vom Monte Cassino oder den Franziskanern aus Assisi sind wir Salesianer ein junger Orden. Mein Deutsch habe ich in Berlin vor dem Kriege vervollkommnet. Da diente ich dem apostolischen Nuntius als Sekretär. Mein Dienstherr hat sich damals in Ihrer Reichshauptstadt recht wohl gefühlt. Damals hieß er noch Pacelli, heute ist er der Heilige Vater, Pius XII. Jetzt zeige ich Ihnen aber noch unsere Lehrwerkstätten für Schreiner, Schlosser, Automechaniker und Bäcker.«

Sie waren komplett eingerichtet, und alle Maschinen stammten aus Deutschland. Hier begannen die Waisenkinder nach ihrer Schulzeit eine Handwerkslehre, mit dem Gesellenbrief als Abschluß. Auf meine bewundernde Feststellung: »Sie helfen konkret«, sah mir der Prior zustimmend in die Augen.

Dann geleitete er uns zum Refektorium. Die mit Brot, Schinken, Käse, Oliven und Wein gedeckte Tafel erstreckte sich durch den langen Saal im weißgekalkten Gewölbe. Am Kopfende des Tisches nahm der Prior Platz. Wir saßen ihm zur Seite, dann folgten die Reihen der Salesianerpatres. Nach dem Tischgebet tranken wir einander zu:

»Auf Ihr klösterliches Waisenhaus.«

»Gottes Segen auf Deutschland.«

Obgleich das Mahl ganz einfach war, habe ich nie besser gegessen und getrunken. Der apulische Wein sah fast schwärzlich aus. Erst wenn man das Glas gegen das Licht hielt, funkelte sein Inhalt rot wie ein Rubin.

Ein beleibter, kurzatmiger Priester saß neben uns. Sein Internat betreute junge Dämchen. Seufzend bedauerte er, daß wir leider dort nicht auftreten könnten. »Signorine, signorine ...« (junge Mädchen) mit nach oben gerichteten Augen und gerunzelter Stirn. Wir stimmten ihm zu.

Der Abschied war herzlich. Die »Taverna azurra« lag am äußersten Molenkopf des Hafens, eine typische Seemannsbar. Ihr Besitzer hatte uns für einen ganzen Abend engagiert. Beim Betreten des eleganten Restaurants schritten die dort anschaffenden Damen in wiegendem Gang, mit strahlendem Lächeln und lockenden Blicken auf uns zu.

Sie waren toll geschminkt und aufgemacht, sie hielten uns wohl für nordeuropäische Seeleute, knackig, herzhaft und reich. Auf unsere Frage, wann denn der Auftritt beginnen solle, blickten sie überrascht. Dann hatten sie kapiert: wir waren ja Kollegen!

Schlagartig wechselte ihr Verhalten: die Blicke wurden eher schwesterlich, der Hüftausschlag verschwand, aber das Lächeln blieb. Ob Oberitalien wirklich so schön sei? Was wir in Rom gemacht hätten? Ob wir Venedig, Florenz und Verona besucht hätten? Hier im Mezzogiorno sei doch das Leben »brutto«, roh und primitiv.

Später besuchten tatsächlich zwei Tankerbesatzungen die »Taverna azurra«, und unsere »Schwestern« bekamen viel Arbeit. Ich sang den »Tennessee Waltz« langsam schwingend, und die Lords erlagen den Künsten der Sirenen von Apulien.

Schade, daß wir nicht auf einem solchen Tanker zum Persischen Golf reisen konnten – das hätte die Fahrt vereinfacht.

Beim Matricola-Fest der Universität fuhren wir zusammen mit den Studenten auf Prunkwagen durch die Stadt. Sie sangen ihre anzüglichen Schmachtfetzen, in denen sie die prüden Tabus gegenüber der fleischlichen Liebe mit deftigen Texten durchbrachen. Die Zuschauermenge auf den Bürgersteigen klatschte vor Wonne, und Weinhändler reichten gefüllte Pokale auf die Festwagen hinauf. Kommilitonen aus Perugia, Florenz und Rom waren mit von der Partie, sie trugen langkrempige Hüte wie Jacques Callots groteske Figuren der Comedia del arte. Unser Pfadfinder, dem wir am Abschiedstag den Schlüssel zum Castello Svevo zurückgeben mußten, hatte schon in Brindisi Quartier für uns gemacht. Denn als in der Basilika von Sankt Nikolaus, also noch in Bari, ein Franziskanermönch die Pfingstmesse feierte, waren auch Gläubige aus Brindisi zugegen. Der Mönch predigte packend, seine Rhetorik fesselte sogar mich Ketzer, trotz meines schütteren Italienischs. Lautsprecher übertrugen die Worte des Kanzelgewaltigen nach draußen, wo sich die Menschen drängten, und bei dieser Gelegenheit sprach unser Freund seine Bundesbrüder aus Brindisi an.

Auf dem Heimweg vom Gottesdienst überquerten wir den sonntäglichen Fischmarkt. Die Tische bogen sich unter der Last silbern schillernder Schuppenleiber aller Fischarten des Mittelmeers, das die Anwohner mit seinen Schätzen überschüttet hatte. Da prangten »Polpe« und »Kalamares«, Tintenfische von Babygröße bis zum Riesen, deren glitschige Fangarme parallel nebeneinander lagen wie eine Hand mit acht Fingern.

Ein Händler riß einen der Fangarme ab und biß herzhaft hinein, um zu zeigen, wie frisch die Ware sei. Da riß auch ich einen ab und biß ins rohe Fleisch des Tentakels, spürte die Muskeln und Sehnen auf der Zunge ...

Um sie gegen die höher steigende Sonne zu schützen, spritzten die Händler frisches Wasser auf die Schuppenleiber der Brassen, Schollen, Heilbutte, Doraden und Meerwölfe, der Aale und der torpedodicken Rümpfe aufgeschnittener Thunfische, deren rotes Fleisch an der Schnittfläche glänzte. Zur Mittagszeit war der Fang verkauft, räumten die Händler ihre Stände ab, spülten kräftige Wasserstrahlen das Pflaster des Marktplatzes vom Abfall sauber.

Dann packten wir ein, beluden den Beiwagen und fuhren nach Brindisi, denn von Bari aus gab es noch keine Schiffsverbindung nach Griechenland. Die Straße folgte der buchtenreichen Meeresküste über grüne Fluren und Felder – zur Linken die blaue Adria, zur Rechten das fruchtbare Bauernland Apuliens.

Zwischen den Olivenbäumen entdeckten wir kegelförmige Häuser ohne Dächer: die »Trulli«. Ein Trullo ist ein blendendweiß gekalktes Haus mit kegelförmiger Kuppel, aus dunklen, übereinandergelegten, nicht mit Mörtel verkitteten Steinplatten. Diese merkwürdigen Pyramiden reihten sich eng nebeneinander und waren in den Grundmauern alle miteinander verbunden. Wahrscheinlich haben die Sarazenen, aus denen Friedrichs II. Leibwache bestand, diese Bauweise aus ihrer afrikanischen Heimat mitgebracht. Die Trulli standen am Berghang, wo der »Fasano« in den Wingerten ebenso wächst wie süße Feigen und Mandeln.

Die 110-Kilometer-Strecke nach Brindisi legten wir wie im Fluge zurück. Die Hauptstraße endete direkt an der Hafenmole, wo, genau am Ende der Via Appia, eine alte römische Säule stand. Von hier aus waren einst die Flotten in See gestochen, um nach Byzanz oder Konstantinopel zu segeln, und auch ein deutsches Kreuzfahrerheer war hier an Bord gegangen, um das Heilige Land von den muslimischen Seldschuken zu befreien.

An der Hafenmole konnten wir in ein modernes Eckhaus einziehen. Im Erdgeschoß war die »Capitaneria« untergebracht, das Hafenamt. Im ersten Obergeschoß lag das Pfadfinderheim, also jetzt unsere Wohnung – zwar gänzlich leer, aber mit einem großen Fenster vom Betonboden bis zur Betondecke. Als ich das Klo inspizierte, freute ich mich zu früh über die Sitzgelegenheit: die Schüssel strotzte bis zum Rande mit Kot. Bisher konnte mir noch niemand stichhaltig begründen, warum der Süden die Einrichtung der Toiletten bis heute nur unzulänglich beherrscht: Ist es der Wassermangel, sind es die zu dünnen Leitungen, ist es der niedrige Wasserdruck oder ein mangelndes Hygienebewußtsein? Gleichviel, wir beließen das Klo im Urzustand und benutzten das der Capitaneria im Untergeschoß.

Die jugendlichen Pfadfinder trafen ein. Ihr Chef war Medizinstudent im 3. Semester. Alle nannten ihn den »Dottore« Inguaciato, obgleich er nicht mal die klinischen Semester beendet hatte. Wir saßen auf der Veranda, vor uns am Kai hatte der griechische Passagierdampfer »Kyklades« festgemacht, ein weißes Schiff. Plötzlich Stimmen im Treppenhaus, Besucher nähern sich: »Seid ihr die Deutschen? Wir sind eine Gruppe griechischer Pfadfinder aus Athen und kommen gerade mit dem Zug von einem Besuch in Paris. Ich heiße Alexander Papageorgiou. Mein Kindermädchen sprach nur deutsch mit mir, deshalb ist Deutsch meine zweite Muttersprache. Die italienischen Freunde hier in Brindisi haben uns von euch erzählt. Mir ist ein wenig übel, vielleicht habe ich im Speisewagen etwas Schlechtes zu essen bekommen? Man sagte mir, ihr hättet genügend Medikamente dabei.«

Wir waren platt. Sein Deutsch klang akzentfrei, er hätte aus Hannover stammen können, dabei war er ein paar Jahre jünger als wir. Seine klaren Augen blickten forsch in die Welt, die Perlenreihe seiner Zähne glänzte. Man sah ihm das Selbstbewußtsein an und den Stolz, vor seinen Kameraden mit einer perfekten Fremdsprache angeben zu können.

Etwa zwanzig Griechen, darunter kleine Pimpfe in Kluft, betrachteten uns staunend. Ich begegnete Gustavs Augen und verstand blitzschnell.

»Wenn du etwas gegen Magenverstimmung brauchst, können wir helfen. Wir sind mit Medikamenten gut bestückt und können eure ganze Schar damit versorgen. Warte ein bißchen, wir holen dir die Tabletten. Übrigens heiße ich Oskar, und mein Freund heißt Gustav. Wir kennen die Pfadfinderei sehr gut, wir waren früher mal so was Ähnliches.«

Die Worte wirkten. Aber noch mehr wirkten zwei eimergroße Blechbüchsen: unsere Apotheke. Ein uns geneigter Pharmaziegroßhändler hatte sie gespendet. Sowohl Kopfschmerzen als auch Malaria, Bauchgrimmen und Magenweh konnten wir damit heilen, Wunden antiseptisch behandeln, Zahnschmerzen lindern und Gliederreißen. Gott sei Dank und »El Hamdul Illa«: Wir sollten sie auf der ganzen Reise kaum brauchen! Doch die reichbestückte Apotheke mehrte allenthalben unseren Ruhm und gewann uns vielfache Sympathie. Besonders die Testocoff-Tabletten mit ihrer potenzsteigernden Wirkung fanden im Orient fast süchtige Liebhaber. Doch bis dahin war der Weg noch weit – Brindisi mit seinen zwei Hafenbecken sollte vorerst als Sprungbrett dienen.

Wir verabreichten dem attischen Alexander die Medizin, und siehe, er genas. Für weitere Therapien überließen wir ihm einige Päckchen Tabletten, auch seine Kameraden kamen nicht zu kurz. Die ganze Truppe entstammte der Oberschicht Athens, alle sprachen neben ihrer Muttersprache Französisch und Englisch.

Unsere italienischen Gastgeber waren überrascht. Sie hatten wohl kaum erwartet, daß wir so großzügig helfen konnten. Das gereichte auch ihnen ein wenig zum Ruhm, schließlich hatten sie uns mit den Griechen zusammengebracht.

Das weiße Schiff »Kyklades« aus dem Piräus nahm inzwischen seine Passagiere auf. Sie gingen über eine schräge Gangway an Bord, brachten ihr Gepäck in die Kabinen und schauten von der Reling am Oberdeck auf den Kai herab. Auch die griechischen Pfadfinder hatten sich dort aufgereiht. Wir blickten die vier, fünf Meter zu ihnen hinüber.

»Wenn ihr nach Griechenland kommt, müßt ihr uns in Athen besuchen.«

»Das kann aber noch ein paar Tage dauern.«

»Wann kommt ihr denn wohl?«

»Wenn wir genügend Geld verdient haben.«

Jetzt waren sie platt. Vermutlich hatten sie nicht erwartet, daß wir damit Probleme hätten – wie wären wir wohl sonst bis Brindisi gekommen? Als Kinder der Oligarchie kannten sie keinerlei Geldsorgen. Ihr Benehmen verriet große Selbstsicherheit und westliche Schulbildung. Die beiden Führer der Gruppe blieben eher zurückhaltend, nur Alexander konnte kaum aufhören, vor den anderen mit seinem Deutsch zu brillieren. Alle trugen Shorts und Kniestrümpfe, hatten die Ärmel ihrer Khakihemden hochgerollt und die Barette unter die Schulterklappen geschoben.

Achterleinen los! Vorderleinen los!

Die Dampfmaschine schnaubt, das Heckwasser wirbelt auf, die Schraube dreht sich im Wassergischt, das Ruderblatt nach Backbordseite eingeschlagen, die Stelling eingeholt. Gemächlich löst sich der Rumpf von der Kaimauer, die Fender werden eingezogen, der Bug weist schräg zur Hafenausfahrt hin. Langsam gleitet das weiße Schiff hinaus, zeigt uns das Heck. Aus dem Schornstein quillt der Rauch des ölgefeuerten Dampfkessels. Das Kielwasser weist nach Osten.

Griechenland hatte uns sein Gesicht gezeigt, den jungen Alexander Papageorgiou, es hatte uns angesprochen und eingeladen. Unser Problem aber waren die Überfahrtkosten. Die in Bari verdienten Gagen reichten nicht aus. Was also tun? Im kleinen Brindisi gab's keine Auftritte. »Dottore« Inguaciato kannte jedoch den Schiffsagenten Aperio, und der war mit Dottores Base verlobt und wollte bald heiraten. Man könnte ihr doch ein Ständchen bringen! Dann würde Signore Aperio womöglich eine preiswerte Überfahrt für uns finden – vielleicht auf dem dänischen Kuhdampfer, der in der kommenden Woche Rinder über die Adria bringen sollte, um die griechischen Bestände damit aufzufrischen? Es sei aber gleich verraten: Nichts davon klappte. War die vollgeschissene Kloschüssel vielleicht das böse Omen für unser Scheitern? Der dänische Kuhdampfer fuhr ohne uns ab.

Dann tauchte die Kriminalpolizei bei uns auf! Zwei Beamte in Zivil standen plötzlich vor der Zimmertür und ersuchten uns, ihnen auf die »Questura« zu folgen. Was war denn nur los? Der Beamte auf der Questura, sehr korrekt im dunklen Anzug, mit weißem Hemd und Krawatte, kontrollierte unsere Papiere mit den in Rom verlängerten Aufenthaltsvisen; aber die waren alle in Ordnung und gültig.

»Verlassen Sie Brindisi noch heute vormittag! Sie haben hier nichts mehr zu suchen.«

Eine Begründung blieb aus. Auf unsere bestürzten Fragen nach dem »perché«, dem Warum, kam keine Antwort. Natürlich mußten wir die Anweisung befolgen. Aber was dahinterstand, blieb unerklärlich. Verdächtigte man uns der Landstreicherei, hielt man uns für eine Art moderner Zigeuner?

Peinlich, peinlich!

»Dottore« Inguaciato war plötzlich auf Nimmerwiedersehen verschwunden samt seinen Pfadfindern, und die Huren vom gegenüberliegenden »Casino«, deren Puffmama bisher so einladend gelächelt hatte, sahen uns nicht mehr an. Alle, die uns kannten, schauten weg.

Nur Otto, ein oberschlesischer Pole, der die paar deutschen Soldatengräber um Brindisi freiwillig betreute, lud uns noch zum Abschiedsessen ein. Seine apulische Frau hatte Tintenfische mit schwarzer Sauce zubereitet und weinte. Ihre Tränen tropften auf den Teller. Aber auch sie konnte uns nicht erklären, was los war. Eine Stunde später rollten wir aus Brindisi hinaus. Wohin?

Der britische Soldatenfriedhof vor der Stadt glänzte weiß in der Sonne. Sein Pfleger aus Hartfordshire wohnte daneben und goß gerade die Blumen auf den Gräbern.

Wir versteckten uns, aus purer Ratlosigkeit, ein paar Kilometer außerhalb der Stadt in einem Maisfeld. Durch die Reihen der Pflanzen sahen wir vorn an der Straße die »Polizia Stradale« auf zwei Moto-Guzzi-Rädern vorbeibrausen. Wahrscheinlich suchten sie uns. Aber sie fanden uns nicht.

»Ich bin de Hans. Ich han im Kriech uf de Grub geschafft, in Friedrichsthal. Ihr sin aus de Palz. Von dort isses jo net wäit ins Saargebiet. Ihr könne bäi uns schlofe, mir han a äignes Haus, und mäi Momme kocht gutt. Bäi de MSI kann ich äich e Engagement besorje.«

Giovanni hatte uns von Brindisi ankommen sehen, als wir wieder in Bari einfuhren. Unser Gastspiel auf dem Festwagen beim Matricolafest der Studenten hatte er hautnah miterlebt, gehörte er doch zur Band der Katzenmusik, die mit Teufelsgeige und Rummeltopf neben uns auf dem Festwagen getobt hatte.

Nun sprach er uns in reinster Sankt-Ingberter Mundart an, die er sich als IMI bei den Bergleuten angeeignet hatte. Und er hielt Wort: Auf der Geschäftsstelle der MSI läuteten die Telefone, und im Nu war das Engagement gebucht. Im »Theatro Alfieri« von Tarent, am nächsten Abend; Gage in bar Kasse.

Giovannis Mutter, eine abgezehrte und verhärmte Frau, versorgte mit ihrer erbärmlichen Witwenrente ihre beiden Söhne. Die kleine Villa der Jahrhundertwende kündete von besseren Tagen: das Wappen der verarmten Adelsfamilie mit Eisenschild, Streitaxt und Schwert prangte noch über der Doppeltür, die von der Halle ins große Zimmer des Erdgeschosses führte.

Unsere Feldbetten standen in einem leeren Raum gleich neben der Eingangstür. Der Haushund trauerte wegen eines Abszesses am Hals, der ihn schmerzte. Er legte sich gleich zu uns und flehte uns mit klagenden Blicken an. Gustav konnte das Elend nicht mit ansehen. Schon am ersten Abend operierte er den armen Hund, schnitt ihm den Abszeß mit einer Rasierklinge auf. Eiter quoll aus der Schnittwunde, wir säuberten und verbanden sie, und siehe, der Schäferhund war von seinen Schmerzen befreit. Wahrscheinlich hatte er ein paar Tage nichts gefressen – ob ihn deshalb nachts der Jäh-Hunger überkam, so daß er uns die letzte Salami aus dem Rucksack stahl und sie ratzeputz auffraß? Nun war der Rest der eisernen Reserve von der Metzgerei Schwab den Weg alles Irdischen gegangen – die dankbaren Hundeaugen sprachen Bände.

Anderntags fuhren wir quer durch Apulien nach Tarent. Im »Theatro Alfieri« zauberte Gustav auf hell erleuchteter Bühne, und ich sang den Schlager »Luna Rossa«, der mir inzwischen schon geläufig war. Eine Tanzgruppe von stark gepuderten Mädchen in knappen Trikots schmiß die Beine zur Decke, raffte die Frou-Frou-Röcke beim Can-Can aus Jacques Offenbachs »Orpheus in der Unterwelt«, und ein Spaßmacher erzählte Witze. In der Garderobe hatte eine der Ballettratten ihr hasenschartiges Baby im Kinderwagen abgestellt und wiegte es zwischen den Auftritten in Schlaf.

Die Bretter, die die Welt bedeuten, waren hier jämmerlich ausgetreten und das Schmierentheater schäbig. Immerhin, der Impresario hatte uns ein Zimmer für die Nacht vermietet. Er wohnte im sechsten Stockwerk und schätzte unsere Musik. Nach dem Auftritt hatte er in seiner Wohnung ein kaltes Buffet angerichtet. Sechs elegant gekleidete junge Männer waren zugegen, sicherlich aus der Jeunesse Dorée von Taranto. Einer von ihnen war der Juniorchef einer Textilgroßhandlung, die u. a. die britische Garnison auf Malta versorgte, wo die sailors der Royal Navy manchmal neu eingekleidet wurden. Ein anderer besaß das Monopol für alle Fischtransporte von Taranto nach Norden.

Sie konnten sehr gut singen, mehrstimmig a capella. Dabei steckten sie die Köpfe zusammen, beherrschten die Intonation, die Lautstärke und das Tempo. Ihre Glanznummer war »El Cumba-cumba-cumba-cumbacero ...«, ein bekannter Paso Doble aus Spanien. Der Impresario fungierte als väterlicher Freund, als Onkelchen und Gönner. Daß sie allesamt schwul waren, merkten Gustav und ich schon nach kurzer Zeit. Wahrscheinlich hielten sie uns auch für zwei Schwule, denn sie ließen sich die Enttäuschung anmerken, als sie das Gegenteil feststellten. Wir beide vermißten nämlich die Frauen und ließen das spüren. Die Atmosphäre kühlte sich merklich ab, doch frostig wurde sie nicht.

Als wir am Ende in unser Zimmer hinunter wollten, fehlte Gustav. Nach langem Suchen entdeckte ich ihn durchs Schlüsselloch auf der Toilette: Er war im Sitzen eingeschlafen. So stieg ich hoch oben über der nächtlichen Straße durchs Fenster hinaus und kopfüber bei Gustav ins geöffnete Klo-Fenster ein. Der fiel nach vorn auf den Fußboden, sternhagelvoll, und ich hatte große Mühe, ihn über die sechs Stockwerke mit dem Aufzug ins Erdgeschoß zu schaffen und dort auf sein Feldbett zu legen.

Am nächsten Tag fuhren wir bei lachendem Sommerwetter die gleiche Strecke nach Bari zurück. Der geheilte Schäferhund begrüßte uns stürmisch. Hans vermittelte den Verkauf einer unserer Kameras. Ein Fotohändler blätterte für die Voigtländer über hundert Dollars in grünen Scheinen auf seine Ladentheke. Jetzt hatten wir genügend Geld, jetzt konnten wir die Überfahrt bezahlen.

Doch weil die Cora mit Beiwagen ausgerüstet und dieser so hoch bepackt war, ergab sich ein großer Kubikinhalt, und die Seefracht-Tarife berechneten sich danach. Das würde teuer!

Bei der zweiten Ankunft in Brindisi hielten wir direkt vor Aperions Schiffsagentur. Wir lösten die Fahrkarten und die Frachtpapiere für die Cora von Brindisi nach Korfu und blätterten die green-backs, die US-Dollars, auf den Tisch. Die Schiffskarten für die Decksklasse waren namentlich ausgestellt.

Beim Verlassen der Schiffs-Agentur stand wieder »unser« Kriminalbeamter vor der Tür. Er wußte schon über alles Bescheid. »Bravo, bravo«, schmunzelte er und klatschte uns vornehm Beifall. Wir kapierten noch immer nichts.

Am hinteren Ende der Wasserfront hatte der »Circolo Nautico«, der noble Segelclub, sein Domizil. Signore Bruno, der Stadtbibliothekar, war dort häufig anzutreffen. So auch jetzt. Beim ersten Aufenthalt in Brindisi hatten wir uns kennengelernt und unsere gemeinsame Bewunderung für Hemingways Stil entdeckt.

»Was, Sie sind noch hier? Ich wähnte Sie längst in Griechenland.« Wir erzählten ihm unsre Abenteuer in Apulien. Er lachte, weil wir der Kripo ein Schnippchen geschlagen hatten, und bot uns bis zur Abfahrt die modernen Unterkünfte des Circolo Nautico an.

Noch am gleichen Samstag brachten wir die Cora dorthin, und Signore Bruno rief seine Frau an, eine Toskanerin, die sofort einen Berg frische Miesmuscheln und Panini (Brötchen) mitbrachte. Der Muschelberg krönte den runden Tisch auf der Mole, und die bauchige Korbflasche wurde bald leer.

Die letzte Nacht in Italien lag vor uns. Die Abendsonne schien auf das Hafenbecken mit den kleinen Segelbooten und auf unsere Tafel mit den Muscheln, die man »cozze« nannte. Wir aßen sie roh, mit Zitronensaft beträufelt zu Wein und Brot. Ich hatte die Gitarre ausgepackt, spielte und sang mit gedämpfter Stimme:

Standen zwei am Hafen,
grüßten Wind und Meer,
sangen und vergaßen
alles um sich her.
Möwenschrei erschreckt sie.
Eh der Morgen naht,
lichtet sich der Anker,
lockt zur großen Fahrt.

Rudi Rogoll hatte es im Hafen von Riva zu Ostern gedichtet und komponiert. Nach 20 Uhr stieg im »Circolo Nautico« ein Frühlingsball. Die Damen erschienen in langen Kleidern, die Herren alle in dunklen Anzügen, das Orchester Ernesto Sabatino spielte hinreißend. Besonders der Akkordeonspieler hatte bei den Tangos großartige Solopartien – da hing sein Balginstrument in den Lederriemen unterhalb der Ellenbogen, so daß er seine ganze Leidenschaft hineinlegen konnte. Schließlich stammen in Argentinien über 40 Prozent der Einwohner aus Italien.

Auch ich hatte zwei Auftritte zwischen den Maientänzen, während Gustav inzwischen im Bootshaus den Beiwagen abmontierte – so würde der Ladebaum des Schiffes die Cora einfacher an Bord hieven können. Als ich wieder zu ihm stieß, lag er gerade auf dem Rücken und löste die Schrauben, und während er so nach oben blickte, entdeckte er plötzlich im Oberlicht, im kleinen Fenster unterhalb der Zimmerdecke, die Augen des Kriminalen. Der wollte offenbar kontrollieren, ob wir auch wirklich am nächsten Tag abreisen würden. Gustav platzte laut heraus vor Lachen, ich lachte mit, wir lachten den Späher aus. Wir wußten ja, daß er uns nichts mehr anhaben konnte, wir hatten das beste Gewissen der Welt. Der Signore verschwand auch sogleich.

Sonntag morgens lief die weiße »Kyklades« wieder im Hafen von Brindisi ein. Ihre Sirene tutete dreimal, der Bug schwenkte nach links, der Maschinentelegraf läutete, sie nahm Fahrt zurück und legte sich ganz sachte mit ihrer Steuerbordseite an die Kaimauer, von ein paar Fendern zur Bordwand hin abgepolstert. Der Seemann auf der Bugspitze hatte die Festmacherleine herübergeworfen, ein anderer belegte sie am Poller, desgleichen achtern. Die Maschinen stoppten. Dies schöne Schiff würde uns nun nach Griechenland bringen.

Werner Helwigs Erzählung »Raubfischer in Hellas« hatte uns dessen Menschen vor Jahren schon nahegebracht. Wir fieberten vor Aufbruchstimmung. Endlich, endlich hatten wir die Schlüsselstelle erreicht, konnten wir dem Orient ein Stück näherkommen. Griechenland lag fast in Sichtweite jenseits der Morgenröte. Also hin!

Quer durch Hellas

Schiffe im Hafen,
wenn wir sie trafen,
flog uns das Herz auf die Reise voraus;
und wir alleine
singen beim Weine
Worte der Sehnsucht ins fremde Gebraus.
Tönt unser Rufen
von hohen Stufen,
sinkt auch der Tag in die dunkele Nacht;
wollen doch fahren
so mit den Jahren
heim in die Grotten voll goldener Pracht.
WERNER HELWIG, 1952

Die Mainacht lag hell auf dem grauen Meer. Über mir glitzerten die Sterne. Die »Kyklades« durchpflügte die Adria, ihre Dampfmaschine arbeitete leise. Die Kolben flutschten glänzend im Zylinder hin und her, Heißdampföl roch vom Maschinenraum mitschiffs bis aufs Oberdeck.

Die See lag glatt wie ein Spiegel, kein Lüftchen kräuselte die Oberfläche. Außer der Dampfmaschine war nichts zu hören, kein Seegang, kein Nachtwind. Nur am Vordersteven rauschte die Bugwelle. Wir machten flotte Fahrt. Die Schiffsschraube unter dem überkragenden Heck drehte sich gleichmäßig. Über das Meer zog das Kielwasser eine Gerade bis zum Horizont.

Ich lag auf meinem Feldbett und schaute in die Nacht, spürte das leichte Zittern im Schiffsrumpf und roch den Schweröl-rauch der Feuerungen. Ich roch auch die Ölfarbe der Reling, des Wassergangs und der Niedergänge – so riecht es auf allen Schiffen. Ich habe diesen Geruch von Jugend auf gemocht.

Gustav schlief den Schlaf des Gerechten. Er hatte wie ein Berserker geschuftet, hatte in der vergangenen Nacht den Beiwagen abmontiert. Die Solomaschine hatten wir dann über den Kai bis zum Schiff gefahren. Dort schwenkte der Lademeister den Baum außenbords, wir legten die Trosse um die Cora, und die Dampfwinde fing an zu arbeiten. Das Motorrad schwebte in die Höhe, hing frei in der Luft am Seil über uns. Dann schwenkte der Ladebaum zum Schiff hin, und der Lademeister setzte die Maschine sachte wie ein rohes Ei auf dem Vorschiff nieder. Wir lehnten sie an das stählerne Schanzkleid, wo wir sie auch vertäuten, und der Beiwagenrumpf kam danebenzuliegen mitsamt dem Artistengepäck.

Die Feldbetten stellten wir auf das Achterdeck, dann lehnten wir uns an die Reling und blickten hinunter zum Kai, wo die Matrosen die dicken Taue von den Pollern lösten. Signore Bruno nebst Ehefrau winkten. »Auguri, auguri …«

Auch unser Kriminalbeamter kam »rein zufällig« um die Ecke und entdeckte uns auf dem Schiff. Er klatschte wiederum ein paarmal in die Hände und rief freundlich: »Bravo, bravo.« Er schien es als Erfolg zu verbuchen, daß wir endlich abreisten. Wir erwiderten seine Geste und fielen uns lachend in die Arme, während die »Kyklades« Fahrt aufnahm, ihren Bug der Hafenausfahrt zudrehte und die römische Säule am Ende der Via Appia von Häuserfassaden überlagert wurde. Das Stauferkastell jenseits der zweiten Hafeneinfahrt lag noch eine Zeitlang, immer kleiner werdend, in der Spätnachmittagssonne, die auch unsere Decksplanken badete und die weißen Aufbauten der Ersten und Zweiten Klasse mit ihren Kabinen aufleuchten ließ.

Neben uns hatte sich ein kurzbehoster Schweizer niedergelassen mit sauber gepacktem Rucksack, und ein Israeli aus Paris im leicht lädierten Straßenanzug machte das Quartett auf dem Achterdeck voll. Wir waren froh, es war geschafft. Langsam verschwand Italien hinter uns. Wir fühlten uns erleichtert und schauten zuversichtlich in die Zukunft.

Gegen Abend bat uns der Kapitän zu sich. Zwei Offiziere in weißer Uniform an seiner Seite, empfing er uns im Salon. Ein Steward reichte Mokka in winzigen Täßchen – der schmeckte noch aromatischer als der Espresso.

»Sie haben die Schiffskarten nur bis nach Korfu gelöst. Wir nennen es Kerkyra.«

»Herr Kapitän, wir wollen von Kerkyra nach Igoumenitsa übersetzen aufs Festland. Von dort wollen wir quer durch den Epirus hinüber nach Saloniki. Dort erwarten wir unsere Postanweisungen für die Weiterfahrt in die Türkei.«

Der Kapitän und die beiden Offiziere sahen sich überrascht an. »Meine Herren, Sie können doch das Epirusgebirge nicht überqueren! Dort kämpfen noch Partisanen, die aus dem Bürgerkrieg übriggeblieben sind gegen die Regierung. Sie wollen ein kommunistisches Griechenland, und über die nahe Grenze von Albanien kommt denen Unterstützung zu. Ich kann Sie also in Kerkyra nicht von Bord lassen.«

Wir blickten uns ratlos an. War die Ausrede mit den Postanweisungen schon als fromme Lüge über unsere Lippen gekommen, so sahen wir nun keine Möglichkeit, die Schiffspassage bis zum Piräus zu bestreiten. Die paar Dollars, die wir noch hatten, mußten dort für die ersten Tage herhalten.

Der Kapitän und seine zwei Begleiter erkannten die Lage sofort.

»Also schön, wir nehmen Sie beide samt Motorrad bis zum Piräus mit. Zusätzliche Kosten sollen Ihnen dadurch nicht entstehen.«

Es war, als sei das Zauberwort »Sesam, öffne dich« gefallen. Wir bedankten uns herzlich für die unverhoffte Großzügigkeit. Der Steward brachte noch eine Runde des köstlichen Mokkas, und wir merkten, daß kein Grieche »Café Turk« sagte. Sie vermieden diesen Ausdruck, wo immer wir in Griechenland einen solchen zu uns nahmen. Dann fand auch der Einreisestempel seinen Platz im Reisedokument: Wir waren auf griechischem Boden.

Auf dem Achterschiff spürten wir nicht mal den Fahrtwind. Die Sonne hatte sich im Westen auf die Kimm gesenkt und warf eine goldene Straße ins Kielwasser. Dann war sie verschwunden, und die lange Dämmerung kroch von Osten über das Meer. Nach und nach traten die Sterne an den Himmel, die Nacht begann. Aus den Kabinen fiel der Lichtschein, in der Messe servierte der Steward das Abendessen. Wir tranken den letzten Wein, aßen Brot, Salami und Käse und kontrollierten die Cora auf dem Vorschiff. Sie stand noch fest vertäut an Backbordseite an das Schanzkleid gelehnt.

Bald schliefen wir ein. Ich hatte die Gitarre unter mein Feldbett gelegt, nachdem ich vorher ein bißchen geklimpert hatte. Wie glücklich wir uns fühlten, ist schwer zu sagen: Die Fahrt ging weiter, wir waren nicht steckengeblieben und hatten den Westen hinter uns gelassen.

Nachts erwachte ich und schaute zu den Sternen hinauf. Unter mir rauschte der Gischt der rotierenden Schiffsschraube. Ein paar Lampen brannten an Oberdeck. Als ich beiläufig unter das Bett langte, war die Gitarre verschwunden! Ein eisiger Schreck durchfuhr mich. Mein wichtigstes Künstlergerät zum Geldverdienen durfte nicht fehlen.

Ich erhob mich leise und ging barfuß über die Holzplanken nach vorne, wo die Kombüse an die Messe grenzt. Ich war nicht zu hören und sah in der hellen Nacht eine Gruppe griechischer Seeleute, offenbar von der Schiffsbesatzung, an Deck stehen. Sie hatten sich um einen Gitarrenspieler geschart, und der trug, man ahnt es schon, mein Instrument! Er hielt es steil mit dem Hals nach oben und spielte großartig. Die fremden Weisen gingen mir direkt in die Seele. Er spielte rasante Läufe in hohen Lagen, deren Sequenzen in natürlicher Moll-Tonart ein viertaktiges Motiv umspielten. Der Rhythmus schlug in die Glieder, der Viervierteltakt regierte die Weise. Pralltriller riß der Spieler mit der linken Hand auf dem Griffbrett an, sprang von den Bässen in den Diskant und blieb dabei immer am Thema der fremden Weise. Die Melodie blieb haften. Als er sich wieder in die mittleren Lagen begab, stimmten die Seeleute einen Gesang dazu an.

Sie sangen nicht laut, aber dennoch klang ihre Intonation stark und packend. Ihre Stimmen strahlten voll Wärme und Hingabe. Dreistimmig beherrschten sie das wunderbare Lied in einer mir völlig neuen Tonalität, mit unerwarteten Intervallen und kühnen Modulationen. Der packende Rhythmus lief durch den ganzen Gesang. Die Pausen hielten sie aus, und der Zusammenklang der Stimmen mit der Gitarre wirkte geradezu magisch.

Fast alle standen sie barfuß und mit zerschlissenen Hosenbeinen auf dem Eisendeck. Um den Bauch gewundene, breite Binden hielten die Beinkleider. Ich erkannte unrasierte Gesichter, zerzauste Haare und auch Glatzköpfe.

Gefesselt von ihrem Singen, hielt ich mich hinter den Aufbauten versteckt, ich wollte nicht stören.

Nach dem Lied einigten sie sich in ihrer fremden Sprache auf ein nächstes. Ich mochte diese Sprache vom ersten Hören an, die offenen A's, das harte Zungen-th, die klar artikulierten Vokale, deren Lautmalerei dem Gesang Farbe verlieh.

Sie stimmten ein weit schwingendes Motiv an, seine großen Bögen wölbten sich brückenhaft durch die Melodie. Der langsame Dreivierteltakt zwang den Rhythmus in seinen Bann, die

Weise stieg im letzten Drittel empor und endete schließlich auf dem Grundton.

Die Sänger hatten längst gemerkt, daß sie einen Zuhörer hatten. Der Gitarrist nahm das Instrument herunter, kam auf mich zu und bedankte sich. »Efháristo poly! – Vielen Dank!«

Er überreichte mir meine Gitarre, die er sich nur »ausgeliehen« hatte. Wie froh mich diese singenden Matrosen der »Kyklades« in der Mainacht auf dem Ionischen Meer gemacht hatten, konnten sie nicht ahnen. Ich hatte eine neue Liedkultur erfahren, lebendig, singbar und voller farbiger Rhythmen – Melodien, die zwar noch zu der abendländischen Musik gehören, jedoch hart an der Grenze des Eingängigen liegen.

Später lernte ich auch die Texte kennen und konnte sie den üblichen Gattungen zuordnen: Liebesfreude und Liebesklagen, Oden an schöne Mädchen und auch Preislieder auf gute Schiffe oder Freunde. Man faßt sie zusammen unter der Bezeichnung »Rembétika«.

In unserer multikulturellen Gesellschaft von heute hört man sie allabendlich in jedem griechischen Restaurant. Damals aber hatte »Alexis Sorbas« seinen Sirtaki noch lange nicht eingeübt, und Melina Mercouri, das Mädchen vom Piräus, war höchstens ein paar Insidern bekannt. Der große Mikis Theodorakis lernte gerade in Paris bei Georges Brassens; nur Vassilis Tsitsánis, der unvergleichliche Urvater aller Rembétika, spielte bereits auf den Freilichtbühnen von Athen.

All das wußte ich noch nicht, doch ahnte ich, daß diese Musik mich weiterbringen würde. Sie hat mich seither reicher gemacht und sogar beglückt.

Nun verlief die Nachtfahrt wieder ruhig auf dem glatten Meer, die Sänger hatten sich verlaufen. Unmerklich verblaßten die Sterne, und im Osten hellte sich der Himmel auf. Dort standen dunkle Schattenrisse am Horizont, gezackte Berge reihten sich aneinander, drohend und abweisend. Ich spähte zu ihnen hinüber: Das mußte die albanische Küste sein. Da schob sich von rechts her ein graues Gebirge ganz nah vor die ferne Bergkette, wie der Schwanz einer Echse. Das war die Nordspitze von Korfu – Kerkyra –, die immer näher kam, und dahinter zeigte sich Eos, die rosenfingrige, am Osthimmel. Der Tag blaute, und die Insel Korfu gewann an Konturen, wo sie vorher lediglich als Silhouette erschienen war.

Vor uns lagen grüne Berghänge, der Tag begann warm und sonnig. Als wir die Südspitze umrundeten, schien die Sonne bereits auf die steilen Berge des Epirus, die uns eine Strecke nach Norden begleiteten, und beleuchtete die Hafeneinfahrt des Städtchens Kerkyra, das um den Hafen aufsteigt wie ein Kranz aus weißen Kuben und mediterranen Villen. Eine farbige Kulisse aus Gold, Blau, Weiß und Ocker lag im Grünen vor uns. Der Maschinentelegraf läutete, die Sirene tutete, und auf der Hafenmole stand eine wartende Menge, von der einige herüberwinkten: Mit ihnen grüßte uns Griechenland.

Weiße Möwen umflogen uns, die Sonnenstrahlen blitzten im Hafenwasser und ließen das Gefieder der Seevögel aufblinken. Jungmöwen in hellbraunen Dunen bettelten mit aufgerissenen Schnäbeln am Ende der Pier. Hunde hatten bereits schattige Plätzchen aufgesucht, Katzen dösten neben den Kneipen an der Wasserfront, und ein paar mit Gemüsekörben bepackte Esel warteten mit gesenkten Köpfen auf ihre Herren und Treiber.

Das Leben im Amphitheater des Hafenstädtchens hatte etwas Heiteres und bei aller Kulissenhaftigkeit doch auch Erfrischendes.

Junge Leute kamen an Bord mit Köfferchen und schwergefüllten Körben. Sie hatten durchwegs Decksklasse gebucht und ließen sich neben uns und auf den Lukendeckeln nieder. Dann standen sie an der Reling und sprachen mit ihren Eltern auf der Hafenmole. Anscheinend nahm niemand den Abschied schwer, lachend winkten sie beim Ablegen.

Die »Kyklades« ging jetzt wieder auf Südkurs zwischen der Insel Korfu und der hochaufragenden Bergkette des Festlandes. Abweisend fielen die Steilhänge ins blaue Meer. Die Südspitze der Insel blieb hinter uns, diesmal zur Rechten, und die jungen Leute setzten sich zu uns und sprachen uns an.

Sie stürzten sich also nicht, wie man uns in Brindisi prophezeit hatte, wutentbrannt auf die deutschen Barbaren, die Korfu mit Stukas bombardiert hatten. Sie fragten freundlich nach dem Woher und Wohin, sprachen überwiegend gut englisch und hörten uns erstaunt zu ob unseres Fahrtenziels. Sie betrachteten das Motorrad und waren vielleicht ein bißchen neidisch. Im allgemeinen schienen sie ein paar Jahre jünger als wir.

»Wir fahren jetzt nach Athen, um dort das Zentralabitur abzulegen. Wir sind in Korfu alle auf dasselbe Gymnasium gegangen und kennen uns als Klassenkameraden gut.«

Ein paar Mädchen waren mit von der Partie, offenbar gut behütet aus brüderlicher Verantwortung. Jetzt wurde uns erst bewußt, daß der griechische Bürgerkrieg noch gar nicht so lange zurücklag. Er war auf den Zweiten Weltkrieg gefolgt und hatte das ohnehin arme und gequälte Land fünf Jahre mit blutiger Faust umklammert gehalten.

Dann waren die im Widerstand gegen die deutschen und italienischen Besatzer erstarkten Kommunisten endlich doch, nach der Befreiung durch britische Truppen, der Übermacht erlegen. Churchill, Roosevelt, Tito und Stalin hatten in Jalta 1945 die Einflußzonen auf dem Balkan unter sich aufgeteilt: Ungarn, Rumänien und Bulgarien sollten zu 90 Prozent von der Sowjetunion dominiert sein, Jugoslawien jeweils zur Hälfte von Großbritannien und der Sowjetunion; Griechenland sollte zu neun Zehnteln von Großbritannien beeinflußt werden, ein Zehntel blieb der Sowjetunion überlassen.

Die jungen Leute an Bord brachten gute Stimmung mit. Als sie meine Gitarre entdeckten, war bald das erste Lied auf ihren

Lippen. Ich merkte sofort den Einfluß von Venedig in der Melodik und auch in der Tongebung. Schließlich hatte die »Serenissima« jahrhundertelang Dalmatien und die Inseln der Adria, des Ionischen Meeres und der Ägäis, einschließlich Kretas und Zyperns, beherrscht. Auch die Bauweise dort war von Venedig gekommen, dazu die Spaghetti und die Maccaroni, der rote Wein und der Gesang der Schiffer, der gar nicht so weit entfernt ist vom Gesang des Bergführerchors aus Trient. Vergleichbar dem Einfluß der deutschen Hanse in den baltischen Ländern, hatte Venedig durch seine Macht und seinen Reichtum diese Kulturgüter bis ins zwanzigste Jahrhundert hinein in Dalmatien und im Ionischen Griechenland lebendig erhalten.

Gustav hatte sein Akkordeon ausgepackt und bereicherte den Klangkörper aus jungen Frauenstimmen, Männerstimmen und meinem Saitenspiel. Auch für das leibliche Wohl war bestens gesorgt: Gegen Mittag öffneten die neuen Fahrgäste ihre schweren Körbe. Wer von uns hatte schon jemals griechischen Schafskäse geschmeckt? Oliven und luftgetrocknete Schinken kamen auf die ausgebreiteten Tischdecken. Hölzerne Schneidbretter und scharfe Messer traten in Aktion. Beim ersten Schluck Wein hielt ich inne. Er schmeckte nicht wie Wein, er hatte einen herben, harzigen Geschmack. Kann das denn Wein sein? Da ist noch sicher etwas dabei!

»Das ist unsere ›Rezina‹. Wir setzen dem Wein ein Kiefernharz zu, dann läßt er sich besser aufbewahren.«

Seither trinke ich Rezina gern – vorausgesetzt, das Harz ist passend abgestimmt. Außer einem süßen Dessertwein von Santorin oder Samos kannte man in jenen Tagen dort fast nur Rezina. Die Körbe quollen über von einfachen und landestypischen Genüssen. Schon waren die ersten Tomaten gereift, und auch frische Gurken gab's bereits. Süßmilde Zwiebeln lagen auf der Tischdecke und richtiges Schwarzbrot – seit Monaten war italienisches Weißbrot unsere tägliche Nahrung gewesen.

Dann kam der Steward auf das Achterschiff gewedelt und servierte köstlichen Mokka, den er aus einer kleinen Kupferkanne mit langem Stiel in die winzigen Tassen goß. Vorher hatte er schon kräftig Zucker hineingegeben. Er bekam reichlich Trinkgeld, lachte mit uns allen, sagte »Luki, luki« sei wachsam! – den alten Landserspruch – und verschwand, wollten doch die Fahrgäste der Kabinenklassen auch noch bedient werden.

Die hohen Küstenberge folgten uns an Backbordseite, mal fern, mal nah. Mitunter lief das Schiff dicht unter Land, so daß die Ziegenpfade und Häuser in Sichtweite lagen, Bauern herüberwinkten und Reiter auf dem Eselsrücken mit den Beinen baumelten.

Ithaka, die Heimat von Odysseus, war der nächste Halt. Wegen seines Tiefgangs konnte das Schiff nicht an der Pier festmachen und ankerte mitten im Hafen. Am Schiffsrumpf schräg herauf stieg eine lange Treppe, und die Passagiere wurden in kleinen Barkassen zu deren Fußende gebracht, um an Bord zu gehen.

Vom Achterschiff blickten wir auf die Hafenkulisse hinüber, auf die hin- und herfahrenden Barkassen mit ihrer menschlichen Ladung – da plumpste auf einmal ein dicker Koffer außenbords, grad vor unseren Augen: Er flog in steilem Bogen durch die Luft, klatschte dumpf aufs Wasser und verschwand in der blauen Tiefe. Was war geschehen? Niemand wußte Bescheid.

Erst als man kurz vor dem Auslaufen unseren freundlichen Steward in Handschellen die steile Treppe hinuntergeleitete, begann das Kombinieren. Zwei Hafenpolizisten bestiegen mit ihm eine Barkasse und brachten ihn an Land.

Später erfuhren wir, daß er Schweizer Uhren geschmuggelt hatte, und zwar in jenem Koffer, der vor unseren Augen so gewichtig ins Hafenwasser geplumpst war: Der Steward hatte das corpus delicti kurzerhand einfach über Bord geworfen.

»Heute nacht holt ein Taucher den Koffer wieder heraus. Der Hafen ist nur zwanzig Meter tief, da ist das ein Kinderspiel.«

Leider wurde uns nun kein Mokka mehr gebracht – ein Matrose mußte anstelle des Schmugglers einspringen, hatte aber alle Hände voll zu tun und konnte es nicht so rasch und elegant.

Spätabends liefen wir Patras an. Die jungen Leute hatten sich zum Schlafen in die Rettungsboote verzogen oder auf den Liegestühlen für die Nacht eingerichtet. Im Lichte der Schiffslampen brachten Polizisten ein paar Gefangene an Bord. Sie waren aneinandergekettet und ließen sich neben uns auf dem Achterschiff nieder. Auch eine Frau war unter ihnen.

Die Polizisten erzählten uns, daß die Gefangenen Partisanen vom Peloponnes seien, Kommunisten, die den kapitalistischen Staat Griechenland bekämpften. Sie würden nun zur Aburteilung nach Athen geschafft, und von dort aus kämen sie auf eine Gefängnisinsel in der Ägäis. Ich verteilte meine Zigaretten an sie, gab ihnen Feuer, und sie rauchten den milden Orienttabak. Mit beiden gefesselten Händen führten sie die glimmenden Zigaretten zum Mund, und ihre Augen lächelten mich dankbar an.

Wieder war es Nacht geworden. Wieder lag das Meer ganz ruhig, und noch immer fuhren wir auf der »Kyklades«. Eng war es um uns geworden. Die Polizisten, Partisanen, Abiturienten, der Schweizer und der Pariser Israeli leisteten uns Gesellschaft. Erst spät nach Mitternacht fielen die meisten in Schlaf, ab und zu flüsterten zwei miteinander.

Der Golf von Korinth trennt den Peloponnes nach Norden vom Festland. Auf seinen Wassern zog das Schiff seine nächtliche Bahn. Als wir in Korinth anlegten, dämmerte der neue Tag.

Kurz danach fuhren wir in den Kanal von Korinth ein. Wie mit der Säge herausgeschnitten, verläuft die Kanalrinne quer durch den Isthmos. Fünfzig, sechzig Meter hoch erheben sich die fast senkrechten Felsenwände in Ockergelb, auf halber Höhe von einem Absatz unterbrochen. Mit kleiner Fahrt glitt das Schiff hinein, eine Fadenspitze in ein Nadelöhr, und ließ das westliche

Meer hinter sich. Auf halber Strecke etwa spannte sich eine eiserne Fachwerkbrücke über die Kanalschlucht. Im Gegenlicht der Morgensonne sahen wir oben den Doppelposten mit umgehängtem Gewehr die Brückenwache gehen.

Genau voraus leuchtete die Sonne auf das weiße Schiff im blauen Wasser, und die gelben Steinflanken der Kanalschlucht strahlten hell im Tageslicht. Allen griechischen Fahrgästen sah man den Stolz auf dieses technische Wunderwerk an. Sie sprachen nur noch leise miteinander, blickten nach oben und auch verstohlen auf uns beide aus Deutschland.

Dann lag der Kanal von Korinth hinter uns, und auf den Uferstraßen des Festlandes wirbelten Staubwolken; anscheinend bedurfte die Asphaltdecke einer baldigen Erneuerung. Vor uns lag das Ausschiffen. Wir machten uns Gedanken über das Wie und Wo, denn die Cora war vom Beiwagen getrennt, und das Zusammenmontieren bedeutete stundenlange Arbeit und genaues Ausrichten der beiden Längsachsen von Beiwagen und Motorrad.

Gegen Mittag machte die »Kyklades« in ihrem Heimathafen Piräus fest. Die Passagiere gingen an Land, die Abiturienten zu ihrer Prüfung. Der Ladebaum schwenkte die Cora mit allem Drum und Dran in eine Barkasse, die uns beim Zoll an Land brachte, und dort montierten wir alles zusammen.

Dann fuhren wir am heißen Nachmittag die leicht ansteigende Verbindungsstraße nach Athen hinauf, die Akropolis grüßte von ihrem hohen Felsen herab. Halbfertige Vororte, Bauruinen aus Stahlbeton, die fremde, griechische Schrift auf Plakaten und der nicht befestigte Straßenrand wirkten ungewohnt – hatten wir doch geglaubt, Athen liege direkt am Meer. Immerhin, die zehn Kilometer vom Hafen zur Hauptstadt dienten uns nun als Teststrecke für die richtige Montage des Beiwagens – sie war gelungen.

Unser Erscheinungsbild muß die Menschen auf den Straßen beschäftigt haben, denn viele winkten und riefen uns Scherzworte zu. Wollten sie uns heranwinken, so wedelten sie mit der Hand nach unten statt nach oben. »Nä« sagten sie anstelle von »ja« und schüttelten dabei den Kopf zur Bejahung – diese befremdlichen Gesten hatten wir bereits auf der »Kyklades« gelernt.

Von Alexander Papageorgiou, dem wir in Brindisi die Magenmedizin verabreicht hatten, war uns als Adresse für die Unterkunft in Athen die Zentrale der griechischen Pfadfinder angegeben worden. Wir fanden sie und läuteten alsbald an der Tür eines modernen Hochhauses in einem mondänen Stadtviertel mit Vorgärten und Hanglage. Ein automatischer Summer öffnete, und ein überraschter Herr im seidenen Hausrock erklärte uns den Weg zur Bleibe.

Die entpuppte sich als zweistöckiges Haus unter grünen Akazien, wo wir dann in einem großen Zimmer mit Holzfußboden Quartier fanden. Die Cora stand hinter dem Hoftor geparkt, das Gepäck lag säuberlich in den Wandregalen.

»Sagt an, Gesellen, was ist euer Walten und Streben?

Ihr seid dem Rufe eurer Sehnsucht gefolgt auf dem Pfad des Abenteuers. Euer Weg möge euch ans Ziel ins ferne Indien führen!«

Wir horchten auf. Dieses Deutsch kannten wir nur aus der alten Literatur. Es kam jedoch aus dem Mund eines jungen, hochgewachsenen Griechen mit einer gewaltigen Adlernase, großen Augen und schwarzen Haarsträhnen.

»Auch mein Name ist Alexander, und euch heiße ich willkommen in Athen.«

Der junge Hüne stand neben Alexander Papageorgiou, der über das ganze Gesicht strahlte, weil wir unser Versprechen eingelöst und den Weg nach Athen gefunden hatten. Vielleicht hatte er das gar nicht erwartet. Dennoch hatte er nicht versäumt, seinen gleichnamigen Freund mitzubringen; beide sprachen gut deutsch. Wir tauften den einen von ihnen »Mathematikus«, zu dem anderen sagten wir »Alexander der Lange«. »Alexander der Große« hätte ebensogut gepaßt.

Die beiden jungen Griechen hatten gerade das Abitur abgelegt. Am nächsten Tag feierte ihr Gymnasium die Reifeprüfung, und Alexander der Lange führte dabei die Volkstanzgruppe an. Wir saßen zwischen den Eltern, Freunden und Geschwistern auf der Tribüne und sahen zu, wie die Paare in Doppelreihe auf frischgeschnittenem Rasen in das klassische Stadion einzogen. Sie hatten sich in Schulterhöhe an den Händen gefaßt und den freien Arm in die Hüfte gestützt. So zog die farbenfrohe Schar – denn die ansehnlichen jungen Damen und Herren trugen griechische Trachten – zu den tänzerischen Weisen einer Volkstanzkapelle paarweise hintereinander ein, Alexander und seine Partnerin als Erste.

Unter den Klängen von Schalmeien, Dudelsack und Fiedeln folgte ein Tanz dem anderen, geordnet nach den Regionen des Festlandes und der Inseln des ägäischen Meeres. Es blieben durchwegs Reigentänze, die sich niemals in Paare auflösten.

Das Publikum saß auf der Tribüne und belohnte die Tänzer mit Applaus. Die Musiker fiedelten und bliesen unter dem blauen Himmel, bis sich zum Abschluß von neuem die Doppelreihe bildete, in der die Tänzer dann auf dem grünen Rasen wieder zum Stadion hinauszogen. Nebenan stand die guterhaltene Ruine des Apollotempels.

Die beiden Alexander hatten zur Feier ihre Freunde mitgebracht, und zu etwa »sieben Mann hoch« zogen wir nun in die Altstadt unterhalb der Akropolis.

Die Tafel stand im Freien, der Gastwirt schenkte Rezina aus geeichten Litergefäßen, dazu gab es dunkles Brot und Oliven. Die griechischen Freunde faßten bald schon Zuneigung zu uns. Sie sprachen englisch oder französisch und wollten Neues von Deutschland erfahren. Keiner von ihnen hatte jemals Deutsche in Zivil kennengelernt. Während des Krieges hatten sie als Halbwüchsige naturgemäß Abstand zu den Besatzern gehalten und waren auf Distanz zur deutschen Kultur gegangen. Danach hatten dann Großbritannien und die USA die Rolle der Beschützer gegen die Übermacht der Volksdemokratien von Stalins Gnaden übernommen. Als Kinder der Oligarchie hatten unsere neuen Bekannten aber kaum unter der Hungersnot im Krieg oder während des folgenden Bürgerkrieges gelitten. Ihr Verhalten bewies eine Freude am Dasein und ein ausgeprägtes Selbstbewußtsein: Sie waren sich der politischen und wirtschaftlichen Macht ihrer Familien bewußt.

Uns beiden brachten sie Sympathie, Aufgeschlossenheit, ja unverhohlene Herzlichkeit entgegen. Vermutlich fanden sie in uns die Bestätigung, daß Deutschland nicht nur Besatzer nach Griechenland schicken konnte. Die späteren Touristenströme waren ja noch unvorstellbar.

Das Land stöhnte damals, 1951, unter einer schlimmen Inflation: Ein Laib Brot kostete über zehntausend Drachmen. Unsere Gastgeber aber waren »flüssig« und speisten unbekümmert. Die warme Nacht war von nackten Glühbirnen über dem Holztisch beleuchtet, der dunkle Berghang der Akropolis stieg hinter dem Haus bis zur Gipfelplattform empor.

Auf einmal begann ein Zupfinstrument, wie ich es nie zuvor gehört hatte, zu spielen. Dann setzte ein zweites ein, in wirbelnden Läufen von Zweiunddreißigstel-Triolen, über mindestens vier Takte des 9/8-Rhythmus. Die Musiker hatten unauffällig hinter uns Platz genommen. Schon hatte sich vom Nachbartisch ein Gast erhoben, er schob den Stuhl zurück, als sei er gezwungen, dem eindringlichen Rhythmus zu folgen. Zugleich setzte eine Sängerin mit metallischer Stimme ein. Der Mann jedoch, mit halb geschlossenen Augen und in tranceähnlicher Versunkenheit, die Zigarette von den Lippen hängen lassend und mit ausgestreckten Armen, als müsse er das Gleichgewicht halten, fing jetzt langsam an, seine Kreise zu ziehen.

Je länger der Tanz dauerte, desto komplizierter wurden seine Bewegungen. Sogar Kraftakte der Beweglichkeit, Niedergehen in die Hocke, Sprünge und Drehungen folgten. Dabei schien er sich ständig seinen Weg zu ertasten und auf unsicheren Füßen etwas zu suchen. Die ganze Tischgesellschaft hatte sich ihm zugewandt.

Durch diesen Tänzer wurde ich erneut auf die Rembétikamusik aufmerksam, die bis heute mein Sängerleben und das meines Zwillingsbruders begleitet. Vor allem faszinierte mich der Saitenklang der Bouzouki, des besagten Zupfinstruments, der so gut zur metallischen Stimme der Sängerin paßte.

Erst viel später lernte ich einige Texte dieser Rembétika kennen, wie sie den jungen Komponisten Mikis Theodorakis in seinem Griechentum bestärkt hatten. Das Wort Rembétis bezeichnet einen Mann, der sein Leben am Rande der Gesellschaft verbringt, wo solche Musik gespielt wird, also etwa »Außenseiter«. Die Zuhälter und Faulenzer aus den Hafenvierteln, die »Mangas«, lieferten das passende Milieu.

Mich packte das halb westliche, halb östliche Kolorit dieser Bouzouki-Weisen auf Anhieb. Sie erinnerten mich an das nächtliche Singen der Matrosen vor Korfu, als sie heimlich meine Gitarre »entliehen« hatten, aber auch an spanische Flamencos, an Blues aus New Orleans, mitunter an das, was ich von türkischer oder sogar arabischer Musik kannte.

Dennoch gab es darin Sequenzen oder Harmonien, die ich nie zuvor gehört hatte, die zu keiner anderen Musik zu passen schienen. Erst später erfuhr ich, daß griechische Flüchtlinge aus der Türkei diese Musik 1922 in ihr Mutterland importiert hatten, aus dem ihre Vorfahren vor langer Zeit ausgezogen waren.

Die Tanzmusik im Stadion dagegen hatte ganz anders geklungen, ländlicher und bäuerlicher. Diese städtische Volksmusik aus den Rotlichtvierteln hatte eben ihre eigenen Reize und Gesetze.

Schon damals ging uns die kleine Nachtmusik unterhalb der Akropolis lieblich ins Ohr. Wir schwelgten in ihren Klängen und Rhythmen. Sogar unsere jüngeren Freunde, obwohl doch echte Oberschicht, bekannten sich zu dieser Musik der Unterklasse, die vom Bürgertum nicht akzeptiert war.

Als wir spät heimgingen, erzählten uns die Freunde, daß sich unter den dunklen Weymouthskiefern der Berghänge um die Akropolis jetzt die Haschisch- und Marihuanaraucher ihren Räuschen hingäben.

An einem Sonntagmorgen luden wir die beiden Alexander auf das Cora-Gespann und fuhren zum Baden in die »Rafina«. Diese Meeresbucht liegt gegenüber der großen Insel Euböa. Seit meiner frühen Jugend bin ich ein guter Schwimmer und Taucher – vielleicht imponierte ihnen also mein Rückenkraulen oder mein Schmetterlingsstil in den schaumgekrönten Wogen der Ägäis. Den Salzgeschmack des Meerwassers auf der Zunge spüre ich heute noch.

Die Wellen trugen uns hinaus, wiegten uns auf und ab. Der warme Wind trieb sie ans felsige Ufer, wo sie gischtend die Klippen hochsprangen. Kleine Krebse hatten sich im Seetang versteckt und flitzten seitwärts laufend ins Wasser zurück. Der Sommer war da mit all seinen Wonnen, aber auch mit zermürbender Hitze: Ab elf Uhr mittags suchten wir den Schatten auf, um ihn erst am Vorabend wieder zu verlassen. Dort, in der Meeresbucht von Rafina, brachte mir Alexander der Lange die »Psaropoula« bei, ein frühes »Rembétiko«, das später zum Volkslied geworden ist.

Xékinai mia psáropoula
áp'to jaló, áp'to jaló ...

Es fährt ein Fischerboot aus vom Strand.
Ein Fischerboot fährt aus von der kleinen
Insel Hydra, um nach Schwämmen zu suchen,
immer die Küste entlang.

Drinnen sitzen junge Burschen vom Strand.
Drinnen sitzen junge Burschen, die nach
Schwämmen tauchen, nach Meeresblumen
und schönen Korallen, immer am Strand entlang.

Es gibt Männer aus Syme, aus Kalymnos,
vom Strand. Es gibt Männer von Hydra und
Spetses, Ägina und Poros, lauter junge,
tolle Burschen vom Strand.

Lebt wohl, ihr jungen Kerle, und alles Gute!
Lebt wohl, ihr jungen Kerle,
bringt uns Schwämme, Korallen und
Perlen vom Strand.

Wir hatten uns im Schatten einer Klippe auf die Badetücher gelegt, ich spielte auf der Gitarre, und wir sangen gemeinsam das Lied. Die heitere Melodie packte uns mit ihrer tänzerischen Leichtigkeit und vereinte uns in der Freude, dem schönen Götterfunken. Dann rangen wir miteinander vor lauter Übermut, schwammen im dunkler werdenden Meer des Abends und fuhren mit der Melodie auf den Lippen nach Athen zurück, durchsonnt und müde vom herrlichen Tag am Gestade, aber auch vom Schwimmen in den Brechern vor den windumtosten Klippen der Ägäis.

Bei all den Unternehmungen mit den Freunden blieb aber stets die Sorge um ein Engagement. Wir mußten doch Geld verdienen, um die Weiterfahrt zu finanzieren! Doch scheuten wir uns, allzu aufdringlich daran zu erinnern.

Wenn die Freunde von »Europa« sprachen, meinten sie immer den Westen; sie fühlten sich zwar dazugehörig und lebten auf überzeugende Weise wie junge Europäer – dennoch schienen sie die Diskrepanz zwischen ihrem Wohlstand und der erbarmungslosen Wirklichkeit der ärmlichen Mehrheit sehr wohl zu erkennen. Nie haben sie auch nur andeutungsweise darüber gesprochen. Nur sehr selten klang der Zweifel durch. Der Zweifel an der Glaubwürdigkeit ihrer gesellschaftlichen Vorrechte, an der Sozialstruktur Griechenlands und seiner Traditionen.

Ihre Väter ließen als Banker, Reeder und Handelsherren andere für sich arbeiten. Wir haben nicht einen dieser Großverdiener jemals gesehen, geschweige denn gesprochen. Und dennoch, trotz fast kaum überbrückbarer Klassenunterschiede, vereinte uns die Solidarität der Jugend, der Zauber der Musik und die verbindende Kraft des Sportes. Nie hätten wir erwartet, ausgerechnet in Athen auf solche Genossen zu treffen, die so herzlich verbunden mit uns waren, schon allein durch die deutsche Klassik, derer sie an ihren Schulen teilhaftig geworden waren – und nicht zuletzt durch die Hingabe eines Kindermädchens.

In einer Morgenfrühe fuhren wir zur Akropolis, stiegen hinauf, durchschritten die Propyläen und standen ergriffen unter den gewaltigen Säulen des Parthenons, auf der Hochfläche des mächtigen Felsens über der Plaka, der Altstadt. Der Seewind wehte vom Kap Sunion herüber, und die Ägäis blaute bis zum Südhorizont, während auf der Nordseite das Häusermeer der Hauptstadt bis zum Lykabettos-Berg emporschwappte.

Wir besuchten gemeinsam das Nationalmuseum und standen staunend vor dem Torso einer Zeus-Figur, von Praxiteles aus schwarzem Stein gehauen.

Auch die Bronzefigur des bärtigen Poseidon bleibt mir unvergessen: seine Linke zielend ausgestreckt und in der Rechten, weit ausholend, den – gedachten – Dreizack, zum Schleudern bereit. Die Beine leicht gespreizt und federnd angewinkelt, fest und sicher auf den nackten Füßen stehend, überzeugte uns der Gott des Meeres von seiner Würde. Darin kam er seinem Bruder Zeus jederzeit gleich.

Erst vor 150 Jahren hatten Fischer in ihrem Netz die Bronzestatue vom Grunde des Ionischen Meeres heraufgeholt. Dabei verbindet die Fischer unserer Tage nichts, aber auch gar nichts mit dem Alten Hellas, das Europa für die nachfolgenden zweieinhalb Jahrtausende prägen sollte mit seiner Ästhetik und seiner Suche nach Wahrheit.

Die leeren Augenhöhlen des bronzenen Poseidon unter der lockenumkräuselten Stirn blickten in die Unendlichkeit. Ein dünngeflochtenes Zöpfchen hielt seinen kurzen Schopf umwunden. Der gepflegte Vollbart gab die Lippen und den kühn gestrafften Hals des Dreizackwerfers mit den wohlproportionierten Schultern und sicheren Händen frei.

Für mich ist dieses Standbild eines der schönsten Symbole der Antike – und zwar, weil es männliche Züge mit Anmut vereint, jener Anmut, die in den hektischen Tagen konsumierender Massen immer mehr zu schwinden scheint, Kinder und Mädchen ausgenommen.

Dann saßen wir gemeinsam unter schattigen Lianen: Die Clematis hatte ihre blauen Blütensterne geöffnet, und der Kellner servierte den Softdrink »Portegalata« oder kühles Bier der Marke FIX, das seinen Namen nach dem bayerischen Braumeister Fuchs trägt. Der war mit seinem König Otto von Wittelsbach, dem zweiten Sohn König Ludwigs I. von Bayern, im Jahre 1833 die Donau hinuntergefahren und durchs Schwarze Meer gesegelt, um den Griechen nach ihrem Freiheitskampf gegen die Türken nicht nur eine neue Dynastie, sondern auch einen süffigen Gerstensaft zu bringen.

Warum zum Teufel kriegen wir kein Engagement? Was hält unsere Freunde davon ab, sich darum zu kümmern? Sie kannten doch alle Welt, waren aber offenbar hilflos überfordert, wenn es um das Geldverdienen ging. Oder trauten sie uns eine Bühnenschau einfach nicht zu? Obgleich wir keinerlei Unkosten hatten, quälte uns doch die Sorge um die Weiterfahrt.

Alexander der Lange bereitete immerhin einen Auftritt in seinem Elternhaus vor und lud seinen Bekanntenkreis dazu ein. Heute würde man die Gesellschaft, die da zusammenkam, Schickeria nennen: betont modisch gekleidet, dabei zwanglos urban.

Zum Glück war der gesamte Freundeskreis geschlossen da. Die Familie bewohnte ein Penthouse über der Stadt, hoch oben am Berghang. Dort zauberte Gustav sein komplettes Programm rauf und runter, und auch der Büstenhaltertrick aus der Innentasche eines Zuschauers war hier angebracht: Die Lacher kamen auf ihre Kosten.

Die Feuernummer ließ er auf der nächtlichen Terrasse steigen: Zwei brennende Schalen flankierten den Feuerfresser mit dem nackten Oberkörper. Die Fackeln mit den benzingetränkten Wattebällchen zündete er in den Flammen der Schalen an.

Dann umspielten die lodernden Zungen seinen Oberkörper. Er streckte die Arme aus, bog den Kopf weit zurück und schob sich die brennende Fackel in den weit geöffneten Mund. Dann zog er sie heraus – sie brannte weiter, aber auch aus seinen gerundeten Lippen züngelten Flammen! So stand der Feuerfresser, mit fauchender Lohe aus dem Mund, auf dem nächtlichen Balkon, in beiden Händen lodernde Fackeln, flankiert von zwei Feuerschalen.

Das hatten die Griechen nicht erwartet. Das verschlug ihnen die Sprache, und sie blickten verschämt unter sich. Es kam auch keine große Stimmung auf, denn sie wurden sich wohl ihrer Schuld bewußt wegen des nicht vermittelten Engagements.

In die Stille hinein sang ich dann a capella ein Lied, das der spartanische Dichter Tyrtaios im siebten Jahrhundert vor Christus verfaßt hatte. Sänger der »Südlegion« hatten die schwermütige Melodie 1947 zweistimmig dargebracht, und seitdem war sie bei mir eingebrannt.

Auch, weil ich den Griechen meine klassische Bildung demonstrieren wollte, stimmte ich es an – nicht zu laut, aber fest, im altgriechischen Original, das die heutigen Griechen ja noch verstehen.

Aget ó Spartás euándrou
korói paterón poliétai
laia mén it´yn probaléste
dory d'éutolmós pallóntes
me pháidamenói thas zóas
/: ou gár patrión thas Spartas.:/

Frisch hinaus, o Spartas Männer
von tatenfrohen Vätern stammend!
Zur Wehre den Schild in der Linken
und gezückt voller Streitlust die Speere,
Nicht achtend im Kampfe das Leben,
/: denn so war es Brauch in Sparta.:/

Der langsam schreitende Rhythmus durfte nicht schleppen, er betonte die Worte in den betreffenden Silben. Die letzten beiden Zeilen trugen überwiegend halbe Noten, im Unterschied zu den Viertelnoten der ersten vier Verse. Die vorletzte Melodiezeile stieg dann hinauf bis zum höchsten Ton in der letzten Silbe des Wortes »zóas«, dann sank sie in Stufen auf den Grundton zurück.

Schweigen. Leichte Betroffenheit allerseits. Hätte ich es besser nicht anstimmen sollen? Konnte es etwa als das Bekenntnis zum kriegerischen Deutschland, zum unverbesserlichen Kommiß verstanden werden, wie man ihn von der deutschen Besatzung her kannte?

Dabei hatte ich es gar nicht so gemeint, wollte mit diesem Preislied vielmehr auch dem Alten Hellas huldigen. Aber nach ein paar Minuten legte sich die Betroffenheit: wir lehnten am Geländer, unter uns das Lichtermeer der Großstadt, in den entfernten Straßen brauste der Verkehr.

Beim Auseinandergehen fanden wir in unseren Jackentaschen zwei prallgefüllte Briefumschläge, jeder mit fünfzig US-Dollars bestückt. Das war eine Gage, die sich sehen lassen konnte – nach heutiger Kaufkraft wohl über 2000 Mark –, und wir waren fast beschämt ob der überwältigenden Gastfreundschaft.

Am nächsten Tag begannen wir zu packen. Schon die frische Wäsche fühlte sich angenehm an auf der Haut. Wir trugen leichte Sommerkleidung aus Baumwolle, und die Freunde brachten uns auch »Marschverpflegung« – das Wort aus dem Soldatendeutsch hatten sie aktiv im Wortschatz! Statis, der etwas korpulente Spaßvogel, schenkte mir noch tausend Zigaretten, Marke Papastratos. Auch Corned Beef in Dosen, Ölsardinen, Reis, Olivenöl und Wein bekamen und verstauten wir.

Zum Abschied trafen wir uns alle abends in einem Gartenlokal unter grünen Bäumen. Die Lichterketten der Glühlampen spannten sich von Ast zu Ast, und auf der Holzbühne inmitten des Publikums spielte Vassilis Tsitsánis, der Bach aller Rembétika, mit seinem Ensemble.

Ein Musikstück reihte sich ans andere, die Bouzoukispieler tanzten mit ihren Fingern auf den langen Griffbrettern ihrer Zupfinstrumente, die Blättchen zwischen Daumen und Zeigefinger oszillierten in rasenden Läufen, Melodien zwischen Dur und Moll, zwischen Orient und Okzident klangen auf, das Akkordeon spielte die Intermezzi, und dann sang eine kleine Dicke kraftvoll und metallisch, klagend und triumphierend, lockend und betörend unter den Lichtgirlanden des Nachkriegs-Athens vom Sommer 1951. Sie sang von Untreue und Betrug, Verlassenheit und Unrast, vom Meer und von den Schiffen, von Heimweh und Fernweh und Abschied.

Die Sängerin hieß Sotiria Bellou und bedeutete für die Rembétika das, was Bessie Smith dem Blues war.

Vassilis Tsitsánis ist 1984 gestorben, aber seine Musik ist lebendig geblieben: Sie erneuert sich in jedem Frühling, wenn die Ägäis duftet, wenn die Kellner ihre binsengeflochtenen Holzstühle vor die Bistros stellen und das Radio aufdrehen für ihre Gäste in leichter Kleidung. Die Neuauflagen seiner Musik auf CDs verkaufen sich glänzend.

Beim Abschiednehmen am nächsten Tag wurde uns allen bewußt, daß diese Zeit uns gegenseitig geprägt hatte: Daß die jungen Europäer sich einig waren in ihrem »Walten und Streben«, wie Alexander der Lange es bei der Begrüßung so treffend benannt hatte. Diese Eintracht wirkte klassenübergreifend, und wir fanden sie allerorts wieder. Wie gern hätten wir sie auch bei jungen Europäerinnen festgestellt, doch in Athen sind wir leider nie dazu gekommen.

Die Freunde schmückten die Cora mit Wimpeln. Nach den Umarmungen stiegen wir in die Sättel, ich hängte mir die Gitarre auf den Rücken, Gustav trat den Kickstarter, Winken, Hupen – und hinter der nächsten Straßenkurve begann die Strecke nach Saloniki, quer durch das gebirgige Land.

Die ausufernden Vororte der Großstadt blieben zurück, die Verkehrsdichte hielt sich in Grenzen. Motorräder fuhren uns entgegen, zum Teil noch aus Wehrmachtsbeständen, aber auch bisher noch unbekannte Marken: Englische Norton und BSA, tschechische Jap und italienische Motoguzzi. Die Lastwagen trugen selten mehr als drei Tonnen, schon weil die Straßendecke kaum größere Lasten erlaubte. Esel, Maultiere und Mulis trippelten am Straßenrand, mal beladen, mal beritten.

Die Landschaft zeigte sich wilder als bisher. Überall wo Ackerkrume verfügbar war, hatten die Bauern ihre Felder angelegt und auch pfleglich bearbeitet.

Es war schon dunkel geworden, als wir Theben durchquerten. Auf der Hauptverkehrsachse der Kleinstadt dudelten die Lautsprecher der offenen Tavernen, vor denen die Männer saßen, ihren Ouzo, den landesüblichen Anisschnaps, schlürften und mit dem Gopoli, der Rosenkranzkette aus Bernstein, spielten. Sie blickten uns verwundert nach – unser hochbepacktes Gefährt mit den beiden verwegen aussehenden Gestalten gab ja auch Anlaß genug. Viele Männer dieser Gegend litten unter Arbeitslosigkeit. Auch wenn sie bezahlte Arbeit gefunden hatten, fraß ihnen die Inflation den Erlös wieder weg. Ein Teil der männlichen Bevölkerung war inzwischen nach Bulgarien geflüchtet, denn die Sieger nach dem Bürgerkrieg verfolgten ihre ehemaligen Gegner gnadenlos und rächten sich an ihnen.

Hinter Theben schlugen wir uns in die Büsche, bauten das Zelt sowie die Feldbetten auf und schliefen gut und tief.

Unser Benzinkanister war voll, auch den Tank hatten wir beim Aufbruch in Athen nachgefüllt. Das Öl in der Motorwanne war gewechselt, alle Bowdenzüge eingeschmiert, die Speichen nachgezogen und der Luftdruck überprüft. Nur das Abschlagen des Zeltes, das Zusammenlegen der Feldbetten und das Einpacken der Küche mit ihrem Petroleumkocher und dem Aluminiumgeschirr kostete jeden Morgen mehr Zeit, als uns beiden lieb war. Am nächsten Abend hatten wir das Massiv des Olymp erreicht. Das Zelt stand auf einer kargen Weide, und auf einem Felsen in der Höhe zerrte der Abendwind an einer kleinen, roten Fahne. Partisanen?

Beim Herumkraxeln gelangte ich an eine Pflanze in waffenstarrender Wehr. Ein Bündel bajonettartiger Blätter drohte gefächert empor, und jede dieser Klingen endete in einem spitzen Stachel. Aus dem Herzen dieses Nestes von Degenklingen wuchs ein hüfthoher Stengel heraus.

Die Pflanze heißt »Spanisches Bajonett« und sie gehört als Yucca zu den Palmlilien. Sie wirkte ebenso anziehend wie fremdartig trotz ihrer bedrohlichen Wehrhaftigkeit, oder vielleicht gerade ihretwegen. Und immer paßt sie in ihre Umgebung, immer findet sie sich in der Hitze kahler Einsamkeit an den trockensten Stellen. Sie ist nicht nur bizarr von Gestalt, sondern auch in ihrer Fortpflanzungsart: ausschließlich Nachtfalter befruchten ihre Blütenglöckchen, die cremefarben als eine Rispe auf dem Stengel aufgereiht sitzen, wächsern glänzen und einen betörenden Duft verströmen.

Die Cora lief flott. Manche Brücken lagen gesprengt im Flußbett, dann nahmen wir einfach die Furt und fuhren durchs seichte Wasser. Die Paßstraßen stiegen steil an und nahmen kein Ende. Kleine Bergdörfer duckten sich weitab von der Straße, die Bauern arbeiteten auf den Feldern. Hinter Lamia wurde die Piste steiler und steiler. Ein Motorradfahrer überholte uns und drehte dann um: Der Bergingenieur Elmgreen, ein Däne, fuhr eine englische 600-er Norton. Die spannte er vor unsere alte Cora, damit sie weniger Arbeit hatte. So ging es flott zum Paß hinauf. Oben legten wir eine kleine Rast ein und plauderten über das Woher und Wohin.

Christian Elmgreen arbeitete als technischer Leiter eines Chrombergwerkes bei dem Ort Domokos-Metalia, ein paar Kilometer voraus in unserer Reiserichtung. Ob wir nicht in seinem Haus die Nacht verbringen wollten? Das klang gut, wir sagten zu. Im Magazin gegenüber seinem Domizil aßen wir Abendbrot; die geschotterte Straße führte zwischen Wohnhaus und Kneipe hindurch, und das Bergwerk lag gleich nebenan. Auch Elmgreens Arbeitskollege, ein russischer Geologe, kam zu uns an den Tisch. Wir tranken Ouzo, und der Russe stieß mit

Der Metzgermeister Schwab holt uns zum Abschied spontan eine Salami als Marschverpflegung aus seiner Wurstküche. *(Pressefoto)*

Oben: »Ob sie Indien erreichen?« schreibt die Tageszeitung unter das Photo, das einen Tag nach der Abreise erscheint. *(Pressefoto)*

Links: Oss beim Auftritt in Istanbul. *(Pressefoto)*

Rechts: Plakat vom Auftritt in Bari.

MERCOLEDI'

25

APRILE 1951

dalle ore 19

SENSAZIONALE

AVVENIMENTO

AL

Gran CAFFE' SAVOIA

BARI

Occasionale Debutto di

CORANO

(Il Mago Tedesco della Prestidigitazione e Suggestione)

e di **OSS - KRÖHER**

(L' impareggiabile COW BOY SONGS) gli intrepidi esploratori internazionali di passaggio da Bari per il MEDIO ORIENTE

Eccezionale Concerto della

ORCHESTRA SABATINO

con VINCENZO ABBRESCIA

Al piano il Maestro Comm. PAOLO GRIMALDI

NON MANCATE!!!

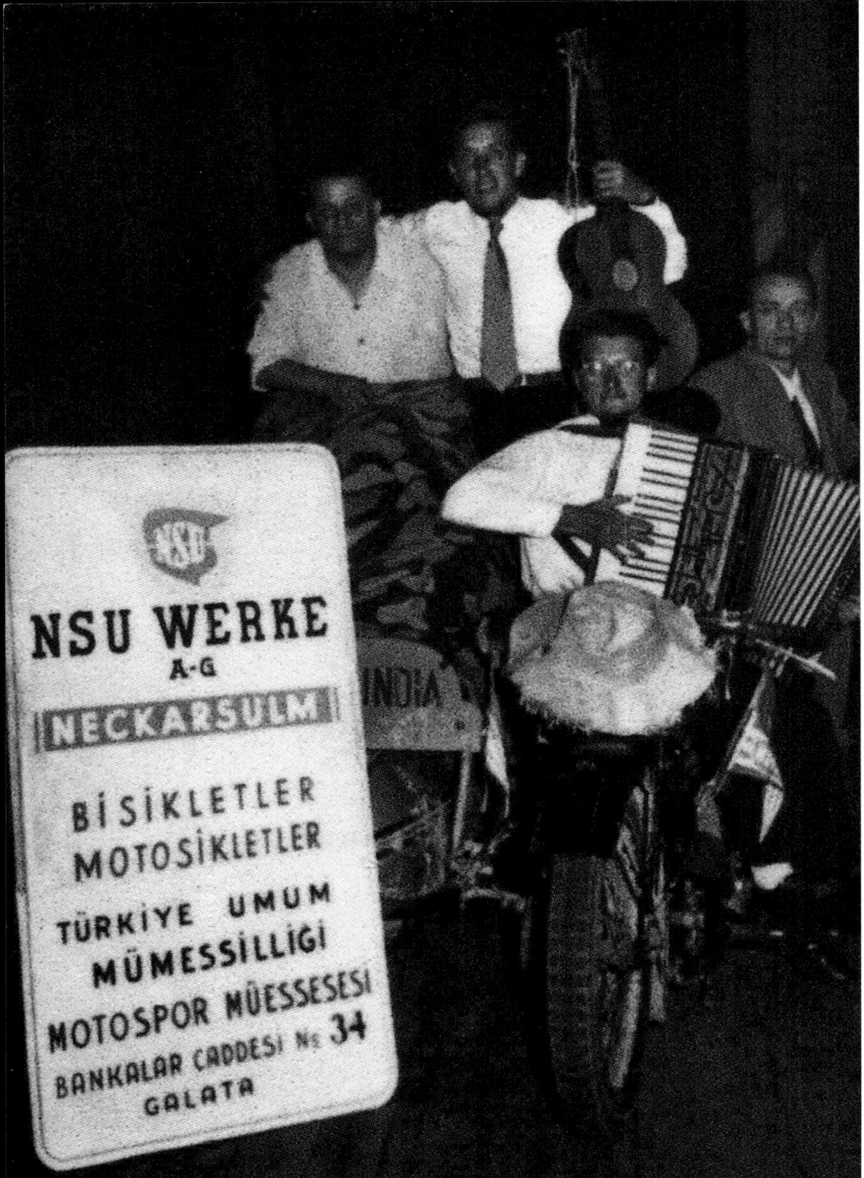
NSU WERKE
A-G
NECKARSULM
BİSİKLETLER
MOTOSİKLETLER
TÜRKİYE UMUM
MÜMESSILLIGI
MOTOSPOR MÜESSESESI
BANKALAR CADDESI No 34
GALATA
INDIA

Links: Mit »Kyrie Aleko«, dem NSU-Vertreter, auf der Bühne des Theaters »Sarai« in Istanbul. *(Pressefoto)*

Oben und rechts: Gustavs Feuernummer ist das Glanzstück und die Sensation all unserer Auftritte, wo immer wir Vorstellungen geben. *(Pressefotos)*

Oben: So geschniegelt sieht uns die Presse, als wir in Istanbul jeden Tag drei Vorstellungen im Theater »Sarai« geben. *(Pressefoto)*

Rechts oben: Eine Nomaden-Knabenschar stellt sich mit ihrem Vater vor die Jurte. Wir treffen sie in Anatolien, kurz bevor wir die Nordseite des Taurusgebirges erreichen.

Rechts unten: Bevor wir in Bagdads Innenstadt Einzug halten, richte ich die Cora für den Triumphzug her.

GERMANY-INDIA

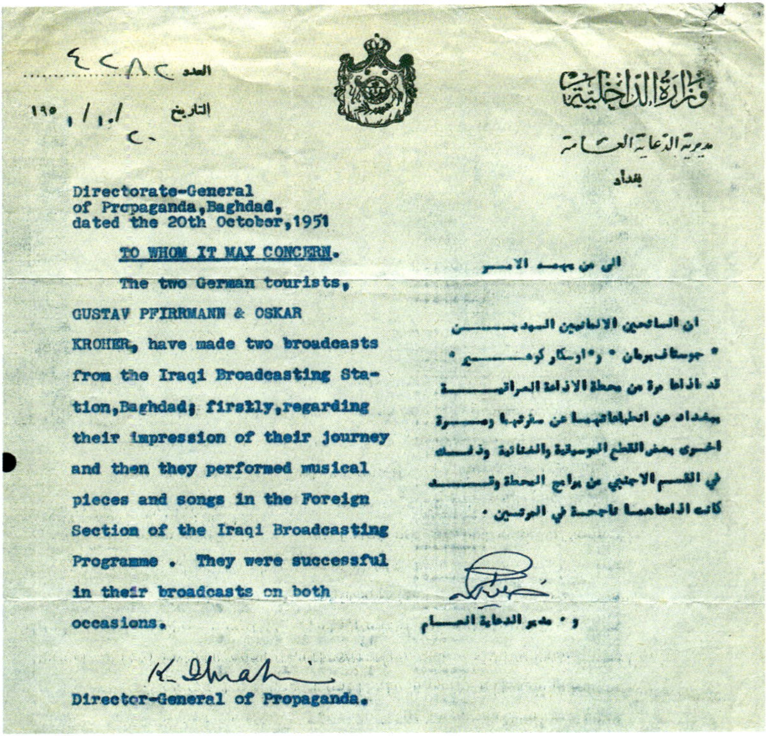

العدد

التاريخ

وزارة الداخلية

مديرية الدعاية العامة

بغداد

Directorate-General
of Propaganda, Baghdad,
dated the 20th October, 1951

TO WHOM IT MAY CONCERN.

The two German tourists, GUSTAV PFIRRMANN & OSKAR KROHER, have made two broadcasts from the Iraqi Broadcasting Station, Baghdad; firstly, regarding their impression of their journey and then they performed musical pieces and songs in the Foreign Section of the Iraqi Broadcasting Programme. They were successful in their broadcasts on both occasions.

K. Ibrahim

Director-General of Propaganda.

الى من يهمه الامر

ان السائحين الالمانيين السيدين
* جوستاف بيرمان * و * اوسكار كروهر *
قد اذاعا مرة من محطة الاذاعة العراقية
ببغداد عن انطباعاتهما عن سفرتهما ومرة
اخرى بعض القطع الموسيقية والغنائية وذلك
في القسم الاجنبي من برامج المحطة وقد
كانت اذاعتهما ناجحة في المرتين .

و. مدير الدعاية العام

Oben: Dokument der ersten Rundfunksendung.

Links: Zur mittaglichen Siesta anläßlich eines Jagdausflugs in der Umgebung Bagdads kleiden wir uns in leichte Gewänder nach Art des Landes.

uns an »auf das Wohl unserer unglücklichen Heimatländer«. »Auf einem Bein kann man nicht stehen«, versetzten wir und tranken ein zweites Glas, wobei wir ihm in die Augen schauten.

»Aller guten Dinge sind drei«, ergänzte Christian Elmgreen.

Also hoben wir zum drittenmal die Gläser mit dem Anis-Schnaps, der so typisch ist für griechische Geselligkeit.

Herr Elmgreen kannte Deutschland, er sang sogar »Ich hab' mein Hemd in Heidelberg verloren«. In jungen Jahren war er als Schiffsingenieur zur See gefahren und kannte die ganze Welt. Am besten hatte es ihm in Frankreich vor dem Zweiten Weltkrieg gefallen.

»Da konnte man gut leben, hatte größtmögliche Freiheit, die Leute verdienten gutes Geld für sinnvolle Arbeit, die Presse deckte das ganze politische Spektrum ab, und die Mädchen gaben sich nicht prüde.«

Hier aber hatte er im Bergwerk für die Elektrizität zu sorgen. Ein stationärer Zwölf-Zylinder-Dieselmotor trieb den Generator an – so konnten die Bergleute unter Tage das Chrom-Erz schürfen. Ihre Frauen sortierten die Erzbrocken über Tage auf Transportbändern. Das taube Gestein kam auf die Abrauhalde.

Einen Tag verbrachten wir dort und gaben in der Kneipe, der »Oekonomia«, eine Vorstellung. Die Freischicht hatte sich eingefunden und zollte uns Beifall, die Geschäftsleitung zahlte eine gute Gage dazu, und wir brausten am nächsten Tag über die Hochfläche des Pindusgebirges davon. Gegen Mittag rollten wir nach Larissa hinab auf die Talsohle des Tembi, um nördlich davon wieder einen Gebirgspaß zu bezwingen.

In der folgenden Nacht zog ein Schäfer mit seiner Herde an unserem Zelt vorbei. Die Schafe blökten und grasten vorm Eingang. Eins davon drückte sein warmes Vlies an die Zeltwand, so daß ich auf der Innenseite die Wärme mit meinem Rücken spürte. Nach ein paar Stunden waren sie weitergezogen, und die Stille der Nacht in der Bergeinsamkeit kehrte wieder ein.

Wir nahmen nicht die Küstenstraße, sondern blieben auf Nordkurs. Vielleicht wäre es andersherum besser gewesen, weil wir da keine Bergstrecken mehr gehabt hätten. Doch die funkelnagelneue Asphaltdecke, die in der Morgensonne glänzte, war zu verführerisch. In steilen Serpentinen führte sie zum Bergsattel hinauf, und die Cora zog sie wacker hoch, stramm gepackt und wohlgerüstet. Bergab lief sie noch besser, und ich sang das Lied von Werner Helwig:

Trampen wir durchs Land
und rasen durch die Welt dahin,
Wer fragt da noch,
wer fragt da noch
nach des Lebens Sinn?

Lust und Traurigkeit
verweben wir ins Kleid der Zeit.
Dunkle Stunden,
Becherrunden,
wir sind stets bereit.

Alles, was uns bannt,
verweht zu Sand, zerrinnt im Staub.
Alle Schätze
dieser Erde
werden uns zu Raub.

Im Norden und im Süd,
in Ost und West das gleiche Lied.
In die Fernen
zu den Sternen
uns es ewig zieht.

Die Asphaltdecke endete abrupt vor einem halbmetertiefen Schlagloch. Mit Caracho donnerten wir in diese Badewanne hinein, und alle drei Reifen schlugen hart bis auf die Felgen durch! Ein Plattfuß kommt selten allein, doch um genau zu sein: es waren ihrer sechzehn Löcher in den drei Schläuchen.

Wir flickten ohne Unterlaß den lieben langen Tag. In Athen hatten wir uns mit einer neuen Arbeitsweise vertraut gemacht: Das »Match-Patch« vulkanisierte den Flicken auf den Schlauch. Man setzte das Flickstück auf die undichte Stelle und klemmte mit einer Schraubzwinge eine fingerlange, ovale Pfanne darauf. Dann zündete man mit einem Streichholz (»Match«) den Brandsatz in der Pfanne an, der mit solcher Hitze brannte, daß er binnen Sekunden den Flicken (»Patch«) genau auf das abzudichtende Loch vulkanisierte.

Das Verfahren war dem Kleben mit Gummilösung deshalb überlegen, weil die Tageshitze auf dem heißen Asphalt den Kleber oft wieder auflöste. Beim Vulkanisieren mit dem »Match-Patch« konnte das nicht passieren.

Eigentlich klappte diese Flickerei ganz gut, zumal sie keine Schinderei bedeutete. Nach getaner Arbeit montierten wir die Schläuche wieder auf die Felgen, zogen die Reifen auf und pumpten die Luft mit unserer bewährten Fußpumpe hinein, bis das Manometer den richtigen Druck anzeigte.

Weil auch der Treibstoff zur Neige gegangen war, hielten wir an der nächsten Tankstelle und füllten nach.

»Brauchen Sie auch Luft in die Reifen, bitte?«

»Sehen Sie mal nach! Ich meine, der Hinterreifen könnte mehr Druck vertragen.«

Der Tankwart gab die Luft hinein, sie zischte wohltuend durch das Ventil. Ich hatte ja bereits gemerkt, daß auf dem Hinterrad der Reifendruck seit einigen Minuten merklich nachgelassen hatte.

Unterdessen plauderte der Tankwart angeregt mit uns:

»Was, aus Deutschland, bis hierher? Das ist aber eine sportliche Leistung! Wie lange sind Sie denn schon unterwegs? In Athen ...«

Da gab es einen Knall wie einen mittleren Kanonenschuß: Der Schlauch im Hinterreifen war geplatzt, denn der Tankwart hatte nicht mehr auf den Druck geachtet. Platt stand die Cora vor dem Kompressor. Wortlos blickte ich den Tankwart an.

Der wußte genau, daß es nun seine Sache war, einen neuen Schlauch einzubauen, und zwar gratis! Der alte war ja rettungslos zerplatzt.

Wir kauften uns derweilen eine »Portegalata« (Limonade). Kühlschränke gab's an den Tankstellen noch nicht, aber Stangeneis hielt die Getränke kalt. Den neuen Schlauch hatte der Tankwart nach einer Stunde montiert und das Hinterrad mit der Steckachse wieder eingebaut. Inzwischen war es dunkel geworden. An der neuen Brücke über den Fluß Aliakman verließen wir die Straße und schlugen die Feldbetten unter dem Sternenhimmel auf, diesmal ohne Zelt. Der Wachtposten auf der Brücke mit umgehängtem Gewehr kam zu uns ans Nachtlager und plauderte über das Woher und Wohin. Unsere Zigaretten glühten in der Nacht. Dann schliefen wir wohlbehütet ein.

Das Gebirge lag nun hinter uns, und die Strecke nach Saloniki durch die Thessalische Ebene verlief glatt. »Saloniki« – in dem Wort lag schon ein Hauch von Morgenland. Erst 1912 nach dem Balkankrieg war die damals türkische Stadt an Griechenland gefallen.

Wir fuhren ein, aber die zweitgrößte Hafenstadt Griechenlands war beileibe nicht so großstädtisch wie Athen. Am Postamt hielten wir an, um die »poste-restante« Briefe in Empfang zu nehmen. Daheim war alles in Ordnung; unser Päckchen aus Brindisi mit den Fotos und Tagebüchern war eingetroffen, von Athen aus hatten sie noch nichts gehört. Aber sie freuten sich an unseren Erfolgen und wünschten »Gute Reise«.

An den hochgepackten Beiwagen gelehnt, lasen wir die Nachrichten von zu Hause gleich vor dem Postamt. Nicht lange, und eine kleine Frau sprach uns an. Sie sei als Deutsche mit einem Griechen hier verheiratet, der während des Krieges in München als Fremdarbeiter verpflichtet gewesen sei, und so hätten sie sich kennengelernt. Seit sechs Jahren lebe sie nun hier. Ob wir nicht Lust hätten, mit ihnen einen Begrüßungsmokka zu trinken? Sie gab uns die Adresse und verschwand. Wir lasen in Ruhe die Briefe aus der fernen Heimat zu Ende, dann stand unser Sinn nach einem Begrüßungstrunk im Vorort Kalamaria.

Der Vorort dehnte sich weit. In einem Gartenviertel, wo die Kirschbäume schon Früchte zu tragen begannen, wohnte Ida mit ihrem Ehemann Costa.

Ihr Häuschen erinnerte an eine Gartenlaube, die ein bißchen groß geraten war. Als penible Hausfrau hielt sie das Schmuckstück aber vorzüglich in Schuß; die bestickten Samtkissen auf der Ottomane hatte sie mit einem Knick in der Mitte aufgestellt, und die Wasserleitung versorgte sogar eine winzige Duschkabine mit glattbetonierter Fußwanne und nebenan eine weißstrahlende Toilette mit Wasserspülung. Vielleicht hatte Costa das alles so eingerichtet, um seiner deutschen Ehefrau zu imponieren? Denn die Häuser der Nachbarn im Grünen waren keinesfalls mit solchen Errungenschaften versehen. Aber wenn wir ehrlich nachdachten, dann sah es in manchen ländlichen Gegenden Deutschlands nicht viel besser aus.

Beim Nachmittagskaffee zeigte uns Costa den sauberen Schuppen neben der Gartenlaube und meinte, das wäre doch ein Quartier für uns. Damit hatten wir zwar nicht gerechnet, aber als Ida die Einladung ihrerseits aussprach, nahmen wir dankbar an.

Schon am zweiten Abend hatte uns Costa in einem nahen Freilichtkino einen Auftritt besorgt, und weil das Publikum minutenlang begeistert klatschte, verlängerte der Kinobesitzer sogleich das Engagement: So bekam er seine Bude voll, und wir blieben in Übung, feilten das Programm noch etwas aus und füllten unsere Börse.

Wir entrichteten Costa und Ida sogar eine bescheidene Miete, und sie waren nicht wenig stolz auf ihre Hausgäste – besonders als die lokale Tageszeitung den ersten Bericht über uns brachte. Auf der Anzeigenseite hatte der Kinobesitzer ein dickes Inserat plaziert mit dem Hinweis auf unseren allabendlichen Auftritt vor dem Film. Handzettel verschafften uns noch mehr »Publicity«.

Bei einem Bummel durch den Hafen erkannten uns manche Zuschauer wieder und luden uns zu einem Mokka ein, zu dem es immer ein Glas Wasser gab. Wir sahen auch den dicken Weißen Turm mitten auf der Kaimauer: Ein türkischer Pascha hatte einmal einem griechischen Gefangenen das Leben geschenkt, als dieser den mächtigen Turm an einem Tage weiß angestrichen hatte. Die Todesangst hatte seine Arbeit beflügelt, und er konnte als freier Mann den Kerker verlassen.

Während der deutschen Besatzungszeit hatte Vassilis Tsitsánis einen flotten Tanz, einen »Chassaposerviko«, geschrieben, der sich auf das Gefängnis der Festung Saloniki bezog. Auch nach dem Bürgerkrieg, also während wir in Kalamaria abendlich auftraten, saßen viele politische Gefangene darin, und deshalb war es per Zensur verboten, das Gefängnis bei seinem Namen zu nennen. »Jedi Kulé« hieß es im Originaltext des Liedes. Als es aber 1951 auf Schallplatte herauskam, mußte der Name durch eine unverbindliche Wendung ersetzt werden. Trotzdem blieb seine Musik bis heute lebendig:

Es wird Tag und es wird Abend,
immer in der gleichen Melodie;
bringt mir das teuerste Getränk –
ich zahle für die Augen, die ich liebe.

Wirt, wenn ich Teller zerschmeiße
und Selbstgespräche führe, nimm's nicht übel,
und halte mich nicht für verrückt –
ich zahle für die Augen, die ich liebe.

Mein Herz bewölkt sich, Tränen fließen wie Regen –
gewiß, wir müssen von hinnen,
weil es soweit mit uns gekommen ist,
du unter die Erde und ich ins Gefängnis.

»Omorfi Thessaloniki« tönte aus allen Lautsprechern, die Ode auf Saloniki, das langsam, aber beständig immer mehr in den Schatten von Athen geriet. Die geschundenen Menschen des Bürgerkriegs, seit über zehn Jahren – und auch noch während unseres Aufenthalts – Verfolgungen durch Mächtige ausgesetzt, wagten vielfach nicht mehr frei zu sprechen. Gerade hatten Unbekannte einen namhaften Journalisten zu Tode gefahren, der sich offen über die fragwürdigen Maßnahmen geäußert hatte – wohlgemerkt: nicht unter der Junta der sechziger Jahre, sondern nach der Befreiung. Der Kalte Krieg war ausgebrochen, Griechenland diente dem Westen als Bollwerk gegen Stalins wachsendes Imperium, und die CIA sorgte für klare Verhältnisse.

Griechenlands Nachkriegstragödie setzt sich noch fort bis in unsere Tage, in denen das Außenfort der EU von einer Wirtschaftskrise in die andere taumelt. Doch trotz allem, seine freie Presse funktioniert, und Pogrome, zum Beispiel gegenüber Kurden, erlaubt sich nur die Türkei. Der Aufenthalt in Saloniki hatte etwas Idyllisches. Der Frühsommer war schon da, aber noch grünte alles wie im Frühling. Neben unserem Schuppen stand ein Aprikosenbäumchen in voller Blüte.

Abends, wenn die späte Dämmerung einsetzte und die Fledermäuse von Lampe zu Lampe flatterten, packte ich die Gitarre unter den Arm und Gustav sein Artistengepäck mit den Zauberutensilien. Bevor dann der amerikanische Schwarzweißfilm begann, lief unser »Corano-Brothers«-Programm vor dem Publikum des Freilichtkinos unter dem Sternenhimmel.

Im Lauf der Tage kam Gustav einer vollschlanken Lehrerin ziemlich nahe, die rein zufällig bei Ida auf eine Tasse Mokka hereingeschaut hatte. Sie erzählte uns von den Zensurmaßnahmen und dem heimtückischen Mord an dem Journalisten, sonst hätten wir kaum etwas davon gemerkt. Die Presse war ja gleichgeschaltet, ebenso der Rundfunk, und an Fernsehen war noch nicht zu denken.

Eine Woche später saßen wir wieder im Sattel, hatten »Adios« gesagt und fuhren weiter nach Osten: Jenseits der Morgenröte wußten wir Istanbul, die Prächtige. Wären wir erst einmal dort, in der größten Stadt der Levante, so würde Europa bald hinter uns liegen. Name und Glanz dieser Metropole zwischen Orient und Okzident lockten uns. Istanbul hieß das große Nahziel, und das lag gar nicht mehr fern: Wenn alles gut ginge, müßten wir in einigen Tagen dort sein. Daß der härteste Straßentest knapp vor uns lag, konnten wir nicht ahnen.

Die Morgensonne blendete uns, denn sie stand noch tief – wir waren ja früh aufgebrochen. Zur Rechten lag die dreifingrige Halbinsel Chalkidike mit der Mönchsrepublik des Berges Athos. Zwar hätte uns ein Besuch der dortigen Klöster brennend interessiert, aber unsere Ungeduld war größer. Das Kraftfeld Istanbul zog uns unwiderstehlich an.

In der weiten Talsenke, landwirtschaftlich voll erschlossen, lagen zu unserer Linken zwei blaue Seen im Morgenlicht. Geradeaus führte die gute Straße direkt nach Osten. Schildkröten und Schlangen überquerten langsam die Fahrbahn. Alle führte ihr Weg von Norden nach Süden, also von den Seen in die Berge. Wir mußten höllisch achtgeben, um keine von ihnen totzufahren: aber weil wir sie im Gegenlicht kontrastreich wahrnahmen, fiel uns das nicht allzu schwer. Ob die Schlangen giftig waren, wußten wir nicht und haben es auch nicht nachgeprüft. Die Schildkröten krochen naturgemäß langsam, doch die Schlangen hatten ihre Leiber zu Schlingen gebogen und schafften die Überquerung viel schneller. Wahrscheinlich tat ihnen die warme Asphaltdecke wohl.

Weit voraus näherte sich ein hochbepacktes Eselpaar. Bündel von Maulbeerzweigen, voll belaubt, waren an den Körperseiten festgezurrt und mindestens doppelt so dick wie der Esel. Der eine blieb auf seiner Straßenseite, der andere kam schräg auf uns zu, wie magisch angezogen. Gustav zog die Cora sofort auf die linke Fahrbahn – vergeblich: der Esel stieß mit seinem Bündel gegen den Beiwagen und fiel sofort um.

Er fiel Gott sei Dank auf die Astladung der anderen Körperseite, die seinen Sturz ein wenig abfederte. So lag das arme Grautier auf dem Rücken, strampelte mit seinen Eselsbeinen und konnte wegen der Ladung nicht auf die Füße kommen. Wir hielten an. Der Treiber näherte sich schimpfend und fluchend, war sich aber offenbar seiner Schuld bewußt. Zu dritt brachten wir den hochbeladenen Esel wieder auf die Hufe und beruhigten ihn mit Streicheln. Sein Treiber blickte uns finster an, war aber anscheinend froh, daß sonst nichts passiert war. Dann rief er: »Délax, délax« (hü, hü), und seine beiden Esel setzten sich wieder in Marsch und blieben hinter uns.

Am gleichen Tage kamen wir durch das malerische Städtchen Kavala. Ein steinerner Aquädukt überragte die Ziegeldächer, der kleine Fischerhafen lag voller hölzerner Kaikis, der typischen Fischkutter. Die Fischer hatten ihren Fang in aller Frühe angelandet und an Ort und Stelle gegen Barzahlung versteigert, lange bevor die Sonne hoch stand.

Draußen im Meer erhob sich der über tausend Meter hohe Bergkegel der Insel Thasos, über und über bewaldet.

Am Abend erreichten wir Xanthi. Auf der Suche nach einem kleinen Hotel – wir hatten ja Geld – bot uns der auskunftgebende Polizist das Wachlokal an. Dort gebe es leere Zellen und fließendes Wasser. Im übrigen könne das Motorrad gut bewacht im Hofe stehen, und drittens koste die Übernachtung keine Drachme. So schliefen wir also jeder in einer Zelle des Wachlokals.

Die Polizisten freuten sich über die harmlose Abwechslung, die keine Arbeit bedeutete, und wir brauchten kein Zelt aufzuschlagen und konnten auch die Feldbetten eingepackt lassen. Zum Abendessen hatten wir uns neben dem Wachlokal vor einem Gasthaus an den Tisch gesetzt, tranken Rezina, den der Wirt uns abermals aus einem geeichten Litermaß in die kleinen Gläser goß, aßen Oliven und Ziegenkäse. Ein kleiner Junge half bedienen. Wir fragten ihn nach seinem Namen, aber er konnte uns keine Antwort geben. Er hatte nämlich noch keinen, weil er noch nicht getauft war, das erklärte uns der Wirt. Die orthodoxe Kirche läßt sich damit Zeit und vollzieht die Taufe erst, wenn der Täufling kein Kleinkind mehr ist.

In Komotini sahen wir das erste Minarett, den spitzen Gebetsturm einer Moschee. Aber die moslemisch-türkische Minderheit von West-Thrakien war längst dezimiert. Maulbeerbäume grünten hinter den Häusern, ihr frisch geschnittenes Laub diente als Futter für Seidenraupen, die auf flachem Weidengeflecht im Schatten gehalten wurden. Ob sich die Seidenraupenzucht allerdings noch rentierte, war nicht zu erfahren.

Die ärmlichen Bauern hielten ihre Häuser tadellos in Ordnung, wie überhaupt ganz Griechenland durch Sauberkeit glänzte. Die weißgekalkten, kleinen Dorfhäuser schmückte häufig ein hölzerner Balkon, der um drei Seiten führte. Der Dachwinkel blieb immer stumpf, die Gehwege waren mit Steinplatten belegt und die Straßen gepflastert. Elektrisches Licht brannte allerorten, und die Lautsprecher dudelten allabendlich bis spät in die Nacht.

An jeder Brücke wachte ein Posten unter Gewehr, und während der Dunkelheit patrouillierten Doppelstreifen auf allen Wegen und Straßen. Das galt der nahen bulgarischen Grenze, dem

Eisernen Vorhang des Balkans. Immerhin konnten wir uns in Sicherheit wiegen bei soviel Aufgebot an Polizei und Militär.

Unsere letzte Station in Griechenland, Alexandroupolis, war erreicht. Im Zollamt lief alles glatt, das dicke Carnet de Passage erhielt seinen Ausreisestempel.

Daß wir ausgerechnet hier die Grenze in die Türkei überqueren wollten, überraschte die Zöllner, denn der einzige offizielle Grenzübergang von Griechenland in die Türkei führte bei Edirne über den Fluß Maritza – griechisch Evros, türkisch Meric –, die multikulturelle Gesellschaft des vormals osmanischen Reiches hatte sich da keinerlei Sprachzwänge auferlegt. Zum Beispiel heißt Edirne auf griechisch Adrianopolis, aber das hört man in der Türkei gar nicht gern – soweit informierten uns die freundlichen Zöllner.

Wieviel Geld wir mit uns führten? Da legte ich die ganze Barschaft auf den Tisch, viele tausend griechische Drachmen, die allerdings kaum etwas wert waren. Ob wir nicht noch andere Währungen mit uns führten?

Nein, wir führten keine mit uns.

Halt, ich hatte doch in Saloniki ein türkisches Goldpfund eingetauscht! Die Münze war nicht größer als ein Fingernagel, ich mußte sie aus den Tiefen meines Geldbeutels herausklauben und legte sie nun auf den Tisch.

Die Bestürzung bei den Zöllnern war groß. Sie sahen aufgeregt einander an. Gustav und ich verstanden überhaupt nichts.

»Woher haben Sie diese Münze, bitte?«

»Ich habe sie in Saloniki eingewechselt.«

»Sie dürfen in Griechenland doch keine Goldmünzen besitzen.«

»Das kann ich doch nicht wissen.«

Jetzt war guter Rat teuer: Die Goldmünze, unser großes Kapital, war ungesetzlich! Wir befanden uns noch in Griechenland, waren aber im Begriff, in die Türkei zu reisen.

Der Amtsleiter zog sich mit zwei Beratern ins Nebenzimmer

zurück. Nach geraumer Zeit öffnete sich die Tür, die drei Beamten traten heraus und nahmen an dem langen Holztisch Platz. Das Ganze wirkte wie eine Gerichtsverhandlung, kurz bevor das Urteil verkündet wird. Und es wurde auch verkündet.

Der Amtsleiter ließ ins Englische übersetzen, daß er das Goldpfund einziehen müsse. Er zahlte uns dafür zwanzig türkische Pfund in Scheinen, die er nebeneinander auf den Tisch blätterte, zwanzig Banknoten zu jeweils einem Pfund, insgesamt nach der Kaufkraft im Werte von heute etwa 200 Mark. Dann waren wir entlassen, wohlversehen mit Ausreisestempeln und Devisen. So gut ausgerüstet hatten wir bisher noch keine Grenze überqueren können. Der Wechselkurs war korrekt.

Die 118 Kilometer von Alexandroupolis nach Edirne gestalteten sich zu einem Horrortrip. Seit dem Ende des Zweiten Weltkriegs lag die Straße in Trümmern, und während des Bürgerkriegs war nichts geschehen.

Bombentrichter klafften in unregelmäßigen Abständen. Daneben rosteten zerstörte Haubitzen des deutschen Heeres. Ausgebrannte Panzer und Sturmgeschütze hatten die Fahrbahn blockiert, deren Oberfläche sich in unförmigen Buckeln, Dellen, Löchern und Rissen über die ganze Distanz erstreckte.

Dieses Elend von Straße, dieser Alptraum jedes Motorisierten, wand sich über die Randhügel des Flußtales, kroch – an den Banketten oder mitten auf der Fahrbahn ausgewaschen und weggespült – eine Steigung empor oder senkte sich jenseits wieder auf die Talsohle.

Die Straßenränder waren weggebrochen oder verschütt gegangen, zerstörte »Sankas« (Sanitätsautos) lagen auf der Seite, streckten ihre nackten Felgen in die Luft. Selbst Bergepanzer waren steckengeblieben, und ein umgefallener Kranwagen vergammelte gleich neben dem Kettenfahrzeug, mit dem er sich vergeblich abgemüht hatte. Wir stiegen ab und schoben, quälten uns verbissen weiter, würgten und schufteten unermüdlich.

Dazwischen immer wieder neue Löcher, teils mit Schutt aus Stacheldraht und verbogenem Gestänge gefüllt, teils mit Regenwasser vollgelaufen, auf dessen Oberfläche schleimige Algen grünten. So quälten wir uns durch, unter pausenlosen Strapazen, mit Absteigen und Schieben, durch enge Kurven und über Unebenheiten, vom leicht geschwungenen Buckel bis zur zerborstenen Asphaltdecke, über zugeschotterte Sektoren, zwischen verrottetem Kriegsgerät, Kilometer um Kilometer, und kein Ende war abzusehen.

Völlig erledigt schlugen wir abends das Zelt auf, Nieselregen war aufgekommen und raubte uns den Schlaf der Erschöpften. Wir waren im Niemandsland zwischen zwei bitter verfeindeten Völkern, die keine Verbindung miteinander wollten, das spürten wir Stunde um Stunde. Und am nächsten Morgen begann die Schlacht aufs neue – wir schlugen sie bis zum Umfallen.

Dann aber, am Nachmittag des zweiten Tages, winkte die Erlösung. Jenseits der grünen Felder erhob sich die Stadt Edirne mit den zahlreichen Kuppeln ihrer Moscheen und den schlanken Minaretten, zugespitzt wie die Bleistifte eines Grafikers, der sie mit dem Federmesser geschärft hat. Dorthin, Gustav! Dort ist diese Elendsstraße zu Ende!

»Vous êtes entrés à la Turquie quasi par la fenêtre«, begrüßte uns der baß erstaunte Zollbeamte, als wir über einen Feldweg *hinter* dem Schlagbaum ankamen und hielten.

Die Wahnsinnsstrapaze hatte uns so erschöpft, daß wir den regulären Grenzübergang verfehlt und wirklich »gleichsam durch das Fenster die Türkei betreten« hatten.

Die Formalitäten erledigten sich ohne Komplikationen. In der berühmten Stadt der Moscheen nahmen sich gleich ein paar junge Türken unser an, zeigten uns die Schönheiten ihrer Stadt, stolz auf ihre Geschichte und Kultur. Sie hatten noch nie mit Deutschen gesprochen und behandelten uns höflich und entgegenkommend, mit einer Mischung aus Distanz und Bewunderung.

Freilich müssen wir auch ziemlich mitgenommen ausgesehen haben. Der Regentag zuvor und die mörderischen Anstrengungen standen noch in unseren Gesichtern. Gustavs Kradmantel aus Heeresgut gab ihm das Aussehen eines Soldaten, zumal er darüber ein Lederkoppel noch umgeschnallt trug. Ich hatte zu meiner Überfallhose eine weite amerikanische Kampfjacke angezogen, ihr warmes Futter schützte mich vor dem Zug des Fahrtwinds.

Auch die Rohrstiefel wirkten nicht zivil, hatten sich jedoch bestens bewährt über die tausend Kilometer durch Schnee und Regen, durch Hitze und Staub.

Ein jugendlicher Kringelverkäufer war gerade aus der Bäckerei getreten. Auf seinem runden Holztablett ragten rings im Kreis polierte Holzzapfen nach oben, und um jeden hatte er zehn Sesamkringel übereinander gestapelt, so konnten sie nicht herunterfallen. Ich winkte den Jungen herbei, natürlich mit nach unten wedelnder Hand. Er kam auf uns zu mit fragendem Blick. Ich deutete auf die Kringel seines Tabletts, das er auf dem Kopfe trug. Immer noch schaute er fragend, da er nicht wußte, wie viele Kringel ich haben wollte, doch das Tablett hatte er schon heruntergenommen. Da öffnete ich meinen Geldbeutel und gab ihm ein türkisches Pfund, damals etwa zwei Mark. Er blickte überrascht und fragend.

Als ich dann zur Seite nickte, wie ich es in Griechenland gelernt hatte, um Bejahung und Bestätigung zu mimen, ging ein Strahlen über sein Gesicht – dann begann er zu zählen: »Bir, iki, utsch, dort …« und händigte uns zwanzig frische Sesamkringel aus, duftend und wohlschmeckend – aber leider zu viele. Wir aßen jeder zwei davon sofort, gegen Abend nochmal einen, doch der Rest blieb eiserne Reserve, als Trockengebäck; Gustav reihte sie kurz entschlossen auf die Lenkstange. So verließen wir gegen Abend das gastliche Edirne und nahmen Kurs auf Istanbul.

Hinter der Stadt überholte uns ein VW-Transporter, und aus dem Wagenfenster rief einer: »Hi, Deutschland!«

Zwei Amerikaner hielten bei uns an, stiegen aus und erzählten von ihrer Fahrt: Sie wollten das Mittelmeer umrunden. Abends saßen wir dann beieinander vor unserem Zelt, die Amis brauchten keines aufzuschlagen: sie hatten ihre Luftmatratzen auf der Wagenpritsche liegen, rollten die Plane hoch, zogen ihre leichten Slipper aus und legten sich so zum Schlaf.

Am Morgen nahm dann das leidige Zelt-Abschlagen wieder viel Zeit in Anspruch. Da waren die beiden Amis schon längst über alle Berge.

Zwischen Kreuz und Halbmond

Auf, du junger Wandersmann!
Jetzo kommt die Zeit heran,
die Wanderzeit, die bringt uns Freud'.
Woll'n uns auf die Fahrt begeben,
das ist unser schönstes Leben:
Große Wasser, Berg und Tal
anzuschauen überall.

Morgens, wenn der Tag angeht
und die Sonn' am Himmel steht,
so herrlich rot wie Milch und Blut.
Auf ihr Brüder, laßt uns reisen,
unserm Herrgott Dank erweisen
für die schöne Wanderzeit,
jetzt und in die Ewigkeit!
HANDWERKSBURSCHENLIED »AUF DER WALZ«

Die Amerikaner saßen im Auto, wir hingegen auf einem Motorrad, und das machte einen gewaltigen Unterschied. Wir erlebten Landschaft und Fahrtwind direkt. Auf uns schien die Sonne und goß der Regen, wir waren draußen, sie saßen drinnen.

Wir hatten das Motiv der Neuzeit, nämlich den Aufbruch ins Offene, wörtlich vollzogen und bildeten unterwegs – on the road –, um mit Jack Kerouac zu sprechen, eine »Drei-Einigkeit« mit dem Fahrzeug. Dabei war Cora das schnellere, das mächtigere Selbst von uns dreien.

Die Reiterei Alexanders des Großen mag sich im Pferdesattel nicht wesentlich anders gefühlt haben als wir beide im Sattel der Cora, noch dazu auf derselben Straße, in derselben Richtung, zu demselben Ziel. Nur das Motorrad vermittelte uns dieses intensive Erleben, wie es ein Auto niemals geben kann mit seiner Windschutzscheibe und der Hülle aus Blech.

Vielleicht mag das der Grund dafür sein, daß mir nach 44 Jahren noch so viele Einzelheiten der Reise gegenwärtig sind, ohne daß ich bisher einen einzigen Blick in die alten Reisenotizen zu werfen brauchte.

Die vorbeigleitende Welt erfuhren wir nicht wie Platos Höhlenbewohner, der untätig hinausblickt. Nein, wir waren ein Teil ihrer selbst, nicht als Beobachtende, sondern als in ihr Wirkende und sie dabei Riechende, Sehende, Fühlende, Begreifende, »Erfahrende«.

Weil wir langsam fuhren und niemanden überholten, kam bei uns kein Konkurrenzverhalten auf – wir konnten und wollten nicht auftrumpfen wie Rennfahrer in hochgezüchteten Edelkarossen.

»Kings of the Road« waren wir keine – dazu mußten wir uns allzu sehr abquälen –, eher schon eine Art Pilger. »Auf der Walz« nannten die Handwerksburschen früher ihre Art zu reisen. Sie mögen ähnlich gefühlt haben wie wir – weil auch sie auf ihrer nächsten Station wieder Geld verdienen mußten. Und einige von ihnen kamen ja auch bis Istanbul.

Besonders beeindruckte uns in Edirne die »Selimiye Camii«, die Sultansmoschee, die wir schon über die grünen Felder vor der Stadt hatten herübergrüßen sehen. Ihre Pracht raubte uns fast den Atem. Diese Klarheit und Würde kam unerwartet, zumal wir von der Bedeutung dieser Stadt keine Ahnung hatten.

Daß ihr griechischer Name Adrianopolis, auf türkisch Edirne, auf den Kaiser Hadrian zurückging, lag nahe. Daß sie aber seit 1368, also noch vor Istanbul, die Hauptstadt des Osmanischen

Reiches gewesen war, das hatten uns erst die jungen, eleganten Türken dort mit Stolz erzählt. Sie wußten zwar nichts von den Goten, gegen die der oströmische Kaiser Valens im Jahre 378 vor Adrianopel im Kampfe fiel, wohl aber vom Sultan Süleyman dem Prächtigen: Der war einst von Edirne aus zu den Feldzügen gegen Ungarn und Österreich aufgebrochen, hatte aber schließlich vor Wien im Jahre 1529 aufgeben müssen. Seine genuesischen Geschützgießer und Kanoniere hatten es nicht vermocht, mit ihren Feldschlangen die Mauern der Donaustadt zu brechen.

Die für ihn errichtete Moschee, ein Denkmal aus der Blütezeit osmanischer Politik und Kunst, war das Glanzstück des unsterblichen Baumeisters Sinan.

Mit dieser letzten von ihm errichteten Sultansmoschee wies uns die Baukunst der Osmanen ein Beispiel souveräner Meisterschaft. Der Baumeister Sinan war Zeitgenosse von Michelangelo, und sein Werk kann neben dem des Großmeisters der italienischen Renaissance durchaus bestehen. Beide bleiben in den Kuppeln ihrer Sakralbauten unsterblich: Sinan in der Moschee von Edirne, Michelangelo in der Kuppel des Petersdoms. Beider Vorbild war die Hagia Sophia.

Die Bedeutung von Istanbul – Konstantinopel – Byzanz liegt in ihrem zeitlosen Vermächtnis auf der Nahtstelle von Europa und Asien. Die Stadt war jahrhundertelang das kulturelle Zentrum der Christenheit des Ostens wie später auch der muselmanischen Türken, und das rührt an die Grundfragen der Kultur jenseits allen historischen Wandels.

Nachdem die Antike mit Pans Tod zu Ende gegangen war und Europa Gestalt anzunehmen begann, hat auch das osmanische Reich über Jahrhunderte hin die Geschichte Europas mitgestaltet. Nicht nur seine siegreichen Feldzüge auf dem Balkan und die jahrhundertlange Macht des türkischen Halbmonds von der Krim bis vor Wien, sondern auch die wirtschaftliche Auseinandersetzung mit der alles beherrschenden Seestadt Venedig haben sich über das späte Mittelalter bis in die Neuzeit hin ausgewirkt. Europas Erwachen und seine Selbstfindung während der Kreuzzüge wäre ohne die Seldschuken mit ihrem Reich vielleicht später und langsamer erfolgt.

Daß sich Venedig die Schlagkraft des Kreuzfahrerheeres nutzbar machte und das verhaßte Konstantinopel im Jahre 1204 von ihm plündern ließ, gehört zu Roms schändlichen Auseinandersetzungen mit der Ostkirche.

Istanbul, die größte Stadt der Türkei, mußte nun bald in Sichtweite kommen. Zu unserer Rechten lag das Marmarameer, wir fuhren entlang der Küste und bogen später leicht in Richtung Nordosten zum Inland hin ab. Da erhob sich vor uns die 6,5 Kilometer lange, vielfach geborstene »Landmauer« mit ihren hohen Türmen. Kaiser Theodosius hatte sie als das bedeutendste Festungswerk der Antike in den Jahren 412 bis 424 erbauen lassen: zwölf Meter hoch, dreifach und beinahe fünf Meter dick, mit einem Wassergraben davor. Über eintausend Jahre lang hatte dann die Riesenmauer Konstantinopel, die Hauptstadt des byzantinischen Reiches, gegen zahlreiche Invasionen fremder Völker beschützt. Inzwischen wurde sie durch Erdbeben teilweise zerstört.

Dieses gewaltige Bauwerk ließ in uns eine Ahnung aufkommen von der Macht des alten Konstantinopel und seinem Reichtum. Was wußten wir schon von Byzanz oder dem türkisch-osmanischen Reich, das Kleinasien und den Balkan beinahe siebenhundert Jahre beherrscht hatte? Uns war nur bewußt, daß wir in Edirne die westliche Welt verlassen hatten. Das lag jetzt 230 Kilometer zurück, und der erste Tag war wunschgemäß verlaufen.

Bezeichnenderweise begrüßte uns ein alter Türke von seinem Eselsrücken herunter mit den Worten »Hos bolduk«, das heißt »Seid willkommen!« Als er merkte, daß wir Deutsche waren, legte er beide Zeigefinger mit der Außenseite nebeneinander und bedeutete uns: »Turk – Alamán – berabér – Türken – Deutsche – zusammen.«

Seine verschleierte Frau schritt zu Fuß hinter dem Esel her. Wir ersparten uns die Frage, warum sie zu Fuß ging – wahrscheinlich hätte er uns geantwortet, daß sie leider keinen Esel besitze.

Ursprünglich hatten die Osmanen, ein türkischer Nomadenstamm, im Dienste des Seldschukenreichs gestanden und waren mit der Sicherung der Nordwestgrenze gegen Byzanz betraut. Als der Mongolensturm gegen Mitte des 12. Jahrhunderts das Seldschukenreich zerschlagen hatte, strebten die Osmanen als junges Fürstentum zur Macht und eroberten unter ihrem Anführer Osman bereits im 14. Jahrhundert byzantinische Städte wie Bursa und Nikea. Dann aber schlug Mongolenfürst Tamerlan die Osmanen vor Ankara im Jahre 1402 vernichtend und hielt ihren Sultan Beyazit bis zu dessen Tode gefangen.

Nachdem Tamerlan im Jahre 1405 gestorben war, stellte Sultan Mehmed I. die osmanische Macht wieder her. Konstantinopel war inzwischen von ihm gänzlich umklammert, im »Byzantinismus« erstarrt und unfähig, sich zu wehren oder auch nur irgend etwas zu unternehmen – der Vergleich mit dem Kaninchen und der Schlange drängt sich direkt auf. Aber noch hielten seine Mauern.

Mehmeds I. Sohn Murad II. bestach dann als Vollblutpolitiker durch Toleranz und sichere Entscheidungen. Als Soldat schmiedete er die hervorragende Waffe der »Janitscharen« und unterwarf sich fast den gesamten Balkan.

Doch erst sein Sohn Mehmed II. errang den triumphalen Sieg türkischer Waffen mit der Einnahme Konstantinopels am 29. Mai 1453. Eine Pforte in der Landmauer war durch Verrat geöffnet worden und das türkische Heer konnte eindringen. Die heldenmütig sich wehrende Hauptstadt ging mit dem griechischen Reich unter. Der Vorposten des Abendlandes war gefallen.

Nach der Eroberung und Plünderung der volkreichen und begüterten Stadt führten die Sieger an die sechzigtausend Gefangene und unübersehbare Beute hinweg. Kaiser Konstantin XI. war im Kampf gefallen.

Als der einundzwanzigjährige Eroberer am gleichen Tag zum ersten Mal die Kirche Hagia Sophia betrat, auf deutsch »Göttliche Weisheit«, das Kultzentrum der östlichen Christenheit, zeigte er sich tief beeindruckt. Er verstand sich als Nachfolger der römischen Imperatoren, und sein Sinn stand mehr nach Erhaltung als nach Zerstörung. Das Beispielhafte der Hagia Sophia muß er sofort erkannt haben, denn er bestimmte sie zur ersten Moschee seines Reiches. Damit war sie tabu und wurde gleichsam zum architektonischen Modell für das Schaffen aller späteren osmanischen Baumeister.

Mehmed II. gehört zu den eindrucksvollsten, aber auch rücksichtslosesten Herrschern des ausgehenden Mittelalters: beseelt von unstillbarem Eroberungsdrang, aber auch von weitreichender religiöser Toleranz.

Im osmanischen Reich konnten damals alle Christen ihre Religion unbehindert ausüben. Als hingegen in Spanien 1492 die letzte muselmanische Stadt Granada gefallen war, mußten alle Muslime entweder sich taufen lassen oder über das Meer nach Marokko auswandern. Das gleiche galt für die Juden. Viele von ihnen emigrierten ins osmanische Reich, wo sie auf dem Balkan bis in unser Jahrhundert als »Sephardim« spanische Zahlworte aktiv im Wortschatz führten. Deutsche Gründlichkeit unterm Hakenkreuz hat sie ausgerottet. Nur in Bulgarien konnten sie überleben.

Istanbuls Vorstädte hatten angefangen mit ihren leicht chaotischen Bauweisen. Noch gab es nirgendwo in Europa die gigantomanischen Suburbias aus den Betonklötzen anonymer Wohnblöcke. Es mußte noch ein Jahrzehnt vergehen, um den Namen des Schweizer Architekten Le Corbusier weltweit bekanntzumachen, allerdings mit gewissen Vorbehalten.

Die Vorstädte Istanbuls bestanden zum Teil noch aus dreistöckigen Wohnhäusern. Viel Grün gab es da zu sehen, und halbfertige Neubauten aus Backsteinen wiesen in die Zukunft. Weil uns auf der mörderischen Strecke im Maritzatal ein Bremsbacken abgebrochen war, stieg ich beim Halten ab und bremste das Gespann mit Händen und Füßen.

Nach Rom und Athen war Istanbul die dritte Metropole unserer Fahrt. Die Asphaltstraße senkte sich leicht, die Fahrbahn hatte sich stark verbreitert, und die Gebäude zu beiden Seiten maßen mindestens sechs Stockwerke.

Zur Linken lag ein Meeresarm voller Barkassen, das »Goldene Horn«. Eine Schiffsbrücke führte von unserer Seite zum dichtbebauten Hang am Gegenufer. Straßenhändler verkauften auf breiten Bürgersteigen Frischobst und kühle Getränke, die Fußgänger betrachteten uns erstaunt wegen des hochbeladenen Gespanns.

Wir parkten am Goldenen Horn vor der Hauptpost. Gustav holte die Briefe am Postschalter ab, wo sie »restante« unsere Ankunft erwartet hatten. Derweilen ließ ich meinen Blick über das Leben und Treiben um mich herum schweifen.

Jeder Mann trug einen Schnurrbart, dick oder dünn, lang oder kurz, gezwirbelt oder hängend, breit oder schmal, fein oder grob, je nach dem gusto seines Trägers. Wir hatten schon in Athen beschlossen, uns ebenfalls Bärte wachsen zu lassen, doch mein schütterer Bartwuchs spannte mich lange auf die Folter, wogegen Gustavs Stoppeln üppig sprossen.

Die Ausrufer priesen ihre Waren an, in einer Garküche brutzelten Fische im Öl, viele Männer trugen Schirmmützen, und die Frauen gingen durchwegs europäisch gekleidet. Vieles roch hier anders als bisher: Bratwurstdüfte waren keine dabei, und auch nicht die Gerüche der Heringsstände des Nordens. Üppige Blumenstände streuten Farbflecken in das Gewimmel vorwiegend dunkler Anzüge, deren Bügelfalten meist von vorgestern stammten, und dunkelweiße Hemden ließen auf sparsamen Umgang mit Seife schließen.

Die NSU-Vertretung lag in der Innenstadt just jenseits der Brücke, über welche die verkehrsreiche Straße des ehemaligen Griechenviertels »Pera« führte, das jetzt »Beyoglou« heißt. Es wird auch »Galata« genannt. Dort erwartete man uns bereits, denn wir waren längst aus Deutschland angekündigt worden, man hatte uns in Neckarsulm nicht vergessen.

»I bin Aleko Lazarevic, noch in der k. & k. Monarchie aufgewachsen, und begrieße Sie auf deitsch. Meine beiden Compagnons sprechen außer griechisch und türkisch nur englisch und französisch. I bin Kroat' und wohn' seit meiner Jugend hier.«

Der kleine Herr reichte uns mit freundlicher Miene die Hand, bat Platz zu nehmen und klatschte in die Hände. Sofort erschien ein Kellnerjunge, bei dem Kyrie (Herr) Aleko drei »Cafés Turks« bestellte – das Ladengeschäft in der »Yolçucade Çadesi« war tiptop geführt.

In den zwei Schaufenstern zu beiden Seiten der Eingangstür standen die neuesten NSU-Motorräder, die Modelle »Fox«, »Quick« und »Max«. Ihre Metallteile glänzten, Schutzbleche und Tanks spiegelten poliert.

Die Theke grenzte das moderne Verkaufslokal nach hinten ab, in hohen Schubladenschränken lagerten die Ersatzteile. Zwischen den Schränken führte ein kurzer Durchgang zu einer steilen Treppe, an deren oberem Ende zwei Schreibtische unter der niederen Decke standen. Von hier aus ging der Blick schräg nach unten in den Verkaufsraum und durch die beiden Schaufenster auf die Straße, die ziemlich steil in das alte Galata hinaufstieg.

Von den beiden Companions war nur einer zugegen; der freundliche Herr Aleko Lazarevic selbst war etwa 45 Jahre alt und trug sein Bäuchlein mit dem Stolz des Erfolgreichen. Sein dunkles Haar war glattgekämmt mit einem Scheitel, das Jackett hatte er ausgezogen, und die Gürtelhose auf dem weißen Hemd umspannte seinen strammen Äquator. Die Krawatte hatte er gelockert, und so blickte er uns zuvorkommend an.

Wahrscheinlich hätte er in seiner Jugend auch einmal gerne so eine Fahrt unternommen – allerdings nach Westen, vielleicht nach München oder Wien oder gar Paris. Als Kroate kannte er ja das Kulturgefälle zwischen West und Ost ebenso wie sein griechischer Partner, bei dem ich zum ersten Male bewußt jenes liebenswerte Lächeln bemerkte, das vielen Menschen der Levante eigen ist: Es liegt ein wenig Resignation darin, aber auch ein Funken Hoffnung und ein Anflug jener Traurigkeit, die unschuldig Benachteiligten eigen ist. Ein Bistro-Tischlein im Verkaufsraum verband uns drei. Wir nahmen noch einen »Café Turk« und schilderten dem guten Aleko unsere Lage und Pläne. Zeit seines Lebens hatte er klar gedacht, und so schlug er uns vor:

Erstens: Wir können bei ihm wohnen, er vermietet uns zwei Zimmer.

Zweitens: Wir können bei ihm essen, seine Frau kocht für uns mit.

Drittens: Miete und Essenspreise sind bürgerlich.

Viertens: Er hilft uns, ein gutes Engagement zu bekommen.

Und Kyrie Aleko hielt Wort. Nach Feierabend fuhren wir mit ihm die »Isticlal Çadesi«, die Hauptstraße von Pera, entlang, bogen links abwärts ein und machten in der nächsten Querstraße halt. Hier wohnte er. Die fünfstöckigen Steinhäuser waren etwa dreißig Jahre alt. Ein breiter Flur endete zur Hofseite hin an einem Treppenhaus mit hölzerner Stiege. In jedem Stockwerk befanden sich zwei Wohnungen: Drei Zimmer-Küche-Bad.

In der zweiten Etage hieß uns Kyria (Frau) Sophia, Aleko Lazarevic's Frau, willkommen: Eine große, stattliche Griechin reichte uns die Hand, sah uns in die Augen, und schon waren wir bei ihr zu Hause. Sie beherrschte keine Fremdsprache, konnte uns aber doch alles sagen.

Am nächsten Tag nannten wir sie »Mama Sophia« – da brach sie in Tränen aus. Hatte sie keine Söhne bekommen?

Ihre blonde und ebenso stattliche Schwester wohnte auch dabei mit ihrem Töchterlein Bebeka. Die drei Frauen genossen unsere Gegenwart, und wir konnten das kleine, fünfjährige Mädchen herzen und verwöhnen.

Kyrie Aleko führte uns zwei weitere Stockwerke höher über die Holztreppe und zeigte uns zwei leere Zimmer, verbunden durch eine Türöffnung, mit jeweils einem Fenster zum Hinterhof. Er hatte eine Flitspritze mitgebracht, schloß die Fenster und sprühte ein Insektengift in die Ritzen der Dielen.

Dann schlossen wir die Tür zum Treppenhaus und holten unser Gepäck herauf in den vierten Stock. Wir deponierten es vor der Tür, bis alles oben war. Dann schlossen wir auf und wollten eintreten. Aber der Gestank des Insektengiftes verschlug uns den Atem. Da rissen wir in beiden Zimmern die Fenster auf und erlebten ein unerwartetes Schauspiel:

Hunderte von Flöhen hüpften in hohen und steilen Bögen aus allen Richtungen auf die Fensteröffnungen zu. Ihre Sprünge maßen bis zu einem Meter Höhe und gingen ebenso weit. Wir standen fassungslos vor dieser Flohkavalkade, die mit hektischer Eile ins Offene, nach draußen strebte. In hohen Bögen hüpften sie alle zum Fenster hinaus, in Sinuskurven, Parabeln und Hyperbeln. Im Lichtschacht des Hinterhofs stürzten sie in die Tiefe.

Auch der Gestank verduftete sich zum Fenster hinaus. Gustav nahm sein Lager gleich hinter der Eingangstür, ich zog das zweite Zimmer vor – Istanbul hatte uns aufgenommen.

Abends saßen wir wieder unten, gemeinsam im großen Wohn- und Schlafzimmer zur Straßenseite hin. Kyria Sophia hatte gefüllte Paprikaschoten zubereitet, mit dicken Reiskörnern und Hackfleisch in den prallen grünen und roten Früchten. Westeuropa kannte dieses Gericht noch lange nicht, und ich glaube, wir schlugen an der Tafel eine gute Klinge. Kyrie Aleko reichte dazu dalmatinischen Rotwein, als Nachtisch aßen wir Kirschen. Die Vollpension ließ sich gut an.

Schon am nächsten Tag hatte Kyrie Aleko für uns einen Vorstellungstermin: Die Besitzer des Kino-Theaters »Saray« wollten uns wegen eines Engagements kennenlernen.

Wir trafen Aleko vor dem Eingang und stiegen gemeinsam nach oben. In den Büroräumen begrüßten uns zwei Herren auf französisch. Der eine, Nedim Bey, war ein Hüne im dunkelblauen Maßanzug. Sein steiler Nacken führte zu einer Vollglatze, säbelgeschwungene Brauen begrenzten die Stirn nach unten, die große Nase war leicht gebogen, und im kräftigen Mund lag ein Ausdruck von Macht und doch Großmut. Sein Partner, Monsieur Franco, hatte das ergraute Haar gescheitelt und leicht gelockt. Er war nicht ganz so groß wie wir und trug einen Kammgarnanzug in Grau.

Beide unterhielten sich französisch, Monsieur Franco trug sogar »Le Monde« in der Außentasche gefaltet. Mit Kyrie Aleko sprachen sie allerdings türkisch, und ich hatte den Eindruck, als täten sie es mit leichter Herablassung. Aleko blieb aber selbstbewußt und erreichte für uns drei Auftritte täglich: einen um 17 Uhr, einen um 20 und den letzten um 22 Uhr. Auch das Motorradgespann sollte dabei auf der Bühne stehen, und zwar mit einem mannshohen Schild von NSU – das war noch von der letzten Handelsmesse her verfügbar. Wir konnten die Gage wahlweise täglich kassieren oder auch erst am Ende der Gastspielserie von zehn Tagen.

Nedim Bey und Monsieur Franco baten uns um ein »rehearsal«, eine kleine Demonstration. Daraufhin zog Gustav dem einen von ihnen einen BH aus der Innentasche und flocht die acht edelstählernen Ringe zu einer Kette. Ich hatte noch keine acht Takte gesungen, da klatschten schon beide und baten um das Instrumentalstück »Le Troisième Homme«, die Zithermelodie aus dem Film »Der dritte Mann«.

Ich setzte mich, legte die Taille des Gitarren-Corpus auf meinen linken Oberschenkel und spielte das Stück aus dem berühmten Film von Carol Reed, jene Wiener Zitherweise, die bis heute auf der ganzen Welt lebendig blieb.

Sie hörten mir schweigend zu, füllten die Vertragsformulare doppelt aus, und wir unterschrieben alle vier in Hochstimmung.

Damit nicht genug: Die beiden Herren besaßen auch eine Künstleragentur namens »Kontya«.

»Wir können Sie im ganzen Osten bis nach Singapur vermitteln. Wenn Sie mit uns arbeiten wollen, so lassen Sie uns das bitte wissen. ›Kontya‹ hat einen guten Namen in allen Städten des Orients.«

Damit waren wir aller finanziellen Sorgen enthoben. Dreißig Auftritte innerhalb von zehn Tagen, das war doch ein Traumziel. Am nächsten Tag schon ließen die beiden Theaterbesitzer Künstlerfotos von uns aufnehmen, und zwar im besten Atelier von Istanbul.

Wir hatten uns die Haare schneiden lassen und brauchten weiter kein Make-up: Unser Teint war sonnengebräunt, unser Glücksgefühl überwältigend – und das zeigte sich in den Gesichtern.

Auf dem einen Foto zeigte ich mich elegant im Halbprofil mit Gitarre, auf dem anderen im karierten Leinenhemd mit Blick in die Kamera. Nur der schüttere Kinnbart wirkte noch ein wenig unfertig, ja pubertär.

Gustav dagegen fauchte auf seinem Bild eine Stichflamme senkrecht nach oben, genau in der Mittelachse des Fotos. Und damit man auch sah, daß es kein Trickfoto war, zündete ich mir an der Lohe eine Zigarette an – so richtig lässig.

Die Fotos prangten am Theater-Eingang in Plakatgröße zu beiden Seiten. Die Zeitung »Istanbul« brachte ab 27. Juni täglich ein handgroßes Inserat:

»Une attraction sensationelle ... à partir d'aujourd'hui en

matinées et chaque soir en supplément extraordinaire au programme du SARAY, vous verrez le fameux duo allemand Corano et Oss Kröher en escale à Istanbul au cours de leur Tour du Monde. Magie, Fakirisme, Illusionisme, Prestidigitation avec numéros inédits à la Guitare et des Chansons.«

Dazu erschien ein Hinweis auf die Anfangszeiten nachmittags, abends und nachts. Die Cora schafften wir mit Mühe über den Bühneneingang an Ort und Stelle, und ein russischer Dolmetscher übersetzte auf der Bühne für das türkischsprechende Publikum im Saal. Immer wieder überraschten uns die polyglotten Menschen hier: Drei Sprachen zu beherrschen, schien das Normale zu sein – Deutsch, Englisch, Französisch, Italienisch und Griechisch hörten wir neben dem Türkischen allerorten.

So stieg anderntags unsere Premiere im »Saray« von Beyoglou, einem der ersten Plätze von Istanbul, doch wir haben weder Nedim Bey noch Monsieur Franco jemals wieder gesehen. Gleichwohl zahlten sie die Gage prompt und ohne Abzug, und Kyrie Aleko strahlte ob der Werbung für die NSU-Werke, weil ja das große Messeschild im Hintergrund der Bühne stand.

Mama Sophia servierte ungeheure Portionen zum Abendessen, die kleine Bebeka lachte mit uns, nur ihre Mutter, die beleibte Blondine, blieb seltsam reserviert und hatte ständig eine leichte Schwermut um sich. Nie sahen wir ihren Ehemann. War sie vielleicht ledig? Das haben wir nicht herausgekriegt.

Nach dem Essen legte sich Kyrie Aleko ins Bett, etwa zwei Meter neben dem Eßtisch, und nahm von dort aktiv an der Unterhaltung der Tafelgesellschaft teil. Später drehte er sich auf die Seite und schlief ein. Dann gingen wir zu Fuß die leicht ansteigende Pflasterstraße zur »Istaclal Çadesi« hinauf und merkten bald, daß in diesem Viertel die leichten Mädchen wohnten! Sie standen vor den Haustüren und kannten uns beide – von den Plakaten her.

Sie lachten mit uns wie Schwestern, wir waren ja quasi Kollegen. Nicht eine hat uns angemacht, ob dick oder dünn, vollschlank oder korpulent, rothaarig, blond, brünett oder schwarz, ob mit schlanker Taille oder drall, wobei der letztere Typ in Beyoglou besonders stark vertreten zu sein schien.

Die drei täglichen Auftritte von jeweils etwa vierzig Minuten waren ein Kinderspiel. Nachmittags und nachts war der Fünfhundert-Stühle-Saal nur halb voll, abends dagegen hieß es häufig »Ausverkauft«, und so lag denn der »Kontya«-Vertrag schon bald zur Unterschrift bereit: »Sesam öffnete sich« auf allen Bühnen des Orients.

Im besten Fotogeschäft der Stadt erstanden wir eine gute Kamera aus Deutschland. Nun war die Schmach von Brindisi gesühnt, und wir blickten zuversichtlich auf die kommenden Tage, Wochen und Monate.

Asien, wappne dich, wir kommen!

Eines Nachts, wir hatten uns nach dem letzten Auftritt müde auf die Feldbetten gelegt und wollten gerade einschlafen, ging jenseits des Hinterhofs das Licht an und schien in unsere beiden Zimmer.

Etwa sieben Meter entfernt stand eine schöne Frau im hellerleuchteten Fenster und kämmte ihr gelöstes Haar vor einem Spiegel, den wir aber nicht sehen konnten. Sie zeigte uns ihr linkes Profil, das schmale Fenster ließ nur einen begrenzten Blick in das Zimmer zu. Auf der rechten Seite saß ein kleiner Schwarzhaariger nackt auf dem Bettrand. Dort endete unser Sichtfeld

Die Frau entkleidete sich vor dem unsichtbaren Spiegel und ließ ihr goldenes Haar über Schultern und Brüste wallen, es fiel in langen Strähnen und glänzte herüber. Die Szene belustigte uns einerseits, andererseits schämten wir uns aber, als »Spanner« eine Liebesnacht zu beobachten.

Von dem Bett war lediglich die Kante sichtbar. Der kleine

Schwarze hatte sich nun erhoben und streichelte die Frau über ihren Rücken und die prallen Rundungen ihres Pos. Schnippisch wehrte sie seine Liebkosungen ab, wobei sie weiter ihre langen Strähnen kämmte.

Der nackte Levonze mit seinem geölten Haar und einem Menjoubärtchen ließ aber nicht locker. So ging das neckische Spiel mit Werbung und Versagung eine Zeitlang weiter, bis sich die rosige Blondine ihm zudrehte. Da packte sie der scharfe Zwerg um die Hüfte, und beide sanken auf das Bett, von dem wir ja nur die Kante erblicken konnten. Dort hatte die Frau ihren rechten Fuß aufgesetzt, ihr Unterschenkel verschwand hinter dem Fensterrahmen. Das Fenster war, wie unsere beiden auch, weit geöffnet.

Wir standen im Dunkeln, sahen uns an und mußten lachen. Erst jetzt fiel uns ein, daß die Straße unterhalb der unseren bereits zum Rotlichtviertel gehörte und der Lichthof vermutlich dessen Grenze markierte.

Da unsere beiden Zimmer offenbar seit Monaten leer standen, warfen weder Freier noch Nutte einen Blick herüber. Außerdem waren wir ja den ganzen Abend nicht dagewesen und erst nach Mitternacht zurückgekommen.

In der folgenden Nacht warteten wir gespannt auf das Schauspiel. Und wirklich, es lief wieder genau so ab: Das Licht ging an, das Paar trat ein. Sie kämmte ihr wallendes Goldhaar vor dem Spiegel, entkleidete sich, und der Freier hatte bereits vom Leder gezogen. Zuerst saß er auf dem Bett, dann schäkerte er – und reichte ihr doch nur bis zu den Schultern. Sie war ein Prachtweib, vollbusig mit herrlichen Gliedern und einem lachenden Mund, strahlenden Augen und gerader Nase. Eine junge Frau, ihrer Macht bewußt und stolz auf sich selbst.

Der Freier dagegen war kleinwüchsig, mit bleicher Haut und behaarter Brust; etwas Gockelhaftes ließ sein Wesen ins Lächerliche gleiten, und wir mißgönnten ihm bald schon die tizianische

Juno, die sich ihm regelmäßig nach Mitternacht auf dem Metallbett hingab – außerhalb unseres Blickwinkels. Das ging so ein paar Nächte. Wir hatten keinem Menschen etwas davon erzählt.

Dann aber, eines Nachts – wir waren schon eingeschlafen –, erwachten wir von gellenden Schreien aus dem Lichthof her. Die Lampe von gegenüber schien in unser Zimmer, und wir sahen drüben unsere Blondine am Fensterkreuz: Sie versuchte vergeblich, sich aus dem Fenster zu stürzen. Zwei kräftige Männer rissen sie an den Haaren zurück und schlugen auf sie ein. Mit Lederriemen peitschten sie die nackte Frau, warfen sie zu Boden und hörten nicht auf, weit ausholend draufzuschlagen. Die Hiebe mit den langen Lederriemen klatschten auf die Haut, die sich sofort rötete. Aber Blut floß keins.

Die Mißhandelte schrie in höchster Not, riß sich endlich los und wankte von neuem ans offene Fenster, um sich hinauszustürzen. Wieder zerrten die beiden Schläger die Gequälte zurück und peitschten weiter mit den breiten Lederriemen auf sie ein. Hageldicht prasselten die Hiebe.

Das ganze Haus war erwacht, alle Fenster zum Hinterhof waren hell und offen. In jedem Fenster standen mindestens zwei Zuschauer, mit Schlafanzügen oder Nachthemden bekleidet, und schrien aus Leibeskräften. Der Lichtschacht widerhallte vom Gekreisch der Hausbewohner. Wir standen als Nächste direkt gegenüber; aus unseren Fenstern gebeugt, brüllten wir »aufhören«, »aufhören!« und warfen den beiden Folterknechten alle möglichen Schimpfwörter an den Kopf, was sie aber nicht abhielt, weiterzupeitschen.

Dann brach die Frau zusammen, lag, für uns kaum sichtbar, auf dem Fußboden und mußte dort noch ein paar Tritte zum Abschied einstecken. Das Licht in ihrem Zimmer erlosch; anscheinend verließen die beiden Vollstrecker die Folterkammer. Ruhe kehrte ein, und Dunkelheit senkte sich in den Lichthof.

Unsere Pulse jagten, entsetzt sahen wir uns an. Wie konnte so etwas geschehen, mitten in einem bewohnten Häuserviertel? Wird die Schöne überleben? Was können wir tun? Die Nacht brachte wenig Schlaf.

Am anderen Tag sprachen wir Mama Sophia und Kyrie Aleko deswegen an. Sie schliefen zwar im kombinierten Schlaf-Wohnzimmer zur Straßenseite hin, zwei Etagen unter uns, hatten aber doch die Schreie aus dem Hinterhof vernommen. Ja, das käme ab und zu vor, deshalb schliefen sie auch nach vorne. Die kleine Bebeka schaute uns mit ihren hellen Augen an und lächelte so unschuldig und reizend, wie nur eine Fünfjährige es vermag.

Die Auspeitschung in jener Nacht hatte mit ihrer rohen Gewalt den Vorhang vor uns aufgerissen und die Bühne der Levante gnadenlos erhellt. Sicherlich wußten wir, daß Brutalität gegenüber Schwächeren auch anderswo ausgeübt würde – nur hatten wir es bisher noch nie so direkt erfahren.

Gleichviel, ob es nur eine Zuhältergeschichte war, wo der Loddel seinem Pferdchen die Peitsche gab, oder eine Abstrafung der »gefallenen« Schwester durch die Brüder, die die Familienehre vertraten – jedenfalls hatten wir jetzt erlebt, mit welcher Selbstverständlichkeit die schlimmsten Rohheiten vor aller Augen geschehen konnten.

Die Gewaltszene direkt gegenüber, keine sieben Meter entfernt, verfeinerte unsere Kenntnisse vom Zusammenleben unserer Nachbarn und Gastgeber. Daß die Auspeitschung so offen passierte und gleichsam auf erleuchteter Bühne, schockte uns zutiefst. In Europas Westen wäre das vielleicht unauffälliger geschehen. Aber wofür sprach das? Für die größere Unempfindlichkeit der Levantiner gegenüber der Grausamkeit! Offenbar gehört sie dort bis heute zum Alltag, wie die Nachforschungen von Amnesty International im türkischen Strafvollzug während der letzten Jahre vielfach bewiesen haben.

Von nun an betrachteten wir die Mentalität des Orients mit

anderen Augen. Jedoch: »The Show must go on!« Und nachmittags ging's wieder auf die Bühne.

Ein paar Nächte danach, wir lagen kurz vor dem Einschlafen auf den Feldbetten, ging drüben wieder das Licht an. Wir lugten aus dem Dunkel hinüber und glaubten zu träumen: Da stand unser Prachtweib erneut vor dem Spiegel und kämmte ihr üppiges Haar, das in dicken Strähnen über Schultern und Busen wallte. Nur glühte die Mähne diesmal in einem leuchtenden, kräftigen Rot. Tizian!

Das Vollweib aalte sich vor ihrem Spiegelbild, und ihr levantinisches Zwerghähnchen saß bereits entkleidet auf der Bettkante. Dann schäkerte der Freier mit der schnippischen Schönen, und beide verschwanden aus unserem Blickwinkel hinter der Fensterwandung. Nur ihr rechter Fuß, abgestützt auf der Bettkante, zeugte von dem Liebesakt. Die rotlackierten Zehennägel waren farblich auf die flammende Haarmähne abgestimmt. Sonst war alles wie immer.

Weil wir nachts so spät ins Bett kamen, standen wir erst am Vormittag auf. Kyrie Aleko arbeitete dann im Geschäft, Mama Sophia servierte uns das Frühstück, und die Sonne schien über das Dach des gegenüberliegenden Hauses.

Gemüsehändler zogen mit Zweiradkarren durch die Straßen und priesen in lauten Rufen ihre Waren an. Schon nach wenigen Tagen konnten wir sie nach Gattungen unterscheiden: Die Bäcker und Wurstverkäufer sangen beim Feilbieten ihre typischen Rufe, und auch die anderen boten ihre jeweilige Ware singend feil.

Dann öffneten sich die Fenster, die Hausfrauen ließen an langen Stricken ihre Einkaufskörbe hinabschweben und »orderten« vom Fenster aus. Das Einkaufsgeld lag abgezählt im Korb, die Händler wogen mit einer Handwaage die Portionen ab und legten sie hinein, nachdem sie vorher den Betrag entnommen hatten. Dann schwebte der gefüllte Korb nach oben und wurde hereingenommen.

Ob dieser Brauch vom muslimischen Rollenverständnis der Frauen herrührt, konnten wir nicht erfahren. Dort gehören Frauen ja ins Haus, nur die Männer dürfen draußen sein.

Gegen Mittag hatten wir uns feingemacht, flanierten durch die Geschäftsstraßen und schauten uns Istanbul an. In einem Buchgeschäft fand ich ein Büchlein, dessen Titel mir bekannt vorkam: das »Rub′ áiyat of Omar Khayyám«, in der Übersetzung von Edward Fitz Gerald und illustriert von Gordon Ross.

Schon als Sechzehnjähriger hatte ich in Ernst Löhndorffs »Bestie Ich« darüber gelesen. Nun fand ich die berühmte Übersetzung in einer wohlfeilen Ausgabe und war darüber hocherfreut.

A Book of Verses underneath the Bough,
A Jug of Wine, a Loaf of Bread – and Thou
Beside me singing in the Wilderness –
Oh, Wilderness were Paradise enow!

Ein Büchlein Verse unterm Laubdach hier,
ein Krug mit Wein, ein Brot, ein Lied von dir,
die mir zur Seite in der Wildnis sänge –
ach, welch ein Eden wär die Wildnis mir!

So hatte vor über 800 Jahren der persische Zeltmachersohn aus Nishapur in fünfhundert Vierzeilern die Freuden des Weines und der Liebe besungen. Alle sind in sich abgeschlossen und verkörpern jeweils einen Gedanken. Doch eine zentrale Philosophie verbindet, ja vereint sie zu einem Ganzen: Lebensfrohe, freidenkende Lust, ein beiläufiges, doch freimütiges Bekenntnis zu den Freuden des Lebens – ohne großes Nachdenken darüber.

Awake! For Morning in the Bowl of Night
Has flung the Stone that puts the Stars to Flight:
And Lo! The Hunter of the East has caught
The Sultan's Turret in a Noos of Light.

Wach auf! Der Morgen ins Gefäß der Nacht
warf schon den Stein, daß flieht der Sterne Pracht,
und sieh, der Jäger aus dem Osten fing
des Sultans Turm in seinem Lichtnetz sacht.

Die Seiten sind inzwischen vergilbt, das Papier ist brüchig geworden, und die feinen Federzeichnungen treffen längst nicht mehr den Geschmack von heute. Aber die Gedichte des Büchleins auf meinem Nachttisch erfreuen mich wie eh und je.

Oh, come with old Khayyám, and leave the Wise
To talk; one thing is certain, that Life flies
One thing is certain, and the Rest is Lies;
The Flower that once has blown, forever dies.

Komm zu Khayyám; laß reden, wer sich müht
um Weisheit! Sicher ist: das Leben flieht,
ja, sicher ist nur eins, der Rest sind Lügen:
Auf ewig stirbt die Blume, die geblüht.
ÜBERSETZUNGEN VON LOTHAR SAUER

Am liebsten standen wir auf der Landspitze zwischen dem Goldenen Horn und dem Bosporus beim Denkmal von Kemal Pascha Atatürk. Dort weitet sich der Blick übers Meer, und wir konnten jenseits der fast drei Kilometer breiten Wasserstraße das Gegenufer sehen.

Dort lag Asien, dorthin würde uns in ein paar Tagen die Fähre bringen, und zwar mit einer generalüberholten Cora. Obgleich der Bosporus an seiner schmalsten Stelle volle anderthalb Kilometer mißt, erinnerte er uns doch ein wenig an den Rhein zwischen Bingen und Koblenz.

Lag das an dem starken Schiffsverkehr, waren es die grünen Uferhänge mit ihren Burgen und Villen? Jedenfalls imponierten allein schon die größeren Dimensionen. Hochseegängige Schiffe ankerten auf Reede, und große Tanker befuhren die Wasserstraße.

Sie kamen von den russischen Ölhäfen im Schwarzen Meer und fuhren weiter über das Marmarameer zu den Dardanellen und dann ins Mittelmeer und auch weiter.

Das griechische Wort Bosporus heißt auf deutsch übrigens »Rinderfurt«, weil nach der Sage hier Io, die Geliebte des Zeus, von dessen Gattin Hera in eine Kuh verwandelt, die Meerenge durchschwommen haben soll.

An einem freien Tag hatten wir uns ein Aussichtsboot genommen und fuhren die dreißig Kilometer zwischen Asien und Europa auf der belebten Wasserstraße bis zur Mündung ins Schwarze Meer. Weil die Strömung nach Süden bis zu fünf Kilometer in der Stunde beträgt, mußte der Bootsdiesel auf dem Hinweg gewaltig arbeiten.

Die Hügelketten zu beiden Uferseiten waren kaum höher als zweihundert Meter, auf der Westseite thronte das Festungswerk Rumeli Hisar und beeindruckte mit mächtig aufragenden Türmen und zinnenbewehrten Mauern an der engsten Stelle des Bosporus. Eine signalrote, türkische Fahne mit zunehmender weißer Mondsichel und einem Stern in der Mitte wehte auf ihrem Bergfried im Wind.

Der Sage nach war hier auch der Grieche Jason mit seinen Argonauten entlanggefahren, ins Land Kolchis, um das Goldene Vlies zu holen. In der Besatzung seines Schiffes »Argo« sind die griechischen Auswanderer zum Kaukasus personifiziert.

Die Seeluft tat uns wohl, wir schnupperten die Weite und

sehnten schon wieder die Tage im Sattel herbei. Jeden Tag drei Auftritte – das hieß auch Konzentration und Leistung, Pünktlichkeit und souveräne Bühnenarbeit. Unser russischer Dolmetscher hatte bald den Bogen raus, um die Spannung bei den Zaubertricks zu steigern. Vor allem wußte er, die Pausen in seiner Rede richtig zu setzen. Als eines Tages ein Zuschauer auf die Bühne gerufen wurde, stellte sich heraus, daß er je sechs Finger an den Händen hatte, und so mußte die Nummer gestrichen werden. Die ging nämlich nur mit zehn Fingern. Auch ein Hexenmeister kann nicht alles voraussehen.

Bei einem Schnadahüpfl vor einem nur halbvollen Saal während einer Nachmittagsvorstellung erntete ich einen großen Lacher in der dritten Reihe.

Der Gast kam später zu uns in die Garderobe und stellte sich als Iwan Popowkin vor. Er hatte auf der Hochschule für Fotografie in Wien studiert und sprach ein ausgezeichnetes Deutsch. Sein Vater war während der russischen Revolution nach Istanbul geflüchtet, wo er als Professor an der Universität orthodoxe Religionsgeschichte las. Iwan konnte von Herzen lachen, besaß den Charme eines Bären, maß beinahe zwei Meter, hatte blondes Haar wie so viele Russen und wasserblaue Gänseaugen.

Am Ufer des Goldenen Horns stand sein kleines Einfamilienhaus. Dort tranken wir nun jeden Nachmittag Tee, den seine winzige Frau im Samowar aufbrühte. Wie ein Mäuslein wuselte sie zwischen den Schränken und Stühlen, sah alles, hörte alles und kredenzte Piroggen aus eigener Bäckerei.

Iwan lachte dröhnend, erzählte Geschichten aus dem Wienerwald und verdiente gutes Geld als Fotograf von Bildpostkarten. Regelmäßig beschlossen wir unseren mittäglichen Gang in die Stadt an seinem gastfreien Tee-Tisch.

Eines Tages drängte sich bei unserer Ankunft eine Menschenmenge vor seiner Haustür, und wir hörten eine keifende Frauenstimme in höchster Frequenz aus dem Hause gellen. Zwei Polizisten waren gerade im Begriff, die Menge zu zerstreuen, als eine Vase durch eins der Glasfenster der Haustür herausflog. Klirrend zerschellte die Scheibe, und die Vase zerstob in tausend Scherben auf dem Plattenweg. Im Hause keifte die Frauenstimme weiter, und ab und zu knallte oder krachte es, als ob jemand Geschirr zerdepperte.

Wir durften als einzige eintreten. Da saß Iwan am Tee-Tisch, hatte den Kopf in die Arme vergraben und heulte gottserbärmlich. Seine wasserblauen Gänseaugen standen voller Tränen, als er das Gesicht hob und uns aufheulend anstarrte.

Die kleine Maus aber raste als Furie durch die Zimmer, riß Vorhänge ab und warf Stühle durch die Räume. Porzellanscherben lagen auf dem Boden, damit war sie offenbar schon fertig. Betreten standen wir inmitten der Katastrophe. Die Maus würdigte uns keines Blickes und schleuderte Iwan in rasender Wut ihre Vorwürfe an den Kopf. Der heulte Rotz und Wasser vor sich hin, das Gesicht auf dem Tisch in den Armen vergraben, um ab und zu wie ein waidwundes Tier klagend und schluchzend aufzublicken und aufzuheulen. Wir gingen hinaus und konnten uns an diesem Tag nur schwer konzentrieren.

Als wir anderntags unseren Besuch in dem Einfamilienhäuschen am Bosporus wiederholten, brachten wir der Maus einen Blumenstrauß mit.

Ein Glaser setzte soeben eine neue Scheibe in die Haustür ein, und der Mülleimer hinter dem Haus quoll über von Porzellanscherben. Zerrissene Vorhänge waren nicht mehr zu sehen.

Iwan lachte fröhlich zur Begrüßung mit breitem Mund und hellblauen Gänseaugen, und die kleine Maus servierte Tee aus dem Samowar und hatte frische Piroggen gebacken. Nie erfuhren wir, warum dieser Ehestreit so heftig ausgetragen und so rasch und still begraben wurde.

Zum Abschied schenkte mir Iwan einen Kreuzritterring, den er bei Ausgrabungen in der Nähe von Smyrna unterschlagen hatte, weil ihm die Türken das Honorar, das ihm als einem wissenschaftlichen Fotografen zustand, halbiert hatten.

Das Bronzegebilde ließ ich in Deutschland kunsthistorisch prüfen: Zwölftes Jahrhundert, Westeuropa. Das heißt, der gefallene Kreuzritter, der den Ring getragen hatte, mußte aus Frankreich, England oder Deutschland gestammt haben.

Gustav dagegen bekam als Andenken ein Hochglanzfoto: Iwan mit einer österreichischen Gräfin nackt auf einer Ottomane, in bester Lage. Selbstauslöser.

Ein weiterer Russe, der in Istanbul lebte, Wladimir Gopusow, sammelte deutsche Militärmärsche auf rauschenden Schellackplatten.

Wir mußten »Preußens Gloria«, Beethovens »York'schen Marsch«, Johann Straußens »Radetzkymarsch« und »Des Großen Kurfürsten Reiterei« über uns ergehen lassen. Wladimir begeisterte sich daran und wunderte sich, daß nicht alle Teutonen ausgerechnet in dieser Musik die höchste Blüte abendländischer Kultur erblickten.

Kyrie Aleko hatte uns sonntags in die »Yougoslavenska Sloga« mitgenommen. In diesem Kulturverein trafen sich die Jugoslawen von Istanbul und pflegten heimatliche Kontakte. Aleko präsentierte uns voller Stolz: »Olle sprechen daitsch«, und tatsächlich verlief die Unterhaltung mit uns in der Muttersprache.

Ich hatte die Gitarre ausgepackt und stimmte den langsamen Walzer an, voller Heimweh und Liebe zu Drau und Save, zu Mostar, Belgrad und Korcula, Sarajewo und Zagreb.

Der Kehrreim lautete:

Tamo daléko, daléko krai mora,
Tamo je sselo moje,
Tamo je ljubav moja.

Dort, weit weit am Meer,
dort liegt mein Dorf,
dort ist meine Liebe.

Ich hatte das Lied in Bari von jungen Italienern gelernt, wohin es 1943 Titos Partisanen zu den Britischen Streitkräften ihres Versorgungsstützpunkts gebracht hatten.

Tatsächlich sprach mich dann eine Dame auf Serbokroatisch an: Sie hielt mich für einen Jugoslawen, weil meine Aussprache offenbar keinen deutschen Akzent aufwies. So etwas freut einen immer.

Mama Sophia bekochte uns üppig. Als Vorspeisen reichte sie gebratene Leberstückchen mit Zwiebeln, auf Türkisch »Arnavut Cigeri«; »Cig Köfte« hießen scharfgewürzte Fleischbällchen und Weizenschrot; auch »Dolmades«, gefüllte Weinblätter, aßen wir gern. Sie konnte Lammkoteletts grillen, brachte »Döner kebab« auf den Tisch oder »Pilav«, einen kräftig gewürzten Reis mit Korinthen und Pinienkernen.

Auch gab es kalte Auberginen in Olivenöl mit Zwiebeln, Knoblauch und Tomaten oder fritierte Zucchinischeiben mit Knoblauchjoghurt, aber auch rote Bohnen in Olivenöl mit Tomaten und Zwiebeln. Als Salat aßen wir Gurkenstückchen mit Joghurt, Dill und Knoblauch, am häufigsten aber Tomaten mit Gurken, Zwiebeln und Paprika, erfrischend und würzig.

Zum Nachtisch schnitt Mama Sophia zumeist eine große Wassermelone auf. Diese uns bis dato unbekannte Frucht eroberte sich unsere Geschmacksnerven sofort und blieb der erklärte Liebling bis heute. Sie löscht den Durst, und ihr saftiges Fruchtfleisch trägt einen zarten Hauch süßen Aromas, bleibt bescheiden und schließt ein Mahl würdig ab. Dann tranken wir Café Turk, und ich zündete mir eine leichte Zigarette aus blondem Orienttabak an, flachgedrückt und lose gestopft.

Im Souterrain zum Hof hin hatte Mama Sophia für uns samstags immer das Bad bereitet. Wir saßen jeder in einem hohen Holzzuber voll warmem Wasser. Als wir bereit waren, trat sie herein und seifte uns den Schopf mit einem dicken Naturschwamm ein. Nachdem sie die Seife mit Wassergüssen aus einer Schöpfkelle herausgespült hatte, massierte sie uns die Kopfhaut und die Nackenwurzel. Dabei liefen ihr die Tränen über die Wangen und tropften ins warme Wasser der beiden Zuber. War es Schmerz, war es Glück, was sie zum Weinen brachte?

Sie hatte uns wirklich gern, und wir verehrten die großgewachsene Griechin, die nur dunkle Gewänder trug und ihre besten Tage hinter sich hatte. Dennoch führte sie mit Aleko Lazarevic anscheinend eine glückliche Zweisamkeit. Bei ihnen fanden wir für ein paar Wochen Heimat und Geborgenheit, und sie ihrerseits fühlten sich durch unsere Anwesenheit ganz offenbar erheitert und geehrt.

Bei der Abrechnung unserer Zimmerpacht und der Essenspauschale erließ uns Kyrie Aleko einen beachtlichen Teil. Wir hätten gerne voll bezahlt, aber als Gastgeber bestand er darauf.

Von Galata aus hatten wir jeden Tag über das Goldene Horn auf die Hagia Sophia und die Moscheen der Siebenhügelstadt geblickt. Diese Stadtsilhouette verleiht Istanbul seinen typischen Reiz, besonders wenn man von See kommt oder auf dem dicken Galataturm der Genuesen steht, von wo sich das ganze Panorama jenseits des Goldenen Hornes entfaltet.

Die Osmanen kannten ja nicht die Städte der europäischen Renaissance. Deshalb legten sie das Stadtzentrum nach ihrer Vorstellung an und errichteten auf jedem Hügel der einzigartigen Stadt zwischen Marmarameer, Bosporus und Goldenem Horn ein eigenes Baudenkmal.

So zeigt sich denn die historische Hauptstadt immer nur aus der Entfernung als ein Ganzes, mit der Silhouette des 60 bis 80 Meter hohen Hügelrückens: Natürliche Erhebungen, die auf dem Kamm byzantinische oder osmanische Kuppelbauten tragen und die Natur gleichsam durch die Baukunst vollendet erscheinen lassen.

Der gewaltige Kuppelbau von Sinans Süleyman-Moschee beherrscht die Stadt und Metropole in einzigartiger Weise. Mit ihren vier Minaretten bestimmt sie die Silhouette Istanbuls sogar noch vom asiatischen Ufer aus. Wir besuchten sie und wurden sofort an Sinans Große Moschee in Edirne erinnert.

Die Schuhe hatten wir ausgezogen, wie es Vorschrift war, und schritten nun auf dicken Teppichen durch den kühlen Raum. Keine bildliche Darstellung zierte die Wände, nur Koransuren und Ornamente auf Majolikafliesen priesen Gott. Betende knieten und beugten den Rücken so tief, daß sie mit der Stirn den Boden berührten.

Das Raumgefühl ähnelte dem in der Hagia Sophia, die seit 1934 als Museum dient. Sie ist das bis heute erhaltene Symbol zweier Zeitenwenden: Einmal markiert sie das Ende der Antike und den Beginn des christlichen Mittelalters; zum zweiten steht sie als Symbol für den Untergang Konstantinopels im aufsteigenden osmanischen Weltreich.

Ich hatte ja in der Peterskirche zu Rom eine Seligsprechung erlebt und als Winzling in der Masse der Gläubigen gestanden – hoch über mir die Kuppel Michelangelos. Zur Beschreibung des Innenraums der Hagia Sophia jedoch reicht mein sprachlicher Ausdruck nicht hin. Beim Anblick des Zentralraumes fühlte ich Atembeklemmung, Hilflosigkeit und Verlorensein.

Der von mir sehr verehrte byzantinische Geschichtsschreiber Prokop (490 – 562 n.Chr.), der mir auch den »Gotenkrieg« nahebrachte, schrieb schon im sechsten Jahrhundert über die Kuppel: »Sie scheint gar nicht auf einem festen Unterbau aufzusitzen, sondern an goldener Kette vom Himmel herabhängend den Raum zu überdecken.«

Der Lichtraum des Inneren entzieht sich jeder Grenzbestimmung, weil das Licht von jenseits der Apsisrundung eine beinahe räumliche Qualität erreicht: Ich glaubte, das Licht stofflich greifen zu können. Und deshalb wohl kann ich das Baugefüge im Zentralraum sprachlich nicht fassen. Die durchsichtigen Säulenwände und die von Helligkeit durchflutete Kuppel wirkten wie eine schwerelose Raumschale und ermöglichten auch keine Größenbestimmung.

Ihr Erbauer, Kaiser Justinian, hat diese Wirkung wohl beabsichtigt, denn die 55 Meter hohe Kuppel mit ihren 32 Metern Spannweite war als ein Abbild des Himmels gedacht, der sich über dem quadratischen Mittelbau wölbte.

Von ihr vor allem geht das Raumerlebnis aus, obgleich sie noch zwei Nebenkuppeln hat. Der Scheitel dieser Hauptkuppel liegt höher als der höchste Gewölbescheitel einer hochgotischen Kathedrale. 600 Jahre vor dem Beginn der Gotik weist die Hagia Sophia als architektonisch geformte geistige Macht den Weg zum Überirdischen.

Wir waren still geworden und staunten. Mich störten lediglich die im 19. Jahrhundert an den Wänden aufgehängten, neun Meter durchmessenden Rundschilde mit den kalligraphisch gestalteten arabischen Schriftzügen von Mohammed, Allah und den ersten Kalifen.

Übrigens war Prophet Mohammed fast ein Zeitgenosse Kaiser Justinians gewesen, der dieses Weltwunder binnen fünf Jahren und zehn Monaten, von 523 bis 527, durch zwei griechische Baumeister errichten ließ. Denen kamen dabei die Erfahrungen der Bauleute von der Landmauer zugute.

Der Petersdom in Rom mit all seinem Prunk und Glanz des italienischen Barocks im Triumph der Gegenreformation war schon sehr beeindruckend gewesen. Die Hagia Sophia aber, als Synthese von achteckigem Kuppelbau und Langhausbasilika, bringt in ihrer Leuchtkraft »Glanz aus sich selbst« hervor (Prokop) und verdient zu Recht ihren Namen »Göttliche Weisheit«. Als schwacher Protestant erlaube ich mir diese Feststellung.

Die goldenen Tage in Istanbul neigten sich ihrem Ende zu; sie hatten uns frei und sicher gemacht und auch die finanzielle Basis unserer Fahrt gefestigt. Wir schauten zuversichtlicher als je nach vorn: das Etappenziel Bagdad lag bereits in der Reichweite unserer Peilung.

Istanbul, du hattest uns aufgenommen wie deine eigenen Söhne. In deinen Mauern fanden wir Anerkennung, Zuneigung, ja Liebe. Deine Menschen bestärkten uns, schenkten uns ihre Zeit, besuchten begeistert unsere Vorstellungen im Theater »Saray«. Ihr Interesse an deutscher Kultur, selbst wenn sie lediglich der Unterhaltung diente, brachte uns mächtig voran.

Istanbul, laß dir für all das danken mit einem »Çokçe, tesekür ederim« (vielen Dank)!

Nur mit der türkischen Musik konnte ich herzlich wenig anfangen. Ich vermißte die Harmonien und die Kraft der Blechbläser, vernahm keine Polyphonie. Lediglich die Klangfarben der Zupf- und Saiteninstrumente oder der Holzbläser gaben den Melodien Leben.

Dennoch konnten ihre Rhythmen packen, auch deren Mannigfaltigkeit hatte mich überrascht und die Frage aufkommen lassen, warum die Musik Westeuropas darin so gering entwickelt ist, mit wenigen Ausnahmen in der Moderne.

Mama Sophia bekochte uns immer üppiger, die kleine Bebeka lächelte uns an, selbst ihre schwermütige Mutter hatte uns liebgewonnen, und Familienoberhaupt Aleko Lazarevic sorgte für eine Generalüberholung des Gespanns durch die NSU-Filiale. Immer näher rückte der Aufbruch, und eines Tages rollten wir hochbepackt zur Landungsbrücke der Fähre am Goldenen Horn.

»Allahís marladik, Istanbul! – Allah möge dich ansehen, Istanbul.«

»Gülé, gülé, – lächelnd, lächelnd –, ihr Indienfahrer!«

Die ganze Familie hatte Fährkarten über den Bosporus nach Üsküdar gelöst, war mit uns an Bord gekommen und gab uns das Abschiedsgeleit. Voll mit Lastwagen und PKWs, legte die Fähre ab und nahm Kurs auf das andere Ufer. Der Sommertag lachte, zurück blieb das städtische Treiben der Metropole. Zurück blieben ihre sultanischen Moscheen, deren glänzende Kuppeln und Minarette immer weiter in die Ferne rückten.

Die majestätische Hagia Sophia thronte über den Grünanlagen, und jenseits des Goldenen Horns ragte der Galataturm hell aus dem Häusergewirr des alten Pera.

An der Bordwand der Fähre schwappten die Wellen, und vom Schwarzen Meer blies der warme Wind über die drei Kilometer breite Wasserstraße. Da legten wir auch schon in Üsküdar, dem alten Skutari, an, einem damals noch bescheidenen Ort.

Jetzt waren wir in Asien! Wir fuhren über das Pflaster der schrägen Lände hinauf, um abzusteigen und von unseren Gastgebern Abschied zu nehmen. Tränen flossen, Umarmungen, Aufsitzen, Winken, ade, ade …

In Anatolien

Eine breite Asphaltstraße führte leicht ansteigend nach Osten. Die Amerikaner hatten sie erst kürzlich gebaut, weil die Türkei der NATO 1953 beitreten würde. Als strategisch »Äußere Linie« umfaßte dieses weit vorgeschobene Außenfort der Nordatlantischen Allianz die Südflanke des Ostblocks wie mit einer Pranke.

Die 450 Kilometer nach Ankara versprachen eine glatte Fahrt zu werden, abgesehen von ein paar Bergpässen, die knapp über tausend Meter hoch waren.

Der allmähliche Übergang von der Küste ins Landesinnere gehörte zu unseren erstaunlichsten Reiseerlebnissen. Nur anfangs umgab uns noch jene Welt der ehemals griechisch besiedelten Küstenniederungen mit ihren Städten und der mediterranen Flora, wie sie uns geläufig war. Breitschirmige Zedern wuchsen in mauerumfriedeten Gärten, auf Hügeln und in Senken standen schlanke Zypressen; Oleanderbüsche blühten in allen Farbtönen der Rotskala und dufteten süß; freundliche Landschaften mit lieblichem Grün in den Flußtälern säumten die Halbautobahn, deren Bankette noch ganz frisch vom Schotter aus cremefarbenem Kalkstein leuchteten. Bis hierher, wo das Marmarameer in einer schmalen Bucht nach Osten ausläuft, begleitete uns noch die Mittelmeerwelt.

Am Stadtrand von Ismit legten wir die erste Rast ein, weil dort ein Verkäufer einen Berg Wassermelonen aufgetürmt hatte. Wir kauften drei der medizinballgroßen Früchte und verstauten die grünen, prallen Durststiller in einem Netz auf dem Beiwagen. Bei jeder Rast erfrischte uns ihr köstliches rosa Fruchtfleisch, in das man die Zähne schlagen konnte, daß der Saft nur so aus den Mundwinkeln spritzte.

Ismit hatte in der Antike Nikomedia geheißen und dem Kaiser Diokletian als Residenz gedient. An seinem Hof war der im Jahre 285 geborene Konstantin unter den Fittichen erlesener Pädagogen aufgewachsen, während sein leiblicher Vater als »Cäsar« im gallischen Trier regierte. Nachdem Diokletian abgedankt hatte und Konstantins Vater gestorben war, riefen römische Truppen in Gallien den zwanzigjährigen Konstantin zum Kaiser aus.

Hier also, im heutigen Ismit, wurzelte Konstantins Liebe zum Osten, hier hatte er seine christenfreundliche Gesinnung erworben, und hier hatte er beschlossen, aus der Kleinstadt Byzantion am Goldenen Horn in den ersten Jahren seiner Regierung die Hauptstadt Konstantinopel bauen zu lassen. Die Geschichte verlieh ihm den Titel »der Große«.

In weiten Kehren zog die Halbautobahn über die Randberge zum anatolischen Hochland hinauf. Alles lief wie am Schnürchen. Eichenwälder und Nadelbäume lösten die Hartlaubgewächse der Tieflandvegetation ab. Die zahlreichen Storchennester in den Niederungen, wo die jungen Störche schon kräftig gefüttert wurden, waren seltener geworden. Jetzt, im Bergland, erinnerte die Bauweise der Dörfer an die der Alpenländer: Die Bauernhäuser waren mit Holzschindeln gedeckt, und dicke Steine beschwerten die flachgeneigten Satteldächer, die bis zu zwei Meter über die weißgekalkten Außenwände mit den kleinen Fenstern hinausragten. Auf grünen Matten weideten Kühe und Pferde, Holzgatter umgrenzten die Weidegründe. Wenn uns jetzt ein anatolischer Hirte mit einem Jodler begrüßt hätte, wäre es für uns kein Wunder gewesen.

Weiter oben wich die breite Asphaltstraße einer neuen Schotterpiste, die einem Flüßchen aufwärts in Richtung Bolu-Paß folgte. Immer lauter gurgelte und toste das Wildwasser im steinigen Bett. Von Westen waren uns Gewitterwolken nachgejagt. Nun holten sie uns ein, und mit den ersten wolkenbruchartigen Regengüssen setzte der Motor aus. Die Maschine rollte noch ein paar Meter, vom Eigengewicht geschoben, und wir stiegen ab und flüchteten mitsamt einer Zeltbahn unter die Tannen am Straßenrand.

Derweilen tobte das Unwetter. Dunkel war es geworden, und das Wasser rann auf der Außenseite unserer Zeltbahn in den Waldboden. Wir hockten daruntergekauert und lugten durch die Knopflöcher hinaus. Die Cora stand am Straßenrand, von dichten Regenschleiern eingehüllt.

Der Wildbach nebenan im Hochtal war in kurzer Zeit stark angeschwollen, seine erdbraunen Fluten füllten das Bachbett bis an den grasigen Rand, und von den rundgeschliffenen Blöcken war nichts mehr zu sehen. Wenn auch Blitze zuckten und Donner krachten, so fühlten wir uns doch in Sicherheit unter der Zeltbahn, und nach einer Stunde war der Gewitterspuk vorbei.

Die Cora aber, mitsamt ihrem Beiwagen, tropfte vor Nässe und ließ sich nicht mehr starten, weil ihr Kickhebel blockierte. Was konnte passiert sein? Sie war doch gerade erst in Istanbul generalüberholt worden.

Tank runtermontiert, Benzinschläuche weg, Zylinderkopfschrauben gelöst, Zylinderkopf runter, Dichtung weg, Zylinderschrauben vom Getriebegehäuse gelöst, Zylinder hoch ... da lag der Hund begraben: Die Pleuelstange war gebrochen, und so hatte sich der Kolben im Zylinder verklemmt und konnte sich nicht mehr bewegen.

Wir standen genau am Kilometerstein mit der Zahl 108; das heißt, so weit war es von hier bis nach Ankara, wo die Generalvertretung der NSU für die gesamte Türkei arbeitete. Ihren Inhaber, Herrn Neçati Topçu, hatten wir bereits in Istanbul kennengelernt, als er sich im Saray unsere Bühnenschau ansah und -hörte. Was war zu tun?

Einer mußte bei der Maschine bleiben, der andere mußte nach Ankara trampen und Hilfe holen. Diesmal war Gustav dran, weil ich ja in Bozen den neuen Pirellireifen besorgt hatte – wir brauchten nicht erst mit der Münze zu werfen, ob Kopf oder Adler. Diesmal wäre es übrigens der byzantinische Doppeladler gewesen, den orthodoxe Prinzessinnen später nach Moskau exportiert hatten und aus dem dann der doppelköpfige Zarenadler geworden war.

Wir hielten ein Auto an, Gustav stieg ein. Mach's gut, lieber Freund, komm gut nach Ankara und bring bald Hilfe!

Nun war ich allein hier im Hochland, in der Picknick-Gegend von Kizilça-hamam. Der Wildbach rauschte, wir hatten das Zelt auf einer grünen Bergmatte aufgeschlagen und die demontierte Cora ebenfalls dorthin geschoben, etwa 60 Meter vom Straßenrand weg; der Bergfluß lag etwa gleichweit entfernt nach der anderen Seite hin.

Gegen Mittag hatte mich Gustav verlassen – wenn er in ungefähr zwei Stunden bis Ankara käme, könnte er es schaffen, abends zurück zu sein.

Wenig Verkehr war zu hören; ab und zu ein Holzlaster, mitunter ein Amischlitten mit Heckflossen in Türkis oder Shocking Pink. Ich saß in der Nachmittagssonne vorm Zelt, hatte einen Klappstuhl aufgeschlagen und führte Tagebuch. Die Bergmatte duftete nach Kuhfladen, und der Almgeruch wirkte anheimelnd. Ein paar Dohlen beäugten die Idylle von den Wipfeln der Schwarzkiefern und Lärchen aus – dann waren auf einmal zwei kleine Buben da. Woher sie kamen, hatte ich nicht gesehen. Sie standen etwa zwanzig Meter weg an einer Krüppelkiefer und betrachteten mich. Ihre nackten Füße ragten aus geflickten Hosenbeinen, ihre Hemden hatten sie in den Hosenbund gesteckt, und kurzgeschnittenes dunkles Haar bedeckte die Rundschädel. Ich winkte die beiden heran, sie kamen näher und sagten »Okay, okay«. Das hatten sie wahrscheinlich von den Straßenbauarbeitern aufgeschnappt. Wir drei betrachteten uns, und ich gab jedem zwanzig Kurus – als Handgeld; nach heutiger Kaufkraft etwa drei Mark. Damit hatte ich ihre Herzen gewonnen, und sie riefen laut: »Money, money …« Auch dieses amerikanische Wort hatten sie also gelernt.

Sie stöberten um das Zelt herum, und ich zeigte ihnen die defekte Maschine, deren roter Tank auf dem beladenen Beiwagen im Netz neben den Wassermelonen lag. Vor dem Sattel klaffte ein Loch, weil ja auch der Zylinder samt Kopf abmontiert war. Die Öffnung zur Nockenwelle mit der abgebrochenen Pleuelstange hatte ich notdürftig mit einem Lappen zugestopft.

Die beiden Buben inspizierten das übermannshohe Zelt mit meinem aufgeschlagenen Feldbett und der winzigen Küche. Da entdeckten sie die Gitarre und das Akkordeon. Das bedeutete Musik! Sofort begannen die beiden lebhaften Kerlchen zu tanzen: Sie tanzten den »Zaipek«, einen Volkstanz, der reizvolle Schritte aufweist. Besonders das leicht nach innen abgewinkelte Knie und der dabei schräg nach unten weisende, erhobene Fuß verleihen dem Tänzer eine gewisse Anmut. Dabei sangen sie unisono. Dann zeigten sie auf die Gitarre und bedeuteten mit ihren Gesten und Mienen, daß jetzt ich dran wäre.

Also nahm ich die Gitarre, stellte mich in Positur und sang laut und klar:

Auf'm Wase
grase d'Hase,
ond em Wasser
gampfet d'Fisch.
Lieber will i gar koi Schätzle
als a so an Flederwisch.

Die beiden hatten mich mit offenen Mündern und weitaufgerissenen Augen angestarrt und wahrscheinlich jeden Hauch meiner Intonation mit allen Sinnen aufgesogen.

Dann warfen sie sich auf den Boden, wälzten sich im Gras und kugelten sich förmlich vor Lachen. Sie hielten sich die Bäuche, quiekten und wieherten vor Vergnügen und riefen dabei immer wieder: »Flederwisch! Flederwisch!«

In meiner inzwischen über vierzigjährigen Bühnenerfahrung habe ich niemals mehr einen solchen Erfolg mit so wenig Mitteln erzielt und solche Lacher ausgelöst. Noch heute sehe ich die etwa Acht- bis Zehnjährigen, wie sie sich kugelten und wälzten und dabei »Flederwisch, Flederwisch« quiekten.

Dann verschwanden sie mit einem »Allahís marladik«, und ich antwortete, wie sich's gehört, mit »gülé, gülé«.

Die Nachmittagssonne war schon weitergezogen und würde sich in ein paar Stunden jenseits des Bergbaches auf die Tannenwipfel senken. Ob Gustav gut nach Ankara gekommen war? Ob er dort den NSU-Vertreter angetroffen hatte? Und ob der ihm helfen konnte? Ob er noch heute wieder zurück wäre?

Nach einer Stunde tauchten die beiden Buben wieder auf – diesmal brachten sie mir eine Schüssel Joghurt und ein Fladenbrot. Der frische Joghurt aus Stutenmilch gehörte wirklich zum Köstlichsten, was ich je zu genießen bekam. Seine säuerliche Frische, die kremige Konsistenz und die an Quark erinnernde Wässrigkeit überraschten mich angenehm. Man bedenke, daß die heute allgegenwärtige Verfügbarkeit des Molkereijoghurts erst seit den sechziger Jahren datiert, auch Joghurtbecher gab's noch lange keine. Das Fladenbrot, frisch gebacken und leicht gesalzen, hatte eine dünne, angebräunte Kruste, ließ sich abreißen wie ein Pfannekuchen und wurde alsdann in die Joghurtschüssel getunkt.

Sichtlich erfreut betrachteten mich die beiden beim Essen, nannten das Brot »Ekmek« und den Joghurt »Kaimek« und lachten, als ich ihre Worte wiederholte. Dann deuteten sie auf die Gitarre, und ich sang ihnen nochmals die württembergische »Nationalhymne« vom Cannstatter Wasen vor: »Auf'm Wase ...«

Wieder beobachteten sie mich mit aufgerissenen Augen und offenen Mundes. Und als ich zum Wort »Flederwisch« am Ende des Textes gelangt war, explodierten sie wieder vor Lachen, warfen sich ins Gras und kreischten vor Vergnügen: »Flederwisch, Flederwisch«.

Später zogen sie sich an den Straßenrand zurück, wo sie Autos anhielten und bettelten. Dabei deuteten sie zu mir herunter, als sammelten sie für mich. So konnten die fixen Kerlchen »eine gute Straße« machen – ich gönnte es ihnen.

Die Julinacht kam spät. Die Dämmerung senkte sich auf das Hochtal, schwärzer ragten die Tannenwipfel in den Abendhimmel; dann traten die ersten Sterne ans Himmelszelt, und die Nacht begann. Ich hatte mich aufs Feldbett gestreckt und hörte den Wildbach rauschen und ab und zu ein Fahrzeug auf der Piste am Kilometerstein 108 vor Ankara. Gustav war also nicht zurückgekommen. Ich erwartete ihn irgendwann am nächsten Tag.

Neben mir hatte ich griffbereit eine Machete liegen – man wußte ja nie. Die Athener Freunde hatten jedem von uns so ein Haumesser geschenkt, weil wir außer einem gewaltigen Klappmesser und den beiden Feldspaten keine Waffen mit uns führten.

Die Nacht in den Bergen war naturgemäß kühler als die Nächte im heißen Istanbul. Ich genoß die ungewohnte Frische der Luft und muß dann recht bald eingeschlafen sein.

Irgendwann erwachte ich aus meinem leichten Schlaf und wußte, daß jemand da war. Ich hatte zwar nichts gehört, war mir aber sicher, daß jemand draußen vor dem Zelt stand. Ich rührte mich nicht, atmete ganz flach, um mich ja nicht zu verraten – da hörte ich auch leise Schritte draußen! Ich hatte ein bißchen Angst, ich wußte ja nicht, wer das war.

Nie hatte ich von einem Überfall auf Touristen gehört oder gelesen, aber die leisen Schritte hatten mich doch hellwach gemacht. Sachte griff ich zur Machete, die mit einem Wetzstein frisch geschliffen war. Ihr Handgriff war mit einem Bügel versehen, so daß die geschwungene Blankwaffe einem Säbel ähnelte.

Beim Hingreifen muß sich das Bettgestänge aber bewegt haben, es knarrte leicht. Jetzt hörte ich die Schritte klar und deutlich und war völlig sicher, daß da draußen einer langsam um das Zelt herumschlich. Dann hielten die Schritte inne, und eine Männerstimme, ungefähr zwei Meter vor dem Zelt, begann schallend zu singen:

Liebst du mich denn gar nicht mehr,
willst du mich verlassen?
Läßt du dich denn gar nicht mehr
um die Taille fassen?

Mir zerriß der Lachreiz fast das Zwerchfell! Da liege ich im Hochland von Anatolien, mutterseelenallein in der Wildnis, und vor dem Zelt singt nachts ein Unbekannter einen Schlager der zwanziger Jahre aus Berlin!

Mein berstendes Lachen löste die Spannung, ich konnte mich nur noch schütteln und spürte später meine Bauchmuskeln.

Ich öffnete das Zelt, trat hervor mit der Machete in der Rechten und sah einen Mann im Sternenlicht auf der Bergwiese stehen, keine fünf Meter vor mir. Oben am Straßenrand parkte ein schwarzer Personenwagen mit abgeblendeten Scheinwerfern. Daneben stand eine zweite Gestalt und rief zu uns herunter: »Monsieur Oskar, je suis Necati Topçu, le représentant du NSU de Ankara.«

Alles löste sich in Wohlgefallen auf:

Gustav war gegen 15 Uhr in Ankara eingetroffen und hatte unsere Misere schildern können. Herr Topçu sah sich die gebrochene Pleuelstange an und bestellte telefonisch in Neckarsulm eine neue.

Dann quartierte er Gustav in einem guten Hotel ein und suchte für seine Rettungsexpedition einen deutschsprechenden Türken. Er fand einen ehemaligen Tüncher, der als Gastarbeiter im Berlin der zwanziger Jahre gearbeitet hatte. Sein ganzes Deutsch bestand jedoch in dem Schlager »Liebst du mich denn gar nicht mehr …«, den er mir vor dem Zelt als Losungswort, als Zeichen seiner Harmlosigkeit, vorgetragen hatte. Herr Topçu hatte ihn von Ankara aus an unsere Unfallstelle mitgenommen, und jetzt wollten sie mich abschleppen.

Mitten in der Nacht verstauten wir das ganze Gepäck in dem PKW, den wir auf die Bergwiese am Wildbach gefahren hatten. Ich baute Feldbett und Zelt ab, dann zogen wir das Gespann an einer etwa drei Meter langen Kette zur Schotterpiste hinauf. Als ich mich im Sattel zurechtsetzte, hatte ich vor mir keinen Tank, an dessen Flanken ich meine Knie anlegen konnte, auch der Zylinder war weg, und die Lichtmaschine arbeitete nicht. Aber meine Hände umspannten die Lenkstange, und das war das Wichtigste: ich öffnete die Bremsen, und so schleppten wir das Gespann in der kalten Bergnacht nach Ankara.

Nur die beiden roten Rückleuchten des Wagens spendeten ein wenig Licht. Ich hatte den Leerlauf eingelegt und mußte nur richtig lenken und gelegentlich bremsen. Solange die Straße leicht anstieg oder eben verlief, lag Zug auf der Kette und hielt sie stramm. Nun mußten wir aber zwei tiefe Flußtäler überqueren, und das bedeutete zwei Bergpässe. Da wurde es bergab dann ziemlich schwierig, weil ich die Kette kaum strammhalten konnte: Coras Eigengewicht schob sie immer wieder bis an die hintere Stoßstange, und ich mußte die Hand- und Fußbremse millimetergenau ziehen und treten, um nicht aufzufahren. Trotzdem hing die Kette häufig durch oder schleifte im Schotter und wirbelte Staub auf, der die Sicht behinderte.

War der Höllenritt von Alexandroupolis nach Edirne eine viehische Körperstrapaze gewesen, so bedeutete das Abschleppmanöver über 108 Kilometer und zwei Pässe Anatoliens eine zermürbende und langwierige Nervenbelastung. Wir konnten ja nicht so zügig fahren wie ein Einzelgefährt und zuckelten im Schneckentempo durch die Nacht, mit klirrender Kette und quietschenden Bremsen.

Meine Hände wurden klamm und steif, und an den Knien spürte ich die Nachtkälte noch quälender. Die Handschuhe nebst den warmen Kleidern hatten wir ja lange weggepackt. Vier Stunden etwa saß ich so im Sattel, bremste, steuerte, starrte auf die zappelnde Kette vor mir im roten Schein der Rückleuchten und versuchte, sie mit wohldosierten Bremsmanövern stramm zu halten. Wenn sie im Schotter schleifte, zog ich die Bremse schärfer an, bergauf aber brauchte ich nur zu lenken, der Drei-Meter-Abstand hielt sich dann von ganz allein.

Mit der Morgendämmerung trafen wir in Ankara ein und stellten die bestaubte Maschine sogleich in die Werkstatt. Ein Taxi brachte mich in das feine Hotel.

Noch lag die Hauptstadt im Schlaf, noch ratterten keine Autos. Aber die Mauersegler durchsirrten den hellen Morgenhimmel des Sommertags, und die Sonnenstrahlen ließen die Fassaden der modernen Gebäude aufleuchten. Der Pförtner begrüßte mich und klatschte kommandierend in die Hände. Ein barfüßiger Diener eilte herbei, stellte sich mit einer leichten Verbeugung vor mich hin und fragte: »Efendim?« – »Was wünscht der Herr?«

Der Portier nannte ihm Gustavs Zimmernummer, und Achmed – so hieß der dienstbare Geist – begleitete mich dorthin. Gustav staunte nicht schlecht, als ich ihm alles erzählte.

Nach einem erquickenden Schlaf erwachte ich gegen Mittag. Gustav kümmerte sich mittlerweile in der Werkstatt um die Cora. Ich öffnete die Tür, klatschte in die Hände, und Achmed kam barfuß angetrabt. Wieder stellte er sich vor mich hin, verbeugte sich leicht und hauchte: »efendim«.

Weil er nur türkisch verstand, zeigte ich auf Gustavs Teegeschirr, das noch vom Frühstück her auf dem Zimmertisch stand, und Achmed brachte mir ein gleiches. Auch die heiße Dusche tat mir wohl, und so war ich bald in der Werkstatt.

Die Firma NSU hatte uns schon telefonisch einen neuen Kolben angekündigt, der am nächsten Tag mit Luftpost eintreffen sollte. Welch ein Gefühl!

Herr Topçu, der die heißen Tage in einem Sommerhaus außerhalb Ankaras verbrachte, bot uns seine Stadtwohnung als Bleibe an. Noch am ersten Tage zogen wir dort ein.

Ankara war 1923 durch Kemal Pascha Atatürk zur Hauptstadt der neuen Türkei erhoben worden. Als der »Vater der Türken«, wie Atatürk übersetzt heißt, gleich zu Beginn seiner Regierungszeit diesen Beschluß in die Tat umsetzte, zählte die Stadt nur 30.000 Einwohner und lebte mit ihrer kleinen, geschichtlichen Hinterlassenschaft ruhig vor sich hin. Atatürk holte europäische Städtebauer ins Land und ließ durch den Deutschen Hermann Jansen die Hauptstadt neu entwerfen – mit großen Boulevards und Parks, einem Banken- und Regierungsviertel sowie neuen Wohngebieten im Stil der Epoche. Damit wollte Atatürk vor allem die osmanische Tradition, den orientalischen Schlendrian von Istanbul brechen.

Mitten durch das Zentrum verläuft seitdem als Achse der Stadt der »Atatürk Bulvari«, der unterhalb des alten Zentrums mit Burgberg und Zitadelle anfängt und in Çankaya mit dem Amtssitz des Staatspräsidenten endet. Heute zählt die neue Hauptstadt drei Millionen Einwohner – mit allen negativen Folgen rasanten Wachstums.

Doch in der Altstadt verlief das Leben wie eh und je: Eseltreiber würgten sich durch enge Gassen, Männer und Frauen in Landestracht bevölkerten das Häusergewirr, kühler Schatten fiel auf beschauliche Szenen mit Wasserpfeifenrauchern und Märchenerzählern. Denn viele, vor allem die Alten, konnten weder lesen noch schreiben, und das gesprochene Wort vermochte die meisten noch zu fesseln.

Wir hatten in der NSU-Werkstatt einen amerikanischen »Sergeant« getroffen, der uns für den Abend zum Barbecue »im Club« einlud. Ob wir nicht auch bei dieser Gelegenheit auftreten könnten? »This would be simply grand.«

Der NCO-Club (Non-Commissioned-Officers), die Feldwebelmesse, war gut besucht. Einige Feldwebel der US-Army kannten Deutschland als Besatzer und hoben gleich die vollgeschenkten Biergläser auf unser Wohl. Wir prosteten mit Augenkontakt zurück und sogen den Bierschaum durch unsere jungen Schnurrbärte wie durch Reusen.

Auf dem Rost grillten »Hot-Dogs«, knatschiges Weißbrot lag schon aufgeschnitten zum Verzehr bereit, und als Beilage gab's junge Lauchschoten, Zwiebelringe und scharfen Senf – fast wie in der Heimat. Die Amis sangen kräftig mit, als ich anstimmte:

And in her hair she wore a yellow ribbon,
she wore it in the springtime, in the merry month of May.
And if you ask, what for this yellow ribbon?
She wore it for a trooper, who is far, far away.

Das war ein Song nach dem Geschmack der Soldaten. Aber auch ein »Dixieland« für die Südstaatler und der »Yankee-Doodle« für die Nordstaatler fanden ihre Liebhaber.

Beim »Re-Enlistment-Blues« hörten alle zu. Das war ihr Lied, der langsam schwingende Song aus dem Buch »From Here To Eternity«[2] von James Jones, geschrieben im Army-Slang des

2) Der Titel stammt von einer Zeile des Kipling-Gedichts »Gentlemen Rankers« aus seinen »Barrack-Room-Ballads«. Der deutsche Filmtitel lautete »Verdammt in alle Ewigkeit«.

Jahres 1941, kurz bevor japanische Bomber den Marinestützpunkt Pearl Harbour auf der Insel Honolulu im Pazifik angriffen und somit den Zweiten Weltkrieg auch dorthin trugen.

Die erste Strophe lautet:

My hitch was up Monday,
I aint no soldier no more.
They gave me all this money,
that made my pockets so sore.
More dough than I can use,
Re-Enlistment-Blues.

Den Abschied gabs Montag,
ich bin nicht mehr Soldat.
Vom Geld, das ich kriegte,
platzt mir fast die Naht.
Nichts als Kies, so ein Schmus!
Wiedereinstellungsblues.

Hier konnte ich in den »blue notes« schwelgen, zumal sich dieser Blues sowohl metrisch als auch harmonisch in zwölf Takten klassisch aufbaut. Das schienen sie alle zu spüren und schenkten mir dankbar Beifall.

Zwei Jahre später spielte Burt Lancaster im gleichnamigen Film den Sergeanten, und Frank Sinatra sang zusammen mit anderen GIs den Blues in einer tropischen Nacht unter Palmen zum Gitarrenspiel von Pvt. Prewitt, gespielt von Montgomery Clift.

Auch die Ehefrauen der Feldwebel, in leichten Sommerkleidern oder Blue Jeans, hatten ihre Freude an den heimatlichen Klängen.

Gustav zauberte unter anatolischen Sternen, denn die Tageshitze war der lauen Nacht gewichen, und die Gartenwirtschaft des NCO-Clubs von Ankara erlebte ein klangvolles »Hootenanny«, wie die Amis eine solche Liedernacht nennen. Deshalb zahlte uns der Club-Manager auch eine stattliche Gage; denn die Sergeanten litten vielfach unter Heimweh und sehnten sich nach einer Stationierung in Deutschland, wo eine Hausbrauerei mit eigenem Ausschank schäumenden Gerstensaft wohltemperiert kredenzte und der heimwehkranke Krieger fern der Heimat nicht auf seinen NCO-Club angewiesen war.

Auch zwei junge Männer in Zivil sprachen uns an; sie seien mit dem Jeep unterwegs in den Mittleren Osten und kämen bald nach Bagdad, wo wir uns wohl wiedersehen würden. Das meinten jedenfalls Irvin Bud Calman und John Guth aus Washington, D.C. Sie sahen nicht aus wie Feldwebel außer Dienst, eher schon wie amerikanische Intellektuelle im Dienste des Pentagons.

Kamil Tekin, der Doyen aller türkischen Erzmagier, Hexenmeister, Zauberkünstler, Illusionisten und Traumtänzer, schickte uns einen Boten. Er bat uns zu einem Diner in seinem Hause, und wir beide nahmen dankend an. In Istanbul hatte er Gustavs Bühnenkünste mehrmals inkognito bewundert, er kannte also dessen Repertoire.

Abends warfen wir uns in Schale, hatten für Madame einen Blumenstrauß erstanden und läuteten an der Hochhaustür. Ein Aufzug brachte uns nach oben. Der Meister begrüßte uns und bat uns zu sich hinein. Seine Gattin war leider nicht zugegen – »oriental, oriental« – und so bekam sein Sohn den Blumenstrauß. Der etwa Achtzehnjährige saß mit uns an der weißgedeckten Tafel, wir tranken uns als Kollegen mit Raki zu und sahen uns dabei in die Augen. Kein türkischer Moslem würde dem mit Aniskörnern destillierten Weinbrand nicht zusprechen, nur weil Mohammed das Alkoholtrinken untersagt hat – Gott bewahre, die »Löwenmilch«, wie der mit Wasser milchig emulsierende Long-Drink auch heißt, gilt als erlaubt.

Als wir uns an der noch leeren Tafel niederließen und die feinen Porzellanteller wie auch das geschliffene Bleikristall der Gläser bewunderten, zeigte uns der Hausherr seine Meisterschaft: Alle Teller fingen plötzlich an zu wackeln, tanzten ohne erkennbare Ursache auf und ab, indem sie jeweils einen Zentimeter nach beiden Seiten kippten, und das dauerte etwa drei Sekunden! Wir haben nie herausbekommen, wie er das vollbrachte. Er hat es auch nicht verraten.

Nach dem opulenten Mahl wollte auch sein Sohn ein Zauberkunststück zum besten geben. Er saß uns am Tisch gegenüber, sein Vater rechts von uns.

Der junge Magier knotete ein Seil zu Schlingen. Dann nahm er eine große Schere, um das geknotete Seil scheinbar zu durchschneiden. Der Zuschauer sollte also den Eindruck haben, das Seil wäre durchgeschnitten. Am Ende des Tricks sollte sich dann aber zeigen, daß das Seil in seiner vollen Länge noch heil war, obgleich er es vor aller Augen in zwei Teile geschnitten hatte.

Wir kannten einen solchen Trick, den ja auch Gustav bei fast jedem Auftritt darbot. Und weil er nun sah, daß der junge Magier im Begriffe war, einen fatalen Fehler zu machen, rief er panisch aus:

»Halt! So schneiden Sie ja das Seil mitten durch!«

Er erntete nur ein müdes Lächeln.

»Aber nein, mein Herr! Das ist ja gerade der feine Unterschied: Unser türkischer Seiltrick geht tatsächlich so, wie ich ihn zeige. Mein Seil bleibt trotzdem ganz.«

Der stolze Vater hatte uns sein strahlendes Gesicht zugewandt. Dann schnitt sein Sohn den Strick mit einer großen Schere durch. Nun war das Staunen an uns, zumal wir das Metier ja kannten.

Dann entwirrte der junge Herr die Knoten vor unseren Augen. Als er damit fertig war, hielt er tatsächlich zwei Seilenden in den Händen – er hatte das Seil also wirklich mitten entzweigeschnitten und blickte verzweifelt auf seinen Vater, den Erzmagier. Der bedeutete ihm, das Zauberbuch herbeizuholen, wo alles drinstand, und blickte derweilen verlegen zum Fenster hinaus. Doch auch in dem Zauberbuch fand der Zauberlehrling keine Erklärung für seine Blamage. Wir verkniffen uns die Schadenfreude, trösteten ihn, daß so etwas immer mal vorkommen könne und daß er ja noch Zeit habe zum Lernen …

Ob er anderntags seiner Mutter die Blumen gab, haben wir leider nie erfahren. Ewige Rätsel Asiens?

Prompt am nächsten Tage traf per Luftpost unser Ersatzkolben ein. Neçati Topçu ließ ihn in seiner NSU-Werkstatt einbauen, und die Cora war wieder flott. Wir zahlten, bedankten uns für alles, und nach vier Tagen brausten wir in aller Morgenfrühe gen Süden.

Noch lag die moderne Großstadt im Schatten, als unser Motorgedröhn, das wieder so richtig »gesund« klang, in den Häuserschluchten widerhallte. Die asphaltierte Ausfallstraße zog eine leichte Steigung hinauf, und hinter uns blieb die Zivilisation. Nach ein paar Kilometern endete die Schwarzdecke, und eine staubige Piste nahm uns auf.

Die Sonne hatte sich über fernen Höhen im Osten erhoben und schickte ihre frühen Strahlen zu uns her. Hinter dem Gespann wirbelte eine Staubwolke auf, vor uns zog sich die Gerade bis zum verschwimmenden Horizont in den heißwerdenden Tag. Das Gras und die kornbewachsenen Felder der Vortage waren einer fahlgelben Wüstensteppe gewichen.

Höher stieg die Sonne, aber es gab keinen Baum, der Schatten spendete, nicht mal einen Strauch. Dürr und unfruchtbar breitete sich die Öde zu beiden Seiten der staubigen Piste aus, meilenweit flimmerten weiße Salzablagerungen. Das war keine durch Täler gegliederte Landschaft mehr, das waren endlos scheinende abflußlose Mulden, die hier auf tausend Meter Meereshöhe das anatolische Hochplateau ausmachten. Nackte Bergrücken wachten über die gestaltlose Weite, nur ab und zu sahen wir ärmliche Siedlungen entlang dieser Hügelsäume liegen, gnadenlos der Sonne und dem Wind ausgesetzt. Dort gab es noch Wasser aus Ziehbrunnen, doch waren die paar ärmlichen Dörfer schon teilweise im Verfall begriffen.

Mir fielen Rilkes berühmte Sätze ein, das Stimmungsbild am Anfang seines »Kornetts«, wo es heißt:

> *»Reiten, reiten, reiten. Durch den Tag, durch die Nacht, durch den Tag. Reiten, reiten, reiten. Und der Mut ist so müde geworden und die Sehnsucht so groß. Es gibt keine Berge mehr, kaum einen Baum. Fremde Hütten hocken durstig an versumpften Brunnen ...«*

In unerbittlicher Länge zog sich die staubige Straße von Horizont zu Horizont, die Sonne ahnten wir nur oben in der Himmelsgegend vor uns – gleißend und heiß wie geschmolzenes Eisen. Ist das der Osten, wie er nach so vielen Jahrtausenden menschlicher Arbeit und Kultur verwüstet und ausgebeutet da liegt? Ein Leichnam, gefleddert und weggeworfen?

Das war unser erster Eindruck vom Inneren Kleinasiens, durch das Xerxes und Kyros ihre persischen Heere gegen Hellas geführt hatten, allerdings vor rund zweieinhalbtausend Jahren.

Die trostlose Einöde ließ nur noch schwer eine Vorstellung von dem mächtigen Hethiterreich aufkommen, das etwa 2000 v. Chr. hier geblüht hatte. Und die Phrygier im Westen der Steppe, was ist aus ihnen geworden? Nur die Französische Revolution hat die »Phrygische Mütze« noch einmal aufleben lassen – anfangs war sie vermutlich ein Lederhelm aus dem Hodensack eines Stieres gewesen.

Hatte auch die Reiterei des Großen Alexander ihren legendären Feldzug nach Indien durch diese ausgedörrte Ödnis geführt, oder grünte damals noch das Land? Den Kreuzfahrern des hohen Mittelalters bot sich die Staubsteppe jedenfalls schon so sonnendurchglüht und verlassen dar wie heute. Auf dem Weg zum Heiligen Grabe hatten sie hier schwere Kämpfe zu bestehen.

Ludwig Uhland etwa ließ hier einen deutschen Ritter unter Kaiser Rotbart seine »Schwabenstreiche« schlagen. Ständige Gefechtsbereitschaft hatte ihren Marsch erschwert, war doch kaum ein Tag ohne die Reiterüberfälle der Seldschuken vergangen.

Bei der Abwehr solcher Attacken war es immer wieder zu verbissenen Einzelkämpfen gekommen, bei denen sich die christlichen Abendländer ihrer Haut tapfer zu wehren hatten. So wie der wackere Schwabe, der, nach dem Bericht des zeitgenössischen byzantinischen Historikers Niketas, mit seinem Schwert derart draufschlug, daß »der wunderbare Hieb seinen Gegner in zwei Hälften teilte, auch noch den Sattel spaltete und tief in des Pferdes Rücken eindrang«. Wer kennt nicht die beiden Knittelverse Uhlands:

Zur Rechten sieht man wie zur Linken
einen halben Türken heruntersinken.

– ein Humor, der heute manchem nicht mehr schmecken mag.

Die trinkfesten Kehlen der Sergeanten vom NCO-Club in Ankara hatten meine Sangeslust angeregt, und so kam mir nun das Lied der deutschen Panzerfahrer in den Sinn, dessen großartige Weise im Langzeitgedächtnis haften geblieben war. Eine Weise voll Schicksalsbereitschaft, voller Ergebung in das Soldatenlos, das während des Zweiten Weltkriegs Millionen zu tragen hatten. Statt »Panzer« sang ich aber »Cora«:

Ob's stürmt oder schneit, ob die Sonne uns lacht,
der Tag glühend heiß oder eiskalt die Nacht.

Unser erstes Farbphoto: Gustav hat sich am Ufer des Alwands zur Rast niedergelassen. Wir überqueren die kahlen Berge bei strahlendem Sonnenschein im Spätherbst. *(© Oss Kröher)*

Oben: Nomadenkinder halten ihre Hände auf, um ein paar Rosinen und Nüsse von mir zu erbetteln.

Rechts: Der stolze Reiter bietet uns ein Wettrennen an. Sein Pferd läßt uns nach ein paar Minuten hinter sich.

Links oben: Mittagsrast am Straßenrand in der Bergeinsamkeit des Zagros.

Links unten: Gustav vor dem »Berg der Götter« auf dem Ritt nach Teheran.

(© Oss Kröher)

Oben: Endlos führt die Piste durch die leeren Steppenweiten von Korrasan.

Links: Vor dem Wettrennen nahe der afghanischen Grenze.

Rechts: Gustav werkelt unter dem Gespann, um die gebrochene Antriebskette am Hinterrad zu flicken. *(© Oss Kröher)*

Oben: Gustav versucht mit einer Zange die krummgeschlagenen Speichen wieder geradezubiegen. *(© Oss Kröher)*

Links oben: Neben der Seidenstraße tränkt ein Hirte seine Esel.

Links unten: Eine Nomadin wandert mit ihrem Stamm in wärmere Gefilde.

Im spätherbstlichen Teheran stellen wir uns vor das Denkmal des größten Dichters Persiens, Ferdausi. *(Pressefoto)*

Bestaubt sind die Gesichter, doch froh ist unser Sinn,
es braust unsre Cora im Sturmwind dahin.
Kurt Wiehle

Gustav griff die Melodie sofort auf und stimmte mit ein. So brausten wir durch die öde Hochlandsteppe, in der nirgends ein Baum stand.

Ab und zu sahen wir ein paar wüstenbraun getarnte, flachgedeckte Lehmhütten, die sich kaum vom Boden abhoben. Violettgraue Bergzüge verschwammen in der welligen Ferne, deren Grenzenlosigkeit unfaßlich blieb. Wir erlebten diese Landschaft als ein monotones Wechseln flacher Senken und Hügel, mehr aber noch die Abstufung feinster Farbtöne vom Ocker der Ebene bis zum Lila ferner Höhen.

Als wir im Schatten einer Ruinenmauer Mittagsrast einlegten, stellten wir fest, daß eine dicke Staubschicht meinen Rücken und die Rückseite des hochbepackten Beiwagens bedeckte: Der Sog beim Fahren hatte sie aufgewirbelt. Gott sei Dank hatten wir kaum Gegenverkehr, sonst wäre viel Staub zu schlucken gewesen!

Vom Westen kamen große Windhosen herangetanzt. Fünfzig bis achtzig Meter hoch, wiegten sich die wirbelnden Staubsäulen über die Ebene, ihre Leiber drehten sich fast tänzerisch in der heißen Mittagsluft. Vom Boden saugten sie den Staub der sonnverbrannten Ebene, bliesen ihn kreiselnd zur Höhe und wanderten, vom Wind getrieben, weiter.

Oft schoben sich die gespenstischen Riesenschlangenleiber aus Hitze, Staub und Windsog an die Piste heran, kamen aber nur bis an den Straßengraben – dort verloren sie ihre Basis und stürzten in sich zusammen. Wenn wir Pech hatten, kriegten wir eine Ladung des hochgewirbelten Staubes ab.

Irgendwann entdeckte ich im Wabern der Luftschwaden Kamele. Die kleine Herde weidete ein paar hundert Meter neben der Piste, auch ein paar Kamelkälber waren dabei. Gemächlich und gravitätisch zogen die großen Tiere dahin. Was sie fraßen, konnten wir nicht sehen – dort wuchsen nur Kameldornbüsche und Salbei.

Mitunter hatte der heiße Wind ein paar Dornenzweige zu einem struppigen Ball zusammengeblasen und trieb diese Dornenkugeln nun über die Steppe: sie kamen ruckweise herangerollt, querten die Straße von Westen und verschwanden in dem hellen Staub nach Osten hin.

In Konya angekommen, beschlossen wir zu bleiben. Die Strecke hatte uns ausgelaugt, und so sanken wir schon am späten Nachmittag auf die Betten eines schlichten »Landgasthofs«.

Als Deutsche waren wir hier, in der ehemals seldschukischen Hauptstadt, angesehene Leute. Das merkten wir, als wir nach kühlen Wassergüssen und einem Erschöpfungsschlaf durch die Straßen schlenderten.

In der sommerlich verödeten Provinzhauptstadt erzählte man uns vom dortigen Hauptkloster der Derwische: Hier hatte der mächtigste Orden der islamischen Welt seinen Sitz. Wir verzichteten jedoch auf einen Besuch, weil wir zu erschöpft waren. Auch wußten wir ja nicht, ob man uns überhaupt einlassen würde.

Konya döst dort seit zweitausend Jahren im Sonnenglast, eingebettet in Armut und Vergessenheit. Ein paar Ochsengespanne brachten soeben die Ernte ein. Auf knarrenden zweirädrigen Karren lagen Wassermelonen, Auberginen und Tomaten, auch Zwiebeln und Gurken.

Vor den Teehäusern kauerten braungebrannte Männer mit der glimmenden Zigarette unterm Schnurrbart, hielten die Knotenstöcke zwischen den Knien und schlürften Tee aus kleinen, geschwungenen Gläsern. Sie nickten uns zu, lächelten und freuten sich an der Abwechslung im ewigen Gleichmaß ihres Alltags. Wahrscheinlich hatten sie noch nie einen Deutschen gesehen.

Ein Alter kam auf einem Esel angeritten, suchte den Schatten und band sein Grautier an einen Pfosten. Die flimmernde Hitze des Nachmittags hatte nachgelassen, und die abendlichen Farben leuchteten wärmer.

Beim Sonnenuntergang legten die Männer kleine Gebetsteppiche aus und beteten kniend, den Kopf bis zur Erde geneigt und nach Osten gerichtet, in Pluderhosen und zerlumpten Jacken. Dreimal drückten sie die Stirn auf den Teppich.

Vom spitzen Minarett hatte der Muezzin zum Gebet gerufen; es war sein fünfter und letzter Aufruf an diesem Tag. In Ankara und Istanbul waren die Muezzine zwar auch die steilen Wendeltreppen im engen Turm zur Umgangsgalerie hinaufgestiegen, aber dort hatten wir nie einen gehört: Der Lärm der Großstädte hatte ihr Rufen verschluckt: »La ilaha illa Allah, Mohammed rasul Allah!«

Das bescheidene Hotel bot auch Platz für die Cora. Wir gingen früh schlafen, hatten uns nochmal mit kühlem Wasser erfrischt und lagen lange wach. Draußen hörten wir die Trillerpfeife des Nachtwächters und wälzten uns vor Erschöpfung auf den Leintüchern, weil wir keinen Schlaf finden konnten.

So ging's am Morgen müde und zerschlagen aus den Betten – die zweite Hälfte der Strecke quer durch Anatolien war zu bewältigen. Schon schickte die erbarmungslose Sonne ihre ersten Strahlen auf die kahle Steppe Kleinasiens. Heute gilt's!

Ob's stürmt oder schneit, ob die Sonne uns lacht …

Dieselbe Quälerei durch Staub und Glut in einer Landschaft ohne Gnade und ohne Konturen. Unter einer Sonne mit sengenden Strahlen, ohne Schatten. Nur die Fahrtrichtung hatte sich geändert: Jetzt fuhren wir nach Osten. Den Wassersack aus Segeltuch hatten wir prall gefüllt, und der Benzinkanister lag im Schatten, weil sich der Treibstoff bei Erhitzung zu stark ausdehnt.

Zwei frische Wassermelonen aus Konya waren in ein Netz gewickelt – nach zwei Stunden Fahrt schlachteten wir die erste. Ich schnitt sie der Länge nach durch und teilte die beiden Hälften abermals längs: So konnte man die rosa Halbmonde mit den grünen Schalen wie eine überdimensionale Mundharmonika an die Lippen führen, nur mußte man zuvor noch die Samenkerne mit der Messerspitze herauskratzen. Die größten Wassermelonen kämen aus Dyarbakir, der Kurdenstadt weit im Osten, hatte man uns allerorts versichert. Aber auch die von Konya konnten sich sehen lassen und labten uns köstlich.

Am Himmel segelten Geier. Sie hatten ihre breiten Brettflügel ausgebreitet und zogen in großer Höhe ihre langsamen Kreise. Angesichts der Thermik über der glühenden Ebene brauchten sich die Riesenvögel überhaupt nicht anzustrengen, um enorme Höhen zu gewinnen. Ob sie wohl genügend Aas entdecken würden?

Ein paar Stunden später passierten wir ein Dorf aus Filzjurten. Dort hüteten Nomaden ihre Schafherden auf der schäbigen Grasnarbe der Steppe. Riesige Hirtenhunde bewachten die Siedlung und ließen uns nicht herankommen, wir hielten auch unsererseits den gebührenden Abstand.

Wie man uns sagte, leben diese fast besitzlosen Nomaden noch heute nahezu als Leibeigene ihres Großgrundbesitzers – dem gehört alles Land in der Runde. Die armen Teufel in der Distelsteppe dürfen allenfalls ein bißchen Wolle spinnen, wie wir es bei einer zahnlosen Alten nahe der Jurte sahen. Aber nicht mit einem Spinnrad, sondern mit dem »Wirtel«, einem Kreiselstein, der unten am Faden hängt und das unter den Arm geklemmte Wollvlies zu einem Garn auszieht und zwirbelt.

Offenbar hatte die Alte noch keine Europäer gesehen, denn sie wandte sich verängstigt ab. Überhaupt erfuhren wir, daß kaum einer dieser Nomaden jemals die Außenwelt kennengelernt hat. Selbst die Steuereinnehmer bleiben ja weg, weil bei diesen armen Schluckern nichts zu holen ist. Da hält man sich eher an den Großgrundbesitzer, den Aga.

Bald wich die Grasnarbe der Schafhirten einem Boden aus harter Lava und Tuffen. Wir waren in ein vulkanisch aktives Gebiet geraten und entdeckten auch wirklich ein richtiges Maar, vollgelaufen mit Wasser und von steilen Kraterböschungen umgeben. Dort legten wir die zweite Rast ein und verdösten die Mittagsstunden im Schatten des Gespanns. Das Wasser lud nicht zum Baden ein. Schleimige Algen!

Hier schlachteten wir auch die zweite Wassermelone, wuschen uns den Staub aus den Gesichtern, füllten aus dem Kanister unseren Tank, und weiter ging's. Ich hatte mir einen Turban um den Kopf gewickelt und stellte überrascht dessen kühlende Wirkung fest. Gustav trug wie immer seine breite Baskenmütze, ich aber saß auf dem Soziussitz etwas höher und blickte über ihn weg.

Da sah ich vor uns – oder ahnte ich es mehr? – im Dunst des hitzeflirrenden Nachmittags eine Bergkette. Sie erhob sich daumenbreit über die baumlose Ebene und kam rasch näher. Der Dunst hatte sie bisher verschluckt, denn die blaßviolett schimmernden Höhen des Taurus hätten wir bei normaler Sicht schon lange sehen müssen. Beim genauen Hinschauen entdeckten wir sogar weiße Schneeflecken auf der Nordseite der Gipfel, die hier über 3500 Meter emporragen. Beim Näherkommen konnten wir brüchige Felsabstürze, Schroffen und lockere Schotterhalden unterscheiden. Ja, ein paar Nadelbäume standen sogar an den Hängen, aber von einem Wald konnte keine Rede sein. Es waren Kiefern. Nun war das Staubfressen bald vorbei.

Die Leeseite des Taurusgebirges begrenzt das Hochland Anatoliens zum Süden hin. Und wie alle Leeseiten aller Gebirge bekommt sie nur einen Teil der Niederschläge, die der Luvseite, also der vom Seewind bestrichenen Seite zuteil werden. Deshalb ist ja Anatolien so trocken: Seine Küstengebirge melken die Regenwolken ab.

Aber selbst auf der Leeseite des brüchigen Taurusgebirges entspringen mitunter Quellen. Dann kann dort ein Baum wachsen und groß werden – vielleicht eine Zeder, vielleicht eine Platane. Zu ihm wandern dann die Hirten und holen sich einen Ziegenbalg voll Wasser.

Zwischen den Bergen hatte unsere Route einen Durchlaß gefunden, und der Hang stieg jetzt rechts neben uns empor. Eine neue Asphaltstraße hatte uns aufgenommen – sie wand sich in langgezogenen Kehren durch ein grünes, jawohl, ein grünes Hochtal. Das weitete und senkte sich nach Süden hin, und auf seiner Sohle glitzerte ein Bach. Der andere Hang des Tales trat immer weiter zurück, und von tief unten kam uns ein kleiner Bus entgegengekrochen, der bald hupend an uns vorbeifuhr.

Wir passierten hier die »Kilikische Pforte« in Richtung Küstenebene und ließen die unwirtliche Hochfläche hinter uns.

Weit drüben am Gegenhang kam eine dieselgetriebene Lokomotive mit drei Waggons zu Berg gekeucht, auf einer stetig ansteigenden Bahntrasse ins Inland. Aus der Entfernung sah die »Bagdadbahn« fast wie ein Spielzeug aus.

Bergab war es schon immer leichter gegangen, in den Alpen und dem Apennin, auch im Pindusgebirge vor Saloniki, wo uns die sechzehn Löcher in den Schläuchen fast einen Tag lang aufgehalten hatten. Also lugten wir scharf aus, aber nichts dergleichen geschah.

Grüne Wälder aus langnadeligen Kiefern wuchsen an den Hängen der gewaltigen Gebirgskette hinauf. In ihren Kronen lärmten Zikaden. Eine Karawane von zehn Kamelen kam uns entgegengezogen, und die Treiber mußten die schwerbeladenen Tiere bei unserem Anblick am Zaumzeug festhalten, damit sie nicht scheuten. Quer über den südlichen Horizont erstreckte sich, bleigrau mit dem Himmel verschwimmend, das Mittelmeer.

Kilikische und antiochische Miniaturen

Gegen siebzehn Uhr fuhren wir stolz und staubig in das Städtchen Tarsus ein, suchten uns ein bescheidenes Hotel und feierten Wasserorgien unter der Brause. Nebenan wußte der Hotelier ein türkisches Bad, das er uns empfahl. Nach dem Steppenritt schien uns so ein Bad das Beste.

Unsere Vorstellungen davon waren sehr unklar, und so ließen wir uns überraschen. Wir traten in ein weites Gewölbe, darin ein kleiner Springbrunnen plätscherte. Wo waren denn nur die Badewannen? Erstaunt betrachteten wir eine hölzerne Bühne, die an den Wänden entlanglief. Dort ruhten ein paar Männer auf Matratzen, nur mit Leintüchern zugedeckt. Einer schmauchte behaglich seine Wasserpfeife und schien darin gänzlich versunken zu sein.

Der Bademeister führte uns in ein zweites Gewölbe voller Dampf. Jeder bekam ein dickes Frotteebadetuch ganz in Weiß, und wir mußten uns entkleiden. Um den Kopf wickelte der Bademeister jedem von uns einen Turban, auch aus Frottee.

Dann wies er uns in einen dritten Raum, dessen Steinfußboden so warm war, daß wir Holzsandalen anzogen. Dort seifte uns ein Gehilfe ein und massierte jeden kräftig durch: Er rieb den ganzen Körper, reckte alle Muskeln und drückte sie. Bald kniete er auf der Brust, bald glitt er mit dem Daumen nach vorne die Wirbelsäule entlang. Auch massierte er die Handwurzel, die Handfläche und den Handrücken, ja sogar jeden einzelnen Finger, bis es knackte. Bizeps, Ellenbogen und Genick kamen dran und am Ende auch die Füße mitsamt den Zehen. Das Ganze bewegte sich knapp unter der Schmerzgrenze, und wir mußten manchmal lachen oder schrien leise »Au!«.

Dann klatschte der »Telektschi« in die Hände: seine Arbeit war getan, und wir stiegen in ein Becken mit warmem Wasser, nachdem wir vorher die Seife abgespült hatten. Ein anderer Gehilfe rieb jeden von uns mit einem Säckchen aus Ziegenhaar ab – das gab eine tüchtige Durchblutung der Haut.

Unser Wohlbefinden steigerte sich merklich. Abschließend erschien der Bademeister aufs neue mit einer großen Schüssel wohlduftenden Seifenschaums. Er seifte jeden von uns mit einem riesigen Quast aus den Fasern der Palmrinde von oben bis unten ein.

Das Wohlgefühl ließ sich kaum mehr steigern, denn er machte seine Sache gründlich, vom Scheitel bis zur Sohle, einschließlich der zugestaubten Kopfhaare und bärtigen Gesichter. Zum Schluß gossen wir uns kaltes Wasser kübelweise über Köpfe, Brust und Leib – eine wahre Wonne und jedermann zu empfehlen.

Wir waren nun fertig und erhielten statt der nassen Badetücher trockene umgewickelt. Auch um die Köpfe wand man uns stattliche Turbane, wobei die Gehilfen stets würdevoll und zurückhaltend blieben.

Dann ließen wir uns auf den Pfühlen der Eingangshalle nieder, machten es uns behaglich und ließen frischen Café Turk aufgießen, süß, aromatisch, heiß und schwarz, mit viel Satz auf dem Grund der winzigen Tasse.

Neben uns gurgelte die Wasserpfeife, deren Rauch gekühlt durch ein Mundstück aus dem Schlauch gesogen wird. Obgleich wir die beiden letzten Tage unter der Hitze gelitten hatten, genossen wir die Wärme hier und fühlten uns wie neu geboren.

Unsere Haut griff sich glatt und geschmeidig an, und wir zahlten allen ein fürstliches Bakschisch. Mit tiefen Bücklingen bedankten sich Bademeister und -gesellen –; sie hatten ihr Heimatland auf das beste vertreten.

Die Cora stand im Hof des Hotels, und unser Zimmer wies außer den beiden Betten nur zwei kleine Hocker auf. Die »Naßzelle« lag im Flur, aber im Stehklo lief das Spülwasser nur wie ein Rinnsal. Das waren noch Zeiten, als ich in Genua einen halben Niagarafall ins Genick bekam!

Ich kochte Tee, wir aßen Fladenbrot und fielen noch vor Einbruch der Dunkelheit in Schlaf. Daß in Tarsus vor zweitausend Jahren ein jüdischer Grieche namens Saulus aufgewachsen war, der später zum Apostel Paulus wurde, das erfuhren wir erst später.

Als wir am nächsten Morgen vor dem Frühstück die Straßenkarte studierten, entdeckten wir etwa 100 km weiter westlich den kleinen Ort Silifke, das alte Seleukia.

Dort war am 10. Juni 1190 das deutsche Kreuzritterheer angekommen, nach einer mörderischen Durchquerung Anatoliens, von Hunger und Durst zermürbt, an Ruhr erkrankt und von Wundfieber befallen nach der Schlacht von Ikonium, wie damals die heutige Provinzhauptstadt Konya hieß, die uns Herberge geboten hatte.

Nun war all ihre Not und Qual vergessen gewesen, die fruchtbare Küstenebene hatte sie aufgenommen. »Kaiser Rotbart lobesam« war mit seiner Leibgarde vorausgeritten und hatte den Fluß Saleph überquert, der heute Göksü heißt.

Nach einem ausgiebigen Mahl hatte sich der 68jährige zum Baden an den Fluß begeben. Nach dem brennend heißen Tag hatte er seine Kleider abgelegt, war ins Wasser gesprungen – und ertrunken. Kurze Zeit später wurde sein Körper ans Ufer geschwemmt.

Friedrich Barbarossa, der strahlendste Kaiser aller Geschlechter deutscher Geschichte, hatte ein unritterliches Ende gefunden. Seine Reichsfeste Trifels hatte uns noch am 15. März, als wir aufbrachen, vom Burgberg über Annweiler her gegrüßt. Ich kann sie heute, von meinem Wohnzimmer aus, in 32 km Entfernung, bei einigermaßen guter Fernsicht über die Höhen des Pfälzerwaldes erkennen.

»Hier versagt unsere Feder«, klagt der Kölner Chronist dieses Kreuzzuges, »und die Rede verstummt, unfähig, die Furcht und die Not der Ritter zu schildern, die nun ratlos waren, ohne Trost, ohne Haupt. Der Herr hat nach seinem Gefallen gehandelt, wohl gerecht nach seines Ratschlusses unabänderlichem Willen, aber nicht barmherzig ...«

Und Sultan Saladin, der Beherrscher Jerusalems, sonst fair und ritterlich, hatte Allah gedankt, daß er seinen gefährlichsten Feind in die Dschehenna (Hölle) geschickt hatte.

Der Kreuzzug war dann im Sande verlaufen, Jerusalem nicht erreicht worden, die Ritter gestorben und verdorben, wenn sie nicht zum Islam übergetreten waren und sich im Morgenland niedergelassen hatten. Ihre Nachkommen erkennt man noch heute an ihrem Äußeren: am blonden Haar, an blauen Augen, an der Schädelform.

Seit 1971 steht an der mutmaßlichen Stelle des historischen Unfalls ein Gedenkstein auf der linken Seite der Straße von Konya nach Silifke. Der Parkplatz ist durch Schilder mit der Beschriftung »Friedrich Barbarossa« gekennzeichnet.

Am 1. August 1951 traten wir vor unser kleines Hotel in Tarsus, schnupperten die Morgenluft und machten uns fertig zum »Ritt« nach Syrien. Im hintersten Winkel der Levante wollten wir heute noch die Grenze überschreiten und den ersten Araberstaat betreten. Die Strecke lief auf etwa 400 Kilometer vorwiegend durch Tiefland – das müßte leicht zu bewältigen sein.

Daß die türkische Südküste einen Vergleich mit der Côte d'Azur oder der Costa Brava nicht zu scheuen braucht, wußten damals in Westeuropa nicht einmal eine Handvoll Weitgereiste. Malerische Buchten und Städtchen träumten dort noch ihren

Jahrtausendschlaf, und Strände von weit über zweitausend Kilometer Länge lagen unberührt. Erst ab etwa 1970 begann der französische Club Mediterranée, das eine oder andere schöne Plätzchen für sich zu reservieren.

Auch ein paar Segler befuhren bereits die Gewässer, verrieten aber niemandem etwas davon. Erst im Laufe der letzten zehn Jahre hat dann der Massentourismus auch diese paradiesische Landschaft erschlossen und ihre Qualitäten zum Teil vernichtet.

Wo vor Jahren noch die Meeresschildkröten ihre Eier im Ufersand verbuddelten, aalen sich heute Urlauber aus den Industriestaaten. Nur wenige von ihnen wissen, daß ihr Strand noch vor ein paar Jährchen die Kinderstube der Meeresschildkröten war. Immerhin, ein paar Naturreservate konnten geschützt werden …

Ob die Lieblichkeit der Gegend wohl Julius Caesars einstigen General Marc Anton dazu bewogen hatte, im Jahre 41 v.Chr. die 28jährige ägyptische Königin Kleopatra, die sieben Jahre vorher Caesars Geliebte gewesen war, in diesem hellenistischen Tarsus zu empfangen? Er wollte sie hier als Verbündete gewinnen, aber die femme fatale gewann umgekehrt ihn.

Plutarch berichtet, daß sich die Schöne beim Einlaufen ihrer Schiffe in verführerischer Pose auf dem Sonnendeck ihrer Galeere niedergetan hatte. Mit großem Gepränge, unter Purpursegeln und über silberbeschlagenen Ruderblättern, zeigte Kleopatra ihre Macht, bereit zu verschwenderischen Festen.

Tarsus, den Ort dieser glücklichen Tage und Nächte, erhob Antonius später aus Dankbarkeit zur freien Stadt, zumal auch sein griechischer Lehrer von hier stammte.

Als dann sein Nachfolger und früherer Gegner Oktavian – Caesars Großneffe – in den Ort einzog, blieb es dabei. Er nannte sich später Augustus und erlag mit 32 Jahren, ebenso wie seine Vorgänger, den Liebeskünsten der inzwischen 39jährigen und nicht mehr ganz so knackigen Ägypterin.

Vor uns leuchtete die Sonne, die moderne Asphaltstraße nach Adana machte das Motorradfahren zu einem Hochgenuß. Noch war die Temperatur des Augusttags erträglich, und die weiten Baumwollfelder und Paprikaplantagen zu beiden Seiten wimmelten von Erntearbeitern: Die Agas hatten zum Einbringen der Ernte ganze Familien als Saisonarbeiter angeheuert und sie in schäbigen Zeltstädten neben dem Straßenrand untergebracht.

Die fruchtbare Küstenebene gehört ja, wie überhaupt große Teile der Türkei, solchen Magnaten, die es bisher verstanden haben, jede Bodenreform im Keim zu ersticken. Nicht einmal Kemal Pascha war das gelungen, und so bleiben denn die Massen arm und dumm. Eine hauchdünne Oberschicht ohne soziale Verantwortung lebt von der Arbeit der großteils analphabetisch gehaltenen Landbevölkerung, und in diesen Nährboden senken heute die islamischen Fundamentalisten ihre Keime ...

Die Amerikaner waren damals gerade dabei, unweit Adana einen ausgedehnten Fliegerhorst zu bauen, und die Halbautobahn führte direkt an dieser »Airbase« vorbei. So fühlten wir uns an die Heimat erinnert, wo in Ramstein zur gleichen Zeit der neue Flugplatz für die US-Airforce in Betrieb genommen wurde.

Die Stadt Adana lag im Sommerdunst hinter den Feldern, ihre heutigen Industrieanlagen waren noch nicht einmal geplant. Die ganze Gegend prangte in üppiger Fruchtbarkeit, grüne Plantagen säumten die gepflegte Straße nach Osten.

Eine sehr schöne Steinbrücke über den Fluß Ceyhan überraschte uns mit ihren wohlerhaltenen neun Bögen und acht Brückenpfeilern. Wir mußten an die Römerbrücke von Trier denken, die sich ähnlich über die Mosel spannt, und wirklich hatten die Römer auch diese Brücke gebaut, die zur Mitte hin leicht ansteigt und deren Fahrbahn von schulterhohen Mauern flankiert wird.

Heute ist die Strecke von Tarsus bis Iskenderun durch trostlose Neubaughettos total zersiedelt und hat ihre damalige Lieblichkeit verloren. Schon in Ankara hatten die Türken beim Namen Adana gelächelt und es als größtes Dorf der Türkei bespöttelt. Offenbar waren wir hier schon im Morgenland.

Europäische Kleidung sah man bei der männlichen Bevölkerung immer weniger, dafür aber lange Kaftane aus Baumwolle und manchmal den Burnus arabischer Beduinen. Manche Frauen gingen sogar verschleiert, alle trugen Kopftücher.

Schade, daß es zum Essen noch zu früh war, denn die scharf gewürzten »Adana Köfte«, auf einem breiten Spieß gegrillte Hackfleischrollen, gelten als schmackhafte Spezialität. Dazu reicht man dünnes Fladenbrot und frischen Petersilienbrei, und der »Salgam Suyu«, ein milchsauer vergorener Rote-Beete-Saft, löscht den Durst.

Man könnte Kilikien auch »Burgenland« nennen: Dutzende von Burgruinen thronen auf steilen Felsen, liegen an Meeresbuchten und auf Klippen. Die Küstenebene Çukorova, das Dreieck im äußersten Süden der Türkei, war ja durch viele Jahrhunderte hin ein hart umkämpftes Gebiet.

Nicht nur Alexander der Große hatte sich gegen die Perser in dieser Gegend Schlachten geliefert, auch die späteren Heere der Römer waren hier zu Felde gezogen, und während der Kreuzzüge entwickelten sich Kilikien und Antiochien zu den wichtigsten Durchgangsstationen ins Heilige Land.

Sogar armenische Könige hatten hier mit den Byzantinern zusammen Burgen gebaut, die sich bei den ständigen Scharmützeln mit den Arabern und den Überfällen von Seeräubern bewährten; Leuchtfeuer von Burg zu Burg hatten Signale und Nachrichten übermittelt. Auch hatten die Burgen Schutz gegen die Isaurier geboten, wilde Reitervölker aus dem Taurusgebirge, deren Nachkommen heute als Wanderarbeiter die Paprikafelder und Baumwollplantagen der türkischen Agas abernten.

Hinter Adana bogen wir in einer weiten Kurve nach Süden ab. Auf der linken Straßenseite entdeckten wir die ärmliche Siedlung Dörtyol, auf deutsch »Straßenkreuzung«. In der Antike hieß es »Issos«:

3 – 3 – 3,
bei Issos Keilerei.

In der Ebene zum Gebirge hin hatte Alexander der Große im Jahre 333 v.Chr. mit 40.000 Soldaten das Halbmillionenheer des Perserkönigs Dareios III. vernichtend geschlagen und damit Kleinasien für Hellas gesichert. Dareios war geflüchtet, aber sein Harem mitsamt der Hauptfrau sowie drei seiner Kinder waren in die Hände der Griechen gefallen. Weil Alexander die königliche Familie gut behandelte, gilt er seither als ritterlich. Über das Schicksal der anderen Frauen ist jedoch nichts bekannt.

Knapp vor Iskenderun brachte uns eine Abzweigung an eine intakte osmanische Karawanserei mit einem ausgedehnten Basarkomplex, weiten Innenhöfen, einer Medrese (Koranschule) und einer Moschee; doch die einstige Endstation der Karawanenstraße von Mesopotamien zum Mittelmeer lag einsam und verlassen. Das Morgenland war erreicht.

Bewaldete Berge im Osten wurden sichtbar, im Westen leuchtete das Meer des Golfs von Iskenderun, das früher Alexandrette, »Kleines Alexandrien«, geheißen hatte.

In dieser Hafenstadt verbrachten wir die heißen Mittagsstunden, verbummelten sie im Schatten ihrer engen Gassen. Hier spürten wir zum letztenmal auf dieser Reise den Zauber mittelmeerischer Stadtkultur.

Oleanderblüten glühten in allen Rottönen, Zypressen und Zedern standen in den Gärten, und die flachgeneigten Dächer waren mit Mönch-und-Nonne-Ziegeln gedeckt.

In den überquellenden Auslagen der Gemüseläden lagen jetzt auch Zuckermelonen und Honigmelonen, dicke Kürbisse wetteiferten mit den »Carbusi«-Wassermelonen; Zucchini und Auberginen glänzten neben armdicken Salatgurken und den ersten Äpfeln aus den Bergen. Weintrauben mit goldenen Beeren, oval wie Taubeneier und zuckersüß, kauften wir dort mitsamt dem Korb, in dem sie der Bauer angeliefert hatte. Zeigten sie schon den Herbst an? In unserer Heimat, der Pfalz, gewiß; aber dort würden sie erst im Oktober reifen.

Wir ließen die Hafenstadt hinter uns und fuhren in das Amanosgebirge hinauf. Da kamen uns Zigeuner entgegen mit Kind und Kegel, ihre armselige Habe war auf einem Maulesel-Karren verstaut. Pfannen und Töpfe hingen an den Seiten, und die Frauen trugen durchwegs lange, weite Röcke, unter deren rotbunten Falten die Barfüße herauslugten.

Die rotznäsige Kinderschar, halbnackt und in zerlumpten Turnhosen, versuchte bei uns zu betteln, aber wir hielten nicht an. Einer der Männer, in längsgestreifter Pyjamahose und ärmelloser Weste, führte einen zottigen Braunbären an einer Nasenkette.

Rechts der Straße, nach Süden zu, wußten wir das 1484 m hohe Massiv des Musa Dagh, des »Moses-Bergs«, der freilich nichts mit jenem Berg Moses im Sinai zu tun hatte. Wir konnten ihn leider von unserer Route aus nicht sehen, weil einige Höhenzüge davor lagen.

Hier hatte sich im Jahre 1915 ein Drama abgespielt, das heute wohl vergessen wäre, hätte es Franz Werfel nicht in seinem berühmten Roman »Die vierzig Tage des Musa Dagh« von 1932 noch einmal heraufbeschworen. Zu Anfang des Ersten Weltkriegs, als Europa sich selbst zu zerfleischen begann, hatte die türkische Regierung beschlossen, möglichst unbemerkt ihr »Armenierproblem« zu lösen. Die Armenier, eine christliche Minderheit, lebte vorwiegend im Süden und Osten des Landes. Sie störte die Vision von einem türkischen Nationalstaat, und jetzt schien der Zeitpunkt gekommen, sich ihrer zu entledigen. Man enteignete sie und ließ sie durchs Militär verschleppen. Wohin? In die kargen Steppengebiete Syriens am Euphrat, die damals noch zur Türkei gehörten. Das bedeutete den sicheren Tod durch Hunger und Erschöpfung.

Fast anderthalb Millionen fielen dieser Vertreibung zum Opfer – ein Völkermord, der heute gerne totgeschwiegen wird.

Am Fuß des Musa Dagh jedoch versuchten einige tausend Armenier der drohenden Vernichtung zu entkommen. Bei Nacht und Nebel verließen sie ihre Dörfer und verschanzten sich mit allen Waffen und Vorräten, die sie transportieren konnten, auf der Gipfelregion des Musa Dagh, etwa sechstausend Menschen, samt Alten, Frauen und Kindern, und es begann eine Belagerung wie im Mittelalter.

Obwohl es nur eine Frage der Zeit war, wann sie dort oben verhungern oder den Angriffen der türkischen Truppen erliegen mußten, hielten sie volle vierzig Tage die Stellung, brachten den Angreifern ungeahnt hohe Verluste bei und wurden am Ende wie durch ein Wunder gerettet. Ein französisches Kriegsschiff, das den Golf von Iskenderun befuhr, entdeckte die Rauchsignale der Eingeschlossenen, nahm etwa viertausend Menschen an Bord – auch auf ein Versorgungsschiff – und brachte sie in Sicherheit.

Ohne den Roman Franz Werfels, wie gesagt, wäre dieses Drama längst vergessen. Binnen neun Monaten schrieb er ihn nieder, nach genauen Recherchen und nahezu dokumentarisch den Ereignissen folgend; ein unvergleichliches Buch, das streckenweise zum Spannendsten zählt, das die deutsche Prosa unseres Jahrhunderts zu bieten hat. Nur die Nazi-Diktatur verhinderte, daß es ein Bestseller wurde. Mehrfach wollte man es schon verfilmen, aber türkische Kreise wußten das stets zu verhindern.

Wir knatterten weiter zu Berge. Die Rebhänge waren lichten Kiefern- und Eichenwäldern gewichen. Auf dem Bergsattel des Passes warfen wir noch einen Blick zurück, dorthin, wo der Golf von Iskenderun in der goldenen Abendsonne schimmerte, nach Norden begrenzt von den Dreieinhalbtausendern des Taurusgebirges, das über dem Dunst der Küstenebene den Horizont bildete.

Auf der Paßhöhe stand eine Burg mit dem Namen »Barkas«. Kreuzritter hatten sie einst gebaut, Armenier und der Mamelukenherrscher Saladin hatten sie dann beherrscht. Tief unten in der Ebene leuchtete der sumpfige Amiksee mit seinen schilfigen Ufern. Wir durchquerten diese Ebene unter rosablühenden Oleanderbüschen und kamen über das Tal des Orontes nach Antakya, dem früheren Antiochia. Aber wir hielten uns dort nicht auf, wollten wir doch noch am gleichen Abend die Grenze zu Syrien überqueren. Die antike Weltstadt, einst ebenbürtig neben Rom, Ephesus und Alexandrien, streiften wir nur en passant.

Noch war es hell, und der Tag verglühte im Abendlicht. Die Straße zur Grenze nahm uns auf, und bald hielten wir bei den Zöllnern.

Als Deutsche bekamen wir nur lobende Worte zu hören, und die Beamten fertigten uns lachend ab: Ausreisestempel in das »Temporary Travel Document« und ebenso in das dicke »Carnet de Passage«.

Dann hoben sie den Schlagbaum und riefen uns als Abschiedsgruß ein »Allahis marladik!« zu (Gott führe uns wieder zusammen).

Wir antworteten mit dem üblichen »gülé, gülé« (lächelnd, lächelnd). Dann blieb die türkische Grenzstation hinter uns zurück. Fast zweitausend Kilometer hatten wir durch die Türkei zurückgelegt, nur hilfsbereite Menschen angetroffen, viel Geld verdient und Selbstvertrauen gewonnen.

Mit der aufkommenden Nacht fuhren wir in eine Schlucht hinein, deren Felsblöcke sich zu beiden Straßenseiten die steilen Hänge emportürmten. Acht Kilometer rollten wir durch diese düstere Felsenwildnis aus geborstenen Säulen und Mauerresten der Antike, durch dies Niemandsland. Immer dunkler fiel die Nacht, immer steiler stieg die Straße zwischen den Zyklopenfelsen. Eine Eule flog lautlos vor uns her, und neben uns flüchtete ein Schakal in das Geröllfeld. Da hielten wir an und blickten ihm nach, bis er auf dem Grat vor dem Nachthimmel noch einmal stehenblieb, zu uns herunterlugte – und dann verschwand.

Kurz danach sperrte der syrische Schlagbaum die Straße. Der Grenzpolizist trug Khaki und begrüßte uns auf französisch. Er hob den Schlagbaum und öffnete uns die Grenze. Wir waren in Syrien.

Nach Damaskus

Nach dem Erledigen der Formalitäten machten wir im gegenüberliegenden »Café« Nachtquartier. Die Gäste saßen auf dem Fußboden, tranken Tee und plauderten. Als wir eintraten, rückten sie auseinander und machten uns Platz.

Wir bestellten zehn Spiegeleier, für jeden fünf, aßen frisches Fladenbrot und tranken schwarzen Tee. Dann aber beschlossen wir doch, das Zelt aufzuschlagen, stellten es hinters »Café« und schliefen kurz darauf ohne Flohbisse ein. Auch der Grenzbeamte hatte seine Station geschlossen. Die Karbidlampe in seinem Dienstraum erlosch, und alles lag im Dunkeln.

Kalt kam die Morgenfrühe. Lag das an den ausgekühlten Felsen ringsum? Wir wuschen uns mit dem Kanisterwasser, rasierten unsre Bärte sauber aus, und nach dem Frühstück schwangen wir uns in die Sättel.

Die gepflegte Asphaltstraße führte leicht bergab, das Felsental weitete sich zu etwa vierhundert Metern Breite, und der Kies des trockenen Flußbetts neben der Straße war einer Fläche aus Sand gewichen. Die Talwände, jetzt weiter entfernt, bestanden aus roten oder schwarzen Felsen, deren Kanten scharf wie Klingen waren und das Sonnenlicht zurückwarfen.

Um so wohltuender erschien uns das Grün von Laub und Gras, das immer dichter wurde, je weiter wir die Talaue hinabfuhren und die Grenzberge hinter uns ließen. Schon begegneten wir einzelnen Bauern auf dem Weg in die Gemüsefelder. Andere waren bereits dabei, das Getreide zu dreschen:

Auf einem festgestampften, tischebenen Platz lagen die goldenen Garben ausgebreitet, und darüber fuhr im Kreis ein niederer Holzschlitten, auf dessen flacher, vorne leicht aufgebogener Platte der Kutscher stand und die Zügel hielt. Ein Maulesel zog diesen Dresch-Schlitten über die liegenden Garben und drückte die reifen Körner aus ihren Hülsen, bis sie dicht an dicht auf dem harten Untergrund lagen. Dann wurde das Dreschgut auf der Tenne geworfelt: Mit großen Gabeln warfen die Drescher das Stroh in die Luft, und der Wind blies die Spelzen davon. Das leere Stroh kam auf die Seite, und die goldene Pracht der Gerste-, Weizen- oder Haferkörner wurde mit Schaufeln vom Boden in Säcke gefüllt.

Wir riefen den Dreschern fröhliche Grüße zu, und die meisten winkten oder riefen zurück.

In Hochstimmung näherten wir uns der ersten arabischen Stadt – es war Aleppo, im Norden Syriens. Gärten und breite Erdwälle am Stadtrand wichen zum Zentrum hin dichter Bebauung. Dattelpalmen gaben durch Lücken den Blick frei auf die vierstöckigen Flachdachbauten, die die Einfallstraße säumten, und nach kurzer Zeit hatten wir die Stadtmitte erreicht, den Marktplatz, der von Leben wimmelte.

Ob Eselsgespann, Pferdekutsche oder amerikanischer Straßenkreuzer mit Glitzer und Chrom; ob Omnibusse, die mit Landschaftsbildern bemalt waren, aber dafür keine Fensterscheiben hatten – wegen der Tageshitze –, ob tiefverschleierte Frauen oder europäisch gekleidete, sie alle waren offenbar emsig beschäftigt, und die Stadt atmete pulsierendes Leben.

Weil es überall genügend Platz zum Parken gab, stellten wir die Cora an den Rand des Marktplatzes und tauschten in einer der zahlreichen Wechselstuben unser türkisches Geld in syrische Pfunde um. Das ging so selbstverständlich wie der Kauf eines Brötchens. Weil die Währung hier frei konvertierbar war, kam uns das Wechselgeschäft vor wie ein Stück Freiheit. Schließlich hatten wir bis vor ein paar Monaten nur reglementierte Geldgeschäfte tätigen können und lediglich mit den US-Dollars beim Wechseln keine Schwierigkeiten gehabt.

Alle Straßen- und Ladenschilder waren arabisch beschrieben, d. h. von rechts nach links in uns nicht geläufigen Zeichen.

Die knapp vierhundert Kilometer nach Damaskus ließen keine großen Schwierigkeiten erwarten, von der sengenden Sonne abgesehen, die uns dann auch weidlich plagen sollte. Schon in Tarsus hatten wir uns Strohhüte gekauft, und die hatten sich auch glänzend bewährt – wir mußten sie lediglich festbinden. Der Fahrtwind riß ganz schön an der Krempe, immer wieder flatterte sie auf und ab, fächelte dabei aber Luft an die Wangen.

An jeder Straßenkreuzung stand ein Polizist, winkte uns heraus und verlangte unsere Papiere. Und so ging das dann entnervend weiter: In jedem neuen Ort mußten wir uns abermals ausweisen.

Zu beiden Seiten der Straße lagen abgeerntete Felder, die Sonne meinte es mal wieder besonders gut, und unsere Lippen waren von der Hitze aufgerissen. Die heißen Mittagsstunden verbrachten wir im Schatten einer Ruine, schlachteten eine Wassermelone und erfrischten uns mit lauwarmen Wassergüssen aus dem Kanister.

Das Land war schon längst nicht mehr grün, vielmehr ausgedörrt, sonnenverbrannt und welk, die Gräser am Straßenrand waren alle verdorrt. Das kann allerdings auch in Deutschland nach einem trockenen Sommer der Fall sein, wenn nur ein paar Wegwarten noch ihre hellblauen Blüten vormittags entfalten …

Hier blühten keine Wegwarten, auch die Dahlien und Sonnenblumen, die jetzt daheim den Spätsommer anzeigten, vermißte ich vor den armseligen Bauernhütten – waren das erste Anzeichen von Heimweh? So oder so, die Landstraße hatte uns wieder, flott rannen die Kilometer unter uns dahin, wir hielten strikten Südkurs.

Als die Schatten länger wurden und die Sonne sich den Kämmen der Bergzüge im Westen zusenkte, hielt uns mal wieder ein Polizist an. Wir fuhren rechts ran, zeigten ihm die Papiere und waren leicht ungehalten.

Wie schon in Aleppo, so hatte sich auch hier sogleich eine Schar Gaffer um uns versammelt. Sie umringten das Gespann und betrachteten uns staunend, als wären wir Wesen aus einer fremden Welt. Und das waren wir ja in der Tat, nur war uns diese Neugier inzwischen lästig geworden.

Gar nicht so selten zog dann der Polizist seinen Gummiknüppel und drosch mit lautem Schimpfen auf die Menge ein, die sich daraufhin zerstreute, und wir konnten unbehelligt weiterfahren.

In dem kleinen syrischen Dorf zog ein solcher Verkehrspolizist, der natürlich kein Englisch konnte, einen jungen Mann hinzu, der auf der anderen Straßenseite vor einem größeren Anwesen stand und nicht zu der gaffenden Menge gehörte. Zu seiner dunklen Hose trug er ein weißes Hemd und machte einen gepflegten Eindruck. Er sprach uns in fließendem Englisch an und schlug vor, wir sollten doch hier übernachten.

»Ich bin Hauslehrer beim hiesigen Scheich; sein jüngster Sohn hat Englisch bei mir gelernt. Da wird sich sein Vater doch freuen, wenn sich der Kleine mit Ihnen unterhalten kann. Warten Sie bitte ein paar Minuten, ich spreche mit dem Scheich.«

Der Polizist leistete uns derweilen Gesellschaft, und die Menge beobachtete uns von fern. Wir waren abgestiegen, lehnten an der Maschine und sahen schließlich, wie der Hauslehrer aus der kleinen Pforte einer hohen Mauer trat. Er kam auf uns zu, lächelte und sagte:

»Scheich Omar heißt Sie in seinem Hause willkommen. Er freut sich, Deutsche kennenzulernen, und möchte auch, daß sein Sohn Abdullah mit Ihnen Englisch spricht. Wir werden zusammen zu Abend essen, und Sie sind für die Nacht seine Gäste. –

Ich bin übrigens Libanese und Christ. Die moslemischen Araber betrachten uns als Bindeglied zum Westen, weil wir als Christen den Europäern näherstehen. Meinen Sie das nicht auch?«

»Das kommt darauf an. Wir haben bisher bei den Muslimen keine schlechten Erfahrungen gemacht, ganz im Gegenteil. Auf jeden Fall freuen wir uns über die Einladung und danken Ihnen für Ihre Initiative.«

Wir setzten uns in die Sättel und wendeten auf der Straße, wobei der Polizist auf den Verkehr achtete. Auf der gegenüberliegenden Straßenseite öffnete sich ein großes Tor mit zwei Flügeln. Zwei bewaffnete Wächter schlossen es hinter uns, und ein breiter Kiesweg führte zu einem weißen Haus mit Arkaden. Es stand unter Dattelpalmen, der grüne Rasen war kurz geschnitten und seine Kante mit weißen Randsteinen eingefaßt. Über dem Rasen sprühten Wasserschleier. Scheich Omar schien ein wohlhabender Mann zu sein.

So eine schöne Villa hatte ich bisher nur im Film gesehen, vielleicht im »Tiger von Eschnapur« oder ähnlichem. Die Fassade war von kleinen Fenstern unterbrochen, deren Hufeisenbögen ich zum erstenmal bewunderte. Wir betraten eine große Halle, zu deren Seiten breite Treppen nach oben führten. Gegenüber dem Hauseingang war eine doppelflügelige Rundbogentür weit geöffnet und gab den Ausblick zum Innenhof frei. Dort sprühte eine Fontäne aus einem dreischaligen Brunnen: Das überlaufende Wasser der oberen Schale lief in einem hauchdünnen Film in die mittlere Schale darunter, deren Becken etwas breiter war, und über deren Rand lief es genau so in die breiteste, untere Schale. Es war das genaue Abbild von C.F. Meyers »Römischem Brunnen« in dessen gleichnamigem Gedicht, und man hörte nichts als dieses Wasserspiel.

Kleine Rasenecken zwischen dem Brunnen und dem auf allen vier Seiten umlaufenden Säulengang verliehen dem Patio eine kühle Frische.

Eine Zeitlang bewunderten wir das Ambiente im Schatten des Abendlichtes, und der Hauslehrer stand bei uns. Dann hörten wir leise Schritte hinter uns die Treppe herunterkommen – wir drehten uns um.

Im Dämmerlicht der Halle kam Scheich Omar die Stufen herabgeschritten. Der stattliche, etwa 30jährige Mann war etwas beleibt und trug ein weißes Gewand mit weiten Ärmeln und einem spitzen Ausschnitt ohne Kragen. Der leichte Stoff war hauchdünn gewebt und fiel in eleganten Falten bis auf die großen Füße in flachen Sandalen. Die weiße Gestalt kam auf uns zu. Scheich Omar trug die schwarzen Haare ziemlich kurz, und den Schnurrbart hatte er fein getrimmt; seine klaren Gesichtszüge waren offen, machtgewohnt, und seine dunklen Augen blickten uns interessiert an. Er machte einen wahrlich säulenhaften Eindruck in seinem langen, weißseidenen Gewand und mit der Bronzehaut des Gesichts und der Hände, die er uns entgegenstreckte, nachdem er seine Rechte vorher an die Stirn und ans Herz gelegt hatte mit den Worten »Salaam aleikum«.

Wir erwiderten »Aleikum salaam« und gaben ihm die Hand.

Dann rief er seinen Sohn Abdullah herbei, der sogleich die Treppe herunterkam: ein schlanker Knabe mit großen Augen, etwa zehn Jahre alt. Er ging auf uns zu, reichte uns die Hand und sprach: »I am Abdullah. I am Scheich Omar's son. He is my father and you are our guests for tonight.« Sein Englisch klang noch ein wenig ungelenk, aber der libanesische Hauslehrer begann zu strahlen, weil sich zeigte, daß sein Schüler sich zum erstenmal mit echten Europäern unterhalten konnte. Wir bemerkten auch den Stolz des Vaters und fühlten uns etwas verlegen, da wir nicht arabisch konnten, sonst hätten wir ihm gern ein Kompliment wegen seines Sohnes gemacht.

Wir reichten dem Prinzen die Hand und antworteten: »Thank you for the invitation! My name is Oskar and my friend's name is Gustav. We come from Germany.«

Abdullah übersetzte seinem Vater unsere Antwort, und beider Glück schien vollkommen.

Zwei Diener hatten die Cora bereits hinters Haus geschoben – nun halfen sie uns, das kleine Nachtgepäck und leichte Kleider zum Wechseln auszupacken. Einer wies uns den Weg in die Gästezimmer – jawohl, denn jeder von uns bekam eines für sich: ein geräumiges, hohes Zimmer mit einem breiten, weißen Bett. Zwischen beiden Zimmern lag das Bad.

Wir duschten und zogen uns um, während der Hauslehrer uns Gesellschaft leistete und vom schönen Libanon erzählte. Er hieß Joseph, auf arabisch Yussuf.

Der Staub war von uns abgespült, wir fühlten uns erfrischt und leicht, die Knobelbecher standen am Fußende der Betten, und Yussuf nahm uns wieder mit hinunter.

Im Garten ergingen wir uns; die warme Nacht war angebrochen, der weiße Kies knirschte unter unseren Füßen. Dann klatschte jemand aus einem der kleinen Außenfenster mit den Händen – das hieß »Abendessen«.

Im ersten Stock standen zwei Wächter mit Revolvern am Gürtel. Yussuf öffnete eine Doppeltür, und vor uns sahen wir in einem großen Zimmer ein paar schweigende Gestalten – andere Gäste – am Boden sitzen, gruppiert um flache, große Schüsseln, die ebenfalls auf dem Boden standen.

Scheich Omar saß uns gegenüber, ihm zur Seite Abdullah, und der Hauslehrer Yussuf saß dabei. Der Tafelrunde erzählte er von Deutschland und Europa, übersetzte uns seine Ausführungen, und wir ergänzten sie.

In den großen, flachen Schüsseln dampfte frischer Reis mit Hammelfleisch. Auch wir ließen uns im Schneidersitz auf dem Polster nieder und genossen mit den Handflächen die Kühle des kalten Steins – jetzt im Sommer hatte man die Teppiche weggeräumt.

Ich hatte den Eindruck, daß sich die Männer über unseren

Schneidersitz wunderten, aber ich war's gewohnt und Gustav als »Fakir« ebenso.

Jeder hatte ein Glas Wasser neben sich stehen, das ein dienstbarer Geist beständig nachfüllte. Scheich Omar bat uns zuzugreifen – und das taten wir auch. Das Hammelfleisch schmeckte vorzüglich, es fiel direkt von den Knochen, als wir sie mit den Fingern zu Munde führten, denn es gab kein Besteck.

Den Reis schaufelten wir uns mit Fladenbrotscheiben in den Mund. Er war locker gekocht, pappte nicht und schmeckte würzig nach dem Hammelfleisch. Jeder hatte eine große Stoffserviette zum Mundabwischen und ein Wasserschälchen zum Fingerwaschen neben sich. Welch ein schmackhaftes, leichtes Mahl!

Diener räumten später die fast geleerten Schüsseln ab und stellten geröstete Mandeln und Pistazien als Nachspeise hin. Auch gab es »Baklava«, ein Pastetengebäck aus dünnem Strudelteig, gefüllt mit gemahlenen Nüssen und in Sirup getränkt.

Scheich Omar freute sich an unserem Appetit, und Abdullah gab uns die Hand und wünschte uns »good night«, bevor er verschwand.

Nachdem der Hauslehrer mit seinem Herrn ein paar Worte gewechselt hatte, wandte er sich an uns: »Hinter dem Garten wohnen zur Zeit einige unserer Beduinen als Gäste. Mein Herr besitzt hier ja siebzehn Dörfer und ist für deren Wohl und Wehe verantwortlich. Die Beduinen aber kommen von weit her, sie bleiben nur einige Tage hier, bevor sie wieder zurückreiten zu ihren Familien jenseits des landwirtschaftlichen Gebietes. Ihre Kamele weiden hinter unserem Park. Wenn Sie Lust haben, gehen wir noch auf ein Plauderstündchen dorthin.«

»Und ob wir Lust haben! Sie tun uns damit einen großen Gefallen, wir kommen gerne mit.«

Als wir uns durch den von kleinen Lampen erhellten Säulengang des Patio in den dunklen Park begaben, folgte uns der Dorfpolizist. Wahrscheinlich wollte er als Amtsperson dabei sein.

Nach etwa 200 Metern trafen wir im Dunkeln auf ein kleines Lehmhaus mit einer schmalen Tür. Yussuf klopfte an, und nach einem arabischen »Herein« durften wir eintreten. In einem fast dunklen Raum saßen ein paar finstere Gestalten im Halbkreis vor einem kleinen Kaminfeuer, das nur noch glühte.

Sie erhoben sich sofort vom Boden und stießen dabei fast an die niedere Decke. Außer der Kaminglut brannte nur noch eine Steinöllampe, die auf dem schmalen Fenstersims stand.

Yussuf stellte uns vor, sagte, daß wir aus Deutschland kämen und mit dem Motorrad auf dem Weg nach Indien seien. Das imponierte ihnen, und sie ließen sich wieder in die Hocke oder den Schneidersitz nieder. Ihre Gewehre, die sie vorher noch neben sich in den Händen gehalten hatten, stellten sie nun an die Wand.

Wir sahen ein winziges Kupferkännchen in der Feuerglut stehen, mit einem langen Stiel. Darin brodelte Kaffee, den man uns umgehend anbot. Er schmeckte bitter wie Galle und war schwarz und dick.

»Seid ihr vom Stamm der Schammar?« fragte ich, denn ich hielt meinen Karl May parat. Yussuf erschrak und übersetzte. Alle waren überrascht von meiner Frage – woher wir das wüßten? Und schon war auch der Polizist zur Stelle und insistierte nach der Herkunft unseres Wissens. Möglicherweise hielt er uns für Spione oder Agenten einer feindlichen Macht, denn das Erschrecken und die Überraschung waren nicht gespielt, sondern echt. Wir konnten die Wogen aber glätten, und Gustav, der fundierte Karl-May-Kenner, erzählte vom Ruhme der Schammar in Deutschland.

Als er gar von »Hadschi Halef Omar ben Hadschi Abul Abbas ibn Hadschi Dawud al Gossarah, dem obersten Scheich der Haddedhin vom großen Stamme der Schammar« erzählte, löste sich nicht nur alles in Wohlgefallen auf, sondern wich sogar richtigem Stolz: wußten doch sogar wir von ihnen, von den Schammar, im fernen Deutschland!

Sie beschnupperten noch meinen Pfeifentabak aus der Türkei, befanden ihn gut und schüttelten uns zum Abschied die Hände. Einer von ihnen, versicherte uns Yussuf, habe vor kurzer Zeit eine lebendige Hyäne ins Lager geritten: Zu beiden Seiten habe er dem Raubtier einen Dolch neben die Schnauze gehalten und bei Bedarf zugestochen. Ein Märchen aus Tausendundeiner Nacht?

Auch hätten einige der Beduinen im Kampf ein paar Feinde getötet. Ich schwieg jedoch von meinen Kriegserlebnissen als »Simplizissimus« des letzten Aufgebots im Frühjahr 1945, und etwas später erreichten wir wieder die weiße Villa im dunklen Park. Ein paar elektrische Lampen erhellten die Kieswege, die Wachtposten ließen uns ein, Yussuf sagte uns »Gute Nacht«, und wir gingen schlafen.

Kühle Leintücher lagen aufgeschlagen, und durch das offene Fenster zum Patio hörte ich die leisen Schritte der Wachtposten unter Gewehr. Der Springbrunnen plätscherte und schien die warme Nacht ein wenig abzukühlen.

DER ALTE BRUNNEN

Lösch aus dein Licht und schlaf! Das immer wache
Geplätscher nur vom alten Brunnen tönt.
Wer aber Gast war unter meinem Dache,
hat sich stets bald an diesen Ton gewöhnt.

Zwar kann es einmal sein, wenn du schon mitten
im Traume bist, daß Unruh geht ums Haus,
der Kies beim Brunnen knirscht von harten Tritten –
das helle Plätschern setzt auf einmal aus.

Und du erwachst, – dann mußt du nicht erschrecken!
Die Sterne stehn vollzählig überm Land,

und nur ein Wandrer trat ans Marmorbecken,
der schöpft vom Brunnen mit der hohlen Hand.

Er geht gleich weiter, und es rauscht wie immer.
O freue dich, du bleibst nicht einsam hier.
Viel Wandrer gehen fern im Sternenschimmer,
und mancher noch ist auf dem Weg zu dir.
HANS CAROSSA

Der Morgen brachte kaum Kühlung, und der Rasen rings um die Villa, gestern noch von feinen Wasserschleiern besprüht, lag trocken im Licht der Frühe. Kein Tau netzte ihn, wie es wohl jetzt daheim auf den Wiesen im Wasgau geschah, wo bald die Herbstzeitlosen ihre violetten Blütenkelche öffnen würden.

Beim Frühstückstee verriet uns der libanesische Hauslehrer Yussuf, daß Scheich Omar mit nur einer Frau verheiratet sei, mit Abdullahs Mutter. Im übrigen lasse der Großgrundbesitzer seine Ländereien von Pächtern bewirtschaften. Als Pacht zahlten sie ihm ein Viertel der Ernte, kauften allerdings auch ihr Saatgut sowie Landmaschinen und Treibstoff bei ihm, wurden von seinem Kapital finanziert und lebten beinahe wie Leibeigene. Diese Sozialordnung habe sich seit tausend Jahren nicht geändert. Die Herrin des Hauses, Abdullahs Mutter, bekamen wir nicht zu Gesicht, wie wir überhaupt kein weibliches Wesen im Hause bemerkten. Vor der Abfahrt zeigte uns Scheich Omar seinen Wagenpark: Fünfzehn Luxusfahrzeuge standen poliert und fahrbereit in gepflegten Garagen, darunter eine Rolls Royce »Silvercloud«-Limousine und ein schnittiger Daimler »Jaguar« Mark II, wie auch ein Zweisitzer-Cabriolet von BMW, Typ 328, mit roten Ledersitzen, sowie ein nagelneuer Cadillac aus Amerika, weißwandbereift. Wir bewunderten die Fahrzeuge gebührend, wobei ich eingestehe, daß ich davon herzlich wenig verstand.

Beim Abschied ließ uns der Hausherr einen gefüllten Obstkorb aus eigener Ernte überreichen mit rotbackigen Äpfeln und blauen Weintrauben. Wir dankten mit Händeschütteln, und Prinz Abdullah rief uns stolz ein »Goodbye« nach, als wir über den Kiesweg durch das weitgeöffnete Tor der Parkmauer fuhren, das zwei bewaffnete Wächter hinter uns schlossen.

Die Straße nach Damaskus hatte uns wieder – aber die zweihundert Kilometer dorthin, vorbei an den Städten Hama und Homs, bedeuteten keine große Entfernung; nur die trockene Hitze machte uns zu schaffen. Wir wunderten uns über die zahlreichen Bewässerungskanäle zwischen den abgeernteten Feldern beiderseits der Straße. Staub kam auf der neuen Asphaltdecke nicht auf.

Wir hatten nun den arabischen Kulturraum betreten, der sich vom Zweistromland Mesopotamien über Nordafrika bis zum Gestade am Atlantischen Ozean erstreckt, seitdem die Araber nach Mohammed im siebten und achten Jahrhundert die grüne Fahne des Propheten in einem unvergleichlichen Siegeszug bis nach Südwestfrankreich getragen hatten. Dort hatte sie dann Karl Martell, Hausmeier und Herr des Frankenreichs, in der Schlacht zwischen Tours und Poitiers im Jahre 732 geschlagen und Westeuropa vor der Islamisierung durch die siegreichen Mauren gerettet.

Wie alle Länder Arabiens, so war auch Syrien seit 1516 ein Teil des Osmanischen Reiches gewesen – und seit 1918 ein französisches Mandatsgebiet geworden. Erst 1943 wurde es unabhängig.

Im Jahre 1916 hatte der 28jährige Thomas Edward Lawrence im Auftrag der Britischen Regierung mit viel Gold und dem Versprechen eines Großarabischen Reiches den Aufstand unterstützt, den die Wüstenstämme unter Scherif Hussain ibn Ali von Mekka aus gegen den »Kranken Mann am Bosporus« unternahmen, und hatte ihn zum Sieg geführt. Im gleichen Jahr jedoch beschlossen Rußland, Großbritannien und Frankreich durch das geheime Sykes-Picot-Abkommen, Arabien nach dem Weltkrieg unter sich aufzuteilen, und brachen damit das den Aufständischen gegebene Versprechen der Bildung eines Großarabiens. Statt dessen gliederten die Siegermächte den fruchtbaren Halbmond in die Mandatsgebiete Palästina, Transjordanien, den Irak, Aden, Jemen und die Scheichtümer am Persischen Golf unter Großbritanniens Macht auf. Frankreich dagegen übte sein Mandat über den Libanon und Syrien aus.

Mein Englischlehrer hatte seinerzeit einige Kurzgeschichten aus dem Werk von T. E. Lawrence über den Aufstand in der Wüste für uns Fünfzehnjährige ausgewählt und uns in die Welt der dortigen Partisanen eingeführt. Dieser Lawrence, ein Abenteurer und geistiger Provokateur, zweiter von fünf Söhnen eines anglo-irischen Aristokraten, Oxfordstudent der Orientalistik, Archäologe im Auftrag des Britischen Museums – am Euphrat nahe Aleppo, wo er Arabisch lernte –, hatte die Wüstenstämme der Beduinen auf die Seite der Alliierten hinübergezogen, fand sich aber nach seinem Sieg durch das geheime Sykes-Picot-Abkommen hintergangen und seine Mitkämpfer um die Frucht ihres Kampfes betrogen. Er hatte als typisch moderner Mensch an Einsamkeit und Nivellierung gelitten, den geistigen Seuchen unserer Zeit, konnte ihnen jedoch nicht entrinnen und suchte gerade deshalb in der Arabischen Wüste eine Gegenwelt dazu.

Mir öffnete sein Werk den Weg zur modernen englischen Literatur und auch zur Buchkunst, während ich durch Karl May über die Kultur des arabischen Islams schon manches erfahren hatte.

1962 drehte dann der Regisseur David Lean den Farbfilm »Lawrence of Arabia« nach dem Kultbuch »Die sieben Säulen der Weisheit« des Lehrmeisters moderner Partisanenkriege. Ohne Einsichten in die politischen Hintergründe zu vermitteln, entwarf der aufwendige Dreieinhalb-Stunden-Film ein Porträt des britischen Offiziers bei seinem Aufstand im Hedschas bis zum Einmarsch in Damaskus während der Oktobertage 1918.

Die perfekt inszenierte Superproduktion auf der Grenze zum Edelkitsch mit bisher kaum gesehenen Bildern aus der Wüste glorifizierte und romantisierte das fragwürdige Genie, seinen Sieg und auch die Tragik des »Übermenschen« Lawrence. Die Megastars Alec Guiness, Peter O'Toole, Omar Sharif und Anthony Quinn in ihren Rollen als Beduinenscheiche verliehen der Wüstensaga zudem einen Machismo, den man in der literarischen Vorlage vergeblich sucht.

Armut und Reichtum waren in dieser Region schon immer sehr ungleich verteilt, wobei das Schicksal Arabiens durch die Natur vorherbestimmt ist, nämlich als wüstenhafte Brücke zwischen Asien und Afrika. Nach wie vor behindert der Wassermangel die Entfaltung von Pflanzenwuchs, und auch die Leistungen der Menschen bleiben zurück. Selbst der Ölreichtum während der letzten achtzig Jahre konnte daran nicht viel ändern, und seit dem Ersten Weltkrieg gären im arabischen Raum Unruhe und Unrast, verwüsten blutige Kriege den ehemals friedlichen »Halbmond« zwischen dem Schatt el Arab – wie das Mündungsdelta von Euphrat und Tigris heißt – und dem Suez-Kanal.

Erwachender Nationalismus, islamische Fundamentalisten, Impulse fremder Kulturen, wirtschaftliche Umwälzungen, soziale und politische Reformen, Evolutionen und Revolutionen sind die Ursachen dafür. Heute, im letzten Jahrzehnt des zwanzigsten Jahrhunderts, könnten wir unsere bunte und friedliche Motorradreise von damals keinesfalls wiederholen. Der »Dreißigjährige Krieg« in dieser Weltgegend hat große Teile von Ländern und Städten verwüstet, und Haß regiert in vielen Herzen.

Schon in Aleppo hätten wir uns nach Osten wenden können, um den nur 150 Kilometer entfernten Euphrat zu erreichen, wenn damals eine feste Straße durch die nördliche Wüste Syriens geführt hätte.

Angesichts unserer altersschwachen Cora und der unwegsamen Halbwüsten zwischen Euphrat und Aleppo aber hatten wir uns für die Strecke über Damaskus entschieden. Von dort aus konnten wir dann die Durchquerung der Syrischen und Irakischen Wüste ins Auge fassen. Auch lockte uns die Stadt mit ihrem märchenhaften Namen und den Möglichkeiten guter Auftritte. Schon nach wenigen Stunden hatten wir sie erreicht. Sie sollte uns reichlich belohnen.

Damaszener Klingen

Vor uns senkte sich die Straße leicht, und im weiten Talgrund breitete sich Syriens Hauptstadt aus, auch am Gegenhang stieg sie empor. Die drei Flußarme der Barada hinter Gartenmauern waren im Häusermeer nicht zu erkennen, aber das üppige Grün der Feigenbäume entlang ihrer Ufer wies auf die uralte Oase am östlichen Fuß des Antilibanon-Gebirges hin, wo die Barada entspringt. Auf der anderen Seite der Halbmillionenstadt leckten die kahlen Zungen der Syrischen Wüste bis in die Außenviertel.

Über dem Häusermeer lagerte eine Dunstschicht, und die ehemalige Perle des arabischen Halbmondes glänzte nicht mehr so ungetrübt wie vor der Motorisierung. Abgase!

Uns empfing sie als echte orientalische Stadt mit dem bunten Menschengewimmel des Nahen Ostens: Autos hupten nach Belieben, und deshalb achtete niemand darauf. Weil aber an fast jeder Straßenkreuzung ein Polizist armeschwenkend den Verkehr dirigierte, blieb dessen Fluß zügig, zumal seine Dichte gering war.

Beladene Esel und Mulis trippelten quer über die Straßen, pferdebespannte Kutschen rollten gummibereift einher, Zweiradkarren, von barfüßigen Gehilfen geschoben, wanden sich durchs Gewühl. Männer in leichter Sommerkleidung, barhäuptig oder mit Hüten, viele Soldaten in Uniform, Wüstensöhne mit der Kufayeh, dem Kopftuch, oder im Turban, dazwischen Wasserverkäufer mit glänzend polierten Kalebassen aus Messing, die sie umgehängt trugen, und in der Rechten zwei Metallschalen, die, ständig scheppernd, alle Durstigen an diesen Quell der Erfrischung erinnerten; Frauen in engen, kurzen Röcken mit hochhackigen Schuhen, aber auch in bunten, wallenden Faltenröcken und barfuß, sowie von Kopf bis Fuß Verschleierte wie wandelnde Glocken.

Und wir beide mittendrin, auf einem zugestaubten Beiwagengespann, bepackt bis zur Schulterhöhe, die gebräunten Gesichter unter den Krempen der Strohhüte gegen Sonnenbrand geschützt, mit aufgeplatzten Lippen und entzündeten Augenlidern vom grellen Licht – Sturzhelme gehörten noch in eine ferne Zukunft. Unsere seit Istanbul sprießenden Bärte hatten bereits erkennbare Ausmaße angenommen; aber weil viele Männer hier bärtig herumliefen, fiel die Zierde unserer Antlitze nicht so sehr auf.

Cremefarbene Kuppeln und Minarette mit goldenen Spitzen ragten über die Dächer, und fast schwerelos wie eine Fata Morgana erhob sich der Berg Hermon in Sichtweite und flimmerte in der heißen Luft des Nachmittags.

Ja, das ist Damaskus, unser letztes Etappenziel vor Bagdad, wo wir Halbzeit machen wollen. Sein arabischer Name »Dimesch esch-Scham« (»Die Paradiesduftende«) wird der Stadtgeschichte nicht gerecht. Der viel ältere Name Damaskus leitet sich von »damask« ab, und das heißt auf deutsch »bunt-gewunden«.

Der elsässische Weltenfahrer Kurt Faber schrieb darüber im Jahre 1930: » …nach wie vor ist Damaskus die Stadt der dreihundert Moscheen, der vielen Minarette, der zerfallenden Paläste, der verlassenen Karawansereien, der vielbedeutenden Gräber, umwittert vom Schauer der Geschichte. Hier liegt Fatima, die Tochter Mohammeds, hier ruhen Abdel Kader, der einstige Franzosenschreck, und Sultan Saladin, der große Gegner der Kreuzfahrer, auf dessen Grab Kaiser Wilhelm II. einen Kranz niederlegte, den dann die Engländer 1918 als Siegesbeute entführten und nach London brachten …«

Hier ist, wenn die Legende stimmt, das Haupt Johannes des Täufers aufbewahrt, den Muslime und Christen gleichermaßen verehren; es ruht in der großen Moschee der Omayaden, die auf dem heiligen Grund der christlichen Basilika gebaut wurde, die auf Johannes den Täufer zurückging. Diese wiederum stand auf den Ruinen eines Jupitertempels aus römischer Zeit. Heute bietet die Omayadenmoschee in ihrer klaren Architektur Gebetsraum für Zwanzigtausend, und eines ihrer Minarette trägt zu Ehren des Propheten Jesaja dessen Namen. Über einem nicht mehr benutzten, verschlossenen Tore konnte der junge T.E. Lawrence zudem noch die griechische Inschrift entziffern: »Dein Königreich, o Christus, ist ein ewiges Königreich, und Dein Reich währt durch alle Geschlechter.«

Für die ersten Tage nahmen wir im kleinen Hotel »Nasr el Schedid« Quartier. Es lag in einer Seitenstraße, die zu einem der Gärten mit Feigen- und Mandelbäumen anstieg, wie sie in der Perle des arabischen Ostens häufig die Wohnviertel auflockern. Der Hotelier, mit einem Bernsteinrosenkranz zwischen den Fingern, empfing uns im Pyjama und im roten Fez. Er klatschte befehlend in die Hände, und ein barfüßiger Boy brachte unser Gepäck nach oben. Als der Patron meine Gitarre sah, bekannte er sympathieheischend: »Je suis le roi de la chanson.«

Tatsächlich dudelte sein Lautsprecher tagein, tagaus über der Haustür in beinahe unerträglicher Lautstärke arabische Schlager.

Er meldete uns telefonisch bei der Polizei an, und fünf Minuten später brachte ein Bote einen Brief, der beim Meldeamt für uns gelagert war. Kaum hatten wir uns frisch gemacht und umgezogen, als der »König des Chansons« uns beim Hinausgehen diesen Brief überreichte. Darin fanden wir ein erstklassiges Angebot:

»Arizona«, der feinste Nachtclub hoch über den Dächern der Stadt, war bereit, uns für zehn Auftritte im Dachgarten eines

Hochhauses der City zu engagieren, und zwar täglich abends von zehn bis elf. Die Agentur »Kontya« in Istanbul hatte ihre Drähte spielen lassen und unser Selbstbewußtsein mal wieder gestärkt. Aber Hochmut kommt vor dem Fall.

»Ihre Bärte sehen ja aus wie Judenbärte!« keifte der »König des Gesangs«. »Warum tragen Sie solche Bärte? Man wird Sie für Israelis halten, und Sie bekommen Schwierigkeiten. Mit den aufmüpfigen und frechmäuligen Damaszenern ist nicht zu spaßen, das hat die französische Mandatsmacht 25 Jahre lang zu spüren bekommen. Ich rate Ihnen, scheren Sie Ihre Bärte, bevor es zu spät ist!«

Was sollten wir tun? Guter Rat war teuer, denn wir selber sahen keinen Unterschied zwischen dem Bart von Moses oder jenem des Propheten Mohammed. Also gingen wir zurück aufs Zimmer, schnitten uns die Bärte ab, rasierten Kinn und Wange, steckten den Stolz unserer jungen Männlichkeit in jeweils einen Umschlag und schickten ihn per Luftpost ins ferne Deutschland – als Gruß aus dem Nahen Osten.

Der Clubmanager des »Arizona«-Dachgartens empfing uns am folgenden Tag. Wir unterschrieben den Vertrag und standen abends um 22 Uhr im Scheinwerferlicht vor dem Publikum. Weil uns die Strahlen so blendeten, sahen wir kaum etwas, aber nach dem Auftritt setzten wir uns ganz hinten an die Mauerbrüstung, wo der laue Nachtwind vom Gebirge herunterfächelte und tief unter uns die Autoscheinwerfer leuchteten, Straßenlampen die Fahrbahn erhellten und das nächtliche Damaskus am Rande der Wüste in die Dunkelheit glitzerte.

Wir saßen auf gepolsterten Korbsesseln, und die Kellner in weißen Jacketts servierten kühle Limonensäfte mit einem Schuß Gin, in deren Eiswürfeln sich die Lichter der Glühbirnengirlanden spiegelten. Oleanderbüsche trennten die Tischgruppen und verliehen dem Dachgarten – fünfzehn Stockwerke über dem Straßenniveau – ein liebliches Ambiente.

Das Quartett neben der Bühne, in der Besetzung Trompete, E-Gitarre, Schlagzeug und Klavier, hatte sich auf spanische Paso-Dobles eingespielt. Bei seinem Solo-Hit »Mi Jaca« kam Juan am Schlagzeug groß raus mit seinem Preislied auf ein Rößlein aus Andalusien, das ihm lieber ist als alles sonst.

Der kleine Spanier intonierte mit Pathos, wie es nur ein Kastilier vermag, blieb aber trocken im Ausdruck, halb Don Quixote, halb Sancho Pansa. Seine Lautmalereien spielten mit Text und Melodie, wobei er das Kalbfell der kleinen Trommel nur mit Schlegel und Jazzbesen rührte. Sein rechter Fuß bediente die große Trommel ganz verhalten und unterlegte dem Rhythmus zarte Baßklänge, fast wie ein Basso Continuo.

Vor dem Vokaleinsatz blies der Trompeter ein signalhaftes Motiv, wie man es bei den Corridas hört, wo ja auch die berühmten Paso-Dobles erklingen, aber lediglich instrumental. Dann sang Juan: »Mi Jaca – Mein Rößlein.«

In dem Reiterlied verglich der Spanier die Tugenden seines Pferdchens mit einem Schluck frischen Wassers aus dem Trinkhorn und dem Zauber einer Nacht von Sevilla. Sie erreichen aber bei weitem »Mi Jaca« – die Stute – nicht, die als Königin und Geliebte gepriesen wird, sowohl im Festkranz wie auch im Trauerkleid.

Das Publikum war elegant, beinahe wie die Gäste auf der sardischen Hochzeit in Rom. Wahrscheinlich sorgten schon die happigen Preise für eine Auswahl je nach Geldbeutel. Im gedämpften Schein der Tischlampen erkannten wir überwiegend europäisch gekleidete Damen und Herren. Sie bewegten sich souverän, unterhielten sich lachend und führten ihre Damen auf die Tanzfläche, deren Glasfliesen von unten beleuchtet waren.

Offiziere der syrischen Streitkräfte ließen die Sterne auf den Schulterklappen blinken, und würdige, schlanke Männer mit Raubvogelprofil und Broncehaut, funkelnden Augen und geölter Lockenpracht ließen die Perlenreihen ihrer weißen Zähne blitzen und verschlangen die Solo-Tänzerin mit ihren Augen: Beduinen.

»Mademoiselle« Elisabeth, eine brünette »Sissi« aus Budapest, tanzte eine »phantaisie brésilienne«. Juan schabte dazu mit Besen und Stock eine Samba, der Trompeter blies staccato und »schmierte« von oben über eine ganze Oktave, der Gitarrist schrubbte seine Sext- und Septakkorde mit dem Plektrum zwischen Daumen und Zeigefinger, flitzte mit der linken Hand barreegreifend über das Griffbrett, und der Klavierspieler klimperte sowohl Rhythmus als auch Harmonie, überließ das melodische Thema aber ganz dem Trompeter und dem Sänger.

Elisabeth tanzte verhalten; sie wußte genau, warum die Wüstensöhne hierher kamen. Ihr Kleid mit brasilianischem Blumenmuster war hochgeschlitzt, und der weite Rock gab nur ab und zu einen Blick auf ihre Beine frei, gelegentlich sogar bis übers Knie, wo sie mit ihren ungarischen Oberschenkeln zu kokettieren wußte. Die Arme waren nackt bis zu den Puffärmeln, aber der Clou ihrer ganzen Erscheinung lag im Ausschnitt des Kleides: Ihr sensationeller Busen wippte darin stramm und knackig und genau im Rhythmus der Samba. Die rosa Haut schimmerte im Scheinwerferlicht, und die beiden festen Brüste, gerade noch vor dem Herauskugeln festgehalten, erinnerten mit ihrem Zittern und Sambabeben an zwei junge Ferkelchen, deren Schnauzen hinterm Stoff des Kleides auf- und abtanzten.

Dabei blickten Elisabeths Veilchenaugen ins Publikum mit jenem leichten Silberblick, der mitunter Steine zum Schmelzen bringen kann. Sie bewegte ihre Glieder kaum, hatte aber etwas Laszives in ihren Gesten und schürzte die Lippen zu einer kleinen Schnute, wie sie später von Brigitte Bardot kultiviert wurde. Der seitliche Hüftausschlag blieb nur scheinbar züchtig, in Wirklichkeit lockte und warb er, und wenn sie sich umdrehte, konnte ihre ebenso stramme und knackige Kehrseite mindestens soviel zum Ausdruck bringen wie die Vorderfront. Als ausgebufftes junges Luderchen wußte sie sehr wohl, wie man die reichen Ölscheichs anmacht, die denn auch nach ihrem Auftritt konkret zur Sache kamen und horrende Summen bezahlten.

Wir lernten Elisabeth in der Garderobe kennen; ein liebenswertes Dummchen, wenn's zum Gespräch kommen sollte. Aber sie verstand die »nonverbale Kommunikation« als Meisterin. Und machte Kasse wie fünf Gartenwirtschaften an einem warmen Sommerabend.

Gustav brillierte als Zauberkünstler im hellen Licht auf der etwa zehn Meter breiten Bühne, hatte sich glänzend vorbereitet und brachte alle – Simsalabim! – zum Staunen. Seine Feuernummer war der Höhepunkt der »Floorshow«, nur durfte kein Lüftchen wehen, da ihm sonst die Flammen ins Gesicht hätten schlagen können.

Am zweiten Abend, als ich mich gerade im Schlußbeifall verbeugte, bekam ich einen Zuruf aus dem Publikum. »Lili Marleen!« rief eine Männerstimme durch das gleißende Scheinwerferlicht, und sofort klatschte das Publikum Zustimmung.

Also sang ich das großartige Soldatenlied aus dem Zweiten Weltkrieg. Lale Andersen hatte es ab 1941 über den Soldatensender Belgrad bekanntgemacht, wo sie jeden Abend um halb elf mit ihrer warmen Stimme über den Äther sang und Soldaten aller Fronten durch den Zauber ihrer Stimme verband. Der süße Schmerz von Heimweh klang auf, die bittere Qual des Getrenntseins, das schwere Los der Kämpfenden, vom Schicksal hingeworfen und dem Tode täglich oder stündlich ausgesetzt – über fünfzig Millionen fraß der Krieg.

»Lili Marleen«, von Hans Leip schon im Ersten Weltkrieg auf zwei Mädchen gedichtet und von Norbert Schulze 1940 neu vertont, hatte durch vier lange Jahre das Soldatenschicksal jeden Abend ein klein wenig erträglicher gemacht, und es konnte sich bis heute halten.

Ich mußte es noch oft anstimmen, aber im »Arizona« über den Dächern von Damaskus sang ich es erstmals öffentlich. Vielleicht war mein Ausdruck deshalb so überzeugend, weil ich noch als Teenager an die Front gekommen war und nur durch außergewöhnliche Umstände das Kriegsende, wenn auch leicht lädiert, überlebt hatte.

LILI MARLEEN

Vor der Kaserne,
vor dem großen Tor
stand eine Laterne.
Und steht sie noch davor,
So woll'n wir da uns wiederseh'n,
bei der Laterne woll'n wir steh'n
wie einst, Lili Marleen.

Unsre beiden Schatten
sah'n wie einer aus.
Daß wir so lieb uns hatten,
das sah man gleich daraus.
Und alle Leute soll'n es seh'n,
wenn wir bei der Laterne steh'n
wie einst, Lili Marleen.

Schon rief der Posten,
sie blasen Zapfenstreich,
es kann drei Tage kosten.
Kam'rad, ich komm ja gleich!
Da sagten wir Auf Wiederseh'n.
Wie gerne würd' ich mit dir geh'n,
mit dir, Lili Marleen.

Deine Schritte kennt sie,
deinen schönen Gang,
alle Abend brennt sie,
doch mich vergaß sie lang.
Und sollte mir ein Leid gescheh'n,
wer wird bei der Laterne steh'n,
mit dir, Lili Marleen?

Aus dem stillen Raume,
aus der Erde Grund
hebt mich wie im Traume
dein geliebter Mund.
Wenn sich die späten Nebel dreh'n,
werd' ich bei der Laterne stehn,
wie einst, Lili Marleen.

Der schreitende Takt hatte sogar Juan gepackt. Ganz leise setzte er in der zweiten Strophe mit dem Jazzbesen und dem Schlegel auf dem Kalbfell ein, der Pianist spielte zart mit der linken Hand die passenden Akkorde, und der E-Gitarrist zupfte lediglich die Baßkadenz. Als dann der Trompeter »gestopft« hinzukam, erhielt das Arrangement einen Teil seiner Ursprünglichkeit, besonders als am Schluß die gestopfte Trompete ganz leise den deutschen Zapfenstreich blies. Da blieb das Publikum für einige Sekunden ganz still und spendete erst mit Verzögerung Beifall. Ich selbst war dem Zurufer dankbar, denn ohne ihn hätte ich nie daran gedacht, »Lili Marleen« auf der Bühne zu singen. Dabei hat es alle Qualitäten, die ein gutes Lied ausmachen: eine zündende und eingängige Melodie, deren Umfang kantabel bleibt, und einen poetisch anspruchsvollen Text, der das Thema ganz bewältigt und die Bereiche zwischen Wissen, Ahnen und Sehnen anspricht.

Nach unserem Auftritt nahmen wir, wie tags zuvor, an der

Mauerbrüstung Platz, rückten die Rohrsessel zurecht und erfrischten uns am eisgekühlten Saft der Limone in hohen Gläsern. Im Halbdunkel der spärlich beleuchteten Tische huschten die Kellner, flüsterten die Paare, und vorne tanzten die Unentwegten auf dem Glasparkett – von unten her beleuchtet. Über uns glühten die ersten Herbststerne, und lau fächelte die nächtliche Brise im Hartlaub der Oleanderbüsche.

»Gestatten Sie, wir möchten uns gern zu Ihnen setzen.«

Nanu, deutsche Klänge?

Zwei sommerlich gekleidete Herren standen neben unserem Glastisch, schauten uns freundlich an, und wir baten beide an unseren Tisch.

»Wir haben gestern abend schon Ihre Floorshow gesehen und freuen uns darüber. Übrigens war ich es, der vorhin ›Lili Marleen‹ gewünscht hat. Ich heiße Uwe Lütjemann, und mein Begleiter ist Sepp Meisel aus Linz. Wir kämpften im Afrikakorps bei Rommels Panzern und stehen hier in Syrien als Militärberater unter Vertrag.«

Die beiden Herren waren nur wenige Jahre älter als wir, hatten sich aber nach dem Kriege als aktive Offiziere nicht mehr zurechtfinden können und waren so im Orient gelandet.

Die Araberstaaten hatten sich ja nach dem Palästinakrieg von 1948 ihre Berater für das Kriegswesen vornehmlich aus dem deutschen Offizierskorps geholt. Der neue gemeinsame Feind Israel sollte sie dann in allen folgenden Kriegen militärisch besiegen, und die ehemaligen Offiziere der großdeutschen Wehrmacht wechselten daraufhin vielfach zur frisch pulsierenden Bundeswehr.

Unsere Bleibe im Hotel »Nasr el Schedid« kündigten wir auf und zogen um in ein Privatquartier. Dr. Gelny aus Salzburg und seine liebe Frau betrieben eine ärztliche Praxis in einem Nobelviertel. Ihre geräumige Villa lag in einem der grünen Gärten. Wir belegten einen leerstehenden Flügel, stellten die Cora in die

Garage und wollten gerade beginnen, das »dolce far' niente« der Damaszener zu lernen – denn unsere Auftritts-Serie war zu Ende –, als mich die erste Krankheit auf dieser Reise ereilte. Ich litt urplötzlich unter Gleichgewichtsstörungen und Brechdurchfall, konnte nichts essen und lag geschwächt auf dem Bett. Dr. Gelny versorgte mich glänzend, aber es dauerte doch ein paar Tage, bis der Anfall sich gelegt hatte. Die Schwäche verflog, und langsam erholte ich mich. War es ein leichter Malaria-Anfall gewesen? Oder hatte ich etwas gegessen oder getrunken, das mir nicht bekam? Oder lag es einfach an den Strapazen der Straße? Jedenfalls wußten wir nun, daß mit diesem Klima und seinen Folgen nicht zu spaßen sei. El hamdul illah, den Vertrag im »Arizona« hatten wir erfüllt!

Als ich wieder gut zu Fuß war, gingen Gustav und ich in den Basar, der auf arabisch »Suk« heißt. Dort riß uns ein Menschenstrom mit sich, der aber keinerlei Hast kannte wie etwa der Verkehr in europäischen Städten. Er wälzte sich dahin wie die Zeit in die Ewigkeit. Faulenzer, Streuner und Tagediebe waren darunter, beleibte Männer und dürre Gestalten, europäisch Gekleidete und Orientalen in weiten Gewändern – so unerschöpflich fluteten die beiden Gegensätze im Suk aneinander vorbei. Damaszener in Jacke und Hose, den Fez auf dem Kopf, Armenier, Griechen, Türken und Assyrer, auch sie an der abendländischen Gewandung kenntlich, jedoch mit unterschiedlicher Kopfbedeckung. Dazwischen immer wieder Kurden und Tscherkessen in ihren Trachten – manche von ihnen trugen Waffen zur Schau. Arabische Bauern aus der Umgebung, auch einige Beduinen der Wüste, im faltenreichen, wüstenfarbenen Umhang, mit der prachtvollen Kufeya auf dem Kopf, von der seidene Quasten herabhingen. Frauen im »Schador«, dem züchtigen Gewand der Muslimin. Dann aber auch unverschleierte, emanzipierte, mit wadenfreien Röcken und Nylons, und von Zeit zu Zeit ein schwerbepackter Esel, der hoffnungslose Prolet der Tierwelt, der mit gesenktem Kopf und langen Ohren vorbeitrippelte.

Und alle, dies ganze bunte Gedränge, Männer, Frauen, Araber, Türken, Armenier, Kurden, die uniformierten Soldaten, die Esel und Ziegen, sie waren durch die gleiche Gangart zu einer unbeschreiblichen Einheit zusammengeschmolzen: durch die gleichmäßig langen Schritte, die langsam und wiegend, aber unaufhaltsam einem Ziele zustrebten, das sich nicht zu erkennen gab.

Ob ich hier noch Waffenschmiede finden kann, die Kettenhemden herzustellen wissen oder das Damaszieren von Messer- oder Schwertklingen aus Eisen und Stahl? Ich fand sie. Aber die jüdischen Silberschmiede aus dem Yemen und Hadramaut, im Süden der arabischen Halbinsel, konnten schon nicht mehr die feinziselierten Dolchgriffe liefern, für die sie seit Jahrhunderten berühmt waren.

Die Gassen des Suks waren mit Tüchern überspannt und versanken im Dämmerlicht. Im Gewirr der schattigen Winkel, enger Durchlässe und schmaler Passagen roch es nach getrocknetem Fisch. Bei den Kupferschmieden glänzte das heißflüssige Zinn, mit dem der Meister gerade einen Krug von innen verzinnte, und der beißende Rauch von angesengtem Holz stieg in die Nase. Bei den Tuchhändlern leuchteten Shawls und Tücher aus Seide oder Kaschmirwolle, feinem Wollmusselin oder dem typisch gemusterten »Damast« aus der örtlichen Weberei. Die Gewürzhändler saßen inmitten von geöffneten Säcken mit rotem Chilipulver, schwarzem und weißem Pfeffer in Körnern, ungemahlen, aromatischem Currymehl verschiedener Abstufungen, Zimt und Anis, Koriander und Muskatnüssen, Ingwer und anderen, unbekannten Genüssen. Getrocknete Datteln, Sultaninen und Rosinen, gekalkte und ungekalkte Feigen, Tonnen schwarzglänzender oder grüner Oliven, Gebirge von Hartkäse oder, bei den Juwelieren, in stilvoll beleuchteten Glasvitrinen, je nach Größe säuberlich aufgehäufte Pyramiden von Naturperlen aus dem Persischen Golf, dazu Goldschmuck und Teppiche, Brautgehänge, Manschettenknöpfe und Hammelhälften, auf deren Frischfleisch Schwärme von Schmeißfliegen krabbelten.

Im Suk von Damaskus schlägt das Herz der Stadt, unter seinen überdachten Gassen lebt ein Staat im Staate mit eigenem Recht, der alle Unbilden der syrischen Geschichte unbeschadet überstanden hat.

Im Suk, der wochentags, aber niemals am Freitag – dem moslemischen Feiertag – geöffnet ist, herrschen trotz der Enge Ordnung und Ruhe. Drängelnde Massen nur in den Freßgassen, vornehme Zurückhaltung dagegen bei den Gold- und Perlenhändlern. Daß um die Preise jedesmal gefeilscht wird, gehört zum Geschäft, man trinkt eine Schale Tee dazu oder ein Täßchen Mokka, man läßt sich Zeit. Das mündliche Wort hat Geltung, und der Handschlag besiegelt die Abmachung.

Müde und voller Eindrücke verließen wir die schattigen Gassen, in denen die Händler nach Branchen geordnet feilschten und offerierten, aber nie ihre Würde verloren und nicht den Humor, knallhart argumentierten, aber stets zu ihrem Wort standen.

Gustav kaufte eine schwarze Hose für die Bühne, ich fand einen Ledergürtel mit prächtigen Ornamenten, sauber gepunzt. Als wir uns auf die Preise geeinigt hatten, sie betrugen knapp die Hälfte der anfangs geforderten, erzählte uns der Damaszener Händler, daß Ehrlichkeit und Rücksichtnahme unter ihnen zur Tradition gehörten. In vielen hundert Jahren seien nur ganz wenige Fälle von Diebstahl vorgekommen. Manche kleine Läden lassen sich bis heute nicht abschließen, dafür verriegelt man bei Sonnenuntergang die großen Eingangspforten. Hat ein Händler sein erstes Geschäft abgeschlossen, so überläßt er an diesem Tage das nächste seinem Konkurrenten. Denn ein Aberglaube besagt, daß der erste Kunde Glück bringe.

Eines Abends engagierte uns der Entertainment-Manager

des »Grand Hotel de Bloudan« für ein paar Auftritte dort. Er besuchte das »Arizona« wöchentlich und hatte unsere dortigen Auftritte mehrfach gesehen. Seine Nobelherberge lag fast anderthalbtausend Meter hoch in den Bergen des Antilibanon.

Mit leichtem Gepäck brachte uns ein Omnibus hinauf, wobei uns die Haare immer steiler zu Berge standen, denn der Busfahrer nahm es nicht so genau. Hunde und Hühner betrachtete er als Freiwild und versuchte, sie beim Durchfahren kleiner Orte mit einem der Vorderräder zu erlegen.

Die schmale Straße stieg schon bald in engen Kurven ins Gebirge, so daß unser schneidiger Fahrer beständig hupen mußte, wobei er sich ebenso fleißig wie ungeniert mit den Fahrgästen unterhielt. Dabei wandte er den Kopf nach Belieben ins Innere oder durchs Wagenfenster nach außen, um zu sehen, ob das Wildbret vielleicht tödlich getroffen sei. Bisweilen überholte der geheime Stirling Moss mit lässigem Schwung einen Ochsenkarren, kratzte die Kurve wie weiland Carraciola auf der Avus und grinste siegestrunken in den Rückspiegel, sich vergewissernd, daß alle Fahrgäste seine Künste gebührend bewunderten. Dazu jaulte arabische Katzenmusik aus den Lautsprechern, die Reifen quietschten in den engen Kurven, und das Gefährt schwankte, daß es die Insassen von einer Seite auf die andere warf.

Mitten im Fahren zündete sich unser kühner Kutscher eine leichte Zigarette an, kramte dann einen Zeitungsartikel aus dem Handschuhfach und stritt mit einem Passagier über dessen Inhalt. Uns verging Hören und Sehen, aber die anderen Fahrgäste nahmen es schicksalergeben hin, wie es ihre Religion gebot. Alle Fenster standen offen, und der Staub, der vorne hereinflog, kam allen zugute.

Die Dattelpalmen von Damaskus waren jetzt, im Gebirge, Nadelbäumen gewichen, und in der Umgebung des Hotels entdeckten wir sogar riesige Zedern mit weit ausladenden Kronen.

Die paar Dörfer, die wir sahen, bestanden überwiegend aus Rundhütten mit spitzen, kegelförmigen Dächern aus aufeinandergelegten flachen Kalksteinen. Wir hatten diese »Trullis« bereits in Apulien gesehen, wo die Leibgarde Friedrichs II. von Hohenstaufen sie errichtet hatte. Waren jene Sarazenen etwa aus den Bergen des Libanon gekommen?

Am Hotel fiel uns sofort die erholsame Ruhe auf. Hier dudelte kein Lautsprecher, brauste kein Verkehr, jaulten keine Pneus, schrien keine Wasserverkäufer. Als ich mein Zimmerfenster öffnete, spürte ich die kühle Bergluft auf meinem Gesicht, und ein Windhauch kräuselte den Flaum meines jungen Bartes »à la Prophète«, der bereits wieder sichtbar mein Kinn zierte.

Nach Westen erstreckten sich die Höhen des Libanon, und ein Schwarm Dohlen zeigte seine Flugkünste im Blau.

Nicht nur die Gage machte diesen Ausflug zu einem Gewinn. Wir traten ja nicht abends, sondern zum Nachmittagstee auf, und so bestand unser Publikum ausschließlich aus arabischen Müttern mit ihren Kindern. Die reichen Herren aus dem Tiefland hatten sie wegen der Sommerhitze für ein paar Wochen in die kühle Bergluft heraufgebracht und waren dann wieder davongebraust: Wahrscheinlich in die elegante Glitzerwelt von Beirut, wo sich seit den Mandatszeiten Frankreichs ein »Paris des Ostens« entwickelt hatte, mit allen Versuchungen aus Tausendundeiner Nacht.

Bis weit in die siebziger Jahre hinein liefen die meisten Geldgeschäfte des Nahen Ostens über die Banken von Beirut, wo sich dann ein Reichtum der »Arabia Felix« angehäuft hatte, wie man ihn heute vielleicht mit dem von Hongkong oder Singapur vergleichen kann. Aber die Levante kannte damals noch nicht die Hektik und den Streß des Computerzeitalters; rassistische und religiöse Konflikte waren im Libanon, der »Schweiz des Ostens«, unbekannt, Christen und Muslime lebten friedlich miteinander. Vorbei, verweht, zerschossen und verloren …

Als wir auf die Bühne kamen, staunten wir über das Publikum. Alle Frauen hatten sich kostümiert! Sie trugen Phantasiegewänder je nach Laune und Geschmack – eine »Scheherazade« war noch das Nächstliegende.

Auch Aztekenprinzessinnen vom Hofe Montezumas waren da, sie wetteiferten mit bronzehäutigen Polynesierinnen aus der Südsee. Indische Saris umschlangen die Schultern, thailändische Sarongs fielen drapiert auf goldlackierte Zehennägel, westafrikanische Textilorgien aus Dahomé und Nigeria wiesen zur Goldküste, zur Elfenbeinküste. War da nicht auch eine holländische Tracht aus Edam, mit Spitzenhäubchen und klappernden Holzpantinen? Nebst einer Lappentracht vom Torne Träsk Nordschwedens und einer Rubaschka mit Kreuzstichmuster aus der Karpato-Ukraine, ja gar eine Papacha der Transbaikal-Kosaken mit dem feinen Andreaskreuz über der Schädelwölbung? Andalusia, Sultana mora! – Andalusien, maurische Sultanin!

Die Kinderschar schwelgte in Wildwestmanier mit Fünfgallonen-Stetsonhüten und indianischem Federschmuck, Platzpatronen in der Spielzeugpistole und dem aufkommenden blauen Drell, der dann die Mode mit seinen Blue Jeans bis heute erobern sollte.

Gott sei Dank hatten wir nur eine halbe Stunde Auftritt. Dann setzte das italienische Salonorchester Ernesto Sabatino aus Bari ein. Wir begrüßten einander stürmisch, hatte doch keiner erwartet, jemals wieder gemeinsam aufzutreten. Der Akkordeonist ließ, genau wie in Bari, sein Instrument im Gurt unterhalb der Ellbogen hängen, damit er die Tangos werkgerecht spielen konnte: »Olé Guappa!«

Die reichen Suleikas und Fatimas feierten offenbar Karneval, jedoch ohne Männer. Dunkeläugige Schöne tanzten mit ihren Freundinnen, aufgedonnert im Tinneff ihrer Phantasiekostüme. Dazu spielte das Orchester ausschließlich westliche Musik im europäisch-amerikanischen Sound. Die Väter ihrer Kinderschar weilten inzwischen irgendwo anders, verlängerten vielleicht die Lieferverträge für Erdöl – »Saudi-Light« – in London oder New York, vielleicht auch nur jenseits des westlichen Bergkammes auf der anderen Seite des Baradaflusses, im eleganten, reichen Beirut, wo alle Goldfäden zusammenliefen.

Seide raschelte, Kleinode blitzten, Sandalen glitten über das Tanzparkett. Schwarzgekleidete Ammen, Negersklavinnen von Oman und dem Hadramaut, weit aus dem Süden der arabischen Halbinsel jenseits der Wüste, kümmerten sich um die tanzenden Kinder und hielten die Familie gebührend zusammen. Ein Tanz auf dem Vulkan? Unwirklich und verrückt, vielleicht sogar schon mit einem Hauch von Groteske am Vorabend des Untergangs?

Gustavs Zaubereien und Illusionen kamen gut an, meine Songs hingegen weniger – wahrscheinlich, weil das Publikum die Texte nicht verstand und mit westlicher Musik nur Tanzen verband. Weil bei Gustavs Feuernummer zwei Suleikas in Ohnmacht fielen, stieg sein Ansehen gewaltig, und während der folgenden Tage genoß er seinen Erfolg mit sichtlichem Behagen.

Der karnevalistische Hexensabbat auf der Höhe des Antilibanon ging gegen Mitternacht zu Ende, und die Stille der einsamen Bergwelt kehrte nach Bloudan zurück. Wir öffneten unsere Fenster weit und tranken förmlich die kühle Höhenluft, genossen ihre Frische, labten uns am reinen Duft des Elements, den wir seit Monaten entbehrt hatten. Dankbar stärkten wir uns an der Weite einer Gebirgslandschaft, die schon den Hauch des kommenden Herbstes trug.

Bloudan wirkte wie eine Energiespritze, zumal uns das fürstliche Honorar bestärkte und die Riesenaufgabe der Wüstendurchquerung in der Planung bereits überschaubar machte.

Zurück in Damaskus, der Lauten und Quirligen, fanden wir in der Post die ersten Berichte von unserer Reise, den Anfang einer Artikelserie in der Lokalausgabe der »Rheinpfalz«. Sie waren mit unseren Fotos illustriert, glänzend aufgemacht und wohlplaziert; sie brachten die ganze Buntheit der Szenerie, den Staub der Straße ebenso wie das Rampenlicht der Bühne, vielen tausend Lesern nahe. Uns schwoll die Brust vor Stolz. Endlich fand unser »Aufbruch ins Morgenrot« eine Würdigung.

Zum erstenmal erfuhr ich damals, daß man ohne solche Hilfestellung unbekannt bleibt, daß fast immer der verständnisvolle Multiplikator dazu gehört, der versierte Journalist, der verantwortliche Redakteur. Ohne diese wohlwollenden oder kritischen Vermittler wird kaum ein Künstler bekannt, finden die wenigsten Sportler ihre Fans.

Gustav und ich freuten uns also herzlich über die ersten Artikel dieser Serie, die »Vom Horeb zum Ganges« hieß. Nur war meine Freude ein wenig getrübt, weil aus meiner eigenen Feder in dem ganzen Text kein Wort enthalten war. Als überzeugter Schreiber hatte ich doch damals schon meine eigene Vorstellung von der literarischen Bewältigung unseres Unternehmens, und manche Wendung hätte ich so nicht gebracht, hätte andere Schwerpunkte gesetzt und sie stilistisch ausgefeilt. Aber vielleicht machte gerade diese journalistische Flottheit die Fortsetzungsserie so dynamisch und allgemein verständlich.

Das Damaskus vom August 1951 hatte die Mandatszeit hinter sich gelassen. Syrien grenzte jetzt an den neuen Staat Israel, mit dem sich die Araber ein halbes Jahrhundert nicht abfinden konnten, und versuchte, seine Rolle als moderne Republik zwischen den Königreichen und Scheichtümern von Englands Gnaden zu spielen. Wer weiß, ob nicht auch uns der schwelende Nationalhaß getroffen hätte, wenn wir uns nicht rechtzeitig der vermeintlichen »Judenbärte« entledigt hätten? Nun aber wuchsen uns »Prophetenbärte«, und das war ungefährlich.

Im Hause Dr. Gelnys und seiner lieben Frau konnten wir jetzt die Wüstendurchquerung planen: Das große Gepäck schickten wir mit einer internationalen Spedition voraus, direkt nach Bagdad. Statt seiner stellten wir für die eintausend Kilometer Wüstenstrecke ein paar Kanister Benzin in den offenen Beiwagen; auch für reichlich Trinkwasser war gesorgt und das Motorenöl ebenfalls nicht vergessen.

Weil die Tageshitze das Reisen beinahe unerträglich machte, beschlossen wir, die kommenden drei Nächte im Sattel zu verbringen und tagsüber an schattigen und kühlen Plätzen zu rasten. Das Durchreisevisum wollten wir an der Grenze käuflich erwerben, um dann in dem Wüstennest Mafrak fast rechtwinklig nach Osten abzubiegen. Dort würden wir nämlich auf eine schmale Asphaltstraße stoßen, die entlang der Ölleitung quer durch die Wüste führte und uns in den Irak bringen würde. Alle 150 Kilometer wollten wir dort an einer der Pumpstationen rasten. Seit dem Israelkrieg von 1947/48 hatten die Pumpstationen freilich ihre Arbeit eingestellt, und die Ölleitung war leer; denn kein Araber gönnte den Israelis das Erdöl an der Endstation in Tel Aviv. Dennoch blieben die Pumpstationen weiterhin besetzt und wurden instand gehalten.

Natürlich hätten wir genausogut für jeweils sechs syrische Pfunde bequem mit dem Überlandbus nach Bagdad fahren können. Mittlerweile hatten wir jedoch einen beinahe sportlichen Ehrgeiz entwickelt und freuten uns auf die nicht ungefährliche Durchquerung der syrisch-irakischen Wüste, vor der wir trotz allem ein wenig Angst hatten. Schließlich war die Cora kein Teenager mehr, und ihre 600 Kubikzentimeter im Einzylindermotor waren nicht für Rallye-Leistungen vorgesehen.

»Am Abend des 20. August 1951 beginnen wir die 1000 km lange Wüstenfahrt durch Transjordanien. Stundenlang blenden unsere Scheinwerfer in die einsame Dunkelheit. Manchmal noch wandern die Gedanken zurück nach Damaskus, immer mehr aber lockt das Ziel in der Ferne, und die Silhouetten Bagdads erscheinen vor unserem geistigen Auge. Damals, vor zwei

Jahren in London, entschloß ich mich, einmal die erhabene Stille der Wüste zu erleben und am herrlichen Tigris umherzuwandeln.

Die Sehnsucht und die Unruhe nach der Ferne ließen mich seither nicht mehr los. Das unruhige Blut, welches meine Verwandten und Urväter über die Meere trieb, wo sie heute in vier Erdteilen leben, kann sich eben nicht verleugnen.«

So schrieb Gustav am Ende der 17. Fortsetzung der Serie »Vom Horeb zum Ganges« im Kapitel »Tausend Kilometer durch die transjordanische Wüste«. Untertitel: Sechs Länder haben wir nun durchquert – das muß begossen werden!

Die Wüste und die Sterne

Nach Süden führte uns die Straße, und die Nacht kam schon merklich früher als vor ein paar Monaten in Griechenland.

Als ich die »Speisekammer« des Beiwagens in Damaskus füllte, hatte ich auch an haltbare Nahrungsmittel gedacht; daneben sollten ein paar dicke Wassermelonen als Durststiller dienen. Die Macheten lagen griffbereit, zwischen Hemd und Brust trug ich das Medaillon der Liebsten, in den Rohrstiefeln steckten die Papiere. Der warme Wüstenwind zerrte an den Wimpeln der Vorderradgabel; auch die zwei vom Staub der fast achttausend Straßenkilometer verschmutzten Maskottchen baumelten an der Lenkstange. Wie lange würden sie es noch mitmachen?

Gleich hinter Damaskus nahm uns die Wüste auf. Der Scheinwerfer bohrte sich in die warme Nacht, als ein Leguan, nein, eine Agame – denn Leguane gibt's dort nicht –, so lang wie ein ausgestreckter Arm, im Lichtkegel vor uns die Straße überquerte. Der gezackte Rückenkamm war hell erleuchtet, und die Augen der Echse glühten rot im Scheinwerferlicht. Dann verschwand sie im Dunkel außerhalb des Lichtkegels, und wir erreichten die syrische Grenzstation Der'a. Hier war T. E. Lawrence 1918 bei einem Spähtrupp in die Hände türkischer Soldaten gefallen, denen er sich als Tscherkesse ausgegeben hatte. Der Stadtkommandant ließ ihn dann grauenhaft auspeitschen, nachdem sich der junge Gefangene seinen Lüsten versagt hatte. Aber der halbtot gepeitschte Partisanenhäuptling hatte schließlich doch entkommen können und ein paar Wochen später den Aufstand der Araber zum Sieg geführt.

An der Grenzstation angekommen, stellten wir fest, daß der Wachoffizier schon seit zwei Stunden das Lokal geschlossen hatte. Also blieb uns nichts anderes übrig, als hier die Nacht zu verbringen. Ein zerlumpter, kaum englisch sprechender Negerjunge wies uns in einen leeren Raum, doch wir zogen das Biwak im Freien vor, wo uns der Nachtwind das Wiegenlied blies. Über uns funkelten die Sterne.

Mit der Sonne standen wir auf, schwangen uns in die Sättel und verließen die erbärmliche Siedlung Der'a, nachdem uns die Zöllner ihre Stempel in das Carnet de Passage gedrückt hatten. Die Schranke der syrischen Republik schloß sich hinter uns.

Ein paar Wochen vorher hatte ein Attentäter den König von Transjordanien – des heutigen Jordaniens – in einer Moschee erschossen. Deshalb erwarteten wir scharfe Kontrollen. Und wirklich: Grenztruppen der arabischen Legion in farbenprächtigen Uniformen, mit Kopftuch und Burnus und dem darüber gekreuzten Patronengurt, im Gürtel die geschweiften Dolche, empfingen uns kühl. Ihre Reserviertheit schlug erst um in hilfsbereite Freundlichkeit, als sie erfuhren, daß wir »Almani« seien. Das hinderte die Zöllner und Polizisten jedoch nicht daran, erst nach längerem Palaver und einer sündhaft teuren Gebührenmarke das Durchreisevisum zu gewähren.

Mittlerweile war die Sonne höher gestiegen, und ihre sengenden Strahlen brannten auf die Wüste, den Asphalt, die Cora und uns beide. Gott sei Dank schützten uns die Strohhüte, aber gegen die glühende Backofenluft gab es keinen Schutz außer dem Fahrtwind. Luftspiegelungen flimmerten über dem kahlen Boden, der immer steiniger wurde. Tamarisken und Kameldornbüsche gab es keine mehr, verdorrte Salbeisträucher und trockene Gräser waren alles.

Sonnenverbrannt und trocken heiß, so empfing uns die Wüste bei dem kleinen Ort Mafrak, auf deutsch »Kreuzweg«, wo wir uns nach Osten wandten, entlang der Ölleitung durch die syrische und irakische Wüste in Richtung Bagdad, das jetzt noch 850 Kilometer entfernt war. An der Tankstelle füllten wir noch einmal alle Kanister bis zum Rand mit Wasser, Benzin und Motorenöl, dann ging's hinein.

Die nicht ganz hundert Kilometer bis zur ersten Pumpstation H 5 vermittelten schon erste Eindrücke. Das war keine anatolische Hochfläche mehr, mit staubigen Senken und Wellen. Feuerstein, vulkanischer Schutt, dunkle Lava und Sände breiteten sich zu beiden Seiten aus. Die platte Steinwüste erstreckt sich ja quer über den ganzen Nordwesten der arabischen Halbinsel.

Die Steine glühten unter den Sonnenstrahlen, ihre dunkle Basaltfarbe schluckte die Hitze und speicherte sie wie ein Ofen. Und doch – wie eindrucksvoll war diese gänzlich kahle Ebene voll scharfgeschliffener Steine, diese Mondlandschaft in ihrer mächtigen, von uns noch nie gesehenen Eigenart, erbarmungslos und grausam. Wir durchfuhren sie nonstop, wir hielten nicht an, aus Angst, daß die Maschine danach vielleicht nicht wieder anspringen könnte. Aber ganz im Gegenteil: Als wir gegen Mittag H 5 erreichten und die Zündung abschalteten, blubberte der Motor noch ein Weilchen weiter – sogenannte Glühzündung –, bis er kein Benzin mehr hatte.

Ein paar feinästige, dünngefiederte Tamarisken neben dem Tor spendeten kaum Schatten. Die Engländer pflegten sie mit Hilfe artesischer Brunnen zu wässern, die auch das Personal der Pumpstation versorgten und die imponierende Anlage von etwa einem Quadratkilometer Größe erst ermöglicht hatten. Das Ganze war fein säuberlich mit Maschendraht eingezäunt. Wie fremde Riesentiere standen die Montagehallen in der grellen Öde, silbermetallisch glänzten die Öltanks in der Sonne.

Wir speisten vor dem Zaun in einer kleinen Kneipe, die ein findiger Wüstensohn aus leeren Ölfässern gebaut hatte; er hatte sie einfach mit Sand gefüllt und dreifach übereinander getürmt, und das Flachdach aus Wellblech ruhte auf Stahlträgern, die von ausgedienten Tankwagen stammten. Eine dicke Sandschicht auf dem Dach isolierte gegen die unbarmherzige Sonne, und das nötige Wasser zum Teekochen brachten die Fernfahrer mit, die auch für den Nachschub an frischen Eiern, Fladenbrot, Gurken und Tomaten sorgten.

Zwei Primuskocher konnten in der Brennstärke haargenau eingestellt werden. Die Einrichtung des Lokals als »schlicht« zu bezeichnen, wäre wohl übertrieben gewesen. Doch immerhin fanden wir dort ein paar wacklige Stühle und drei Holztische für unser frugales Mahl. Und weil wir großzügig die Rechnung beglichen, durften wir anschließend unsere Feldbetten aufschlagen und den heißen Tag im Schatten der Raststätte verdösen. Nur die vielen Fliegen quälten uns, sie setzten sich immer wieder in die Augen- und Mundwinkel, so daß wir keinen Schlaf finden konnten.

Unausgeruht und verärgert standen wir gegen den frühen Abend hin auf und spürten eine eigenartige Schwüle in der Luft. Kaum hatten wir die Feldbetten auf dem Beiwagen verstaut und planten den Aufbruch, als die Hitze so unerträglich wurde, daß wir zu warten beschlossen. Der steinige Wüstenboden war so heiß, daß wir die Hitze durch die Ledersohlen unserer Stiefel spürten. Die trübe Luft wurde immer drückender, gewittriger, wie wir es in der Wüste nie erwartet hätten. Wir blickten über die Pumpstation hin, um zu sehen, ob sich dort etwas Gewaltiges auftürmte, das uns den Atem so schwer machte. Aber dort rührte sich nichts.

Die Felsenberge in der Ferne waren in Schwaden fahlen Dunstes gehüllt, kein Lufthauch ließ sich spüren. Dann aber sah ich, wie sich von dort eine gelbe Dunstwolke löste und langsam auf uns zugeflogen kam. Unter ihr wirbelte sie zahlreiche »Staubteufel« auf, die mit ihr zusammen näher zogen.

Beiderseits der gelben Wolke schoben sich zwei hohe Staubsäulen, diesmal aber nicht wie tanzende Riesenschlangen, sondern steif wie ebenmäßige Schlote, auf uns zu.

Der schmuddelige Gastwirt hatte uns durch die Türöffnung zu sich hineingerufen, als der heiße Wind, der ein paar Sekunden vorher aufgekommen war, plötzlich umschlug: Erst war es ganz still, dann aber fegte uns auf einmal kalte Luft ins Gesicht. Sie wuchs zum Sturm, und die Sonne verschwand hinter gelben Dunstschwaden. Um uns strahlte ein gespenstisches Licht, eine Fahlhelle aus Ocker und Beige, mit flackrigen Intervallen.

Dann kam die Wolke, die inzwischen immer dunkler geworden war, über die Basaltebene herangebraust. Schon schlug sie über uns zusammen und schüttete ungeheure Ladungen von Staub und Sand über die silbrigen Öltanks und Werkshallen, auf unsere bescheidene Herberge aus sandgefüllten Ölfässern und die Cora hinterm Haus. Ich fürchtete schon, die Windsbräute könnten das Dach abdecken, aber die Stahlträger unter dem Wellblech hielten zitternd stand, und die dicke Sandschicht bekam noch ein paar Zentimeter drauf.

Wir waren in den Gastraum geflüchtet, aber durch die primitive Tür wirbelten Sandwolken und allerlei Steinchen herein und drangen uns in die Augen und unters Hemd. Wir hatten großes Glück, denn wenn uns so ein Sandsturm auf offener Strecke erwischt hätte, wäre es uns übel ergangen.

Nach etwa zwanzig Minuten war der Spuk vorbei, draußen kehrte wieder Ruhe ein. Wir schüttelten uns den Staub aus Haaren und Kleidern, begaben uns zur Cora und hatten dort noch viel Arbeit, sie aus einer frischen Sandwächte herauszubuddeln. Feldspaten raus, auseinandergeklappt und »schipp-schipp-hurra«! Wir blickten uns an und lachten beide lauthals: Denn das letzte Mal, als wir so schippten, war es der Pappschnee der Dachlawine in Gossensaß am Brenner gewesen.

Ein paar der Tamariskenbäume in der näheren Umgebung

hatte der Sandsturm herausgedreht, abgeknickt und fortgeblasen. Doch die Luft hatte nun eine Reinheit bekommen, wie wir sie nie erwartet hatten. Und als wir die Cora freigeschaufelt, allen Staub von uns geschüttelt und beim Wirt noch zwei Gläser süßen Tee getrunken hatten, war es schon ziemlich dunkel geworden.

Der abziehende Sandsturm hatte die Abendsonne verschluckt, und die harten Schatten waren verschwunden. Der Motor arbeitete regelmäßig, und die Steinwüste wandelte sich langsam in flache Hügel wie eine erstarrte Dünung.

Die ersten Sterne traten hervor.

Schnurgerade führte die Straße nach Ostnordost. Während hinter uns am Abendhimmel der Widerschein der Dämmerung verblaßte, stieg im Osten schon die dunkle Nacht empor. Wir fuhren stracks in sie hinein, staubig, aber zuversichtlich und guter Dinge.

Da der abnehmende Halbmond erst spät in der Nacht hinter der östlichen Kimm hervorkam, konnten wir während der ersten Fahrstunden die Sternenpracht über uns bewundern, störenden Verkehr gab es ja nicht.

Am Himmel vor uns stand, etwa 65 Grad hoch, die Kassiopeia. Das verkantete W dieses zirkumpolaren Sternbildes war mir aus der Heimat bekannt, aber hier, auf der Motorradfahrt, hatte ich es noch nie bewußt betrachtet. Jetzt diente uns die Krone der Frau des Äthiopierkönigs Kepheus, der Mutter Andromedas, als Wegweiser für die ersten Nachtstunden auf der Schnurgeraden.

Gegen den Osthorizont hin funkelte das Sternbild der Fische, und die klare Luft der vom Sandsturm geputzten Himmelsglocke ließ darin den Andromedanebel glimmen – geisterhaft und dem bloßen Auge kaum erkennbar. Mehr gen Südosten, aber höher am Himmel, funkelte die Schar der Plejaden mit dem schönen deutschen Namen »Siebengestirn«, das die Alten auch als »Glucke mit den Hinkelchen« bezeichnet hatten. Am blankpolierten Wüstenhimmel hatte sich ihre Anzahl vervielfacht; die Perser nennen das Sternbild »Soraja«.

Weißt du, wieviel Sternlein stehen
an dem blauen Himmelszelt ...?

In der reinen Nachtluft glitzerten die Sterne kristallen weiß, einige auch rötlich oder gelblich, bläulich oder silbern, allesamt funkelnd wie winzige Edelsteine. Der Polarstern war schon ein beträchtliches Stück tiefer gerutscht als zu Hause, weil wir uns auf einer nördlichen Breite von 33 Grad bewegten. Das machte gegenüber 50 Grad daheim schon einen Unterschied von 17 Grad.

Die Sternwolken der Milchstraße schienen schwach zu glühen, jede einzelne säuberlich getrennt von ihrer Nachbarin, feinster Sternenstaub im weiten All.

Über dem obersten Deichselstern des Großen Wagens erkannte ich deutlich das Reiterlein mit dem arabischen Namen Mizar, in unseren Breiten mit bloßem Auge nur selten zu sehen.

So donnerten wir gen Osten, zu beiden Seiten flankiert von öden Wüstenflächen, kahlen Bergen und steinigen Ebenen voller Basaltbrocken, hutschachtelgroß ein jeder, millionenfach ausgebreitet bis zum Horizont. Nur der Fahrtwind brachte uns Kühlung auf diesem Stück Erde, das am Tag genau so furchtbar still daliegen würde wie bei Nacht.

Gegen 21 Uhr trafen wir an der Pumpstation H 4 ein. Schon aus etwa sechzig Kilometern Abstand hatten wir den Lichtstrahl ihres Leuchtturms gesehen, der uns Zuversicht spendete. Den Weg brauchte er nicht anzuzeigen, das Asphaltband führte unweigerlich zu ihm hin.

Auch hier hatte sich ein Wüstengastronom mit sandgefüllten

Ölfässern ein Lokal gebaut. Wir legten eine Ruhepause von etwa zwei Stunden auf den Feldbetten ein und schliefen tief. Etwa 30 km weiter, an der Grenzstation von Transjordanien, erteilte uns der Zöllner das Ausreisevisum und stempelte das Carnet de Passage.

Singend fuhren wir durch die Nacht, erfrischt vom kurzen Schlaf und in der Gewißheit, die irakische Grenze bald zu erreichen. Den Tank hatten wir wieder aufgefüllt und auch das Motorenöl überprüft. Von unserem Trinkwasser hatten wir noch kaum etwas verbraucht, hatten immer heißen Tee getrunken, übersüß vom vielen Zucker, aus kleinen, vasenförmigen Gläsern. Der Wassersack aus dickem Segeltuch hing also fast noch voll vor dem Beiwagenbug, damit ihn der Fahrtwind schön kühlen konnte. Eisschränke besaßen die sehr bescheidenen Raststätten ja keine.

Die Hügel zu beiden Seiten der Straße waren einer Ebene gewichen, so glatt wie ein Flugplatz. Die Oberfläche dieser Lavaplatte war mit Schottersteinchen bekrümelt, die im dünnen Mondlicht der zweiten Nachthälfte gerade noch sichtbar waren.

Nach sechzig Kilometern stand an der rechten Seite ein Schild mit der Inschrift »Transjordan Frontier«, und auf dessen Rückseite nach Osten hin las man: »Iraq Frontier«.

Auf diesen Augenblick hatten wir viele Monate gewartet. Ich holte die Ousoflasche aus einer der Satteltaschen, jene Flasche, deren Verlockungen wir bisher standhaft getrotzt hatten. Mangels Flaschenöffner zog ich den Korken mit einem Dosenöffner heraus, und jeder nahm zwei, drei kräftige Schlucke. Das erhöhte die festliche Stimmung des Augenblicks, denn das langersehnte Etappenziel, die Halbzeitpause im Zwanzigtausendkilometer-Spiel, lag jetzt fast greifbar nahe: Bagdad in Mesopotamien, die Hauptstadt des Irak.

Zwölf Stunden Sonnenbestrahlung hatten den Ouso lau erwärmt – so konnte er sein volles Aroma entfalten, sein Anisbouquet aus der Hafenstadt Saloniki, die uns in Tante Idas Gartenhäuschen so gastlich aufgenommen hatte.

Nach der festlichen Verschnaufpause an der nächtlichen Grenze schwangen wir uns wieder in die Sättel. Gustav trat den Kickstarter an, und nach weiteren sechzig Kilometern erreichten wir H 3, die nächste Pumpstation. Dort schliefen wir bis zum Sonnenaufgang und wollten dann die Grenzformalitäten erledigen. Aber der Wächter verwies uns dafür an das Zollamt im nächsten Dorf, das Rutba hieß. Noch klang uns dieser Name nichtssagend, doch das sollte sich alsbald dramatisch ändern.

Mit den Strahlen der Morgensonne schwirrten auch wieder die Fliegen herum, deren Dreistigkeit immer lästiger wurde. Wahrscheinlich fuhren sie im Windschatten des Gestänges mit, um uns bei jedem Anhalten erneut zu plagen. Um sie zu verscheuchen, genügte kein bloßes Vorbeiwischen mit der Hand, vielmehr mußte man sich schon einen richtigen Klaps verabreichen, aber da war das Biest im letzten Sekundenbruchteil bereits abgehauen. Ihre bevorzugten Stellen waren die Schleimhäute der Mundwinkel und der Augenlider – einfach widerlich.

Berge tauchten auf. Ihre langgestreckten Rücken erreichten alle die gleiche Höhe, manchmal waren sie auch zu Kegelstümpfen abgeschliffen. Nach oben stiegen die Hänge dieser Tafelberge recht steil an, nur die Bergfüße hatte das Geröll verschüttet. Ihre Höhe betrug etwa 200 Meter.

Aus einer seitlichen Talsenke, die sich bis zum Straßenrand erstreckte, kamen uns zwei Gestalten entgegengelaufen in den weiten Gewändern der Beduinen. Sie trugen auch Kopftücher gegen den Sonnenbrand und baten um Wasser. Ihre Füße steckten in Sandalen mit Sohlen aus Gummireifen, Waffen trugen sie keine. Wir schenkten ihnen bereitwillig die Becher voll, nachdem wir die Maschine angehalten hatten und abgestiegen waren. Aber das Trinkwasser aus dem Segeltuchsack schmeckte lauwarm und fast brackig. Ob die beiden Wüstensöhne tatsächlich nur Durst hatten? Oder war es auch Neugier?

Sie bedankten sich, wobei sie die rechte Hand auf die Stirn und die linke Brustseite legten, wo das Herz schlägt, und wir ließen sie hinter uns.

Die Asphaltstraße schlängelte sich durch das mit Felsblöcken übersäte Wadi Hauran zwischen den Tafelbergen. Der Vormittag begann heiß zu werden. Aber dann öffnete sich das Talende, die Berge blieben zurück, und vor uns lag mitten in der kahlen Wüste aus Basaltgestein die Oase Rutba.

Wir stellten die Maschine in den Schatten einer Lehmmauer, denn die Gebäude bestanden fast alle aus luftgetrocknetem Lehm. Rechts, zur saudiarabischen Grenze hin, erhob sich das Wüstenfort mit hohen Mauern und blitzenden Antennen. Auf der Gegenseite hatte der Zoll seine Abfertigungsgebäude mit Verladerampen, Parkplätzen und staubigen, verdreckten Höfen, wo sich ein paar räudige Hunde verdrückten, als wir dorthin einbogen.

Nun, die Grenzformalitäten würden bald erledigt sein, und nach den heißen Mittagsstunden würden wir weiterfahren ins Zweistromland; der Euphrat konnte nur noch knappe 250 Kilometer entfernt sein. Die Straße hatte kurz vor Rutba von der Ölleitung abgedreht, die aber weiterhin nach Ostnordost verlief, wo sie in den Ölfeldern von Kirkuk an den Grenzbergen zu Persien ihren Anfang nahm. Die beiden Pumpstationen H 2 und H 1 würden wir also nicht mehr berühren.

Bevor wir das Zollamt betraten, hatten wir uns, wie immer, das »Temporary Travel Document«, die befristete Reiseerlaubnis und das »Carnet de Passage« zurechtgelegt. Darin war das dreimonatige Aufenthaltsvisum für den Irak in Englisch und Arabisch eingetragen, und wir hatten diesen wichtigen Sichtvermerk auf der Konsularabteilung in Ankara verlängern lassen, um das Verfallsdatum nicht zu übertreten; der dortige irakische Konsularbeamte hatte den Sichtvermerk denn auch bestätigt.

Mit dem lauwarmen Wasser aus dem Segeltuchsack hatten wir uns Gesicht, Hals, Arme und Hände gewaschen, die Haare gekämmt und die Hemden säuberlich in die Gürtelhosen gesteckt. Zwei Halbwüchsige bewachten gegen ein angemessenes Bakschisch das Motorradgespann, während wir in das geräumige Zollamt traten. Dicke Mauern hielten die grelle Sonne fern, und im Amtslokal brannte sogar elektrisches Licht, weil das kleine Fenster den Raum ziemlich dunkel hielt. Der Fliesenboden schien ordentlich gefegt zu sein. Hinter einem Schreibtisch saß ein Offizier mit zwei Sternen auf den Schulterklappen, also ein Oberleutnant in der von England übernommenen Uniform. Auf seinem Khakihemd prangte eine ganze Spangenreihe von Orden, wahrscheinlich aus dem Krieg gegen Isreal 1947/48.

Der Mann war nur ein paar Jahre älter als wir, also etwa 27 bis 30, und trug die Feldmütze, das »Schiffchen«, auf seinen dunklen Haaren. Sein dichter Schnurrbart war sauber getrimmt, und seine schwarzen Augen schauten uns ausdruckslos an. Wir beide standen nebeneinander vor seinem Schreibtisch und legten die Reisedokumente aufgeklappt vor ihn hin, mit der Bitte, den Einreisestempel einzutragen. Er hielt das auf drei Monate ausgestellte Aufenthaltsvisum in seinen Händen, betrachtete es eingehend, dann blickte er uns an und fragte auf englisch:

»Woher kommen Sie?«

»Wir kommen aus Damaskus.«

»Sie sind aber keine Damaszener.«

»Nein, wir waren vorher in Ankara.«

»Sie sind aber keine Türken.«

»Wie Sie an den Papieren sehen, sind wir Deutsche.«

»Woher kommen Sie in Deutschland?«

»Aus Frankfurt.«

»Go back to Frankfurt!«

Damit knallte er die Papiere vor uns auf den Schreibtisch, stand auf, schob den Stuhl mit einem gewissen Ekel hinter sich und verließ den Raum durch eine Seitentür.

Da standen wir nun, betreten und sprachlos, und wußten vorerst nicht, was tun. Jedenfalls mußten wir hier den Einreisestempel bekommen, bevor wir weiterfuhren – sonst machten wir uns strafbar. Nach ein paar Minuten kam ein Feldwebel herein und sagte uns, die Einreisevisen seien nicht mehr gültig, deshalb hätte uns sein Oberleutnant abgewiesen. Wir sollten uns in Amman, der Hauptstadt Transjordaniens, oder in Damaskus neue ausstellen lassen, dann dürften wir passieren.

Dieser Vorschlag war gänzlich unausführbar. Wir wußten genau, daß die Visen gültig waren, wir hatten sie ja eigens in Ankara nochmals von der Konsularabteilung der irakischen Botschaft überprüfen lassen, besonders auf das Verfallsdatum hin. Der Feldwebel war aber nicht kompetent, und so gingen wir hinüber in die schlichte Grenzwirtschaft und tranken ein Gläschen Tee. Als wir nach etwa einer Stunde das Amtslokal erneut betraten, erklärten wir dem zurückgekehrten Oberleutnant die Überprüfung von Ankara. Er nahm die Papiere abermals an sich, blieb seltsam verschlossen und schroff, verließ den Raum – kam zurück und knallte die Papiere erneut auf den Schreibtisch, wie schon am Vormittag:

»Ihr Aufenthaltsvisum ist abgelaufen, noch bevor Sie es beansprucht haben, weil Ihre Einreise so spät stattfindet.«

»Sie irren, Sir. Das Visum wurde von Ihren Beamten in Ankara dahingehend verlängert.«

Wir zeigten ihm diese Eintragung, er ließ sie jedoch nicht gelten und ersuchte uns, am nächsten Morgen wiederzukommen. Inzwischen wolle er sich telefonisch in Bagdad bei der dortigen Polizeibehörde erkundigen:

»Ich kann Sie hier wochenlang festhalten. Wenn Sie wollen, auch monatelang …«

So saßen wir nun in Rutba fest. Telefonieren konnten wir nicht, da nur der Zoll dazu befugt war. Im Wüstenfort gegenüber gab es sogar Sprechfunk – jedoch nur für die Grenztruppen unter sich.

So fuhren wir mit der Cora zurück zum Wirt der Ölfässerkneipe und pachteten von ihm ein kleines Hofstück hinter seiner Küche. Dort schlugen wir die Feldbetten auf, fanden auch genügend Schatten und schrieben die neuesten Tagebuchseiten. Unsere Stimmung war gedrückt, denn wir sahen uns dem bärbeißigen Oberleutnant regelrecht ausgeliefert. Wenn der uns einfach nicht einreisen ließ, konnte die Lage kritisch werden.

Die heißen Stunden des Mittags versuchten wir im Schatten schlafend zu verbringen, aber die ewigen Fliegen quälten uns, setzten sich auf die Augenlider oder in die Mundwinkel, und wir fanden keinen Schlaf.

Gegen 17 Uhr hielt ein Amerikaner, kaum älter als wir, mit seinem Wagen vor dem Zollamt. Er kam aus Transjordanien und hatte binnen kurzem seinen Einreisestempel im Paß. Wir erklärten ihm unsere Lage und gaben ihm einen Brief mit an Suad, Gustavs Kommilitonin aus London, die uns damals die Aufenthaltsvisen besorgt und für unser Wohlverhalten gebürgt hatte – inzwischen wohnte sie wieder in Bagdad. In dem Brief schilderten wir ihr unsere Lage in der Grenzstation Rutba und baten sie, den Polizeipräsidenten von Bagdad davon in Kenntnis zu setzen. Der Amerikaner versprach uns, den Brief in Bagdad sofort auf die Post zu geben.

Die heiße Nacht in dem Höfchen hinter der Ölfässerwand der Schmuddelkneipe verlief unruhig und brachte uns kaum Stärkung. Wir hörten die Militärfahrzeuge im Wüstenfort, auch überquerten ein paar Fernlaster dröhnend die Grenze. Über uns funkelten die Sterne, aber der Staub der Laster und der gummibereiften Spähwagen erlaubte kein genußreiches Betrachten des Nachthimmels.

So schleppten sich die Stunden dahin. Allmählich kühlten sich die Ölfaßmauern ein wenig ab, und die Temperatur sank in der zweiten Nachthälfte merkbar.

Am nächsten Vormittag hatten wir uns wiederum fein gemacht und betraten erneut das Zollamt. Wieder saß der Oberleutnant an seinem Schreibtisch, und wieder verweigerte er uns den Einreisestempel – aus den gleichen Gründen.

Sein knapper, militärischer Ton klang nicht mehr so sachlich wie auf der Militärakademie von Sandhurst, als er uns abschließend drohte:

»Wenn Sie morgen früh um elf noch hier sind, lasse ich Sie mit einem Lastwagen zurückbringen, und zwar in Ketten!«

Ein Zauberkünstler und ein Sänger, beide Amateure mit eher bescheidenen Mitteln, und nun in der Wüste zwischen Bagdad und Amman, bei einem Grenzposten, der sie nicht weiterfahren ließ – das war keine erfreuliche Szene. Wir hatten doch bereits so viele Grenzen überquert, so viele Länder durchfahren, so viele Städte gesehen und Menschen erfreut oder zum Staunen gebracht, und nun sollten wir hier scheitern? Nein, wir werden diesen Burschen morgen klein kriegen, egal wie!

Unser Trotz wuchs, und unser Selbstvertrauen steigerte sich, obgleich uns die Fliegen peinigten, die Hitze quälte und der ganze Gammel orientalischer Hygiene uns zum Hals heraus hing. Und plötzlich stellten wir obendrein fest, daß sich auch Filzläuse bei uns eingenistet hatten! Wahrscheinlich hatten wir sie auf einem Plumpsklo der Ölfässer-Kneipen aufgeschnappt.

Wir mußten den gordischen Knoten durchhauen, wir wollten hier weg, wir wollten nach Bagdad, wir mußten die Läuse vertilgen und wieder in zivilisierte Gegenden kommen! Die paar Dattelpalmen hier im Wadi Hauran vermittelten ja keinen Zauber des Orients; die Fliegen, die Hitze, die Läuse, die Flohköter, die wie wir den Schatten suchten, der Staub und unsere Lage schrien nach Änderung, radikal und schnell.

Am nächsten Vormittag wuschen wir uns gründlich, aßen beim Schmuddelwirt ein paar Spiegeleier mit Fladenbrot zum Frühstückstee, wichsten die Knobelbecher blank und standen Schlag elf vor dem Oberleutnant. Der saß hinter seinem Schreibtisch und wollte gerade loslegen; er kam zu spät.

»Wo ist der Lastwagen für uns, den Sie uns gestern für elf Uhr versprochen hatten? Wo sind die Ketten, in denen Sie uns nach Transjordanien bringen wollten? Wir sind als Deutsche gewohnt, daß Wort gehalten wird! Besonders von einem Offizier! – Jetzt ist der dritte Tag angebrochen, und nichts ist geschehen! Wie kann ein Oberleutnant des irakischen Heeres sein Wort so grundlos brechen? Schaffen Sie das Fahrzeug bei, aber dalli! Beeilung!«

Wir hatten befürchtet, er würde nun ebenso laut zurückschnauzen; aber seltsam: er fand keine Worte. Er hatte vielmehr seinen Kopf gesenkt und vermied es, uns anzusehen. Dieses Auftreten hatte er von uns nicht erwartet. Das waren also jene kriegerischen Deutschen, jene rohe Soldateska! Die über Leichen gehenden Wüteriche zweier Weltkriege! Energische und zielbewußte Menschen des Westens!

Hart und fast drohend standen wir vor ihm. Jetzt spürten wir wirklich unsere überlegene Entschlossenheit, die einzige Waffe, die uns geblieben war. Der Oberleutnant saß noch immer mit gesenktem Kopf, seine Feldmütze war auf den Schreibtisch gefallen. Da öffnete sich die seitliche Tür, und der Feldwebel trat herein und geleitete seinen Vorgesetzten zur gleichen Tür hinaus – er hatte wohl unsere lauten Worte vernommen und danach das Schweigen. – Wir standen plötzlich allein in dem leeren Amtslokal, verlegen und unsicher.

Es dauerte Minuten, dann ließ uns ein Soldat wissen, wir sollten nachmittags wiederkommen. Inzwischen durfte Gustav auch telefonieren, und wirklich, er erreichte Suad am anderen Ende der Leitung in Bagdad und konnte ihr die Entwicklung schildern.

Nachmittags saß dann ein anderer Offizier am Schreibtisch. Der junge Leutnant trug nur einen Stern auf den Schulterklappen. Er forderte die Reisepapiere und drückte in beide den Einreisestempel. Darüber hinaus fiel kein Wort der Erklärung.

In uns stieg eine echte Freude auf. Wir hatten das Gefecht gewonnen, nur durch unsere Sturheit, unsere Frechheit und das Ausspielen einer Überlegenheit, die doch nur vorgetäuscht war.

Wie war das zu erklären? Wohl dadurch, daß seine Worte am Vortag nur eine leere Drohung gewesen waren: Er konnte uns gar nicht wegbringen lassen, dazu besaß er weder Mittel noch Macht, und so saß er da und hatte sein Gesicht verloren. Außerdem hatte unser Ami am Tage zuvor den Brief an Suad geschickt, und diese hatte im Polizeipräsidium von Bagdad erwirkt, daß die Grenzstation Rutba angewiesen wurde, uns den Einreisestempel sofort zu erteilen. Diese Order war vielleicht gerade eingetroffen – ob über das Telefon oder den Sprechfunk des Wüstenforts, das konnten wir nicht ausmachen. Wieder ein Rätsel Asiens?

Wir bedankten uns beim Leutnant und verabschiedeten uns ohne Händedruck. Wie auf Wolken schwebten wir zu dem Hinterhöfchen, wo die Cora stand, und fielen uns dort in die Arme. Ich zog die Ousoflasche aus der Satteltasche, und wir leerten sie mit ein paar Schlücken.

Bagdad, wir kommen!

Die Strecke belief sich auf immerhin 400 Kilometer. Die Straße hatte das Wadi Hauran verlassen und führte jetzt genau nach Osten. Tafelberge aus Basalt erhoben sich zu unserer Rechten, traten aber immer mehr zurück, nur einzelne Kegelstümpfe standen noch als Vorposten zur wüstenhaften Ebene.

Wir fuhren etwa 150 Kilometer in den heißen Abend hinein, um nur ja das Drecknest Rutba hinter uns zu lassen. In der Dämmerung trafen wir auf zwei rastende Tscherkessen, deren Fernlaster rechts auf der steinigen Halbwüste parkte. Sie hatten ihren Primuskocher aufgepumpt, und blaue Flammenzungen fauchten unter ihrem Teetopf. Ihre Heimatstadt war Amman, morgen wollten sie in Bagdad sein. Wir fragten sie, ob wir in ihrer Gesellschaft die Nacht verbringen dürften? Aber sicher! Woher wir denn kämen, und was uns hierher führte?

Angeregt hörten die beiden Fernfahrer zu. Sie hatten bereits ihr Abendgebet verrichtet, und wir klappten die Feldbetten auf und legten uns hin, die Sterne über uns und den Geruch des Dieselöls aus dem Tank des Fernlasters in der Nase. Unsere Knobelbecher standen am Fußende, Hemd und Hose lagen zusammengerollt unterm Kopf, und ein leichter Hauch des Wüstenwindes wiegte uns ein. Das Gefühl, morgen nach Bagdad zu kommen, machte uns überglücklich.

Die herbe Schönheit der Wüstenlandschaft war von der Nacht verschluckt,˙nur der Sternenhimmel über uns prangte in seiner ganzen Herrlichkeit, vom Horizont hinauf bis zum Zenit, und kein Laut war in der nächtlichen Stille zu hören. Nur ein paar Fahrzeuge, die in der Nacht vorbeifuhren, unterbrachen die Ruhe.

Am nächsten Tag, dem 27. August, erhoben wir uns in aller Herrgottsfrühe und schwangen uns in die Sättel, nach einem Abschiedswort zu den beiden Tscherkessen. Bald stand vor uns der Sonnenball rot über der Steinwüste und warf uns die langen Schatten der Felsbrocken entgegen. Lästige Fliegen spürten wir beim Fahren nicht.

Die steinige Ödnis hatte sich seit vielen hundert Kilometern immer tiefer abgesenkt, wir brauchten fast nie eine Steigung zu bewältigen, höchstens einmal, als wir das Wadi Hauran hinter Rutba verließen. Dieses Tal hatte ja im Lauf der Jahrmillionen eine Rinne von etwa 60 Metern Tiefe entstehen lassen, deren Breite ein paar hundert Meter betrug. Nun knatterten wir auf der Basaltebene ostwärts und erwarteten den Wechsel von der Wüste zur Steppe, weil wir uns dem Euphrat näherten.

Im Sonnenglast des Vormittags flimmerten Dattelpalmen vor uns in der wabernden Luft, Trockenmauern am Straßenrand zeigten Felder an, und Bewässerungskanäle mit frischem Wasser zweigten dort hinein. Fellachen mit Eseln und zweirädrigen Karren kamen uns entgegen; die Stadt Ramadi kündigte sich an: staubiges Grün zwischen Flachdachhäusern, keine Bürgersteige, verschmutzte Straßenränder; und dazu ein Ruch von Süßwasser, wie ich ihn vom Rhein, vom Main und der Donau kannte.

Noch bevor wir die Durchfahrtsstraße nahmen, bogen wir vor der Siedlung nach links ab. Ein Straßenschild hatte den magischen Namen »Euphrat« getragen.

Zur trockenen Wüste hin bildete das vom Euphrat bewässerte Land eine haarscharfe Grenze. Es säumte mit seinem Grün die Ufer des breiten Stromes, der ruhig und glänzend dahinzog, mächtig und anmutig zugleich, ein Wunder inmitten der leblosen Mondlandschaft.

Schöpfwerke wurden von Eseln angetrieben, denen die Augen verbunden waren, damit sie beim Kreisen um die Antriebsachse nicht schwindlig wurden. Das lehmige Wasser ergoß sich dann aus den Blecheimern des Schöpfrades in einen Kanal von etwa einem halben Meter Breite, der sich in den Feldern verzweigte. Gerade wollten wir am Ufer des besonnten Stromes absteigen, als sich uns zwei Fellachen näherten. Wir baten die barfüßigen Turbanträger in ihren wallenden Gewändern mit Gesten und Handzeichen, das Gespann zu bewachen, und drückten jedem ein paar Münzen in die schwielige Bauernhand. Sie verstanden sofort. Dann rissen wir uns die Kleider bis auf die Unterhosen vom Leibe und stürzten uns in die Fluten. Kühl umspülte uns das Wasser, das etwa 25 Grad hatte, und die Strömung trug uns sachte davon, immer entlang der Innenseite am Gleithang. Es kam aus den Bergen Ostanatoliens, hatte die Wüstensteppen von Syriens Norden durchflossen und gehörte nun zu den köstlichsten Erfrischungen, die ich je erfahren durfte. Ich meinte jedes Molekül auf der Haut zu spüren, fühlte den weichen, aber nachgebenden Widerstand beim Schwimmen, mich entzückte das Plätschern der Wellen beim Kraulen oder im Armzug des Brustschwimmens.

Die Strömung schob uns unüberwindlich weiter, sanft, aber zielstrebig. Die vom tage- und nächtelangen Schwitzen ausgelaugte Haut erholte sich wieder; wir spülten uns den Staub aus den Haaren, spreizten Finger und Zehen im kühlen Element, um die Oberfläche weiter zu vergrößern für das Labsal strömenden Wassers, im Hauch der Vormittagsbrise unter dem blauen Himmel, der uns jetzt gar nicht mehr störte.

So stiegen wir ans Ufer, rannten die Strecke zurück und ließen uns ein zweites Mal vom Euphrat treiben und tragen, diesmal ohne Schwimmbewegungen. Ich legte mich bloß auf den Rücken, die Morgensonne spiegelte sich in den Wellen, und keine drei Meter neben mir tauchte eine Schildkröte auf, so groß wie eine umgedrehte Waschschüssel. Sie schnappte nach Luft, erschrak über meine Nähe und verschwand in der Tiefe, ihren glitzernden, gewölbten Rückenpanzer von Sonnenstrahlen umflutet. Beim Weitertreiben entdeckte ich noch andere Wasserschildkröten, unterarmlang, die sich mit ihren Flossenbeinen gewandt in der Strömung bewegten. Weil ich ruhig auf dem Wasser lag, störte ich sie ja nicht.

Das war eine Begrüßung, die mir der Würde des Stromriesen Euphrat angemessen schien. Das letzte Mal, daß wir unter freiem Himmel gebadet hatten, war in der Ägäis gewesen, doch das lag schon Monate zurück. Wie gern wären wir noch in frische Wäsche und Kleidung geschlüpft, aber das große Gepäck war ja per Spedition nach Bagdad vorausgegangen.

So zogen wir wieder die staubigen Hemden und Hosen an, stiegen in die Knobelbecher, banden die Strohhüte fest und entließen unsere zwei Wächter mit lobenden Worten. Sie sprachen uns mit »Sahib« an, ein Wort, das wir erst in Indien zu hören erwarteten. Wahrscheinlich hatten es englische Truppen von dorther mitgebracht; seit dem Ersten Weltkrieg waren sie ja im Irak stationiert, nachdem sie die Türken dort abgelöst hatten.

Wir durchquerten Ramadi mit seinen Palmen am Ufer des Euphrat. Beim Zurückblicken sahen wir die Wüste, die sich wie eine langgezogene Schutthalde am Rande der Flußebene hinter dem bebauten Land erstreckte. Jetzt, Ende August, lagen die Felder ausgedorrt, denn die Fellachen hatten schon im Mai ihre Ernte eingebracht, und auf den Fächern der Dattelpalmen lag eine dicke Staubschicht.

In Al Faludja überspannte eine stählerne Fachwerkbrücke den breiten Strom. Ein paar Lehmhäuser mit Flachdächern und ein Minarett standen am Hochufer, wo ein paar verschleierte Frauen Waschtag hielten. Im seichten Flachwasser badeten Wasserbüffel und Kinder nebeneinander – nach der steinigen Leere der Wüste ein ländliches Idyll.

Dann folgte nochmals eine verödete, steinige Ebene, die eigentliche Wüste Mesopotamiens, liegt sie doch wirklich im »Zwischenstromland«. Aber Flußoasen ziehen sich wie grüne Adern hindurch, und am Flußufer sorgt künstliche Bewässerung, auch mit Elektropumpen, für Ackerbau und Gartenkulturen. Dennoch wird nur ein Achtel der Gesamtfläche des Irak bebaut, der 440 000 Quadratkilometer umfaßt. Alles andere ist Wüste oder Steppe und im Norden kahles Gebirge.

Die beiden Ströme Euphrat und Tigris fließen an dieser Stelle ziemlich nahe nebeneinander her, auf ihrem Wege zum Schatt el Arab, wie sie dann ein paar hundert Kilometer weiter östlich heißen, nachdem sie sich vereinigt haben.

Gegen Mittag näherten wir uns immer mehr der Hauptstadt des Landes, dem märchenumrankten Bagdad; über einem Wald von Dattelpalmen gleißte die goldene Kuppel der Moschee des Vorortes Kadhamia zu uns her.

Die Straße verbreiterte sich, moderne Ziegelbauten säumten

die geräumige Fahrbahn, sogar der Wendehammer einer Buslinie war erkennbar, und die Kuppel einer Moschee aus türkisfarbenen Majolikafliesen leuchtete in der Mittagshitze.

Am Stadtrand wuschen wir uns noch einmal mit dem verbliebenen Trinkwasser aus dem Segeltuchsack und machten uns »landfein«.

Halbzeit in Bagdad

»Es ist ein großer Augenblick für uns. Gleichmäßig arbeitet der Motor. Liebevoll streichle ich die ›alte Dame‹. Ich klopfe liebkosend auf den Benzintank. Trotz aller Schwierigkeiten hat unsere Cora ihre Sache gut gemacht, obwohl sie dem Alter und Aussehen nach längst begraben und vergessen sein müßte. Der Schweiß läuft uns in Strömen vom Körper, und doch beginnen wir in wilder Freude beim Anblick der zauberhaften Stadt zu singen.

Oft wurde Bagdad, insbesondere die Zufahrtsstraßen, als schmutzig und häßlich beschrieben. Das mag in der Vergangenheit der Fall gewesen sein. Heute zieren wunderbare Palmenalleen und Gebäude die Zufahrt. Breite Straßen, vornehme Villen und ein fast europäischer Verkehr geben der Stadt ein modernes und eigenartiges Gepräge. Auf den ersten Blick erscheint uns Bagdad weniger orientalisch als Damaskus oder Aleppo.

Gegen ein Uhr erreichen wir den Stadtrand. Wir überqueren die King-Feisal-Bridge und fahren freudig bewegt durch die Hauptstraßen der Kalifenstadt. Hier wollen wir einige Wochen bleiben. Die erste Hälfte unserer Asienreise hat ihren Abschluß gefunden.«

So schrieb Gustav am Ende der 18. Folge in der Serie »Vom Horeb zum Ganges«.

Im Sumer-Hotel, an der Kreuzung der Harun-al-Raschid-Straße mit der Brückenauffahrt zur König-Feisal-Brücke, machten wir Quartier. Die Außentemperatur betrug 49 Grad Celsius im Schatten. Jetzt wußten wir genau, warum wir während der letzten Tage um die Mittagszeit die Sonne gemieden hatten.

In dem geräumigen Doppelzimmer tat uns der Schatten doppelt gut, während uns der langsam kreisende Propeller an der Decke Kühlung zufächelte.

Nachdem wir uns etabliert hatten, rief Gustav Suad vom Hotel aus an. Hocherfreut versprach sie ihm, uns am anderen Morgen zusammen mit ihrer Freundin und Kollegin Enaam im Sumer-Hotel zu besuchen. So hatten wir noch genügend Zeit, uns auf die Kalifenstadt und die beiden Damen vorzubereiten.

Nachdem zwei dienstbare Geister unser Gepäck ausgeladen hatten, war auch das große Gepäck telefonisch bei der internationalen Spedition angefordert und anschließend ausgeliefert. In den Nachmittagsstunden hielten wir Siesta und suchten gegen 17 Uhr Dr. Nadji Abdul Rasak auf, den man uns in Damaskus empfohlen hatte, weil er während des Kriegs beim Großmufti als junger Soldat gedient hatte – auf deutscher Seite.

Seine Praxis arbeitete auf der Harun-al-Raschid-Straße. Vor ihrem Fenster rieselte kühles Wasser über ein dichtes Geflecht von nassen Reisern und spendete im Wartezimmer eine angenehme Frische. Ein junges Mädchen, das uns in Rock und Bluse gegenüber saß, war nicht verschleiert und trug ein goldenes Kreuz an einem Kettchen um den Hals. Als Hassan, der Gehilfe des Arztes, heraustrat, stand sie auf und lüpfte den Rock bis über ihren jugendlichen Po. In dessen linken oberen Quadranten verpaßte ihr Hassan eine Injektion, klebte anschließend ein kleines Pflaster auf den Einstich, und die Kleine ließ den Rock wieder fallen. Dann lächelte sie uns an und verschwand.

»Sie ist Christin und geniert sich deshalb nicht vor Ihnen. Eine Muslimin täte das nie,« versicherte uns der Gehilfe ungefragt. Bisher hatte keiner von uns im christlichen Abendland etwas Ähnliches gesehen. Aber hier im arabischen Halbmond war wohl noch manches möglich …

Dr. Naji Abdul Razak meinte, das Jucken der Läuse wäre doch gar nicht so unangenehm. Ob wir nicht mit der Vertilgung noch ein paar Tage warten und das Jucken weiterhin genießen wollten? Er meinte das offenbar ernst.

Wir konnten seine Meinung nicht teilen, und so verschrieb er uns ein mehliges, graues Pulver, das wir in einer Apotheke in eine Tüte gefüllt bekamen. Im Badezimmer rührte ich das Pulver zu einem Teig an, schmierte diesen in die Schamhaare und ließ ihn ein paar Minuten wirken. Dann stellte ich mich unter die kräftige Dusche, und alle Filzläuse, alle, schwammen mitsamt dem Kraushaar in den Abfluß. Erlöst!

Gustav tat das gleiche. Wir waren nunmehr »läusefrei« und frisch gebadet, zogen neue Wäsche an und fuhren am Abend gegen 20 Uhr in das Gartenlokal »Abdullah's Nightclub«. Dort strahlte der feinste gesellschaftliche Treffpunkt Arabiens – sein Teppichrasen grünte unter Palmen im milden Schein dicker Kugelleuchten.

Als wir den ebenso vornehmen wie mondänen Club betraten, hätten wir gerne die beiden jungen Damen als Begleitung bei uns gehabt, aber das konnte ja noch kommen.

Ein Kellner in weißem Smoking und dunkler Hose geleitete uns dezent über einen breiten Plattenweg zu unserem Tisch unter Palmen. Entlang den glatt beschnittenen Rasenkanten leuchteten im Abstand von etwa zehn Metern weiße Glaskugeln, größer als Medizinbälle. Von einer Pergola herunter rankte eine blühende Bougainvillea gleich einem erstarrten Wasserfall in Lila. Alle Tische standen im Halbrund auf eine riesige, von innen beleuchtete Muschel ausgerichtet, die ihr Gewölbe über ein zwölfköpfiges Orchester aus Ungarn spannte. Davor glühte, von unten beleuchtet, eine gläserne Tanzfläche.

Das ganze Ambiente wirkte angenehm kühl, grün und frisch, nach unseren lausigen und sandigen Wüstentagen genau das Richtige zur Erholung und zum Auftanken. Sanfte Tanzweisen im Glenn-Miller-Sound klangen unter den Palmen durch die Nacht; nicht weit entfernt wußten wir das linke Tigrisufer, und wenn wir emporblickten, sahen wir den Nachthimmel mit seinen Sternen.

Die Saxophone hatten gerade angesetzt, unisono »String of Pearls« zu dudeln, wobei sie in den ersten sieben Takten fast ausschließlich auf dem Grundton blieben, während die Zugposaunen darunter warm und kontrapunktisch den Gegenlauf röhrten und der gezupfte Schlagbaß in hohen Lagen die Harmonie vollendete, und zwar so haargenau im Originaltempo, daß mir das Herz aufging. Das war Meisterklasse!

Als dann die Trompeter in einem blechernen Chorus das Motiv in den Diskant rissen und in Triolen auffächerten, um im Finale, zusammen mit den Holzbläsern, als Tutti den letzten Ton über vier Takte hinzuhauchen, begegnete ich Gustavs Augen. Sie leuchteten, denn als passionierter Jazzer hatte er ein Jahr lang fast jede Nacht für die »Displaced Persons« aus Polen am Saxophon »gehottet« – und so seine Familie durch die magere Nachkriegszeit gebracht – er war nicht nur auf dem Akkordeon zu Hause. So labten wir uns beide an der Musik des ungarischen Orchesters unter der Leitung von Sándor Szépezy, einem echten Primas, wie wir später erfahren sollten.

Kaum hatten wir uns am Tische niedergelassen, als über den hellen Plattenweg ein Herr auf uns zukam. Seine elegante Erscheinung in weißem Sakko und schwarzer Hose machte uns gespannt. Eine rote Querschleife zierte das Seidenhemd, dessen Manschetten fein aus dem Ärmelansatz lugten und goldene Manschettenknöpfe freigaben. Sogar die Nelke im linken Knopfloch des Rockaufschlags war farblich auf die Querschleife abgestimmt. Dieser Herr mußte der Chef sein – so sicher bewegt sich nur jemand, der das Sagen hat und über alles Bescheid weiß. Er hatte ein Monokel vor das linke Auge geklemmt und trug es locker und ganz natürlich.

»Gentlemen, ich begrüße Sie in meinem Club und heiße Sie willkommen. Wir kennen uns noch nicht. Nennen Sie mich Gregor, bitte. Ich schmeiße hier den Laden.«

Wir stellten uns vor, sagten, daß wir aus Deutschland kämen und mit dem Motorrad erst heute eingetroffen seien. Daß wir in Damaskus jeden Abend im »Arizona« aufgetreten wären und auch im »Grand Hotel de Bloudan« …

Da beugte sich Herr Gregor ein wenig vor und rief überrascht: »Dann sind Sie ja Corano und Oskar Kröher! Ich habe die Kritiken in den Damaszener Gazetten gelesen und freue mich, Sie bei mir als Gäste begrüßen zu dürfen. Und wenn es Ihnen zupasse kommt, dann geben Sie doch hier im ›Abdullah‹ ein Gastspiel!

Ich sage Ihnen aber jetzt schon: Einen Vertrag schließen wir keinen. Sie kriegen jeden Abend Ihre Gage in Höhe von dreißig Dinar – (das waren nach dem Kurs von 1951 dreißig englische Pfund, mit einer heutigen Kaufkraft von etwa 2100 Mark) bar ausbezahlt. Sie können hier drei Wochen lang jeden Abend auftreten und gratis auch ein Dinner zu sich nehmen. Schriftliche Verträge lehne ich grundsätzlich ab, denn wenn ich sie brechen wollte, dann bräche ich sie – so oder so. Und Sie wahrscheinlich auch.

Schauen Sie sich die Floorshow an – dann können Sie sich entscheiden. Im übrigen sind Sie heute abend meine Gäste. Als Armenier freue ich mich ganz besonders, Sie bewirten und unterhalten zu dürfen. Vor dem Kriege leitete ich ein großes Orchester. Wir bereisten Südamerika, traten in Buenos Aires auf und in Rio de Janeiro … Aber jetzt muß ich meine anderen Gäste auch noch begrüßen. Entschuldigen Sie mich bitte …«

Der Grandseigneur deutete eine leichte Verbeugung an, sein Monokel blitzte, und der hauchfein zu einem Strich gezogene Oberlippenbart trennte die ungeheure Adlernase von dem breiten Mund, dessen Zahnreihen beim Lächeln im Schein der Tischlampe schimmerten. Seine hellen Augen schauten jeden von uns einzeln an, darüber wölbte sich eine hohe Stirn unter glatt gescheiteltem Haar, das an den Schläfen schon ergraute. Mr. Gregor, der »Boss« von »Abdullah's Nightclub« – wie er sich selber nannte – war von dieser Minute an unser Partner und eine der bemerkenswertesten Persönlichkeiten dieser Reise.

Viel zu überlegen gab es nicht. Was konnte uns Besseres über den Weg laufen als dieses Engagement?

Wir aßen leicht. Nach einer »Gazpacho«, einer andalusischen Kaltschale aus rohen Tomaten, Gurken, Zwiebeln, Paprika und Knoblauch, fühlten wir uns bereit für das hauchdünne, auf sehr heißer Ofenplatte gebratene Rumpsteak mit Kartoffeln und grünen Bohnen. Dazu leerten wir eine Flasche Rotwein aus dem Maconais, denn wir hatten ja noch keine Ahnung, daß in Bagdad eine englische Brauerei ein süffiges Bier auf den Markt brachte: »Spinney's Best«.

Die zwölf ungarischen Musiker beherrschten das Glenn-Miller-Repertoire souverän. Als Slowfox lockte die »Moonlight Serenade« die Tanzpaare auf das von unten strahlende Parkett. Der »Chattanooga Choo-Choo« brachte mit seinen fetzig swingenden Weisen und überraschenden Modulationen alle in Schwung. Als musikalischer Höhepunkt – zumindest für uns beide – erklang das unsterbliche »In the Mood« – inzwischen ein Klassiker der Moderne, mit seinem aufreißenden Trompetenvierklangsignal als Vorspiel, dem Leitmotiv eines verschieden betonten As-Dur-Dreiklangs, dessen Kadenzen in Tonika, Subdominante und Dominantseptime das Herzstück bilden.

Es-Alt-Saxophon und Trompete bliesen jeweils einen Chorus in der Molltonart des dreimal immer leiser gehauchten Leitmotivs; dann das Finale der Tutti, aber jetzt fortissimo ausklingend.

Eine Tanzgruppe mit acht leicht geschürzten Mädchen aus Paris schwebte im zarten Musettewalzer über die Bühne. Ein Knopfharmonikaspieler intonierte dazu »La Seine«, nur vom Schlagzeuger und Bassisten begleitet: »Elle roule, roule, roule …«

Im zweiten Teil der »Floorshow« trugen die Musiker ungarische Trachten. Sándor Szépezy ließ seine Geige schluchzen, anstatt eines Flügels erklang das Cymbal, die Klarinetten wechselten aufs Taragaton – ein Holzblasinstrument –, und ein Csárdás folgte dem anderen.

Dabei spielte der Primas zuerst das langsame Thema, mitunter sogar im breiten Doppelstrich des Bogens oder auch als Pizzicato, dann hämmerte der Cymbalspieler seine Stahlsaiten. Die zweite Hälfte des Csárdás wurde immer schneller, und Sándor Szépezy brillierte in den hohen Lagen mit feurigen Klängen aus der Puszta und vom Plattensee. Im folgenden Straußwalzer konnten die Tanzpaare schwelgen, schwingen, schweben …

So gaben sich junge Europäer in den Nachtclubs Arabiens ihre ersten Nachkriegs-Stelldicheins: das Tanzensemble aus Paris, das Orchester aus Budapest mit seinen Csárdás-Weisen, aber auch mit Musettewalzern und Glenn-Miller-Titeln, und daß wir beiden Deutschen die Truppe demnächst ergänzen sollten, wußte noch niemand.

Nach dem Dessert tranken wir Mokka und aalten uns in Siegerstimmung: Bagdad, die Kalifenstadt, hatten wir schon halb erobert.

Als wir gingen, fanden wir Mr. Gregor an der Tafel einer britischen Abendgesellschaft. Offiziere der Royal Air Force vom Luftstützpunkt Habaniye feierten den Geburtstag ihres »Wing Commanders«, des Geschwaderkommandanten. Zusammen mit ihren Damen betrachteten sie uns interessiert – offenbar hatte Gregor bereits von uns erzählt. Als wir ihm unsere Mitarbeit zusagten, blickte er uns mit seinen hellen Augen an: »Ich hab's gleich gewußt. So einen Nachtclub finden Sie im ganzen arabischen Halbmond nicht mehr, außer vielleicht in Beirut.

Ich freue mich auf die Zusammenarbeit. Wann wollen Sie anfangen? Ich schlage übermorgen vor, dann haben Sie sich gut einleben können.«

»Gern, Mr. Gregor, wir kommen übermorgen gegen 19 Uhr. Dann können wir auch die Lichtproben durchführen und die Mikrophone aufeinander abstimmen. Auch haben wir dann Zeit, die ›Ballettratten‹ von der ›Compagnie‹ kennenzulernen und ebenso die ungarischen Musiker.«

»Gut, meine Herren. Ich taufe Sie jetzt auf den Namen ›Corano Brothers‹.« Darauf leerten wir drei Kelche Champagner, perlend und kalt, ließen uns ein Taxi kommen und fuhren ins Sumer-Hotel zurück. Der Taxifahrer hörte uns deutsch miteinander reden.

»Was für Landsleute sind Sie, bitte?«

»Wir sind Deutsche.«

»Echte Deutsche? – Genuine Germans?«

»Ja, wir sind echte Deutsche.«

»... und wie viele Briten haben Sie im Kriege umgebracht?«

Er vermutete nicht zu Unrecht, daß wir Soldaten gewesen seien, und wollte uns seine Abscheu vor Britanniens Kolonialmacht zeigen.

Doch wir fühlten uns schon so als Europäer, daß wir auf nationale Haßgefühle nicht eingehen mochten. Die unmittelbare Frage verstörte uns aber doch. Im übrigen hätte ihn die Antwort bestimmt nicht befriedigt. Mich hatten britische Truppen am 6. Mai 1945 auf dem Hauptbahnhof Lübeck als Verwundeten, der von der zusammenbrechenden Ostfront kam, aus dem Lazarettzug ausgeladen und mit dem Sanka ins Lazarett von Travemünde geschafft. Ich hatte sie nicht als Gegner kennengelernt.

Langsam drehte sich der Ventilator an der Zimmerdecke und fächelte uns Kühlung zu, als wir im Hotel auf die Betten sanken. Am frühen Morgen noch hatten wir den beiden Tscherkessen in der Wüste vor Sonnenaufgang »Auf Wiedersehn« gesagt, zwei

Stunden später im Euphrat gebadet und waren mittags in Bagdad eingetroffen.

Die Läuse waren verschwunden, wir hatten brausen, baden, Wäsche wechseln, Siesta halten, dinieren und ein Engagement abschließen können und schliefen nun zufrieden ein. Früh zog es uns am nächsten Morgen aus den Betten, doch stellten wir fest, daß die Stadt schon lebendig pulsierte. Klar, waren doch die Morgenstunden die kühlsten. So erledigten wir unsere polizeiliche Anmeldung auf dem Präsidium persönlich und bedankten uns für die Hilfe beim Engpaß in Rutba.

Um zehn Uhr hatte sich unser Besuch angemeldet – wir erwarteten die Damen in der Halle des Hotels. Gustav begrüßte Suad, als sie durch die Drehtür hereinkam. Ihr Name hieß auf deutsch »Glückseligkeit«, und die schlanke, hochgewachsene Irakerin im geblümten Sommerkleid reichte zuerst Gustav und dann mir die Hand.

Ihre Begleiterin Enaam – »Geschenk des Himmels« – war nicht ganz so groß, eher vollschlank, hatte lachende Augen und trug das dicke Haar nackenfrei in einer gepflegten Rolle um den Hinterkopf. Gustav stellte mich vor, und wir nahmen Platz in den Sesseln der Empfangshalle. Bei alkoholfreien Drinks erzählten wir den jungen Damen von unserer abenteuerlichen Reise und dankten Suad wiederholt für ihre Intervention, die uns aus Rutba erlöst hatte.

Alle vier fühlten wir uns ein bißchen verlegen, obwohl wir diesen Moment seit Monaten herbeigesehnt hatten und überhaupt erstmals im Orient mit weiblichen Wesen sprachen. Nur weil die beiden in London studiert hatten, sich europäisch zu benehmen wußten und auch so gekleidet waren, konnten sie sich die freie Unterhaltung mit uns erlauben und uns ungeniert im Hotel besuchen.

Sie schlugen für den Vormittag eine »tour d'horizon«, eine Stadtrundfahrt mit dem Auto vor. Enaams Bruder Scherkat hatte ihnen den Wagen mitsamt dem Fahrer namens Amin zur Verfügung gestellt. Wir sagten freudig zu.

So fuhren wir die Harun-al-Raschid-Straße hinauf durch das uns inzwischen geläufige Gewühl arabischer Städte. Europäische Kleidung sahen wir jetzt seltener. Die Fahrer der »Dolmusch-Taxis« riefen aus den offenen Wagenfenstern ihr Ziel aus, um die Fuhre mit Passagieren zu füllen: »Bab el Schertschi«, das östliche Tor der Altstadt, oder »Bab el Ma'addam« am anderen Ende der Verkehrsachse. Die Innenstadt mit ihren Holzbalkonen an den Häuserfassaden machte einen eher türkischen Eindruck. Kein Wunder, schließlich war Bagdad von 1534 bis 1918 Hauptstadt der türkischen Provinz Mesopotamien gewesen.

Schon im siebten Jahrhundert waren siegreiche Wüstensöhne hier eingezogen und hatten den Islam mit der grünen Fahne des Propheten an das Ufer des Tigris gebracht. 763, hundert Jahre später, im Jahr 141 der »Hedschra«, hatte der Kalif Abdu Dschaffar al Mansur – »der Siegreiche« – hier seine neue Residenz bauen lassen, wozu er die Trümmer von Ktesiphon-Seleukia, der Doppelstadt des Sassanidenreiches, verwendete. Die hatte vorher schon der Kaiser Trajan von seinen Legionen stürmen lassen.

Bis in unsere Tage geistert der Kalif Harun al Raschid, »Aaron der Gerechte«, in Märchen und Legenden durch die Gassen der heute vom Golfkrieg geschundenen Stadt – selbst amerikanische Jagdbomber konnten das Andenken an diesen weltlichen Nachfolger Mohammeds nicht auslöschen. Unter seinem Kalifat hatte Bagdad als Juwel im Herzen des Morgenlands sowohl wirtschaftlich als auch politisch gestrahlt.

Von hier aus hatte der Kalif im Jahre 801 eine Gesandtschaft an Karl den Großen geschickt mit dem sagenhaften Elefanten Abul Abas; in der Kaiserpfalz war der Dickhäuter ebenso bestaunt worden wie die prächtigen Geschenke von jenseits der Morgenröte.

Weil bis heute breite Volksschichten im Orient weder lesen noch schreiben können, finden dort Märchenerzähler noch immer genügend Zuhörer. Auf unserer Reise hatten wir den ersten in Ankaras Altstadt gesehen und gehört – leider aber nicht verstanden. Die Geschichten, wie sie Prinzessin Scheherazade dem Sultan, der sie vernaschen und dann umbringen wollte, tausend und eine Nacht lang erzählte, sind bis heute lebendige Bildungsgüter im ganzen Osten bis nach Calcutta und Bangladesch.

Beileibe nicht nur die Abenteuer von Ali Baba und den vierzig Räubern oder die Geschichten von Sindbad dem Seefahrer, vom dienstbaren Geist in der Flasche des Fischers – nein, gerade die Anekdoten von den Begierden und Gelüsten des Kalifen, die Erzählungen von den Streichen der Gaunerin Delile und ihrer spitzbübischen Tochter, vom Prinzen Achmed und der Fee Pari Banu kennt jedermann, vom Bettler bis zum Ölscheich. Die Geschichten aus Tausendundeiner Nacht sind ja wahrscheinlich im neunten Jahrhundert ins Arabische übersetzte Märchen aus Persien und Indien, und so blieb das orientalische Volksepos auf den islamischen Kulturkreis beschränkt.

Hier in Bagdad waren über Jahrhunderte hin alle Karawanenstraßen der Windrose zusammengelaufen: Aus Hindustan und Iran, von der Omanküste und von Maskat, dem Yemen und dem Libanon, von Kairo, »der Prächtigen«, aus Konstantinopel und von den Bergen des Kaukasus. Die Händler bekamen ihre Waren auch aus Afrika, von wo sie ihre Sklaven bezogen, und über die Seidenstraße kamen chinesische Güter auf dem Rücken der Kamele nach Bagdad. »Sindbad, der Seefahrer« und seine Kapitänskollegen segelten nach Insulinde, um Gewürze einzukaufen; Weihrauch kam aus Saba, der Hauptstadt des Yemen, feine Stähle aus Damaskus oder dem fernen Toledo, Bernstein von der Ostsee, Pelze aus dem russischen Norden und Elfenbein aus Dar es Salaam.

Dann aber, im Mongolensturm des Jahres 1258, büßte Bagdad seine Macht und Größe ein. Das arabische Reiterheer versank vor den Mauern der Stadt in Blut und Tod, als die mongolischen Bogenschützen auf ihren struppigen Ponies wie ein todbringendes Schicksalsrad das gelähmte Heer der Araber galoppierend umkreisten und so lange mit Pfeilen überschütteten, bis sich nichts mehr rührte. Dann wurde die ehemals strahlende Märchenstadt von den Steppenreitern geplündert, verwüstet und verbrannt. Aus den Schädeln der Toten bauten sie eine Pyramide zum eigenen Ruhm. In unseren Geschichtsbüchern steht kaum etwas davon geschrieben.

Die lebensvoll pulsierende Residenzstadt der Jahre 1951/52 wirkte auf uns modern und aufgeschlossen, aber auch ein bißchen verschlafen. Diese Großstadt vor der Revolution von 1958 kannte kein mediterranes Flair mehr, sie war tiefer Orient mit all seinen Gerüchen, Geräuschen, Farben, Menschen und Tieren, Tabus und Freuden und einem zarten Hauch von Tausendundeiner Nacht.

Nach etwa zwei Stunden Stadtrundfahrt legten wir eine Pause ein. Auf Enaams Anweisung steuerte Amin, der dienstbare Fahrer, das Raschid Hotel an. Dessen schattige Terrasse zum Tigris hin lag nur ein paar Meter über dem Ufer. So konnten wir auf den mächtigen Strom hinausblicken, der hier in langgezogener Schleife die Innenstadt mit seinem Prallhang säumt.

Die Vormittagssonne spiegelte sich in tausend Glitzerfunken auf den gemächlich sich kräuselnden Wellen. Flußabwärts spannte sich die dreihundert Meter lange König-Feisal-Brücke über den Strom, während weiter oben eine ältere Brücke zum anderen Ufer führte, das noch kaum bebaut war.

Wir plauderten angeregt mit Suad und Enaam; beide fühlten sich in unserer Gesellschaft sichtlich wohl, wie wir an ihrer Mimik und dem Tonfall merkten. Sie hatten sich während ihres Studiums in London an die Freiheit junger Europäerinnen gewöhnt und litten offenbar unter der deklassierenden Stellung der unverheirateten Frau im Islam. Jetzt hatten sie Gelegenheit, das Manko wettzumachen, und nutzten das weidlich aus. Beide waren als Schulleiterinnen berufstätig.

Daß wir ihre Anwesenheit schätzten, brauche ich wohl kaum herauszustellen. Ein halbes Jahr lang waren Gustav und ich beinahe die einzigen Gesprächspartner füreinander gewesen. Nun entzückten mich die weiblichen Bewegungen, das Modebewußtsein der Damen und ihr scharfer Intellekt, geschult durch die gesellschaftliche Unterdrückung im Morgenland wie auch im Abendland an der Universität.

Wir ließen uns leichte Kost reichen, kleine Spieße mit Khabab – auf dem Holzkohlengrill gebratenes Hammelfleisch, mit Zwiebeln und Paprikaschoten als Salatbeilage. Dazu tranken wir Wasser, nahmen zum Abschluß jeweils eine kleine Tasse Mokka und ließen uns von Amin nach Hause bringen. Enaam und Suad wollten uns am nächsten Morgen wiedersehen.

Schon brannte die Sonne heiß auf die Innenstadt, schon schlossen sich die Fensterläden, und alle Geschäfte machten dicht.

Die Mittagshitze, knapp unter 50 Grad Celsius, brütete über dem ausgedörrten Umland, über den Dächern von Bagdad und der gleißenden Oberfläche des Tigris, der seine Fluten nach Osten wälzte, um sich kurz vor dem Persischen Golf mit seinem Bruder Euphrat zum Schatt-el-Arab zu vereinigen.

Auch an unserem Zimmer hatten wir den Fensterladen geschlossen und hielten Siesta im Schatten. Langsam kreisten die Flügel des Ventilators an der Decke.

Für die kommenden Auftritte ließen wir unsere Anzüge nebst Hemden und Krawatten reinigen und bügeln. Sogar neue Schnürsenkel zogen wir in die Ösen der Halbschuhe, kauften passende Socken und achteten auf den lockeren Sitz der Sakkos wie auf die korrekte Länge der Hosen.

Gewicht hatten wir bisher noch keins zugelegt: Bei meinen

181 Zentimetern Größe brachte ich ganze 68 Kilogramm auf die Waage, die ich mir erst aus Unzen, Pounds und Stones umrechnen mußte.

In einer Musikalienhandlung erstand ich einen Satz neuer Gitarrensaiten aus Stahl – sie waren aus Italien importiert und mit Bronze umwickelt. Die alten Stahlsaiten hatten längst ausgedient, ihre Spannung hatte nachgelassen, und so klangen sie zu leise. Wohl ließ sich das mit Hilfe der Mikros ausgleichen, aber neue Saiten klingen immer zündend und lösen bei mir vermehrte Sangeslust aus – ich erfreute mich an ihrem Klangvolumen: warm und tragend in den Bässen, feurig und klingend im Diskant. Sie mußten aber mindestens einen Tag vor dem Spielen aufgezogen werden, weil man sie mehrmals nachspannen muß, um die Tonhöhe und damit auch die Stimmung zu halten. Außerdem verlangte die Bronze-Umwicklung ein zartestes Abschleifen mit den Fingerkuppen, um einen sauberen Anschlag zu erzielen.

Gustav hatte sein Akkordeon wieder ausgepackt und probte den »Csárdás« von Monti sowie seine Bravourstückchen »Flicflac« und »Tanzende Finger«. Dann stellte er sich vor den hohen und breiten Spiegel und kontrollierte seine Fingerfertigkeit, wenn er drei rote Bällchen zwischen den gespreizten Fingern mit seitlich abgewinkelten Armen hinter seinem Rücken von einer Seite auf die andere wechseln ließ – so sollte es jedenfalls für das Publikum aussehen. Daneben schnitt er die Baumwoll-Läppchen für seine Fackeln zurecht und umwickelte mit ihnen die Wattebäusche am vorderen Ende des etwa 30 cm langen, zweifach geflochtenen Stahldrahtes, der den Schaft der Fackel bildete. Diese Wattebällchen tränkte er mit Reinbenzin, drückte sie aus, damit sie nicht tropften, und paßte ihren Durchmesser haargenau seiner Mundöffnung an – dorthinein schob er ja später beim »Feuerfressen« die flammende Kugel aus Watte und Benzin. Wie er mir verriet, litt er schon seit Wochen unter Zahnschmerzen. Jetzt, in Bagdad, ließ er endlich nachsehen und erfuhr, daß sechzehn Zähne durch das Feuerfressen gelitten hatten, zumindest was die Plomben anbetraf. Nie hatte er darüber geklagt.

Am Abend besuchte uns der Tanzmeister der französischen Compagnie, die in »Abdullah's Nightclub« auftrat: Ob wir heute abend nicht mitkommen wollten, eine berühmte Bauchtänzerin anzuschauen? Schließlich sei das vorerst unser einziger freier Abend – und so sagten wir zu. Wie das ungarische Orchester, so wohnte auch seine Truppe in unserem Hotel. Ein Taxi brachte uns hin.

Girlanden aus farbigen Glühlampen spannten sich über dem Eingang. Im Nachthimmel wehte die laukühle Brise vom Tigris in das »Open-Air-Theatre«.

Ein kleines Ensemble mit Rohrflöte, Saß – einem arabischen Zupfinstrument – und Trommel hatte schon eingesetzt. Seine Weisen kannten keine Harmonien, die Intervalle lagen auf keiner Tonleiter fest, und der fremde Rhythmus dominierte über der Melodie.

Der Drummer spielte mit den Fingerkuppen auf dem strammen Ziegenfell, das über eine Röhre aus gebranntem Ton gespannt war, die er zwischen Ellenbogen und Hüfte geklemmt hielt und die ihrer Form nach einer großen Sanduhr glich. Auf dem Rand des Fells klangen die Trommeltöne höher, in der Mitte leiser und tiefer. Die Melodie war kaum auszumachen, sie bewegte sich in Halb- und Dritteltönen auf geringem Tonumfang; dennoch hörte ich Motive darin, die sich wiederholten wie Ornamente auf Teppichen.

Dann traten drei Sängerinnen nacheinander auf. Sie setzten mit langgezogenem, fast wimmerndem Klageton ein und bewegten ihre Stimmen in ungewohnten Intervallen auf und ab. Ihre warmen Altstimmen konnte man nur ahnen, denn die gepreßten Stimmbänder verliehen ihrem Gesang etwas Gequältes. Das Publikum – ausschließlich Männer in überwiegend orientalischen Trachten – hing an ihren Lippen, wiegte die Köpfe und Hände im Takt und folgte dem Vortrag mit sichtbarer Aufmerksamkeit. Ich ließ mir sagen, daß der Text den Trennungsschmerz zweier Liebenden besang. Schade, daß ich kein Arabisch verstand!

Als sich die Tempi der folgenden Lieder beschleunigten, schnalzte das Publikum mit Fingern und Zungen. Eine mollige, mehr als vollschlanke Tänzerin trat auf: barfüßig, mit hellen Gliedern und jenem Fettansatz, den die Araber so schätzen. Ihr Gazeschleier verhüllte das Gesicht nur zum Teil, entblößte aber die Schultern um so mehr: knappsitzender Tand und Flitter, fransenbesetzt, ließ die zudringlichen Männerblicke aufleuchten.

Ihren üppigen Busen umspannte ein grünseidener Büstenhalter. Der knappe Slip zog in einem Bogenschwung von der einen Hüfte zur anderen, wobei er, eine Spanne breit unter dem Nabel, ganz dicht am Rande des Venushügels vorbeilief. Lange Fransen glänzten im Licht zweier Scheinwerfer und ver- oder enthüllten die Oberschenkel.

Dann drehte sich die Bauchtänzerin mit seitlichem Hüftausschlag langsam wiegend um ihre Achse und kokettierte mit ihren kräftigen Hinterbacken, von dunkelgrünen Fransen behangen. Nun erst begann der eigentliche Tanz, in dem die Tänzerin ihr offenbar kardanisch aufgehängtes Becken mit weitausholenden Bewegungen auf eine Kreisbahn brachte. Dann schienen Wellen über ihren Leib von oben nach unten zu laufen, die sich zu einem krampfartigen Zittern steigerten. So auch das Tempo der Musik.

Der Drummer wirbelte mit vier Fingern auf dem strammen Ziegenfell, der Flötist blies Pralltriller, und der Sas-Spieler zupfte mit einem Federkiel die Oktave der Melodie als Baß. Nur noch kleine Schritte unterstützten jetzt das Zittern von Busen und Bauch. Der Nabel hüpfte auf und ab, als wolle ihn das Vollweib bis in den Nachthimmel schleudern. Dieser Tanz war reiner Sexus, er kannte keinen Eros, wie er in den Reihentänzen der italienischen Renaissance, im tänzerischen Übermut des Wiener Walzers oder in den hopsenden Rock- und Roll-Paaren lebendig wird, die sich nur noch gegenseitig anfeuern. Dieser Bauchtanz aber war Fleischeslust, lasziv, aufgeilend und verhüllte nichts.

Sie war von Kopf bis Fuß auf Liebe eingestellt,
und das war ihre Welt, und sonst gar nichts.

Die Männer verfielen dem Sog dieses wabernden Fleisches, klatschten zum Rhythmus und riefen der Tänzerin aufmunternd zu. Die aber war fast in Trance versunken, so gänzlich hingegeben ihrer Kunst. Schon sprangen einzelne Männer auf, begannen solo mitzutanzen – da brach die Musik abrupt ab. Die Tänzerin löste sich aus ihrer Trance, schaute ins Publikum, dankte und verschwand hinter einem Vorhang.

Wir klatschten, blickten uns an und hatten eine neue Facette des Orients kennengelernt. Im Publikum sahen wir wenig Europäer. Uns ließ man gelten, vielleicht weil wir jung waren, lachen und uns mit den anderen Männern an der Darbietung freuen konnten.

Am anderen Morgen stand in der »Iraq Times« eine Anzeige von der Größe einer Achtelseite:

»Corano Brothers in Bagdad.

Ab heute abend treten täglich die beiden berühmten Künstler aus Deutschland in Abdullah's Nightclub auf. Gustav zaubert mit Bällen, Ringen, Karten, Banknoten, Illusionen und dem Publikum; als Feuerfresser verschlingt er die Flammen zweier brennender Fackeln und läßt sie aus seinem Munde lodern. Oskar singt Lieder, Chansons und Schlager aus Deutschland, Frankreich, England, Italien und den USA; dabei begleitet er sich auf seiner Gitarre. Die beiden Künstler haben ihre Reise auf einem

Motorrad zurückgelegt vom Rhein bis zum Tigris und sind dabei vor vollen Häusern in Rom, Athen, Istanbul, Ankara und Damaskus aufgetreten.

Sándor Szépezy aus Ungarn mit seinem Orchester und das Tanzensemble aus Paris unterhalten Sie in der Floorshow.

Corano Brothers setzen nach ihrem Gastspiel in Abdullah's Nightclub ihre Motorradreise fort über Teheran, Kabul, Rawalpindi, Neu Delhi, Calcutta und Bombay.

Gregor Thomasian, Manager.«

Wir hatten den Eindruck, daß die Kellner im Hotel uns von Stund an freundlicher bedienten.

Jedenfalls fuhren wir am Vorabend, nach den heißen Stunden, mit einem Taxi zu Mr. Gregor in den Club. Er hatte uns schon erwartet, und wir besprachen die Inszenierung. Nach dem Ballett wollte uns der Boß persönlich ansagen, dann sollten wir uns abwechseln mit Gustavs Zaubertricks und meinen Liedern, und erst kurz nach Mitternacht sollte Gustav seine Feuernummer bringen. Wir merkten sofort, daß hier ein routinierter Regisseur mit Lust und Liebe bei der Sache war. Wir stellten das Rampenlicht entsprechend ein, sorgten für eine dezente Beleuchtung von oben, so daß nicht nur unsere Gesichter angestrahlt wurden, sondern auch die Haare glänzten und die Schultern ausgeleuchtet waren, wobei der Zauberer übrigens weniger Licht bekam als der Sänger, doch das kann man ja verstehen.

Gregor genoß unsere Bühnenroutine und freute sich an meinem Singen, von Gustavs Tricks kannte er zu unserer Genugtuung kaum einen. Wir staunten über seine szenischen und musikalischen Einfälle und stellten in der Unterhaltung fest, daß der Armenier neun Sprachen beherrschte:

Deutsch, Englisch, Französisch, Armenisch, Türkisch, Arabisch, Persisch (Farsi), Italienisch und Spanisch; die beiden letzten, wie auch das Deutsche, allerdings nicht so fließend wie die anderen.

Noch war kein Publikum eingetroffen; wir saßen beisammen, aßen leicht und schlürften Soft-Drinks. Mr. Gregor hatte also Zeit, uns etwas über sein Volk zu erzählen. Er tat es mit leiser Stimme:

»Wir Armenier gehören zu Europa. Noch vor Alexander dem Großen kamen wir mit den Griechen aus Thrakien nach Kleinasien. Als Erste erlitten wir die Übel nationalistischen Denkens, wie es die Jungtürken vor dem Ersten Weltkrieg aus Westeuropa mitgebracht hatten. Vorher hatte im Osmanischen Reich keiner nach der ›Nationalität‹ gefragt; dieser Begriff war unbekannt. Als armenische Christen zahlten wir unsere Kopfsteuern an die Hohe Pforte wie andere Minderheiten auch, wie die Juden oder die Drusen beispielsweise. Als im Ersten Weltkrieg 1915 gleichzeitig mit der Truppenlandung der Ententemächte bei den Dardanellen zwei armenische Gemeinden in Ostanatolien mehr Freiheit forderten, ordnete der osmanische Innenminister Talat Pascha die Deportation aller Armenier an. So wurden wir denn vertrieben und verloren unsere Heimat in Anatolien. Soldaten trieben mehr als eine Million einfach über die Grenze, in die Wüstensteppen des mittleren Euphrat nach Syrien.

Dort gingen die alten Männer, Frauen und Kinder auf den Hungermärschen elend zugrunde – man schätzt, daß es anderthalb Millionen waren. Doch selbst in den Lagern um die Stadt Deir-es-Zor, wo ein Teil der Überlebenden Zuflucht fand, raffte der Typhus fast alle dahin. Ich war einer der wenigen, die dort überlebten, und bin als Vierzehnjähriger hierher gekommen.

Meine Familie stammte aus Antiochien, wo Sie beide durchgefahren sind. Ihr Dichter Franz Werfel hat das Schicksal meines Volkes in seinem Roman ›Die vierzig Tage des Musa Dagh‹ beschrieben. Auch deshalb schätzen wir Armenier die Deutschen, obgleich sie mit den Türken verbündet waren und später das gleiche Verbrechen begangen haben: So, wie uns die Türken vertrieben und umbrachten, versündigte sich Ihr Volk in weit größerem Maße an seinen deutschen Juden – und genau so ›legal‹, denn die Anordnung zur Deportation der Armenier ist im türkischen Staatsarchiv mit Aktenzeichen zugänglich.

Euer Schicksal aber sollte auch noch kommen: Von den 16 Millionen Deutschen in Ostdeutschland, Polen und der Tschechoslowakei, in Rumänien, Bulgarien, Jugoslawien und dem Baltikum, blieben nur 12 Millionen Flüchtlinge übrig. Die restlichen vier Millionen fehlen. Wir Armenier glauben zu wissen, wo sie geblieben sind: nämlich dort, wo unsere Väter und Brüder zugrunde gingen: am Straßenrand, verhungert, erschlagen wie Hunde, die Schwestern geschändet, krepiert, verreckt …

Dann folgten noch andere Vertreibungen in der orientalischen Welt: die der Palästinenser, der Hindus aus Pakistan, der Muslime aus Indien. Sie werden auf Ihrer Reise noch manches Flüchtlingsschicksal zu hören bekommen.«

Bisher hatten wir die Vertreibung unserer Landsleute aus dem östlichen Teil des deutschen Sprachraums noch nicht so betrachtet. Wir saßen schweigend am Tisch.

»Aber Sie leben noch, meine Herren – und ich auch. Wir haben heute den Frieden und freuen uns des Lebens. Das, meine ich, ist der Sinn unseres Daseins, daß wir uns daran freuen. Und gleich reißen wir eine tolle Schau ab. Toi-toi-toi – so sagt man doch bei Ihnen.«

Das Gartenlokal füllte sich, die Nacht am Tigris kam lau, Lampen glühten unter den Palmen und auf den Tischen. Das Orchester spielte Tanzweisen, schöne Frauen wiegten sich in den Armen ihrer Kavaliere auf strahlendem Parkett, die Orchestermuschel leuchtete ins Publikum, dann sagte Sándor eine kleine Pause an.

Wir standen bereit, Gustav auf der rechten Seite der Bühne, ich auf der linken. Mit einem flotten Galopp setzte die Musik wieder ein, bei uns bekannt unter dem Titel »Wochenend' und

Sonnenschein«, im Original »Happy Days are here again«. Der Schlagzeuger trieb die synkopischen Trompetenklänge an, die Saxophone gurrten in den Unterstimmen, der Schlagbassist zupfte sauber seine Läufe, und als das Ritardando im zweiten Teil des achttaktigen Motivs begann, um in einer Fermate zu enden – Sándor blies dabei die Oktave –, sprangen wir von beiden Seiten ins Rampenlicht mitten auf die Bühne. Mr. Gregor stand schon dort, strahlend, lächelnd, seine Zähne blitzten, sein Monokel funkelte, und seine enorme Adlernase warf nicht einmal Schatten, weil das Licht ja von oben kam. Er legte seine Arme um unsere Schultern, schaute jeden von uns an und sagte dann ins Publikum:

»Diese beiden Burschen (chaps) sind aus Deutschland hierher gekommen. (Pause)

Auf einem Motorrad. (Pause)

Es sind zwei große Künstler ...«

Da brandete schon der erste Beifall auf.

Leicht verneigten wir uns ins Publikum. Gregor erzählte noch einiges über uns, dann fing Gustav an zu zaubern. – »Abrakadabra!« – Er ließ alle Tricks seiner Meisterschaft spielen, bewegte sich souverän, kommentierte knapp, und jedermann spürte seine Lust an der Bühnenschau. Er brachte das Publikum zum ratlosen Sich-Wundern, zum Staunen, zum Rätseln und oft auch zum Lachen.

Dann kam ich dran.

Weil die Ballettratten aus Paris stammten, wählte ich als ersten Titel »La Mer« von Charles Trenet. Seit Rom hatte ich es nicht mehr gesungen, obgleich ich das Chanson besonders mochte. Nicht so sehr wegen seines impressionistisch verschwommenen Textes.

Nein, Charles Trenet, der »Singende Narr«, hatte vor allem eine geniale Melodie dazu komponiert, die in weiten Bögen die Verse trägt, als wären sie ein Teil von ihr, und die Akkorde folgen einander in jener scheinbaren Selbstverständlichkeit, wie sie großer Kunst zu eigen ist. Ich sang voller Lust und gab mich der Musik und auch den Worten hin, freute mich am Klang der neuen Saiten, zupfte die Bässe mit dem Daumen und die Diskantsaiten mit Zeige-, Mittel- und Ringfinger, hielt die langen Tonwerte mit genügend Atem aus, ruhte gesanglich auf dem Zwerchfell, spürte dabei weder Spiel- noch Standbein und merkte bereits nach vier Takten, wie das überraschte Publikum bewußt zuhörte.

Ich war ja niemals Schlagersänger, denn beim Schlager sind die Texte meist belanglos. In all meinen Liedern müssen die Worte der musikalischen Qualität ebenbürtig sein, wenn nicht sogar überlegen, wobei die Musik freilich tragende Funktion hat. Hier, bei Charles Trenet's »La Mer«, kam beides zusammen – unvergeßliche Musik und lockere Poesie.

La mer
Qu'on voit danser
Le long des golfes clairs
A des reflets d'argent ...

Als ich die letzte Strophe melodisch variierend wiederholte und die Schlußzeile piano fast rezitativ ausklingen ließ, rührte der ungarische Schlagzeuger ganz zart das große Becken und verschaffte so dem Publikum einen unerwarteten instrumentalen Nachhall. Während meiner Verbeugungen in den rauschenden Beifall hinein warf ich mein geplantes Programm über den Haufen und wußte spontan: »Ali Baba«!

Diese rasselnde Rumba braucht in ihrem Mittelteil, den die Musiker »Trio« nennen, während der Pausen jeweils einen Beckenschlag – dann klingt sie geradezu orientalisch. Bisher hatte noch niemand diesen Song von mir gehört, der seinen feurigen Schmiß lediglich von der verschiedenen Betonung von »Ali Baba« erhält. Zuerst »Alí Baba«, also auf der zweiten Silbe, dann

»Ali Bába«; dazwischen liegt ein Pausentakt, der mit rasselnden Bongos und Rumbakugeln gefüllt wird. Sein Text ist belanglos, aber die Melodie läuft schön ab – und so stieg ich hinein.

Alí Baba, Ali Bába!
Du bist der Mann, den man kennt,
und im Orient
ist keiner wie du.

Alí Baba, Ali Bába,
der Mann, der alles erringt,
der alle bezwingt,
ist Ali Babá.

Meine rechte Hand hatte ich für den Rumbaschlag technisch perfektioniert. Ich wußte diese Anschlagsart quasi als »Liegende Acht« auszuführen, packte all mein Können hinein und pfiff dazu das Trio. Jawohl, ich pfiff in das Mikrophon und erzielte durch den gebündelten Luftstrom auf die Membrane noch einen Sondereffekt. Ilse Werner hat mit diesem Pfeifen ins Mikro bei ihrem Schlager »Wir machen Musik« ganz schöne Erfolge erzielt. Auch hier war das Publikum platt; es kannte Sänger oder Sängerinnen, die vielleicht Soprankoloraturen und ähnliche Vokaltechniken beherrschten oder auch zu summen verstanden – aber einen Pfeifer am Mikrophon hatte noch keiner gehört, das war neu!

Sándor Szépezy kannte den Titel, gab dem Schlagzeuger den Einsatz für den Beckenschlag im »Trio«, und Bagdad hatte seinen Sommerhit. Denn der Name »Ali Baba« gehört in Bagdad zur Allgemeinbildung, jeder kennt ihn und »seine vierzig Räuber« aus der Märchensammlung von Tausendundeiner Nacht. Alles weitere war ein Kinderspiel. Das Publikum lachte und klatschte, rief »Bis« (d.h. »Da Capo«), doch ich wollte diesen Titel ja auch an den folgenden Abenden spielen. Zum Glück kam fast jeden Abend der Zuruf »Lili Marleen«, und so konnte ich auf dies Evergreen ausweichen.

Mr. Gregor beglückwünschte mich auf der Bühne vor dem Publikum, die muslimischen Kellner kamen zu mir hinter die Bühne und drückten mir die Hand: »Sahib, your song ›Ali Baba‹ was simply gorgeous« (fabelhaft, prima) und ähnliches bekam ich zu hören. Unbewußt hatte ich wohl ihre Seelen getroffen und ihre Identität angesprochen – selbst mit einem primitiven Text.

Gustavs Feuernummer war das Glanzstück. Alle Lichter erloschen, und die Bühne wie auch der illuminierbare Tanzboden lagen im Dunkeln. Der Akrobat stand einsam mitten auf der Bühne, mit nacktem Oberkörper, die Pluderhosen glänzten, und die frischgewichsten Rohrstiefel ebenso. Zwei brennende Fackeln hielt er in den Händen seiner seitlich leicht gesenkten Arme. So zündete er auf jeder Bühnenseite eine Schale mit Benzin an. Dann trat er in deren Mitte, wölbte seinen Brustkorb, bog den Kopf zurück – wobei der neue Prophetenbart besonders zur Geltung kam –, öffnete den Mund und schob sich die eine Fackel brennend zwischen die Zähne. Die Flamme züngelte noch deutlich aus dem Mund, als er die Fackel wieder herausgezogen hatte. Dann das gleiche noch einmal, mit der anderen Hand.

Atemlos staunte das Publikum. Ich saß im Hintergrund und spielte die Habanera »Tabu« in einer getragenen Molltonart. Nur ich wußte, daß Gustavs Zähne unter dieser Nummer litten und daß hier die Ursache seiner Zahnschmerzen lag. Zum Schluß hielt er beide brennenden Fackeln seitlich nach oben, während in der Mitte zwischen ihnen, aus dem Mund des nach hinten gebeugten Kopfes, fünf Sekunden lang noch eine dritte Flamme loderte.

Dann löschte Gustav sein Feuerwerk, Sándor blies einen Tusch, und das Publikum zollte ihm Beifallsstürme. Alle Lichter strahlten wieder auf.

Mr. Gregor lachte vor Glück, ließ Champagner auffahren, und wir gingen in unsere Garderobe, duschten ausgiebig und zogen uns um. Der Buchhalter übergab uns einen weißen Umschlag mit der Gage in bar, wie mündlich ausgemacht. In der »Iraq Times« stand anderentags eine Kritik, die an Lob nichts zu wünschen übrig ließ. Und dazu auch gute Fotos, so daß wir häufig in der Altstadt, im Basar und auf der Raschid-Straße von Unbekannten angesprochen wurden. Mr. Gregor wußte eben, wie man Stars macht.

Suad und Enaam, die beiden Freundinnen, besuchten uns nun täglich im Hotel. Sie kamen vormittags, wenn die Temperaturen noch erträglich waren und die Schatten lang fielen. Dann schlenderten wir durch die engen Gassen der Innenstadt, rochen die Düfte der Garküchen, sprachen mit den Menschen und gaben reichlich Backschisch, wie sich das für Effendis aus Almaniya gehörte, denn bettelnde Kinderscharen folgten uns vielfach.

Die Stadt schien überwiegend im 19. Jahrhundert erbaut zu sein, und zwar nach türkischen Vorstellungen: ihr chaotisches Gewirr von Gassen, Straßen, Winkeln und Kreuzungen ließ nirgendwo ein planendes System erkennen.

Wie unsere Begleiterinnen versicherten, war die Harun-al-Raschid-Straße erst 1916 entstanden, als sich die türkischen Streitkräfte vom Persischen Golf zurückziehen mußten, weil dort ein englisches Expeditionskorps gelandet war. Diese britische Kolonialtruppe aus Indien hatte die türkischen Streitkräfte den Tigris hinaufgedrängt. Um auf dem Rückzug mit den schweren Krupp-Geschützen und dem Troß die Stadt zügig durchqueren zu können, hatte Halil Pascha, der türkische Oberbefehlshaber des Irak, mitten durch die Altstadt eine gerade Schneise schlagen lassen, wobei alle Häuser, die im Wege standen, der Spitzhacke zum Opfer fielen. So führt noch heute diese Verkehrsachse vom Bab-el-Schertschi zum Bab-el-Ma'áddam.

Eines schönen Morgens mieteten wir uns einen Nachen und

machten eine Flußpartie auf dem dort etwa dreihundert Meter breiten Tigris. Dicht unter Land, das heißt in Ufernähe, zieht bei jedem breiten Fluß eine leichte Gegenströmung flußaufwärts. Meist ist sie jedoch durch Uferbüsche zugewachsen und läßt sich kaum nutzen. Die flachen Ufer des Tigris aber stiegen ohne Büsche bis zu den Rückseiten der Häuser hinan, und so konnte unser Kahn dort gemächlich stromauf gondeln. Die Häuser am Ufer waren zum Fluß hin überwiegend mit hölzernen Balkonen versehen. Nur selten unterbrachen Neubauten aus Backstein die alten Häuserzeilen. Dafür begannen die Vororte nach allen Seiten zu sprießen, wie überall in den fünfziger Jahren, als die Gewinne der Kapitalien nicht mehr für Waffen verpulvert wurden.

Die gemächliche Bootsfahrt auf dem Tigris ließ eine entspannte Stimmung entstehen; wir Männer führten die beiden Ruderpaare, und die Mädchen saßen im Vorschiff, ließen ihre Hände ins Wasser hängen, erfrischten sich an der leichten Brise, die fast immer auf jedem Strom weht, und erzählten uns von sich.

Suads Vater genoß in Bagdad großes Ansehen als Gelehrter. Er war noch im Osmanischen Reich aufgewachsen, in den Traditionen des Islam, hatte die Revolution der Jungtürken 1910 gutgeheißen, weil er meinte, »der Kranke Mann am Bosporus« könne daran genesen. Den Aufstand der Araber im Hedschas, d. h. in der Gegend um Mekka im Jahre 1916, hatte er als Soldat in türkischen Diensten erlebt, die britische Mandatszeit bis 1926 schon als angesehener Mullah, denn er war Theologe, und die irakische Unabhängigkeit im Jahre 1926 mit dem haschemitischen König Feisal hatte er begrüßt.

Von ihrer Mutter aber erzählte Suad kaum, und ihre zwei Jahre ältere Schwester kam nur einmal zu einem Empfang, den wir unseren lieben Begleiterinnen und Gönnerinnen im Raschid-Hotel gaben. In Suads Haus jedoch wurden wir nie eingeladen, wie auch nicht zu Enaams Eltern, die als Großgrundbesitzer immerhin für wohlhabend galten. Enaam erzählte uns, daß ihre

Mutter damals ein Kurdenbaby gekauft habe, damit die kleine Enaam nicht allein aufwachse, sondern mit einer gleichaltrigen Spielgefährtin in der Familie.

»Und wo lebt diese Ziehschwester heute?«

»Sie ist weggelaufen, als wir vierzehn waren.«

Die beiden jungen Damen wuchsen also in traditionellen Familien des Irak auf, kannten »tout Bagdad« und hatten ihre Bildung mit einem dreijährigen Studium in London vervollkommnet. Sie waren in der englischen Geisteswelt ebenso zu Hause wie in der Welt des Orients, im logischen, trockenen, klaren Glaubensgebäude des Islam.

In ausgezeichnetem Englisch, sich gegenseitig berichtigend und ergänzend, versuchten sie nun, uns das Wichtigste davon beizubringen. Zwei Mädchen in einem Nachen auf einem sommerlichen Strom mit zwei jungen Männern als Ruderern, die die sanfte Strömung spielend bewältigen; das war eine Religionsstunde, wie sie keiner von uns in all den Jahren auf der Schulbank erleben durfte. Vielleicht blieb deshalb so viel davon haften, weil es von den Lippen zweier Schönen kam?

»Im Jahre 611 trat der arabische Kaufmann Mohammed (›der Gepriesene‹), der damals etwa vierzig Jahre zählte, mit einer neuen Offenbarung in die unfruchtbare Wüstenwelt Arabiens. Zuvor hatte er ein paar Jahre mit Karawanen in der Wüste verbracht und dort die jüdische und christliche Religion kennengelernt.

Er war um 570 geboren und starb 632. Wie vor ihm Jesus und Buddha, konnte auch er nicht lesen und schreiben. Teile seines ›Korans‹ sind gereimt – Spontandichtungen, die er einer Art von Inspiration verdankte, und aus ihr bezog er seinen Anspruch, etwas Göttliches zu verkünden und ein auserwählter Prophet zu sein. Andere konnten das nicht.

Ist es nicht unglaublich, daß er große Teile seiner Botschaft, die heute vierhundert engbedruckte Seiten umfaßt, anfangs auswendig gepredigt hat – erst später wurden sie aufgeschrieben?« begann Suad.

Ich wandte ein, daß viele Analphabeten über ein besseres Gedächtnis verfügten als die meisten Lese- und Schreibkundigen, wie Forschungen der Völkerkunde bei serbischen Rhapsoden ergeben hätten.

»Diese Sänger konnten ihre alten Heldenlieder ohne schriftliche Unterlagen vortragen: dabei erstreckten sich die umfangreichen Texte nicht selten über eine Vortragszeit von zwei Tagen. Wiederholte Tonaufnahmen ergaben sogar, daß die Rhapsoden nicht ein Wort vergessen oder ausgewechselt hatten.«

»Ihr Westmenschen wollt eben alles rational erklären«, entgegnete Suad, »aber sei's drum! Jedenfalls war es eine recht unbedeutende, fast abgelegene Weltecke, von der aus Mohammed in die Weltgeschichte eintrat: ein dünnbesiedeltes Stück Wüstensteppe zwischen den Einflußsphären von Byzanz und Persien, dessen großenteils nomadische Bewohner noch einen primitiven Glauben an Naturgeister pflegten, wenn sie nicht bereits als Christen getauft waren. Sie hatten zum Beispiel Steine angebetet, wie etwa den ›Schwarzen Stein‹, einen Meteoriten in der Kaaba von Mekka, dessen Verehrung Mohammed weiterhin erlaubte, als eine Konzession an eine so alte Glaubensvorstellung.«

»Auch das Christentum«, merkte ich an, »hat doch seinen Siegeszug von einer fast abseitigen Weltecke aus angetreten, dem herzlich unbedeutenden Palästina – einer römischen Kolonialprovinz. Wüstenhafte Gegenden scheinen ein guter Nährboden für Visionen von Wanderpredigern und Religionsstiftern zu sein.«

»Das wohl«, meinte Enaam, »dieser Vergleich stimmt. Jedenfalls trat Mohammed damals in eine Welt von Juden, Christen und Animisten, die am Rande der Kraftfelder von Konstantinopel und dem persischen Reich lag, mit einer Botschaft, die ihm durch den Erzengel Gabriel als das wahre Wort Gottes offenbart wurde. Dieses ›oft zu Lesende‹ = Koran gab er anfangs mündlich weiter: ›Der eine wahre Gott ist Allah, jeglichem anderen ungleich und transzendent. Dieser ewige und allwissende Schöpfer ist auch die Vorsehung mit absoluter Macht. Die einzig verbindliche Wahrheit auf Erden ist der Glaube an diesen Gott, an seine Engel, seine Offenbarung, seine Propheten, das jüngste Gericht und die Auferstehung, an Himmel und Hölle; ebenso endgültig sind seine Gesetze über Gut und Böse.‹«

»Also bis jetzt merke ich keinen Unterschied zum Christentum«, gab Gustav zu verstehen. »Alles, was du bis jetzt über den Islam gesagt hast, ist bei uns Christen nicht anders.«

Da schaute ihn Suad ebenso liebevoll wie überzeugt an und sagte:

»Wir Muslime kennen keine Dreifaltigkeit: Vater, Sohn und Heiligen Geist. Wir haben nur einen Gott, und der ist niemals Mensch geworden. Jesus gehört zu den Propheten, zu denen auch Moses gehört. Er kann kein Gott sein, wenn er von einer Menschenmutter geboren wurde. Unser Glaube bedarf auch keiner Gnade, denn wir kennen die Erbsünde nicht.

Mohammed hat für den islamischen Kultus jüdische, christliche und andere Riten aufgenommen und nach eigenem Gutdünken abgeändert. Von den Juden übernahm er den Sabbat und verlegte ihn auf den Freitag. Im jüdischen Fastengebot findet der Fastenmonat Ramadan – wo der Muslim zwischen Sonnenauf- und -untergang nichts essen darf – seinen Ursprung. Ganz ähnlich verhält es sich mit den Verboten von Schweinefleisch, Blut, Wein und anderen Alkoholika. Auch die strengen Vorschriften für die Waschungen wurzeln in alttestamentarischen Geboten.

Diese neue Religion Mohammeds hat die in viele Stämme aufgespaltenen Bewohner Arabiens im Glauben vereint; sie hat geholfen, unzählige Stammesfehden zu überwinden, und hat als Sittenlehre unleugbaren sozialen Fortschritt gebracht. Der

Gläubige kennt in der Moschee keine Unterschiede der Rasse, der Herkunft und des Standes. Der karge Gottesdienst ohne bildliche Darstellung und ohne Musik hat ein ausgeprägtes Gemeinschaftsbewußtsein entstehen lassen. Auch hat der Islam seine Priester nicht von den Laien abgesondert. Sie bedürfen keiner Weihe und können heiraten.

Auch ist uns der Begriff des ›Kismet‹ besonders wichtig: Leben und Tod, alle Ereignisse, Zufälle und Erfolge sind vorausbestimmt durch die Allmacht Allahs, des Einzigen. Dieser Glaube trägt wohl ebenfalls zu dem ›panarabischen Gemeinschaftsbewußtsein‹ bei, das über Jahrhunderte hin in diesem Sprachraum den Frieden bewahrte. Islam heißt schließlich ›Friede‹, ›Gottergebenheit‹.«

»Gut. Aber meint ihr beiden Musliminnen nicht, daß dieser Fatalismus, dieser Glaube an das vorbestimmte Schicksal zu einer trägen und resignativen Haltung gegenüber der Lebensgestaltung führt? Zu einer Lähmung der Tatkraft, der Planungsenergie? Das ewige ›Inschallah‹ (So Gott will) bremst doch alles, was mit Risiko verbunden ist und in die Zukunft zielt« – wollte ich wissen.

»Ja, das stimmt. Aber wohin hat euch Europäer eure ungebremste Strebsamkeit geführt? Euer christliches Kreuz ist ja das gleiche Symbol wie das Plus in der Arithmetik, und das heißt ›mehr‹, ›mehr‹, ›mehr‹; die kriegerische Geschichte Europas beweist es doch tausendfach. Ihr seid Eroberer und Aggressoren. Unsere jahrhundertelangen Handelsbeziehungen zu Ostafrika veranlaßten uns dagegen nie, die Länder dort zu erobern.«

»Hoppla! Wer waren denn die blutigen Eroberer des fast gesamten Mittelmeerraumes von etwa 700 an bis zu den Türken vor Wien? Der Islam war doch eine äußerst aggressive, auf Welteroberung ausgerichtete Religion! Und gerade der Fatalismus seiner Krieger ließ sie mit solcher Todesverachtung kämpfen. Wer im Heiligen Kriege fiel, kam doch stracks in den Himmel, genau wie bei den Kreuzrittern der Christen« – entgegnete ich bewußt herausfordernd.

»Da hast du recht. An Aggressivität gaben sich beide Religionen nichts nach. Aber was imperialistische Eroberungen ganzer Erdteile angeht, da seid ihr uns unbedingt überlegen gewesen, da ist der Westen Meister, schon aufgrund seiner rassistischen Verachtung von andersfarbigen Völkern. In allen islamischen Staaten konnten dagegen auch Andersgläubige leben. Sie zahlten eben Kopfsteuern, wie die Armenier im Osmanischen Reich, die Juden in Córdoba, die Drusen bei Damaskus. In allen Kalifaten herrschte Toleranz – und Rassismus gab und gibt es bei uns nirgendwo«, sagte Suad so überzeugend, daß keiner von uns beiden widersprach oder noch weiter diskutieren wollte.

Suad und Enaam gestalteten uns den Aufenthalt in ihrer Heimatstadt Bagdad auf das angenehmste. Ihre arabische Gastfreundschaft kam von Herzen und bereicherte uns ebenso wie sie uns zu überraschen verstand. Eines Abends zum Beispiel hatten wir sie in »Abdullah's Nightclub« eingeladen, wo wir allabendlich auftraten. Wir hatten einen eigenen Tisch im Publikum reserviert, so daß die Gäste an den Nachbartischen erstaunt dreinblickten, als wir von der Tafel auf die Bühne eilten, kurz bevor Sándor Szépezy den Galopp »Happy days are here again« spielte und Mr. Gregor in der Orchestermuschel vor den Musikern seinen Platz eingenommen hatte.

Gustav spielte als erstes den Czárdás von Monti, ich sang meine ersten Lieder, die Ballettratten tanzten »La Seine«, und unsere beiden Begleiterinnen schwangen das Tanzbein, wiegten sich in unseren Armen.

Als Gustav mit seiner Feuernummer den Höhepunkt der Floorshow lieferte, wollte der Beifall nicht enden. Besonders an einem der hinteren Tische erschollen zum Klatschen auch Bravorufe: »Deutschland … Deutschland …«

Da entdeckten wir die zwei Amerikaner vom NCO-Club Ankara: Irvin Bud Calman und John Guth. Sie hatten uns ja dort bereits vorhergesagt, daß wir uns in Bagdad wiedertreffen würden – und wirklich, es hatte geklappt. Ihre Reise mit dem Jeep wollten sie, ebenso wie wir, über den Iran und Afghanistan nach Pakistan und Indien weiterführen. In der »Iraq Times« hatten sie die Besprechungen und Inserate zu unserem Gastspiel bei Mr. Gregor gelesen und so von unserem Hiersein erfahren.

Als »Abdullah's Nightclub« um ein Uhr früh seine Pforten schloß, zogen wir gemeinsam mit Suad, Enaam, Bud und John an das nächtliche Flachufer des Tigris, das gleich nebenan lag und wo bunte Girlanden aus Glühbirnen die Nacht erleuchteten. Dort hatten ein paar Fischbrater Tische und Stühle aufgestellt, denn das sommerliche Niedrigwasser des Stromes gab das Flußufer auf großer Breite frei, und die leichte Brise fächelte Kühlung. An offenen Holzfeuern brutzelten große Fische, die man in zwei lange Hälften zerlegt hatte: Die Innenseite war dem Feuer zugekehrt, und das Ganze fand an dünnen Stöckchen Halt, die im Ufersand staken.

Der »Masguf« des Tigris – so hieß diese Fischart – schmeckte uns köstlich, zumal die Fischbrater die Speise mit Küchenkräutern zu würzen verstanden. Wir hatten uns die Portionen am Feuer ausgesucht, und der eifrige Kellner servierte sie mit Schwung vom Tablett auf den mit einer alten Zeitung gedeckten Tisch, die Hautseite nach unten.

Suad und Enaam zeigten uns, wie man ohne Besteck die Fischhälfte mundgerecht zerteilt – nämlich mit den Fingern. Dazu tranken wir »Spinney's Best«, ein Bier, von dem Bud und John in ihrem Jeep einen Kasten voll mitführten – sie hatten ihn mit Stangeneis kühl gehalten. Welch ein Mahl unter den Wüstensternen der Sommernacht, in der Gesellschaft reizender Damen und guter Freunde, dazu ein feingehopftes, wohltemperiertes Bier, denn »Fisch muß schwimmen«!

Wenn Omar Khayyam als Zecher mit am Tisch gesessen

hätte, wäre ihm wohl ein Vierzeiler für sein Rub'ayat eingefallen. Das war ein Abend nach unserem Geschmack:

Zuerst bei guter Musik ein leichtes Dinner, dann unsere Auftritte im Scheinwerferlicht vor festlichem Publikum, unter einem Regisseur wie Mr. Gregor, der jeden Abend seinen hauchfeinen Oberlippenbart mit einem Augenbrauenstift verstärkte; dazu das Wiedersehen mit den Amis aus Ankara, die auf dem gleichen Wege waren, sowie die anregende Gesellschaft von Suad und Enaam, die sichtlich stolz auf uns waren. Und schließlich die Taschen voller Geld von der fürstlichen Gage!

Zum Abschluß das einfache Mahl am Flußufer, wie es köstlicher nicht zubereitet werden konnte: die Flußfische, frisch vom Fang, saftig und würzig mit wenig Gräten und einem Fleisch, das auf der Zunge zerging. Dazu ein süffiges Bier.

Auch an den anderen Tischen unter den Lichtergirlanden speisten frohe Menschen, ganze Familien mit Müttern und Kindern, und das wunderte uns sehr. Schließlich war Mitternacht längst vorüber! Aus den Lautsprechern dudelte das Schlagerprogramm des Radios, von den Häuserfassaden flußaufwärts strahlte Leuchtreklame in die Dunkelheit, und vom nahen Flugplatz hörten wir das Dröhnen warmlaufender Motoren, Düsenjets gab es noch keine. Leise zog der Strom nach Osten, über uns wölbte sich die Halbkugel der Sternennacht, und in den Palmkronen spielte der Wind. Die Hitze des Tages war gebrochen, man konnte freier atmen und roch den nächtlichen Strom.

Nachdem wir bezahlt hatten, wickelte der Kellner die Gräten in die Zeitung und warf sie in den Tigris. Die sanfte Strömung trug alles davon, während es leise versank und später wohl andere Flußtiere nähren würde.

Die beiden Amerikaner hatten eine ganze Villa gemietet, die einem ihrer Bekannten gehörte, aber leer stand. Da die beiden nur das Erdgeschoß bewohnten, zogen wir ins Obergeschoß ein und übernahmen die halbe Miete.

So hatten wir viel mehr Platz als im Sumer-Hotel, und billiger war es auch. Jeder von uns richtete sich sein eigenes Zimmer ein, ich belegte die moderne Küche mit Beschlag, das Bad war geräumig und weiß gekachelt, der gasbetriebene Durchlauferhitzer funktionierte, und die Feldbetten stellten wir aufs Flachdach.

Die kubistisch gebaute Villa im Bauhausstil stand in einem noblen Außenviertel. Ali, der Diener und Hausmeister, sorgte für das Rasenmähen und schnitt auch die Büsche im Vorgarten; hinter dem Haus lag gleichfalls ein kleiner Garten, den eine mannshohe Mauer umgrenzte.

Schon am zweiten Tag beschwerte sich ein Nachbar, weil wir vom Dach aus in seinen Garten geschaut hätten, wo sich seine beiden Ehefrauen ergingen. Wir baten vielmals um Entschuldigung, hatten auch wirklich keine gesehen. Nachts sorgte ein Wächter für Sicherheit, seine Trillerpfeife wirkte beruhigend, und kein »Dieb von Bagdad« suchte uns heim.

Die beiden Amerikaner gingen täglich auf ihre Botschaft, sie schienen dort Schwierigkeiten zu haben und ließen uns schließlich wissen, daß sie ihre Reise in Bagdad abbrechen müßten. Turbulente Ereignisse in Iran seien die Ursache, denn unter Ministerpräsident Mossadeq sei dort ein »Ölkonflikt« ausgebrochen. Volksmassen würden gegen britische und amerikanische Ausbeutung demonstrieren, würden fordern, die BP – »Benzin Persan« – zu nationalisieren, und nähmen erstmals nach dem Zweiten Weltkrieg eine drohende Haltung gegen das westliche Kapital ein. Uns berührte diese Entwicklung weniger – als Deutsche waren wir ja keine Kolonialherren und Ausbeuter.

Einige Tage nach unserem Einzug ins Haus unterbreitete uns die »Iraq Times« ein tolles Angebot: Gustav als Zauberer und Entfesselungskünstler sollte sich, mit Handschellen gefesselt und in einem versiegelten Sack, von der Tigrisbrücke in die Fluten stürzen, ich sollte ihn dann mit einem Nachen herausfischen, und die »Iraq Times« würde für die Publicity sorgen: mit zehntausend Flugblättern, die am Tag zuvor ein Flugzeug auf die Halbmillionenstadt herunterregnen ließe.

Das Honorar für diese spektakuläre Darbietung sollte unsere kühnsten Erwartungen übertreffen, doch der Trick war nicht ganz ungefährlich. Nicht, daß Gustav keinen Mut dazu gehabt hätte oder mit dem Entfesseln zuviel Zeit brauchen würde, um aufzutauchen, bevor sein Luftvorrat erschöpft wäre – nein! Es waren die zehn Meter Höhe zwischen Fahrbahn und Wasserspiegel, die mir Sorgen machten. Als mittelprächtiger Turmspringer hatte ich oft genug schmerzhaft erfahren, daß die Wasseroberfläche beim Eintauchen bretthart wirken kann. Das Fünfmeterbrett war mir geläufig, auch vom Zehnmeterturm hatte ich schon ein paar Sprünge gewagt. Ich wußte also, daß sich Gustav im Sack in der Hocke zusammenrollen mußte, um richtig einzutauchen.

Als wir das Für und Wider abgewägt hatten, sagten wir der »Iraq Times« zu. Den Termin ließen wir einstweilen offen, weil meine Rettungsfahrt mit dem Nachen zu Gustavs Auftauchstelle noch zu trainieren war.

Unterhalb der Brückenauffahrt hatten die Schwerathleten am Flußufer ihr Clublokal. Ich suchte sie auf und fand lauter Supermänner mit Muskelpaketen an allen Gliedern, auf der Brust, im Nacken, am Rücken. Sie trugen durchweg knapp sitzende Kniehosen aus sämisch gegerbtem Wildleder, hatten ihre Haut geölt, und ihre Schnurrbärte ließen die Pracht und Herrlichkeit gepflegter Barbierkunst überzeugend wirken. Als hellhäutiger Dunkelblondling kam ich mir unter diesen schwarzhaarigen, gesalbten und bizepsgeschwollenen Mannsbildern direkt mickrig vor. Lauter Muskeln und Samenstränge!

Schwere Keulen, mannsdick und meterhoch, mit geschnitzten Ornamenten und zweckmäßigem Handgriff am dünneren Ende, schwangen die Ringer auf und ab, legten sie sich auf die

Schultern oder Oberschenkel und zeigten mir ihre Gewandtheit und Kraft. Einer konnte sogar mit seinen Brustmuskeln im Takt der Radiomusik zucken, abwechselnd rechts und links oder beides gleichzeitig.

Ich wurde den Eindruck nicht los, daß sie schwul seien, zumal mir solche Hilfsbereitschaft, solche Herzlichkeit noch nie zuvor begegnet waren. Vielleicht war ich auch als Westeuropäer ein ungewohnter Typ, und sie bemühten sich deshalb so eingehend um mich. Ob vielleicht auch meine Sängerstimme eine Rolle spielte, konnte ich nicht beurteilen.

Sie behandelten mich aber sehr freundlich und sagten mir sofort ihre Hilfe zu. Sie besaßen nämlich den Nachen, mit dem ich »in See stechen« mußte, und zwar in dem Moment, da der gefesselte und in einen Sack geschnürte Gustav über die Brüstung stürzen würde. Das Unterfangen imponierte den Muskelmännern sehr. Zwei von ihnen wollten den eingesackten Gustav über die Brüstung heben und dann sachte fallen lassen. So konnte ich, wenn ich vom Nachen aus schräg nach hinten und oben blickte, ablegen und in die Strömung rudern, um den auftauchenden Schwimmer, der zuvor in seinem Sack gefesselt war, zu retten.

Abends um sieben Uhr kreiste das Flugzeug über der Innenstadt und warf seine Flugblätter ab. Sie schwebten und taumelten in der Abendsonne auf die Straßen, in die Gassen, über den Suk, auf die Tigrisbrücke, und viele landeten auf dem Strom, wo sie noch eine Strecke hinabtrieben und dann versanken.

Am nächsten Abend drängten sich die Massen auf dem talseitigen Bürgersteig der Brücke und den sanften Flußufern zu beiden Seiten. Um 18 Uhr 45 hatte ich mir den Nachen zurechtgeschoben, saß bereits auf der Ducht, die beiden Ruder in Händen, und einer der Ringer war bereit, das Heck ins Wasser zu schieben, wenn Gustav – etwa 100 Meter weiter oben – über die Brüstung gehoben würde.

Minutenlang verrenkte ich mir fast den Hals beim Ausschauhalten. Da: Zwei Männer stemmten einen Sack von der Brüstung in den Abendhimmel hinauf, die Menge verstummte, und da ließen sie ihn auch schon fallen. Abstoßen! Rudern!

Hinter mir sah ich den Sack die zehn Meter tief unter dem Brückenjoch niederstürzen. Platsch! Dann trieb er mit der Strömung ein paar Meter auf der Oberfläche – und versank. Ich hatte aber noch gesehen, wie sich Gustav darin bewegte, näherte mich schräg der Stelle, wo ich unter Wasser das Treibgut vermutete, und ruderte noch immer, als Gustavs nasser Kopf prustend etwa fünf Meter neben dem Nachen erschien. Er hatte unter Wasser den Sack mit einem Zaubertrick geöffnet, so daß er leicht aussteigen konnte; die Handschellen waren ja schon im Sack auf der Brücke gefallen. Nun warf er den klatschnassen Sack mitsamt den Fesseln zu mir in das Boot und versuchte, von der Seite zu mir hereinzusteigen, brachte mich aber dabei fast zum Kentern.

So trieben wir ein Stück flußabwärts, bis ich ihm empfahl, über das Heck in den Kahn zu klettern. Das tat er dann auch: Wie eine nasse Katze klomm er an Bord, triefend von Kopf bis Fuß, und wir mußten beide laut lachen. Weit hinter uns hörten wir den Beifall der Menge auf der Brücke, die den Zauberer wohl mit ihren Märchengestalten aus Tausendundeiner Nacht in Verbindung brachte.

Die Ringer mit den Dreitagebärten bestaunten uns ehrfürchtig, als ich anlegte, nachdem ich mit der ufernahen Gegenströmung wieder zu ihnen hinaufgerudert war.

Blitzlichter zuckten, wir mußten für Radio Bagdad ein Interview geben, und eine Funkmitarbeiterin legte an Ort und Stelle einen Termin für eine Vierzigminutensendung mit uns fest. »Corano Brothers über Radio Bagdad« – das hatten wir nicht erwartet.

Der Orient lag damals noch im tiefsten Frieden, wenn auch

das Wetterleuchten des persischen Ölkonflikts politische Unbilden ankündigte. Sonst aber ließ uns die Residenzstadt als gefeierte Künstler leben. Mr. Gregor hatte jeden Abend seine Bude voll, aber die Gage erhöhte er keineswegs, obgleich das Publikum vor allem unseretwegen kam. Immerhin verlängerten wir die mündliche Abmachung um eine Woche.

Dazu bekamen wir noch einen Auftritt in dem Fliegerhorst der Royal Air Force, wo der Wing-Commander und seine Kameraden im Offiziersclub die »Corano-Brothers-Show« genießen wollten.

Bei der Aufführung ging es natürlich nicht ohne »Lili Marleen«, das zahlreiche Offiziere noch vom Krieg her kannten; er war ja erst vor sechs Jahren zu Ende gegangen. Auch im »Railway Club« gaben wir noch ein Gastspiel, dieses Mal im Freien unter Palmen, wo der nierenförmige Swimmingpool, von unten beleuchtet, türkis in die Nacht glühte – und wir nach dem Auftritt ein kühles Bad nahmen.

Enaam brachte vom »British Council« ein neues Buch mit, das sie dort in der Bibliothek entliehen hatte. Es trug den eigenartigen Titel »Eastern Approaches« und war 1949 erschienen, Fitzroy MacLean hieß der Autor.

Der junge Brite hatte sich als Botschaftssekretär im Jahre 1936 von Paris in die Sowjetunion versetzen lassen und von Moskau aus Zentralasien und den Kaukasus bereist – allein, mit der Bahn oder zu Pferd. Als der Krieg ausbrach, hatte er sich freiwillig zur Infanterie gemeldet, dann in Nordafrika gegen Rommel in kühnen Stoßtrupp-Unternehmen gefochten und einen iranischen General gefangen genommen, der mit Hitler paktieren wollte. Schließlich war er mit dem Fallschirm in den Bergen Bosniens bei Titos Partisanen gelandet, denen er dann später Churchills Waffenhilfe brachte.

Mir imponierte auch die Ausstattung des Buches, seine Typografie und Illustration, aber besonders die Stelle, wo die Tommies in Nordafrika abends Soldatensender Belgrad einschalten, um Lale Andersen zu hören, wie sie »Lili Marleen« sang.

»...wir hörten uns Jazz, Tommy Handley oder die Acht-Uhr-Nachrichten aus London an. Oder aber Lale Andersen, die neue deutsche Chanteuse, die ihr speziell für das Afrika-Korps gedachtes Lied ›Lili Marleen‹ sang, das von Radio Belgrad – nun in Feindeshand – ausgestrahlt wurde:

Vor der Kaserne,
vor dem großen Tor ...

Ihre rauhe, sinnliche, schwermütige, einschmeichelnde Stimme konnte einen umgarnen, wenn sie auf der eingängigen Melodie, den lasziv sentimentalen Worten verweilte ...«[3)]

Damals konnte ich nicht ahnen, daß 1964 der Sohn des Verfassers, der junge Charlie MacLean, eingeladen von Christoph Stählin, auf das zweite Festival »Chanson Folklore International« auf Burg Waldeck im Hunsrück kommen sollte. Wie schon sein Vater, inzwischen »Sir« Fitzroy, so studierte auch Charlie in Marburg Germanistik. Als er zusammen mit seiner Mutter – Lady Veronica – in Karlsruhe zu Gast war, fragte mein Zwillingsbruder Hein eines Abends:

»Veronica, eure Familie heißt doch MacLean. Kennst du vielleicht einen Fitzroy MacLean?«

»Das ist mein Mann«, antwortete Veronica.

Ich erklärte ihr später, woher uns dieser Name geläufig war. Charlie freute sich, solche Freunde die seinen zu nennen – und seither verbindet uns mit den MacLeans im schönen Strachur House an den Gestaden des Loch Fyne im Herzen von Argyllshire, wo Schottland vielleicht am schönsten ist, eine herzliche Freundschaft. Sir Fitzroy und Lady Veronica haben uns dort

3) Fitzroy MacLean: »Von Männern, Kampf und Mächten«, Seewald Verlag, Stuttgart, Herford, Deutsche Ausgabe,1985

manche unvergeßliche Stunde bereitet, sich an unseren Liedern erfreut und auch mit eingestimmt:

AULD LANG SYNE

Should auld acquaintance be forgot
And never brought to mind?
Should auld acquaintance be forgot,
And days of auld lang syne?

For auld, lang syne, my dear,
For auld, lang syne.
We'll tak' a cup of kindness yet
For auld, lang syne.

And here's a hand, my trusty friend,
And gi'es hand o' thine.
We'll tak' a cup o' kindness yet,
For auld, lang syne.

For auld, lang syne, my dear,
For auld, lang syne.
We'll tak' a cup o' kindness yet,
For auld, lang syne.
TEXT: ROBERT BURNS (1759 – 1796) MELODIE: VOLKSGUT

DIE ALTE ZEIT

Wie lange wir schon Freunde sind,
soll das so schnell vergehn?
Wie lange wir schon Freunde sind,
und die alte Zeit so schön?

Auf unsre alte Zeit, mein Freund,
und mag sie auch vergehn,
so trinken wir den Becher doch
auf die alte Zeit so schön.

Nimm hier die Hand, mein alter Freund,
hier nimm sie unbesehn!
Wie lange wir schon Freunde sind,
soll nicht sobald vergehn.

Auf unsre alte Zeit, mein Freund,
und mag sie auch vergehn,
so trinken wir den Becher doch
auf die alte Zeit so schön.

Sir Fitzroy ist im Juni 1996 hochbetagt gestorben. An seinem Grab neben der Kapelle von Strachur sang ich mit acht Gefährten das Lied vom »Guten Kameraden« und auch »Lili Marleen«. Erst dort erfuhren wir, daß der schottische Schriftsteller Ian Fleming, als er die Figur James Bond erfand, seinen Freund Fitzroy MacLean als Vorbild dafür genommen hatte.

Wir hatten vor einem halben Jahr die Reise praktisch ohne einen Pfennig Geld begonnen. Jetzt, nach über neuntausend Kilometern, hatten wir ungefähr die halbe Strecke zurückgelegt und dabei nicht nur gutes Geld verdient – unsere Namen waren auch bekannt geworden, unsere Kunst geschätzt, und Finanzfragen waren kein Risiko mehr. Wohl jedoch die Qualität der Straßen in den verkehrstechnisch kaum erschlossenen Ländern, die jetzt vor uns lagen. Ob wir tatsächlich gewagt hätten, diese Strecke in Angriff zu nehmen, wenn wir gewußt hätten, was auf uns zukommen würde, bleibt fraglich. Vor allem die Tausende von Kilometern zwischen Teheran und dem Kaiberpaß am Hindukusch gaben uns Rätsel auf, die wir erst vor Ort lösen konnten.

Dazu kam Coras Altersschwäche. Wir wußten nicht einmal genau, wie viele Kilometer sie schon vor uns zurückgelegt hatte. Doch waren wir sicher, daß der Beiwagen auf keinen Fall weiterhin überladen und hochbepackt werden durfte, wollten wir jemals Calcutta erreichen.

»Die Winterreise« durch die Gebirgsländer Irans und Afghanistans bedurfte sorgfältiger Planung – nicht nur motortechnisch, sondern auch im Blick auf die Streckenaufteilung. Allein drei hohe Gebirgsketten galt es bis nach Teheran zu überwinden.

Im Hochland von Iran durften wir das Spätjahr nicht mehr allzu weit ausdehnen, denn bei einer Durchschnittshöhe von etwa 1800 Metern konnte der Winter dort ziemlich früh einbrechen. Wie die Brücken über die afghanischen Gebirgsflüsse beschaffen waren, wußte uns niemand zu beschreiben, denn diese Strecke hatte noch keiner befahren, den wir kannten.

Unsere Reisedokumente, ohnehin nur »temporary«, das heißt befristet, waren schon randvoll gestempelt und mit Eintragungen überfüllt. Für weitere Sichtvermerke, Einreise-, Durchreise- und Ausreisevisen war kein Platz mehr. Die Bundesrepublik Deutschland war jedoch in Bagdad überhaupt nicht vertreten, weder konsularisch noch durch eine Botschaft. Ersatzweise war Frankreich dafür verantwortlich, und so begaben wir uns zum Zweck der Erweiterung unserer »Temporary Travel Documents« auf das französische Konsulat.

Noch keine zwei Minuten hatten wir im Vorzimmer gewartet, als der Konsul schon aus seinem Arbeitszimmer trat:

»Sie können sich kaum vorstellen, wie mich Ihre Bekanntschaft freut! Ich habe Sie gleich am ersten Abend in ›Abdullah's Nightclub‹ gesehen und gehört. Als Bretone hat mir besonders zugesagt, daß Sie ›La Mer‹ gesungen haben von Charles Trenet. Wie gut ist denn Ihr Französisch, bitte?«

Der jugendliche Konsul war kaum älter als wir, trug kein Jackett über dem weißen Sporthemd und hatte uns mit seiner Freundlichkeit sehr überrascht.

»Ach Gott, Monsieur, wir haben erst nach dem Krieg in der Schule mit Französisch begonnen, deshalb sprechen wir es nicht fließend, obgleich wir Ihre Literatur schätzen. Unsere Heimat liegt ja in der französischen Besatzungszone, aber unsere Kontakte zur Besatzungsmacht waren eher gering …«

Wir schilderten dem jungen Konsul unsere Misere mit den vollen Seiten im Reisedokument.

Da erbat er sie sich beide, nahm aus seinem Schreibtisch ein paar DIN-A4-Blätter, die er in der Mitte auf DIN-A5 teilte. Die faltete er dann und heftete jedem von uns mit Hilfe zweier Klammern weitere sechzehn Seiten in den Falz des Reisedokuments.

Jede Seite versah er mit einem roten Stempel, auf dem der Schriftzug »Légation de France« eine sitzende weibliche Figur umrundete, die mit der Rechten das Rutenbündel der Republik auf ihr Knie stützt. Das Knie war von einer wallenden Toga verhüllt und das Haupt von einem Strahlenbündel umgeben, ähnlich wie die Freiheitsstatue vor New York.

»Ce titre de voyage est également valable pour Pakistan, Burma, Siam, Malaysia, Singapoor, Indonesia, Australia, Iran, Afghanistan, East-Pakistan, Thailand, New-Zealand, Ceylon. Fait à Bagdad le 26 Sept. 1951« trug er handschriftlich mit schwarzer Tinte ein, daneben auch die fortlaufende Seitenzahl, und händigte jedem das Wunderwerk aus: ohne Gebühr, ohne Warten, ohne Bakschisch!

»Sagen Sie bitte, Herr Pfirrmann, wie haben Sie denn den Sturz von der Tigrisbrücke überstanden? Die Wasseroberfläche kann doch beim Aufschlag recht hart wirken. Den Bericht in der ›Iraq Times‹ habe ich mit Spannung gelesen. Meine Hochachtung!«

Dieser junge Diplomat hat in uns eine Freundschaft zu Frankreich geweckt, die sich in der Folge sowohl vertiefte als auch breiter wuchs. Er half uns ohne das geringste Zögern, er vertraute uns blind und erwartete keine Gegenleistung. Der Gedanke, erneut einem sturen und engstirnigen Beamten einer fremden Macht zu begegnen, war ja seit Rutba in unseren Köpfen sehr bildhaft gespeichert – hier aber wurden wir angenehm überrascht.

Seither habe ich Frankreich hundertfach bereist, auch im Auftrag der Goethe-Institute, des Akademischen Austauschdienstes und anderer Institutionen. Unser Nachbarland kenne ich wahrscheinlich besser als Deutschland, dessen östliches Drittel jahrzehntelang so gut wie unzugänglich war.

Mit Frankreich aber bin ich von Herzen verbunden und freue mich, so nahe an seiner Grenze zu leben, wenn mir auch so manches an seiner Sprachenpolitik im Elsaß und in Lothringen nicht paßt.

Der Termin für die Radiosendung rückte näher, und eines Tages war es so weit. In der Heimat wußten sie Bescheid und konnten Radio Bagdad mit dem »Bandspreizer« auf Kurzwelle empfangen. Die Sendung ging »live« in den Äther, wir gestalteten sie ohne fremde Hilfe. Die Funkmitarbeiterin stammte aus den USA und war mit einem Iraki verheiratet, der dort studiert hatte. Sie war die einzige Frau aus dem Westen, die allem Anschein nach in ihrer Wahlheimat ihr Leben frei gestalten durfte, wie wir bei einer Einladung in ihrem Hause überrascht feststellten.

Später las man dann in der »Rheinpfalz« Gustavs Bericht:

»Nach den ›News‹ und einer kurzen englischen Einführung sangen wir das Sehnsuchtslied der Nerother Wandervögel ›Trampen wir durchs Land‹. Die ruhelose Maschine gab den Takt an, und glücklich stimmten wir ein. Dann sprach Oss zur Heimat, während ich im Hintergrund leise mit dem Akkordeon untermalte. Er erzählte von unseren Grenzübertritten, von den harten Wochen und Monaten in Italien, dem wundersamen Hellas, der Freundschaft der Türken, von der Stadt Damaskus und der langen Wüstenfahrt.

Dann sangen wir wieder gemeinsam das Lied ›Es klappert der Huf am Stege‹. Anschließend sprach ich über unsere weiteren Ziele, unsere beabsichtigte geschäftliche Tätigkeit, die vermutlichen Schwierigkeiten und das Glücksgefühl, das uns auf dieser Reise in die Welt beseelt. Manche Pirmasenser Freunde werden erstaunt gewesen sein, als ich sagte, daß wir von Asien aus zunächst nicht nach Europa zurückkehren wollten. Ein Deutscher muß heute in die Fremde, um noch stolz auf sein Vaterland sein zu können.

Dann grüßten wir unsere lieben Angehörigen, Freunde und Helfer, alle Wandervögel der Welt und die Leser der ›Rheinpfalz‹. Das Lied ›Wilde Gesellen, vom Sturmwind umweht‹ beendete den ersten Teil der Sendung. Nach dem Heimatprogramm begannen wir den musikalischen Teil unserer Sendung. In Deutsch und Englisch sagte ich unser Programm an; eine musikalische Reise von Pirmasens bis Bagdad. Wir begannen mit dem Lied ›In de Palz sinn mir dehääm‹. So sangen wir von jedem Land, welches wir durchreist hatten, ein charakteristisches Lied. Noch ein herzlich gehaltener Gruß, die Versicherung, daß auch unsere Gedanken in der Fremde immer in der Heimat weilen, dann beschließt das schöne deutsche Lied ›Weit ist der Weg zurück ins Heimatland‹ unsere Bagdader Rundfunksendung.«

An den Wassern von Babylon

Eines Nachts erwachte ich in meinem Feldbett auf dem flachen Dach durch einen kühlen Luftzug. Mich fröstelte. Die Frische war durch das dünne Leintuch gedrungen, und ich spürte sie mit Entzücken auf meiner Haut. Sie wirkte wohltuend und kündigte das Ende der Hitze an, die uns seit Anatolien Tag und Nacht verfolgt hatte. Jetzt, Mitte Oktober, kam mit diesem Luftzug der Herbst. Ich genoß das leichte Frösteln.

»Gustav, spürst du den Gruß des Nordens?«

»Angenehm. Ich friere.«

In den Palmenkronen neben dem Flachdach raschelte der Nachtwind. Ich lag auf dem Rücken und blickte zum Himmel, wo dunkle Wolken vor den Sternen herzogen. Der Wind trieb sie von Norden nach Süden. Sie kamen von den Bergländern Kurdistans. Mit Wolken und Wind ging der Sommer mit seiner erbarmungslosen Hitze zu Ende. El Hamdulillah! Gott sei Dank!

Weil John und Bud ihre Reise aufgeben mußten und vor der Heimkehr ihre ganze Ausrüstung verkaufen wollten, planten wir vorher noch eine gemeinsame Fahrt nach Babylon, dessen Ruinen unweit des Euphrats, etwa achtzig Kilometer entfernt, am Rande der südlichen Wüste lagen. Wir packten also die erforderliche Ausrüstung in den Jeep der beiden Amerikaner und machten uns auf den Weg. Das war doch ein anderes Reisen als auf der Cora! Wir saßen höher und konnten folglich mehr sehen. Der Fahrtwind wehte durch den seitlich offenen Wagen und brachte Kühlung, das Segeltuchverdeck spendete Schatten.

Die Straße führte über einen Damm und gab den Blick frei auf Bagdads Vorstädte nach Südosten hin, die unter einer gelben Dunstglocke lagen. Vor den Lehmhütten mit ihren Schilfdächern, »Scherifas« genannt, starrte uns das Elend aus halb und ganz erblindeten Kinderaugen an. Diese Blindheit wird durch das Trachom, eine hartnäckige Augenkrankheit, ausgelöst; Fliegen übertragen die Keime.

An schwelenden Feuerstellen unter freiem Himmel strotzte die Armut vor Dreck und Trostlosigkeit. Mist und Küchenabfälle glosten vor sich hin. Neben erbärmlichen Wohnhöhlen häuften sich Müllberge. Vor den Hütten kräuselte der Rauch in den Morgenhimmel und verpestete die Luft. Manchmal dienten aufgeschnittene Blechkanister als Hüttenwände, aber zumeist bestanden die Bruchbuden aus luftgetrocknetem Lehm, mit Stroh verstärkt.

Hinter diesen Elendshütten standen angepflockte Esel und hielten die Köpfe gesenkt; Hunde lungerten im kargen Schatten, und barfüßige, schmutzige Gestalten, verschleiert oder halbnackt, hängten Lumpen auf Drähte, führten Kinder an der Hand, verschwanden in Türöffnungen oder blickten teilnahmslos an uns vorbei. Der Oktoberwind blies Staubfahnen empor.

Woher holten diese Elenden ihr Wasser? Wo verrichteten sie ihre Notdurft? Wie bestritten sie ihren Lebensunterhalt? Ihre »Scherifas« gruppierten sich in der Nähe technischer Einrichtungen, bei Wassertanks und Eisenbahnwerkstätten. Gingen die Männer dort zur Arbeit?

Auf der anderen Seite der Straße arbeitete eine große Ziegelei. Ihre Schornsteine bliesen gelben Rauch in den Himmel, und die Ringöfen spuckten heiße Backsteine aus. Erbärmliche, halbnackte Teufel schoben riesige Karren mit roten Ziegeln auf die Lagerplätze, um sie dort auf verdreckte Lastwagen zu laden. Der Ziegelstaub wehte empor und senkte sich als rotbraune Wolke auf das Elendsviertel jenseits der Straße. Wolkenschatten huschten über die Schilfdächer und die schwelenden Feuerstellen vor den Hütten.

Sieben Jahre später sollte die Revolution der Armee das haschemitische Königshaus hinwegfegen, sollte der junge König, von den Kugeln seiner Palastwache getroffen, in seinen eigenen Gemächern sein Leben lassen. Nuri Said, sein Ministerpräsident, wollte noch – als alte Frau verkleidet – durch die engen Gassen der Altstadt flüchten. Aber der Mob entdeckte ihn, zerfleischte ihn auf der Stelle und zerrte den entstellten Leichnam auf offener Straße durch den Staub. Seitdem sollte der Irak weder Ruhe noch Frieden finden. Die Revolution hat sich selbst samt ihren Kindern aufgefressen. Acht Jahre Krieg zwischen Iran und Irak haben das Land an einen Abgrund geführt, in den es beinahe zu Tode stürzte, als 1991 amerikanische, französische, britische und saudiarabische Truppen Kuweit befreiten und Bagdads Glanz fürs erste auslöschten.

Dabei hatte der fruchtbare Halbmond Arabiens während der Hochkulturen in der Antike weitaus bessere Tage gesehen. Später aber waren die Bewässerungssysteme Mesopotamiens unter den Beduinenkriegern Mohammeds verkommen, und ein Großteil des fruchtbaren Halbmonds war wieder zur Wüste geworden.

Nomaden – und das waren ja die Beduinen – verstehen eben nichts vom Ackerbau. Zudem versagte ihnen ihre fatalistische Wüstenreligion jegliche Initiative, die für die Gestaltung einer Zukunft nötig gewesen wäre. Erst die Israelis haben innerhalb weniger Jahrzehnte das Stück Wüste, das sie sich ertrotzten, in einen Garten verwandelt.

Milliarden und Abermilliarden Dollars der Ölscheiche Saudiarabiens und Omans vermehren sich heute auf Schweizer Konten, leisten aber nichts für ihre Länder und ihre Völker. Alles, was sie bisher zustande brachten, waren neue Flugplätze, Luxushotels, Paläste und hochbezahlte britische Söldner zum Schutz dieses Reichtums. Die Mehrheit der Bevölkerung aller arabischen Länder steckt heute im Elend wie eh und je, denn der angestammte islamische Fatalismus läßt keine Änderung zu, selbst wenn junge Generationen aufgeschlossener Muslime technischen Fortschritt einleiten möchten und soziales Denken gelernt haben. Die Reichen und Einflußreichen Arabiens haben bisher alle Ansätze im Keime erstickt. Die »Scherifas«, die man auch heute noch überall findet, sprechen ebenso laut wie stumm.

Wer, wie wir, das Elend der Nachkriegszeit in den Ruinenwüsten der zerbombten Städte mitgemacht hatte, konnte sich in die Not dieser Scherifas hineinversetzen. Bud und John jedoch, die aus feinstem amerikanischen Establishment der Ostküste stammten, blieb das versagt.

Flott rollte der Jeep nach Süden. Hinter uns blieben die Elendsviertel der Vorstädte und die Ziegelei. Vor uns dehnte sich plattes Land, tischeben und staubig, mit ein paar abgeernteten Feldern – eine trostlose Gegend zwischen Stadtrand und Halbwüste. Über diese leere Einsamkeit hinweg erkannten wir schon bald ein riesenhaftes Gebäude. Immer höher schwang sich der Bogen eines Gewölbes, bis wir fast darunter standen. Eine Ruine, mehr als 35 Meter hoch und achtzig Meter breit, mit sechs Meter dicken Grundmauern an beiden Seiten, und neben dem Gewölbebogen noch ein Mauerrest von etwa fünfzig Metern Länge und wohl zwanzig Metern Höhe, etwa vier Meter dick: Ktesiphon, die Ruine der Königshalle und des Palastes der Sassaniden aus dem sechsten Jahrhundert nach Christus. Wie andere Paläste dieses iranischen Reitervolkes, so hatte auch dieser aus einem geräumigen, mächtig gewölbten Mittelteil mit zwei prächtig verzierten Seitenflügeln bestanden. Erst im Jahre 1908 hatte eine Überschwemmung den rechten Flügel zum Einsturz gebracht.

Durchs Tor der Rückwand gingen wir staunend in die ehemaligen Gemächer des Königs. Die architektonische Meisterleistung des hohen Ziegelgewölbes mit einer Spannweite von beinahe dreißig Metern kann sich den bedeutendsten römischen und byzantinischen Bauten zur Seite stellen. Seine Bauweise erinnerte unverkennbar an jene der Spätantike, wie wir sie bei unserem Aufenthalt in Rom kennengelernt hatten und schon vorher durch die Porta Nigra in Trier.

Wie die Sage berichtet, hatten die Moslemkrieger im Jahre 637, nach ihrem Sieg über die Sassaniden, mit fassungslosem Erstaunen vor den unermeßlichen Schätzen dieses Palastes gestanden. Kurze Zeit später waren ihre Kalifen hier eingezogen und hatten Ktesiphon zur Residenz genommen.

Gleichzeitig übernahmen sie auch die »Ritterlichkeit«, die Heraldik und die Reiterspiele von ihrem sterbenden Gegner, dessen Ehrenkodex sie noch hundert Jahre später nach Spanien und von dort in die Welt der europäischen Ritterschaft brachten.

Fast eintausend Jahre lang hatte sich hier zwischen Mesopotamien und Indien eine Kultur entwickelt, die man je nach Epoche persisch, iranisch oder parthisch nennt. Diese Hochkultur, die dort im sechsten Jahrhundert vor Christus erwachsen war und das Erbe der alten Sumerer, Babylons und Ninives angetreten hatte, konnte es als einzige an Bedeutung mit der klassischen Kultur Griechenlands und Roms aufnehmen und war bis in die byzantinische Epoche am Leben geblieben.

Hier hatte der Tigris lange Zeit die Grenze zwischen dem Abend- und dem Morgenland gebildet. Das iranische Reitervolk der Parther hatte ein Reich beherrscht, das sich von der Südküste des Kaspischen Meeres bis zum Euphrat als seiner Westgrenze erstreckte. Die römische Besatzung in Seleukia auf dem Westufer des Tigris – einer hellenistischen Gründung vom Ende des Alexanderzuges – hatte im zweiten Jahrhundert nach Christus die berittenen Bogenschützen der Parther bekämpft. Hier, am Ufer des Tigris, war Romas Macht im Morgenland zu Ende. Die trostlose Wüstensteppe der Gegend um die Palastruine von Ktesiphon wirkte bedrückend. Selbst Bud Calmans Limericks waren verstummt, als wir auf den gebrannten Ziegelmauern herumstiegen, von Dohlen umflattert. Noch bevor es dunkelte, lagerten wir abseits der Ruine.

Bud erzählte von seinen Einsätzen als Marine-Infanterist im Zweiten Weltkrieg. Er war zwei Jahre älter als wir und hatte zuletzt bei der Landung auf der japanischen Insel Iwo Shima gekämpft, »in der dritten Welle«, wie er betonte. Wir alle erinnerten uns an das berühmte Foto von der Einnahme dieses Eilandes, als drei »Marines« dort das Sternenbanner »aufpflanzten«. Meine eigenen Abenteuer als »Simplizissimus« in den Abwehrkämpfen gegen die Sowjetarmee in Brandenburg waren nicht weniger blutig, dafür aber tragischer gewesen – schließlich verloren wir ja den Krieg.

In der Nacht zog eine Karawane ganz nahe vorbei: Wir hörten das Grunzen der Kamele, ihre Schritte im Sand, das Läuten der Glocken an den Tierhälsen und das »Krii, krii« der Treiber in der Nacht. Sie zogen nach Süden. Als wir am nächsten Vormittag den Tigris erreichten, erzählte uns der Fährmann, der, bärtig und barfuß, in Turban und Jelaba, dem weiten Gewand, sein flachgängiges Wasserfahrzeug über den Fluß steuerte, daß er vom Morgengrauen bis kurz vor unserem Eintreffen die Karawane an das Südufer hinübergebracht habe. Sein Zwölfzylinder-Dieselmotor trieb die Fähre sicher hin und zurück. Die Karawane war aus Iran gekommen, und die Ladung der Kamele hatte aus einbalsamierten Leichen wohlhabender Schiiten[4)] aus

4) Nach Mohammeds Tod im Jahre 632 spaltete sich der Islam im Streit um die erbliche oder apostolische Nachfolge in die Sunniten und Schiiten auf. Die Sunniten, auf deutsch »Rechtgläubige«, führten die apostolische Nachfolge ein mit den Kalifen Abu Bekr, Omar und Othman in Mekka. Die erbliche Nachfolge bei den Schiiten, auf deutsch »Sektierer«, galt dagegen Mohammeds Tochter Fatima, der Ehefrau von Ali, dem Vetter des Propheten. Die Schiiten machten Ali zum vierten Kalifen. Er wurde aber im Jahre 661 ermordet, und das Kalifat erlosch. Aber die »Sekte« der Schiiten blieb bestehen.

dem persischen Hochland bestanden, die zur Beerdigung im irakischen Wallfahrtsort Kerbela bestimmt waren. Diese heilige Stadt dient den Schiiten als Grablege.

Wie gut, daß wir beim Einschlafen am Abend zuvor nicht gewußt hatten, daß die Kamele da ein paar hundert Leichen an uns vorbeitrugen! Die Totenglocken an den Tierhälsen und das »Krii, krii« der Treiber in der Oktobernacht hatten uns in den Schlaf gewiegt. Aber auch das edle Gebräu Marke »Spinney's Best« wirkte als Schlaftrunk.

Wir verließen die Fähre und bezahlten den Fergen für seine Dienste und das gute Gespräch. Nur etwa 48 Kilometer breit erstreckt sich hier das Zwischenstromland. Der Tigris bringt es zwar lediglich auf 1950 km Länge, führt aber viel mehr Wasser als der entschieden langsamer fließende Euphrat. Dafür hat dieser von der Quelle bis hierher 800 km mehr zurückgelegt, um das gleiche Gefälle zu überwinden, und deshalb strömt er nicht so schnell.

Was wußte ich bisher von Babylon? Außer dem Stichwort »Turmbau zu Babel« hatte ich kaum etwas von dieser Stadt gehört, zumal auch mein Geschichtsunterricht – ohnehin sehr schütter – sie unterschlagen hatte. Ich wußte nur, daß wir uns jetzt auf uraltem Kulturboden bewegten, daß hier vor vielen tausend Jahren eine Hochkultur entstanden war, während in Europa die Jäger und Sammler der Mittleren Steinzeit gerade die Jurte erfunden hatten. Um die Wende zum 4. vorchristlichen Jahrtausend lassen sich in Mesopotamien schon Ackerbau und Kupferverhüttung nachweisen. Der älteste Kulturboden der Menschheit, das junge Schwemmland, auf dem die Sumerer und Babylonier gesiedelt hatten – die Sumerer von etwa 3500 bis 2000 v.Chr. – ragt nur ganz wenig über die Sumpfniederungen und Flußläufe empor.

Hier also hatten die Sumerer vor vielen tausend Jahren ihre Kanäle angelegt und das Land bewässert. Sie hatten die im Frühjahr ständig von Überschwemmungen bedrohte Ebene durch Dämme geschützt und durch organisierte Macht den Reichtum des Wassers verteilt. Weil diese Leistungen nur systematisch zu vollbringen waren, entstand hier auch, bereits im vierten Jahrtausend vor Christus, die erste Schrift, eine Bilderschrift. Mit ihrer Hilfe konnten die Organisatoren die Mengen und Arten festschreiben, die von den Pflanzern abzugeben waren. Diese Steuerlisten ritzte man auf Tontafeln, und aus dieser Bilderschrift, den »Hieroglyphen«, entwickelte sich später die Keilschrift, deren Anfänge vereinfachte Piktogramme waren. Sehr viel später entstand daraus auch die Buchstabenschrift.

In der Altsteinzeit ritzten die Menschen noch Bilder auf Steine oder Knochen, ihr einziges Schreibmaterial. Als sie später im Schwemmland tonhaltige Erde fanden, konnten sie daraus Tontafeln herstellen, und mit einem Griffel aus Holz oder Horn kerbten sie ihre Zeichen in deren Oberfläche; dann drückte ein Schreiber sein Siegel auf das Dokument des Priesters, des Königs, des Sterndeuters, des Händlers oder Steuereinnehmers, und danach wurde der Ton im Ofen gebrannt und die Tafel war hart wie Stein.

So hatte die wirtschaftliche, soziale und geistige Entwicklung der Menschen zu einer Erfindung von eminenter Bedeutung geführt: zur Schrift. Sie war schlichtweg notwendig geworden, um beispielsweise Ansprüche auf Eigentum festzuhalten oder Besitzverhältnisse zu klären. Was folgerichtig aus der Situation und den Erfordernissen der Gesellschaft entstanden war – die Schrift –, das führte dann bald schon zur Aufzeichnung von Begebenheiten und damit zur Geschichte, genauer: zur Geschichtsschreibung.

Die Bibel läßt nach der Sintflut die Söhne und Enkel Noahs aus Armenien ins Zwischenstromland einwandern. In der Luther-Übersetzung liest sich das so:

»Da sie nun zogen gen Morgen, fanden sie ein ebenes Land

im Lande Sinear, und wohnten daselbst. Und sie sprachen untereinander: ›Wohlan, lasset uns Ziegel streichen und brennen!‹ Und nahmen Ziegel zu Stein und Erdharz zu Kalk und sprachen: ›Wohlauf, laßt uns eine Stadt und einen Turm bauen, des Spitze bis an den Himmel reiche, daß wir uns einen Namen machen! Denn wir werden sonst zerstreut in alle Länder.‹ Da fuhr der Herr hernieder, daß er sähe die Stadt und den Turm, die die Menschenkinder bauten. Und der Herr sprach: ›Siehe, es ist einerlei Volk und einerlei Sprache unter ihnen allen, und sie haben das angefangen zu tun; sie werden nicht ablassen von allem, was sie sich vorgenommen haben zu tun. Wohlan, lasset uns herniederfahren und ihre Sprache daselbst verwirren, daß keiner des anderen Sprache verstehe!‹ Also zerstreute sie der Herr von dort in alle Länder, daß sie mußten aufhören, die Stadt zu bauen. Daher heißt ihr Name Babel, daß der Herr daselbst verwirrt hatte aller Länder Sprache und sie zerstreut von dort in alle Länder.« (Gen. II, 1 – 9)

Im Abendland hatte man diesen Bibeltext bis vor ein paar Jahrzehnten als Legende angesehen.

Nun aber näherten wir uns der Stelle, wo Babylon einmal gestanden hatte, und sahen auf der Ebene viele kleine Hügel, »Tels« genannt. Das arabische Wort bedeutet in der Fachsprache der Archäologen einen »Hügel, in dem Ruinen liegen«. Diese Tels waren also vor langer Zeit kleine Dörfer, Siedlungen, Villen gewesen. Von solch einem Tel aus entdeckten wir dann sechs Erdwälle, die parallel nach Osten strichen, ehemalige Böschungen von Kanälen, die das Wasser des Euphrat in die Anbaugebiete gebracht hatten. Beides, die zahlreichen Hügel in dem heute unbebauten Land und die Böschungen der Kanäle, bewiesen ganz klar, daß früher das Land viel dichter besiedelt und intensiver bewirtschaftet war als heute.

Der Oktobertag war um die 22 Grad warm, also nicht mehr heiß, und so genossen wir die Temperatur und heuerten an einer kleinen Teebude einen Führer an. Außer uns sahen wir keine Touristen. Den alten Mann in Jelaba, Turban und Sandalen zierte ein stattlicher Vollbart, der ihn über unsere jungen Bärte nur lächeln ließ. Wegen der Amerikaner Bud und John sprachen wir untereinander englisch.

An der Straße zeigte ein kleines Schild nach Süden mit der Inschrift »Ruins of Babylon«. Wir schlenderten ein paar hundert Meter auf ihr und kamen allmählich mit unserem Führer ins Gespräch, der leidlich englisch verstand. Ich schenkte ihm eine Schachtel Zigaretten.

Dann zweigte eine schmale Asphaltstraße ins Ruinengebiet ab. Es wirkte aber verlassen und traurig, und wir waren beim ersten Anblick enttäuscht. Ich dachte an die Akropolis über Athen oder an das Forum Romanum. Dort war ich berührt gewesen vom Geist der Geschichte und der architektonischen Leistung. Hier huschten keine Eidechsen über bröckelnde Wände, um hinter knorrigen Olivenbäumen und grünen Oleanderbüschen zu verschwinden. Nur gelbbrauner Lehmstaub allerorts, gelbbraune Ziegelmauern, gelbbraune Palastruinen, die im Schutt der Jahrtausende staken. An den schrägen Mauerwänden des Ischtar-Tors bestaunten wir die Reliefs der Fabeltiere aus gebrannten Ziegelsteinen, die »Schlangengreife«. Diese Drachen galten als das heilige Tier des obersten Gottes Marduk. Das vierbeinige Wesen hat als Vorderfüße Klauen, als Hinterfüße Adlerkrallen.

Sein schlanker Schuppenleib geht in einen langen Hals über, auf dem ein Schlangenkopf den Rachen aufreißt mit gespaltener Zunge. Das Fabeltier sollte die Fremden bedrohen, wenn sie die Stadt betraten. Auch andere Tiergestalten konnten wir als Relief-Figuren in den schrägen Mauern bewundern: Stiere und Löwen.

Dann schritten wir auf der 23 Meter breiten Prozessionsstraße durch das Ischtar-Tor, während unser Führer knappe Erklärungen in schlechtem Englisch gab. Wir bestaunten das Straßenpflaster aus breiten Kalksteinplatten, die mit Asphalt – Luthers »Erdharz« – verfugt waren.

Ich fragte Gustav auf deutsch:

»Die Stadtmauer soll doch gewaltig sein. Weißt du, wo sie liegt?«

Noch bevor er antworten konnte, drehte sich der Fremdenführer um und sprach mich in fehlerfreiem Deutsch an:

»Suchen Sie die Stadtmauer? Ich führe Sie gleich hin.«

Wir rissen Mund und Nase auf: Der Alte sprach deutsch wie wir! War er gar ein Deutscher? Nein, das konnte nicht sein, denn sein ganzes Aussehen und Gehabe war das eines Orientalen. Der Alte selbst war fast genau so überrascht wie wir. Ich fragte ihn:

»Sie sprechen ja deutsch! Haben Sie mal in Deutschland gelebt?«

»Nein, meine Herren, ich ging als Junge zu den deutschen Archäologen, die als erste Babylon ausgruben. Im Jahre 1899 kam ich als Hilfsarbeiter zu den Ausgräbern und wurde nach ein paar Jahren Vorarbeiter. Da konnte ich Ihre Muttersprache schon ganz gut sprechen. Unter Herrn Koldewey ist es mir achtzehn Jahre lang gut gegangen. Der hat ja hier die Ausgrabungen von 1899 bis 1917 geleitet, als wir noch Provinz des Osmanischen Reiches waren. Dann aber war meine gute Zeit zu Ende. Ich freue mich, mal wieder deutsch sprechen zu können. Während des Krieges hatte ich keine Gelegenheit dazu. Und die letzten paar Jahre war hier gar nichts los. Vielleicht aber wird es bald besser. Ob ich das noch erleben werde? Ich bin fast siebzig alt und habe außer meinem kleinen Teehaus am Eingang kein Einkommen.

Der richtige Name der Stadt ist übrigens Babel, das heißt auf deutsch ›Tor Gottes‹. ›Babylon‹ ist dagegen ein griechisches Wort, denn Alexander der Große wollte hier die Hauptstadt seines Reiches bauen. Doch als der Reiterkönig im Jahre 323 vor Christus am Euphrat seinen Kriegszug nach Indien beendet hatte, da bestanden sowohl die Wohngebiete als auch die Tempel und der Turm von Babel nur noch aus Trümmern. Alexander wurde hier von der Malaria hinweggerafft, und aus den Backsteinen der Trümmerstätte errichteten seine Satrapen die Stadt Seleukia auf dem rechten Ufer des Tigris, wo sie bis zum Jahr 64 vor Christus Hof hielten.

Schon um 2000 vor Christus waren semitische Einwanderer hier aufgetaucht und hatten die Sumerer abgelöst. Ihre Macht konzentrierte sich in neuen Hauptstädten, schließlich in Babylon selbst. Zu dieser Zeit ist ein Wendepunkt erkennbar zwischen dem Aufkommen der neuen und dem Abstieg der alten Kräfte. Babel entwickelte sich nun zu einem der namhaften Zentren des Orients.

Was Sie hier ausgegraben sehen, entstand erst viel später, unter dem König Nebukadnezar, der von 604 bis 562 vor Christus regierte. Er hat Babel, das vorher durch die Assyrer schwer gelitten hatte, so wunderbar ausgebaut, wie man es noch heute ahnen kann. Großartige Bauwerke entstanden unter seiner Regentschaft. Allein die ›Medische Mauer‹ zwischen Euphrat und Tigris ist neunzig Kilometer lang. Sie sollte die Stadt gegen Einfälle aus dem Norden schützen, also von Persien her. Ein gewaltiges Wasserbecken, sechzig Meter tief und mit einem Umfang von 26 Kilometern, half, das Wasser gleichmäßig auszuteilen. Über den Euphrat ließ er die erste Steinbrücke schlagen und die Stadtteile an beiden Ufern miteinander verbinden.

Aber die Stadtmauer, nach der Sie vorhin gefragt haben, übertrifft noch die anderen Bauwerke. Sogar den Turm von Babel hat Nebukadnezar vollenden lassen, aus Backsteinen, die man zu Klinkern gebrannt hatte. Daneben hat er auch Gärten anlegen lassen, eine Zitadelle gebaut und ebenso die Prozessionsstraße, auf der wir gerade gehen.«

Wir übersetzten den Amerikanern die Ausführungen des Alten. Sie waren von seinem fließenden Deutsch noch mehr überrascht als wir beide.

»Mein oberster Chef Robert Koldewey hat diese Straße freigelegt. Hier ließ der König seine Macht in prunkvollen Paraden glänzen. Um das Jahr 585 vor Christus nahm er Jerusalem ein und ließ Salomos Tempel schleifen. Aber den Propheten Jeremias hat er geschützt, er verschleppte ihn nicht in die babylonische Gefangenschaft wie die anderen Hebräer, die erst hier in Babylon den neuen Namen ›Juden‹ erhielten. Sie mußten fast fünfzig Jahre hier in Babylon leben, und ihr Psalmist hat geklagt: ›An den Wassern zu Babel saßen wir und weinten, wenn wir an Zion gedachten. Unsere Harfen hängten wir an die Weiden dort im Lande. Denn die uns gefangen hielten, hießen uns dort singen und in unserm Heulen fröhlich sein: ›Singet uns ein Lied von Zion!‹

Wie könnten wir des Herrn Lied singen in fremdem Lande? Vergesse ich dich, Jerusalem, so verdorre meine Rechte! Meine Zunge soll an meinem Gaumen kleben, wenn ich deiner nicht gedenke, wenn ich nicht lasse Jerusalem meine höchste Freude sein.

Herr, vergiß den Söhnen Edom nicht, was sie sagten am Tage Jerusalems: ›Reißt nieder, reißt nieder bis auf den Grund!‹ Tochter Babel, du Verwüsterin, wohl dem, der dir vergilt, was du uns angetan hast! Wohl dem, der deine jungen Kinder nimmt und sie am Felsen zerschmettert!‹« (Psalm 137)

Gustav und ich waren gerührt. Hier, an dem Wasser von Babel, zitierte uns ein Greis die Klage der Kinder Israels, von Martin Luther ins Deutsche gebracht. Fast waren wir beschämt.

Der Fremdenführer machte eine Pause. Dann fuhrt er fort:

»Nicht lange danach wurde Babylon tatsächlich besiegt. Der große Perserkönig Kyros eroberte 539 v.Chr. die als uneinnehmbar geltende Stadt, indem er den Euphrat umleiten ließ, so daß seine Truppen durch das trockene Flußbett eindringen konnten.

Der Regierungspalast war damals zu einem riesigen Komplex angewachsen: Er umschloß einen Hof von 60 Metern Länge und 55 Metern Breite. Der Thronsaal für die Empfänge der Gesandten von den Gestaden des Mittelmeeres bis zu den Ländern Vorderasiens war eine hohe Halle mit einer Zedernholzdecke, 57 Meter lang und 17 Meter breit. Die Wände waren aus gelb glasierten Backsteinen gemauert und mit Reliefs von Jagd- und Kampfszenen geschmückt.

In dieser Halle hatte der König, den die Bibel Belsazar nennt, während einer Herbstnacht des Jahres 539 mit seinen Kämpen gezecht. Das Bacchanal hatte seinen Höhepunkt noch nicht erreicht, als eine menschliche Hand vor den erschrockenen Tänzern und Zechern fremde Worte in fremden Schriftzeichen an die Wand schrieb. Kein Schriftgelehrter der Chaldäer konnte den Spruch lesen oder gar deuten. Da ließ der König den Propheten Daniel rufen, eines Edlen Sohn aus dem Volke Juda, das nach Babylon verschleppt worden war. Er konnte es lesen – und las:

Mene – Mene – Tekel – U – Pharsin.
Gezählt – gewogen – geteilt.

Dann wandte er sich an Belsazar und deutete ihm den Spruch (in Luthers Deutsch): ›Mene, das ist, Gott hat dein Königtum gezählt und beendet; Tekel, das ist, man hat dich auf der Waage gewogen und zu leicht befunden; u-pharsin, das ist, dein Reich ist zerteilt und den Medern und Persern gegeben.‹

Aber in derselben Nacht ward der Chaldäer-König getötet.
(Daniel 5, 26 – 30)

Der Dichter Heinrich Heine hat darüber eine Ballade geschrieben:

BELSAZAR

Die Mitternacht zog näher schon;
In stummer Ruh lag Babylon.

Nur oben in des Königs Schloß,
Da flackert's, da lärmt des Königs Troß.

Dort oben in dem Königssaal
Belsazar hielt sein Königsmahl.

Die Knechte saßen in schimmernden Reihn,
Und leerten die Becher mit funkelndem Wein.

Es klirrten die Becher, es jauchzten die Knecht;
So klang es dem störrigen Könige recht.

Des Königs Wangen leuchten Glut;
Im Wein erwuchs ihm kecker Mut.

Und blindlings reißt der Mut ihn fort;
Und er lästert die Gottheit mit sündigem Wort.

Und er brüstet sich frech und lästert wild;
Der Knechtenschar ihm Beifall brüllt.

Der König rief mit stolzem Blick;
Der Diener eilt und kehrt zurück.

Er trug viel gülden Gerät auf dem Haupt;
Das war aus dem Tempel Jehovas geraubt.

Und der König ergriff mit frevler Hand
Einen heiligen Becher, gefüllt bis am Rand.

Und er leert ihn hastig bis auf den Grund
Und rufet laut mit schäumendem Mund:

Jehovah! dir künd ich auf ewig Hohn –
Ich bin der König von Babylon!

Doch kaum das grause Wort verklang,
Dem König ward's heimlich im Busen bang.

Das gellende Lachen verstummte zumal;
Es wurde leichenstill im Saal.

Und sieh! und sieh! an weißer Wand
Da kam's hervor wie Menschenhand;

Und schrieb, und schrieb an weißer Wand
Buchstaben von Feuer, und schrieb und schwand.

Der König stieren Blicks da saß,
Mit schlotternden Knien und totenblaß.

Die Knechtenschar saß kalt durchgraut,
Und saß gar still, gab keinen Laut.

Die Magier kamen, doch keiner verstand
Zu deuten die Flammenschrift an der Wand.

Belsazar ward aber in selbiger Nacht
Von seinen Knechten umgebracht.«

Wir waren überwältigt und sprachlos. Von Heine kannte ich bisher ja nur die »Loreley«, und zwar aus dem Mund meiner Mutter, denn im Dritten Reich war Heines Dichtung systematisch totgeschwiegen worden. Um so tiefer beeindruckte uns nun der Gedichtvortrag des Greises in den Ruinen von Babylon.

Wir erlebten die Vergänglichkeit allen menschlichen Tuns in den Trümmern dieses Ortes der Sagen, wo der Triumph der Krieger, der Geltungsdrang der Könige und der Schweiß der Sklaven eine Pracht geschaffen hatten, die einstmals unsterblich schien und doch verurteilt war, von Kyros zerschlagen zu werden und danach unter dem Staub der Jahrhunderte zu versinken. Nur dank der biblischen Überlieferung war sie nicht in Vergessenheit geraten.

Die beiden Amerikaner schienen auch berührt zu sein. Obgleich sie nichts verstanden, spürten sie doch die Macht des gesprochenen Wortes. Wir drückten dem Führer die Hand und wußten schon jetzt, daß jedes »Bakschisch«, das wir ihm spendieren würden, seiner Leistung nicht gerecht werden konnte.

Er zeigte uns noch die Skulptur des Löwen von Babylon. Fast in Lebensgröße hatte der unbekannte Bildhauer vor einigen tausend Jahren das Wappentier der Stadt aus grauem Granit gehauen und dessen Oberfläche geglättet. Die Tierfigur hatte jahrhundertelang im Sand vergraben gelegen und war erst von Koldeweys Leuten wieder ans Licht gebracht worden.Unter seinen Pranken hält der Löwe seinen besiegten Feind gefangen. Der Bildhauer hat aber kein naturalistisches Abbild geschaffen; er war bereits in der Lage, die Gestalt zu abstrahieren und nur das Wesentliche herauszustellen: Kraft, Macht und Sieg, aber auch Würde in einer Tiergestalt, wie sie die Alten – trotz Franz Marc – überzeugender auszudrücken vermochten als die Moderne: in

Stein gemeißelt, um einen Wesenszustand unveränderlich festzuhalten, ein Idealbild der Schönheit, des Mutes, der Fruchtbarkeit oder der Grausamkeit zu verewigen und hinter allem, das Ganze durchdringend, das große Unwägbare der menschlichen Existenz zu veranschaulichen, das manche als Gott bezeichnen.

Uns konnten aber weder die ehemals gewaltigen Stadtmauern noch die »Hängenden Gärten der Semiramis« imponieren, die alle von Koldewey freigelegt wurden und von denen schon Herodot in seinen »Historien« berichtete, nachdem er im April und Mai 447 vor Christus an den Euphrat und auch nach Babylon gekommen war.

Nach seiner Beschreibung war Babylon damals eine vom Euphrat durchflossene quadratische Stadt. Ihre Seitenlänge betrug 120 Stadien, das sind 22 Kilometer bei 185 Metern pro Stadion. Die Stadtmauer war zehn Meter dick und fast dreimal so hoch. Robert Koldeweys Ausgrabungen bestätigten später alles. Und das trifft auch auf den »Turm von Babel« zu, von dem die Bibel als einzige Quelle berichtet.

Uns imponierte das Deutsch unseres Fremdenführers, sein Bibelzitat und der Gedichtvortrag. Als wir von den Hügeln der »Hängenden Gärten« über die ungeheure Ruinenlandschaft blickten, war ihr düsteres Bild gewaltig. Hier hatte König Hammurabi vor beinahe viertausend Jahren seine Gesetze in Stein hauen lassen. Hier war der Turmbau, noch vor der Zeit Hammurabis, unvollendet geblieben, weil seit Jahrtausenden auf diesem Feld ein Fluch lastete und es deshalb gemieden wurde. König Nebukadnezars Keilschrift über diese Epoche lautet: »Den Urbau Babylons hatte ein alter König angefangen, doch sein Haupt ward nicht erhöht. Von der großen Flut her war er verfallen …«

Hier war das Menetekel an der Wand erschienen, bevor Nebukadnezars Sohn Belsazar während der Belagerung durch die Perser von seinen eigenen Leuten bei einem Gelage getötet wurde. Hier war Alexander der Große gestorben und schließlich alle Pracht und Herrlichkeit in Staub gesunken.

Als wir die Stätte der Trümmer und Ruinen verließen, erhielt unser Fremdenführer eine angemessene Belohnung. Er warnte uns noch, das nahe Kerbela zu besuchen, die Heilige Stadt der Schiiten:

»Ungläubige sieht man dort nicht gern; ja, das Betreten der Goldenen Moschee ist ihnen untersagt. Die Schiiten hatten sich Mohammeds Enkel Hussein zum Oberhaupt erkoren, zu ihrem Imam. Im Jahre 680 kam es dann bei Kerbela zu einem Blutbad, in dem Hussein und seine Familie von den siegreichen Kriegern des Omajaden Jazid niedergemacht wurden. Seither wallfahren die Schiiten nach Kerbela und die Sunniten als Anhänger des apostolischen Kalifats nach Mekka.«

Die islamische Gegenwart hatte uns eingeholt. Auf der Asphaltstraße, die von Hilleh kam, fuhren wir geradewegs zurück nach Bagdad.

Bud und John verkauften ein paar Tage später ihre komplette Ausrüstung, einschließlich des Jeeps und flogen zuerst einmal in die Schweiz. Wir begleiteten sie bis in die Lockheed »Super-Constellation«, und ich wunderte mich über die Enge in der schmalen Flugkabine. Düsenmaschinen flogen damals nur fürs Militär.

Enaam und Suad weilten nun täglich bei uns, jeden Nachmittag. Um unser Gepäck für die kommenden Bergetappen zu erleichtern, ließen wir im Suk von Bagdad eine große Kiste schreinern und schickten sie, vollbeladen mit Zeug, das wir nicht mehr brauchten, per Seefracht von Basra nach Karachi, wo wir sie abholen wollten, wenn wir einmal Iran und Afghanistan durchquert hätten. Und dann galt es Abschied zu nehmen. War Bagdad während der ersten sechs Monate als lockendes Etappenziel vor unseren Augen gestanden, so hatten wir in dieser orientalischen Stadt unsere Basis verbreitern können, und zwar nicht nur finanziell, sondern auch seelisch und im Blick auf die Zukunft. Hier hatten wir gelernt, uns im Orient zurechtzufinden und in seiner beschaulichen Welt ebenso beschaulich und recht angenehm zu leben. Man bedenke, daß damals eine Cola fünfzehn Fils kostete – etwa zwanzig Pfennige – gegenüber unserem Tagesverdienst von zirka dreihundertsechzig Mark! So blickten wir zuversichtlich nach vorne, wenn uns auch die Altersschwäche unserer Cora Sorgen machte.

Alle Durchreisevisen hatten wir uns beschaffen können. Die meisten Diplomaten kannten uns von der Gastspielserie in Abdullah's Nightclub her. Der Flugblattregen über der Innenstadt, Gustavs Brückensturz und mein Hit »Ali Baba« waren in aller Munde. Ja, als ein Freund im Jahre 1991 nach Bagdad kam und bei den Ringern unterhalb der Brückenauffahrt hineinschaute, erzählte ihm bereits die nächste Generation von den beiden Germanen, dem Brückensturz und ihrem Nachen, der dem Herausfischen diente.

Die damals noch etwas verschlafene königliche Residenzstadt war uns lieb geworden, auch dank Suad und Enaam, unseren großartigen Freundinnen. Enaams Bruder Scherkat hatte uns einmal sogar zur Jagd auf seine Latifundien eingeladen. Wir wollten dort Wildschweine erlegen, aber alles, was ich schoß, war eine Taube im Flug, und das mit einer Kugelbüchse! Der Zufallstreffer mehrte unseren Ruhm als waffenkundige Teutonen, wenn wir auch im Kriege keine Engländer getötet hatten.

Die Welt Arabiens würde nun bald hinter uns bleiben, vor uns lag das Gebirgsland Iran. Dorthin würde uns die gleiche Straße führen, die Alexander dreihundert Jahre vor Christus mit seinem Reiterheer gezogen war. Auf Wiedersehen, Bagdad! Auf Wiedersehen, Enaam und Suad! Enaam hatte mir eine Sure, die berühmte »Fatiha«, aus dem Koran mit der Hand abgeschrieben und in mein Medaillon gesteckt. Auf der einen Seite des winzigen Blattes stand sie in Arabisch, auf der anderen Seite in Englisch, wofür sie doppelt so viel Platz benötigte.

Jetzt, nach 44 Jahren, habe ich das Medaillon geöffnet und das Blättchen entfaltet. Darauf steht, ich schlug es in deutscher Übersetzung nach:

»Im Namen Gottes, des Erbarmers, des Barmherzigen, des Gnadenreichen! Gott, es gibt keinen Gott außer ihm; der Lebendige, der Ewige; weder Schlummer befällt ihn noch Schlaf. Sein Wesen ist im Himmel und auf Erden. Wer ist er, dem er sich mitteilt durch seine Gnade? Er weiß, was zuvor da war und danach sein wird. Doch nichts von seinem Wissen werden sie erringen, es sei denn, er wolle es. Sein Wissen und sein Thron reichen über die Himmel und die Erde, und beide zu erhalten, ist ihm keine Bürde. Er ist der Hohe, der Große.«

Enaam und Suad waren den ganzen Nachmittag beim Packen dabei. Wir nahmen voneinander Abschied, zärtlich und traurig, und schmeckten das Salz der Tränen, die in unsere Küsse rannen.

Enaam zitierte das Byron-Gedicht:

When we two parted
In silence and tears,
Half broken-hearted
To sever for years,
Pale grew thy cheek and cold,
Colder thy kiss;
Truly that hour foretold
Sorrow to this.

In secret we met –
In silence I grieve,
That thy heart could forget
Thy spirit deceive.
If I should meet thee
After long years,

How should I greet thee? –
With silence and tears.
LORD GEORGE BYRON (1788 – 1824)

Kurz vor Einbruch der Dunkelheit schwingen wir uns in die Sättel. Ein letztes »Adé«. Wir tragen warme Kleider für die Nachtfahrt. Gustav tritt den Kickstarter. Der Motor läuft. Gustav zieht die Kupplung und legt den ersten Gang ein. Dann läßt er die Kupplung langsam kommen, aber die Maschine rührt sich nicht. Der Motor läuft, und der erste Gang ist eingelegt ... Gustav versucht es ein zweites Mal, ein drittes Mal ... sie rührt sich nicht.

Die Mädchen stehen neben uns, wähnend, wir wollten uns nur ein Späßchen erlauben. Dazu ist uns aber nicht zumute. Dann spüren auch sie den Ernst der Lage. Kurz, Cora mußte noch einmal in die Werkstatt, trotz der Generalüberholung, und so mußten wir noch eine weitere Nacht in Bagdad bleiben. Da lachten wir alle, schafften das Gepäck wieder ins Haus, gaben dem Hausmeister nochmal ein schönes Bakschisch und ließen die Maschine abschleppen.

Weil der nächste Tag ein Freitag war, arbeitete aber keine muslimische Werkstätte.

Nur ein Armenier hatte die Kleinigkeit bald repariert: der Nippel am Bowdenzug war abgerissen, und so konnte keine Kupplung funktionieren.

Nun war es mit dem Abschied ernst, und Bagdads Tage und Nächte waren vorbei: acht Wochen voller Leben und Freude, voller Glück und Freundschaft, Erfolg und Gesundheit – und Geld. Sogar seine Zähne hatte Gustav hier in Ordnung bringen lassen. Nie hätten wir geglaubt, daß wir unsere Reise einmal so sicher und zielbewußt weiterplanen könnten. Was scherte uns der iranische Ölkonflikt?

Die beiden Freundinnen nahmen nochmals Abschied von

uns, ebenso zärtlich und traurig wie gestern. »I care for you, Oskar …«

Jetzt arbeitete die Kupplung richtig, wir drehten eine letzte Kurve vor unserem schönen Haus, winkten noch einmal den Mädchen und bogen dann um die nächste Straßenecke des Villenviertels, wo sich das Laub schon gelb färbte und der Herbstwind ein paar erste welke Blätter vor uns herwirbelte.

TEIL II:
Weiter nach Calcutta

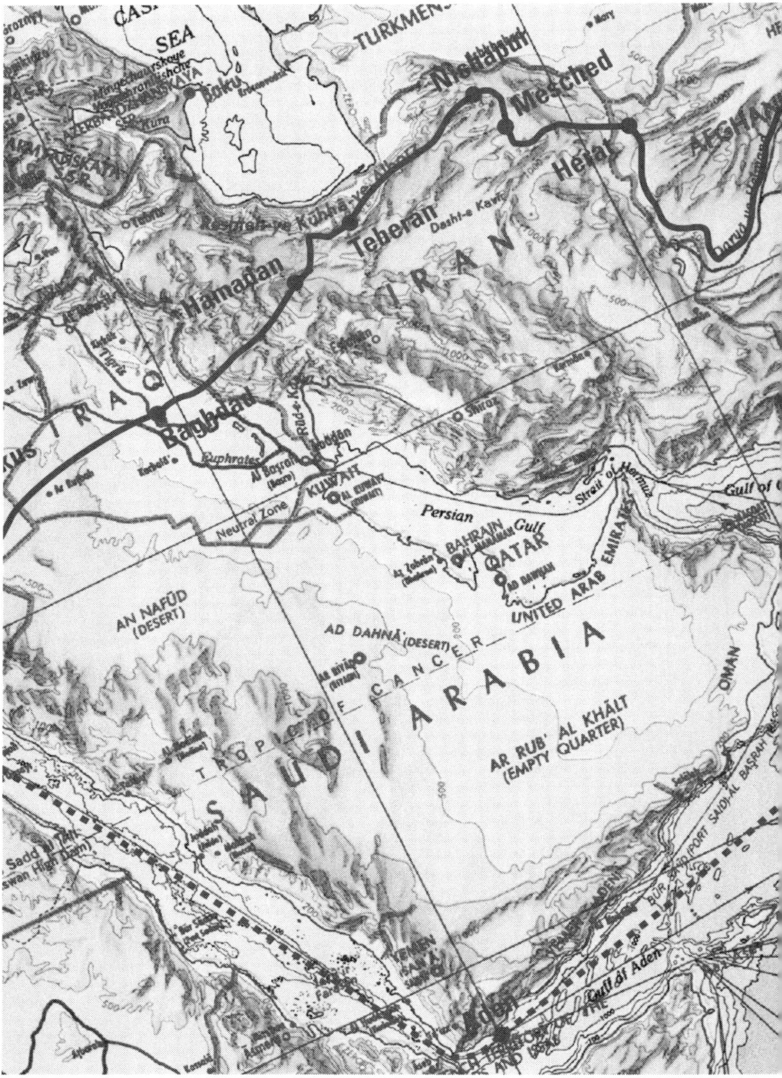

SEA
TURKMEN
Nischapur
Mesched
Herat
Baku
Teheran
Hamadan
IRAN
IRAQ
Baghdad
Tigris
Euphrates
Al Başrah
KUWAIT
Neutral Zone
Persian Gulf
BAHRAIN
QATAR
UNITED ARAB EMIRATES
Strait of Hormuz
Gulf of
AN NAFŪD (DESERT)
AD DAHNĀ' (DESERT)
TROPIC OF CANCER
SAUDI ARABIA
AR RUB' AL KHĀLT (EMPTY QUARTER)
OMAN
Gulf of Aden
Aden
Dasht-e Kavir

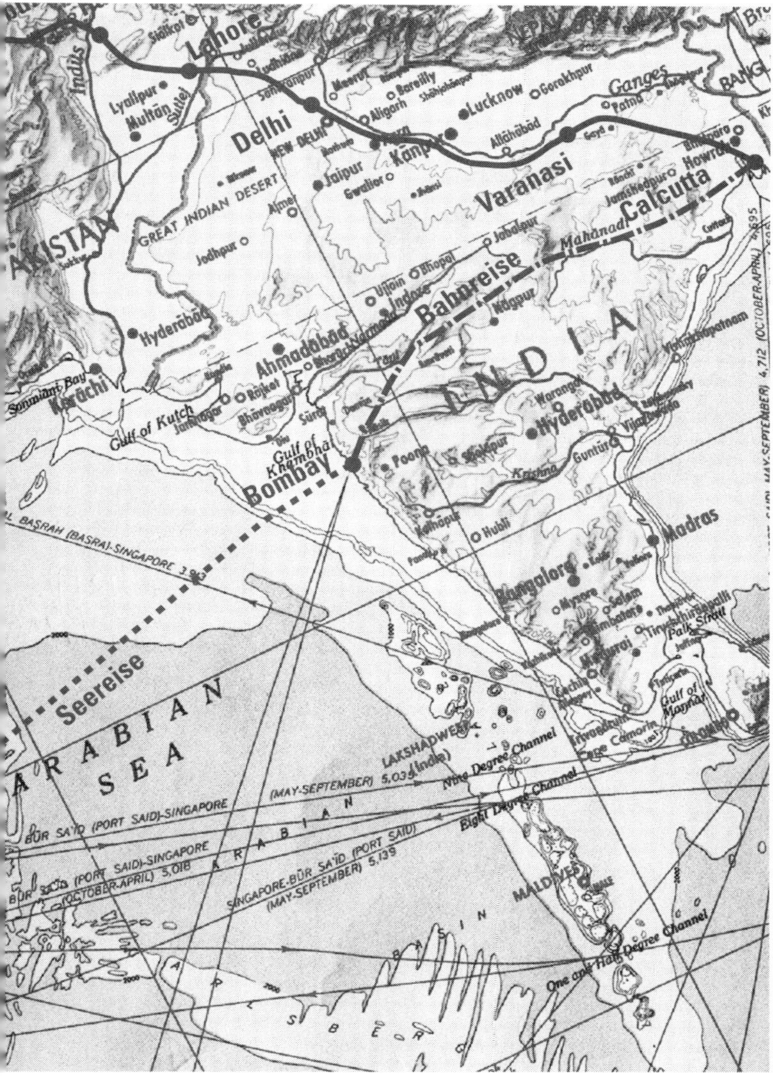

Lahore
Delhi
NEW DELHI
Lyallpur
Multān
Sutlej
Indus
PAKISTAN
Meerut
Bareilly
Aligarh
Lucknow
Gorakhpur
Ganges
Patna
Kānpur
Allāhābād
Varanasi
Jaipur
Gwalior
Howrah
Calcutta
Jamshedpur
Rānchi
GREAT INDIAN DESERT
Ajmer
Jodhpur
Jabalpur
Bhopal
Ujjain
Indore
Mahānadi
Bahnreise
Nāgpur
Hyderābād
Ahmadābād
Rājkot
Bhāvnagar
Sonmiani Bay
Karāchi
Gulf of Kutch
Jāmnagar
Gulf of Khambhāt
Bombay
Poona
Solāpur
Warangal
Hyderābād
Guntūr
Krishna
Vishākhāpatnam
I N D I A
Kolhāpur
Hubli
Madras
Bangalore
Mysore
Salem
Madurai
Palk Strait
Gulf of Mannar
Cape Comorin
Trivandrum
Seereise
A R A B I A N
S E A
LAKSHADWEEP
(India)
Nine Degree Channel
Eight Degree Channel
MALDIVES
One and Half Degree Channel
BAŞRAH (BASRA)-SINGAPORE 3,9
BŪR SA'ĪD (PORT SAID)-SINGAPORE
(MAY-SEPTEMBER) 5,039
BŪR SA'ĪD (PORT SAID)-SINGAPORE
(OCTOBER-APRIL) 5,018
SINGAPORE-BŪR SA'ĪD (PORT SAID)
(MAY-SEPTEMBER) 5,139
(MAY-SEPTEMBER) 4,712 (OCTOBER-APRIL) 4,695
A R A B I A N
B A S I N

Der Ritt nach Teheran

Hatte unser Aufbruch im vergangenen März noch den Charakter eines improvisierten Abenteuers mit zahlreichen Unbekannten und beinahe unüberwindlichen Schwierigkeiten gehabt, so war die Reise inzwischen mit einer kleinen Expedition vergleichbar. Die Straßenverhältnisse ließen sich bewältigen, Treibstoff gab es zwar nicht allerorts, aber doch innerhalb einer Tagesroute. Auch unser leibliches Wohl konnte ich beinahe spielend versorgen, wobei wir uns den regionalen Gegebenheiten anpaßten. Aber Bratkartoffeln und Spiegeleier gingen niemals aus! Zudem hatten wir erstklassige Engagements gefunden, und unsere Künstlernamen waren bekannt geworden. Zwar würde es wohl zwischen Bagdad und Indien weniger Gelegenheiten für Auftritte geben: möglicherweise nur in Teheran und vielleicht noch in Kabul. Doch hatten wir uns mittlerweile soviel Kapital erspielt, daß diese Durststrecke ohne Schwierigkeiten zu packen sein müßte.

So hatten wir die Cora generalüberholen, die Verdichtung überprüfen, die Lichtmaschine wie auch das Getriebe nachsehen, Vergaser und Luftfilter reinigen und nagelneue Schläuche in hochprofilierten Reifen aufblasen und die atü messen lassen. Da sämtliche Spiralfedern unter den Sätteln gebrochen waren, hatten wir die Sitze mit Lammfellen unterlegt, zumal die Temperaturen des kommenden Winters warme Sitzleder erfordern würden. Die Ölwanne war bis zum Rand mit frischem Öl gefüllt, und Treibstoff für mehr als fünfhundert Kilometer war an Bord.

Die Proviantlast war landesüblich zusammengestellt: Grünzeug gab's wohlfeil auf jedem Markt. Aromatische Tomaten, Paprika, Gurken, Olivenöl, Zwiebeln, getrocknete Bohnen und Corned Beef; auch Leberpasteten und Marmeladen verschiedener Sorten für den Frühstückstee hatte ich im Deli-Shop gekauft, einem Delikatessengeschäft für Europäer in Bagdad.

Frische Trauben gab es in Hülle und Fülle, dazu eine neue, uns noch unbekannte Obstsorte: Granatäpfel. Wir kannten sie nur von den Bildern Alter Meister her, von niederländischen Stilleben aus dem Goldenen Zeitalter. Der Herbstabend hatte sich schon über Bagdad gesenkt, als wir die Vorstädte hinter uns ließen. Am Himmel zogen Wolken.

REITERABSCHIED

Wer bekümmert sich schon, wenn ich wand're,
hier in dieser Kompanie?
Ist's die Eine nicht, so ist's die Andre,
wer bekümmert sich schon, wenn ich wand're?
Morgen geht's in aller Früh.

Ach, sie dreht sich um und weinet,
denn der Abschied fällt ihr schwer.
Ihre Äugelein, die stehn voll Wasser,
ihre Äugelein, die stehn voll Wasser,
Fließet in das tiefe Meer.

Und ich habe da noch zwei Pistolen,
zu betreiben einen Schuß,
meinem Schätzelein zu gefallen.
Ach, sie ist ja die Schönst' von allen;
Schade, daß ich von ihr muß!

Ja, die Nacht hat mich überfallen,
ich muß bleiben hier im Wald.
Hier muß ich mein Zelt aufschlagen,
hier muß ich mein Leben wagen,
hier in diesem grünen Wald.

Und so geb' ich meinem Roß die Sporen,
zu dem Tor reit' ich hinaus.
Schatz, Du bleibst mir auserkoren,
Schatz, Du bleibst mir unverloren,
bis ich wieder komm nach Haus.
JOHANNES VON BUTZBACH

Unter uns brummte der Motor, der Lichtkegel des Scheinwerfers bohrte sich in die kühle Nacht. Erste Steigungen ließen die Maschine schwerer arbeiten. Dann wand sich die Straße Kurven hinauf, aber die Hügel des typischen Vorgebirges blieben sanft. Bei jeder Biegung schwenkte der Lichtstrahl aus der Kurve über das dunkle Grasland und spiegelte sich in zahlreichen Tieraugen: weiß, grün oder rot, je nachdem, was für Arten er gerade erwischte: Schakale, Füchse, Gazellen.

Dann lag der Scheinwerferstrahl wieder vor uns auf der Straße, und dort ästen oder jagten keine Tiere. Des bedeckten Himmels wegen sahen wir keine Sterne, doch wußten wir, daß die Strecke nach Nordost führte und die Grenze zu Iran etwa 150 Kilometer entfernt lag.

Nach etwa zwei Dritteln der Strecke verließen wir das Tal des Diala-Flusses, bis wir die Grenzstadt Kanakin erreichten. Während der letzten dreißig Kilometer war die Unterseite der Wolken schräg voraus weithin gerötet, und wir rätselten lange, woher wohl der Feuerschein käme. Dann aber erkannten wir in der Dunkelheit die Erdölfelder. Die Gestänge der Bohr- und Fördertürme hoben sich als filigrane Silhouetten vor den riesigen

Flammen ab, die das abgefackelte Erdgas emporlodern ließ. Jetzt, in der Herbstnacht, hatte der Wind ein leichtes Spiel mit ihnen, und ihre Zungen leckten bis unter die Wolken, mitunter von Böen zerrissen: ein Nachtstück, das unselige Erinnerungen an Feuernächte aus dem Bombenkrieg aufkommen ließ.

Beim irakischen Grenzposten erledigte sich der Papierkram fast von allein. Der Kommandant ließ uns hereinbitten und bot uns für die Nacht ein geräumiges Zimmer an. Insgeheim hatten wir das ja erhofft: So brauchten wir kein Zelt aufzuschlagen, er hatte seine Unterhaltung, ich mußte keinen »Tschai« kochen, und wir waren gut untergebracht.

Vor dem Einschlafen wurde uns die Nervenanspannung bewußt, die ein solcher Aufbruch jedesmal mit sich bringt. Beide spürten wir die Ungewißheit der kommenden Tage.

Am herbstklaren Morgen des nächsten Tages schwangen wir uns, frisch gewaschen und wohlgestärkt, in die Sättel. Es war der 28. Oktober 1951, und vor uns in den schrägen Strahlen der Morgensonne erhob sich das gewaltige Zagros-Gebirge: kahl, felsig und über dreitausend Meter hoch.

Dort, wo die Randhügel ihre Füße in die Ebene streckten, wehte im kalten Morgenwind die persische Fahne, grün-weiß-rot mit einem Löwen mittendrin, der in seiner rechten Pranke ein Krummschwert reckt.

Die lachende Sonnenfrühe, kühl, frisch und windig, von einer köstlichen Brise aus den Höhen erquickt, hatte unsere Geister befeuert. Das wird ein Ritt nach unserem Geschmack! Warme Kleidung hüllte uns ein. Handschuhe und wollene Socken in den Knobelbechern spendeten Wärme.

Die iranische Grenzstation machte einen picobello Eindruck! Sie war nagelneu. Ihr überragendes Flachdach warf Schatten, und die großen Glasscheiben waren frisch geputzt. Der Posten unter Gewehr öffnete den Schlagbaum und wies uns auf den sauberen Parkplatz neben dem modernen Gebäude. Beide stiegen wir ab, um die Reisedokumente hervorzukramen. Da kam uns, noch bevor wir die Eingangstür öffnen konnten, ein Zivilist entgegen. Er trug einen dunkelgrauen Anzug mit Krawatte, und ein Pullunder mit V-Ausschnitt unter dem Jackett hielt die morgendliche Kälte ab. Sein scharfes Adlerprofil und die hellen Augen, auch das glatt gescheitelte Haar ließen uns einen Armenier vermuten. Er sprach uns in fließendem Deutsch an, fast ohne Akzent:

»Wenn ich mich nicht irre, sind Sie die Herren Pfirrmann und Kröher?«

»Sie irren sich nicht! Wir sind es wirklich!«

»Unser Konsulat in Bagdad hat Ihre Ankunft schon seit Tagen angezeigt. Im Namen Seiner Kaiserlichen Majestät, des Schahs von Persien, heiße ich Sie willkommen. Als Armenier spreche ich einige Sprachen und kümmere mich an diesem Grenzübergang vornehmlich um die Europäer. Unsere Ölfelder hier in Kurdistan geben vielen Engländern, Franzosen, Belgiern und Holländern Arbeit und Brot. Deshalb wurde ich hier eingestellt, obgleich wir als armenische Christen in einem islamischen Land häufig benachteiligt werden. Ihre Reisepapiere kann ich abstempeln.«

Als er die Zollformalitäten erledigt hatte, gab er uns die Papiere zurück.

»Ich habe Sie vorhin im Namen des Schahs begrüßt. Aus Bagdad haben wir von Ihnen schon Gutes gehört. Und weil die Nationalmannschaft des Deutschen Boxsportverbandes dieser Tage in Teheran mit unseren iranischen Sportlern das erste Freundschaftstreffen nach dem Kriege durchführt, haben Sie auf Ihrer Reise freies Quartier in den Hotels auf dem Wege dorthin. Hier sind Ihre Quartierscheine.«

»Da werden wir uns wohl sputen müssen, wenn wir noch übermorgen einen Sitzplatz neben dem Ring ergattern wollen!«

Zustimmend händigte er uns drei Quartierscheine aus, die wir dankend entgegennahmen.

»Seine Majestät fördert internationale Sportwettkämpfe, weil sie Freundschaft zwischen den Völkern schaffen. Übrigens wohnen Sie in Teheran bei den Sportlern im Stadion. In diesem Umschlag habe ich die Unterlagen, die Sie dort beim Pförtner nur abzugeben brauchen. Ein Stadtplan liegt bei, auf dem die Lage des Stadions ersichtlich ist.

Ich würde lieber in Deutschland arbeiten als hier. Im Orient geht es uns Armeniern nicht gut. Den Staat, den uns die Sieger des Ersten Weltkriegs versprochen hatten, bekamen wir nie. Nur in der Sowjetunion gibt es die kleine Armenische Republik mit der Hauptstadt Eriwan in Transkaukasien.«

»Können Sie denn manchmal dorthin reisen?«

»Nein. Als iranischer Staatsbürger darf ich das nicht, denn die Beziehungen zur Sowjetunion sind ziemlich gespannt. Sie hatte von 1941 an den Norden Irans mit Truppen besetzt, die nicht mehr abziehen wollten, als der Krieg zu Ende war. Dabei war Iran neutral geblieben – das wollte ich Ihnen noch besonders ans Herz legen. Mein Bruder lebt heute in Sowjetisch-Armenien. Erst vor ein paar Monaten hat er einen deutschen Kriegsgefangenen über die persische Grenze herausgeschmuggelt. Der Deutsche war aus einem Lager in Sibirien getürmt, sprach perfekt russisch und schuftete seit 1943 in Kriegsgefangenenlagern. Wer hätte das gedacht, daß sechs Jahre nach dem Kriege noch Deutsche in Gefangenschaft sind …? Was muß Ihr Volk leiden! Wir Armenier können uns leicht in Ihre Lage versetzen …«

Er bekam sein Bakschisch, bedankte sich und empfahl uns, in Hamadan zu übernachten. Die Straße über das Zagros-Gebirge sei die einzige auf sechshundert Kilometern nach beiden Seiten. Und das Darius-Relief in der Felswand, 30 Kilometer hinter Kermanschah, sollten wir nicht versäumen.

Alles klar: Papiere abgestempelt; Benzin und Öl nachgesehen; Sättel mit Schaffellen abgepolstert; Motor starten, Kupplung ziehen, Gang einlegen, los!

Noch am Vormittag erreichten wir die Paßhöhe des Pa-ye Taq (Fuß des Felsbogens) auf 1300 Metern Höhe, die erste Stufe beim Aufstieg in die einsamen Gebirgsweiten des Zagros. Wir hatten die schmale und wildromantische Klamm des Wildbaches Alwand bezwungen und anschließend eine steile und kurvenreiche Bergstrecke bewältigt. Vor uns ragte das Felsenkliff einer enormen Überschiebung empor, hinter deren flachem Sattel dann der Anstieg zu einem zweiten, 2100 m hohen Paß beginnen sollte. Es war der Paß, der seit jeher den gangbarsten Durchlaß für den Verkehr vom Hochland in die Tiefebene Mesopotamiens geboten hatte und umgekehrt.

Jeder, der auf dieser geschichtsträchtigen Route jemals entlangzog, ganz gleich in welcher Richtung, hier mußte er durch. Das beweist noch bis heute das hoch über der Straße in die Felswand gemeißelte Siegesrelief des alten Königs Anubanini aus der Zeit um 2300 vor Christus. Später waren hier die Babylonier durchgezogen und die Assyrer, ebenso die Meder gegen die Städte Assur und Ninive. Des Darius gewaltige Heeressäule marschierte mitsamt ihrem Troß hier vorbei auf ihrem weiten Weg nach Hellas, und Alexander der Große rückte hier mit seinen Reitern gegen die Perser vor.

Die Spange des Pa-ye Taq hielt die beiden Reichshälften der Sassaniden mit ihren Hauptstädten Ktesiphon am Tigris und Persepolis in Fars zusammen. Handelskarawanen, Stafetten und bewaffnete Reiter zogen her und hin. Die Flut islamischer Araberheere drängte durch dies Nadelöhr nach Iran hinein, der Mongolensturm von 1258 brachte über diesen Paß die Katastrophe nach Bagdad, und schließlich kamen 1941 die Alliierten hier durch.

Uns begegneten vollbesetzte Omnibusse mit Wallfahrern auf

dem Wege nach Kerbela im Irak; auch hochbeladene Laster überholten uns, die auf der Strecke Bagdad – Teheran unterwegs waren und bewiesen, daß dieser Paß im Südwesten Irans die gleiche Bedeutung hat wie der Kaiber-Paß im Osten des Berglands nach Indien hin: die Einlaßpforte schlechthin, »*das Tor von Asien*«, wie es die Historiker nennen.

Für eine kurze Strecke genossen wir die glatte Asphaltdecke, dann war der schmale Sattel unter dem ragenden Kliff bewältigt, und ein bescheidenes Teehaus lud uns zur Rast ein.

Kahle Felsenberge türmten sich himmelhoch unterm herbstlichen Blau. In den Talsohlen flossen klare Bächlein, und kleine Dörfer duckten sich unter den Espen, deren zitterndes Laub gerade anfing, sich gelb zu färben.

Der Bergwind spielte in den Blättern und ließ ihre Farbe kräftig gegen das Himmelsblau kontrastieren. Mitunter lag eine grüne Au in einer Senke. Land und Leute machten einen sauberen Eindruck, wenn auch die Armut aus allen Fenstern und Türen blickte. Frauen holten Wasser am Bach, sie trugen die Krüge freihändig auf einem winzigen Kopfpolster. Andere wuschen dort die Wäsche, seiften sie ein und schwenkten sie in der Strömung sauber.

Farbige Trachten, schwarze Gewänder, Männer mit Schirmmützen, wie wir sie seit der Türkei im Nahen und Mittleren Osten so häufig sahen. Singend bewältigten wir die Bergstrecke, durchquerten Täler, überquerten Höhen, brausten nach Osten, denn ab der Grenze verlief die Straße nach Teheran genau in dieser Richtung.

Iran gefiel uns gut; hier fühlten wir uns wohl, im größten Land des Nahen Ostens, das damals etwa 20 Millionen Einwohner hatte, die auf einer Fläche von nicht ganz anderthalb Millionen Quadratkilometern lebten: als landlose Pachtbauern, Nomaden der Stämme oder in den wenigen Städten. Ein leeres Land, dreimal so groß wie Deutschland.

Britische Besatzer hatten nach 1941 die Straße angelegt, damit die Sowjetische Armee von den Häfen des Persischen Golfes aus mit alliiertem Kriegsgerät beliefert werden konnte. Der Schah war ins Exil gegangen, wo er dann auch starb, und sein Sohn Reza Pahlewi II. hatte 1942 die Thronfolge übernommen.

Als wir durch die Stadt Kermanschah fuhren, mußten wir an unsere Vorgänger denken. Die beiden Österreicher Max Reisch und Herbert Tichy waren 1933 auf einer 250er Puch-Solo-Maschine hier durchgekommen. Auf ihrem Weg von Wien nach Bombay wußten sie den Hannoveraner Walter Tonn mit einem Vorsprung von fünf Wochen vor sich. Er fuhr eine 750 ccm »Indian-Mabeco« mit Beiwagen. Sie holten ihn ein: In Kermanschah standen sie an seinem Grab. Zwei Wochen zuvor war er hier an Sandfliegenfieber und Typhus gestorben. Sein Gespann war bereits gefleddert und stand plattfüßig im Hof der Karawanserei.

Hinter Kermanschah hielten wir Mittagsrast bei 18 Grad im Schatten unter blauem Himmel. Oben kreisten ein paar Geier, und von den nahen Felswänden schallte der Ruf der Turmfalken. Die Lehmbauweise der Bauern schien uns nicht so trostlos wie bei den Arabern, denn das Holzwerk an Fenstern und Türen leuchtete blau. Die Hauswände zur Straße hin waren jedoch abweisend und ohne Öffnung, außer der Haustür. Nur zum Innenhof erschlossen sich die kargen Wohngebäude.

Eine halbe Stunde später kletterten wir gerade eine Steigung hinan. Links neben uns stieg der Berghang aus Kalkstein in den blauen Himmel, hinter uns lag das Dörfchen Bisotun. Die alte Königstraße führte hier am »Berg der Götter« vorbei, dessen Doppelgipfel von einer Scharte getrennt wurde.

Nackter Stein, wohin wir blickten – aber sollte hier nicht in der gewaltigen Bergwand das berühmte Relief zu finden sein? Wir fuhren langsamer und suchten die Felswände vor uns ab – und siehe: Im Gefels hoch über uns entdeckten wir plötzlich das sagenhafte Relief, etwa acht Meter breit und drei Meter hoch, mit den Schriftblöcken in drei Sprachen auf einer senkrechten, glattgehauenen Oberfläche. Hier hatte der König von Persien, Darius der Große (521 bis 486 vor Christus), die berühmteste seiner vielen Proklamationen oberhalb der Straße in den Felsenberg hauen lassen. Auch Alexander der Große war hier auf seinem Ritt nach Zentralasien und Indien durchgezogen.

Hoch über uns erkannten wir das uralte Felsenbild. 1839 hatte sich hier der britische Archäologe Sir Henry Rawlinson 66 Meter tief abgeseilt, um die Inschriften zu entziffern und abzuschreiben. Auf dem Relief steht Darius in der linken Hälfte etwa in Lebensgröße vor einer Reihe von kleineren Figuren: acht königlichen Gefangenen, denen die Hände auf den Rücken gebunden sind. Ein Wächter rechts von ihnen hält sie in Schach. Darius setzt den linken Fuß seinem Hauptgegner Gautama auf den besiegt am Boden liegenden Körper. Links hinter Darius stehen ein Bogenschütze und ein Speerträger.

Die Hälse der acht Gefangenen, der »Lügenkönige«, sind mit einem Strick aneinandergeknüpft. Alle Figuren sind im Profil dargestellt. Über allen aber schwebt der Gott Ahuramazda. Der Geflügelte hat seine Adlerschwingen ausgebreitet und beherrscht als bärtiger Gestrenger den Triumph des Darius.

Und so beginnt der Text:

»Ich bin Darius, der große König, König der Könige, König von Persien, König der abhängigen Provinzen, Sohn von Hystaspes, Enkel von Arsames, dem Achämeniden ...«

In den Alpen hatte ich auf Kletterfahrten manche Gipfel bestiegen. Deshalb imponierte mir sowohl die technische Leistung der Steinmetzen als auch Major Rawlinsons Kühnheit, sich aus 66 Metern Höhe bis zu dem Felsenbild abzuseilen. Die künstlerische Leistung der Bildhauer läßt darauf schließen, daß sie sich bei der Gestaltung völlig sicher fühlten. Das Relief drückt Macht aus und Triumph.

Die alten Griechen hatten sich lange Zeit der persischen Expansion erwehren müssen. Weil das Königsgeschlecht des Darius aus der Provinz Fars stammte, nannten die Griechen dieses Land »Persis« – ein Name, den Europa dann übernahm. Das Wort »Iran« hingegen haben die indogermanischen »Arier«, die zur Mitte des zweiten Jahrtausends vor Christus vom Norden des Kaspischen Meeres und des Aralsees in den Raum zwischen Euphrat und Ganges einwanderten, diesem Hochland zwischen Kaiberpaß und Kleinasien gegeben. 1935 führte Schah Reza Pahlevi I. diesen Namen wieder ein, wobei er allerdings Afghanistan ausschloß.

Die Nachmittagssonne Luristans – wie diese Provinz heißt – war schon auf dem absteigenden Bogen. Bald würde die Nacht kommen, und noch etwa 150 Kilometer lagen vor uns. So rissen wir uns von dem Felsbild los und brausten davon: Übermorgen Abend wollen wir unsere Boxer in Teheran kämpfen sehen!

Auf dem Assadabad-Paß, in 3000 Metern Höhe, war die Luft schon merklich dünner. Aber die Maschine lief topfit. Sie nahm den Paß zwar nicht im Sturm, sondern keuchte schweratmend zu Berg, doch sie ließ uns nicht im Stich; und mit der frühen Dämmerung fuhren wir in die Stadt Hamadan ein, mit 1930 Metern Höhe die höchstgelegene Stadt Irans.

Im kleinen Hotel drängten sich mal wieder Gaffer um uns. Sogar in das bescheidende Fremdenzimmer zwängten sie sich hinein, und keiner wußte, wie wir sie loswerden konnten, ohne unhöflich zu sein. Ich hatte den Primuskocher schon aufgepumpt, und ein Zweilitertopf aus Aluminium war gerade im Begriff, als Samowar zu dienen – da schmiß im Gedränge einer der ungebetenen Besucher den Topf mitsamt dem Wasser und dem fauchenden Petroleumkocher vom Sims! Die ganze Bescherung ergoß sich auf den Teppich, der Blechdeckel schepperte in der Ecke, und der leere Topf rollte unter eines der Betten!

In Sekundenschnelle war die Bude leer, nicht einmal in der engen Türöffnung entstand ein Gedränge. Die armen Teufel in Kaftan, Jelaba, Burnus, mit und ohne Turban, Fez oder Schirmmütze, vollbärtig, backenbärtig, spitzbärtig oder schnurrbärtig, jedenfalls alle mit der Ausdünstung verschwitzter Körper, ungewaschener Haare, lange getragener Kleider aus Wolle oder Baumwolle, hornhautgepanzerter Füße in weichen Filzpantoffeln – alle waren wie ein Spuk verschwunden.

Der Hotelier war ob des Quartierscheines nicht erbaut, das zeigte seine steinerne Miene. Als wir aber seine Teestube betraten und zu seinem »Tschai« aus dem Samowar noch ein frugales Mahl auf unsere Rechnung bestellten, brachte er uns frischgebackenes Brot, saure Milch und gekochte Eier. Eine kleine Kinderschar beobachtete uns mit dunklen Knopfaugen. Die Buben trugen die Schöpfe glatt rasiert, lachten uns an, und wir erklärten ihnen unser großes Taschenmesser, dessen Lederscheide die frei überstehende Klinge umschloß. Sie verstanden augenblicklich, freuten sich, und wir spielten das alte Spiel mit den Schnüren zwischen den Fingern: Sie griffen oben in die Schlaufen, hoben ab und wirkten so »die Krone«. Sie waren ebenso neugierig wie spottlustig und beobachteten uns scharf.

Unser Hotelier konnte Französisch radebrechen und fragte uns, ob wir in Kermanschah die Teufelsanbeter besucht hätten. In Kurdistan gebe es nämlich noch Reste verfemter Volksgruppen und Glaubensgemeinden, von denen die Teufelsanbeter die geheimnisvollsten seien.

Sie glaubten an zwei Grundsätze: an die Herrschaft eines guten Wesens und an die eines bösen, des Satans. Weil aber Gott das Gute schlechthin sei, so scheine es ihnen müßig, ausdrücklich um Gottes Gunst zu bitten: Vielmehr sei es nötig, sich mit dem Leibhaftigen auf guten Fuß zu stellen. Schließlich sei er ja ein gefallener Engel, dem eines Tages alles vergeben werde, wenn er wieder Gott zur Seite säße. Dann aber werde sich der

Teufel an diejenigen erinnern, die selbst im Unglück noch an ihn gedacht, zu ihm gebetet hätten.

Bevor wir uns schlafen legten, wollte uns der Wirt noch das sogenannte Grab von Esther und Mardochai zeigen. Der Legende nach sei es die Grabstätte der jüdischen Frau von Xerxes I. (486 – 465 v.Chr.), Esther, und ihres Onkels Mardochai. Wir waren aber zu müde und fielen sofort in die Betten, während sich draußen die Herbstnacht über das Land senkte und den 3750 Meter hohen Kuh-Alvand in Dunkelheit hüllte. Der Gastwirt löschte den tragbaren Petroleumofen, Marke Küppersbusch, mit dem er den Gastraum beheizt hatte.

Die geschichtsträchtige »Straße der Könige« durch Luristan wäre schon allein eine archäologische Reise wert gewesen. Unter den Altertümern der Stadt Hamadan ist »Sang i Schir«, ein steinerner Löwe, der in frühislamischer Zeit ein Stadttor bewacht hatte, am berühmtesten. Ob er wirklich von Alexander dem Großen stammt, der das Denkmal für seinen hier verstorbenen Reitergeneral Häphästeion in Auftrag gegeben haben soll?

Noch in der Dunkelheit der Frühe erhoben wir uns, weil die 500 km nach Teheran durch Gebirgslandschaft führten und viel Zeit fressen würden. Unter unseren Matratzen hatten Perserteppiche gelegen!

Die Mondsichel funkelte noch am Himmel, als wir uns in die Sättel schwangen und das gastliche Haus verließen. Nach drei Minuten Fahrt stand eine Rotte Wildschweine am Straßenrand. Der kapitale Keiler, dem die krummen Hauer aus der Rüsselschnauze ragten, sah bedrohlich aus. Gib Gas, Gustav, hau ab!

Dann wich die Nacht dem Tag, aber es blieb kalt; wir fuhren in 1800 Metern Höhe, und da bildete sich schon mal Eis am Ufer eines Bergbachs. An den Polizeistationen donnerten wir grüßend vorüber.

Als wir in einem kleinen Dorf an der Straße Rast einlegten,

um aus unserem Kanister Benzin nachzufüllen, fielen uns die ausdrucksleeren Gesichter der Bauern auf. Am Straßenrand stand ein »Tschaikané«, ein Teehaus. Seine Wand war aus gestampftem Lehm zusammengeklatscht, und davor lag eine Art Veranda, die mit rohen Stämmen abgestützt war. Dort hatte ein Lastwagenfahrer schon Rast eingelegt, trank seinen »Tschai« und aß gesalzenen Joghurt zum frischen Fladenbrot. Dazu dudelte das Radio.

In allen Teehäusern dieser Sorte trafen wir immer hilfsbereite und freundliche Leute an, voll guter Laune, wenn auch meistens bettelarm. Hier warteten die Bauern, daß ein Fahrer sie mitnähme, wenn sie ihre zusammengeschnürten Hühner lebendig zum Markt bringen wollten. Wir entdeckten auch den unterirdischen Kanal, der das nahe Dorf mit Wasser versorgte: die Öffnung des Einstieg-Schachtes erinnerte an einen großen Maulwurfshaufen. Erst in einiger Entfernung trat der Kanal wieder an die Oberfläche, und eine Allee von Schwarzpappeln säumte von dort an das Bächlein.

Nach Sonnenaufgang öffnete sich die Pforte in der um das Dorf gezogenen quadratischen Lehmmauer. Esel, Kühe, Ochsen, Schafe und lebhafte schwarze Ziegen drängten zum Tor hinaus, und ein paar Männer trieben die kleinen Herden in die Talaue. Was sie dort zu fressen finden sollten, blieb uns rätselhaft, denn die Grasnarbe war noch nicht einmal kümmerlich. Disteln und Dornen, das war alles. Es waren die magersten Kühe, die ich jemals sah.

Vor der Dorfmauer bog der Bach ab und gab Platz zwischen Pforte, Mauer und Bachbett. Dort begann alsbald lebhaftes Treiben: Kinder schöpften Wasser mit Krügen und Kanistern und trugen die süße Last in die Häuser. Esel kamen zur Tränke, Frauen wuschen Geschirr oder Wäsche in der Hocke und gönnten sich ausgedehnte Schwätzchen dabei. Ein paar alte Bäuerinnen hatten sich, warm eingepackt, in die ersten Sonnenstrahlen an die Mauer gesetzt und spannen Wolle mit dem Wirtel, während kleine Mädchen versuchten, es ihnen nachzutun.

Hinter der Mauer drängten sich armselige Hütten aus Lehm, ein enges Labyrinth aus gestampfter Erde in Flachbauweise. Dazwischen lagen Höfe mit einem Durcheinander von scheinbarem Gerümpel und weinenden Kindern. Hühner pickten auf Dächern und hinter Mauern nach Körnern, die sie sich wohl nur einbildeten. Und überall streunende, magere Hunde, scheu und allzeit bereit, etwas zu erhaschen oder zu flüchten. Nirgendwo ein Abort.

Das Innere der Häuser bestand aus einem einzigen Raum: Wände und Fußboden aus gestampftem Lehm. Man wähnte sich im Inneren eines viereckigen Kruges. Licht fiel einzig durch die Türöffnung. Der Raum selber war nahezu leer. Außer zwei verzinnten Kupferkesseln, einer Teekanne und zwei Trinkgläschen war kein Geschirr vorhanden. In einer Ecke lagen Decken zu Bündeln gerollt, die man abends zum Bett für die ganze Familie ausbreitete. Gekocht wurde im Hof mit Reisern und getrocknetem Kuhmist. Möbel gab es überhaupt keine. In Ermangelung eines Schranks oder auch nur einer Truhe hatten die Frauen ihre Kleider in ein Bündel geschnürt, wie früher bei uns die Handwerksburschen auf der Walz. Diese Frauen, die Wolle spinnen, prachtvolle Teppiche knüpfen und Stickereien anfertigen können, trugen selber die schäbigsten Baumwollkleider und besaßen nicht einmal ein Tablett für die Teegläser, geschweige denn einen einzigen Kosmetik-Artikel.

In keinem der Lehmhäuser sah ich einen Hammer, eine Zange, ein Stück Draht oder eine Säge. Es gab weder Schraubenzieher noch Nägel. Heimwerken war unbekannt, Handwerk gab es nicht. Sogar ein Bäcker fehlte, denn jede Familie buk ihr Brot für sich selbst.

Solche leibeigenen Bauern besitzen tatsächlich nichts – bis heute –, denn alles gehört dem Großgrundbesitzer. Sie sind bis über die Ohren verschuldet, und zwar in alle Ewigkeit, denn ihre Erträge nehmen immer mehr ab. Diese Bauern kennen keine »Scholle«, sie wohnen nicht in ihrem Haus, geschweige denn auf ihrem Hof. Nichts verbindet sie mit dem Ort, wo sie zufällig hausen. Sie leben im Irgendwo.

Wollen sie das Haus veräußern, so bedürfen sie der Erlaubnis des Grundbesitzers; doch die wird nicht immer erteilt. Gestampfter Lehm verwittert schnell, und so bleibt, wenn ein Haus leersteht, nach einigen Jahren nur noch ein Erdhaufen.

Goethe hat in seinem »West-Östlichen Diwan« versucht, die Welt des Orients seinen Lesern näherzubringen. Er kannte aber lediglich das Werk persischer Dichter, wie das von Firdausi, Hafis und anderer. Vom jahrtausendalten Geschick dieser landlosen Bauern trennten ihn Welten. Nur deshalb konnte er dichten:

Gottes ist der Orient.
Gottes ist der Okzident.
Nord- und südliches Gelände
ruht im Frieden seiner Hände.
Sei von seinen hundert Namen
dieser hochgelobet: Amen.

Bei jedem Dorf liegt ein Friedhofshügel. Wenn man dort ein neues Grab aushebt, findet man vielfach noch alte Tonscherben aus dem vierten oder fünften Jahrtausend vor Christus, mit Steinböcken oder Hakenkreuzen geschmückt, denn damit hat dort die Jungsteinzeit angefangen. Für die Bauern, die seitdem das Land bebauten, sind Herrscher, Dynastien, Eroberungen immer gleichgültig gewesen, sie zogen bloß wie dunkle Wolken über sie hin.Ein Dorfpolizist folgte dem anderen, ein Großgrundbesitzer seinem Vorgänger. Das einzige, was immer wichtig war, blieb das Wasser zum Bewässern der Felder und zum Leben im Dorf.

Jahrtausendelang konnte keiner der Bauern lesen und schreiben. Deshalb startete der Schah von Persien ein paar Jahre nach unserer Reise seine »Weiße Revolution«, mit einer Alphabetisierungskampagne und einfachsten Ansätzen einer Volksmedizin. Er kam viel zu spät.

Auch wenn in keinem der 50.000 Dörfer seines großen Reiches elektrisches Licht brannte oder ein Radioempfang möglich war, so gab es doch Autoradios. Und dort hörten die Fahrer und ihre zugestiegenen Gäste jeden Tag die Sendungen aus der nahen Sowjetunion. Dort gab es keine Analphabeten mehr, dort praktizierte selbst im kleinsten Nest ein Arzt, dort brachten mobile Büchereien die Literatur aufs Land, das keine Großgrundbesitzer mehr kannte. Dieser zum Himmel schreiende Unterschied fiel mir einige Jahrzehnte später auf, als ich in Tiflis, der Hauptstadt Georgiens, ein paar Liederabende gab; die Grenze zum Iran verlief ja nur einige hundert Kilometer südlich. Nicht, daß ich dem real existierenden Sozialismus der UdSSR nachweinen würde – er hat sich selbst überlebt. Doch mit ihm verglichen, waren die gesellschaftlichen Zustände im Iran 1951 skandalös und sind es bis heute geblieben.

Immerhin konnte damals jeder iranische Bauer am Radio in seiner Muttersprache Zwiegespräche verfolgen, die nach dem Schema eines Katechismus provokant gestellte Fragen beantworteten:

Gehört die Welt allen Menschen?
Wem muß die Ernte gehören?
Wohin geht der Gewinn?
Woher kommt der Reichtum?
Warum sind Irans Bauern so arm?

Weil Frage und Antwort jedermann verständlich waren, konnten gewiefte Agitprop-Leute von Radio Eriwan, Tiflis und Baku große Massen von Hörern erreichen, die nach solchen Informationen dürsteten. Sie mochten von den Widersprüchen im »Vaterland aller Werktätigen« schon manches erfahren haben, und ihre Hoffnung auf Selbstbestimmung sowie Menschenwürde fand in den Radiosendungen Bestärkung.

Auch der ärmste aller landlosen Bauern ersehnte ja für sich und seine Familie ein Auskommen – und wäre es noch so gering. Die Zustände, wie wir sie auf unserer Reise erlebten, schrien nach Besserung. Und in Teheran demonstrierten auch schon die Massen gegen die Ausbeutung iranischer Ölfelder durch die Gesellschaft BP = British Petrol = Benzin Persane.

Nachdem wir den 2700 m hohen Aweh-Paß bewältigt hatten, konnten wir zwischen Hamadan und Teheran fast eben weiterfahren. Wir brauchten bloß dem Lauf der Wildbäche zu folgen, die zu kleinen Flüssen anwuchsen und später im abflußlosen Becken der immensen Binnenwüste Dasht-in-Kawir versickerten.

Unsere Fahrtrichtung hatte sich wieder auf Kurs Nordost gedreht, und die lange Gerade, leicht abfallend, ließ unsere Herzen höher schlagen. Nur noch eine Nacht lag zwischen uns und der Landeshauptstadt, wo wir schon jetzt unsere Unterkunft wußten. Der frische Herbsttag und die klare Gebirgsluft machten aus dem Fahren ein Vergnügen. Die Sonne wärmte uns den Rücken, während sie die kahle Bergwelt vor uns wie eine ungeheure Bühne ausleuchtete. Am meisten freuten uns die kleinen Gehölze in den Talgründen, die Baumgruppen aus Espen oder Zypressen. Sie waren die einzigen grünen Flecken am Rande bescheidener Grasnarben und belebten die sonst öde Gegend. Obgleich wir die bittere Armut der landlosen Bauern buchstäblich vor Augen hatten, wirkten Land und Leute doch geputzt, zeigte sich der bescheidene Hauch einer aufkommenden Volkskultur: hier ein geflochtenes Ornament auf einer Schilfmatte, dort ein frischgestrichenes Türgewände, da ein leuchtend roter »Perser«-Teppich am Boden.

Karawanen zogen auf alten Wegen jenseits des Tales. Wir

hörten ihre Glocken läuten, wenn die großen, schwerbepackten Kamele ihre Hälse senkten und hoben. Die Tiere besaßen durchwegs zwei Höcker, waren also keine Dromedare, sondern Trampeltiere, und ihre dunkelbraunen Halsmähnen waren selbst auf die Entfernung von zweihundert Metern zu erkennen.

Weil auf der Straße schon seit Jahren der Schwerverkehr mit seinen Fünftonnern eingesetzt hatte, zogen die Kameltreiber lieber die altüberkommenen Trampelpfade entlang. Die Kamele trotteten gemächlich in langer Reihe, denn sie waren mit dem Schwanzende jeweils am Halsstrick des folgenden Tieres angebunden. Die Treiber gingen nebenher, kannten keine Eile, erzählten sich untereinander etwas und sorgten dafür, daß kein Bulle auszubrechen versuchte und die Herde durcheinanderbrachte.

In Bagdad hatte ich die ersten Farbfilme unserer Reise erstanden und freute mich nun an den kräftigen Farben der Natur: strahlendes Himmelsblau, leuchtendes Herbstgelb der Blätter, steingrau die Felsenwände, grün die bewässerten Stellen im Talgrund, silbern die Wildbäche – und dann das satte Ocker der Lehmbauten, mal heller, mal dunkler. Und nun auch die großen Kamele mit dem warmen Braun ihrer Winterwolle und dem wechselnden Ausdruck ihrer Mienen, mit hochgezogenen Lefzen und drohenden Gebissen.

Die Treiber waren ausnahmslos bärtig unter ihren Turbanen, sie trugen gewalkte Filzmäntel von weißlichem Grau, hatten umwickelte Waden und gingen in Sandalen aus Autoreifen und in Fußlappen von undefinierbarer Farbe.

Die Frauen hatten beim Waschen am Bach überwiegend schwarze Kleider an, waren jedoch nicht immer verschleiert.

Viele hundert Kilometer ging es so »hinunter und immer weiter und immer dem Bache nach«, dessen Wassermenge ziemlich konstant blieb, denn jedes Dorf zapfte ihn an.

Die ungeheuren Felsstöcke der Bergwelt trugen mitunter eigenartige Farben; dunkelrot von Eisenoxyd, hellgrün von Chromerzen, aber auch schwefelgelb oder violett. Ein Berg glitzerte silbern aus ungezählten Glimmerschichten, und später leuchteten die Schroffen und Spitzen im späten Licht, während in den Kaminen und Rissen blaue Schatten lagen. Dann ging die goldene Abendsonne hinter den westlichen Bergen unter.

Berge und Talsenken, Reiter und Bettler, Wolken und Geier ließen die Fahrt nie langweilig werden, doch bald mußten wir uns ein Nachtquartier suchen und nahmen ein sehr bescheidenes Tschaikané als Bleibe. Das war in Takestan, dreißig Kilometer vor Kaswin, wo die Straße nach Osten abdreht.

Der Diener trug schon eine echte »Rubaschka«, wie wir sie von russischen Trachten her kannten. Keiner beherrschte des anderen Sprache, und doch gelang die Verständigung. Er brachte uns heißen Tee, den wir erschöpft und müde tranken. Wir waren so erledigt, daß wir ungewaschen auf die Betten sanken und sofort einschliefen.

In der Nacht hörte ich starken Regen auf das Dach prasseln, doch am anderen Morgen waren wir schon auf, als der rote Sonnenball über der tischebenen Salzsteppe im Osten aufging – das Gebirge lag nun hinter uns. Kamelkarawanen zogen bimmelnd an uns vorbei und warfen lange Schatten. Auf trippelnden Eseln schwenkten Reiter die Beine, zu Pferd wirkten sie stolzer und höher, saßen selbstbewußt im Sattel, und ihre Stiefel steckten in Steigbügeln. Die 130 Kilometer nach Teheran schaffen wir heute doch spielend, und am Abend sehen wir die Boxkämpfe der Nationalmannschaften Deutschlands und Irans!

Da entdeckte Gustav, daß am Vergaser der Deckel fehlte! Hatte ihn ein Bösewicht des Nachts gestohlen? Hielt er uns für verhaßte Engländer, denen die Demonstrationen in Teheran galten? Nach den beiden Rückspiegeln, dem Tachometer und der Hupe war nun auch noch dieses Teil verschwunden. Aber mit Hilfe eines Dosendeckels ließ sich die Untat beheben, es gehörte nur noch Draht dazu und ein Taschentuch. Wie gut, daß der Unhold nicht auch noch den Schwimmer aus dem Vergaserbehälter hatte mitgehen lassen! Und siehe da, der neu bedeckelte Vergaser funktionierte einwandfrei. Nun hielt uns nichts mehr.

An der Kreuzstraße im Städtchen Kaswin war gerade Viehmarkt. Kühe muhten, Pferde wieherten, Schafe blökten, Ziegen meckerten; Stuten säugten ihre Fohlen, Eselinnen ihre Füllen, Hengste keilten nach hinten, Kamelbullen traten nach der Seite aus. Wo kein nächtlicher Regen die Erde in Schlamm verwandelt hatte, wirbelte Staub auf, und dahinter glomm die rote Morgensonne wie ein Ball.

Holzgatter, Pferdekoppeln und Pferche trennten die Tierarten voneinander, es stank nach Eselsmist, Roßäpfeln, Kuhfladen und Hühnerkot, aber auch nach verschwitzten Menschen, nassem Filz, feuchten Lederriemen und schmutzigen Haaren; alle Gerüche des Orients dufteten oder stanken kakophonisch zum Himmel; und besonders das beizende Ammoniak des Pferde-Urins biß in die Nase, wenn ein Gaul seinen schäumenden Strahl pißte.

Nie rasierte Bauern handelten miteinander und besiegelten den Kauf mit Handschlag, banden die neu erstandene Kuh an einen Hanfstrick und trieben sie heim. Hühner gackerten und Hähne krähten, doch es grunzten keine Schweine. Es war mal wieder »kein Schwein da«, denn in der gesamten islamischen Welt ist dieses Haustier tabu. Es gilt seit Mohammeds Verdikt als die »dreckige Sau« schlechthin, ein Schimpfwort, das auch für die Christen gebraucht wird.

Kaswin lag 1200 Meter hoch, wir hatten also seit Hamadan über siebenhundert Meter an Höhe verloren. Hier traf unsere Straße auf die größere Route Istanbul – Täbris – Teheran, und so bekamen wir seit dem Grenzübergang in den Iran erstmals wieder Asphalt unter die Reifen. Jetzt lief die Cora auf ebener Straße nach Osten und brummte satt.

Zur Linken erhob sich die Elburskette – also nicht das Elbrusmassiv aus dem Kaukasus – und trennte das Hochland Iran vom Kaspischen Meer. Ihre Bergriesen trugen schon Schneekappen, nur weiter unten hingen noch Wolkenfetzen vom nächtlichen Regen an den Graten, grau und den Spätherbst anzeigend. Der Klimaunterschied zu Bagdad war enorm, nicht nur an Temperatur, sondern auch an Niederschlagsmenge. Während am Tigris die Menschen noch barfuß gingen, unter klarem Himmel in einer milden Herbstsonne, zwang sie hier der eisige Wind des Hochlandes, sich in Pelze zu hüllen und festes Schuhwerk zu tragen.

Die Straße wurde immer besser, an ihren Rändern standen die ersten Reklameschilder. Nun wußten wir, daß die Hauptstadt nicht mehr fern sein konnte.

Als erstes näherten wir uns dem Flugplatz, dann erkannten wir am Bergfuß des Elburs, der sich leicht nach Süden senkte, die Stadt Teheran, wo wir zur Mittagszeit des 30. Oktobers schmutzig und zerzaust einfuhren. Nicht einmal volle drei Tage hatten wir gebraucht für die Strecke von etwa eintausend Kilometern, mit drei Gebirgspässen von über zweitausend Metern Höhe, auf unserer braven Maschine.

Die Stadt machte einen fast unorientalischen Eindruck in ihrer Sauberkeit, mit den rasch fließenden Bächlein zwischen Bürgersteig und Fahrbahn, genau wie die »Gräbeli« zu Freiburg im Breisgau, und der kühlen Luft in etwa 1400 m Höhe.

Die herbstlichen Alleen glänzten im Gelb und Braun ihrer Baumkronen, und der nächtliche Regen hatte allen Staub weggewischt. Auf breitem Korso fuhren wir am Campus der neuen Universität vorbei, freuten uns an gut gekleideten Passanten und eleganten Frauen. Vier- und fünfstöckige Geschäftshäuser säumten die Boulevards. Zufrieden blubberte die Cora, wir fühlten uns fröhlich und stolz und fanden auch bald am nördlichen Stadtrand das wunderschöne Stadion.

Der Pförtner trat aus seinem Häuschen und geleitete uns zu unseren Zimmern, die unterhalb der Tribünenplätze lagen. Dort war die warme Dusche bereits vorbereitet, denn andere Sportler wohnten nebenan. Dank der Gagen von Abdullah's Nightclub konnten wir uns beim Pförtner ein Bakschisch wie zwei Krösusse leisten.

Dann feierten wir Wasser-Orgien unter den warmen Duschen, wechselten die Kleider, zogen statt der Knobelbecher Halbschuhe an. Danach ging's auf das Postamt, wo wir die »Restante«-Briefe von daheim abholten.

Sie hatten uns über Kurzwelle im Radio hören und die komplette Funksendung aus Bagdad tadellos empfangen können! Weitere Zeitungsausschnitte von Gustavs Fortsetzungsserie »Vom Horeb zum Ganges« waren beigelegt. Und abends trafen wir unsere Boxer-Nationalmannschaft in ihrem Hotel. Die waren ganz schön erstaunt, als wir ihnen von unserer Fahrt erzählten. Wir genossen die Unterhaltung in unserer Muttersprache, und sie wollten alles genau wissen.

Wir waren überrascht, als wir die Menschentypen der verschiedenen Gewichtsklassen in einer Gruppe beieinander sahen: mächtige Schwergewichtler und beinahe so imponierende Halbschwere, durchtrainierte Bantamfighter und biegsame, gewandte Fliegen- und Papiergewichtler. Und sie alle durchwegs helle Burschen, voller Witz und manche sogar mit dem Schalk im Nacken. Klar: Wer mehr Phantasie entwickelt, der ist einem sonst gleichstarken Gegner überlegen. Die Equipe nahm uns in ihrem Omnibus zu der Sporthalle mit.

Ein paar deutsche Sportreporter nannten unser Französisch »elegant«, als wir mit ihren iranischen Kollegen sprachen, aber das empfanden wir als sehr geschmeichelt. Beim Einzug in die Kampfhalle versäumten wir nicht, dem »persischen Volke« huldvoll zuzuwinken. Schließlich »waren wir wieder wer«, wie unser Wirtschaftsminister Erhard wenig später äußern sollte.

Der etwa Fünfhundert-Personen-Saal war voll, das Boxen kommt ja dortzulande hinter dem Ringen, dem iranischen Nationalsport, an zweiter Stelle. Man sah kaum Frauen, und die paar anwesenden waren Europäerinnen, vielleicht von der deutschen Kolonie. Die Stimmung vor dem Kampf war nicht so prickelnd wie in Deutschland, wir bekamen zwei »Ehrenplätze« dicht am Ring. Die Saaltemperatur war erträglich, die Spannung stieg, und die Scheinwerfer strahlten direkt von oben auf die Kampfstätte.

Dann stiegen die Boxer in den Ring, standen im gleißenden Licht der Tiefstrahler, und nach dem Ertönen des Gongs schlugen sie sich tapfer. »Faites combat!« ermunterte sie der Ringrichter, der die Kämpfer manchmal trennen mußte, wenn sie klammerten; auch einen K.O.-Sieg zählte er auf französisch aus. Wir bewunderten rechte Schwinger und linke Geraden, notierten saubere Beinarbeit, gingen unwillkürlich in Deckung, wenn eine Faust im Boxhandschuh satt auf die Kinnspitze knallte: »Aufwärtshaken«; und spendeten Beifall am Ende jedes Kampfes. Ansonsten war das Publikum aber nicht so mitgerissen wie in Deutschland.

Ich fühlte mich erleichtert, nicht in einem solchen Boxring kämpfen zu müssen, denn ich habe es immer gehaßt. Noch heute sehe ich die feixenden Gesichter der Zuschauer, wenn ein sportbegeisterter Jungvolkführer meinen Zwillingsbruder Hein gegen mich aufstellte, und spüre noch heute die Treffer am Kopf, wenn ich einen anderen Gegner hatte. Hein und ich taten dem Sportfan aber nie den Gefallen, uns ernsthaft zu prügeln, sondern schlugen mit den riesigen Boxhandschuhen nur Löcher in die Luft.

Das Treffen in Teheran verlief fair und freundschaftlich, die Iraner verloren, jedoch in anständiger Haltung. Wir erlebten sportliche Kameradschaft unter den Athleten. Sie hatten sich vorher nie gesehen und kamen erst jetzt, durch den Wettkampf, einander näher.

Dann aßen wir gemeinsam mit den Boxern in einem guten Restaurant in der Stadt und fuhren schließlich mit der Cora im nächtlichen Nieselregen zum Stadion zurück. Es ging durch tropfende Alleen, deren Laternen ihr Licht im Asphalt spiegelten, während welke Blätter auf uns niederfielen. Der Pförtner öffnete das große Tor zum Stadion, wir parkten die Cora und genossen die heimelige Stimmung in den warmen Räumen, wo jeweils ein Petroleumofen brannte. Das war mal wieder geschafft!

Vor dem Sturm

»Sie werden nicht lange brauchen, bis Sie den typisch persischen Hang zum Verleumden, Kritisieren und Lästern erkannt haben. Auch zum Heucheln neigen meine Landsleute und zum Lügen! Der persische Gebildete benutzt im Gespräch alle Fallen und Finten, nur um seine Intelligenz zu beweisen. Er meint, daß nur Dumme die Wahrheit sagen und weder lügen noch heucheln können. Die hiesigen Intellektuellen fühlen sich Ihnen haushoch überlegen, denn sie verachten Ihre phantasielose Sachlichkeit. Hunderte von Intrigen beweisen das tagtäglich. Was Sie vielleicht als gleisnerische Scheinheiligkeit ablehnen, wird hier als sogenanntes ›Ketman‹ bewundert.«

Diese Worte des persischen Hausherrn Dr. Hasankhani ließen uns aufhorchen. Der Teheraner Rechtsanwalt hatte uns brieflich zu sich eingeladen, nachdem wir ihm bei den Boxkämpfen vorgestellt worden waren. Ein selbstbewußter, eleganter Herr in den Fünfzigern, mit dunkelgrauem Flanellanzug, etwas kleiner als ich, mit makellosem Haarschnitt und sauber gekämmtem Scheitel, lose geknüpfter Seidenkrawatte zum Maßhemd und poliertem, rahmengenähtem Schuhwerk – so saß er uns gegenüber in seiner stilvoll ausgestatteten Stadtwohnung im zweiten Stock; die Kanzlei lag ebenerdig. Seine dunklen Augen in dem auffallend glatten Antlitz waren geprägt von Sorge, aber auch von Wohlhabenheit und ausgereiftem Geschmack. Der warme Lichtschein einer großen Leselampe fiel auf den dicken Teppich, der den Parkettboden fast gänzlich bedeckte. In den

Bücherregalen stand überwiegend schöngeistige deutsche Literatur; ja sogar eine Gitarre aus der Jahrhundertwende hing an einer freien Wand und verlieh dem kultiviert eingerichteten Wohngemach einen Hauch von Innerlichkeit und Romantik.

»Wenn ich nicht in Berlin die Rechtsgelehrsamkeit studiert hätte«, so fuhr er auf deutsch fort, »so würde ich solche Worte nicht an Sie richten. Ich habe Deutschland von Kindheit an bewundert, schon deshalb, weil Ihr Vaterland das meinige niemals ausgebeutet hat oder das auch nur versuchte, wie z.B. England, Rußland und Frankreich. Ich habe das Schicksal Ihres Volkes während der letzten zwanzig Jahre genau verfolgt und könnte Ihnen eine Analyse der deutschen Katastrophe unterbreiten. Aber das nützte ja doch nichts; übrigens wird sich Deutschland schon bald wie der Vogel Phönix aus der Asche erheben und in die Lüfte schwingen. Sie beide sind einer der ersten Beweise: Ihr jugendlicher Elan ist doch bewundernswert.«

Bevor wir – schon aus Höflichkeit – auf seine Ausführungen antworten konnten, war Dr. Hasankhani aufgestanden und hatte sich vor eine Bücherwand gestellt, außerhalb des Lichtscheins der Leselampe. Seine Gestalt war immer noch gut erkennbar, wenn auch ihre Feinheiten verschwammen.

»Ich will Sie nur warnen und wappnen, bevor Sie in der sogenannten Guten Gesellschaft hierzulande als Tölpel gelten. Gerade als Deutsche brauchen Sie diese Hilfe, denn Sie sind am wenigsten ausgebildet für die Kunst des ›Ketman‹, eines Duells mit unsichtbaren Waffen, bei dem jeder seine Absichten verbirgt und dabei versucht, hinter den Worten des Gesprächspartners dessen kunstvoll verschleierte Überzeugung und versteckte Absicht zu erkennen. Denken Sie bitte daran, daß in jedem Gespräch, ja sogar in jedem Satz bereits die Vorwegnahme der Auslegung durch den Partner liegt und auch deren Abwehr: für beide Seiten ein mühsames Spiel! Denn jeder Satz will den Partner verwirren und gleichzeitig dessen Deckung wegreißen. Das intellektuelle

Klima meiner Gesellschaftsschicht verlangt es, zwischen dem verständlich Gesagten, aber Verlogenen, und dem tatsächlich Gemeinten, aber Unausgesprochenen zu wählen, die Fallstricke zu umgehen und den Hintersinn der Worte zu erraten; einen möglichen roten Faden zu erfassen, Freundlichkeiten abzuschätzen, Höflichkeiten zu deuten und ihren Zweck abzuwägen.

Offenheit, Herzlichkeit und Bürgersinn sind hier verpönt, ebenso wie Schöpferkraft und Spontaneität. Auch aus diesem Grunde verlief die persische Geschichte so belanglos; während der letzten tausend Jahre ist dies wunderbare Land beständig ein Spielball der großen Mächte geblieben. Warum wohl, meinen Sie, ist ausgerechnet hier in Teheran auf der Konferenz zwischen Stalin, Roosevelt und Churchill die ›Bedingungslose Kapitulation‹ Deutschlands ausgeheckt worden? Deretwegen mußten Sie ja kämpfen, ›bis alles in Scherben fällt‹. Eine andere Chance blieb Ihnen ja nicht.«

Wir fühlten uns unbehaglich, weil das Gespräch eine Wendung zu nehmen schien, die uns nicht paßte. Die Ewig-Gestrigen, die Besserwisser und Schlachtenlenker, die Verdreher der Tatsachen deutscher Aggressionen und Verbrechen gegen die Menschlichkeit, verkappte Nazis und Militaristen waren unsere erklärten Gegner. Doch da wir Gäste in seinem Haus waren, fiel es uns schwer, einen sachlichen, aber höflichen Widerspruch anzubringen. Wir bedurften seiner nicht, denn der Monolog des Gastgebers klärte alles weitere:

»Ich möchte die eines Kulturvolkes unwürdigen Verbrechen nicht beschweigen: Völkermord und Angriffskriege; auch nicht den Rassenwahn, der z.B. uns Persern als ›Ariern‹ einen biologisch viel höheren Stellenwert einräumte als den Arabern, die ja zu den Semiten gehören. Allein schon dieser Krampf müßte genügen, um das Schicksal Deutschlands unter Hitler zu verstehen ... Lassen Sie mich damit das Thema beenden, das wohl Ihre und meine Generation bis in den Tod verfolgen wird.

Jetzt haben wir die Amerikaner hier, die Bundesrepublik Deutschland wird in Kürze der NATO beitreten, und alles Frühere wird der Vergangenheit angehören, ob bewältigt oder nicht. Ob jedoch Iran die eskalierenden Krisen überstehen wird? Achtzig Prozent unserer Bevölkerung sind besitzlose Bauern, die nicht einmal im Parlament vertreten sind, denn dort sitzen die Großgrundbesitzer, die Vertreter der etwa fünftausend Familien, denen das Ackerland gehört. Die zwölf Prozent der Nomaden hingegen reden politisch viel deutlicher mit, denn ihre Stammeshäuptlinge sind als Volksvertreter gewählt. Auch die fünf Prozent freie Berufe, Handel und Erdölindustrie wissen sich ihre Vorteile zu verschaffen. Und die restlichen drei Prozent, Soldaten, Polizisten und Beamte, holen sich das, was ihnen an Einkommen fehlt, durch Korruption und Willkür.

Die gebildeten Iraner halten sich immer noch für die Crème de la Crème, fühlen sich als direkte Nachkommen der Alten Reiche, als edle Reiter, Jäger und Kunstverständige, die allen ihren Nachbarn haushoch überlegen sind, den Türken, Arabern und Russen. Aber so ist es ja im Orient überall: Die gleichen Einschätzungen hört man aus dem Munde der Araber, denen die Türken als die schwarzen Schafe des Nahen Ostens gelten. Und obgleich wir Perser arabische Musik und Poesie schätzen, lieben wir die Söhne der Wüste keinesfalls. Die Araber wiederum hassen uns, die Perser. Und die Türken verachten sowohl Perser als auch Araber als Feiglinge und Faulenzer. Alle zahlen mit gleicher Münze.«

Wir hatten unsere erste Lektion in persischer Soziologie erfahren und waren unserem Gastgeber dankbar. Er verehrte Deutschland, kannte aber auch unsere Schwächen und hatte wohl gerade deshalb sein Herz an unsere Kultur verloren. Die meisten Angehörigen der Oberschicht hatten sich ohnehin nach Frankreich oder England hin orientiert. Das lag näher, fiel leichter und machte sich besser bezahlt.

Später, bei unserem Nachmittagstee, waren auch zwei elegante Damen anwesend, die ebenfalls leidlich deutsch sprachen, sowie ein deutsches Ehepaar: Er arbeitete als Techniker und versicherte uns, daß er die Cora an ihrem Auspuffklang erkannt hätte, wenn wir unter dem Fenster seines Planungsbüros vorbeigefahren wären.

»Schließlich ist der Klang einer NSU-Maschine unverkennbar. Genau so gut könnte ich eine BMW ausmachen oder eine Zündapp.«

Der Techniker erzählte uns von einem Dorf, dessen Besitzer – ein fortschrittlich und sozial gesinnter Mann – den Bauern 60 Prozent der Ernte überlasse, für deren Verkauf er auch sorge; er habe eine Krankenstube eingerichtet und sogar eine Schule. Da habe sich sofort das lethargische Wesen der Bauern verändert: sie hätten sogar Abendschulen erbeten, um selber das Lesen und Schreiben zu lernen. Die Frauen hätten eigene Aktivitäten in der Krankenpflege entwickelt, und das Erstaunlichste von allem: Im zweiten Jahr nach dem Einbringen der Ernte hätten die Dörfler ein Fest gefeiert. Sie konnten auf einmal wieder tanzen und singen, was es über viele Jahrzehnte dort nicht mehr gegeben hatte. Junge Leute hätten sich Fahrräder gekauft und sie mit farbigen Troddeln geschmückt wie die Kamele. Sie hätten ihre Lebensfreude wiedergefunden und manchmal auch eine zweite Frau.

»Der Schlüssel zum Problem Iran liegt in folgenden Zahlen: Nicht ganz drei Millionen Bauernfamilien bebauen fünf Millionen Hektar Land, das sind ungefähr 1,8 Hektar pro Familie. Über die Hälfte dieser Bauern besitzt aber nicht einmal einen Quadratmeter dieses Landes, fast ein Viertel nicht mal einen Hektar. Aber fünftausend reiche Familien besitzen jeweils über hundert Hektar, das heißt ein Drittel des gesamten bebauten Landes. Diese Großgrundbesitzer wohnen in den Städten und lassen ihren Besitz, nämlich das Dorf, einfach durch den Dorfvorsteher überwachen. Denn für die Ernte ist das ganze Dorf verantwortlich, nicht die einzelne Familie.«

Es lag ein Unheil in der Luft, das selbst für uns zu spüren war. Die soziale Umwälzung mußte bald losbrechen, auch wenn die kaiserliche Familie die Hälfte ihrer Ländereien verschenkte, auch wenn die »Weiße Revolution« der sechziger und siebziger Jahre aufzuholen versuchte, was jahrhundertelang versäumt worden war. Die Geschichte sollte schon bald die Pahlewi-Dynastie hinwegfegen, trotz des Soraya- und Farah-Diba-Kults, trotz der Zweitausendfünfhundert-Jahrfeier in Persepolis, trotz glänzender Empfänge der Kaiserlichen Familie in Paris, London, Rom und Berlin. 1979 kehrte Ajatolla Khomeni aus dem Pariser Exil über Kerbela im Irak nach Iran zurück und errichtete seinen schiitischen Gottesstaat nach fundamentalistischen Grundsätzen. Der erste Golfkrieg – er wütete acht Jahre lang gegen den Irak – schlachtete die Jugend Irans dahin, das Land versank in Blut, Schulden und der Aussichtslosigkeit einer schwarzen Zukunft.

Wir gaben nur wenige Gastspiele in Teheran. Beim NCO-Club der US-Militärmission kannte man schon unsere Namen – vielleicht gab es dort einen Feldwebel, der kürzlich von Ankara nach Teheran versetzt worden war? Ausgepichte Soldatenkehlen hießen uns willkommen, freuten sich mit uns, und die Männer in Khaki zahlten, wie immer, gut.

Der Britische Club gab, als wir dort gastierten, eine »Spiegeleier-Party«. Die Eingangshalle des zweistöckigen Gebäudes lag im Dunkeln, und über die Stufen der Treppenaufgänge hatten unbekannte Witzbolde Tische und Stühle getürmt und sie ineinander verkantet – ein Gewirr, durch das sich die Gäste gebückt und kriechend in der Dunkelheit hinaufarbeiten mußten. Hinter einer Lichtschleuse strahlte dann ein festlicher Saal, die Tafeln waren weiß gedeckt mit schwerem Linnen, Kerzen brannten in vielarmigen Leuchtern, und ihr warmes Licht lag auf blonden Haaren, braunen Locken, roten Strähnen, hellem Teint und lachenden Augen. Seide raschelte, und die Kinder Albions schwelgten in Spiegeleiern mit Weißbrot und tranken dazu »Pale Ale« oder »Guiness Stout«. Mich bat einer im Smoking um den Schlager »Regentropfen, die an mein Klenster pfopfen«. Lachend korrigierte ich sein fehlerhaftes Deutsch, und dann traten wir als Duo auf, sangen diesen Tango der Zwanziger und hatten die Lacher auf unserer Seite.

Dort trat auch eine Tänzerin auf mit dem Namen Simone Doris. Sie gab sich als Schweizerin aus, und ihre »Valse triste« auf eine Komposition von Chopin, die ein Könner auf dem Flügel intonierte, verdiente großes Lob. Sie war in weiße Schleier gehüllt und tanzte so schwerelos, daß es nur ein Schweben und Weben war; dabei hatte sie viel Weibliches, aber kaum einen Hauch von erotisch Lockendem. Ihr blondes Haar glänzte wie Gold im Schein des Kerzenlichts; ihr ebenso weicher wie leicht verträumter Gesichtsausdruck verlieh dem Walzer noch mehr von jener Traurigkeit, die so trefflich zur Novemberstimmung der Regentage paßte. Ihre Arme schwangen schlangenhaft, und die Tüllschleier wehten wie Nebelfetzen. Überhaupt hatte ihr Tanz etwas Feenhaftes, Entrücktes, Geheimnisvolles. Sie wiegte sich in den Hüften, doch ihre Beine blieben gleichsam unsichtbar, ihre schlanken Glieder gehörten dem Ganzen, der ebenmäßigen Figur, sie wirkten niemals selbständig und ließen die weißgoldene Fee gleichsam oberhalb der Erdenschwere entlanggleiten. Auch die Klaviermusik schien ein Teil von ihr, Tanz und Töne gingen ineinander über, waren eins geworden. Das Publikum staunte verzückt und schweigend – und spendete erst Beifall, als die Tänzerin zu Boden gesunken war und ihr Goldhaar nach vorne warf, so daß der schmale Nacken frei lag und die zarten Schultern sichtbar wurden. Dabei hatte sie die Arme ausgebreitet wie zwei Schwanenflügel und berührte mit den Fingerspitzen den Boden.

Später plauderten wir miteinander. Sie sprach ein breites Sächsisch und hätte von Kötzschenbroda stammen können oder Hoyerswerda. Allein ihre Tanzkunst beherrschte sie souverän, George Balanchine in New York hatte sie geschult. Wir bekamen aber nie heraus, welcher Sturm sie nach Teheran verweht hatte. Am rechten Handgelenk trug sie eine dicke Goldkette, daran ein strammer, fein ausgearbeiteter Phallus aus massivem Gold prangte, der mehr über Simone Doris aussagte als ihr breites Kötzschenbrodisch oder ihr Ausdruckstanz. Als Blondine hatte sie im Orient ja manche Chancen.

Weil ich mich mit einem Briten der Spiegeleier-Gesellschaft angeregt über russische Kosakenlieder unterhalten hatte, versprach er mir eine Balalaika. Und wirklich: An einem der folgenden Tage schenkte er mir ein wunderschön gearbeitetes Instrument mit dem typisch dreieckigen Korpus, schräg abgeflacht, die Dauben aus Birken-, den Hals aus Ebenholz. Die weitlumige Fichtenecke ergab einen guten Klang, und das kleine runde Schalloch war mit einem Perlmuttring umgeben, wie auch die beiden unteren Ecken jeweils eine Perlmuttblume auf dünnem Schildpatt zierte. Die leicht geschweiften Seiten des Korpus, wie auch seine gerade Unterkante, waren von einem Hartholzband eingefaßt, und ein florales Motiv aus Schildpatt und Perlmutt zierte dessen Mitte.

Ich besitze diese Balalaika noch heute. Sie kann noch immer singen und summen, jubeln und weinen, schwermütige Burlakenweisen schluchzen, schwirrende Tanzliedchen trällern oder mit aufpeitschendem Rhythmus Kosakenchöre in ihren Takt zwingen, daß keiner stillzusitzen vermag. Von Teheran hat mich die Balalaika bis zur Gangesmündung begleitet, quer durch den indischen Subkontinent und dann wieder nach Hause. Ihr festes Futteral hat sie vor Unbill geschützt. Seither hängt sie an einer Innenwand im Wohnzimmer.

Leider blieb ich auf diesem Instrument aber im Grunde ein

Stümper und schaffte es nur bis zur »Lesginka« und »Kapatinka« aus dem Kaukasus und dem unsterblichen »Mondschein« in D-Dur neben ein paar weiteren Kosakenweisen.

Weil wir nicht wußten, wo wir um die Weihnachtszeit sein würden, schickten wir bereits von Teheran aus ein paar Weihnachtskarten nach Hause. Da es aber keine echten Weihnachtskarten gab, kauften wir uns Kunstpostkarten persischer Miniaturen – sie hätten nicht stilvoller und typischer sein können und bewiesen eine beachtliche Druckqualität.

Diese persischen Miniaturen gehören seit jeher zu den Illustrationen der dortigen Dichtkunst, vom Mongolensturm des dreizehnten Jahrhunderts an bis weit ins achtzehnte.

Der Islam hatte zwar die Darstellung von Menschen und Tieren untersagt, aber das hatte die Maler offenbar wenig gestört. In vollendet gestalteten Bildern hatten sie höfische Liebesszenen geschaffen, wo z.B. er seine Angebetete um die Taille faßt, während sie die Laute schlägt und den Kopf verschämt zur Seite wendet. Sie lagern auf einer Blumenwiese, und ein rosa blühendes Aprikosenbäumchen neigt seine Krone über das Paar.

Polospieler im Sattel edler Rosse auf grünem Wiesenplan, Jagdszenen zu Pferd auf Steinböcke im Gebirge, Leoparden am Kaspischen Meer, Gazellen in der Steppe, Reiher im Schilf oder Rebhühner – all diese Miniaturen erinnern in ihrem Aufbau ein wenig an die Illustrationen der Manessischen Handschrift. Heute gehören sie zu den kostbarsten Exponaten des Britischen Museums, von denen man früher behauptete: »Die Perser haben keine Ahnung von Perspektiven, sie zeichnen nur verstümmelte Figuren und haben nicht die geringste Kenntnis einer richtigen Verteilung von Licht und Schatten«. Aber damals bezeichnete man ja auch die Glasfenster gotischer Dome als barbarisch. So ändern sich die Zeiten und Betrachtungsweisen.

Jedenfalls waren unsere Lieben daheim nicht wenig überrascht, als ihnen bereits im November die Weihnachtspost ins

Haus flatterte. Eine Fluglinie hatte nämlich soeben ihre Linienflüge nach Teheran aufgenommen, und deshalb »ging die Post ab«.

Dort, wo die Zweimillionenstadt, die Hauptstadt Irans, in 1200 Meter Höhe am Südabhang des Elbursgebirges in den ausgedehnten Basar überging, baumelten drei Gehenkte am Galgen. Uns schauderte bei ihrem Anblick. Am Tage zuvor hatte man die Verbrecher öffentlich hingerichtet, und eine riesige Menge hatte dem grausigen Schauspiel beigewohnt. Nicht nur Müßiggänger und Tagediebe, Faulenzer und Drückeberger, die tagsüber die engen Gassen des Basars füllten, hatten sich eingefunden, sondern auch biedere Bürger, ja ganze Familien mit Kind und Kegel.

Hinter dem riesigen Basarkomplex erstreckten sich die Elendsviertel bis an den Rand der Großen Salzwüste. Und alle Bächlein, die von den Hängen der Berge durch die ganze Stadt geplätschert waren, überladen mit den Abfällen und dem Schmutz der Großstadt, flossen nun zwischen den Lehm- und Bruchbuden hindurch wie überall im weiten Land – nur waren sie hier bereits so verschmutzt, daß man sie als offene Kloaken bezeichnen konnte.

Die Stadt hatte jährlich eine Einwohner-Zuwachsrate von sechs Prozent, und 1974 würden dort bereits 3,7 Millionen Perser wohnen. Die vornehmen Stadtteile, weitläufig, modern und grün angelegt, hatten zum Teil europäischen Charakter, waren regelrechte Villenviertel.

Sie lagen in der Oberstadt, das heißt am Gebirgshang bis in etwa 1700 Meter Höhe, wo die Alleen durch stille Wohnstraßen führten und in den Gärten das Herbstlaub mit dem Regen auf den Rasen fiel.

Nahe der Altstadt fuhren wir fast täglich am ausgedehnten kaiserlichen Palast vorbei, dem Golestan- (»Rosengarten«) Palast mit dem sagenhaften Pfauenthron des Schahs, einer alten

Kriegsbeute aus Indien. Die Ferdausi-Straße, benannt nach dem bekanntesten persischen Dichter, verlief als Mittelachse von der eleganten Oberstadt bis hinunter in die »Hölle« beim Basar, wie die dortigen Elendsviertel genannt werden. Dieses Viertel mieden wir, denn dort fanden die antibritischen Demonstrationen statt, und wir wollten zur Sicherheit keine Verwechslung riskieren.

Für uns war der Basar die lebhafteste und amüsanteste Gegend von ganz Teheran, er verlieh der Stadt ein dekoratives, aber auch wildromantisches Wesen. Hier konnten die Perser ihrer angeborenen Vorliebe für Schau und Theater in der Öffentlichkeit frönen: offene Läden wie im arabischen Suk, primitive Ladenschilder und sauber aufgereihte Früchte des Landes. Die Auswahl an Trockenfrüchten war überwältigend, und ich kaufte für die kommende Reise Dörrobst: köstliche Aprikosen, Pflaumen und Sultaninen; aber auch Nüsse verschiedener Art: Walnüsse, Haselnüsse und Pistazien.

Im Basar handelten die reichen »Basaris« gleich Börsenmaklern mit Neuigkeiten, die immer politisch gefärbt waren. Diese Basaris galten als die einzige politisch-wirtschaftliche Kraft neben den Großgrundbesitzern. Von hier aus begannen alle Demonstrationen, hier konnte man das iranische Bürgertum in all seinen Ausprägungen am besten erleben. Im übrigen sagte man uns, daß es nur in den Städten Fremdenhaß gäbe.

Bei einem Besuch im Innenministerium trafen wir im Sportdezernat zwei ältliche Herren mit Karakulmützen aus feinstem Persianer. Sie sprachen uns auf französisch an:

»Wir haben vernommen, daß Sie Afghanistan durchqueren werden. Dazu wünschen wir Ihnen Glück. Sie können dort übrigens in den staatlichen Hotels übernachten, die vornehmlich Regierungsbeamten vorbehalten sind. Als Mitglieder des afghanischen Olympiakomitees erbitten wir Ihren Besuch in Kabul.«

Sie gaben uns ihre Visitenkarten, die in Farsi und Französisch gedruckt waren, und verabschiedeten sich.

Bei Dr. Hasankhani verbrachten wir noch einen informativen Abend in Gesellschaft anderer Gäste, die mittlerweile durch die Tagespresse und den Rundfunk von uns und unserer Fahrt erfahren hatten.

»Sie werden von Teheran aus ganz Korassan durchqueren, das ist die Provinz zwischen Turkmenistan im Norden, Afghanistan im Osten und der Großen Salzwüste im Süden. Nehmen Sie am besten die alte Karawanenstraße über Semnan, Damgan und Sabzawar nach Mesched, der berühmten Pilgerstadt in der Nordostecke Irans! Allerdings ist die Piste nicht ausgebaut und wird Ihnen manche Schwierigkeiten bereiten auf den 875 Kilometern, aber sie ist viel farbiger! Bedenken Sie bitte, daß der Winter in Korassan lange dauert und diese Region vielfach durch Schneestürme aus Zentralasien oder gewaltige Regengüsse von der Umwelt abgeschlossen wird! Sie wurde auch immer wieder von schweren Erdbeben heimgesucht, ganz zu schweigen von den zahlreichen Einfällen der verschiedensten Völker aus Mittelasien. Die Straße dorthindurch ist übrigens die Fortsetzung der alten Königsstraße, die Sie hergekommen sind, und der Seidenstraße in den Orient. Wenn Sie Glück haben, kriegen wir noch einmal Sonnenschein; dann wird der Streckenteil entlang dem Nordrand der Wüste nicht mehr staubig, sondern gut befahrbar sein – als Sandpiste, wohlgemerkt! Und diese Sandpiste mit ihrer ›ondulierten‹ Oberfläche sieht aus wie überschweres Wellblech – da werden Sie sich sehr nach einer Asphaltstraße sehnen. Ich wünsche Ihnen Glück auf den zweitausend Kilometern von hier zum Kaiberpaß. Übrigens, umfahren Sie das zentral-afghanische Bergland nach Süden hin, also gegen Belutschistan zu – sonst würden Sie nämlich bald eingeschneit. Unterwegs treffen Sie sicherlich auf manche Nomadenkarawane, die noch unterwegs ist in wärmere Gefilde. Die haben seit Wochen ihre Sommerweiden verlassen und überwintern in angenehmeren Gegenden.« Ich traf auf Gustavs besorgten Blick. Wir wußten, daß die kommenden Wochen die Entscheidung bringen würden. Zwar waren wir gut ausgerüstet, aber die altersschwache Cora konnte jeden Tag ihren Geist aufgeben, und dann wäre uns nur die Weiterreise mit einem Überlandbus übrig geblieben. Die Frage, ob und auf welche Weise wir Indien überhaupt erreichen würden, stellte sich täglich quälender. Und die Antwort lag im Wagnis. Wegen der ondulierten Sandpisten hatten wir uns bereits in Neckarsulm mit neuen Speichen eingedeckt. Sie sollten nicht reichen.

»Bei uns im Iran leben etwa zwei bis drei Millionen Nomaden, und alles Land, das nicht zu einem Dorf gehört, wird von ihnen beansprucht. Sie verachten den Bauern, weil er gleichsam angekettet ist und als elender Sklave schuften muß. Zwar sind die Nomaden nicht reicher als arme Bauern, aber sie haben alle ein Gewehr und über sich nur den Häuptling des Stammes. Ihr Zelt bleibt immer sauberer als eine Bauernkate, denn sie wechseln oft den Lagerplatz. Aber machen wir uns nichts vor: in Abadan sind alle Ölarbeiter vom Stamm der Bachtiaren, also ehemalige Nomaden. Sie wurden von der Macht des Geldes angezogen, haben ihre schwarzen Zelte verlassen und bilden das heutige Industrie-Proletariat. Doch die allermeisten Nomaden hatten dazu noch keine Gelegenheit; zweimal im Jahr ziehen sie wie eh und je an den Dörfern vorbei, stehlen auch mal ein Stück Vieh oder einen Teil der Ernte.

Alle Nomaden hängen an ihrem Stamm und sind in ihm zu Hause. Ihr Häuptling regelt die großen Probleme, die Wanderungen, die Termine. Alle Stämme unterscheiden sich nach Sprache, Tracht und Namen, manche reden türkisch, andere arabisch oder farsi. Sie knüpfen ihre Teppiche jeweils nach eigenen Mustern, sind kriegerisch oder friedlich. Die Häuptlinge der großen Stämme sind schwerreich, müssen ihre Schätze aber mit der

Sippe teilen. Privatflugzeuge sind bei ihnen nicht selten, Luxusjachten an der Côte d'Azur oder ein Chalet in der Schweiz ebenso.

Auf einige dieser Stammesgruppen werden Sie bei Ihrer Reise nach Afghanistan treffen, immer wieder werden Sie auf ihre Zelte stoßen. Das Leben darin ist übrigens gar nicht so übel. Wenn Sie Glück haben, wird man Sie mal hineinbitten, einladen. Wundern Sie sich dann nicht über elektrische Geräte, die mit Batterie betrieben werden oder mittels eines Generators; sogar Kühlschränke, die mit Steinöl laufen, können Sie finden. Und immer wieder wird man Sie mit Joghurt und Fladenbrot bewirten. Jetzt im Spätherbst gehen die Nomaden auch auf Steinbock- und Gazellenjagd. Am schönsten aber sind ihre Pferde, arabische Vollbluthengste, Fohlen und Stuten.

Das Glück der Erde
liegt auf dem Rücken der Pferde!

Dieser Spruch soll aus dem alten Iran stammen, Sie kennen ihn sicher aus Deutschland, wo der Pferdesport ja besonders populär ist.«

Diese zweite Lektion in iranischer Soziologie hatte uns genau so gefesselt wie die erste vor ein paar Tagen. Nun wußten wir: Je eher wir aufbrechen würden, desto geringer wäre die Gefahr, eingeschneit zu werden.

So richteten wir alles her, packten mal wieder die Feldbetten auf den Beiwagen und schauten nach dem ganzen technischen Kleinkram, der uns inzwischen geläufig war. Dann starteten wir an einem sonnenklaren Novembertag in das flammende Morgenrot.

Leb wohl, Teheran! Macht's gut, ihr Freunde und Fremden!

Übrigens hatte uns Dr. Hasankhani am Tage der Abfahrt noch einen Termin bei einer Hamburger Handelsfirma ans Herz gelegt. Beim Verlassen der Stadt besuchte ich also die Filiale, und der hanseatische Kaufmann überreichte mir, während er seine Tonpfeife nicht ausgehen ließ, einen Umschlag. Darin steckte eine Menge Bargeld in persischer Währung. Nanu, was war das? Wollte uns Dr. Hasankhani auf diese heimliche Art beschenken? »Ketman« einmal auf eine ganz andere Art? Wir erfuhren es nie.

Auf der Seidenstraße

For lust of knowing what should not be known,
We make the golden journey to Samarkand.
James Elroy Flecker (1884 – 1915)

Wir wußten uns nun wieder auf der Marschroute Alexanders, der nur wenig älter war als wir, als er mit seinem Reiterheer von 35.000 Griechen nach Indien zog; an Mesched vorbei ritt er nach Süden über Herat, und den Hindukusch mußte er – genau wie wir beide – umgehen, um über Kandahar nach Kabul zu ziehen und dann später über den Kaiberpaß hinab in das Stromgebiet des Indus.

Die Regenfälle, die zu Anfang November die Alleen Teherans genetzt hatten und als Schneefälle auf den Höhen des Elburs liegengeblieben waren, hatten aufgehört. Ein glasklarer Himmel wölbte sich über das Land, und das gelbe Herbstlaub der Pappeln an der Straße zitterte im Wind. Hinter uns blieb die Millionenstadt zurück, und vor uns glitzerte die Eiskappe des 5671 Meter hohen Demavend, eines erloschenen Vulkans, dessen riesenhafter Kegel die Dreitausender vor ihm weit überragte. Der Neuschnee an seinen Flanken reichte schon bis in das untere Drittel, und das stimmte uns bedenklich.

Von diesem Bergmassiv aus hatte Sven Hedin 1886 als gerade Volljähriger seine erste Forschungsreise angetreten, denn der Schah von Persien weilte dort mit seinem ganzen Hofstaat im Sommerlager. Und nur von ihm erhielt er das Visum. In der ausgedehnten Zeltstadt auf den grünen Bergmatten zwischen der Waldgrenze und dem Firnrand ließ sich die heiße Zeit ja angenehmer verbringen als in den staubigen Städten des Hochlandes.

Die späte Morgenfrühe kam mit eisigem Wind von der Gorgansteppe, die sich jenseits der Berge, östlich des Kaspischen Meeres, in den Weiten Turkmenistans verlor. Dort trennte eine scharf bewachte Grenze die Sowjetunion von Iran.

Das Sportministerium hatte uns für alle Städte Korrasans Empfehlungsschreiben ausgestellt: für Semnan, Scharud, Sabzawar, Nischapur und Mesched. Ebenso hatten alle Polizeistationen Anweisung bekommen, uns behilflich zu sein. So waren wir losgedonnert, die Balalaika in ihrem Futteral auf das Gepäck geschnallt. In einem Korb auf dem Beiwagen prangten ein paar Kilo Weintrauben, die wir bei den Obsthändlern der Vorstädte erstanden hatten. Auch eine Pelzmütze hatte sich jeder von uns gekauft, wie sie die Turkmenen tragen: aus dicht gekräuseltem Karakulfell und nach oben hin breiter werdend.

Am Teheraner Rundfunk hatten wir noch ein Tonband besingen und bespielen können, hatten auch darauf gesprochen, und der Sender hatte es ausgestrahlt. Eine Kopie davon ging per Luftpost nach Deutschland.

Schon ein paar Kilometer hinter der Hauptstadt fing die berüchtigte Sandpiste an, und unsinnig überladene Schwerlaster malträtierten sie täglich weiter. Kies und Sand ließen die Gummireifen mahlen, und die »ondulierte« Oberfläche machte der Cora viel zu schaffen. Es war ein Rütteln, das von unten auf die Sitzfläche hämmerte; so hart, daß die Nieren schmerzten und wir manchmal befürchteten, sie könnten abreißen. Die Spiralfedern unter den Sätteln waren ja längst gebrochen und durch Schaffelle ersetzt. Doch das Trommelfeuer hielt nur streckenweise an. Dann kamen wieder glatte, längere Distanzen, so daß wir sie fast im Fluge zurücklegen und dabei den Sonnenschein eines persischen Spätherbstes genießen konnten.

Wir grüßten die zahlreichen Streckenwärter, die tagein, tagaus den Sand auf die Piste zurückschippten. Fast alle trugen sie Turban und Pelzjacke nebst farbenfroh gestrickten Strümpfen aus Schafwolle. Der Gruß war einfach und international verständlich: wir hoben die Hand, und die Wärter dankten ebenso, sie hatten verstanden.

Dann blieb auch die gewaltige Eispyramide des Demavend hinter uns zurück. Bald strahlte die Sonne gegen Mittag von rechts, wo sie über der Großen Salzwüste stand, die gleich neben der Straße begann. Ab und zu futterten wir Nüsse oder etwas Schokolade, blieben aber im Sattel. Auch hatte ich in Teheran richtige Sandwiches gekauft, belegt mit Käse oder kaltem Braten. Wir fühlten uns frei und beschwingt, freuten uns an jedem Kilometer und atmeten genußreich die kühle Hochlandluft. Wir spürten die Weite und das leere Land.

Fast unmerklich drehten sich die Schatten zu unserer Linken und lagen bald, allmählich länger werdend, vor uns. Der kurze Tag ging zur Neige, und die Abendsonne schien vor uns auf goldene Steppenhügel. Die Farbe der Himmelsglocke wechselte vom Azur zum Kobaltblau.

Dann war die Sonne weg. Am Horizont hinter uns lagen als schwarze Schattenrisse die Höhenrücken der Steppe, ein fahlgelber Himmelsstreifen glühte noch darüber. Vor uns sahen wir die braune Piste, der Osthimmel schimmerte matt in Grau, weiter oben folgte ein Band Klematisblau mit einem zarten Rosa darüber, das jäh ins helle Nachtgrau des oberen Himmels überging. Und mittendrin stand die aufgehende Vollmondscheibe, silbern und riesengroß. Von Osten her nahte die Nacht.

Der Tag war verglüht. Wir fuhren durch weite Senken, ferne Berge standen in der kalten Nacht. Allmählich krochen die Mondstrahlen aus dem Dunkel herab, und es schien, als rieselte es durch den Himmelsraum wie Elfenbein, von den flimmernden Sternen bis herab zu der endlosen Wüste im Süden und den fernen Schneefeldern der nördlichen Höhenzüge. Silber schien auf unserer staubigen Straße zu liegen, die geradewegs nach Osten führte und früher die blühenden Kalifate Samarkand, Bokhara und Taschkent verbunden hatte.

Die erste Nacht hinter Teheran verbrachten wir in einem sauberen Rasthaus, wo ein Gendarmerieposten das Gespann bewachte. Bakschisch, Sahib! Wir gaben es – umgerechnet zwei Mark. Am anderen Morgen mußten wir zuerst einmal einen Plattfuß flicken und den verstopften Vergaser umständlich reinigen. Bald hatte der kalte Ostwind den letzten Schlaf weggeblasen.

In Semnan, wo uns eine saubere und asphaltierte Hauptstraße freudig überraschte, mußten wir neue Speichen einsetzen. Das schier endlose »Wellblech« der Piste hatte die alten Speichen überfordert und verbogen. Auch konnten wir Benzin tanken und die Wassersäcke auffüllen.

Semnan lag mitten in Obstgärten, eine sassanidische Gründung, die früher eine wichtige Etappe auf der alten Karawanenstraße nach Zentralasien gewesen war. Turkmenen, Mongolen und Timuriden hatten die Stadt wiederholt verheert, doch jedesmal war sie neu aufgebaut worden.

Stetig stieg die Wüstensteppe an, und bald konnten wir schon weit nach Süden blicken, wo der Horizont als waagrechte Linie den Himmel begrenzte. Die Luft war kristallen rein und erlaubte eine Fernsicht von sicherlich einhundert Kilometern.

Weit weg dampfte ein putziges Eisenbähnchen nach Osten, fast wie ein Spielzeug. Der erste Schah Reza Pahlewi hatte diese Strecke von Teheran aus bauen lassen, doch sie führte nur bis Sabzawar. Der Bahndamm war zwar bis Mesched fertiggestellt, aber die Schwellen und Schienen mußten erst noch herbeigeschafft und verlegt werden.

Immer wieder begegneten uns Kamelkarawanen. Tief und warm läuteten die Glocken an den Hälsen der Tiere, die merklich größer waren als die hellen, schlanken Dromedare Arabiens, die nur einen Höcker tragen und nicht das dichte und dunkle Wollhaar der Trampeltiere. In langer Reihe zogen sie an uns vorbei, und ihre Reiter winkten und grüßten, riefen uns frohe Worte zu: Turkmenische Nomaden auf dem Weg in die Winterquartiere.

Ihre Betten hatten sie den Lastkamelen aufgebürdet: Die Bettgestelle mit dem geflochtenen Schnürboden für die Matratzen spreizten sich zu beiden Seiten des armen Tieres wie Stummelflügel am Körper eines langhalsigen, vierbeinigen Vogels. Die unverschleierten Frauen trugen bunte Trachten, saßen häufig auf einem Esel und hatten ihre Kinder vor sich auf dem Sattel sitzen. Sie ließen sich gern fotografieren, hielten aber gleichzeitig verschreckte Ausschau nach ihrem Herrn und Gebieter. Immerhin vergaßen sie dabei nicht, ins Objektiv zu lächeln, stolz auf ihre Babys.

Die Männer trugen gewaltige Pelzmützen, wie sich das für Turkmenen gehörte, deren Heimat die Steppe östlich des Kaspischen Meeres und nördlich der Elburskette ist. Hier beginnt die große Ebene von Zentralasien, die bis in die Mongolei reicht. Früher gehörten die Turkmenen zu den berüchtigten Räubern und Frauendieben, Pilgermördern und Geiselnehmern. Die geraubten Frauen verkauften sie als Sklavinnen nach Samarkand oder Bokhara, und das Lösegeld für die Geiseln ernährte sie gut.

Schah Reza I. hatte 1925 begonnen, sein Land Iran zu befrieden, und unterwarf dabei die Turkmenen, und zwar nach blutigen Kämpfen, die auch verlustreich für die Regierungstruppen verliefen. Aber Maschinengewehre und Kanonen waren eben stärker als Reiterattacken, und so wichen die Turkmenen über die Grenze nach Sowjetasien aus und verschwanden von der Bildfläche. Viele kehrten aber später nach Iran zurück, wo der lasche königliche Verwaltungsgammel ein freieres Leben ermöglichte als bei den Bolschewisten. So lebten 1951 etwa zweihunderttausend Turkmenen im Land; doch herrschte inzwischen Ruhe bei ihnen, und die Zeiten des Frauenraubs und der Geiselnahme gehörten der Vergangenheit an.

Übrigens zählen die Turkmenen zum Volk der Usbeken und sprechen nach wie vor eine Turksprache. Sie sind ein Teil jener großen Völkerfamilie, deren Horden in stürmenden Wellen über viele Jahrhunderte bis nach Europa vorstießen: als Hunnen unter dem Sagenkönig Attila – der Name bedeutet »Väterchen«, ein germanisches Kosewort –, dann als Avaren und unter Dschinghis Khan sowie Tamerlan als Mongolen. Die räuberischen Ungarn des zehnten Jahrhunderts gehörten auch noch dazu.

Auf ihre Kamele hatten die Turkmenen großartige Teppiche geladen, die man in Europa als »Bokhara« oder »Samarkand« verkauft. Wer diese Kunstwerke gefertigt hatte? Niemand sonst als jene Frauen, die so gern ins Objektiv lächelten und dabei nach ihrem Herrn lugten, ob er den optischen Seitensprung mitbekomme. Neben dem Handel mit Karakulfellen war ja das Teppichverkaufen die einzige Möglichkeit, Geld zu verdienen. Und so notierte als Hauptvermögen eines Turkmenen die fingerfertigste Teppichknüpferin unter seinen Gattinnen. Sie trugen übrigens auf ihren Trachten prächtigen Gold- und Silberschmuck, große runde Platten mit eingelegten Steinen, die im Vergleich zu den feinen Gesichtern ungestalt wirkten. Auch hatten sie Schmuckstücke ins Haar geflochten. Das müssen noch Zeiten gewesen sein, als ihre Männer vom Raub, von Plünderungen und Sklavenhandel lebten und ihre Lieblingsstuten mit einem Halsband schmückten wie ihre Lieblingsfrau!

Die Karawanen zogen davon, wir warfen den Motor an und brausten weiter nach Osten. Da stand ein Bettler am Weg, offenbar blind. Er hatte den fremden Klang unseres Gespanns gehört und war aus seinem Erdloch hervorgekrochen. So stand das in Lumpen gehüllte Häuflein Elend vor uns, die blinden Augen nach oben gerichtet. Wir schütteten ihm unbesehen unser ganzes Münzgeld in die runzeligen Hände, und sein zahnloser

Mund lallte Dankesworte in den verfilzten Bart. Wir waren tief berührt, obgleich wir im Orient schon viel Elend gesehen hatten.

Bei der Weiterfahrt nach Damghan hatten wir fast immer den zylinderförmigen Felsenberg Gerd Kuh auf der linken Seite der Straße im Blickfeld. Die berühmte Assassinenburg auf diesem Gipfel wird bereits in einem Epos des Dichters Ferdausi erwähnt, und auch Marco Polo schrieb darüber. Von hier aus hatten die Assassinen[5)] das ganze Gebiet in Angst und Schrecken versetzt, bis schließlich die Burg im Jahre 1256 von den Mongolen unter Hulagu Khan – angeblich nach einer 27jährigen Belagerung, die bereits unter Dschingis Khan begonnen hatte – erobert wurde.

In Damghan beeindruckte uns die Architektur der alten Moschee, die stark an einen Sassaniden-Bau erinnerte, mit ihren massiven runden Ziegelstein-Säulen von fast zwei Metern Durchmesser und 3,50 Metern Höhe.

Wir vermieden es aber, die betenden Gläubigen – in »einem der prachtvollsten Bauwerke des Islam«, wie es in Kunstführern heißt – zu stören.

Die reichen Ausgrabungsstätten in der Nähe der Stadt zu besuchen, mußten wir uns versagen. Weiter, Gustav, weiter! Der Winter ist nahe! Erst hinter Afghanistan liegt das Tal des Indus.

Als wir wieder einmal einen Plattfuß flickten, hielt ein stark überladener Fernlaster an, und ein leidlich englisch sprechender Herr ließ seinen Fahrer die Reparatur ausführen. Dieser besorgte das, fast wie erwartet, mit gründlicher Schlampigkeit: Dreimal

5) Der Name »Assassinen« ist eine Verballhornung des arabischen Wortes »Hasch' schasch-in«, was auf deutsch »Hanf-Esser« heißt. Dieser im Jahre 1090 gegründete Geheimbund war eine ismailitische Sekte, die ihre Mitglieder in Haschischräusche versetzte, worin sie das Paradies schon auf Erden erleben konnten und zu terroristischen Aktionen bereit waren. Unter Aga Khan III. (1877 – 1957) hat die Sekte zwar den Übergang in die Moderne vollzogen, ohne aber ihre fundamentalistischen Positionen aufzugeben.

mußte er den Schlauch wieder herausnehmen und neu flicken, weil er ihn bei jeder Montage aufs neue beschädigt hatte.

Der Herr sah beinahe europäisch aus. Auf unsere Frage, ob er Iraner sei, antwortete er: Armenier. Und wieder hörten wir seine Klage, wie schlecht der Osten sei und wie gut Europa. Wir versuchten, ihn zu beschwichtigen: »Europa ist alt, zerkriegt und zerrissen, der Balkan gehört zum Ostblock, und das gespaltene Deutschland blutet noch aus allen Wunden des Krieges.«

Er hingegen schilderte uns die katastrophale Lage des persischen Volkes, das in Armut, Unwissenheit, Abhängigkeit, ja Sklaverei versunken sei. Und kein Ende abzusehen.

»Ja, das deutsche Volk leidet wie wir, die Armenier. Wir haben nirgends eine Volksvertretung. Wo liegt unser Land? Viele von uns flohen in die Sowjetunion, aber das ist nicht unsere Heimat …« Hatten wir diese Klage nicht schon früher gehört?

Am Abend, als ich in einer Herberge Tee und Reis bestellt hatte, nahm mich ein Gast mit nach draußen. Ich wußte nicht, was er wollte, und hatte Gustav Bescheid gegeben, auf uns zu achten. So stand er unter der Wirtshaustür und beobachtete uns beide, wie wir durch eine schmale Tür in ein kleines Haus traten. In dem dunklen Raum brannte nur eine traurige Funzel, und erst nach geraumer Weile sah ich etwa zehn Gestalten, ausschließlich Männer, auf dem Boden liegen. Sie hatten sich auf die Seite gedreht und ihren Kopf jeweils mit einem niedrigen Bänkchen abgestützt. Vor ihrem Mund glühte eine Pfeife mit einem Glaskopf, und ein süßlicher Brodem füllte den Raum. Die Liegenden rührten sich nicht, sogen aber sichtbar an ihren langen Pfeifen, die sie öfters wieder anzünden mußten.

»Opium«, sagte eine bekannte Stimme neben mir, »gut für Iran, nicht gut für Deutschland.« Unser Armenier, dessen Zehntonner hier ebenfalls angehalten hatte, blickte mich aus seinen hellen, traurigen Augen an. Dabei lag die Polizeistation, in der wir die Cora abgestellt hatten, keine hundert Meter entfernt!

Der Mohnanbau in Iran sollte dann fünf Jahre später verboten werden, nachdem man dort etwa anderthalb Millionen Opiumsüchtige geschätzt hatte – und das bei 20 Millionen Einwohnern. Bis dahin war das Opium zu festen Preisen an die Regierung veräußert worden, die das Rauschgift dann mit horrenden Gewinnen an einheimische Verbraucher und ins Ausland verkaufte. Noch 1955 gab es 25.000 Hektar Land mit Mohnanbau, die der Regierung bekannt waren, von den anderen ganz zu schweigen. Jährlich wurden damals etwa 900 bis 1200 Tonnen Opium produziert, womit Iran an der Spitze der Opiumproduzenten der ganzen Welt lag. Ungefähr fünftausend Opiumsüchtige schieden jährlich durch Selbstmord aus dem Leben, und zwar in den besten Jahren. Allein in Teheran gab es während unserer Reise 1250 Teehäuser, in denen öffentlich Opium geraucht wurde. Die Regierung nahm damals jährlich 600 Millionen Rial durch den Opiumhandel ein, etwa 80 Millionen US-Dollar.

Am nächsten Morgen blies uns wiederum der Ostwind ins Gesicht, und die Straße war teils schlecht, teils sauschlecht. Dennoch erreichten wir am dritten Tag des Ritts auf der ewigen Wellblechpiste, nach einer Rast in einer pittoresken Karawanserei neben der Straße, das ziemlich moderne Städtchen Sabzawar. Hier hatte ich mir ausbedungen, für ein paar Kilometer das Gefährt selber zu lenken, was Gustav zwar ungern gestattete; aber wacker hielt er sein Versprechen, das er in Deutschland gegeben hatte. So lenkte ich die Cora durch das Städtchen und hielt unterwegs in einer Menge von Gaffern vor einem Gemüseladen, um ein paar Granatäpfel zu kaufen. Als ich wieder anfuhr und die Lenkstange links einschlagen wollte, ging es nicht: Der rechte Bremshebel hatte sich im Gestänge des Beiwagens verhakt, und ums Haar wäre ich in die Menge gefahren, zwar langsam, aber immerhin! Einige der bärtigen Müßiggänger nahmen schon eine feindliche Haltung ein, ihre Mienen hatten sich verfinstert. Dann aber drückte Gustav das Gestänge von hinten zur Seite und machte den verhakten Bremshebel frei – er hatte sofort die Ursache erkannt. Noch heute habe ich keine Erklärung dafür, wie das Gestänge herüberrutschen und die Lenkstange blockieren konnte. Dann knüppelte der allgegenwärtige Polizist die Menge auseinander, und wir konnten verduften.

Mit dem gleichen Farbenspiel wie an den vorausgegangenen Tagen kam auch die dritte Nacht. Querab schien ein vorzeitlicher Riese einen Bergklotz in die Ebene geschleudert zu haben: Finster und schwarz drohte die steile Nordflanke zu uns herüber, nur auf einigen Schneeflächen glänzte das Mondlicht. Und am Fuße dieses düsteren Gesellen lag mal wieder eines jener Nester, die fast nur aus Rasthäusern bestehen.

Überall winkten uns die Wirte zu sich heran, auf daß wir ihr Etablissement mit unserer Gegenwart, sprich mit »Rials« beehren möchten.

Aber Gustav blieb wohlweislich auf der Maschine sitzen, während ich mich zur Gendarmerie durchfragte. Meistens lag deren Station als sauberes Haus am Straßenrand, aber hier führte mich ein bärtiger Alter in eine Seitengasse und deutete hinunter. Sollte ich mich da, alleine in der Mondnacht, weiterwagen?

Nur spärliches Mondlicht – ein fremdes Kaff – Gustav einige Ecken weit weg: es wäre nicht schwierig gewesen, mich zu berauben und dann umzulegen, hatte ich doch nicht mal ein Taschenmesser dabei. Langsam schlenderte ich die Gasse hinunter, bog links ab und stand vor einer alten Festung. Breit ragten die Wachtürme an den vier Ecken der Mauer, schmale Zinnen warfen schwarze Schatten. Um das ganze Bauwerk schlang sich ein gemauertes Ornament.

Bald fand ich das Tor. Es lag im Mondschatten zweier alter Ahornbäume, deren Laubkronen im Nachtwind flüsterten. Dicke Eichenbohlen, von faustgroßen Eisenbolzen zusammengehalten. Auf mein Klopfen erschien ein Soldat, der mein Empfehlungsschreiben unbewegt durch einen Torschlitz in Empfang nahm. Nach kurzem Warten trat ich vor den Kommandanten der Festung, der mir die Hand schüttelte und mir in die Augen sah: »Almani cheli chub« (die Deutschen sind gut).

Ein Läufer holte Gustav mit dem Gespann herbei, und wir richteten uns ein für die Nacht. Im Innenhof glommen ein paar Feuer unter Bäumen, und das Mondlicht spiegelte sich im Wasser kleiner Brunnenschalen. Wir hatten Tee aufgebrüht und tranken ihn zusammen mit anderen Gästen, ausschließlich Männern, die auf wunderschönen Kelims – gewebten Teppichen – saßen. Einen der Kelims zierten drei Sonnenräder. Wasserpfeifen gurgelten. Dann schlenderten wir in unsere Kasematte, schwer fiel der Balkenriegel des Tores in sein Lager, und bald schliefen wir ein.

Am vierten Tage glitzerte rechts von uns Salz im Sand. Endlos erstreckte sich der tonige Salzsumpf bis an den südlichen Horizont. Und nach Regenfällen, wie wir sie vor zwei Wochen noch hatten, konnte solch ein Sumpf ganze Karawanen verschlingen. Ein Schwarm riesiger Geier erhob sich bei unserem Näherkommen schwerfällig in die kalte Hochlandluft, wir hörten ihre Flügelschläge rauschen. Über die nördlichen Höhenzüge wälzten sich dunkle Wolken – ob das wohl die ersten Schneefälle werden?

Das Land dort drüben, die Sowjetunion, mit Sibirien und Zentralasien, hatte ja schon Winter, während hier ein makelloser Sonnenschein den November zu einem angenehmen Reisemonat machte.

Hinter Sabzawar kletterte die Piste zuerst durch kahles Hügelland und führte dann in eine weite Ebene mit einzelnen, weit auseinanderliegenden Feldern, die jetzt brach lagen. Im Nordosten wußten wir die berühmten Türkisminen von Nishapur, unserem nächsten Zielort. In der Umgebung dieser Stadt, dem

Heimatort meines verehrten Dichters Omar Khayyam, sahen wir viele Obstgärten und Ruinen. Wir hatten die 114 Kilometer von Sabzawar in etwa drei Stunden zurückgelegt und freuten uns über das adrette Städtchen, die Hauptstadt dieses Gebietes. Sie ist vermutlich öfter als jede andere iranische Stadt zerstört und wieder aufgebaut worden und wurde nach der Eroberung durch die Araber 651 n.Chr. die reichste Stadt des Landes, wo die schönste Keramik jener Zeit gebrannt wurde.

Im Jahre 1037 gab es dreizehn Bibliotheken für die Studenten der Universität, die aus allen Teilen der damaligen zivilisierten Welt kamen. Hier arbeitete der in Nishapur zwischen 1038 und 1048 n.Chr. geborene und 1123 verstorbene Omar Khayyam an der Erstellung eines neuen Sonnenkalenders und der Errichtung einer Sternwarte. Sein Grabmal in einem ungewöhnlichen modernen Bau besuchten wir in einem Garten, ungefähr vier Kilometer südöstlich der Stadt. Es wurde 1934 errichtet, an der Stelle, wo das alte Nishapur gestanden hatte, bevor es von den Mongolen so gründlich zerstört wurde, daß sogar alle Katzen und Hunde ihr Leben lassen mußten und das ganze Stadtgebiet umgepflügt wurde. Kein Originalskript von Omar Khayyam blieb in seinem Heimatland erhalten, denn Korrasan lag auf der Marschroute der mongolischen »Goldenen Horde« von den Wüsten Zentralasiens in das fruchtbare Tiefland Mesopotamiens. Der stürmische Vormarsch der Heeressäule – bekannt und in ganz Asien gefürchtet als »Ordu« (ein Wort, das den Weg ins Deutsche gefunden hat, mit seiner ihm eigenen Note des Schreckens), bedeutete für das Persien des dreizehnten Jahrhunderts dasselbe wie die Atombombe unserer Tage: die Aussicht auf gänzliche Vernichtung.

Im Jahre 1222, neunundneunzig Jahre nach Omar Khayyams Tod, hatte die »Goldene Horde« – eine schnelle Truppe bewaffneter Reiter, die auf ihrem Vormarsch wie Heuschrecken das Land verheerten und kahlfraßen – unter ihren Anführern Dschingis

Khan und seinem Sohn Tuli die alten Städte der Provinz Korrasan erobert und verwüstet.

Dabei wurden nicht nur die Einwohner der geschichtsträchtigen Städte abgeschlachtet und die Totenschädel von den siegestrunkenen Schlächtern zu Pyramiden gehäuft – als Symbol des ungeheuren Blutzolls dieser Städte. Darüber hinaus fielen nicht nur alle Mauern, Plätze, Brunnen, Häuser, Alleen mit Geschäften in Schutt und Asche, sondern auch alle Werkstätten, Schulen, Moscheen, Universitäten und Büchereien – die gesamte Infrastruktur des Landes war vernichtet; und nie mehr hat sich das Land davon erholt, bis heute.

Meiner Ansicht nach war Omar Khayyam ein tiefsinniger und origineller Dichter, nicht so produktiv wie seine Landsleute Ferdausi oder Hafis, denn sein dichterisches Werk, selbst großzügig betrachtet, ist winzig im Vergleich zu dem der beiden anderen. Dennoch, meine ich, hat man seine Stimme immer gern gehört und will sie auch weiterhin hören, weil »es scheint, daß er auf seine verständliche Art von dem gesungen hat, was alle Menschen in ihrem Herzen fühlen, was aber vorher noch nicht in Versen ausgedrückt worden war.« (Edward FitzGerald)

Ah! My Belovéd, fill the Cup that clears
To-day of past Regrets and future Fears –
To-morrow? – Why, To-morrow I may be
Myself with Yesterday's Sev'n Thousand Years.

Schenk ein, mein Schatz, und spül vom heutgen Tage
die Qual von gestern und der Zukunft Plage!
Ach, morgen? Bin wohl morgen schon gefahren
hinab zu siebentausend andren Jahren.
NACHDICHTUNG VON LOTHAR SAUER

(Ein Jahrtausend steht für jeden der sieben Planeten.)

Die 150 Kilometer nach Mesched, dem Wallfahrtsort, gestalteten sich zu einem Horrortrip. Fast alle Speichen waren durch die millionenfachen Schläge der Wellblechpiste schwer verbogen, und das Hinterrad »eierte« mit einem »Achter« wie auf einer Karikatur in einem Witzblatt. Uns war aber nicht nach Scherzen zumute, und das Singen war uns vergangen.

Gustavs Bericht in der »Rheinpfalz« schildert die Ereignisse genau:

»... Urplötzlich erscheint vor uns ein mehrere Meter breiter Graben, der quer über die Straße läuft und mit Wasser gefüllt ist. Da unsere Bremsen seit Tagen schlecht ziehen, fahren wir mit einem ordentlichen Schwung hinein. Kleine Bäche und Gewässer zu durchfahren, war für uns auf der Straße von Teheran nach der afghanischen Grenze ja keine Seltenheit mehr, aber hier hatten wir der Maschine doch ein wenig zuviel zugemutet. Durch die plötzliche Abkühlung blieb der Motor stehen. Als wir unser schwer havariertes Gefährt wieder glücklich am Ufer hatten, stellte sich heraus, daß das Kabel gerissen war, welches zur Batterie führt. Ein ähnliches Mißgeschick war uns schon an der griechisch-türkischen Grenze passiert. Aber dort hatten wir das Glück, daß wir einen Fachmann auftrieben, der den Schaden beseitigte. Wir verstanden ja beide nichts von Elektrotechnik, und da ich bei unserer Reise die Aufgabe hatte, für die Maschine zu sorgen, begann ich sofort mit der ›Reparatur‹.

Auf den letzten tausend Kilometern waren uns die Stangen über dem Beiwagen abgebrochen und die Seitentaschen gerissen. Dabei hatten wir leider auch einen Teil des Werkzeugs verloren. So stehen wir nun mitten in Ost-Persien, umringt von schlitzäugigen Hirten, die kein Wort von uns verstehen und Gesichter schneiden.

Zu unserer größten Verwunderung gelingt es uns nach etwa einstündigen Versuchen, die richtigen Kabel wieder zusammenzukoppeln, und fidel geht es wieder in die Sättel, bis uns abermals gegen Abend ein bedenkliches Wackeln des Hinterrades zwingt, wieder abzusteigen.

Es sind noch 52 Kilometer bis Mesched. Im Hinterrad sind 18 Speichen gebrochen. Damit wir überhaupt noch fahren können, muß Oss sich auf den Seitenwagen setzen und thront oben auf dem Koffer-Chaos. Das läßt sich natürlich nicht lange durchführen, und so steigt er, als wieder einmal ein Lkw an uns vorüberfährt, um und fährt voraus zur nächsten Polizeistation.

Ich versuche, allein weiterzufahren, aber es brechen mir erneut Speichen, und schließlich macht ein häßlicher ›Achter‹, den ich mir auf der unmöglichen Straße geholt habe, eine Weiterfahrt unmöglich. Dabei bricht bereits die Nacht herein, und es sind immer noch 40 Kilometer bis Mesched!

Wie ein Häufchen Unglück sitze ich auf der Cora und warte, bis Oss zurückkehrt und mich mit unserem kranken Bock findet. Zum Glück ist es nicht weit bis zur Polizeistation, und gemeinsam können wir die Maschine bis dorthin drücken. Die Nacht verbringen wir in der Station. Da die Kammer, in der wir unsere Schlafsäcke ausgebreitet haben, weder Tür noch Fenster aufzuweisen hat, ist es empfindlich kalt. Nur dank unserer Erschöpfung können wir ein paar Stunden schlafen.

Von unserer Station aus zweigt die Straße nach Afghanistan ab. Mesched, die alte Pilgerstadt der Moslems, wollen wir aber unbedingt sehen, und so beschließen wir, die Maschine in der Polizeistation zurückzulassen und nur mit unserem zerbeulten Hinterrad den Abstecher nach der berühmten Stadt zu machen. Mesched ist eine stattliche und schöne Stadt und liegt im äußersten Osten des Königreiches, etwa tausend Kilometer von der Hauptstadt entfernt. Mit der übrigen Welt ist sie nur durch eine für europäische Begriffe sehr schlechte Stein- und Sandstraße verbunden. Güteraustausch und Verkehr mit dem benachbarten Afghanistan bestehen fast gar nicht, weshalb man in Mesched auch kaum eine ordnungsgemäße Auskunft über die Straßenverhältnisse im Nachbarland erhalten kann.

Auch mit Sowjet-Rußland bzw. dem nicht allzu weit entfernten Samarkand besteht kaum irgendwelche Wirtschafts- oder Verkehrsverbindung, obwohl man in Mesched bereits deutlich den Einfluß Rußlands in Kleidung und Gewohnheiten erkennen kann. Die Stadt ist, ähnlich wie Kerbela im Irak, eine heilige Stadt und das Ziel der frommen Moslems seit vielen Jahrhunderten. Es gibt hier eine Moschee von eindrucksvoller Größe und Schönheit. Jedem Fremden ist es bei Lebensgefahr verboten, in dem herrlichen Innenhof der Moschee, wo sich ständig viele Pilger drängen, auch nur versuchsweise Fotos zu machen. Der Europäer, der diese Stadt besucht, glaubt sich an das Ende der Welt versetzt.

Vergebens lassen wir uns von einer der vielen Kutschen, die sich uns anbieten, durch die Stadt fahren – die Adressen von zwei Familien, für die wir in Teheran gute Empfehlungsschreiben erhielten, lassen sich leider nicht auffinden. Allmählich scheint uns, daß der Kutscher überhaupt nicht lesen kann.

So wenden wir uns schließlich an die Polizeidienststellen, indem wir ihnen ein Empfehlungsschreiben an den kommandierenden General der 8. Division zeigen. Man bittet uns, zehn Minuten zu warten. Zu unserer großen Überraschung erscheint danach der General, ein Hüne, in kompletter Uniform. Er freut sich, von einem Kollegen in Teheran einen Brief zu erhalten, und schüttelt uns freundlich die Hände. Sofort bringt er uns in das beste Hotel Mescheds. In unserem Zimmer liegt zu unserem Erstaunen der Diener auf dem Teppich und schläft. Der Offizier, der uns begleitet, weckt ihn durch einen aufmunternden Schlag auf den Hinterkopf und ordnet an, daß Tee gebracht und ein heißes Bad vorbereitet wird. Danach wartet ein reichliches Essen auf unserem Zimmer.

Wir haben uns während der vergangenen Monate an manche

Überraschungen gewöhnt, aber diese herzliche, vorurteilslose Freundschaft überbietet doch alles bisher Erlebte. Dabei trugen wir beide die Kleider, in denen wir seit nunmehr neun Monaten auf dem Motorrad, in Schnee und Regen, bei eisiger Kälte und Sonnenbrand unterwegs sind und in denen wir oft genug schlafen mußten. Uns waren inzwischen wieder stattliche Bärte gewachsen, und zudem hatte ich mir in Teheran die Haare bis auf drei Millimeter herunterschneiden lassen. Gründliches Waschen war uns – bei dem Zustand der Herbergen unterwegs – seit Teheran nicht mehr möglich gewesen. So wußten wir das heiße Bad wie ein besonderes Geschenk zu würdigen.

Beim Frühstück hören wir verwundert amerikanische Radiomusik. Wir erkundigen uns und erfahren, daß der amerikanische Konsul neben uns wohnt. Wir sind noch beim Frühstück, als es anklopft und der freundlich blickende General uns nach unseren Wünschen fragt. Nach einem Stadtbummel geht es auf die Suche nach Ersatzteilen. Für 40 Speichen müssen wir den Wert von 40 kostbaren D-Mark zahlen. Vergeblich versuchen wir, unser persisches Geld in afghanisches umzutauschen.

Am Nachmittag fährt uns der General in die Umgebung der heiligen Pilgerstadt. Dann schlendern wir durch den Bazar, auf dem es verwirrend vieles zu sehen gibt. Ein dunkler Mann mit schwarzen Augen, Brille und vornehmer indischer Kleidung fällt uns besonders auf, denn er gemahnt mich an die indischen Kollegen, mit denen ich einst gemeinsam die Universität London besuchte.

Er spricht das charakteristische Englisch und trägt, da er nach Mesched pilgerte, einen Bart. Er kommt vom weit entfernten Madras an der indischen Ostküste. Als er hört, daß wir Deutsche sind, lädt er uns ein, ihn in seiner Heimatstadt zu besuchen. Aber wir haben noch einen anderen guten Bekannten hier: In Bagdad hatten wir einen Gymnastiklehrer aus Mesched kennengelernt, der eine Motorradreise nach Paris unternommen hatte, auf einer Zündapp.

Als er von seinen Schülern hört, daß deutsche Motorradfahrer angekommen seien, sucht er uns sofort in unserem Hotel auf und zeigt uns stolz sein Schulhaus.

Am Abend steht uns sein eigener Schulbus zur Verfügung, in dem uns der General, der Gymnastiklehrer und ein paar Moslems, mit denen wir uns angefreundet haben, zurück zu der Straßenkreuzung fahren, wo die Cora wartet. Hier gibt es eine richtige kleine Abschiedsfeier. Wieder versichert uns der General die Zuneigung seines Volkes uns Deutschen gegenüber. Die Studenten singen fröhlich, und der Lehrer erklärt uns, daß sie den Segen Gottes für unsere Weiterfahrt erbitten.«

Adé Iran

Mesched, die heilige Stadt, die auf deutsch »Märtyrerstätte« heißt, lag mitsamt ihren Obstgärten hinter uns. Die kahlen Apfelbäume und die welken Aprikosenplantagen wirkten in der schwachen Novembersonne schwermütig. Wir jedoch genossen ihre Strahlen, denn wir wußten, daß die Winter hier bitter kalt werden können, daß der Wallfahrtsort mitunter durch Schneestürme und Regengüsse von der Umwelt abgeschnitten wird und dann alle Straßen unbefahrbar sind.

Die Stadt hieß früher, als sie noch ein kleines Dorf war, Senabad. Hier war im Jahre 817 der achte schiitische Imam Reza nach dem Genuß von Weintrauben gestorben. Seinetwegen pilgern noch heute die Muslime zu seinem Mausoleum. Auch liegt hier der legendenumwitterte Kalif Harun al Raschid begraben, von dem wir in Bagdad so vieles gehört hatten, der die Scheherazade in Tausendundeiner Nacht vernaschen wollte und mit Karl dem Großen Kontakt aufnahm.

Der Polizeiposten an der Straßenkreuzung 28 Kilometer vor der Stadt schaute überrascht, als wir mit dem Omnibus ankamen. Schüler des Sportlehrers Bombaytschi hatten die persische Fahne am Bus gehißt, die im Fahrtwind flatterte, und dazu sangen sie fröhliche Lieder. Als dann gar ein leibhaftiger General in Gala-Uniform dem Wagen entstieg, verschlug es dem Gendarmerieposten die Sprache. Auch ein Versicherungsagent hatte sich unserem Geleit hinzugesellt – aus welchen Gründen, ahnten wir nicht. So nahmen wir Abschied von allen, und der Omnibus entschwand hinter den Hügeln. Am gleichen Abend zogen wir noch die Speichen ein und verbrachten die Nacht erneut in der Polizeistation an der Straßenkreuzung.

Am anderen Morgen brausten wir, mit der Sonne über den fernen Bergen, ab gen Süden. Die Hochlandsteppe mit ihren Salbei- und Kameldornbüschen dehnte sich nach allen Seiten, und von Nordosten blies uns ein kalter Wind ins Genick. So segelte die Cora gleichsam mit »Backstagsbrise« auf Kurs Hindukusch: Gustav als Rudergänger, ich als Ausguck. Ab und zu trafen wir im Gelände auf Reitersleute, in Trupps oder auch einzeln. Manchmal kamen sie uns entgegen, mitunter ritten sie auf der Steppe neben uns her, mal näher, mal fern.

Einer von ihnen kam uns ganz nahe und hielt mit seinem Pferd auf der Steppe an, etwa zehn Meter entfernt. Auch wir blieben stehen und blickten zu ihm hinüber. Stolz saß er im Sattel, hielt die Zügel straff und lachte unter seinem weißen Turban zu uns herüber. Sein gestutzter Bart verlieh ihm Würde, und seine Haltung war königlich. Dabei war das Sattelzeug mit Hanfstricken geflickt, aber die Steigbügel glänzten metallisch in der Sonne.

Er deutete auf uns, dann auf sein Pferd und sich. Was wollte er? Wir verstanden sogleich.

»Gustav, der will ein Wettrennen mit uns machen.«

Wir nickten zustimmend und starteten. Er wartete noch ein wenig, dann preschte er los, gab seinem Rappen die Sporen und holte bald auf, wie ich beim Rückwärtsblicken erkannte. Gustav gab inzwischen Vollgas, und ich duckte mich unwillkürlich, um weniger Luftwiderstand zu bieten. Die Cora kam jetzt wohl auf fünfzig Stundenkilometer – zum Glück ließ das die glatte Pistendecke zu. Der Steppenreiter war nur noch knapp hinter uns auf der linken Seite, unter ihm die Ebene mit verdorrten Gräsern und niederem Gestrüpp. Ich hatte den Kopf gewendet, um ihn besser sehen zu können. Gustav hielt die Lenkstange umklammert und drehte den Gasgriff bis zum Anschlag auf. Ob das sechzig Stundenkilometer waren?

Asien, bebe!
Auf grenzenlosem Wege
naht im Sturme dir ein Reiterheer.
Gebt acht und schirrt die Pferde
und jagt über die Erde
hin in wirbelndem Kosakenritt …
WORTE AUS DEM TAHOE-RING
WEISE AUS DEM KAUKASUS: »KAROBUSCHKA«

Das prachtvolle Pferd ging in gestreckten Galopp über, Roß und Reiter hatten unsere Höhe erreicht und flogen keine zehn Meter links neben uns her. Unter den Hufen wirbelten Staubwölkchen, auch die Cora ließ eine Staubfahne hinter sich. Der Reiter stand leicht gebückt in den Steigbügeln, das Gewehr hüpfte auf seinem Rücken. Weit griff der Renner aus, lang vorgestreckt hielt er den schönen Kopf, die Mähne flatterte im Wind und der waagerecht gestreckte Schweif noch mehr. Bald hatte sich der Reiter so weit vorgebeugt, daß sein Kopf den Ohren des Pferdes nahe war. Flüsterte er mit ihm? Der Renner hielt derweil die Augen weit geöffnet, ich konnte das Weiße in ihnen gut erkennen. Seine Hufe waren nicht beschlagen.

So preschte der stolze Reitersmann triumphierend an uns vorbei, er hielt die Zügel ganz locker und brauchte nur ungefähr zwei Minuten, dann sahen wir Roß und Reiter schräg von hinten. Erst nach ein paar Kilometern überholten wir ihn und winkten ihm zu. Sein Pferd war in Schritt gefallen, und er winkte lachend zurück. Er hatte gewonnen.

Bei der Abfahrt an der Straßengabelung vor Mesched waren wir zuerst einem persischen Wegweiser mit einem blauen Pfeil gefolgt, der uns auf einen links abzweigenden Fahrweg wies.

Dieser endete aber nach knapp einem Kilometer an einer Quelle, die von einer Baumgruppe umstanden war. Noch hatten die Bäume nicht alle Blätter abgeworfen. Die Quelle entsprang einer Felsspalte. Hier stand in einer Anlage, die früher wohl besser gepflegt war, das schiitische Heiligtum von Khadjeh Murad. Ein kurzer Steig führte uns zu dem kapellenhaften Steinbau, der an den Berg gelehnt war; davor lag ein Gärtchen, in dem ein paar würdige Männer mit weißen und schwarzen Turbanen saßen, Berufserzähler der religiösen Tragödien der Stadt Kerbela im Irak nahe Babylon. Khadjeh Murad, der hier begraben lag, war einer der ersten dieser Erzähler gewesen, er starb im Jahre 832.

Wir selbst fühlten uns jetzt richtig gestärkt durch die Besuche der heiligen Stätten – eine Stärkung, die wir auch brauchen konnten. Denn nach allem, was wir bisher über Afghanistans Straßen gehört hatten, sollte man sie möglichst nur mit Panzern befahren, zumindest aber mit hochgängigen, allradgetriebenen, doppelachsigen Geländefahrzeugen.

Bis zur Grenze mußten wir noch ungefähr 150 Kilometer südwärts zuckeln, immer entlang dem Ostrand der Großen Salzwüste. Dort aber verwehrte uns das gewaltige Gebirgsmassiv des Hindukusch (»Tod der Hindus«) mit seinen Fünftausendern und hohen Pässen die Weiterfahrt nach Osten – wenigstens jetzt im Winter –, und so mußten wir uns von Herat aus – kurz hinter der Grenze – nach Süden wenden und das Gebirge umfahren. Die zwölfhundert Kilometer dorthin aber hießen wieder mal: Staub fressen.

Doch das Unglück verfolgte uns den ganzen Tag: Zuerst brach die Kette. Der geplagte Gustav mußte die Cora auf einem Kanister aufbocken, sich darunterzwängen und das Ersatzglied in die Antriebskette spannen – eine üble Schinderei in Staub und Sand, mit vom Abschmierfett verdreckten Fingern, verpappten Zahnrädern und hungrigen Sandflöhen. So verloren wir Stunde um Stunde, und kaum saßen wir wieder im Sattel, da eierte das Hinterrad sogar schlimmer denn je, und aufs neue galt es, die Speichen zu richten, alte auszubauen und neue einzuziehen. Die Pechsträhne wollte kein Ende nehmen.

Nach ganztägigem Ritt von nicht einmal hundert Kilometern übernachteten wir in dem Dorf Torbat Scheik Scham. Dort kauften wir auch Benzin aus Abadan am persischen Golf, abgefüllt in Vier-Gallonen-Kanistern, die metallisch-silbern glänzten, und mit dem neuen Tag ging's weiter gen Afghanistan. Die Grenze lag keine fünfzig Kilometer entfernt. Ob man uns überhaupt hineinlassen würde? Ob man die befristeten Reisedokumente anerkennen, ob man freundlich sein würde? Unsere Zweifel am Gelingen der Durchquerung Afghanistans wuchsen. Wenn die Räder der Cora und ihr Antrieb bereits hier versagten, was sollte erst werden, wenn wir uns zwischen der Ostseite des Hindukusch und der Großen Salzwüste durchschlagen müßten? Außerdem machte uns die Winterkälte bereits zu schaffen: Zwei Paar Handschuhe und je eine Pelzjacke unter den dicken Wintermänteln waren schon jetzt vonnöten.

An der Grenzstation erledigte ich die Formalitäten. Das zweistöckige Steinhaus aus den dreißiger Jahren mit seinem Ziegeldach lag stattlich an der rechten Pistenseite; nach hinten lief ein Holzbalkon am ersten Stock entlang, ein Nebengebäude begrenzte den Hof in Richtung Steppe, und zum Schlagbaum hin schloß eine Mauer mit einem Tor das Anwesen ab. Der etwa vierzigjährige Chef mit Halbglatze trug einen braunen Anzug mit Krawatte und begrüßte mich auf französisch:

»Aus Deutschland kommen Sie, das ist aber eine Überraschung! Hoffentlich ist Ihr Fahrzeug in bestem Zustand, denn jenseits der Grenze finden Sie nur noch eine schäbige Sandpiste vor. Es sollte mich freuen, wenn ich Ihnen behilflich sein könnte, denn sonst ist hier ja überhaupt nichts los.

Schauen Sie nur, diese Pilger im Hof dort – die werden morgen mit einem Bus abgeholt; es sind Afghanen, die eine Wallfahrt ins heilige Mesched zum Grabmal des Imams Reza unternommen haben; aber mit solchen Leuten kann man doch keine Konversation führen. Übrigens war der letzte Fremde, der hier durchkam, ein Engländer auf dem Weg nach Burma, und das war schon im Juni. Der fuhr allerdings einen starken Jeep. Ihnen wünsche ich gute Reise – und wenn Sie mich brauchen sollten, dann helfe ich gern.«

Als ich zu Gustav hinauskam und ihm von dem freundlichen Zolldirektor erzählte, schaute er mich so vielsagend an, daß ich im Nu alles wußte. Jetzt kam die Stunde der Wahrheit: das Hinterrad mußte völlig überholt werden; wir mußten es herausnehmen und demontieren, alle 32 Speichen erneuern, die Felge richten und ihren Stahlreifen in eine Ebene bringen, denn er war eine klassische »Acht«. Das verlangte Kraftaufwand, Ausdauer und technisches Können.

Der Zolldirektor mußte alles gesehen haben. Von seiner Soldateneskorte in Zugstärke schickte er uns zwei Helfer. Zu vieren schoben wir das Beiwagengespann in den Innenhof, wo die Wallfahrer lagerten, darunter auch ein paar Frauen im schwarzen »Chador«, verhüllt von Kopf bis Fuß. Ihre Samoware dampften den ganzen Tag, und der Tee ging niemals aus.

»Bleiben Sie doch bei mir, bitte! Sie können hier, nein, Sie müssen hier Ihr Gefährt instand setzen. Ich habe im ersten Stock eine geräumige Wohnung, die Ihnen zur Verfügung steht. Als Junggeselle schätze ich die Abwechslung und das kultivierte Gespräch. Können Sie Schach spielen?«

»Vielen Dank für Ihre Einladung, die wir gerne annehmen! Wir müssen tatsächlich das Hinterrad von Grund auf erneuern, und das braucht seine Zeit.«

»Ihre Feldbetten können Sie getrost auf dem Beiwagen lassen. Sie bekommen jeder ein eigenes Zimmer, und meine beiden Diener werden Sie gut versorgen. Da kommt gerade Hussein, um Ihnen zu helfen. Fließendes Wasser habe ich leider nicht, aber dafür eine große Zisterne. Das Trinkwasser holt Hussein gleich aus einer guten Quelle in der Nähe.«

So verbrachten wir volle drei Tage in Jussufabad, der kleinen Grenzstation. Die einsame Radnabe lag wie verloren auf den Steinfliesen des Hofes, die verbogene Felge daneben, und alle 32 Speichen »zu scheußlichen Klumpen geballt«.

Jeden Abend wuschen wir uns dann die ölverschmierten Hände, machten uns abendfein und begaben uns in das vom Petroleumofen gewärmte Wohnzimmer, wo die Steinöllampe mit frischgeputztem Zylinder ihr heimeliges Licht auf die dicken Teppiche warf.

Zum Abendessen gab's, wie konnte es anders sein, Hammelfleisch mit Reis – ein Gericht, das wir erstmals im Haus von Scheich Omar vor Damaskus gegessen und mittlerweile vielfach genossen hatten. Und auch heute, nach so vielen Jahren, Gastmählern und Gelagen, nach »Haute Cuisine« und »Nouvelle Cuisine«, nach pantagruelischen Fleischgerichten im bukolischen Burgund, nach raffinierten Diners von der Bretagne bis zur Provence, vom Elsaß bis ins Baskenland, mit rheinischen Schmeckleckern und hanseatischen Gourmets und auch Gourmands, gehört »Hammel mit Reis« noch immer zu meinen Leibgerichten.

In Jussufabad tranken wir Wasser dazu; bei uns ist eher Rotwein dazu üblich. Als Nachtisch kauten wir Haselnüsse, Mandeln und gedörrte Aprikosen.

Dann spielte Gustav mit dem Zolldirektor einige Partien Schach. Ich hatte mir derweilen die Balalaika hervorgeholt und übte die ersten Stücke, die »Amurpartisanen« und auch die »Japlotschka«, den berühmten Matrosentanz vom Schwarzen Meer, den auch Sergej Eisenstein in seinen Film »Panzerkreuzer Potemkin« eingebaut hatte, aber das wußte ich damals noch nicht. Mit der »Japlotschka«, dem »Äpfelchen«, ist der abgeschlagene Kopf gemeint: »Äpfelchen, wohin rollst du?« Ich probierte auch das sarkastische Lied vom »Knüppelchen«, der »Dubinuschka«, die Schaljapin auf einer rauschenden Schellackscheibe so überzeugend vorgetragen hatte, als die Langspielplatte noch nicht erfunden war.

Ob mich wohl die Nähe Russisch-Zentralasiens zu diesen Titeln angeregt hat? Das zierliche Instrument klang gut, und die drei neuen Saiten schwirrten in die Frühwinternacht, die draußen vor dem Fenster schon gegen fünf Uhr hereinsank. Nachts indessen wälzten wir uns schlaflos hin und her in Sorge um das Weiterkommen.

»Guten Morgen, liebe Gäste! Hussein hat schon den Tee für das Frühstück bereitet. Mein Fladenbrot wird Ihnen hoffentlich schmecken«, begrüßte uns der Zolldirektor.

»Da hole ich noch etwas Corned Beef dazu und Orangenmarmelade aus dem Beiwagen«, kündigte ich an.

Dann setzten wir uns an Husseins wohlbereitete Tafel, sogar richtige Stühle standen auf dem Dielenboden. Wir beide spürten fast körperlich die Gastfreundschaft des einsamen Junggesellen hier am Ende der Welt, wo Iran endet und Afghanistan aufhört. Denn dies menschenleere Bergland blickt hinunter nach Pakistan, nach Karatschi, Quetta und Rawalpindi. Sein Norden und sein Westen aber, wüstenhafte und menschenfeindliche Steppen und Einöden, lassen keinen Verkehr aufkommen, wehren jeden Fortschritt ab, ersticken alles Leben.

»Seien Sie gut ausgerüstet«, begann der Zolldirektor schon beim Frühstücken, »wenn Sie jetzt quer durch Afghanistan wollen! Von hier nach Kabul sind es an die zwölfhundert Kilometer, und die müssen Sie in einem großen südlichen Bogen zurücklegen, immer um die unwegsamen Abdachungen des Hindukusch herum. Südlich Ihrer Piste wird das heiße Seistanbecken liegen, und dahinter kommt nach Osten zu die Wüstenregion der Dasht-i-Margo, die nur aus Dünen, Schotter und Sand besteht. Da müssen Sie durch, Messieurs! Hoffentlich hält der Sonnenschein an! Die Schneefälle können ja jeden Tag einsetzen.«

Endlich dann, am zweiten Abend, wurden wir mit der zeitraubenden Reparatur des Hinterrads fertig. Die Nabe saß nun wieder stramm in ihrem Spinnennetz aus Speichen, und der schlimme »Eierkopf« der Felge war ausgebügelt.

Zur Belohnung diktierte ich Gustav an diesem Abend und am dritten Morgen meinen ganzen »Hausschatz« an unanständiger, will sagen erotischer Volkspoesie, die ich in meiner Jugend und vor allem bei der Kriegsmarine gelernt hatte –; den hatte sich Gustav schon lange gewünscht. Er schrieb ihn treulich und amüsiert mit Bleistift in ein Schulheft, und es wurden 38 enggefüllte Seiten auf kariertem Papier. Ich diktierte sie ihm aus dem Stegreif, aber mit einem gewissen System, indem ich mit dem »Goldenen Seemanns-Alphabet« begann, das da anhebt:

Der Adler fällt vom Büchsenschuß …,

wobei ich mich schmunzelnd an den Wachhabenden erinnerte, wie er zum Wecken das Wohndeck betrat, um uns Siebzehnjährige aus den Hängematten zu scheuchen. Dabei stieß er zuerst leise und dann immer fester in die Bootsmannspfeife und psamoldierte fast singend:

Reise, reise!
Steht auf, ihr müden Leiber!
Die Pier steht voller nackter Weiber!
Der Bäcker von Laboe ist da,
die Waschfrau zeigt von achtern klar.
Ein jeder weckt den Nebenmann,
der letzte stößt sich selber an.
Reise, reise!

Jeden Morgen folgte dann ein anderer anzüglicher, aber lustiger Zweizeiler – immer dem Alphabet nach und immer recht drastisch vom Liebesleben der Seeleute und der Mädchen handelnd:

Den Puma fängt man in der Falle,
der Puff ist keine Lesehalle!

Als nächstes notierte Gustav die amourösen Eskapaden des »Bonifazius Kiesewetter«, wie sie vornehmlich in den Offizierskasinos der Luftwaffe bei Subalternen kursierten. Ihre »Moral und christliche Nutzanwendung« am Ende jedes Abenteuers glitt aber fast immer ins Fäkalische ab, so daß ich kein Beispiel zitieren möchte.

Es steht ein Wirtshaus an der Lahn
da halten alle Fuhrleut' an.
Frau Wirtin sitzt am Ofen,
die Fuhrleut' um den Tisch herum,
den Wein tut jeder loben.

So lautet die erste Strophe des bekannten Studentenliedes von »Frau Wirtin«, dessen Urfassung über Jahrzehnte hinweg erweitert wurde mit Hunderten von immer weniger stubenreinen Strophen.

Sie besingen ihren Ehemann, ihren Knecht, ihre Magd, ihre Tante, ihren Sohn und die weitere Verwandtschaft. Bis in unsere Tage blieb es lebendig und ist sogar im Elsaß notiert unter dem Titel »Es steht ein Wirtshaus an dem Rhein«.

Auch hier sei keine der vielen anzüglichen Strophen angeführt. Ich finde sie nur noch witzlos.

Die ersten Limericks hatte ich von Bud Calman in Bagdad gehört, der aus feinstem US-amerikanischen Establishment stammte und wieder einmal bewies, daß diese Volkspoesie keinesfalls schichtenspezifisch ist, sondern dort gepflegt wird, wo man das blutvolle Leben unbekümmert zu besingen weiß. Gustav notierte auch sie. Einer davon lautete:

There once was a girl from Madras,
who had a magnificent ass.
Not pretty or pink,
– as you probably think –
it was grey, hand long ears, and ate grass.

Wobei der Name Madras auf der zweiten Silbe betont wird, und das Wort »ass« sowohl »Esel« als auch »Arsch« heißen kann.

Gustav schrieb auch noch zahlreiche Schnadahüpfel aus den Alpenländern auf. Davon gibt es Hunderte, die das Tabu des Hohen und Hehren brechen, den Priesterstand immer wieder auf den Boden herunter bringen und dabei das Anzügliche bewußt einsetzen zum »Derblecken« (Bloßstellen), wie die Bayern so schön dazu sagen:

Dem Bischof von Würzburg
gehn alle Fürz' durch,
ganz hinten am Steiß.
Kyrie eleis.

Der Pfarrer von Sinzing
hat an kloan winzing'
grasgrünen Hut.
Aber stehn tut er'm gut.

Auch das bekannte Heilsmotiv aus dem »Tannhäuser« mit dem Nonsens-Text »Das Kind ohne Kopf bleibt ein Krüppel sein Leben lang« hielt Gustav fest, ebenso wie den Ruf »Wassermann positiv!« nach der Melodie des Chores »Steuermann, laß die Wacht« aus dem »Fliegenden Holländer«.

Danach notierte er das »Dreifach Hoch dem Sanitätsgefreiten Neumann« – nur schade, daß er die zündende Melodie des Parademarsches der 8. Husaren nicht in Noten festhalten konnte, der mit Trompetengeschmetter die Erfindungen besagten Sanitäters preist: die Vaseline, die Hosenträger, die graue Salbe gegen Filzläuse, den Büstenhalter und anderes.

Zu guter Letzt diktierte ich noch die lustvoll fäkalische Ballade:

Peter Koch stand in der Schenke,
jungelewitzdakom.
Er erzählte seine Schwänke,
jungelewitzdakom ...,

auf die Melodie eines gravitätischen »Lambeth Walks« mit dem dadaistischen Kehrreim »Jungelewitzdakom«.

Gustav hat all das bis heute aufbewahrt. Uns hat die Notation des damals noch weitgehend verfemten Volksgutes einen Riesenspaß gemacht, und das »Schatzkästlein« in Gustavs Rechenheft sollte uns später noch über manch schwere Stunde hinweghelfen.

Nur gut, daß die Wallfahrer im Hofe drunten nichts davon ahnten! Sie trugen riesenhafte Turbane, vorwiegend weiße; manche rauchten Wasserpfeife, andere saßen in der Hocke und plauderten den lieben langen Tag, nur die schwarzverhüllten Frauen blieben ständig im Hintergrund. Junge Soldaten in ihren Khaki-Uniformen und mit Ohrenklappen an den Schirmmützen langweilten sich im öden Grenzdienst, lehnten stundenlang an dem grün-weiß-rot gestrichenen Schlagbaum, flachsten miteinander und holten mit dem Einsetzen der Dämmerung die iranische Flagge ein.

Drei heimelige Abende in der Grenzstation, und dreimal Hammel mit Reis. Wir aßen aus weißen Porzellantellern und tranken Wasser dazu. Als Nachtisch hatte ich aus unserem Pistazien- und Nüsse-Vorrat eine Schale gefüllt und Rosinen daruntergemischt. Der erste Advent nahte, aber weit und breit kein Tannengrün, kein Kerzenlicht, keine christliche Kirche. Afghanistan hatte als einziger Staat der Welt jede christliche Missionstätigkeit untersagt. Nur in Kabul ließ das islamische Königreich einen italienischen Priester als Seelsorger für die europäischen und amerikanischen Diplomaten zu.

»Afghanistan gehört zu den ärmsten Ländern der Erde. Seine Bevölkerung ist noch bunter gemischt als unsere persische«, begann der Hausherr am letzten Abend. »Wie viele Einwohner im Lande leben, weiß man nicht so genau, es könnten so um die zehn Millionen sein auf einer Fläche von ungefähr 650.000 Quadratkilometern, nicht ganz doppelt so groß wie die beiden Deutschlande – so, und nun wäre ich zu einer Schachpartie aufgelegt.«

Gustav stellte die Figuren auf, und ich holte erneut die Balalaika hervor. Die lange, kalte Winternacht an der Grenze war gekommen, morgen galt es Abschied zu nehmen von Iran.

Die Eindrücke in diesem Land waren gewaltig gewesen wie seine Berge und Wüsten, seine uns Deutschen wohlgesonnenen Menschen und seine grenzenlosen Weiten. Noch heute, nach fast einem halben Jahrhundert, spüre ich die Strahlen der Herbstsonne, sehe ich das Licht auf dem Firn des Demavend, spüre ich auf meiner Kehrseite das Rüttelfeuer der ondulierten Piste von Teheran nach Mesched: »Eisenarsch«.

Das Riesenland zwischen der Türkei und Afghanistan, dem Persischen Golf und der Sowjetunion hatte uns aufgenommen wie alte Freunde, es hatte sich uns gastfreundlich gezeigt – trotz Armut, Opium, Ausbeutung und Willkür der Reichen.

Auf Teufel komm raus durch Afghanistan

Der Schlagbaum senkte sich hinter uns, und Jussufabad blieb nach der nächsten Kurve zurück. Vor uns schien die Morgensonne auf die Steppe und die Sandpiste, eine Herde Gazellen weidete einen halben Kilometer entfernt im Novemberlicht des frühen Tages. Der Motor klang ermutigend gesund, die Maschine zog flott, und nach wenigen Kilometern standen wir vor dem Schlagbaum von Islam Galé, der afghanischen Grenzstation; am Mast hing schlaff die schwarz-rot-grüne Flagge mit dem königlichen Wappen in der Gösch. Nichts rührte sich, und so stieg ich ab und betrat das schmuddelige Ziegelgebäude unter seinem Flachdach.

Ein mürrischer Uniformierter nahm die Papiere entgegen und öffnete sie von der Rückseite her, weil die arabische Schrift ja von rechts nach links verläuft. Das konnte ja gut werden! Dann aber fand er das Durchreisevisum vom Konsulat in Bagdad und drückte seinen Einreisestempel hinein. Das gleiche geschah mit dem Carnet de Passage. Ohne ein Wort reichte er mir die Papiere zurück, begleitete mich nach draußen und öffnete den Schlagbaum. Im Hintergrund gammelten ein paar Uniformierte herum. Ich stieg in den Sattel, Gustav startete die Cora, und wir fuhren davon. Kein Wort war gefallen.

Kurz danach kamen wir an einen etwa dreißig Meter breiten Fluß, der zirka zehn Meter unterhalb der Piste im Gegenlicht glitzerte. Der Heri Rud, so hieß er, floß nur langsam und verlor sich nach Nordwesten hin, wo er dann, wir stellten es auf der

Landkarte fest, im Sand versickern würde. Ein Kamel mit zwei weißverschleierten Frauen im Sattel kam uns entgegen. Voran ritt auf einem Esel ein bärtiger Turbanträger im schwarzen Wintermantel, der seinen etwa dreijährigen Sohn auf dem Schoße trug. Der Knabe winkte uns freundlich zu, nur sein Vater schaute finster drein, und die beiden Damen unterm weißen Schleier wandten ihre Köpfe zu uns beiden herab.

Wir hoppelten weiter. Ob wir wohl auf Räuber treffen würden, vor denen uns der Zolldirektor gewarnt hatte? Als Waffen trugen wir nur die beiden Macheten aus Athen und das wertvolle Klappmesser mit dem Hirschhorngriff und der gepunzten Lederscheide, das Gustav bei einem Jagdausrüster teuer erstanden hatte, ein Prachtstück Solinger Arbeit.

Zwei Stunden später saßen wir am Pistenrand und machten Picknick. Ich hatte die Tischdecke, wie immer, ausgebreitet und das Fladenbrot, die gesalzene Dosenbutter, das Corned Beef und die Zwiebeln bereitgelegt, auch die beiden Schneidbrettchen und ein paar Paprikaschoten nebst Granatäpfeln, als von einer vorbeiziehenden Kamelkarawane ein paar Treiber zu uns herüberkamen.

Wir hockten im Schneidersitz vor unserem ebenerdigen »Gabelfrühstück«, und da standen sie nun, »vier Mann hoch«, auf der anderen Seite der Tafel. Sie trugen ihre weißen Filzmäntel lose umgehängt, so daß die Ärmel schlotterten. Ihre Füße staken in Fußlappen, und die breiten Sandalen waren aus Autoreifen geschnitten. Aus unserer Froschperspektive sahen wir das genau. Dann bückte sich einer von ihnen nach dem aufgeklappten Messer und hob es auf, als wolle er es genau betrachten. Wir ließen ihn ruhig gewähren, behielten aber die vier genau im Auge. Dann spürten wir, daß sie sich davonmachen wollten; aber ehe sie das konnten, schnellten wir beide aus dem Schneidersitz hoch, und während ich dem Treiber mit einem kräftigen Ruck das Messer aus der Hand riß, schimpfte ich laut auf ihn ein. Meine Stimme, die im Zorn sehr kräftig sein kann, schien sie einzuschüchtern, und daneben stellten wir mit Überraschung fest, daß wir beide fast einen Kopf größer waren als die vier Kameltreiber. Sie wandten sich um und trotteten wortlos von dannen, ihre Karawane war schon ein ganzes Stück weiter nach Norden gezogen. Das war unser prekärster Augenblick in ganz Afghanistan.

Die einhundertfünfzig Kilometer nach Herat hatten wir bereits am frühen Nachmittag hinter uns; alle Speichen waren intakt geblieben, und wir waren guter Dinge. Als wir uns auf der langsam ansteigenden Schotterpiste der alten Provinzhauptstadt näherten, ragten über den Hügelrand vor uns vier schlanke Minarette in den blauen Himmel. Sie leuchteten in türkisfarbenen Majolikafliesen und trugen Kuppelhauben, die früher einmal vergoldet waren. Neben der Fahrbahn lagen die riesigen Trümmer von sechs weiteren Minaretten, die ein Erdbeben vor langer Zeit gefällt hatte, wie wir aus Erzählungen wußten. Sie wirkten wie kurze Zylinder von vier Metern Durchmesser, die schräg nebeneinander aufgereiht lagen wie gigantische Kuchenstücke auf einem Tablett.

Ungefähr einhunderttausend Einwohner lebten in den Lehmhäusern der Stadt, die schon im Jahre 1500 vor Christus bestand und auf knapp eintausend Metern Höhe liegt.

Noch hatten nicht alle Alleebäume ihr Laub abgeworfen, und in der Innenstadt, die weder Pflaster noch Asphalt kannte, regelte ein Polizist mit Schirmmütze und Wintermantel, den ein Lederkoppel mit Schulterriemen umgürtete, einen Verkehr, den es nicht gab. Wie mag er bei unserem Anblick gejubelt haben! Jetzt konnte er endlich mal schalten und walten auf seiner runden Verkehrsinsel.

Hoch über ihm ragten die Mauern und Bastionen der alten Festung, ihre Zinnen stachen ins Blau, und die konischen, sich nach oben verjüngenden Ecktürme, mit Schießscharten im Gemäuer, starrten machtvoll herunter auf die armseligen Bruchbuden am Straßenrand.

Dann fanden wir draußen vor der Stadt das Regierungshotel und machten in dem feinen Schuppen Quartier. Ein Portikus mit fünf Säulen, die oben in Arkaden übergingen, bildete den imposanten Eingang. Am Empfangstisch konnten wir uns eintragen und wunderten uns über die Jahreszahl 1330. Aber wie alle islamischen Länder zählte Afghanistan die Kalenderjahre nach der Hedschra von 621, als Mohammed von Mekka nach Medina fliehen mußte.

Wir freuten uns an den dicken Afghanenteppichen im Zimmer, dann machten wir einen Rundgang durch die Lehmgassen und bewunderten die Große Moschee mit ihren floralen Ornamenten in den Fassaden und auf der Türkiskuppel, den stämmigen Minaretten und dem zwanzig Meter hohen Spitzbogen über der Freitreppe, dessen Gewölbe die Eingangshalle überdachte und der gänzlich mit Blumenmustern und Koransprüchen verziert war. Diese Architektur wirkte einfacher als jene von Edirne; aber auch sie drückte auf ihre Weise die Macht des islamischen Glaubens aus und beeindruckte uns.

Am nächsten Tag war guter Rat teuer: Herat lag zwar hinter uns, vor uns aber eine Brücke ohne Auffahrt! Die war an beiden Seiten verschwunden, vielleicht von einer Winterflut weggerissen. So stand die gemauerte Brücke mit ihren drei Pfeilern und den vier Jochen, unter denen ein Bergfluß von etwa zwanzig Metern Breite hindurchschäumte, gleichsam allein da. Am Nordufer lag der Ort Schindand, ein elendes Drecknest, wo wir jetzt ratlos standen. Zwar hatten wir die Cora schon durch manch seichtes Gewässer geschoben, aber noch durch keinen Bergfluß, der vielleicht einen halben Meter tief war. Das letztere konnten wir erkennen, weil unterhalb der Brücke eine Furt durch das Flußbett führte, die von Reitern zu Pferde, auf Eseln oder Kamelen benutzt wurde.

Auf der Gegenseite kauerte eine Gruppe von Müßiggängern, in Lumpen gehüllt, die sich schon jetzt auf das Schauspiel freuten, das da kommen sollte. Sie lagerten auf dem niederen Steilufer und konnten alles überblicken. Die Sonne schien.

»Da müssen Sie durch, Messieurs«, hatte der Zolldirektor von Jussufabad gesagt – und zu überlegen gab es gar nichts. Ich nahm die Kamera an mich und durchwatete den eiskalten Bergfluß, dessen Strömung gefährlich gegen meine Beine drückte, die Knobelbecher waren gleich vollgelaufen. Dann stieg ich ans andere Ufer, drehte mich um, zückte die Kamera, und Gustav knatterte in den Bergfluß hinein, daß der Beiwagen mit seiner zeppelinförmigen Spitze sogar eine Bugwelle nach beiden Seiten warf und das Kielwasser schäumte: »Cora, die Schaumgeborene!«

Ich machte hastig zwei Aufnahmen, dann eilte ich Gustav entgegen, denn die Cora soff inzwischen elend ab, sie blubberte noch einmal kurz mit dem Auspuff und blieb dann mitten im Flußbett stehen. Die Strömung drückte gegen den Zylinder, und das Wasser sprudelte in der Höhe des Ansaugstutzens vorbei. So schoben und drückten wir beide das Gespann die letzten zehn Meter durch den klaren Fluß, bis über die Knie im Wasser watend. Zum Glück war die »Lände« auf dem Südufer flach und hart, so daß wir das triefende Gefährt dort hinaufschieben konnten. Aus dem Auspuff wie aus dem Beiwagen rannen Bächlein in den Sand, die Müßiggänger hockten keine drei Meter weg und grinsten nur.

Jetzt hatten wir den ganzen Rest des Tages zu werkeln, mußten mal wieder den Benzintank herunternehmen, die Leitungen abschrauben, den Zylinderkopf entfernen und den Zylinder vom Getriebekasten nehmen. Kolben und Zylinder trockneten wir mit einem Frotteehandtuch, ölten die Zylinderwand wieder ein, schraubten alles wieder fest. Dann putzte ich den Luftfilter und trocknete ihn, reinigte den Vergaser und alle Leitungen für Benzin.

Die üble Schinderei von morgens bis abends forderte unser ganzes Können und all unsere Kräfte. Auf dem sandigen Flußufer, unterhalb eines staubigen Steilhangs und in greller Sonne, schien die Arbeit kein Ende zu nehmen. Wir malochten mit Keuchen und Fluchen und ständigem Schweißabwischen, immer unter der Peitsche der Zeitnot. Bis zum Einbrechen der frühen Dunkelheit mußte die Maschine ja wieder laufen, schließlich waren die über hundert Kilometer bis zum nächsten Rasthaus kein Pappenstiel.

Die Sisyphusarbeit währte bis abends. Bei Sonnenuntergang knieten die Gaffer nieder, beugten sich gen Mekka und beteten. Uns zu helfen, daran dachte keiner. Aber wir hatten Glück: nach ein paar Versuchen sprang der Motor an, wir schwangen uns in die Sättel, erklommen vom Flußniveau aus die Pistenhöhe und fuhren davon.

Noch in der Dämmerung erreichten wir ein kleines Regierungshotel, wie sie von einem Schweizer Gastronomen entlang der Hauptstrecken alle hundert Kilometer stilrein erbaut worden waren. Weite Rundbögen erinnerten an Engadiner Bauernhäuser, dicke Balken trugen das weit überragende, leicht geneigte Ziegeldach. Ein Bediensteter zeigte uns die Zimmer, und ich bereitete in der Außenküche das Abendessen. Es gab Bratkartoffeln mit Spiegeleiern und Gurkensalat. Wir aßen mit großem Hunger – und mußten uns kurz danach beide erbrechen: So erledigt waren wir, so fix und fertig von der Strapaze bei der Trümmerbrücke von Schindand.

Schwarze Zelte standen vor den kahlen Bergen im Osten. Wir besuchten die Nomadenlager gern, mußten uns aber vor den großen Hunden in acht nehmen, denen ihre Herren die Ohren abgeschnitten hatten, damit die Wölfe und Hyänen, wenn sie nachts angreifen sollten, nichts zum Sich-Festbeißen hätten, um die Beute niederzuhalten. Sonst hätte ja ein zweiter Wolf dem Hund sofort die Gurgel durchgebissen.

Die Zeltbahnen waren so locker gewebt, daß Licht durch den Stoff hindurchschimmerte. Über dem Feuer in der Mitte hing immer ein Kessel, und die Familie hockte außenherum und versuchte farsi oder tadschikisch mit uns zu sprechen, was regelmäßig mit der arabischen Spruchformel endete: »Allah il Allah, w' Muhammed rassul Allah – Gott ist Gott und Mohammed ist sein Prophet.«

Wir taten ihnen gern den Gefallen und wiederholten dies Bekenntnis der Muslime, schließlich kannten wir unseren Karl May.

Fast alle jungen Frauen waren mit Babys gesegnet und unverschleiert. Die Männer draußen saßen stolz zu Pferd, und jeder von ihnen trug einen Karabiner auf dem Rücken. Die Fußgänger im Lager hatten vielfach Filzmäntel umgehängt, und alle waren beturbant.

Nach staubigem Ritt über zweihundert Kilometer, durch seichte Furten, an geborstenen Brücken vorbei, erreichten wir am nächsten Abend eine Karawanserei. Ihre weißgekalkte Mauer endete an den vier Ecken in jeweils einem runden Turm, während sich die Einfahrt mitten in der Vorderseite öffnete. Wir hielten an, und ich trat in den Hof. Dort hatten sich die Kamele niedergetan, nachdem ihnen die Treiber ihre Ladung heruntergenommen hatten. Sie bestand aus Salzplatten von jeweils einem Quadratmeter Fläche, eine Spanne dick und leicht angebräunt.

Jedes Kamel hatte etwa acht Platten getragen. Nun hatten sie gefressen und wiederkäuten mit dem Unterkiefer – einmal nach links, einmal nach rechts. Ihre hochmütigen Blicke streiften mich achtlos, und die Treiber saßen um ein Lagerfeuer, das die frühe Nacht erhellte und dessen Widerschein von der Innenseite der Mauer matt auf die kauenden Tiere fiel.

Ich ging in die Einfahrt zurück und sah dort aus einer kleinen Seitentür einen weiteren Feuerschein leuchten. Inzwischen hatte sich Gustav zu mir gesellt, und wir betraten den kleinen Raum, der nur von dem Feuer erhellt war, das mittendarin brannte. Sofort standen die dort im Kreise Sitzenden auf. Wir grüßten sie: »Salaam aleikum, *Germani*« und stellten uns damit als Deutsche vor.

»Aleikum Salaam«, antworteten sie und berührten mit der rechten Handfläche ihre Stirn, dann legten sie die Hand aufs Herz.

Alle waren bärtig unter ihren Turbanen, oft auch mit Schnurrbärten, und aus den weiten Gewändern lugten Wickelgamaschen und Fußlappen in Gummisandalen. Sie waren sichtlich überrascht, denn wann und wo hatten sie jemals Europäer gesehen – und dazu noch in Rohrstiefeln, Knickerbockers, dicken Mänteln, mit Gustavs Baskenmütze und meinem Südwester aus Ölzeug?

Wir gaben jedem die Hand, damit sie unsere Harmlosigkeit erkannten. Unterdessen huschte eine schwarzverschleierte Frau zur Tür hinaus. Dann fragten wir mit Gesten, ob wir uns ans Feuer setzen dürften. Sie bejahten mit jener orientalischen Kopfdrehung, die wir bereits in Griechenland gelernt hatten. Es war kein Kopfschütteln, eher ein leichtes Nach-oben-drehen. So nahmen wir Platz in der Runde, ließen uns auf rote Teppiche nieder. Der Rauch zog durch eine winzige Öffnung im Gewölbe nur zögernd ab und verhüllte die obere Raumhälfte.

Eine Wasserpfeife gurgelte. Wir deuteten die Schlafgeste an mit den gefalteten Händen am Ohr des seitlich geneigten Kopfes. Ihr freundliches Nicken und das »balee, balee« (ja) gab die Erlaubnis.

Einer aus der Runde schenkte jedem von uns ein gekochtes Ei und eine Handvoll Rosinen. Jetzt waren wir an der Reihe: Ich ging an die Proviantlast, holte eine Dose Marmelade heraus und nahm sie mit in den engen, warmen Raum. Mit einem Löffel schöpfte ich sie mundgerecht heraus und schob jedem unserer

Nachtgesellen eine Probe Gelee in den Mund, den alle bereitwillig öffneten – fast kam ich mir vor, als verteilte ich Hostien. Nur mußte ich sorgfältig zwischen den Schnurr- und den Kinnbart zielen, ehe sie den Mund aufsperrten, dann erst sah ich ihre weißen Zähne – schöne Gebisse, aber auch Zahnlücken und angefaulte Bruchstücke. Alle sahen mir dabei in die Augen, keiner hatte sie geschlossen. Als ich die Runde zu Ende gebracht hatte, war die Dose fast leer.

Nun kam das leichte Gastmahl in Gang, das wir mit frischem Wasser aus einem Ziegenbalg begossen, den sie herumreichten. Die stickige Wärme ermüdete sehr. Wir hatten längst die Winterkleidung abgelegt und trugen nur noch Wollhemden zu den Hosen. Schon im Sitzen fielen uns die Augen zu.

Leise und ohne ein Wort erhoben sich die Männer und verließen die gemütliche Bude. Drüben, auf der anderen Seite des Eingangs, hatte die weggehuschte Frau ein anderes Feuer entfacht. Und so schliefen wir denn ohne Decken auf den Teppichen, neben uns den Ziegenbalg voll Wasser, und holten uns vermutlich dort die Kleiderläuse, die uns später plagen sollten.

Wenn wir mal wach wurden, hörten wir von drüben das Plaudern der Karawanenmänner, offenbar die ganze Nacht hindurch. Es waren wohl die Chefs von mehreren Karawanen, die außer Salz auch Holz, Zucker und Reis geladen hatten, wie wir am anderen Morgen feststellen konnten.

Als wir losfahren wollten, brach uns beim Kickstarten der Umlegebügel ab, aber wir schafften es dennoch, mit dem angeworfenen Motor ins Rollen zu kommen.

Jetzt war die Südspitze der Route erreicht. Rechts neben uns dehnte sich flaches Land bis an den Horizont, die ewige Wüstensteppe. Dahinter ahnten wir die Wüste Luth, lebensfeindlich, einsam und leer.

Da sah ich von meinem erhöhten Sozius aus einen See, dessen Ufer keine zweihundert Meter entfernt lag. Weil die Mittagswärme – die wir lange vermißt hatten – es erlaubt hätte, dachte ich sofort ans Baden.

»Gustav, halt doch mal, da drüben liegt einer der neuen Stauseen! Der wird wohl vom Hilmend gespeist, der in dieser Richtung fließen muß, bevor er in einem Salzsumpf endet. Schau, dort ist das Ufer …«

Gustav hielt an, wir ließen die Cora stehen und stiefelten Richtung See. Die Sohlen unserer Knobelbecher – in Teheran frisch genagelt – wühlten im Sand, aber das Wasser lag doch weiter weg, als wir anfangs gemeint hatten. Also noch ein paar Meter gestiefelt. Was denn, immer noch nicht am Ufer?

Belutschistan … Kobras … Salzseen … Wüste des Todes … Luth … Karl May ließ grüßen.

Da fiel es uns wie Schuppen von den Augen: Wir waren einer Luftspiegelung aufgesessen. Die Warmluft in der Seistansenke hatte uns genarrt; der Wasserrand, so klar und deutlich sichtbar, war überhaupt keiner gewesen, sondern nur silbrig flimmernde, glühend heiße Luft. Und als wir nach hinten schauten, stand die Cora viele hundert Meter entfernt auf der leicht erhöhten Wüstenpiste. Zuerst sahen wir uns verdattert an, dann mußten wir lachen. Als wir uns gerade in die Sättel schwingen wollten, hielt ein Jeep an, dem ein junges amerikanisches Paar entstieg. Freundliche Begrüßung. Sie kamen von Herat. Der Bau-Ingenieur arbeitete für eine amerikanische Firma an einem Staudamm, das Baulager war nur einige Kilometer entfernt. Die attraktive Lady lud uns lächelnd dorthin ein – zum Abendessen. Dann fuhren sie weiter; wir aber brauchten entschieden länger als der Jeep, bis wir sie am Baulager eingeholt hatten.

Schon vor der Luftspiegelung waren wir in Farrah scharf nach Osten abgebogen, und auch Dilaram lag hinter uns, als wir das Baulager erreichten. Ein hoher Drahtzaun schützte es vor Dieben, und auch sonst erinnerte die Anlage an die Pumpstationen entlang der Ölleitung im Irak.

Vor dem bewachten Eingang lagerte wohl eine Hundertschaft Afghanen, die dort einen Job suchten. Unser Bau-Ingenieur quartierte uns in einer der wellblechgedeckten Nissenhütten ein, in denen die Belegschaft untergebracht war. Wir labten uns am kühlen, dann am warmen Wasser.

Das Abendessen in der blitzsauberen Kantine war köstlich, denn die italienischen Bauarbeiter, lauter »fratelli granetto« (Granitbrüder), die ihre heimatliche Küche schätzten, hatten zwei eigene Köche dabei.

Großes Hallo bei unserer Begrüßung:

»Was, ihr seid durch ganz Italien gefahren? Wie war's denn da so? Hat man euch geholfen? Wart ihr in Venedig, Florenz, Neapel?«

»So gut wie dort ist es uns nur noch in Bagdad gegangen – einmal abgesehen von ein paar Betrügereien. Mailand haben wir links liegen gelassen, aber den Papst sahen wir im Petersdom, und dann sind wir über Bella Napoli nach Brindisi an den Stiefelabsatz gegondelt, denn wir wollten ja über Griechenland weiter.«

»Da habt ihr doch bestimmt mal einen guten Puff besucht? Madonna und porca miseria, wenn ich daran denke, daß in ganz Afghanistan nicht mal ein einziges Püffchen offen hat! Mama mia, das glaubt uns ja niemand! Was müssen wir hier mitmachen, so ganz ohne Weiber, fern der Heimat – und in vier Wochen ist Weihnachten!«

Am Abend gaben wir ein Gastspiel in der großen Kantine vor etwa hundert Bauarbeitern aus Italien und amerikanischen Ingenieuren mit ihren Frauen. Der Betriebsarzt blies uns mit einer DDT-Luftspritze die Kleiderläuse aus den Klamotten, so daß wir »läusefrei« und mit einer ordentlichen Gage aus der »contribution« (Beitrag) eines jeden der dort Beschäftigten anderntags das Baulager verlassen konnten.

In Girischk, auf Ost-Kurs, machten wir früh Feierabend und

quartierten uns in einem der geschmackvollen Rasthäuser der Regierung ein. Bereits am Nachmittag lag jeder in seinem Bett, denn die Hornhaut auf dem Hinterviertel – »Eisenarsch« – und auch die Nieren schmerzten uns von den ewigen Schlaglöchern. Aber seit der Grenze war die Cora einwandfrei gelaufen. Ob das an der »Wallfahrt« nach Mesched lag?

Wo immer wir anhielten, pflegte sich im Nu eine Menschentraube um uns zu bilden, und all diese Frager, diese Neugierigen und Naseweise waren wir leid bis zum Überdruß. Umso mehr genossen wir die Bettruhe am Nachmittag.

Da klopfte es an unsere Tür. Ich schaute zu Gustav hinüber, der zu mir. Schon wieder eine Störung! Am besten, wir stellen uns taub. Wieder klopft es. Schweigen. Ein drittes Klopfen. Da platzt mir der Kragen, und ich rufe laut und deutlich: »Leck mich am Arsch!«

»Das werde ich nicht tun«, tönte es da in gutem Deutsch von draußen zurück. Ein bißchen beschämt stand ich auf und öffnete die Tür mit einem »Verzeihung – und herzlich willkommen!«

Vor mir stand ein schnauzbärtiger Herr im Trenchcoat, auf dem Kopf eine sportliche Schirmmütze und eine Autobrille auf der Stirn. Selbstsicher und leise lächelnd ob der etwas peinlichen Begrüßung hob er an:

»Ich heiße Ludwig Loebl und komme aus Wien. Mit meiner Freundin bin ich in einem alten Londoner Taxi unterwegs nach Australien. Von Ihnen habe ich schon in Bagdad gehört und freue mich, daß ich Sie hier treffe. Mein Wagen steht draußen, meine Freundin sitzt noch drin. Nehmen wir einen Tee zusammen?«

»Aber gern, Herr Loebl! Wir stehen sofort auf und leisten Ihnen Gesellschaft – wenn Sie dem dienstbaren Geist schon mal Bescheid geben wollen? In den Regierungshotels geht das ja flott bei entsprechendem Bakschisch.«

Wir erfreuten uns an seinem Wienerisch. Die Freundin aus Hartfordshire war ansehnlich gebaut, hatte gescheite Augen und einen freundlichen Zug um den Mund. Sie trug eine Hose und einen gefütterten Anorak. Der Wagen mit Rechtssteuerung fand seinen Platz neben der Cora im Hotelhof, und wir aßen und tranken in dem gemütlichen Rasthaus der Regierung.

Dank der kleinen Fenster hielt der Salon die Wärme des offenen Kamins, in dem der Diener Feuer angezündet hatte. Die Sessel aus Segeltuch waren jeweils mit einem winzigen Teppich belegt und boten so Wärme beim Sitzen. Ludwig Loebl hatte mehr Geld und ein schnelleres Fahrzeug als wir und konnte die Strecke, für die wir bisher zehn Monate gebraucht hatten, in zehn Wochen bewältigen, obgleich auch er sich Zeit ließ. Von Calcutta aus wollte er dann ein Schiff nach Sidney nehmen. Das hatte Gustav übrigens auch vor – seine Schwester war mit der ganzen Familie dorthin ausgewandert, und so würde er dort eine heimatliche Bleibe finden.

Ludwig Loebl und seine schicke Miss machten ebenfalls in unserem Hotel Quartier. Nach unserem gemeinsamen Abendessen – von mir zubereitet – holte ich die Gitarre hervor, und wir sangen unser Schrammel-Repertoire durch, angefangen vom

Wie mer san, so san mer,
was mer ham, dös ham' mer,
und was drüber geht –
brauch' mer net

bis zum Klassiker der Heurigenweisen, wenn auch ohne doppelchörige Gitarre, Ziehharmonika und Geige als Begleitinstrumente:

Erst wann's aus wird sein
mit aner Musi und mit'm Wein,
dann pack'ma die sieb'n Zwetschken ein,
ehn'der net!

Wann der Wein verdirbt,
und wenn amol die Musi stirbt,
in die mir Weana so verliabt,
is's a G'frett! (Ärger, Sorge)

Solang' im Glaserl no(ch) a Tröpferl drinn is',
solang' a Geig'n no(ch) voll Melodien is',
und solang als no(ch)
a tulli g'stelltes Maderl da, (schön gewachsen)
da sag'n ma immer no(ch): »Halt ja!«
und fahr'n net a'(b)!
Franz Prager

Die Melodie sinkt in jeder Strophe über eine ganze Oktave hinab. Ihre Sextakkorde zwischen Dur und Moll drücken eine Seelenlage aus, die zwischen »himmelhoch jauchzend« und »zu Tode betrübt« liegt. Die Fermaten zu Beginn lassen die Sänger auf den ersten drei Tönen nach Belieben verweilen und reizen zu den folgenden punktierten Notenwerten. Loebl schätzte mein Repertoire, und ich genoß das »Trio infernal«, denn Gustav stimmte mit ein.

Die Engländerin hörte höflich zu, schien aber etwas befremdet ob der teutonischen Klänge. Als wir jedoch ihr zuliebe »By yon bonnie banks« anstimmten und den lieblichen See Loch Lomond zwischen Glasgow und den Highlands besangen und danach auch »It's a long way to Tipperary« dreistimmig bewältigten, war sie versöhnt. Loebl hatte eine Flasche Scotch hereingeschmuggelt, dessen rauchiges Bouquet zu den Liedern paßte.

Wenn wir auch keinen Heurigen tranken, so fühlten wir uns doch in dem geschmackvollen kleinen Rasthaus geborgen und gingen erst spät zu Bett.

Von Ludwig Loebl lernte ich noch die Theodor-Kramer-Strophe:

Wir sind ein alt Geschlecht, verbellt von Hunden,
verlogen, diebisch, zuchtlos, hungertoll.
Und stammt doch manches Lied von Vagabunden,
der Gnade hell und dunkler Erde voll.

Der Wintertag am anderen Morgen kam wieder mit Sonne. Beim Studieren der Karte stellten wir fest, daß noch etwa fünfhundert Kilometer nach Kabul zurückzulegen waren. Wenn sich die Cora weiterhin so tapfer hielt, mußten wir die Strecke in zwei bis drei Tagen geschafft haben.

»Fare well, Ludwig! Fare well, Beautiful!«

»Servus, ihr beiden! Kommt's gut nach Calcutta!«

Dann entschwand das Paar in einer Staubwolke, und wir schwangen uns in die Sättel. Die Berge des Hindukusch hatten ihre Ausläufer weit nach Süden gestreckt. Enger wurden die Senken, steiler die Hänge. Namenlose Gipfel warfen Schatten in enge Schluchten. Felsen jeglicher Gestalt säumten die übel zugerichtete Piste: Mal ragten sie als Nadeln ins Blau, dann thronten sie klotzig auf einem Sattel, drohten als Überhänge herabzustürzen oder zogen in langgestreckten Fluchten schräg die Halden empor; messerscharfe Grate schwangen sich von Spitze zu Spitze, und überall lag das Geröll am Fuße der Felsen, von Schottergröße bis zu hausgroßen Quadern. Aber immer gänzlich kahl: Hier wuchsen keine Zirbelkiefern mehr wie in den Alpen, keine Zedern wie im Libanon oder Ahornbäume wie im türkischen Taurus. Nur steinige Öde, abweisend, lebensfeindlich, drohend und fremd.

Mitten in dieser Mondlandschaft, auf staubiger Straße, die sich in endlosen Kurven hindurchschlängelte, überholten wir fünf Personen zu Fuß, vier Männer und eine Frau.

Ihre Füße schleppten im Sand, ihre Kleider waren verschlissen und hingen teilweise in Fetzen um die Körper. Wir hielten an, um zu sehen, was das für eine Turbangruppe sei. Da blieben auch sie hinter uns stehen, hielten aber etwa zwanzig Meter Abstand zu uns.

Zwei von ihnen trugen langläufige Kugelbüchsen geschultert, die anderen beiden schleppten schwere Ketten um den Hals sowie an den Händen und Füßen. Die eisernen Kettenglieder waren jedes handlang, sie hingen von den Schultern und lagen im Staub zwischen den Fußgelenken. Die Frau war noch weiter zurückgeblieben und beobachtete die Szene.

Da stiegen wir ab und brachten ihnen von unseren Trauben, die wir immer reichlich in einem Korb auf dem Beiwagen mitführten. Zuerst reichten wir den Bewaffneten eine Handvoll, und als sie dann zustimmend nickten, kriegten auch die Kettenträger jeweils eine Traube. Die Frau stand immer noch weit entfernt, doch einer der beiden Bewacher brachte auch ihr ein paar Trauben.

War das ein Gefangenentransport? Und wohin mochten sie wandern – nach Kandahar, Ghasni oder gar Kabul? Wo kamen sie wohl her, wie lange waren sie schon unterwegs? Und was hatten die beiden Schwerenöter ausgefressen? Leider konnten wir uns nicht verständigen, machten also bloß ein paar Fotos aus der Entfernung und donnerten davon.

Bei der letzten Tankstelle hatten wir uns mit russischem Benzin versorgt, denn Afghanistan bezog seinen Kraftstoff aus der Sowjetunion. Als ich nun den Treibstoff aus dem deutschen Kanister – den das Afrikakorps erfunden hatte und der bei den Briten »Jerrycan« hieß – in den Tank einfüllte, roch ich sofort das »Naphta«, wie die Russen zum Benzin sagen. Und im selben

Augenblick, im Bruchteil einer Sekunde, sah ich den Josef-Stalin-Panzer wieder vor mir, wie er aus etwa fünfhundert Metern Entfernung mit seiner Kanone auf die Unterführung der Autobahn feuerte, wo mich die Sanitäter am 26. April 1945 gerade verbinden wollten, denn ich war von Granatwerfersplittern getroffen. Die Detonation knallte hell auf dem Beton der Autobahnbrücke, und ich meinte, mir müßten die Augen platzen, so hart schlug die Druckwelle zu. Im Qualm und Dunst der Einschläge flüchteten wir zur Rückseite hinaus, aber oben auf der Autobahn rollten schon die russischen Panzer an uns vorbei. Da roch ich erstmals das russische »Naphta«, und ich sollte es nie mehr vergessen. Hier, vor Kandahar, roch ich es zum zweitenmal in meinem Leben, und der Reiz auf meinem Riechfeld zauberte die Kampfszene wieder vor mein inneres Auge.

Als wir nachmittags in Kandahar vor dem Regierungshotel parkten, fielen uns drei Personenwagen auf, die auf dem Parkplatz standen. Wir betraten die Empfangshalle – das Hotel war größer geraten als die letzten drei – und fanden dort eine Gruppe von Herren in den Clubsesseln sitzen und sofort die Köpfe nach uns wenden.

Einer von ihnen, ein großer und schlanker, trug einen offenbar warm gefütterten Trenchcoat letzten Schnittes mit breitem Pelzkragen. Seinen Kopf bedeckte eine elegante Karakulmütze, und auf seiner Brust baumelte eine deutsche Kamera, eine Rolleiflex. Er stand auf, kam auf uns zu und sagte:

»Meine Herren, Ihr Fahrzeug trägt eine deutsche Zulassungsnummer. Auch ich bin Deutscher, heiße Wolter und arbeite hier als Journalist. Mein Freund Gholam Mohammed, der Oberbürgermeister von Kabul, sitzt hier neben mir, und wir bereisen das Land, um eine wissenschaftliche Arbeit zu erstellen für künftige Investitionen aus Amerika und Europa. Die Sowjetunion baut ja bereits eine kombinierte Eisenbahn- und Straßenbrücke über den Amu Darja im Norden und will auch eine zweispurige Paßstraße über den Hindukusch führen. Als Pressefotograf habe ich hier viel Arbeit.«

Gholam Mohammed kam ebenfalls auf uns zu. Der kleine Herr mit Bäuchlein gehörte zu den quirligen »Machern« voller Energie und Tatkraft, doch es fehlte ihm auch nicht an Eloquenz. Er trug einen europäischen Anzug mit Hemd und Krawatte, und seine lebhaften Wieselaugen musterten uns voller Sympathie. Sein dunkles Lockenhaar war teilweise von einem Hut bedeckt, den er nach hinten geschoben hatte, und ein gepflegter Oberlippenbart verlieh ihm ein leicht zigeunerhaftes Flair. Nun begrüßte er uns in fließendem Deutsch:

»Sie gehören zu den wenigen Kühnen, die seit Alexander dem Großen im Sattel von Europa nach Afghanistan reisen. Zwar sind mir Ihre Namen entfallen, aber die Zeitungen aus Teheran haben vor etwa vier Wochen über Sie geschrieben. Wundern Sie sich bitte nicht über mein Deutsch! Ich habe vor dem Krieg in Deutschland studiert und dabei Kurt Karl Wolter kennengelernt. Erst jetzt konnte er meine Heimat besuchen, und ich freue mich, daß jetzt gar drei Deutsche hier beisammen sind.

Sie befinden sich hier unter gebildeten Afghanen: Alle beherrschen wenigstens eine Fremdsprache. Und Sie sollten wissen, daß wir Afghanen den Deutschen sehr zugetan sind. Mein Volk mußte ja sowohl gegen die Engländer als auch gegen die Russen um seine Freiheit kämpfen, und zwar im vorigen Jahrhundert, in drei Kriegen. Immer versuchten sie, uns zu unterjochen. Aber wir haben sie geschlagen, in vielen Gefechten und Scharmützeln, aber auch in Schlachten. Lesen Sie nur Rudyard Kipling's ›Barrack Room Ballads‹ mit dem Gedicht:

Kabul town by Kabul's river,
blow the bugle, draw the sword …

Kabul-Stadt am Kabul-Fluß
stoß ins Horn und zieh das Schwert …

Da spüren Sie, wie die armen Tommies als Kanonenfutter den englischen Imperialismus vorantragen mußten. Aber das sage ich Ihnen nur, um mich mit Deutschland zu identifizieren und von England abzusetzen. Sie, meine Herren, leben hier im Hotel auf meine Kosten. Und sobald Sie nach Kabul kommen – und das ist ja nicht mehr lange hin –, dann steigen Sie im dortigen Regierungshotel ab. Mein Sekretär ruft gleich dort an, damit für Sie zwei Zimmer reserviert sind. Wahrscheinlich werden Sie ja über Weihnachten in Kabul rasten. Dann können Sie auch Ihr heimisches Weihnachtsfest feiern, zusammen mit den anderen Deutschen, die dort seit ein paar Monaten wieder an Zahl zunehmen. Ich lasse alle Vorbereitungen treffen, damit Sie sich rundum wohlfühlen.«

»Wunder gibt es immer wieder«, singt Katja Ebstein. Und es stimmte, wir hatten das große Los gezogen, wieder mal. Übrigens wunderte mich das dunkle »a« in der Aussprache des Bürgermeisters, das er nicht so hell und offen artikulierte wie im Hochdeutschen üblich.

»Wir heißen Gustav Pfirrmann und Oskar Kröher und sind in der Tat seit dem März mit unserer Beiwagenmaschine unterwegs. Wir freuen uns, daß wir Sie und Herrn Wolter hier antreffen, und danken Ihnen für Ihr großzügiges Angebot, hier in Kandahar und später in Kabul. Ganz besonders aber freut uns, daß Sie unsere Heimat kennen und in Deutschland studiert haben. Herr Pfirrmann hat seine Studien in Volkswirtschaft bereits abgeschlossen, ich selbst konnte bisher noch nicht anfangen, schon weil wir im Krieg und danach alles verloren haben – außer dem Leben. Wir haben jetzt die halbe Strecke durch Afghanistan zurückgelegt und sehen zuversichtlich ins Kommende. Wie Sie sehen, ist die Maschine ziemlich mitgenommen, aber wir hoffen, daß sie es schafft.«

»Ach, Ihr Deutschen seid doch immer ausgezeichnete Techniker! Überlegen Sie doch nur, welche riesige Entfernung Sie bisher bewältigt haben! Das dürften so zwischen zwölf- und vierzehntausend Kilometern sein? Da brauchen Sie sich doch wegen der Spanne nach Kabul nicht weiter zu sorgen.

Sie sind doch Alexanderreiter! Und die haben es ja auch geschafft! Wissen Sie überhaupt, daß die Stadt Kandahar wahrscheinlich nach ihm benannt ist? ›Iskander‹ heißt Alexander auf farsi und türkisch – und das Wort steckt auch in ›Kandahar‹. Ist es nicht symbolisch, daß ich Sie hier treffen mußte, bei den Ruinen der alten griechischen Stadt, wo wir die Briten vor nicht ganz hundert Jahren zurückschlugen? ›Pufferstaat, Pufferstaat‹ ... wenn ich das Wort nur höre!

Auch uns wollte man zum Protektorat erniedrigen ... Dennoch: den Anschluß von Pakistan werden wir auch noch schaffen. Dann wird ein vereinigtes ›Paschtunistan‹ entstehen, und alle verwandten Stämme werden sich in einem Staat vereinigen. Aber das ist noch Zukunftsmusik. Zuerst gilt es, Afghanistan auf Vordermann zu bringen; das Volkseinkommen anzuheben, die Stämme zu befrieden, Lesen und Schreiben zu lehren, medizinische Versorgung einzurichten – ach, so viel ist noch zu tun, und über finanzielle Mittel verfügen wir kaum. Ja, wenn Deutschland nicht so zerstört wäre ...«

Kurt Wolter hatte den einen Arm um den kleinen Dicken gelegt, der andere Ärmel hing schlaff herunter – schwer verwundet bei Weliki Luki in Rußland.

Die beiden alten Freunde brauchten einander. Jetzt, im Frieden, arbeiteten sie an der Verbesserung des Loses der besitzlosen Massen Afghanistans.

Was mag aus dem Bürgermeister von Kabul inzwischen geworden sein, nach über fünfzehn Jahren Krieg und Bürgerkrieg? Fünf Millionen flüchteten nach Pakistan, Persien und Turkmenistan, manche sind inzwischen heimgekehrt in ein verwüstetes Land, wo über dreißig Millionen Minen noch im Boden liegen und alle Städte zerstört sind. Zur Zeit unserer Reise war ja keine von ihnen eine Schönheit, von den Drecknestern in Staub und Sand ganz zu schweigen.

Aber heute: Nur Ruinen überall, verbrannte Erde, aufgerissene Straßen, verarmte, im Elend verkommende Menschen, Kriegskrüppel in einem Land ohne Identität, ohne Eigenmittel, ohne Aussicht auf ein Ende des Schlachtens, auf Frieden ... jeder gegen jeden ... alle gegen alle.

»Obgleich Afghanistan niemals etwas anderes gewesen ist als ein Flickenteppich verschiedener Regionen und Stämme, die durch Bergmassive ebenso voneinander getrennt waren wie durch Sprache und Religion, hat unser Staat doch bisher einigermaßen zusammengehalten, seit ihn Achmed Schah Durrani im Jahre 1747 gefestigt hat. Dazu mußte er alle Städte von Herat bis zum Industal erobern«, so erzählte uns Gholam Mohammed beim Abendessen im Speisesaal des Hotels von Kandahar.

»Vorher waren wir eine Bergprovinz Irans gewesen und später Untertanen der Moghulkaiser, die im indischen Pandschab regierten. Es war wohl die ständige Bedrohung von außen, die uns nach der Unabhängigkeit zusammengehalten hat«, mutmaßte er abschließend.

Hoteldiener hatten in dem offenen Kamin ein Feuer entfacht, das sie mit den trockenen Ästen der Obstplantagen nährten, die sich um die zweitgrößte Stadt des Landes ausbreiteten.

Mit unterirdischen Kanälen, hier »Karez« genannt, wurden sie bewässert und vom Arghandab gespeist, einem Bergfluß, der im zentralen Hindukusch entspringt.

»Wie haben Sie denn nur die Sandpiste von Herat bis hierher schaffen können mit Ihrem Gespann? Besonders die Furten dürften doch schwer zu bewältigen gewesen sein«, wollte Gholam Mohammed wissen.

»Ja, solch lange Strecken ohne Brücken haben wir bisher nie fahren müssen. Es ist uns nicht leicht gefallen, besonders die

Furt bei Schindand; da ist uns die Maschine richtig abgesoffen, und wir brauchten einen ganzen Tag, um sie wieder instandzusetzen. Dafür kann man aber in den afghanischen Rasthäusern der Regierung kultiviert übernachten«, bagatellisierten wir die Mühsal, die uns noch in den Knochen saß.

Anderentags trennten sich unsere Wege: Die »gebildeten« Afghanen fuhren mit ihren drei Autos in Richtung Teheran, von wo sie mit der Fluglinie nach Deutschland fliegen wollten, und wir kickten mal wieder die Cora an und ließen die alte Königsstadt Kandahar hinter uns. Zwar kamen wir dabei auch an der Abzweigung vorüber, die uns auf direktem Wege nach Quetta in Pakistan gebracht hätte; aber unser Sinn stand nach Kabul.

So ging es auf die glatte Strecke nach Kalat, Kurs Ostnordost. Die Zitadelle von Kandahar war längst im Dunste hinter uns verschwunden, das weite Flußtal lag völlig trocken und stieg sachte an, die Piste staubte.

In Kalat hielt Gustav vor dem Bazar, und ich kaufte ein. Die Afghanen hatten damals ein Durchschnittseinkommen von jährlich etwa zweihundert Mark, und entsprechend bescheiden wirkte der Markt.

Auf einem sauber gekehrten Sandplatz türmte sich eine Rosinenhalde von sicherlich fünfzehn Metern Höhe in den Himmel. Da die Muslime keinen Wein trinken dürfen, trocknen sie die Weintrauben und essen die Rosinen, sofern sie sie nicht exportieren.

Im Bazar bekam ich mehrmals Preisangebote für meine Winterjacke, sie war mir aber nicht feil.

»Do you speak English?« sprach ich einen Herrn in europäischer Kleidung an, der gerade Nüsse kaute.

»Nein«, kam seine lakonische Antwort.

»Dann können wir ja deutsch reden«, gab ich zurück.

Jetzt war das Staunen an ihm. Ich war überrascht, hier einen Afghanen zu treffen, der deutsch sprach. Er ließ mich aber gleich wissen, daß er erst kürzlich aus Deutschland zurück sei, nachdem er in Aachen an der TH Maschinenbau studiert hätte.

»Isch han in Ooche viel Karneval jefeiert mit de Öcher Mädcher. Dat war vielleicht en Jedöns! Im Rheinland kann ma jut lewe, überhaup jetz, wo die Deutsche wieder am Jeldverdiene sin. Wat machen Sie denn in Afjanistan? Isch bin hier der Direktor von ener Weberei. Kommen Se heute abend doch zu mir zum Spiejeleieressen. Dat würde misch freuen.«

Sein rheinisches Platt in dieser Umgebung klang umwerfend. Als wir uns abends bei ihm einfanden – er hatte eine einfache Wohnung, die ein Diener instandhielt, der offenbar auch die Küche versorgte –, wies er uns ins Speisezimmer. Dort lag für jeden von uns ein Sitzkissen auf dem Boden, und eine Petroleumlampe erhellte den Raum. Wir waren ja den Schneidersitz gewöhnt, nahmen Platz und tranken aus kleinen Gläsern frisches Wasser.

Dann brachte der Koch eine ungeheure Pfanne herein von vielleicht 60 Zentimetern Durchmesser, und darin brutzelten wohl dreißig, vierzig Spiegeleier, alle wunderbar gebraten, jedes mit einem gelb lachenden Dotter, das Eiweiß schön geronnen und nicht zu hart. Am Pfannenrand stand golden das heiße Olivenöl.

»Jeseschnete Mahlzeit!«

»Guten Appetit!«

Aber vergeblich hielten wir Ausschau nach Messer und Gabel, einem Löffel oder einem anderen Eßwerkzeug. Auch stand kein Fladenbrot bereit, mit dem man wenigstens hätte zulangen und einen Bissen zum Munde führen können. Ich schaute fragend zu Gustav hinüber – der grinste verschmitzt zurück. Vielleicht hatte er in London bei seinen exotischen Freunden schon ähnliche Erfahrungen gemacht? Aber unser Afghane hatte doch jahrelang in Deutschland gelebt! Er mußte doch wissen, wie man Spiegeleier serviert und zu sich nimmt.

»Staunen Se nit so! In Deutschland essen Se die Riefkooche (Reibekuchen) doch auch mit der bloßen Hand! Da können Se die Spiejeleier hier jenau so essen.«

Damit riß er mit der bloßen Hand ein Spiegelei aus der Pfanne und schob es sich in den Mund. Mit der rechten, wohlgemerkt, denn die Linke ist dem Orientalen unrein. Sie wird niemals zum Essen, dafür aber zu hinterlistigen Zwecken benützt; inzwischen wußten wir das.

Was blieb uns nun übrig? Wir rissen die Spiegeleier auseinander, schoben sie in den Mund und leckten uns die Finger ab, wenn das Olivenöl heruntertropfte oder der Dotter ausgelaufen war.

Dazu tranken wir, wie üblich, Wasser und unterhielten uns auf Rheinisch mit dem Maschinenbauingenieur, dessen befremdliche Tischsitten uns mittlerweile belustigten.

Als wir am nächsten Morgen nach Kabul aufbrachen, ging gerade die Sonne auf. Der Atemhauch stand uns weiß vor dem Mund. Die Bäcker und Krämer hatten bereits ihre Buden geöffnet, duftendes Fladenbrot lag eingewickelt in Tüchern für die Kundschaft bereit.

Alle Männer auf der Straße – Frauen sahen wir keine – hatten sich niedergekniet, ihre Gesichter in Richtung Mekka, also nach Westen gewendet, und verrichteten das erste Gebet des Tages. Sie beugten sich tief hinunter, berührten mit der Stirne den Boden, auf dem sie wohlweislich einen kleinen Gebetsteppich ausgebreitet hatten, und gaben sich ihrem Glauben hin an Gottes Gnade und Erbarmen, ihrem Schlüssel zum Ertragen des erbärmlichen Lebens.

Damals fragte noch keiner der 84 Prozent Sunniten des Landes, ob wir Schiiten, Christen oder Sikhs seien. Jetzt, nach über 15 Jahren Bürgerkrieg, gehört diese Frage zum fundamentalistischen Selbstverständnis der islamischen »Nation«.

Die Piste schien sich leicht gebessert zu haben, denn die ganz großen Schlaglöcher, die weggebrochenen Bankette, die Staubmühlen und Steinbrocken behinderten uns jetzt seltener als auf den letzten tausend Kilometern. Das Fahren hieß nun nicht mehr: jede Sekunde Ausschau halten nach möglichen Tücken der Piste, nicht mehr ständiges Absteigen und Schieben, nicht mehr die Nierenstöße des ewigen »Wellblechs«, wenn auch das Staubfressen blieb.

Drei Viertel der Strecke Herat – Kabul hatten wir nun zurückgelegt und das Massiv des Hindukusch im Westen und Süden fast umrundet. Der stetige Anstieg bereitete keine Schwierigkeiten, und die paar Käffer neben der Piste mit ihren armseligen Buden für Brot, Konserven, Petroleum, Obst und Grünzeug boten nichts Neues.

Nur in Ghasni, der sagenhaften Herrscherstadt eines alten Königsgeschlechtes, tanzten zwei Derwische auf der Straße. Sie wirbelten pirouettenhaft im Kreise: einmal vier Drehungen nach rechts, dann vier nach links, wobei sie die Arme über den Kopf erhoben hatten, und Staubfähnchen wehten von ihren Pantoffelsohlen. Beiderseits der Straße hockten die Zuschauer vor den Teebuden und schauten ihnen zu.

Als wir vorbeiknatterten, drehten alle die Köpfe nach uns, und der zweite Verkehrspolizist Afghanistans – der erste hatte ja in Herat auf seinem Podest gestanden – winkte uns ordnungheischend auf der breiten, leeren Sandstraße weiter.

Kamele hatten sich neben dem Ortsausgang niedergekauert, ein paar räudige Hunde streunten hungrig umher, zugestaubte Hühner pickten nach unsichtbaren Körnern, und hinter unserem Gespann wirbelte eine Staubfahne empor, die sich nur langsam legte. Gustav, heute schaffen wir es nach Kabul!

Und siehe: Am Nachmittag des 3. Dezember 1951 fuhren wir wirklich dort ein, nachdem wir die 2000 Meter hohe Wasserscheide zwischen den Flüssen Tarnak und Kabul – nach dem die Stadt ihren Namen hat – überwunden hatten.

Und wie das Schicksal so spielt: Ein Herr in Karakulmütze und Maßmantel spazierte vor der Stadt mit seinem Hündchen zwischen den Kameldornbüschen. Er sah uns, winkte und begrüßte uns auf französisch. Es war einer der beiden Mitglieder des olympischen Komitees von Afghanistan, die wir im Innenministerium von Teheran getroffen hatten und der uns dem »Kabul Hotel« empfohlen hatte, demselben, das uns auch »Papa« Gholam telefonisch von Kandahar aus reserviert hatte.

Ob er dann am gleichen Tage noch die Nachrichtenredaktion von »Radio Kabul« informierte, haben wir nie erfahren. Jedenfalls gab der Sprecher in den Abendnachrichten unsere Ankunft in der afghanischen Hauptstadt bekannt.

Sofort änderte sich das Verhalten der Hotelbediensteten: waren sie anfangs nur kühl und korrekt gewesen, so behandelten sie uns nun ausnehmend freundlich, lächelten fast immer, ebenso wie der Rezeptions-Chef, der uns beim Einchecken eher förmlich, aber keineswegs entgegenkommend behandelt hatte. Für sie alle waren wir nun prominent – und diese neue Lage genossen wir sehr.

Am anderen Morgen besuchten uns nach dem Frühstück gleich drei Reporter: zwei Textberichter und ein Pressefotograf. Der stellte uns samt der Cora im Hof des Hotels vor einen schwarzen Vorhang, vielleicht um die Würde unserer Erscheinung zu vertiefen? Oder hatte er das einmal so gelernt?

Bei der Rezeption landeten alsbald Willkommensgrüße von Deutschen, die uns zu sich nach Hause einluden, und auf dem Postamt lagen die Briefe »restante«, die wir gleich am ersten Morgen abholten und verschlangen.

Die nächsten Tage in Kabul verliefen ruhig, und das brauchten wir auch, um wieder zu Kräften zu kommen. Ärzte und Ingenieure gaben Abendessen für uns, mit deutschem Bier, Sauerkraut und Schweinebraten. Das war doch etwas anderes als die handgeschöpften Spiegeleier aus der Pfanne von Kalat!

Der Vertreter eines deutschen Unternehmens lud uns zu sich ein und bot uns beim Abendessen das Gästehaus seiner Firma an: »Dann haben Sie mehr deutsches Ambiente!« So verließen wir das »Kabul Hotel« und zogen um. Im Gästehaus verwöhnten uns die Diener. Als Bettdecke dienten jedem von uns in seinem Einzelzimmer 24 zusammengenähte Fuchspelze. Die weichen, langen Winterhaare von Meister Reinecke leuchteten in so angenehm warmen Farben, wie es eben nur Fuchspelze vermögen; darunter lagen baumwollene Biberleintücher. Und es piesackten uns weder Flöhe noch Läuse.

Raschid, der Direktor des Stadttheaters, besuchte uns und unterbreitete uns ein Angebot für eine Gastspielserie. Er hatte nach seinem Studium bei Max Reinhardt in Berlin praktiziert, sprach fließend deutsch mit einem Hauch von »Berliner Schnauze«, beherrschte die ganze deutsche Theaterliteratur und fungierte am Stadttheater neben seinem Posten als Direktor auch als Intendant, Regisseur, Inspizient, Hauptdarsteller und Bühnenbildner.

Daneben wirkte er sowohl als Dramaturg wie auch als Dramatiker: Viele seiner Stücke hatte er selbst verfaßt. Gerade führten sie einen Vierakter von ihm auf, und da, meinte er, wäre doch für uns eine gute Chance, zwischen den Akten unsere Darbietungen zu bringen. Wir hatten leichte Bedenken, denn schließlich paßten weder Gustavs Zauberkunststücke noch seine Feuernummer zu einem afghanischen Liebesdrama, und auch mit meinen Liedern und Chansons sah ich nur schwerlich einen Zusammenhang. Immerhin lehrte er mich aber eine afghanische Liebesklage im alla-breve-Takt, die durchaus kantabel klang, sowohl vom Text als auch von der eingängigen Melodie her, die mit einem Septakkord begann. Diese Verse schrieb ich mir phonetisch auf, so wie sie mir vorgesungen wurden, und übte sie ein. In der Übersetzung von Raschid, dem Theatermann, lauteten sie:

Chálku je kubán,	*Herz, du kommst mir vor*
áha bésre dschera dél.	*wie ein Gespenst!*
Chálku je kubán,	*Du hast mein Selbst*
áha ráfti, dschera dél,	*erschlagen mit den*
Ái khálbe na-i-tschád,	*Säbeln deiner*
dó kái baferád.	*Augenbrauen.*
Chálku je kubán,	*Herz, du kommst mir vor*
áha bésre dscheradél.	*wie ein Gespenst!*

Gustav aber mangelte es an Benzin zum Feuerfressen, denn in ganz Kabul war das benötigte Reinbenzin nicht aufzutreiben. Da kutschierte uns der Verteidigungsminister persönlich zum Flughafen hinaus! Der Posten vor dem Hangar, angetan mit deutschem Stahlhelm und deutschem Feldgrau samt Kragenbinde und Knobelbechern, präsentierte das Gewehr, den Karabiner 98 k, nach deutschem Reglement, genau wie es die Heeresdienstvorschrift im »Reibert« verlangte. Ein Flugzeugmechaniker entnahm der dort gewarteten Me-109 genau drei Liter Flugbenzin, und die füllten wir an Ort und Stelle mit Hilfe eines Trichters in Gustavs Benzinflasche um. Jetzt konnte er wieder Feuer fressen.

Die winterliche Hauptstadt in 1800 Metern Höhe hatte ihren eigenen Charme. »Mondän« konnte man sie aber beim besten Willen nicht nennen. Zwei- oder gar mehrstöckige Häuser sah man nur ganz selten; die etwa sechshunderttausend Einwohner hausten überwiegend in Lehmhütten. Nur den Stadtkern, wo der wenig Wasser führende Kabulfluß in einem breiten, ausgemauerten Bett mit weiten Schleifen hindurchfloß, konnte man bei gutem Willen als »urban« bezeichnen. Dort glänzte auch eine Asphaltstraße von 1 km Länge.

Immerhin versorgte ein Elektrizitätswerk die Stadt mit Strom. Und damit die Lichter des Nachts besonders eindrucksvoll leuchteten, hatten die Elektriker über die Bergkämme, die das Hochtal säumten, eine Lampenkette gezogen, die in der Adventsnacht einen Hauch von Vorweihnachtszeit ahnen ließ. Auch floß in den meisten Häusern Trinkwasser.

Unser Gästehaus war mit nagelneuen Bädern versehen, einer bestens eingerichteten Küche mit allem Komfort, und so konnte ich als Frühstückskoch brillieren. Die anderen Mahlzeiten nahmen wir täglich bei Einladungen zu uns.

Viele Afghaninnen trugen den Schleier, den traditionellen »Chadri« von Kopf bis Fuß, aber in hellen Farben wie lindgrün, hellblau oder sandbraun. Darunter die üblichen flachen Slipper und die »Karottenhosen« aus Rohseide, die viel später auch im Westen Mode wurden.

Der Bazar zeigte sich so bunt wie in allen Städten des Orients; vor allem goldbestickte Ziegenfellwesten hatten es uns angetan und auch die breitsohligen Schnabelschuhe.

Nur die Bäume waren alle kahl, die 1800 m Meereshöhe machten sich bemerkbar. Überfüllte Omnibusse brachten Reisende in die Stadt, die schon seit Kyros dem Großen, im sechsten Jahrhundert vor Christus, als Knotenpunkt des Handels zwischen dem Mittleren Osten und dem übrigen Asien gedient hatte, von den zahlreichen kriegerischen Einfällen aus allen Richtungen zu schweigen. Erst 28 Jahre nach der Gründung des modernen Afghanistans im Jahre 1747 war Kabul die Landeshauptstadt geworden. Die durchschnittliche Lebenserwartung betrug inzwischen 42 Jahre, und höchstens 20 Prozent der Einwohner waren des Lesens und Schreibens kundig.

Raschid zeigte uns sein Theater. Es war keine Schmiere; nein, ein schnuckeliger, tadellos geführter Musentempel mit etwa dreihundert Sitzplätzen – alle gepolstert – und einer bescheidenen Bühne, ordentlich beleuchtet mit Rampenlicht von unten und Scheinwerfern von oben, mit ein paar Kulissen zum Schieben und einem dunkelroten Samtvorhang, den ein Helfer von Hand auf- und zuziehen konnte. Die Saalbeleuchtung konnte man »dimmen« und von der Bühne aus einschalten.

Ein Herold machte unsere Gastspielreihe in der Stadt auch für die zahlreichen Analphabeten bekannt. Auf einer riesigen Trommel schlug er seine Wirbel, bevor er im Basar und auf belebten Plätzen mit lauter Stimme die Auftritte des Hexenmeisters und des Sängers aus Deutschland ausrief.

Raschid hatte uns in die drei Pausen seines Vierakters »eingebaut«: einmal Zauberei, danach ein Auftritt mit Liedern und zum Schluß ein Feuerfressen. Unsere nachmittägliche Probe verlief glatt. Wir waren aber überrascht zu sehen, daß alle Frauenrollen des Stückes von Männern gespielt wurden; auch im Publikum konnten wir keine einzige Frau entdecken.

»Das rührselige Drama endet mit einer Eifersuchtsszene, Mord, Monolog im Himmel, Teufelstod, Reue und wieder glücklichem Beisammensein auf Erden. Es schließt mit einer so herzerweichenden Reueszene und immer erneuten rührenden Liebesszenen, daß die Zuschauer erleichtert aufatmen, als der Vorhang fällt. Die schmerzerfüllten Gesichtszüge des Getöteten verklären sich, die ›Tochter‹, welche soeben noch vor Freude weinte und in die Arme ihres alten, vor Leid und Gram ergrauten Vaters sank, nimmt die Locken ab und entledigt sich der schaumweichen Einlagen, während der Alte den weißen Puder von den wenigen verbliebenen Haaren wischt und die langen Koteletten abstreift. Die Männer in den Zuschauerreihen haben Tränen in den Augen ...« (Gustav Pfirrmann: Vom Horeb zum Ganges, 29. Fortsetzung.)

Ich selber erntete mit der afghanischen Liebesklage reichen Applaus. Weil wir jedoch zwischen den Akten auftraten, zog sich die Aufführung stark in die Länge, und das Programm endete erst kurz vor Mitternacht. Deshalb schlug uns der Direktor vor, in den kommenden Tagen die Schau allein zu bestreiten: So erhöhte sich unsere Gage entsprechend – und unsere Gastspielserie im Stadttheater von Kabul wurde ein voller Erfolg.

Auch hier kam Gustavs Glanznummer mit dem Verschlingen

von Flammen ganz groß heraus. Die beiden zur Sicherheit abgeordneten Feuerwehrleute hinter der Bühne wechselten täglich, weil »tout Kabul« diese Nummer sehen wollte, und auch Gustavs Zauberkünste waren Stadtgespräch. Besonders der Trick mit dem Büstenhalter, den er einem Zuschauer aus der Innentasche der Weste zog, erregte regelmäßig Heiterkeit und stärkte das Selbstbewußtsein des Betreffenden.

Wie gut, daß die afghanische Landestracht im Winter fast immer eine Weste zu dem Hemd verlangte, das man über der Pluderhose trug! Europäische Kleidung sah man viel seltener. Wir traten dort eine Woche lang auf, für stattliche hundert Dollar pro Abend.

In Kabul waren wir bald bekannte Leute und brauchten uns wegen Langeweile nicht zu beklagen. Offene Sympathie schlug uns als Deutschen entgegen, weil wir eben nie als Kolonialmacht im Land eine Rolle gespielt hatten. Möglicherweise auch, weil nach dem Ersten Weltkrieg die afghanische Armee von deutschen Militärs ausgebildet worden war: Der deutsche Stahlhelm des Postens am Flughafen und seine feldgraue Uniform zeugten noch immer davon.

Durch das Feuerfressen hatten sich aber Gustavs Zahnschmerzen wieder verschlimmert, und er suchte deshalb einen Zahnarzt auf. Der weigerte sich jedoch, ihn zu behandeln, weil gerade »Frauentag« sei und er deshalb kein männliches Wesen einlassen dürfe. Tatsächlich mußte Gustav unverrichteter Dinge abziehen und seine Zahnschmerzen noch einen ganzen Tag länger ertragen. Wir linderten sie aus unserer »Bordapotheke«, die uns damals in Brindisi so gute Dienste geleistet hatte, als wir »Alexander den Mathematikus« mit ein paar Tabletten von seinen Magenschmerzen kurierten. Welch ein Glück, daß wir selbst von Krankheiten bisher verschont geblieben waren: Einmal abgesehen von meiner Darmgrippe in Damaskus.

Am nächsten Tag erwies sich, daß auch der Zahnarzt in Berlin studiert hatte und das deutsche Medizinwesen gut kannte. Nur gab es in Afghanistan keine privaten Ärzte: Das ganze Gesundheitswesen oblag staatlichen Stellen, und alle Ärzte arbeiteten ohne Privathonorar.

Zwei Tage vor dem Heiligen Abend verließen wir das gastliche Kabul. Auf dem Weg zum Kaiberpaß, der Afghanistan von Pakistan trennt, wollten wir in Sarubi eine kleine Rast einlegen, denn dort arbeiteten deutsche Ingenieure und Tiefbauer, die gerade dabei waren, den Kabulfluß zur Elektrizitätsgewinnung durch Stollen und ein Rohrsystem in ein Kraftwerk zu leiten. Die Firma »Hochtief« hatte die Bauarbeiten übernommen, und Siemens lieferte die Turbinen und Generatoren.

Herr Eberlein, der leitende Ingenieur, ein wackerer Schwabe, hatte uns in Kabul mehrmals besucht und für Weihnachten in sein Baulager eingeladen. Sicherlich dachte er dabei an die musikalische Gestaltung des Heiligen Abends, an dem er seinen Mitarbeitern eine freudige Überraschung bieten wollte. Wir selber aber wußten uns zu Weihnachten bei Landsleuten, denen wir die Feiertage heimatlich gestalten konnten.

Zwischen der Hauptstadt und der Großbaustelle lag jedoch ein hoher Gebirgszug mit dem Dreitausendmeterpaß »Lataband«, und solch eine Bergstrecke hatten wir letztmalig im Zagros bei Hamadan zu überwinden gehabt.

Stellte man sich unser Gespann zum Beispiel in der Größe einer Ameise vor, dann wäre der Lataband so hoch gewesen wie eine Wohnzimmerdecke. Man mußte sich also einen Steinhaufen von dieser Höhe denken, den eine Ameise erklettern will, dann hatte man einen stimmigen Größenvergleich.

Dazu eine Schotterpiste, Steinschlag, enge Serpentinen – auf deutsch »Haarnadelkurven«, zehn Prozent Steigung und etliche Wasserläufe quer über die Fahrbahn!

Bald gingen die befürchteten Plagen los: An einem scharfen Stein riß uns der Auspuff ab, und die Zündungen der Cora krachten und donnerten direkt aus dem Rohrstutzen hinter dem Zylinder. Weil der Auspuff glühend heiß war, mußten wir ein paar Minuten warten, bis wir ihn mit Draht provisorisch wieder befestigen konnten. Um das Warten zu verkürzen, spazierte ich ein paar Meter weg, kletterte an ein paar Felsen vorbei, genoß die Aussicht auf die beschneiten Fünftausender im Norden und stand – vor einem Steinbock.

Das herrliche Tier mit seinem kapitalen Gehörn war genau so überrascht wie ich ob der unverhofften Begegnung im Felsgestein. Es stand auf einem Block, etwa zehn Meter entfernt, und wandte mir sein Gesicht zu. Ich sah den hellbraunen »Windfang« mit den Nasenlöchern, die zwei bernsteinfarbenen Augen, die »stolze« Brust und die strammen Vorderbeine mit dem dunklen Horn der Spalthufe.

So betrachtete mich der verblüffte Bock. Die beiden Hörner bogen sich in kräftigem Ansatz über der Stirn heraus, fast spannendick. Dann wölbten sie sich wohl einen dreiviertel Meter lang nach oben, wobei sie sich ebenmäßig verjüngten bis in die Spitze, mit der sich ihr Besitzer leicht den Rücken kratzen konnte. Mich überraschten die im Abstand von etwa einer Spanne sich wiederholenden Verdickungen auf dem Gehörn – wahrscheinlich wuchs jedes Jahr eine neue hinzu. Der Steinbock verhoffte einige Sekunden. Dann drehte er sich auf dem Fels herum und verschwand mit einem Satz aus meinen Augen. Ich erkannte noch den dunklen Aalstrich auf seinem steingrauen Rückenfell.

Ich erzählte Gustav von meiner Begegnung, als er den Auspuff wieder befestigt hatte. Knapp unter dreitausend Metern Höhe war dann der Sattel erreicht, und wir konnten auf der Südseite die Abfahrt wagen. Langsam setzte auch die frühe Dämmerung ein, und das Abenteuer der Nachtfahrt begann.

Haarnadelkurve rechts, abbremsen, Gas wegnehmen, Steuer scharf einschlagen! Danach das gleiche nach links – kurze Gerade – und der Tanz begann aufs neue. Doch auch ein afghanischer Lataband nimmt einmal ein Ende, und nach Stunden sahen wir in der Ferne Lichter am Fuß eines dunklen Berges. Das mußte Sarubi sein – und das war es auch.

Der Posten am großen Tor meldete uns telefonisch beim Chef, und Herr Eberlein kam uns begrüßen auf jene gütige und dennoch distanzierte Art, wie sie ein Erfahrener im Laufe vieler Jahre entwickelt, der das Wesentliche erkennen gelernt und viele Länder und Menschen gesehen hat.

Wir bekamen ein gemütliches Häuschen für uns, ganz aus Holz, und bezogen das Quartier. Die beiden Zimmer, die kleine Küche und das Bad waren mit duftendem Zedernholz getäfelt. Dann planten wir mit Herrn Eberlein bei einem Glas »Haberschlachter« die Inszenierung der Weihnachtsfeier am kommenden Tag. Es war für uns geradezu ungewohnt, nach so vielen Monaten wieder in einer deutschsprachigen Umwelt zu leben. Überall hörten wir hier die Muttersprache, wenn auch mundartlich gefärbt, und das tat uns gut: Breites Hessisch neben gutturalem Schwäbisch. Die hellen A's der Bayern kontrastierten zum spitzen Hannoveranischen, dem kehligen Westfälischen und dem vorn auf den Lippen artikulierten Hanseatischen von der Waterkant.

Tagsüber hatten wir dann Zeit und besichtigten die Baustelle. Die Mineure schroteten gerade einen sechs Meter dicken Stollen in den Gneis des Bergriegels, durch den der Kabulfluß mit 40 cbm Wasser pro Sekunde geleitet werden sollte, um mit dem so entstehenden Gefälle Strom zu erzeugen.

Erst gestern hatte man den Sprengmeister in einer Blitzaktion nach Karatschi gebracht und von dort ausgeflogen. Warum? Weil bei einer Sprengung im Stollen vor ein paar Tagen ein afghanischer Arbeiter zu Tode gekommen war, und um der Blutrache seiner Familie zuvorzukommen, hatte die Bauleitung schnellstens handeln müssen.

So lag der Stollen am Heiligen Abend ruhig da; von der Decke tröpfelte reichlich Wasser, und nur ein paar Kipploren schafften den Abraum hinaus. Stolz bediente ein »Afridi« die handliche Diesellok vor dem kleinen Grubenzug auf den Schmalspur-Schienen.

Schon am Nachmittag wurde die Arbeit eingestellt, und in der Kantine dufteten zum Kaffee auch frischer Dresdner Stollen und verschiedene Sorten Weihnachtsgebäck: Makrönchen aus gemahlenen Haselnüssen; flache, leicht gebräunte Spekulatius-Figuren; dicke Zimtsterne mit Zuckerguß; Spritzgebackenes und mürbes Mandelbrot – die Köche mit ihren weißen Ballonmützen servierten es stolz. Hätten wir wohl jemals hoffen können, solch ein Weihnachtsfest in Afghanistan zu feiern?

Um 18 Uhr, draußen hatte sich die Winternacht in die Felsenschlucht des Kabulflusses gesenkt, ließ Herr Eberlein eine Glocke läuten, und die ganze Belegschaft fand sich unter dem Tannenbaum ein. Den schmückten rote Kerzen, deren warmes Licht den Raum der Kantine festlich erleuchtete, zumal auf den weiß gedeckten Tischen auch Kandelaber ihr Kerzenlicht strahlten.

Zuerst sangen wir alle »O Tannenbaum«; da zerdrückte schon der eine oder andere eine Träne. Dann sprach Herr Eberlein zu seinen Mitarbeitern und hieß uns vor allen willkommen. Er verglich uns mit den Weisen aus dem Morgenland, die aber diesmal kein Trio seien, sondern lediglich ein Duo, und erwähnte die Herbergssuche von Maria und Josef vor der Geburt des Heilands.

Wir hatten bei der Besprechung ausgemacht, daß ich mit der Gitarre den Gesang anführen sollte, und das fiel mir ja auch leicht. Nach der Ansprache stimmten wir gemeinsam »Stille Nacht, heilige Nacht« an und wünschten einander »Fröhliche Weihnachten«. Jetzt erst merkten wir, daß uns viele noch gar nicht gesehen hatten, die uns nun an ihre Tische baten.

Ein richtiger Weihnachtsmann verteilte kleine Geschenke, und ein jeder der siebzig deutschen Mitarbeiter bekam seine persönliche Gabe.

Die Köche hatten ganz groß aufgefahren. Ihr Weihnachtsschmaus am Heiligen Abend begann mit einer Markklößchensuppe; dann kamen als Vorspeise geräucherte Kabeljau-Filets, von den Hanseaten stürmisch begrüßt. Gefüllte Kalbsbrust zu Schwenkkartoffeln mit Wintergemüse folgten als Hauptgang, Camembert und Schweizerkäse zu Salzgebäck leiteten zum Nachtisch über, und afghanisches Obst, das heißt duftende Äpfel und Aprikosen, aber auch Weintrauben beschlossen die Tafelfreuden.

Man bedenke nur, daß damals die lukullischen Orgien der neueren Jahrzehnte noch nicht einmal vorstellbar waren! Aus dem Plattenspieler tönte festliche Musik, zu der auch deutsche Weihnachtslieder gehörten. Und überall in dem großen Saal spürte man die Stimmung einer Feier, wie sie nur der deutsche Sprachraum kennt: besinnlich, innig und doch fröhlich, offen und dem Nächsten zugewandt. Der sparsam genossene Wein erhöhte die Feststimmung – wir sahen nicht einen Betrunkenen.

Als ich spät am Abend durch die Lagergassen schlenderte und dann und wann in ein erleuchtetes Fenster schaute, erspähte ich einen, der ganz allein am Tische saß und Geldscheine zählte: Vor ihm häuften sich die Banknoten in ganzen Stapeln! Er bemerkte mich nicht, und ich schlich mich still davon, aber ohne ein schlechtes Gewissen. Dies Geld, das er nach Hause schicken würde, war für ihn vielleicht die größte Weihnachtsfreude. Vor dem Einschlafen dachte ja wohl jeder an die Lieben zuhause, deren Gedanken in diesen Stunden gewiß auch bei uns weilten.

Am ersten Feiertag, dem 25. Dezember 1951, brachen wir auf, sagten den Landsleuten adé und fuhren die enge Schlucht des Kabulflusses hinab. Er zwängte sich hier zwischen mächtigen

Felsen hindurch; schweres Wildwasser gurgelte und toste an verblockten Strecken, rauschte über Wasserfälle, schäumte unter Steinen und spritzte mitunter bis zu uns herauf, zu der holprigen Strecke neben dem Fluß. Rechts neben uns türmten sich die teilweise überhängenden Gneisfelsen zum Himmel, der nur schmal über der engen Schlucht zu sehen war.

Hoppla, was ist das? Ein Plattfuß? Kleiner Fisch!

Aber dann macht Gustav eine niederschmetternde Entdeckung: Die Ölwanne ist von unten her aufgerissen, und das Motoröl rinnt heraus! Ist das das Ende? Die Verzweiflung steht uns in den Gesichtern. Denn wir müssen spätestens am 27. Dezember die pakistanische Grenze überqueren, sonst verfällt unser Visum. Eine Reparatur wird sicherlich Tage dauern. Also die Cora zurück nach Kabul schleppen lassen? Oder neue Visen beantragen? Jetzt war guter Rat sehr teuer.

Besonders fatal war es, daß die Ölwanne aus Duralumin gegossen war, und um diese Legierung zu schweißen, bedurfte es besonderer Ausrüstung und Erfahrung. Sollten wir also in Richtung Sarubi zurückfahren, so weit, wie das Öl noch reichte? Es würde freilich innerhalb weniger Stunden ausgelaufen sein – und dann müßten wir nachfüllen. Demnach konnten wir, da wir so oder so nachfüllen mußten, ebensogut die Grenze ansteuern.

Einen Liter Öl hatten wir noch »an Bord«: Hinein damit und los! Im nächsten Dorf fanden wir tatsächlich eine ganze Gallone Motoröl, die wir käuflich erwarben: So erreichten wir am Abend die Stadt Jalalabad. Sie lag bereits im Einzugsgebiet der Monsunregen, und die grünen und wohlbestellten Felder und Palmenhaine rings um die Stadt bestätigten das. Wir übernachteten im Städtischen Krankenhaus, einer stinkenden Halbruine.

Als erstes aber: Maschine aufgebockt und eine Schüssel daruntergestellt – so konnte die Ölwanne leerlaufen, ohne daß das Öl verlorenging. Ob es bis zur nächsten Werkstatt reichen würde?

Morgens füllen wir es wieder ein. Hinzu kommt ein weiterer Liter, den uns ein Lkw-Fahrer verkauft. Dann geht's in die Sättel. Regelmäßig müssen wir anhalten und Öl nachfüllen. Gustav versucht jetzt, im dritten Gang zu fahren, aber die mit groben Schlaglöchern und Steinen gespickte Piste bremst und zwingt ihn in den zweiten. Also wieder: anhalten, Ölstand messen, nachfüllen, weiterfahren. Bei jedem Halt frißt sich unter der Wanne eine neue Öllache in den Straßenstaub. Fröhliche Weihnachten, schöne Bescherung!

Mitunter türmen sich riesige Sandbuckel auf der Piste, so daß wir absteigen und schieben müssen. Werden wir die Grenze überhaupt erreichen, oder stranden wir hier, keine dreißig Kilometer davor? Bei jedem Stop schieben wir eine Schüssel unter das Leck, um noch ein wenig der kostbaren Flüssigkeit aufzufangen.

Gegen Mittag passierten wir eine Polizeistation. Ausreisekontrolle! Gesichter, Hände und Haare waren mit Öl, Staub und Benzin besudelt, von der Kleidung gar nicht zu reden. Dann, es mag gegen ein Uhr gewesen sein, merkten wir, daß der Motor nicht mehr regelmäßig zündete. Auch roch es versengt. War das Öl nun gänzlich alle? Dabei lag die Grenze schon zum Greifen nahe. Sollten wir doch noch aufgeben müssen?

Doch Fortuna blieb uns hold: bei einem in der Nähe verunglückten Lastwagen konnten wir vom Fahrer einen Liter Motoröl erstehen. Und mit diesem »Goldtropfen« erreichten wir im afghanischen Grenzort, hurra! eine Tankstelle.

Dort deckten wir uns reichlich ein, mit Öl und russischem »Naphta«, dessen Geruch mich immer noch irritierte. Und kaum hatte Gustav den zweiten Gang eingelegt, als wir etwa fünfzig Meter vor uns eine über die Straße gespannte Kette erkannten, die sich beim Näherfahren absenkte und auf die Straße zu liegen kam, und zwar auf Asphalt! Gibt es das noch, Asphalt auf einer Straße? Ja, Gustav! Wir gleiten, wir schweben dahin!

Dreitausend Kilometer auf haarsträubenden Routen lagen hinter uns, bewältigt von der braven, unverwüstlichen Cora – eine ungeheure Leistung der Vierundzwanzigjährigen! Das Gestell auf dem Beiwagen war längst zerbrochen, die Lampe ausgefallen mitsamt der Batterie, beide Bremsbeläge abgeschliffen, sechs Speichen im Hinterrad verbogen, das Gespann mit Staub und Sand und Schlamm verdreckt, alle Sattelfedern gebrochen – nur die Cora selber lief und lief.

Vor uns hebt sich ein Schlagbaum, wir rollen langsam unter ihm hindurch. Rechts am Asphaltrand stehen drei pakistanische Soldaten in britischer Winteruniform: olivfarbene Pullover, weiße Segeltuchkoppel und ebensolche Gamaschen über den Schnürstiefeln, auf dem Kopf sitzt schräg das schwarze Barett. Sie haben Haltung angenommen und grüßen uns militärisch: ihre Rechte liegt am Mützenrand, die gestreckte Handfläche weist nach vorne.

Wir zwei, verschmutzt vom Scheitel bis zur Sohle, in ölverschmierten Kleidern und Stiefeln, winken zurück. Dann biegt Gustav rechts ab und hält an, schaltet den Motor aus, und schon liegen wir uns in den Armen! Unsere Herzen schlagen bis zum Hals, Lachen und Weinen ist eins: Wir haben es geschafft, wir sind in Pakistan, wir sind an der Grenze der ehemals britischen Kronkolonie Indien!

Die Grenzposten halten sich anfangs in gebührendem Abstand. Dann kommen sie auf uns zu und begrüßen uns mit Handschlag. »Welcome in Pakistan, we are glad to have you here!«

Der Wachoffizier kommt uns entgegen und lädt uns zu einer Tasse Tee in sein Wachlokal, nicht ohne uns vorher noch die Waschräume seiner kleinen Grenztruppe zu zeigen, wie die britischen Streitkräfte sie vier Jahre vorher verlassen haben, als sie nach hundert Jahren Kolonialherrschaft die Kronkolonie Indien aufgaben und deren Menschen in die Selbstbestimmung entließen.

Wir konnten uns gar nicht gründlich genug waschen, schafften aber mit einer Reinigungspaste immerhin den gröbsten Schmutz von den Händen. Dann »nahmen« wir mit dem pakistanischen Captain der Grenztruppen den Nachmittagstee in seinem gepflegt eingerichteten Dienstraum an der Grenzstation des Kaiberpasses. Die Paßhöhe selbst lag noch einige hundert Meter höher, und die Straße stieg zu ihr hinauf in engen Serpentinen und schwer befestigt mit Betonbunkern auf beiden Seiten, wie weiland der Westwall. Sogar eine »Höckerlinie« gab es. Aber die 1067 Meter Höhe schreckten uns nicht mehr, wir waren ja längst Schlimmeres gewöhnt.

Nur die Ölwanne war das Problem.

Über den Indus in den Pandschab

»Ich kann Ihnen nur meine Hochachtung ausdrücken«, meinte der Captain beim Tee, »für diese Leistung. Von den Deutschen hat man ja schon viel gehört, was Ausdauer und Zähigkeit betrifft, auch von Ihren Bergsteigern im Himalaya. Während meiner Ausbildung in der ›Indian Army‹ des Vereinigten Königreiches haben wir das militärische Geschehen des Zweiten Weltkrieges hautnah beobachtet, schließlich waren Sie unser Gegner. Daher weiß ich etwas von den Deutschen.

Übrigens befinden Sie sich hier in einer sogenannten ›Tribal Area‹, das heißt in einem Stammesgebiet. Die Macht des Staates Pakistan gilt hier nur eingeschränkt. Auf der Paßstraße kann es durchaus geschehen, daß bewaffnete Banditen von Ihnen Maut verlangen. Dann zahlen Sie, um Gottes willen, sonst nehmen die Sie noch als Geiseln und verlangen Lösegeld von uns, und das käme entschieden teurer! Den Waziris und Afridis – so heißen die Stämme aus dieser Gegend – ist alles zuzutrauen, und wir können nichts dagegen unternehmen.

Ihre Ölwanne ist leckgeschlagen? Das überrascht uns keineswegs. Mich wundert's nur, daß Sie es mit dieser alten Maschine überhaupt durch Afghanistan schaffen konnten. Das Loch in der Ölwanne schmieren Sie am besten zu – und zwar mit der Reinigungspaste, die wir Ihnen vorhin zum Waschen überlassen haben.«

Jetzt staunten wir! So eine simple Lösung wäre uns im Traum nicht eingefallen. Und es klappte auch tatsächlich, denn diese basische Paste blieb auf dem Duraluminium haften und verschloß das Loch auf der Unterseite perfekt. Wir atmeten auf; nun konnten wir, ohne ständig nachfüllen zu müssen, die Paßstraße gemütlich emporklettern.

»Vergessen Sie bitte nicht: In Pakistan wird links gefahren, wie wir das aus der Kolonialzeit gewohnt sind«, warnte uns der schlanke Captain in seiner schmucken Winteruniform, deren Pullover an Schultern und Ellbogen mit feinem Saffianleder besetzt war. Beim Grüßen legte er die Rechte an den Mützenrand, reichte uns die Hand, und wir wollten gerade losfahren – da hielt ein Kleinbus aus Peschawar, der Talstation auf der Südseite, bei uns an.

Und wer saß darin? Etwa 25 Damen, die Ehefrauen der Bauingenieure von Sarubi!

Sie waren über Karatschi fürs Weihnachtsfest eingeflogen und fuhren nun mit einem Bus nach Sarubi. Die staunten nicht schlecht, als wir ihnen von ihren Ehemännern auf der Baustelle erzählten, mit denen wir Weihnachten gefeiert hatten. Sie nahmen unsere Grüße dorthin mit, der Schlagbaum hob sich für sie, und die Kette senkte sich auf die Asphaltdecke, die dort abrupt endete. Für uns hatte sie dort angefangen. El hamdul'illah! Gott sei Dank!

Wir zuckelten gemütlich und entspannt den Kaiberpaß hinauf, blickten in die Schießscharten der Betonbunker, bestaunten die Bewehrungen in den engen Kurven und entdeckten kurz hinter der Grenzstation den Wegweiser für die Karawanen. Weil deren Treiber kaum lesen konnten, war auf einen der beiden Wegweiser ein handgroßes Kamel nebst einem Maultier gemalt. Er zeigte auf einen unbewehrten Steig, der in das steile Hochtal hinaufführte. Der andere Wegweiser am gleichen Pfosten zeigte einen Personenwagen und einen Omnibus in gleicher Größe, schwarz auf weiß, der aber auf die Asphaltstraße wies.

Nun war das Staubfressen vorbei, die Berge waren bezwungen, Wüsten und Steppen lagen hinter uns. Gustav saß wieder breit und wagemutig vor mir, ich blickte über seine Baskenmütze, und wir sangen aus vollem Hals im Sattel »Wilde Gesellen, vom Sturmwind durchweht«.

Auf der Paßstraße hätte uns beinahe noch ein afghanischer »Rechtsfahrer« mit seinem Lastwagen frontal gerammt, der das Schild »keep left« vermutlich übersehen hatte und sich schon in seiner Heimat wähnte.

Vergeblich jedoch hielten wir Ausschau nach den Wegelagerern vom Stamm der Waziris am Kaiberpaß. Kein Schwein zu sehen! Von der Paßhöhe auf 1067 Metern ließen wir nochmals die Blicke gen Norden schweifen zu der fruchtbaren Ebene um Jalalabad, die vom Kabulfluß bewässert wurde. Weit dahinter erhoben sich die gestaffelten Bergketten der Sechs- und Siebentausender, deren östliche Ausläufer in den Pamirzipfel reichten, wo die chinesische Grenze verlief. Weiß beschneit und majestätisch, ein Vorgeschmack des Himalaya unter einem aufgerissenen Wolkenhimmel, der sich in Grau und Blau abwechselte. Die Hügel nach Süden waren dagegen grün bewachsen, mit Eichen und Olivenhainen. Die Bergwälder aus Weymouthskiefern und Rhododendronbüschen neben der Straße zeigten Riesenwuchs mit schenkeldicken, krummen Stämmen.

An einer Stelle standen an der Paßstraße allerlei Buden. War das ein Basar? Malerische und mitunter furchterregende Gestalten – wohl die angedrohten Afridis und Waziris – »Pathanen« – lungerten am Straßenrand, hockten auf den Böschungssteinen und hielten altertümliche Langrohrflinten in der Hand. Manche trugen gegurtete MG-Munition über die Schultern gehängt oder um die Brust geschlungen wie metallene Schärpen.

Wir hielten an und erfuhren, daß dies der berühmte Waffenbasar von Landi Kothol sei, der berüchtigtste Waffenhandelsplatz von ganz Asien, wo geschmuggelte Schießprügel aller Kaliber und Größen auf den Tischen zum Kauf gegen Bargeld lagen.

Einem passionierten Schießer wäre hier das Herz aufgegangen beim Anblick all der Ballermänner vom ganzen Erdenrund. Handfeuerwaffen, die sich die kühnste Phantasie nicht ausmalen kann, gab es da in allen Sorten: Winzige Damenpistölchen – in der Handtasche leicht zu verstecken und mit perlmuttbesetzten Griffschalen für das zarte Händchen, zu laden mit 5,6-mm-Patrönchen, die aber ausreichten, um einen untreuen Liebhaber oder Ehemann auf kurze Distanz aus der Welt zu schaffen. Handliche 6,35-Pistolen, die man durchaus noch in der Hosentasche unterbringen konnte, gebaut von Browning. Da sahen die 7,65er Pistolen schon gefährlicher aus. Ihr in heißem Öl gebräuntes Metall schimmerte stumpfschwarz, und die Markennamen wiesen auf deutsche Wertarbeit: Walther, Sauer und Sohn, Mauser.

»Der Tod ist ein Meister aus Deutschland«, hatte Paul Celan ein paar Jahre zuvor in seiner »Todesfuge« gedichtet – ein Vers, der mir beim Schlendern vor den Marktbuden voll todbringenden Geräts wieder einfiel.

Die Königin der Pistolen, die 7,65-Parabellum von Mauser, war glänzend vertreten, von fabrikneu bis zur Kriegsbeute von Tobruk. Ihr Kniehebelverschluß lockte zum Durchladen, doch ich beließ es beim Visieren auf achthundert Meter. »Zimmerflak« hieß sie im Landserjargon, und ihr voluminöses Lederfutteral konkurrierte mit dem handgearbeiteten Holzkasten, der auch als Anschlagskolben diente, um sie als Gewehr zu benutzen.

Das größte Sortiment des Waffenbasars aber bildeten amerikanische und englische Trommelrevolver – die Faustfeuerwaffen der Streitkräfte – vom Kaliber 22 an aufwärts, und sie waren sogar preiswert. Ein Colt – Single-Action-Army-Revolver, Kaliber 357 Magnum – ein echter Hahnspanner – mit Griffschalen aus geriffeltem Nußbaumholz, kostete etwa sechzig Rupien – damals etwa fünfzig Mark –, das Smith-and-Wesson-Militärmodell von 1950, Kaliber 44, kostete als Revolver nicht mehr. Uns stand aber der Sinn nicht danach, wir begnügten uns mit den beiden Macheten und dem prächtigen Klappmesser mit Hirschhorngriff. Selbst das preiswerte Sonderangebot einer siebenschüssigen Nagant aus der Sowjetunion schlugen wir aus. Unser Schießbedarf war längst gedeckt, auch wenn ein Paar einschüssige Duellpistolen aus dem Zarenreich im grünen Samtfutteral zu den feinsten Faustfeuerwaffen gehörte, die ich je in Händen hielt.

Es folgte ein kurvenreicher Abstieg nach der Stadt Peschawar, wo der Automechaniker bereits von dem Grenzposten informiert worden war. Die englische Familie begrüßte uns freundlich, und der Meister hatte das Aluminium-Schweißgerät schon hergerichtet. Die Cora kam über eine Grube zu stehen, und innerhalb von dreißig Minuten war das Loch in der Ölwanne einwandfrei zugeschweißt – elektrisch.

Unser Füllhorn des Glückes quoll über: Am zweiten Weihnachtsfeiertag hatten wir den Kaiberpaß befahren, und das Leck in der Ölwanne war zugeschweißt! Die Asphaltstraße kam uns himmlisch vor, Indien lag greifbar nahe, bis Calcutta ging es praktisch nur noch leicht bergab, »downhill only«, und weil es sich für Gentlemen der Langstrecke so geziemte, stiegen wir in Peschawar im feinsten Hotel ab, nämlich im »Dean's« – ein Name, den alle kannten, die jemals über den Nordwesten des ehemaligen Britisch Indien gelesen hatten. Unsere »Barmittel« aus dem Goldregen von Bagdad waren ja erst zur Hälfte aufgebraucht.

Der Rezeptions-Chef verhielt sich vornehm, ihn störte unser ramponiertes Äußeres nicht, er hatte sich wohl von Berufs wegen die nötige Menschenkenntnis angeeignet. Und da die Zeit der globetrottenden »Flower-Power-Kids« noch etwa zehn Jahre in der Zukunft lag, hatte er bisher nur betuchte Weiße bedient. Die Blumenkinder der sechziger Jahre auf ihrem »Trip nach Hashnidi« hatten Afghanistan und Pakistan noch nicht entdeckt, sie lernten gerade erst lesen und schreiben in den Grundschulen Deutschlands oder den Elementary Schools der USA.

Die etwa hunderttausend Einwohner zählende Stadt Peschawar lehnte sich in vierhundert Metern Höhe an die unteren Bergfüße; sie lag inmitten ausgedehnter Gärten, Felder und Obstplantagen und gehört bis heute zu den faszinierenden Plätzen in Pakistan. Über den malerischen Häusern thronte die gewaltige Festung »Bala Hisar«, deren Name auf türkisch sprechende Bauherren wies. Schon 1520 schützte sie die Stadt und hat sogar noch 1930 als wichtige Bastion gegen angreifende Afridis gedient.

Im Basar überwältigte uns das verschwenderische Angebot der zahlreichen Obstsorten: Apfelsinen, Bananen, Datteln, Eßkastanien, Feigen, Granatäpfel, Zitronen …, um im Alphabet zu bleiben. Der Name des Qissakhwani-Basars, des »Basars der Geschichtenerzähler«, erinnerte an die Zeiten berufsmäßiger Barden, die hier ihre Zuhörer fanden, solange die Mehrheit des Volks noch nicht lesen konnte.

In der mit Tüchern überdachten Straße der Schuster überraschten uns die aus Samt und Seide gefertigten Damenslipper, reich bestickt mit Gold- und Silberfäden; Plastiksandalen gab es allerdings auch schon. Von den Slippern kaufte ich zwei Paar, die ich nach meiner Heimkehr dem Schuhmuseum in Pirmasens übereignete.

Doch auch das Kupfergeschirr fand unser Interesse: Pfannen, Töpfe und Henkelkrüge in den typischen Formen des ehemaligen Nordwestindiens.

Reiche Auswahl bot zudem der Teemarkt, denn Peschawar

galt einst als Zentrum des Teehandels mit China und Rußland, und bis heute trinkt man hier bevorzugt grünen Tee, so wie auch in den erwähnten Ländern. Daneben gab es Pelze und Honig, goldbestickte Turbankappen und Persianermützen.

Durch die Gassen schritten hochgewachsene Pathanen, Stammeskrieger der Nordwestgrenze, mit umgehängten Gewehren und Dolchen im Gürtel – eine Bewaffnung, wie sie den Bewohnern des Umlandes eigen war. Inzwischen hat Pakistan nach zahlreichen politischen Unruhen das öffentliche Tragen von Feuerwaffen unter Strafe gestellt – ob sich die Pathanen daran halten?

In Peschawar hatten die Briten 1913 das Edwards-College gegründet, das zu unserer Zeit gerade in eine Universität umgewandelt wurde. Studentinnen und Studenten nahmen getrennt an den Vorlesungen teil: die jungen Damen saßen in ihren schwarzen »burqas« (Schleier) hinter einer Scheidewand.

Wir sahen im Ortsbild viel Militär, was uns kaum überraschte. Schließlich war Peschawar eine typische Grenzstadt und der Knotenpunkt mehrerer Grenzprovinzen.

Der ruhige, unauffällige Service im »Dean's Hotel« tat uns gut, und die gepflegte Atmosphäre des Five-o'Clock-Teas am offenen Kamin genossen wir in vollen Zügen, nachdem wir die Motorrad-Kleidung gewechselt hatten.

Die Temperatur war fast frühlingshaft, vor den hohen Fenstern lag ein Park mit grünem Rasen, wie wir ihn seit »Abdullah's Nightclub« bei Mr. Gregor nicht mehr gesehen hatten. Wir entspannten unsere Nerven, und beim Flanieren über die mit Kies bestreuten Parkwege spürten wir die warmen Sonnenstrahlen durch das Tweedjackett.

Die anderen Gäste gehörten der Oberschicht Pakistans an: Die stolzen, unverschleierten Frauen in ihren farbenfrohen Seidenkleidern, mit langer Jacke und zum Knöchel hin enger werdenden »Karottenhosen«, an den Füßen zierliche, mit Pailletten bestickte Slipper, deren Spitze leicht nach oben ragte, waren allerlieblichst anzuschauen – und das wußten sie auch. Ihre Haut leuchtete hell mit einem zarten Hauch von Bronze, das Haar – dicht und schwarz – war häufig zu einem stattlichen Zopf geflochten, und die großen, dunklen Augen hatten sie durchweg mit schwarzer Tusche umrandet. Die leicht geschwungene Nase trugen sie etwas erhoben, runde Wangen rahmten den rotgeschminkten, voll-lippigen Mund, und das weiche Kinn ging über in den schlanken Hals: Nach den »wandelnden Glocken« Persiens und Afghanistans eine wahre Augenweide!

Beim Kauf von Bananen und Orangen im kleinen Basar von Peschawar trafen wir zwar noch ein paar Verschleierte, aber die mit der Gründung Pakistans emanzipierten Frauen der Oberschicht wollten es endlich ihren privilegierten Schwestern Albions gleichtun und sich frei bewegen.

Die Rückentwicklung, die dann später der islamische Fundamentalismus mit sich bringen sollte, war noch nicht abzusehen, vielmehr vergab Pakistan an den Universitäten sogar zahlreiche »weibliche Lehrstühle«.

Rund um Peschawar überraschte uns die üppige Vegetation, die keineswegs winterkahl wirkte. Also gab es hier kaum Winterfröste, obgleich die vom englischen Kolonialstil geprägte Stadt bereits zu den »hill-stations« (Sommerfrische) zählte, ohne mit ihren 400 m Meereshöhe direkt in den Bergen zu liegen.

Wir fühlten uns fast wie im Märchen. Sollte das Elend, die Mühsal der Staubstrecken vorbei sein, die Furcht vor kommenden Schneefällen und das Rütteln auf der »ondulierten« Piste? Es schien zu schön, um wahr zu sein.

Auf dem Postamt fanden wir neue Briefe von zuhause, und dazu die letzten Reiseberichte aus der »Rheinpfalz«, die uns mächtig Auftrieb gaben.

Nach leichtem Abendessen und erquickendem Schlaf in breiten Betten stiegen wir am nächsten Morgen in die Sättel und ließen das luxuriöse »Dean's Hotel« hinter uns. Ich hatte den Eindruck, daß der »Cashier« überrascht blickte, als wir bar bezahlten, denn es war eine stattliche Summe. Wirklich feine Leute stellen ja einen Scheck aus. Aber so weit hatten wir's noch nicht gebracht.

Ein »Morgenritt«, man glaubt es nicht, ohne Staub und Schlaglöcher! Der Himmel war zur Hälfte mit Wolken bezogen, aus den Lücken dazwischen blinzelte die Sonne, die Lufttemperatur betrug etwa 16 Grad, und das am frühen Vormittag!

Die glatte Asphaltstraße führte durch bebautes Land mit Hügeln und Getreidefeldern, deren grüne Saaten in der Morgensonne leuchteten. Bauern mit einachsigen Ochsenkarren fuhren zur Feldbestellung. Dattelpalmen, wie wir sie im Hochland Persiens und Afghanistans monatelang vermißt hatten, standen in Gruppen beisammen. Fruchtbarkeit und üppige Natur umgaben uns an diesem Vorfrühlingsmorgen.

Langsam senkte sich die Straße, und die Hügel, immerhin ein paar hundert Meter hoch, traten zurück.

Vor uns weitete sich eine breite Talaue mit Weidenbäumen und Pappeln. Da fing auch schon eine Brücke an, deren Ende viele hundert Meter entfernt lag. Die Auffahrt führte leicht hinan, und eine Eisenbahnlinie fädelte sich neben der Fahrbahn ein. Wir fuhren links von ihr und konnten durch ihre Stahlkonstruktion nach unten blicken:

Etwa zehn Meter unter uns breiteten sich Sand- und Kiesbänke aus, dazwischen mäanderten Flachwasserschleifen bis an das Steilufer, wo Pappeln und Weiden grünten. Das ganze Strombett war wohl einen Kilometer breit – oder gar mehr –, und darin floß rasch und grün und quicklebendig, mit kurzen Wellen vom leichten Morgenwind, der Indus.

Der gewaltige Strom mit seinen mehreren hundert Metern Breite hatte schon eine lange Strecke hinter sich, seitdem er hoch im Norden hinter der ersten Kette des Himalaya hervorgekommen war. Seine jugendliche Kraft und seine Lebendigkeit rührten von dem starken Gefälle her, das er hier noch hatte, aber weiter unten, in den Ebenen des Landes Sind, schon bald verlieren würde. Seine wie grünes Metall getriebene Oberfläche kräuselte sich in der Brise, und ich meinte, er rieche wie der Inn oder die Salzach. Sein Bett voll rundgeschliffenen Kieselgerölls verlor sich flußabwärts hinter den Auwäldchen und grünen Feldern, die taktmäßig zwischen den starken Stahlträgern der Brückenkonstruktion vorbeihuschten, während wir die sehr lange Brücke entlangrollten und den Strom in seinem Jugendbett überquerten. Er mag an jenem lauen Dezembertag des Jahres 1951, kurz vor Neujahr, etwa eintausend Kubikmeter Wasser pro Sekunde zu Tal gewälzt haben.

Zu welcher Jahreszeit hatten wohl die Reitersleute Alexanders diesen Indus überquert? Hier, wo das »Fünfstromland«, der Pandschab begann (»Pandsch« = Fünf, »Ab« = Wasser), hatten sie erstmals gemeutert und nach Hause gewollt. Für uns aber lag Calcutta noch zweitausend Kilometer voraus. Dorthin geht die Reise, Gustav, das schaffen wir jetzt auf einem Backen!

Ali Mohammed Khan hatte die letzten Monate seiner deutschen Kriegsgefangenschaft mit Kameraden aus Britisch Indien in Pirmasens verbracht. Durch glückliche Umstände war er dort mit meiner Familie bekannt geworden, während ich noch an der Oder kämpfte. Die Briten gliederten ihn nach seiner Befreiung im März 1945 wieder in ihre Streitkräfte ein. Später hatte er dann einmal aus Murree geschrieben, einem jener legendären Luftkurorte in den Vorbergen des Himalaya, einer namhaften »hill-station«, wie ich sie aus Rudyard Kiplings Kurzgeschichten kannte. Dort, so hatten wir uns vorgenommen, wollten wir ihn besuchen.

In Rawalpindi erfuhren wir, daß das Bergstädtchen nur etwa fünfzig Meilen entfernt lag auf etwa tausend Metern Höhe. Also hin! Die breite, tadellos gepflegte Asphaltstraße wand sich in weiten Schleifen durch die Hügellandschaft voll grüner Eichenwälder, lichter Kiefernhaine und dunkelgrüner Rhododendronbüsche von gewaltiger Größe.

Mich überraschten die Alpenrosen-Sträucher im Unterholz und an manchen Stellen auch das Heidekraut. An steilen Hängen traten gelegentlich Schroffen und Felsen zutage, wie sie in den Vorbergen der Alpen ebenso anstehen. Wie gut tat uns die ozonreiche Waldluft! Wir atmeten genußvoll durch und gewannen langsam, aber stetig an Höhe. Kleine Ziegenherden trippelten entlang der Straße und flüchteten bei unserem Anblick.

Die Sonne meinte es gut, blieb aber immer erträglich. Allmählich weitete sich der Blick über die grünen »Schwarzwaldhöhen« und gab die Sicht nach Norden frei. Und dort, in geisterhafter Ferne, aber klar erkennbar, weiß beschneit, stand vor dem unwirklichen Blau eines trügerischen Vorfrühlingstages – der Nanga Parbat! Wir hielten an, traten an den Straßenrand und blickten hinüber zu dem Schicksalsgipfel der deutschen Bergsteiger.

Viele Jahrzehnte lang hatten sie ihn belagert, in zahlreichen Hochgebirgsexpeditionen von der »Märchenwiese« bis an den »Silbersattel« den Gipfel berannt. Immer hatte er sie abgewiesen, in die Flucht geschlagen oder unter den Eismassen ungeheurer Lawinen begraben. Dort stand er nun, der Nanga Parbat, der Eckpfeiler und höchste Gipfel des Westhimalaya, mit seinen 8126 Metern die benachbarten Eisriesen weit überragend. Achtzehn Monate danach sollte ihn Hermann Buhl im Alleingang besteigen von 6300 m Höhe an, und 1957 am Cho Golisa sein Leben lassen. Schweigend erlebten wir die Fernsicht, den Doppelgipfel mit der Eisflanke an der Westkante. War bereits zu ahnen, daß diese Kristall-Luft einen dramatischen Wetterumschwung ankündigte?

Als wir in dem kleinen Dorf Murree nach Ali Mohammed

Khan fragten, eröffnete uns sein Bruder, daß er bereits seit zwei Jahren nicht mehr unter den Lebenden weile. Als Krieger für Britanniens Ehre war er nach dem Krieg zwar wieder in seine Heimat zurückgekehrt, die sich zwei Jahre später, nämlich 1947, zum unabhängigen Staat »Pakistan« erklären sollte. Aber weitere zwei Jahre später, 1949, war er an Tuberkulose gestorben. Der aktive Soldat hinterließ weder Witwe noch Kind.

Uns bestaunten die Bergbewohner wie Wesen von einem anderen Stern. Das also waren die »Jerries«, von denen Ali in seinen Kriegserzählungen berichtet hatte! Bei ihnen war er also in Gefangenschaft gewesen! Und jetzt wollten sie ihn gar besuchen! Deutsche sind manchmal schwer zu verstehen.

Schon während des Gesprächs mit Alis Bruder hatte sich ein Jeep genähert, der mit vier pakistanischen Soldaten besetzt war. Ein Unteroffizier entstieg dem Wagen, kam auf uns zu, grüßte und bat uns, ihm zu folgen. Der Jeep geleitete uns in ein Höhenlager der Streitkräfte, das etwa eine Meile entfernt in den Bergen lag. Der kommandierende Oberst hieß uns willkommen und bat uns, wenigstens den Abend und die Nacht bei ihnen zu verbringen. Er wußte bereits alles über unsere Bewandtnisse und wollte seinen Kameraden einmal »echte« Deutsche präsentieren, Leute von der Sorte, gegen die er im Afrikakorps gekämpft hatte. Uns paßte die Einladung gut, schließlich brauchten wir so keine Unterkunft zu suchen, und für mich entfiel der Küchendienst.

Beim Five o'clock Tea leisteten uns außer dem Obersten noch andere Offiziere Gesellschaft, die allesamt fünf bis zehn Jahre älter waren als wir. Sie kannten Nordafrika und Italien als Kriegsschauplätze und hatten auf der Offiziersschule von Sandhurst ihre »Patente« erhalten. Jeder von ihnen beherrschte ein ausgezeichnetes Englisch, und ihre Manieren konnten sich sehen lassen.

Für sie müssen wir ungeheuer interessant gewesen sein, zumal die europäische Kultur bei ihnen einen hohen Rang einnahm. Die Deutschen als ehemalige Kriegsgegner, die sechs Jahre lang fast gegen die ganze Welt gekämpft und davon drei Jahre lang gesiegt hatten, faszinierten diese Berufskrieger, die kaum nach Kriegsgründen fragten, sondern primär das Militärische wissen wollten.

Als wir zwischen Tea-Time und Dinner durch die lichten Haine aus Kiefern und immergrünen Eichen spazierten, fand ich im Zwielicht der Dämmerung einen toten Lämmergeier, der in der vergangenen Frostnacht vermutlich von seinem Schlafbaum, einer Föhre, gefallen war. Seine langen, leicht gebogenen Schwungfedern und die geraden, breiten Schwanzfedern glänzten schwarz. Als ich den Riesenvogel am rechten Daumenfittich packte und bis über den Kopf emporzog, lüpfte ich seinen Körper höchstens zwanzig Zentimeter vom Boden. – Die starken Krallen berührten noch immer den Grund. Der Segler hatte also seine Schwingen weit über drei Meter ausbreiten können.

Mit Einbruch der Dunkelheit kamen wir zurück. Dann speisten wir in der Offiziersmesse gemeinsam, saßen später vor dem brennenden Kaminfeuer in einer Plauderrunde und tranken süßen, sahnigen Tee.

»Sie hätten das Schild an Ihrem Beiwagen besser anders beschriften sollen, denn ›Germany – India‹ liest man in Pakistan gar nicht gern, diese beiden Staaten – Indien und Pakistan sind gründlich verfeindet. Wissen Sie überhaupt, was ›Pakistan‹ heißt? ›Reines Land‹; das Adjektiv ›paka‹ heißt ›sauber‹, ›rein‹. Wir nennen uns also das Land der Reinen; nur die Ungläubigen essen unreine Kost, zum Beispiel Schweinefleisch. Und stellen Sie sich nur vor: Die Hindus drüben in Indien backen ihre Chapati (Reisfladen) an der gewölbten Decke ihrer Backöfen, da, wo der schmutzige Rauch hinzieht! Wir dagegen backen sie auf dem Boden des Backofens, wo auch das Brot gebacken wird. Wir essen rein! Die Hindus aber klatschen den rohen Teig an die Wände und die Decke, von wo das Durchgebackene dann herunterfällt. Solche Ungläubigen (Non-believers) haben in unserem reinen Land nichts zu suchen.«

So äußerte sich ein strammer Oberleutnant, der aber bald von seinen Kameraden mit scharfen Blicken zum Schweigen gebracht wurde – schließlich waren wir, ihre Gäste, auch »Ungläubige«, wahrscheinlich Christen. Die peinliche Redepause nahm der Oberst zum Anlaß, das Thema zu wechseln und die Stationierung seiner Truppe hier oben zu rechtfertigen.

»Auf dem nächsten Gebirgskamm verläuft die Demarkationslinie zwischen Pakistan und Kaschmir. Dieses wunderschöne Land ist überwiegend von Muslimen bewohnt und gehört daher zu Pakistan. Aber Indien hat Kaschmir militärisch besetzt und annektiert – obgleich von Rechts wegen alle Muslime auf indischem Boden zu Pakistan gehören. Auch Ost-Bengalen (erst seit 1971 ›Bangladesch‹ genannt) ist ja ein Teil von Pakistan, denn auch dort sind die Muslime in der Mehrheit.«

Dabei unterschlug er die Tatsache, daß in Indien immerhin fast hundert Millionen Muslime lebten, mehr als in Pakistan selbst, und dort ihre Religion so ungestört ausüben konnten wie in Pakistan. Als Großbritannien seine Kronkolonie im Jahre 1947 freigab, zerfiel das Land ja sofort in die beiden neuen Staaten. Millionen Flüchtlinge mußten die Grenzen wechseln, verloren Hab und Gut und manchmal auch das Leben, nur weil sie an andere Götter glaubten. Gräßliche Massaker und schier endlose Flüchtlingstrecks waren 1947 im Pandschab das Pendant zur ostdeutschen Katastrophe von 1945.

Als Gäste unterließen wir aber unsere Einwände gegen die Darstellung des Obristen. Politische Diskussionen im Ausland bringen ja meistens nur böses Blut.

Die freundliche Kaminrunde in der Offiziersmesse von Murree erwartete vornehmlich Informationen über das Nachkriegsdeutschland; wir erzählten also frank und frei von unseren zwölf Millionen Flüchtlingen aus dem ehemals deutschen Osten, von der Währungsreform und dem Wiederaufbau der zerbombten Städte.

Soldaten gehören nur in wenigen Fällen zu den Intellektuellen, aber Fremde wie wir waren schon wert, daß man ihnen zuhörte. Außerdem pflegten die Offiziere als praktizierende Muslime die althergebrachte Gastfreundschaft.

Am Morgen, als wir in der Messe frühstückten, war die Hälfte der Offiziere bereits im Dienst, und so verabschiedete uns nur der aufgeschlossene Oberst.

Eine Viertelstunde später talabwärts auf der Asphaltstraße überschüttete uns ein Schneesturm mit Flockenschauern. Dabei blies ein solcher Wind, daß wir umständlich die dicken Mäntel herauskramen mußten.

Ich setzte den Südwester auf, beide schützten wir uns mit Motorradbrillen, aber alles nützte nichts. Innerhalb kurzer Zeit war die Straßendecke weiß beschneit, und wir fingen an zu schlittern. Also halt!

Gewitzt von der Schneenacht auf dem Brenner, umwickelte ich Hinter- und Vorderrad mit je einem Strick, und abwärts ging die Fahrt. Tonnenweise wirbelte der Schneesturm seine Flockenmassen auf die Kiefernwälder, die Straßenböschungen und die Fahrbahn, durch eine weiße Pulverschlacht rollten wir tiefer zu Tal. Die Flocken nahmen bald an Größe zu und wurden nasser; immer pappiger geriet die Schneedecke auf der Fahrbahn. Weiter, Gustav, weiter! Raus aus den Bergen, raus aus dem Schneesturm!

Insgeheim waren wir aber nicht weiter besorgt, wußten wir doch, daß der Schneesturm bald vorbei sein würde. Als der Schlackschnee dann in Regen überging und die Asphaltdecke im Schmelzwasser glänzte, waren wir beruhigt, fuhren noch ein paar Meilen talauswärts den Hang hinunter und machten am Straßenrand halt, als der Niederschlag aufgehört hatte. Deshalb also die klare Fernsicht von gestern!

Wir zogen unsere nassen Wintermäntel aus und genossen die lauen Sonnenstrahlen des Mittags im grünen Land. Bald trocknete auch die Cora und mit ihr das Gras der Bankette. Ich hatte frische Bananen eingekauft, ziemlich kleine und fast noch grüne, doch mit köstlichem Geschmack, und die aßen wir gerade, als hinter uns ein Personenwagen anhielt, dem ein Herr entstieg. Er war schlank und drahtig, trug einen Flanellanzug mit Hemd und Krawatte und sah europäisch aus. Seine Gesichtszüge ähnelten denen Clark Gables, und mit dem berühmten Lächeln unter dem fein getrimmten Schnurrbart trat er auf uns zu.

Wir sahen wohl ziemlich verwildert aus mit unserer verregneten Motorradkluft, der heruntergekommenen Maschine, den Fellen auf den Sätteln und dem mit einer nassen Zeltplane abgedeckten Beiwagen, dessen Deckel ich gerade geöffnet hatte, weil wir just beim Gabelfrühstück waren.

»How do you do? My name is Ernie King. Ich bin Ingenieur auf dem nahen Erdölfeld und wollte Sie gern einmal kennenlernen. Sie kommen sicherlich aus Europa, nach Ihrem Nummernschild, aber nicht aus dem U.K. (United Kingdom). Ist Ihnen etwas passiert, weil Sie hier rasten?«

»Nein, passiert ist uns nichts, aber wir kommen aus Deutschland und sind seit zehn Monaten unterwegs nach Indien …«

Wir stellten uns vor, erzählten vom Schneesturm in den Bergen von Murree und daß wir nunmehr nach Lahore wollten, um dahinter die Grenze zwischen Pakistan und Indien zu überqueren. Daß wir bis Calcutta weiterwollten …

Mr. King erspähte auch die Gitarre im Futteral und die Balalaika, und wir erzählten ihm von unserer »Corano Brothers Show«. Da war er doch überrascht, und ich merkte ihm eine gewisse Nachdenklichkeit an, als er sich von uns verabschiedete, ehe er in seinen Wagen stieg und hinter der nächsten Kurve verschwand. Ich wollte gerade die Picknick-Utensilien wegpacken, als er wieder auftauchte, seinen Wagen bei uns anhielt und zu Gustav sagte:

»Haben Sie nicht erzählt, daß Sie Ihre Schwester in Australien besuchen wollen? Nun, in drei, vier Monaten werde ich mit meiner Familie dorthin auswandern; hier in Pakistan sind die Tage der Briten gezählt. – Zurückgekommen bin ich aber deshalb, weil ich Sie zu mir nach Hause einladen möchte, wo Sie dann das Neujahrsfest mit uns verbringen können. Ich wohne in Rawalpindi, nur ein paar Meilen von hier. Am besten, Sie fahren mir einfach nach, dann kann ich Sie meiner Frau, meiner Schwester und meinen Kindern vorstellen; die warten nämlich auf mich, weil ich für sie eingekauft habe.«

Wir sagten zu und folgten ihm. Sein Vauxhall-Sechszylinder bog nach ein paar Meilen in die Parklandschaft eines Villenviertels ab.

Eine breite Einfahrt führte weißbekiest zwischen sauber gemähten Rasenflächen zu einer überdachten Auffahrt vor einem prächtigen Bungalow – genau wie im Film »Der Tiger von Eschnapur«. Neben dem weit ausladenden Walmdach, das ziemlich tief herunterreichte, leuchteten pralle Orangen im dunkelgrünen Laubgezweig wie Christbaumkugeln. Das Anwesen machte einen wohlhabenden und gepflegten Eindruck.

Mr. Kings Gemahlin blickte überrascht und etwas verwirrt – kein Wunder bei unserem Aufzug. Er berichtete ihr kurz von unserem Zusammentreffen – da reichte sie uns die Hand. Auch ihr Sohn Clive, neun Jahre alt, begrüßte uns, die vierzehnjährige Tochter kam aus ihrem Zimmer, und Ernies unverheiratete Schwester, Aunt Mary, sagte uns ebenfalls »welcome«.

Das geräumige Anwesen, ein klassischer Bungalow, ebenerdig, mit Zimmern ohne Zwischendecke, weil die Dachschräge die Tropenhitze nach oben leitete, besaß ein breites Wohnzimmer mit einem großen Fenster auf den Rasen hinaus, wo gerade ein eingeborener Gärtner das welke Gras zusammenrechte.

In der Mitte des Wohnzimmers aber, vom Boden bis zur Dachhöhe, ragte ein Christbaum.

Als Willkommenstrunk bot uns Mr. King einen Gin-Fizz an und außerdem sein »Du«: Von nun an hieß er Ernie, und wir hießen Gustav und Oskar.

Wir wurden ins Gästehaus geleitet, jeder hatte sein eigenes Zimmer und ein altmodisch gefliestes Bad, dessen Wanne die Armaturen am Fußende hatte, wo auch die Schlauchbrause hing.

Wir badeten ausgiebig, wechselten die Kleider, und als wir uns »zivil« zum Tee unterm Christbaum einfanden, sah Ann, wie unsere Gastgeberin hieß, schon merklich ruhiger und freundlicher aus als bei der überfallartigen Begrüßung.

Als ich abends die Gitarre auspackte und wir gemeinsam deutsche und englische Weihnachtslieder sangen, spürten wir die enge Verwandtschaft der europäischen Völker. Im Grunde trennen uns fast nur die Sprachen. Werthaltungen, Traditionen, Ästhetik, Weltsicht und politische Anschauungen sind von gemeinsamer Geschichte geprägt und von einer weitgehend christlichen Grundhaltung.

Das ging mir erstmals in dieser Deutlichkeit auf, als wir beide, die doch Fremde waren, im Haus von Ernie und Ann King so herzlich aufgenommen wurden. Wir hatten uns doch vorher nie gesehen, und sie kannten Deutsche nur aus der Presse und als ehemalige Kriegsgegner. Umso höher war ihre Gastfreundschaft einzuschätzen. Sie leuchtet bis heute noch nach, über das knappe halbe Jahrhundert hin, das inzwischen vergangen ist.

Nicht lang, da kam Ernie eine Idee. »Wir feiern doch morgen in unserem Club Silvester und Neujahr. Da solltet ihr mitkommen, und vielleicht könnt ihr dort sogar auftreten? Gustav könnte doch ein bißchen zaubern und Oskar ein paar Lieder singen ...«

»Aber gern«, antworteten wir unisono.

Anns ruhige Art, ihre Güte und Aufmerksamkeit, und Ernies Hilfsbereitschaft, Aufgeschlossenheit und Zuverlässigkeit, die stille Schwester, unverheiratet und im Hintergrund helfend, der Backfisch von vierzehn Jahren mit Schlagerwünschen wie »You're as hard to hold as quick-silver ...« und der wohlerzogene kleine Clive gaben uns das Gefühl, nach der langen Unbehaustheit und den Gefahren der Straße gleichsam zu Hause zu sein. In den nächsten Tagen ließ Ernie die Cora in die Werkstatt bringen und generalüberholen. Und in der Silvesternacht fuhren wir im Sechszylinder-Vauxhall gemeinsam in den Country-Club von Rawalpindi. Dort feierten die Britonen Silvester, mit Tanzmusik, langen Kleidern, Smoking oder dunklen Anzügen, aber ohne Alkohol. Pakistan war eben »paka« – rein!

Es tat der Stimmung aber kaum Abbruch, wenn auch mancher seinen Unmut darüber bekundete, daß er sich keinen einzigen Scotch, Malt oder Blended, mit der doppelten Menge kalten Wassers gemischt, langsam auf der Zunge zergehen lassen konnte.

Gustav zauberte wie Houdini, ließ den BH-Trick, taktisch klug plaziert, seine Lachwirkung tun und hexte Banknoten aus dem Portemonnaie in das Innere frischer Limonen, wo sie niemand vermutete. Ich sang meine gängigsten Titel, darunter auch »Lili Marleen« – wie konnte es anders sein? Ernie und Ann waren stolz auf uns, denn wir waren die große Überraschung in dieser Silvestergesellschaft.

Schlag null Uhr stellten sich alle Gäste in einen großen Kreis, jeder kreuzte die Arme vor der Brust und reichte den Nachbarn die Hände. Dann sangen wir alle – und ein jeder stimmte mit ein – das inzwischen international gewordene Abschiedslied aus Schottland: »Auld Lang Syne«.

Ich dachte an die Lieben daheim und wußte, daß auch sie jetzt an mich denken würden. Dabei waren wir naturgemäß vier Stunden früher als Mitteleuropa im Neuen Jahr angelangt –

schließlich dreht sich der Erdball von Westen nach Osten, und der indische Subkontinent liegt zwischen 68 und 92 Grad Ost.

Der Tanz ins neue Jahr zu den Klängen einer Big Band swingte bis weit in den ersten Januar 1952. Die Gesellschaft gab sich multi-kulturell. Neben den echten Briten waren die Anglo-Inder weitaus in der Mehrzahl. So schöne und anmutige Frauen hatten wir bisher noch nirgends getroffen. Überwiegend rank und schlank, bewegten sie sich in der pakistanischen Nationaltracht aus Seide mit weiten Karottenhosen und langer, enger Jacke graziös und fast schwebend. Sie trugen keine hochhackigen Pumps wie weiße Frauen, sondern weiche, spitze Slipper, die ihrem Gang jene natürliche Weiblichkeit beließen, wie sie barfüßigen Naturkindern eigen ist.

Ob uns deshalb wohl ihr Charme so sehr in Bann schlug? Der schlanke Hals wuchs graziös aus dem Seidenjackett, und die samtigen Augen hatten selbst im Lächeln noch etwas Gazellenhaftes. Heller Bronzeteint kontrastierte zum schwarzen und kräftigen Haar. Wie weiße Perlenreihen schimmerten die Zähne zwischen lachenden Lippenpaaren.

Aber auch die Männer konnten sich sehen lassen: Kaum einer war zu dick geraten, fast alle gertenschlank mit schmalen Lenden, die Schultern etwas breiter, aber nicht bullig unter dem westlichen Sakko oder der Landestracht mit Weste und gefälteltem Hemd.

Die »reinen« Pakistani trugen die gleiche Tracht, Männlein wie Weiblein, und tanzten ebenso gut wie alle anderen, nur war der Bronzeton ihrer Haut ein wenig kräftiger. Wir genossen diese gemischte Gesellschaft, wir fühlten uns wohl. Gustav hatte seine Feuernummer großartig herausgebracht, und ich hatte mir mit dem Singen leicht getan, weil mich das glänzend besetzte Orchester begleitete und ich deshalb ohne Gitarre auskam. So konnte ich stärkeren Ausdruck in den Sologesang legen, als wenn ich mich hätte selbst begleiten müssen.

Im Bungalow der Kings verbrachten wir nach Neujahr noch ein paar weitere Tage. »Nie in all den vergangenen zehn Monaten fanden wir eine so spontane Herzlichkeit wie in Ernies Haus. Seine stille, religiöse und herzensgute Frau ließ uns ihr Heim für wenige Tage zu einer zweiten Heimat werden. Ernie ist ein tüchtiger und hilfsbereiter Mann, ein vorbehaltloser Freund. Er las uns unsere geheimsten Wünsche an den Augen ab ...«, schrieb Gustav in der 32. Fortsetzung seines Reiseberichts.

Lahore, die Hauptstadt des Pandschab, hieß unser nächstes Reiseziel. Dorthin fuhren wir am 6. Januar 1952.

Die Ausfallstraße von Rawalpindi lag in der Morgenfrühe noch leer da. Palmen verschiedener Art standen in den Vorgärten der Außenviertel, ihre Fächerkronen über den Walmdächern der Bungalows hoben sich deutlich gegen den klaren Morgenhimmel. Bald lag der Sonnenschein auf ihren schlanken Stämmen und ließ sie bräunlich leuchten. Aus den Bauernhütten jenseits der Felder stieg der blaue Rauch der Holzfeuer, denn der fruchtbare Pandschab braucht keine Kuhfladen als Brennmaterial zu trocknen, wie es meist sonst auf dem Subkontinent geschieht.

Der Frühlingsmorgen mit einer Temperatur von etwa 15 Grad lag ruhig und strahlend über dem Land, und das milde Sonnenlicht tat wohl. Gemächlich knarrte ein einachsiger Ochsenkarren der Straße zu, seine massiven Holzräder mahlten auf dem Sandweg zwischen den Feldern. Hinten auf der Deichsel kauerte der Bauer zwischen den Schwänzen seiner geduldigen Zugtiere, den Kopf zwischen den Knien, die aus den Falten des dunkelweißen Gewandes herausschauten. Er sah zu unserem Gespann empor und wunderte sich offenbar, grüßte aber nicht.

Das weit ausladende Hörnerpaar der prächtigen Ochsen wiegte sich langsam über den weißlich-hellen Rücken der Tiere, und dieses Bild ländlichen Friedens in einem fruchtbaren Tiefland machte uns klar, daß die berüchtigten Gegenden voller »Staub,

Gräber, Bettler und Hitze« – wie ein persisches Sprichwort sie aufzählt, wobei alle vier Wörter mit G anfangen – nun hinter uns lagen, und zwar endgültig.

Wir fuhren nun durch jene Gegend, wo Alexander der Große im Jahre 326 vor Christus seine letzte Schlacht geschlagen hatte: jene gewaltige Schlacht gegen den indischen König Poros, der tausende Krieger am Ufer des Jhellum-Flusses postiert hatte, um die Hellenen heiß zu empfangen.

Was diese aber vor allem beunruhigte, waren die paar hundert Kriegselefanten, die wie Türme zwischen den Reiterschwadronen und Fußvolktruppen aufgestellt waren. Von ihren Gefechtskanzeln herunter sandten Bogenschützen ihre todbringenden Pfeile auf Alexanders Infanterie und Reiterei, und deren Pferde scheuten vor den massigen Kampfmaschinen aus Fleisch und Blut – schon ihr Anblick, ihre Rüssel und ihre Größe erweckten Furcht. König Poros, selbst ein Hüne, wurde auf einem dieser Ungeheuer aber dennoch schwer verwundet. Wie die Kriegsberichter schreiben, kniete sich sein Dickhäuter daraufhin nieder und hob den Blessierten mit dem Rüssel auf die sichere Erde.

In dieser Schlacht fiel Alexanders berühmtes Schlachtroß namens »Boképhalos«, auf deutsch »Ochsenkopf«. Es hatte den strahlenden König zwanzig Jahre durch alle Fährnisse eines Kriegerlebens getragen, siegreich und ruhmbedeckt alle beide, Roß und Reiter. Die nächste Stadt, die der Makedonier gründete, sollte denn auch Bukephala heißen und den Pferdenamen verewigen. Alexander gewann die Schlacht, aber seine Soldaten waren der Kämpfe müde geworden, sie wollten nach Hause. Ihr König stimmte ihnen zu.

Wenn auch dieser dreijährige Indienfeldzug in vieler Hinsicht dunkel bleibt, so erzählt doch der Bericht, den wir davon haben, bei aller Nüchternheit von wundersamen Dingen: von Affen und Riesenschlangen, von gewaltigen Feigenbäumen, stolzen Brahmanen-Gelehrten und nackten Weisen, von mächtigen Strömen und Monsunregen und den Gezeiten des Ozeans. All das erlebten wir nun selbst.

Vor uns lag eine wunderschöne Stadt: Lahore lockte schon allein mit seinem geschichtsträchtigen Namen. Wir freuten uns auf die Märchenumrankte.

Am 6. Januar 1952 kamen wir gegen Abend dort an und erlebten den Lichterglanz auf der »Mall«, der Hauptstraße, deren Alleebäume ihre Laubkronen in die milde Nacht breiteten, auf der Unterseite weißlich angeleuchtet und nach oben im Dunkel verschwindend. Wir waren im Herzen des Pandschab, von dem ein indischer Dichter des frühen siebzehnten Jahrhunderts gesungen hatte:

Ich glaub' nicht, daß in sieben Weltenecken
man Schön'res sieht als das Gesicht Lahores.

Die Ghasnawiden, das afghanische Herrschergeschlecht aus Ghasni, hatten schon im elften Jahrhundert von hier aus Nordindien beherrscht.

Der Moghulfürst Akbar »Der Große« begann im Jahre 1566 mit dem Bau der Festung und machte Lahore zur Hauptstadt. Sein Sohn Jahangir ließ sich dort im Jahre 1627 beisetzen. Sein Grab liegt in einem ausgedehnten Park und gehört zu den feinsten Bauwerken der Moghulkaiser, vor allem dank seiner zarten Einlegearbeiten aus weißem Marmor in rotem Sandstein.

Noch heute sprühen vierhundert Springbrunnen ihre Fontänen als prächtige Kulisse für Gartenfeste in die berühmten Shalimar-Gärten aus dem Jahre 1651, der Hochblüte islamischer Fürstenherrlichkeit im Pandschab. Auch die stilreinen Marmorpavillons dieser Gärten zeugen von ihr.

Fast einhundert Jahre wurde an der Zitadelle gebaut, die erst in der Mitte des siebzehnten Jahrhunderts vollendet wurde. Heute gilt sie als Wahrzeichen Lahores neben der Badshadi-

Moschee, einer der größten der Welt, vom Moghulkaiser Aurangzeb in zwei Jahren, nämlich von 1673 bis 1674, errichtet. Ihr roter Sandstein leuchtet ins Grün der Natur.

Etwa hundert Jahre später eroberten die kriegerischen Sikhs die Stadt, und manches islamische Kunstwerk fiel der Zerstörung anheim. 1849 übernahmen die Briten die Herrschaft, die sie fast einhundert Jahre lang ausübten.

In der Millionenstadt steht vor dem Museum die große Kanone, von der Kipling in seinem Buch »Kim« erzählt. Dort residierte das Oberste Gericht von Britisch Indien, und im Oriental College, der ältesten Akademie Pakistans, sammelte man alte Handschriften der Urdu-Literatur.

1947, nach der Aufspaltung in Indien und Pakistan, flüchteten viele Muslime aus Indien in die Stadt, die sich seither gewaltig ausgedehnt hat.

Aber immer noch pulsiert das bunte Volksleben im alten Kern um den Kaschmiri-Basar, der sich zur Zeit unserer Reise in die Reihe der orientalischen Märkte als letztes Glied einfügte, angefangen vom Suk in Istanbul, über jene von Ankara, Aleppo, Damaskus, Bagdad, Teheran, Herat, Kandahar, Kabul und Peschawar, ein jeder mit eigener Note.

Wir machten im YMCA-Hotel Quartier, zu deutsch im CVJM-Haus; auch in Deutschland hatte dieser Verein gerade wieder seine Aktivitäten aufgenommen.

Dort korrigierte mich am ersten Morgen ein Hotelgast, als er von mir die Bezeichnung »Mohammedaner« hörte: »Wir sind Muslime und keine Mohammedaner, nehmen Sie das als christlicher Abendländer in Ihrer leichten Überheblichkeit endlich zur Kenntnis! Wir sagen zu den Christen ja auch nicht ›Jesuaner‹, weil diese sich zu Jesus Christus bekennen! Unser Prophet Mohammed hat uns den Islam verkündet. Und Islam heißt ›Frieden‹ wie auch ›Gottergebenheit‹. Also bitte: künftighin ›Muslime‹!«

Der Verkehrspolizist von Herat, der Provinzhauptstadt in der Nordwestecke Afganistans, hat Arbeit bekommen. Hier verbringen wir die erste afghanische Nacht.

Noch sitzt Gustav im Sattel, als er bei Schindand die Furt eines Bergflusses zu durchqueren beginnt. *(© Oss Kröher)*

Oss im Gruppenphoto mit tajikischen Nomaden an einem kalten Dezembermorgen.

Oben: Jeden Tag begegnen uns Kamelkarawanen mit Salz, Holz, Zucker und Mehl auf den Rücken.

Unten: So reist eine afghanische Familie durch die winterliche Hochsteppe.

Mitten in den kahlen Felsenbergen des westlichen Hindukusch überholen wir einen Gefangenentransport.

15-0592
D

Links: Die Dezembersonne meint es noch gut auf dem Lataband im Hindukusch.

Rechts: Die Frauen blicken zu ihrem Herrn und Gebieter hin, der auf der Straße angeritten kommt. *(© Oss Kröher)*

Unten: Fast jeden Tag trafen wir auf bewaffnete Reiterscharen im Westen Afghanistans.

Ludwig Loebl reist in einem alten Londoner Taxi mit seiner Freundin von England nach Australien. Wir treffen uns zufällig im afghanischen Städtchen Girischk.

Ich war dem Muslim dankbar, hatte ich doch nie davon gehört, daß die Bezeichnung »Mohammedaner« despektierlich klang. Jetzt wußte ich Bescheid.

Sehr überraschte uns die reiche Vogelwelt in der Großstadt mit ihren ausgedehnten Parks und Grünanlagen. Am meisten freuten mich die Mauersegler, die hier fern der Heimat den Winter verbrachten. Ihr »srieh, srieh« erklang über den Straßenschluchten, wenn sie den Abendhimmel durchsichelten. Krähen und Milane dienten als fliegende Müllabfuhr, sie entdeckten jegliche Küchenabfälle und putzten sie weg. Überall segelten die Gabelweihen, klaubten kleine Abfallstücke auf oder fraßen sie am Boden. In allen folgenden Großstädten des Subkontinents sollten wir die gleiche Vogelwelt bewundern können.

Wir lebten unter der Frühlingssonne des Januars richtig auf, flanierten durch gepflegte Parks mit ihren Orangenbäumen voller Früchte und trächtigen Bananenstauden.

Die »Mall«, Lahores Prachtstraße, konnte sogar ein gewisses städtisches Ambiente nicht verleugnen, wo sich alles Volk unter den schattigen Riesenahornbäumen begegnete und breite Grünstreifen die modernen Autos mit ihren modischen Heckflossen und hochgezogenen Kühlergrills aus Chrom und Nickel von den Bürgersteigen fernhielten.

Hier hatte England hundert Jahre lang residiert, das war unverkennbar abzulesen an den viktorianischen und eduardischen Fassaden, die auf soliden Wohlstand deuteten. Sie kontrastierten zu offenen Verkaufsbuden mit dem Industrie-Tand aus Ost und vor allem West, denn Japan war noch nicht erwacht.

Wie in allen Städten des Ostens nahmen Bettler und Arme auch hier ihre festen Plätze ein, und Rikschas, von einem Pedaltreter angetrieben, brachten die Fahrgäste ohne Auspuffgestank zu ihrem Ziel.

Freilich mußten sie ganz feste strampeln, wenn sie zwei beleibte Passagiere im Fond sitzen hatten; da konnte der Turban, der hier oft in Gelb, Blau oder Rot leuchtete, schon einmal vor lauter Anstrengung verrutschen.

Meister Figaro hatte seinen Freiluft-Salon auf dem Grünstreifen eröffnet; er seifte gerade einen stoppligen Pandschabi ein, um ihn anschließend mit dem Messer zu barbieren. Der Stuhl, das einzige Inventar seines Salons, hatte schon bessere Tage gesehen, aber der Barbier arbeitete deshalb nicht weniger selbstbewußt mit Messer, Schere, Seife, Pinsel und Kamm.

Garküchen dufteten in allen Gerüchen des Orients, und das beliebteste Gewürz schien Curry zu sein, der den Hühnergerichten das typische Aroma verlieh.

Das öffentliche Toilettenhaus lag auf der anderen Seite der Mall, direkt am Park. Doch keine Wasserspülung und auch keine Plumpsklos kamen den Erfordernissen der fortgeschrittenen Verdauung entgegen. Statt dessen dienten viele hundert braune Emailtöpfe der Notdurft, und die zahlreichen Wartemänner spülten diese »pots de chambre« gewissenhaft aus, nachdem sie deren Inhalt etwas verstohlen auf die Seite gebracht hatten: als Dung für den Park. Nach den stehend-freihändig oder vielmehr hockend zu benutzenden »Gabinetti« Italiens und der Levante überraschte uns diese Art der Entsorgung als neue Variante. Ob wir wohl noch weitere erleben würden?

Geheime Drähte spielten offensichtlich zwischen Rawalpindi und Lahore, denn schon am zweiten Tag engagierte uns der Gymkhana-Club, einer der berühmtesten im früheren Britisch-Indien, für einen Auftritt. Kein Wunder, denn hier residierte das Oberste Gericht, und Juristen gehörten schon immer zur »feinen Jattung«.

Das geschmackvolle Gebäude, im schönsten Bungalow-Stil der Jahrhundertwende errichtet, lag unter großen Mangobäumen, deren immense Baumkronen das schindelgedeckte Walmdach unter sich versteckten. Englischer Rasen, Kante getrimmt; Messingbeschläge an allen Türen, tadellos poliert; gediegene

Palisander-Holz-Vertäfelung der Festräume, und die Toiletten piekfein » – paka –«, geeignet für eine »Prunksitzung«.

Das Publikum setzte sich etwa zur Hälfte aus altgedienten Briten zusammen, die andere Hälfte bestand aus wohlhabenden Pakistanern.

Gustav blickte mich leicht verwundert an über die weißgedeckte Tafel hinweg, als er sein achtteiliges Besteck vor sich sah und dazu noch drei Kristallgläser verschiedener Art: eins für Whisky, eins für Bier und eins für Wein. Ich zischte ihm durch die Zähne zu: »Von außen nach innen«, und sein dankbares Lächeln zeigte: »Verstanden«. Der Oberkellner in feinster Landestracht nahm die Bestellung auf, und wir dinierten in angeregter Unterhaltung mit alten Kolonialpionieren.

Das britische Weltreich hatte zwar seine besten Tage gesehen, die neuen Länder hatten sich in die Unabhängigkeit gekämpft, doch blieben sie einstweilen im »Commonwealth of Nations« der Krone Englands erhalten. Keiner ahnte schon, wie schwer diese künftigen Entwicklungsländer einmal zu kämpfen haben würden, sei es gesellschaftlich, in der Wirtschaft oder um ihre kulturelle Identität. Heute, nach so vielen Jahrzehnten, nach den Blutbädern von Äthiopien, Mozambique, Sudan, Angola, nach der Apartheid Südafrikas und den Kriegen in Vietnam und Pakistan, nach Aufständen in Mittelamerika und dem Zusammenbruch des real existierenden Sozialismus in Europa, ist die Hoffnung auf die ersehnte »One World« weitgehend geschwunden.

Ein Tischnachbar aus »Merry Old England« zeigte uns seine Rationierungskarte für Alkohol, ausgestellt von der Regierung Pakistans – aus dem ehemaligen Herrn war ein Abhängiger geworden.

Zwar hatten die weißen Kolonialherren ihre Macht verloren, doch statt ihrer hatten die Oligarchien des Landes, die reichen Familien, ihre Stellung festigen können. »Have we done our job?« fragte uns ein Brite aus der Tafelrunde.

Imposante Ölgemälde hingen an der holzgetäfelten Wand, und aus den prunkvollen Goldrahmen blickten Generale, Gouverneure und Oberste Richter auf die Gäste des Gymkhana-Clubs. Vergangene Pracht, vergangene Macht.

Das Kerzenlicht auf den Tischen und aus den Kristallüstern an der Decke schimmerte auf den farbenprächtigen Uniformen in Lebensgröße. »The King's Own Hussars«-Regiment war hier stationiert gewesen, wie auf einem ovalen Messingschild am Goldrahmen zu lesen war.

Die ordensgeschmückte Brust ihres Befehlshabers wölbte sich unter dem Schulterriemen, selbstbewußt und herrisch blickte der Kriegsherr in die Ferne, seine Linke am Degengriff, die Rechte auf einer Landkarte, in stolzer Pose.

Der Kellner in Turban und Landestracht strich gerade auf der Rationierungskarte meines Gegenüber zwei doppelte Whiskys aus. So vergeht der Ruhm ...

»Unser Dichter Rudyard Kipling hat hier in Lahore zu schreiben begonnen«, tröstete sich mein Gegenüber. »Der Sechzehnjährige arbeitete damals als Volontär bei der ›Civil and Military Gazette‹, und zwar sechs Jahre lang, in einer der malerischsten Städte der islamischen Welt, die erst vierzig Jahre zuvor an Britannien gefallen war.

Durch die nächtlichen Straßen wanderte er damals, der blutjunge Journalist, während seine Zeitung gedruckt wurde, und beobachtete die Schattenseiten des Lebens. Er war aber nicht der forsche Abenteurer, für den er später galt, sondern mehr häuslich und still, auf anglo-indische Art, zusammen mit seinen Eltern und seiner Schwester, denen er sehr zugetan war.

In der kühlen Jahreszeit, wie zum Beispiel heute, hat Lahore ja ein angenehmes Klima; aber wenn zum Sommer hin das fieberheiße Wetter einsetzte, in einem Indien ohne Kühlschränke und Klima-Anlagen, blieb er allein in der Gluthitze der Stadt.

Seine Eltern fuhren dann von Bombay aus in eine ›hill-station‹, einen Luftkurort in die Himalaya-Vorberge, und er konnte sich schon glücklich schätzen, wenn er wenigstens drei Wochen lang in Simla mit ihnen verbringen konnte. Sie als Deutsche kennen vielleicht seine ›Dschungelbücher‹. Er hat Indien dann früh verlassen, ging wieder nach England zurück und heiratete in Amerika. Seine Indienbücher entstanden aus der Erinnerung ...«

Für mich waren diese Ausführungen über den Nobelpreisträger Kipling, ausgerechnet hier an seinem Wirkungsort, ein tiefes Erlebnis. Sein Englisch war von Kindheit an in mir lebendig geblieben und hatte viel dazu beigetragen, die Welt – und sei es auch nur literarisch – kennenzulernen und zu verstehen.

Rudyard Kipling und T.E. Lawrence hatten stets zu meinen literarischen Vorbildern gehört, und so besuchten wir am nächsten Tage Kiplings Arbeitszimmer auf der »Mall«, wo die Redakteure noch, genau wie damals, am Umbruch ihrer Zeitung arbeiteten.

Ich mußte an sein mitreißendes Gedicht »Mandalay« denken, das ich schon aus jugendbewegten Zeiten her kannte und das er einem »Tommy«, einem der alten Kolonialsoldaten in den Mund legt, wohl das schönste Stück aus seinen »Barrack-Room-Ballads«.

Wir kannten es damals in einer sehr schönen und schwungvollen Nachdichtung, die aber so weit vom Soldatenjargon des Originals entfernt war, daß hier eine Bearbeitung stehen soll, die der Vorlage näherkommt:

MANDALAY

Wo der alte Moulmain-Tempel
schaut aufs Meer so feierlich,
sitzt ein braunes Kind aus Burma,

und ich weiß, sie denkt an mich;
denn der Wind geht in den Palmen,
Tempelglocke klingt dabei:
»Komm zurück, Soldat aus England,
komm zurück nach Mandalay!«
Komm zurück nach Mandalay,
Boot an Boot lag dort am Kai:
hörst du nicht die Ruder knarren
von Rangun bis Mandalay?
Dort am Weg nach Mandalay
spielt der Flugfisch in der Bay,
und von China schwillt der Tag wie
Donner durch die Bucht herbei.

Und sie trug ein gelbes Röckchen,
und ihr Käppchen, das war grün,
und sie nannt' sich Supi-yaw-lat,
grad wie Sibahs Königin.
Und ich sah sie anfangs rauchen
einen Stumpen ungeschlacht,
und mit Küssen hat sie christlich
einen Götzenfuß bedacht:
Götzenbild aus Schlamm gebrannt,
Großer Buddha-Gott genannt,
doch was scherten sie die Götzen,
als sie meinen Kuß empfand?
Dort am Weg nach Mandalay ...

Hing der Nebel überm Reisfeld,
abends, wenn die Sonne schied,
griff sie gern zu ihrem Banjo,
sang ihr »Kulla-lo-lo«-Lied.
Ihren Arm auf meiner Schulter,

Wang' an Wange saßen wir,
sahn die Dampfer, sahn die »Hathis«
Teakholz stapeln an der Pier.
Elefanten, Teakholzlast
schleppten sie aus dem Morast,
und so lastend war die Stille,
daß du kaum geatmet hast.
Dort am Weg nach Mandalay …

Lang ist's hinter mir versunken –
weit, weit fort und längst vorbei,
und kein Bus fährt hier aus London
in das ferne Mandalay;
und am eignen Leib erfahr' ich,
was ein Altgedienter sprach:
»Traf dich je der Ruf des Ostens,
sehnst du ewig dich danach.«
Ja, du sehnst dich lebenslang
nach der Düfte Überschwang,
nach der Sonne und den Palmen
und der Tempelglocken Klang.
Dort am Weg nach Mandalay …

Und nun schleifen meine Stiefel
hier auf rauhem Pflasterstein,
ach, und Englands Nieselregen
träuft mir Fieber ins Gebein;
ob ich auch mit hundert Mädchen
durch die Gassen Londons zieh,
die mir all von Liebe schwatzen –
nichts davon verstehen sie!
Grober Kopf und plumpe Hand –
keine gab's, die mich verstand,

hab ich doch ein fein'res Mädchen
dort in einem grüner'n Land!
Dort am Weg nach Mandalay …

Fahrt mich ostwärts über Suez,
wo EIN Mann den andern wert,
wo die zehn Gebote schweigen
und das Trinken dich noch ehrt;
ach, die Tempelglöckchen rufen,
und ich wünsch mich hin so sehr –
zu dem alten Moulmain-Tempel,
der so träge schaut aufs Meer;
will zurück nach Mandalay,
Boot an Boot lag dort am Kai,
unter Planen lag, wer krank war,
als es ging nach Mandalay!
Dort am Weg nach Mandalay …
UNTER RÜCKGRIFF AUF DIE ALTE
NACHDICHTUNG VON PAUL HAUBRICH
NEU ÜBERTRAGEN VON LOTHAR SAUER

Am Abend dann, vor unserem Auftritt im Gymkhana-Club, swingte zunächst noch die »Pandschab-Police-Band«. Der verhaltene Rhythmus von Cole Porter's »Begin the Beguine« mit dem Klarinetten-Vorspiel tat es mir besonders an. »Best band of India, – sorry, Pakistan«, flüsterte mir ein Gast zu. Er hatte wohl recht.

Ich sang meine schönsten Titel, hatte vorher noch den Drummer eingeweiht, der ganz zart im Hintergrund die Melodien untermalte. Da merkt man doch, was so ein Schlagzeuger alles bewirken kann, vorausgesetzt, der melodische Part des Musikstücks ist ausgereift.

Gustav, der Zauberkünstler mit Kartentricks, Ballspiel, eisernen Ringen, verschwindenden und wiederauftauchenden Geldscheinen, spielte mit dem Publikum Katz und Maus. Als er dann gar zum Abschluß noch richtiges Feuer schluckte, waren die Zuschauer vor Staunen platt. Gustav badete im Beifall, und die Gage entsprach dem Prestige vom »Gymkhana Lahore« – einen Nobelschuppen feinster Art.

»Warum haben Sie nicht ›Germany-Pakistan‹ auf die Vorderseite Ihres Beiwagens geschrieben? Sie sind doch in Pakistan, da liest man das Wort ›Indien‹ gar nicht gern!« fragte ein Gast im YMCA-Hotel.

»Weil wir bis nach Indien wollen und hier nur Station machen.«

»Da hätten Sie doch auch Germany-Pakistan-Indien schreiben können, dann wären wir doch auch genannt.«

»Ja, aber dann hätten wir doch auch die anderen Länder nennen müssen, die wir durchquert haben: Afghanistan, Iran, Irak, Transjordanien ...«

Die Diskussion verlief im Sande, doch spürten wir, daß man es anders wollte, *so nicht*. Und die Quittung erhielten wir bald.

Am 11. Januar brachen wir auf, um die siebzehn Meilen entfernte indische Grenze zu überqueren. Aber vorher schrieben wir noch in denselben Räumen, in denen Kipling gearbeitet hatte, auf englisch einen großen Artikel über unsere Heimat Deutschland – darum hatte uns die Redaktion gebeten. Das hielt uns lange auf, und wir saßen erst gegen Abend im Sattel.

Hinter weißen Haufenwolken wanderte der Vollmond durch die linde Nacht, hell lag die Grenzstraße vor uns, gesäumt von kurzstämmigen Palmen. Hell lagen auch die Felder beiderseits, von dunkleren Baumgruppen unterbrochen. Alle Häuser am Straßenrand waren zerstört, aus den Ruinen stierten uns nachtschwarze Fensterhöhlen an, und die Mauerreste ehemaliger Villen ragten klagend ins Mondlicht.

Es waren aber keine Bomben gewesen wie in Deutschland, das sahen wir gleich. Die Trümmer hier zeugten von Brandschatzung, Haß und Gewalt, von Mord und Totschlag, Vertreibung und Verfolgung anläßlich der Teilung des Landes vor vier Jahren.

Fast hätte uns der Posten an der Polizeistation mit einer Feuergarbe aus seiner MP begrüßt, die er schon in Anschlag gebracht hatte. Dabei wollten wir doch hier die Nacht verbringen, denn ab sechzehn Uhr, das wußten wir, war die Feindschaftsgrenze zwischen Indien und Pakistan geschlossen.

Doch die Bewaffneten schickten uns wortkarg zurück: »Keine Zivilisten im Grenzgebiet!« So drehten wir um und erreichten nach ein paar Kilometern die Schuhstadt Batapur, wo wir im Gästehaus der »Bata«-Schuhfabrik Quartier machten – als Pirmasenser, aus der Deutschen Schuhmetropole, von den Schuhtechnikern stürmisch begrüßt. Die Cora kam über Nacht in eine abgeschlossene Garage, damit Maschine und Gepäck sicher wären.

Als wir am anderen Morgen von neuem die Grenze erreichten, blieb der Motor plötzlich stehen und rührte sich nicht mehr. Der Zylinder strahlte gewaltige Hitze ab, und wir stellten fest, daß die Ölpumpe nicht mehr arbeitete. Die schwerbewaffnete Grenzstation konnten wir also nicht fahrend verlassen, sondern mußten die streikende Cora mühsam hinüberschieben: Gustav an der Lenkstange, ich am Beiwagen.

Die Grenzposten der beiden Länder standen nebeneinander im Abstand von vielleicht einem Meter. Im pakistanischen Zollhaus hatten wir die Ausreisestempel erhalten, und nun reichte ich das »Temporary Travel Document« dem pakistanischen Grenzposten; der kontrollierte alles, gab aber die Papiere nicht etwa an seinen indischen Kollegen weiter, der neben ihm stand, sondern reichte sie mir zurück. Für ihn existierte sein Nachbar nicht, er würdigte ihn keines Blickes.

So trat ich also vor den indischen Grenzposten und übergab ihm den »Paß«. Der bärtige Sikh im stolzen Turban schaute mich mit seinen schwarzen Augen gütig an, reichte mir alles zurück und winkte uns in sein Land Indien. Dann öffnete sein Kamerad den Schlagbaum, und wir schoben das Gespann über die letzte Grenze unserer Fahrt.

»A hopeless case!« (Ein hoffnungsloser Fall) kommentierte einer der dort herumstehenden Gaffer, als wir die Maschine schiebend und keuchend in eine Reparaturwerkstatt bugsierten, die gleich hinter der Grenze lag und vertrauenerweckend aussah. Dort stellte der Meister, ein rappeldürrer Sikh mit Turban und einem Bart im Haarnetz, nach wenigen Minuten fest, daß die Ölpumpe deshalb nicht arbeiten konnte, weil uns irgendein Unhold in der letzten Nacht von Lahore gehackte Eisenstücke in die Ölwanne geschüttet haben mußte, und die hatten sich dann in der Schnecke der Ölpumpe verklemmt – so konnte sie kein Öl mehr transportieren. Aber weil die Ölwanne zum Glück aus Duraluminium bestand, bewirkte ein massiver Magnet Wunder: mit ihm zog unser Meister – die Bohnenstange – alle Eisenstücke mit *einem* Schwung aus der Ölwanne.

Die anderen, die in der Schnecke verklemmt waren, mußten wir selber mit Hilfe eines feinen Stahlhakens herauspuhlen – und das würde viele Stunden einer entnervenden Plackerei bedeuten. – Wir fluchten um die Wette auf den Saboteur, der uns das angetan hatte.

Die Aufregung um diesen Schaden hatte unsere Hochspannung verdrängt, aber nun lebte sie wieder auf: Waren wir doch tatsächlich, im elften Monat unserer Reise, in Indien angekommen! Und kannten wir doch den Grund der Untat und konnten Abhilfe schaffen.

In Pakistan hatten wir doch kein indisches Geld eintauschen können, das war erst jetzt möglich. Wir ließen die Cora in der Werkstatt stehen und fuhren mit dem Bus ins nahe Amritsar. Als der Bus-Schaffner unsere Dollars nicht wechseln konnte, ließ er uns kurzerhand gratis mitfahren, denn er war in deutscher

Kriegsgefangenschaft gewesen und hatte dort nicht schlecht gelebt. Er bot sogar an, uns Geld zu leihen, und rief am Ende eine Rikscha herbei, die uns zur Imperial Bank brachte, wo wir zwanzig Dollars gegen 65 Rupien wechselten, einen Betrag mit einer Kaufkraft von heute etwa fünfhundert Mark. Jetzt fühlten wir uns doch besser.

Bei Pandit Nehru

Jetzt waren wir also in Indien, dem Märchenland im Morgenland mit seinen braunen Menschenkindern, seinen vielen Religionen, Sprachen und Dialekten; mit den heiligen Kühen und den Königskobras, den Tigern, Panzernashörnern und Elefanten, den Fakiren und Gurus, den Stromriesen wie Ganges und Brahmaputra, mit Heiligen Städten, Tempeln, Pagoden und Moscheen …

Was wir in den ersten Stunden sahen, war die Armut großer Menschenmassen, waren betelkauende Halbnackte, bettelnde Greisinnen und Kinder, für die wir offenbar Millionäre waren.

Von den über zweitausend Kilometern der »Grand Trunk Road« (Hauptmagistrale) zwischen dem Kaiber-Paß und Calcutta, die aus dem Nordwesten kommt und nach Südosten führt, hatten wir etwa fünfhundert Kilometer ohne Staub und Schlaglöcher geschafft, in der leuchtenden Klarheit kühler Morgenstunden mit Tau auf dem Gras der Bankette; im stillen Glanz der Mittage unter den dichtbelaubten Riesenbäumen der Landstraßen; und im magischen Frieden der Nächte.

Die lange Reise hatte uns unmerklich aufgeschlossen und bescheiden gemacht. Die Überheblichkeit unserer Jugend war der Achtung vor fremden Verhaltensweisen gewichen, und wir hatten gelernt, uns der Ausstrahlung fremder Kulturen bereitwillig hinzugeben.

An der Grenzstation bei Amritsar werkelte Gustav ganze zwei Tage an der ramponierten Ölpumpe, wobei er die Beine untergeschlagen im Schneidersitz hielt. Wir wohnten unterdessen bei belgischen Kapuzinermönchen, die uns so selbstverständlich aufgenommen hatten, als wären wir Ordensbrüder. Mit beiden Füßen im Leben stehend, brachten sie den indischen Landbewohnern tätige Hilfe und fragten nicht groß nach der Religion der Kranken.

Die Flamen unter ihnen schenkten uns unverhohlene Sympathie, doch auch mit den Wallonen verstanden wir uns gut. Aufs neue bewährte sich die Solidarität der Nachkriegseuropäer, die damals noch lange brauchten, ehe sie einer staatlichen Union angehören sollten.

Die Mönche arbeiteten in Breeches-Hosen und Tropenhelm, und Frater Liberius half uns tatkräftig bei der Reparatur. Seine verblüffende motortechnische Fachkenntnis ersparte uns das Aufsuchen einer Werkstatt. Aber Gustav zog sich beim langen Schneidersitzen eine Sehnenentzündung im Fußgelenk zu, und ich konnte ihm gerade noch mit Mühe seinen Rohrstiefel ausziehen, bevor die Schwellung das verhindert hätte. Der Arzt, den wir sogleich in Amritsar aufsuchten, verschrieb ihm ein paar Tage Ruhe.

»Ich möchte Sie gern als meine Gäste begrüßen«, sprach uns mitten in der von Menschen wimmelnden Hauptstraße ein junger Inder an. »Ich heiße Pal Mehra und wohne mit meinen Brüdern dort in dem Hause, das uns gehört. Kommen Sie doch bitte mit zu einer Tasse Tee! Übrigens bin ich Brahmane, und so, wie ich meine Kaste kenne, werden Sie wenige Brahmanen finden, die sich Ihnen so offen zeigen wie meine Familie. Unsere Kontakte zu Europa währen schon lange und sind tief.«

Wir wußten, daß die Brahmanen die oberste Kaste bildeten und sich vornehmlich als Priester und Gelehrte von den anderen Kasten weit abhoben.

Nur noch mit Mühe konnte sich Gustav die Treppe hinaufschleppen und bei Pal Mehra Platz nehmen. Dessen ältere Brüder führten im Parterre des aus Sandstein gebauten Stadthauses ein Importgeschäft; im ersten und zweiten Stockwerk lagen dann die Wohnräume. Der Diener Braggie servierte uns starken, schwarzen Tee mit viel Sahne drin, und wir erzählten von unserem Pech in Lahore mit dem Sabotage-Akt auf unsere Ölpumpe.

»Das steht nur deutsche Wertarbeit durch«, meinte Pal Mehra dazu, »die deutschen Fahrzeuge sind ja weltweit am robustesten.«

Wir widersprachen nicht; Gustav kam auf den Diwan zu liegen, und Pal ließ uns nicht mehr weg. Der schlanke Brahmane – drei Jahre jünger als wir – sprach ein elegantes Englisch, gab sich selbstbewußt und kleidete sich europäisch. Am späten Nachmittag besuchten ihn einige Freunde, und er stellte uns ihnen vor.

»Möchten Sie europäisch oder indisch mit uns essen?« hieß es dann.

»Natürlich indisch.«

Gemeinsam aßen wir an einem runden Tisch; ein jeder hatte vor sich ein paar Messingschälchen und ein Glas Wasser stehen. Braggie servierte für jedes Schälchen eine bestimmte Speise. Da gab es unbekannte Hülsenfrüchte und gekochte Eier in dicken Soßen, und statt irgendwelcher Bestecke benutzte man frischgebackene Chapati, runde Reisfladen, die fortwährend frisch auf den Tisch kamen. Mit ihnen schöpfte man sich – stets nur mit der rechten Hand – die Speise aus dem Schälchen und schob sie alsdann in den Mund.

»Hoffentlich sind Ihnen unsere indischen Gewürze nicht zu scharf? Uns schmeckt diese Zubereitung, wir sind sie von Kind auf gewohnt.«

Kaum hatte die Speise meine Zunge berührt, da mußte ich schon nach Wasser rufen: »Braggie, Aaaab!«

Meine Mundhöhle war ein einziger Feuerbrand, aber das Wasser löschte ihn nicht! Meine Lippen schienen versengt zu sein. Zuerst glaubte ich, es wäre ein Vergiftungsanschlag, aber wir aßen ja alle die gleichen Gerichte! Da empfahl mir Pal, den Brand mit Chapati zu lindern – und das wirkte tatsächlich, auch wenn meine Augen noch immer tränten. Gustav dagegen hatte in London schon indisch gegessen und kannte die scharfen Gewürze.

Pals Bekannte, meine Tischnachbarn, wußten nicht, ob sie lachen oder sich entschuldigen sollten. Jedenfalls war das indische Gastmahl für mich etwas »Brandneues«, und ich brauchte einige Tage, bis ich das schier höllische Gewürz – rote und grüne Peperoni, in Amerika als »Chili« bekannt – schätzen lernte. Übrigens hatten es erst die Portugiesen, als Kolonialherren, aus Amerika in Indien eingeführt. Mohan, einer der jungen Gäste, kommentierte nebenbei: »Solche Gewürze haben Indien damals zum Sklaven gemacht, zum Sklaven der Portugiesen, Niederländer, Franzosen und der ›Britishers‹.«

In der Abenddämmerung gingen wir alle zusammen auf einen Spaziergang in den nahen Park; ich erzählte von Europa und unserer langen Reise, während im grünen Laubgezweig der Bäume Papageien und Sittiche zeternd lärmten, fliegende Hunde – d.h. große Fledermäuse – unsere Köpfe umschwirrten und die Dämmerung der Nacht wich.

Wir hatten uns im gleichen Haus, jedoch ein Stockwerk höher, ein Zimmer eingerichtet, fast wie damals in Istanbul bei Mama Sophia. Gustav mußte liegend ruhen, um die Schwellung nicht zu belasten, und dicht unter unserem Fenster hörten wir eine Dampflok zischend heranrumpeln. Schon von ferne hatte ihre Pfeife in der Nacht geheult, und just unter unserem Fenster zog der Lokführer nun erneut das Dampfventil, daß uns Hören und Sehen verging, während die Lok vorbeidonnerte und das Fensterkreuz zitterte. Wir schauten hinunter, und der beturbante Lokführer winkte lächelnd zu uns herauf. Sein Heizer hatte die

Feuerungsklappe geöffnet, und roter Flammenschein lag auf seinem Gesicht.

Beim Morgentee erzählte uns Pal von der Besiedlung Indiens durch Einwanderer aus dem Norden, von jenseits des Himalaya, im zweiten Jahrtausend vor Christus.

»Es waren Indo-Arier, und sie kamen in mehreren Wellen, wie die schriftlichen Quellen der Veden vermuten lassen. Die Urbevölkerung ist dann nach Süden ausgewichen, und die Arier setzten sich als Herrenschicht über diese ›Drawiden‹, die heute in Südindien noch die große Mehrheit bilden. Damals sind auch die Kasten entstanden – das Wort kommt aus dem Portugiesischen ›Casta‹ (Unvermischtes). Wir selbst sagen ›varna‹, was ›Farbe‹ bedeutet.

Eine Kaste ist eine geschlossene Gruppe innerhalb einer Hierarchie, die sich wiederum nach bestimmten, jedoch nicht einheitlichen Merkmalen aufgliedert: nach Beruf, Herkunft, Namen, Stamm oder anderen Merkmalen, die auch regional verschieden sind. Wahrscheinlich haben die Indo-Arier dieses Kastensystem als erste eingerichtet, zunächst mit einer viergeteilten Ständeordnung. Schon in der ältesten Schriftquelle, dem ›Rigveda‹, nahmen die Brahmanen als Priester den höchsten Rang ein, dann folgten die Kriegerkaste, die Handwerkerkaste und die Dienerschaft. Die Bezeichnung ›varna‹ läßt vermuten, daß primär die Hautfarbe den Ausschlag gab. Die hellhäutigen Indo-Arier stellten also die dunkelhäutigen Drawiden, die militärisch Unterlegenen, auf die unterste Stufe der sozialen Skala. Mittlerweile aber, nach über dreitausend Jahren, hat sich diese Ordnung tausendfach aufgefächert; nur wir Brahmanen nehmen nach wie vor den ersten Platz ein – allein durch unsere Geburt.

Außerhalb dieser vier Gruppen stehen die ›Unberührbaren‹ (outcasts) als unterste soziale Schicht; zu ihnen gehören die Schinder und Gerber, also Berufe, die mit dem Tod zu tun haben, und auch die Latrinenputzer. Zum Kastenwesen gehören im übrigen strenge Vorschriften bezüglich der Körperkontakte sowie Essens- und Reinigungsgebote. Die neue Verfassung Indiens ändert daran gar nichts, obgleich sie die Unberührbarkeit aufgehoben hat. Man erkennt die Zugehörigkeit zu einer Kaste an der Kleidung, an Schmuckvorschriften, an kosmetischen Zeichen im Gesicht. Nur ein Viertel aller Frauen kann lesen und schreiben, und die Hälfte aller Männer sind Analphabeten. Nur die Oberschicht ist durchweg schulgebildet.«

Wir wußten schon manches davon, aber aus dem Mund eines selbstbewußten Brahmanen, der uns mochte und uns zu sich geladen hatte, klang das alles zwar befremdlich, aber doch überzeugend.

Übrigens hat mich Pal in den siebziger Jahren in Deutschland besucht, zusammen mit seiner österreichischen Ehefrau. Sein Außenhandelsgeschäft lief glänzend, und er war ganz der Alte.

Nach Gustavs Genesung besuchten wir an einem milden Abend den »Goldenen Tempel« von Amritsar. Er steht mitten in einem rechteckigen See von 130 x 90 Metern Seitenlänge, dessen Uferterrassen ganz mit Marmor eingefaßt sind. Der See trägt den Namen »Amrit Sovar« (Teich des Nektars der Unsterblichkeit), und seinem Wasser spricht man Heilkräfte zu. Von ihm hat die Stadt Amritsar ihren Namen. Der muslimische Mogulkaiser Akbar hatte das Gewässer im Jahre 1577 den Sikhs geschenkt. Der Sohn des Sikh-Oberhauptes ließ dann in diesen See hinein das Heiligtum seiner Religionsgemeinschaft erbauen, jener Kriegerkaste, die im indischen Pandschab heute die Mehrheit der Bevölkerung ausmacht.

Ihre Religion war bereits hundert Jahre vorher entstanden. Sie versucht eine Synthese von Islam und Hinduismus und trägt als monotheistische Lehre auch mystische Züge, ähnlich wie das Christentum. Aber die vielfältigen Einzelgottheiten – sei es nun Allah oder die Hindugötter – sind ihr zu begrenzt, zu menschlich, als daß Gott selbst mit ihnen gleichgesetzt werden könnte. Die religiöse Autorität liegt in der »Heiligen Schrift« der Sikhs (Sikh = Schüler), einer Sammlung religiöser Weistümer in Versform, die Ardschan – der fünfte Guru – seiner Gemeinde 1581–1606 erstellt hatte.

Die Sekte verwandelte sich alsbald in eine militärische Bewegung. Seither kennt man die so markante äußere Erscheinung der Sikhs mit Turban, langem Haar, Eisenring am Handgelenk und Dolch. Ihr Haupt- und Barthaar dürfen sie sich lebenslang nicht scheren – daher der Turban, unter dem sie es verknoten.

Im übrigen kann jeder durch die sogenannte »Schwerttaufe« in ihre Gemeinschaft aufgenommen werden, unabhängig von seiner Kaste – ein Grund für den Zulauf, den die Sikhs aus den untersten Kasten erhalten.

Zum Heiligtum dieser Reformsekte waren wir also nun unterwegs, überquerten auf einem 65 Meter langen, marmornen Steg den Teich, und neun vergoldete Leuchten an der Tempelseite begannen in der Abenddämmerung zu strahlen. Das ganze Gebäude schimmerte wie ein Märchenpalast, denn die Kupferplatten der Fassade sind seit 1830 mit hundert Kilo Blattgold überzogen, das der Sikh-Fürst Maharadscha Ranjit Singh, der »Löwe vom Pandschab«, gespendet hatte. Der Tempel im See gilt gleichsam als Schiff, das die Wasser der Unwissenheit befährt und zu Gott hinführt.

Wir hatten die Schuhe ausgezogen und unsere Köpfe, in Ermangelung von Turbanen, mit Taschentüchern bedeckt. Als wir in die etwa vier Meter hohen Tempelräume traten, überkam uns ein ehrfürchtiges Schweigen. Marmorsäulen trugen die kassetierten Decken aus Sandelholz, Elfenbeintore hatten ihre beiden Flügel geöffnet und wohltönender Singsang hallte durch das Heiligtum. Die Fensteröffnungen waren nicht verglast, üppige Schnitzereien zierten die Gewandungen. Weihrauchduft schwängerte die Abendluft. Auf einem Marmorpodest stehend, hörten wir die heiligen »Ragas« (modale Weisen) der drei hochgeehrten Sänger. Sie saßen im Schneidersitz nebeneinander vor der Rückwand der Tempelhalle. Ein seidener Baldachin hing über ihnen, und vor ihnen ruhte das riesenhafte, fast zentnerschwere Buch »Granth« auf seinem niederen Lesepult, mit aufgeschlagenen Seiten. Und daraus lasen, oder besser sangen die drei frommen Sikhs, wobei sie sich gegenseitig ablösten. Begleitet wurden sie von einem Handtrommler, der ebenfalls am Boden hockte, und einem zweiten Musiker, der ein kleines Harmonium spielte: einen flachen Kasten, der vor seinen Knien auf dem Boden lag. Das Ganze hatte um vier Uhr morgens begonnen und würde bis elf Uhr nacht den Tempel erfüllen. Ein anderes Ritual fand dort nicht statt, und jedermann war willkommen.

Draußen war das Himmelsgewölbe vom Abendrot überhaucht, und ein leichtes Säuseln spielte in den Palmkronen und kräuselte das Wasser. Beinlange Fische durchbrachen die grüne, vom Abendrot vergoldete Oberfläche und schnappten Luft. Minuten später lag die Götterstätte in der Dämmerung, und der rhythmische Gesang mit Instrumentalbegleitung erfüllte den Abend über dem See und über dem goldenen Dach des Tempelschreins. Kreischend flatterten Papageien um die Reliefs der Fassade.

Übrigens sollte dort später, von 1982 bis 1984, der berüchtigte Fundamentalist Sant Jarnail Bhindranwale residieren, ehe ihn die Premierministerin Indira Ghandi durch den Armeeangriff der Operation »Bluestar« mit Waffengewalt bezwang. Zwei Soldaten ihrer Sikh-Leibgarde erschossen aber bald darauf auch Frau Ghandi, und der Pandschab-Konflikt um die Autonomie der Provinz schwelt weiter. Die erdrückende Mehrheit der Sikhs im indischen Pandschab resultiert ja vor allem aus den Flüchtlingsströmen von 1947, als sieben Millionen Vertriebene die neuen Grenzen von Pakistan nach Indien überquerten – und die gleiche Anzahl in umgekehrter Richtung.

Die Sikhs sind bei den übrigen Indern vielfach unbeliebt. Vermutlich, weil sie auffallend diszipliniert und geschäftstüchtig sind, die »Preußen« Indiens: leistungsorientiert, fleißig, zuverlässig. Ihre Bemühungen um einen unabhängigen Pandschab dauern bis heute an.

Was für ein Glück hatten wir mit der Wahl unserer Reisezeit! Dabei war es doch nur Zufall, daß wir die günstigsten Monate des Jahres erwischt hatten, denn die Durchschnittstemperaturen von Delhi liegen im Januar bei 13,8 Grad, im Februar bei 16,7 Grad und im März bei angenehmen 21,7 Grad. Der April erwärmt sich schon auf durchschnittlich 27,9 und der Mai auf 33,3 Grad; da hätte man wohl kaum genußreich reisen können.

Gegen Mitte Juni setzt dann der Monsun ein, und die Regenzeit dauert bis Ende September – da wäre eine Motorradfahrt vollends ein Unsinn gewesen. Erst ab Oktober wird das Klima wieder trockener, und die indischen Bauern haben dann genügend Zeit für ihre Feldbestellung auf der satt mit Wasser durchtränkten Erde.

Gustavs Sehnenentzündung besserte sich langsam, und bald konnte er wieder ohne Beschwerden gehen. Zwischendurch hielt ich an der Universität im Audi-Max einen Vortrag über Deutschland. Das Institut für Auslandsbeziehungen hatte mich dazu eingeladen, und ich nahm geehrt und dankbar an. Bei einer Zuhörerschaft von siebenhundert Studenten fand ich meinen freien Vortrag angemessen gewürdigt – und fragte mich, ob an einer deutschen Universität wohl ebenso viele Studenten gekommen wären, wenn ein junger Inder über seine Heimat gesprochen hätte.

Schon in britischer Gefangenschaft hatte ich achtzehnjährig als Bataillonsdolmetscher fungiert und dabei mein Schulenglisch vervollkommnet. Deshalb spürte ich bei meinem Vortrag in der Universität kaum Lampenfieber, zumal ich durch meine Konzertauftritte an Publikum gewöhnt war. Honorar erhielt ich keins, aber ich konnte vielleicht das vom Krieg her brutalisierte

Bild der Deutschen zum Zivilen hin korrigieren. Ich sprach über die Jugend im Nachkriegsdeutschland, unsere Reise und das künftige Europa.

Weil Gustav seine entzündete Sehne immer noch schonen mußte, nahmen wir für unsere Ausflüge in die Stadt mit Vorliebe eine Fahrrad-Rikscha. Da saßen wir höher und konnten den pedaltretenden Fahrer auch zum Verweilen bewegen.

Gustav hatte den mageren Schlangenbeschwörer auf dem Bürgersteig zuerst entdeckt. Er blies die Schalmei, auf Hindi »Bin« genannt, und schaukelte mit dem Oberkörper, während er mit untergeschlagenen Beinen vor der Schlange saß. Die Kobra wiegte ihren Kopf über dem drohend verbreiterten Hals hin und her, züngelte, und wir waren froh, daß wir so weit weg waren. Nicht weit von ihm praktizierte ein Zahnarzt auf dem Bürgersteig, ein kleiner Teppich machte seine ganze »Praxis« aus:

»Als Beweise seines Könnens häuften sich vor seinen Pinzetten und Zangen etwa fünfhundert Zähne. Er schien ein vielseitiger Mensch zu sein, denn er war gerade dabei, einem laut schreienden kleinen Buben ein Huhn auf den Arm zu tätowieren. Dann kam einer dran mit Zahnweh. Mit übergeschlagenen Beinen saß er vor dem ›Doktor‹, während seine Frau ihm aufmunternd zulächelte. Etwa zwanzig Zuschauer belagerten die ›Extraktion‹, und stolz blickte der Zahnausreißer zu uns herüber. Triumphierend hob er schließlich den gezogenen Zahn in die Höhe. Seine Zange erinnerte übrigens an eine Rohrzange aus dem Werkzeugkasten. Durch die Umstehenden ging ein anerkennendes Raunen. Wir riefen ihm lobende Worte zu, und er verneigte sich stolz. Dann wickelte er den Turban des Patienten ein wenig auf und steckte dem Opfer einen Turbanzipfel in den Mund. Wenn ich eine Ahnung von Hygiene habe, so tat er dies zur Desinfektion.« (Gustav Pfirrmann: Vom Horeb zum Ganges, 35. Fortsetzung.)

Am 22. Januar verließen wir Amritsar und sagten Pal Mehra

und seinen Brüdern adé. Singend fuhren wir zur Stadt hinaus, die uns so gastfrei aufgenommen hatte. Die Temperatur war beinahe sommerlich, und so schmolzen mal wieder ein paar Flickstücke auf den Schläuchen.

Das konnte uns allerdings nicht mehr aufregen; Plattfüße waren kleine Fische geworden für so alte Routiers, aber viel Zeit brauchten sie doch. So schafften wir die 447 Kilometer nach Delhi auf der glatten Asphaltstraße nicht ganz. Die Wasserscheide zwischen den Einzugsgebieten von Indus und Ganges war nicht zu merken, das Tiefland der Stromtäler ist ja fast eben.

Dreißig Kilometer vor Delhi hielten wir an einem der Rasthäuser, wie sie die Briten für ihre Beamten entlang der »Grand Trunk Road« eingerichtet hatten. Die Betten trugen lediglich das Schnurgeflecht für die Matratze, denn seine eigene »bedroll« führte jeder Beamte des Civil Service mit sich. So brauchte er kein Ungeziefer zu fürchten.

Am Straßenrand standen stachelige Aloestauden mit blaugrünen Blättern; handgroße Schmetterlinge, Segelfalter in Orange mit lila Flügelsäumen oder mit metallisch-türkisblauen und ultramarinen Ornamenten, flogen taumelnd und lautlos durchs Grün. Neben dem Rasthaus stand ein uralter wilder Feigenbaum mit verschlungenen Wurzeln und einem zwei Meter dicken, kurzen Stamm. Seine Krone maß fast dreißig Meter im Durchmesser und wölbte sich wie eine Kuppel fünfzehn Meter hoch. Darin hatte eine Affenbande ihr Quartier bezogen. Sie beobachtete uns beim Auspacken und war am nächsten Morgen putzmunter, als wir das Rasthaus verließen.

Entlang der »Grand Trunk Road« stehen viele hunderttausend Bäume, denn die über zweitausend Kilometer lange Allee soll dem Reisenden auch Schatten spenden. Aber nicht nur zwei, sondern vier Baumreihen begrenzten den Asphaltstreifen, der auf beiden Seiten von je einer Sandpiste gesäumt war, auf der mitunter Reisende zu Pferd entlangkamen oder Ochsenkarren sich hinschleppten. Einmal tauchte sogar eine Sänfte auf.

Wir hatten uns gerade im Schatten niedergetan, als die vier Träger langsam näherkamen. Einer von ihnen mußte den Passagier darin auf uns hingewiesen haben, denn der Vorhang wurde zurückgezogen, und das Antlitz eines zwölfjährigen Knaben sah uns an. Über den dunklen Augen und der Bronzehaut der Stirn leuchtete der weiße Turban aus Seide, und mit anmutiger Geste hielt die Knabenhand den Vorhang gerafft. So zog die Sänfte fast lautlos an uns vorbei, denn die vier halbnackten Träger gingen barfuß; dann verschwand sie hinter uns im Schatten der dichtbelaubten Alleebäume.

Am 23. Januar 1952 erreichten wir gegen Mittag die Stadtgrenze von Neu-Delhi, jener Stadt, die die britischen Kolonialherren im Jahre 1911 zur Hauptstadt ihrer Kronkolonie erhoben hatten. Vorher regierten sie von Calcutta aus, aber das Tiefland von Bengalen war zu ungesund gewesen, und die tropisch feuchten Miasmen aus dem Wahnsinnsdelta der Zwillingsströme Ganges und Brahmaputra hatten dort das Leben während der heißen und regnerischen Jahreszeit zur Hölle gemacht.

Der Empfang in Delhi übertraf unsere kühnsten Erwartungen. Wir hatten uns erneut im YMCA-Haus einquartiert, und der Direktor, ein dunkelhäutiger Inder aus Bangalore im Süden namens Cornelius hatte uns empfangen wie zwei VIPs (Very Important Persons) und uns gleich ein kleines Nebenhaus verpachtet. So brauchten wir die nächtliche Sperrstunde nicht einzuhalten, die uns ja gehindert hätte, bis in die Nacht in einem Hotel oder Club aufzutreten.

Das YMCA-Haus mit seiner 80 Meter langen Säulenfront lag in einem ausgedehnten Rasengrundstück. Palmen wiegten ihre Wedelkronen im Frühlingswind, und die Kolonnade an der Vorderseite spendete Schatten. Eine asphaltierte Einfahrt führte in schwungvollem Bogen vor die breite Freitreppe unter einem ausladenden Vordach. So lag auch die Empfangshalle schattig, und von dort aus zweigten nach beiden Seiten die Flügel des imposanten Gebäudes aus den dreißiger Jahren ab. In einem davon lagen die Fremdenzimmer, im anderen die Bibliothek, der große Speiseraum und die Aula.

Mr. Cornelius, der Chef des Ganzen, hatte sein Arbeitszimmer gegenüber dem breiten Eingang, wo zwei Sekretäre den Schreibkram für ihn erledigten. Er war es, der uns in Delhi »groß rausbringen« sollte; auch kannte er Gott und die Welt, hatte einen guten Ruf und machte sein Haus durch uns noch bekannter, als es ohnehin schon war. Unser gemütliches Bungalowchen lag etwas abseits, und das paßte uns gut.

Am Tag nach unserer Ankunft brachten fast alle großen Zeitungen Berichte über uns und von der Cora. Da auch unsere Unterkunft angegeben war, konnten wir uns kaum vor Besuchern und Telefonaten retten. Ständig wollten Journalisten Interviews aufnehmen und markante Einzelheiten unserer Reise erfahren, sogar die Korrespondenten überseeischer Zeitungen und internationaler Nachrichtenagenturen. Schon vor dem ersten Gastspiel brachte die Post die Briefe zahlreicher junger Inder – leider keiner Inderinnen –, die uns willkommen hießen. Die »Hindustan Times« bat uns um einen Artikel aus eigener Feder; Gustav schrieb also über die Notwendigkeit eines deutsch-indischen Studentenaustauschs, und ich beleuchtete die Jugend der Nachkriegszeit in Deutschland – die sah ja damals nicht so rosig aus, wie heute mancher meinen könnte.

Weil uns der Direktor Cornelius so herzlich bat – und auch, weil er uns einen Sondertarif für das Bungalowchen eingeräumt hatte –, fanden wir uns zu einem Gratis-Auftritt für das YMCA-Haus bereit. Die Einladungen ergingen an alle Botschaften und Konsulate, an die wichtigsten Regierungsstellen der Stadt und natürlich auch an Presse und Wochenschau – Fernsehen gab es noch lange nicht. Mit diesem »Gesellschaftsabend« wollte uns Mr. Cornelius bei den Reichen und Einflußreichen der Stadt bekanntmachen. Er ließ die Einladungen auf feines Papier und in kursiver Schrift drucken – ganz vornehm.

Wir steckten sie in breite Couverts und brachten einige davon persönlich in die diplomatischen Vertretungen. Und siehe da: schon hatten wir ein Vierzehn-Tage-Gastspiel unter Vertrag, eine Schau, die im Metro-Palast stattfinden sollte, im Herzen Neu-Delhis, am Connaught Circus, dem innersten Ring der konzentrisch angelegten, weiträumig geplanten Hauptstadt.

Zum Metro-Palast gehörte auch ein Hotel, ein richtiger Nobelschuppen, wo man noch zusätzlich zweitausend Flugblätter verteilen ließ. Die Kameraleute der Indischen Wochenschau drehten zudem einen Vier-Minuten-Spot, der dann in dreißigtausend indischen Kinos über die Leinwand ging. Eigens für diese Aufzeichnungen fuhren wir – sauber gewaschen und gekämmt – mit der Cora am Regierungsviertel vor, und sie filmten, wie Gustav Feuer schluckte und ich zur Gitarre »Lili Marleen« sang, allerdings nur die letzten vier Takte. So konnte der Kurzfilm nicht den geringsten Hauch unserer Strapazen in Staub und Sand aufzeigen, die Mühen und Plagen der Landstraßen und des täglichen Kleinkrams. Bezeichnenderweise brach während der Dreharbeiten die Gabel am Vorderrad, aber das ließ sich dann doch mit entsprechender Kamera-Einstellung kaschieren.

Unsere Gala im Metro-Palast verlief wie am Schnürchen, nur daß das Publikum nicht in Stuhlreihen saß, sondern in Grüppchen an runden Tischen. Die Kellner huschten dazwischen hindurch und brachten kühle Getränke, aber keine Speisen – dafür war nebenan gedeckt.

Wir spielten auf der großen Bühne die ganze »Corano-Brothers-Show« in bester Inszenierung. Gustav war glänzend präpariert: Er hatte eigens ein paar Nachmittage lang seine Tricks geprobt, seine Seidentücher bügeln lassen und die Spielkarten geordnet, den Zylinder poliert und das schmale Zaubertischlein geputzt.

Ich meinerseits hatte neue Saiten aufgezogen, und die Gitarre klang warm. Die Decke des Korpus hatte ich auf Hochglanz gewienert, so daß sich das Rampenlicht darin spiegelte. Unsere Anzüge waren tadellos gereinigt und geplättet aus dem Waschsalon gekommen und die Seidenkrawatten ebenso.

Die Schau gelang perfekt: Das internationale Diplomatenpublikum genoß Gustavs Zaubernummern ebenso wie meine Songs aus Deutschland, der Douce France, aus La Bella Italia, Merry Old England, España und den Good Old U. S. Leider vermißten wir die Mitarbeiter der Sowjetbotschaft, wo ich die Einladungen persönlich abgegeben hatte.

Am 26. Januar 1952, dem Tag der Republik, konnten wir auf dem Rajpath, der fünf Kilometer langen Prachtstraße zwischen dem Regierungsviertel und dem All-Indischen-Kriegerdenkmal, die Militärparade des jungen Indiens bestaunen. Die dreißig Meter breite Allee war beiderseits von jeweils acht Meter breiten orangefarbenen Splitstreifen gesäumt, die ein weißes Band von dem 40 m breiten Rasenbeet daneben abgrenzte, so daß aus der Vogelperspektive die Farben der Indischen Union, Orange, Weiß und Grün, wie in einer Flagge nebeneinander lagen.

Genau zwei Jahre zuvor, 1950, hatte der neue Staat Indien seine Verfassung verabschiedet, und seither begeht die Republik alljährlich diesen Feiertag.

Die Streitkräfte paradierten in Zwölferreihen, wobei der Abstand »in Reih und Glied« jeweils über einen Meter betrug. Die Militärkapellen musizierten mit dem üblichen Tschingderassabum, das heißt mit vielen Trompeten, Posaunen, Susaphonen sowie großen und kleinen Trommeln. Vorneher stolzierte ein Tambour-Major.

Weil ich seinerzeit im Deutschen Jungvolk den Fanfarenzug

geführt hatte, war ich schon von Jugend auf mit heraldischer Musik vertraut geworden, besonders mit jener aus Renaissance und Barock. Ich konnte hoch in den Clarinen blasen und hatte längst das Bumstata primitiver Märsche hinter mir. Deshalb hatte ich für Klingendes Spiel, sofern es Niveau besaß, etwas übrig.

Schottische Dudelsack-Kapellen bei der Indischen Armee überraschten mich nicht – schließlich hatte Britannien diese Armee auf die Beine gestellt und hundert Jahre lang mit ihr sowohl exerziert und musiziert als auch gekämpft – nicht immer nur gegen äußere Feinde.

Die Marine zog in Navy-Blau mit weißen Mützen auf, das Heer marschierte im vertrauten Khaki nach dem Reglement der Briten, das heißt mit ausgestreckten Armen und geballten Fäusten. Nicht wie bei Preußens: »Armbewegung bis zum Koppelschloß« und die Finger ausgestreckt!

Farbenfrohe Zuschauermassen drängten sich längs der Prachtstraße, waren aber durch Maschenzäune und eine lockere Postenreihe von der Parade getrennt. Indische Fahnen wehten im warmen Wind, und die Zuschauer applaudierten.

Dann erschien die ruhmreiche Kamelreiter-Truppe aus Rajastan, aus dem Westen des Riesenlandes, aus der Wüste Thar und von der Kathiawar-Halbinsel. Hell sandfarbig leuchtete das Kurzhaarfell der schlanken Kamele. Alle hatten nur einen Höcker, trugen die Hälse hochgereckt und blickten aus ihrer Höhe über die Zuschauermassen hin. Das Zaumzeug aus farbigen Wollstricken war tadellos, Metallbeschläge und Dornschnallen gab es keine.

Alle Kamelreiter trugen einen Turban, der in der Mitte eine Spitze hatte und mit einem seitlichen Federbusch geschmückt war. Alle hatten ihre schwarzen Schnurrbärte gezwirbelt und die Beine vor sich auf der Satteldecke gekreuzt. Aus der rechten Faust ragte senkrecht die Stahlrohrlanze, die ein bunter Wimpel an der Spitze zierte. Die kurze, hartgeflochtene Lederpeitsche in der Linken dirigierte die hochbeinigen, nervösen Dromedare. Dabei mußten die Reiter sehr achtgeben, daß ihre Schwadronen nicht in den Paßgang fielen, so aufgeregt schienen die Tiere. Ihre kräftigen Spalthufe setzten sie etwas gespreizt und ganz geräuschlos auf.

So paradierten die stolzen Kamelreiter, sich ihrer Eliterolle sichtlich bewußt, eindrucksvoll und fremdländisch, ein wenig anachronistisch und märchenhaft daher.

Als »leichte Kavallerie« gaben sich die Reiter zu Pferde nicht weniger prächtig; mit blitzenden Sporen auf edlen Rossen, deren gestriegeltes Fell glänzte – nur die vormals geflochtenen, mittlerweile aber aufgelösten Mähnen fielen lockig auf die Pferdehälse. Zaumzeug und Zügel waren erstklassig gepflegt.

Das meiste kannte ich zwar schon aus Deutschland: die Militärmusik, die Soldaten und ihre Parade. Jedoch die Kamelreiter, das war Indien! Und am Himmel donnerten die Kampfflugzeuge der Luftwaffe in Staffelformationen über den Rajpath-Corso, stählern, insektenhaft und bedrohlich.

Auf dem Heimweg hatte ich noch die Dudelsackmärsche »Scotland the Brave« und »The 79th Farewell to Gibraltar« in den Ohren, ebenso wie den »Colonel-Bogie-Marsch« des Marinekorps.

Klingt das nach Militarismus, nach kritikloser Verherrlichung des Soldatenstandes? Hoffentlich nicht! Man müßte doch taub und blind sein, wollte man die Farbenpracht, die »Choreografie«, das zuchtvoll Ästhetische einer solchen Parade nicht wahrnehmen – sie wurde schließlich in Jahrhunderten entwickelt und war doch seit je der erfreulichste Teil des Soldatenlebens – genauer: das einzig Harmlose und Heitere an ihm.

Allabendlich traten wir nun auf der großen Bühne des Metro-Palastes auf, und nicht nur Hotelgäste saßen im Publikum. Wir hatten Neu-Delhi binnen weniger Tage mit »Music and

Magic« erobert, mit dem Zauber der Töne, dem Staunen über die Tricks und der Verblüffung bei Gustavs atemraubender Feuernummer im abgedunkelten Saal. Wenn erst die roten Flammen aus den beiden Schalen züngelten und schwarzer Rauch zur Decke kräuselte, der Schlagzeuger seinen Trommelwirbel beendet hatte und Gustav mit weit nach hinten gebogenem Kopf die erste Fackel brennend in den Mund schob, hätte man eine Nadel fallen hören können. Dann ließ er dünne Flammen aus seinem Munde strömen, die rasch emporzüngelten und wieder erloschen. Wiederholung mit der zweiten Fackel, absolute Stille im Saal. Wenn dann die Flammen erloschen waren und die Kristallüster der Decke wieder strahlten, richteten sich zwei Scheinwerfer auf den barbrüstigen Feuerschlucker. Tusch, Beifall, Verbeugung; noch mehr Beifall, noch eine Verbeugung – und raus.

Dann setzte das Salonorchester aus dem damals noch portugiesischen Goa, an der Malabarküste südlich von Bombay gelegen, mit seinem Glanzstück ein: Rimskij-Korssakows »Song of India«.

Der Drummer schlug zwei Takte lang im One-beat dumpf aufs Fell, dann setzte ganz hoch eine Klarinette ein. Den ersten Ton hielt sie vier Schläge lang, dann folgte eine gleichlange Sequenz in lauter Achtel-Quart-Intervallen nach unten, beendet von den Blechblas-Tutti mit einem Schlag; das Motiv wiederholte sich im Trugschluß – dann lief das Orchester zur Hochform auf: Lyrisch und hauchfein dudelte der Solist das Leitmotiv auf der Klarinette, warm und weich zog sich der One-Beat-Rhythmus durch das ganze Stück. Die Inder tanzten dazu, ihre Augen glänzten, jeder kannte das brillante Arrangement von Tommy Dorsey.

Wunderschöne Inderinnen wiegten sich anmutig im Takt dazu, ihre lose gewickelten Seidensaris raschelten aufregend und gaben ab und zu ein paar rotlackierte Zehennägel in einer flachen Flechtsandale frei.

Ich sang und spielte in zwei tadellos ausgesteuerte Mikrophone, eins für den Gesang, eins für die Gitarre. Sonny Lobo, der Bandleader aus Goa, verstand sich gut mit mir und schätzte besonders meine ibero-amerikanischen Titel wie die Tangos »A media luz«, »Mama, yo quero un novio« oder die »Rumba Tamba« der Lecuona Cubana Muchachos. Dann spielte er mir zuliebe das melodiöse »Siboné« in der weichen Moll-Tonart, nicht zu schnell, aber auch nicht schleppend.

Das Publikum spürte die Hingabe der Musiker und belohnte sie mit reichem Beifall. Gustav und ich aalten uns in der Anerkennung, steckten fürstliche Gagen ein und freuten uns des Daseins. Wir waren in Indien, und wir hatten Engagements.

An einem schönen Tag lud uns Mr. Cornelius zu sich ein, in sein schattiges Arbeitszimmer mit der hohen, schrägen Bungalow-Decke, den kühlen Steinfliesen als Fußboden und dem überdimensionierten Schreibtisch mit dem orange-weiß-grünen Fähnchen darauf. Vielsagend blickte er uns an, während er uns einen weißen, großen Umschlag überreichte: »Vorhin hat ein Bote der Regierung diesen Brief für Sie abgegeben.«

Nanu, die Regierung? Was haben wir denn da wohl falsch gemacht? Spannungsgeladen öffneten wir den Umschlag, entfalteten den Bogen und lasen: »Der Premierminister der Indischen Republik, Sri Jawaharlal Nehru, lädt Sie zu einer Audienz in seinen Diensträumen ein …« Datum und Uhrzeit waren angegeben, baldige Antwort erwünscht.

Wir bekamen Gänsehaut, ich mußte schlucken, und beide brachten wir kein Wort heraus. Zwei namenlose, junge Männer aus einer deutschen Provinzstadt, ohne Lobby, ohne diplomatische Vertretung, ohne irgendwelche Einflußmöglichkeiten oder prominente Bekannte, werden vom Staats-Chef der größten Demokratie unseres Erdballs offiziell eingeladen! Schwer zu glauben, aber das sind wir! Wie haben wir das verdient? Noch heute bleibt es mir unerklärlich.

Die ganze Welt kannte den Namen Pandit Nehru, kannte diesen Staatsmann, der seit 1948 seinem Vaterland als erster Premierminister diente; den Freiheitskämpfer, der sein Leben lang für die Unabhängigkeit seiner Heimat gestritten und viele Jahre in den Gefängnissen der britischen Kolonialmacht verbracht hatte.

Sein zwanzig Jahre älterer politischer Ziehvater Ghandi, dem der indische Dichter und Nobelpreisträger Rabindranath Tagore den Ehrentitel »Mahatma« (Große Seele) verliehen hatte, war 1948 dem Anschlag eines Attentäters erlegen. Seither regierte Jawaharlal Nehru die Indische Union, die damals aus siebzehn Bundesstaaten bestand, und er war ein großes Glück für das Land. Er hatte eine politische Vision und besaß die Gabe, sie seinem Volk zu vermitteln. Er konnte glänzend organisieren und führte als Vorsitzender die Kongreßpartei, die vor 1947 als Sammelbecken der Unabhängigkeitsbewegung gedient hatte.

Erst Nehru hatte Indiens Parlament zu einem wirksamen Instrument der politischen Entscheidungsgewalt gemacht, auch durch seine Begeisterung als Redner und durch seine Überzeugungskraft – ruhig, sicher, leise und doch kraftvoll.

Als Sohn eines wohlhabenden Rechtsanwalts war Nehru 1889 in Allahabad auf die Welt gekommen, mit allen Privilegien eines Brahmanen. Seine begüterten Eltern ließen ihm die Erziehung der englischen Aristokratie angedeihen: Zuerst in der Eliteschule Harrow, dann an der Universität in Cambridge. Dort wurde er mit den Ideen der europäischen Sozialistenbewegung vertraut, mit westlichen Vorstellungen von persönlicher Freiheit, Gleichheit vor dem Gesetz und Volkshoheit, doch ohne den Stolz auf seine indische Herkunft und Kultur zu verlieren.

Er besaß das Charisma des Revolutionärs, und nicht von ungefähr wählte ihn Mahatma Ghandi, den Churchill einen »halbnackten Fakir« nannte, im gewaltfreien Kampf für Indiens Freiheit an seine Seite. Als 1942 im Zweiten Weltkrieg japanische Streitkräfte von Burma aus die Ostgrenze Britisch-Indiens erreicht hatten, riefen Ghandi und Nehru eine anti-kolonialistische Bewegung gegen die Regierung Großbritanniens ins Leben. Fünf Jahre später, 1947, billigte der Vizekönig Louis Mountbatten den Indern dann endlich den Status eines unabhängigen Dominions innerhalb des Britischen Commonwealth zu – und Jawaharlal Nehru wurde dessen erster Premierminister.

Das neue Indien bezeichnete sich von Anfang an als demokratische sozialistische säkulare Republik, in der keine Religion bevorzugt wurde. Nach Nehrus Verständnis sollte das Kapital im Interesse des Gemeinwohls kontrolliert und die wirtschaftliche Entwicklung zum Nutzen aller zentral geplant und koordiniert werden. Nachdem er die Sowjetunion besucht hatte, lehnte er den Marxismus allerdings ab, nicht nur, weil er ein Gegner autoritärer Regierungsformen war.

Außerdem widersetzte er sich Ghandis Vorstellung einer nichtindustriellen Gesellschaft, die sich aus landwirtschaftlichen Kleingemeinden aufbauen sollte, nach Nehrus Meinung aber die grenzenlose Armut Indiens nicht hätte überwinden können. Deshalb förderte Nehru staatliche Großbetriebe für Stahlerzeugung, Stromgewinnung, Bergbau und Transportwesen und ließ im Jahre 1951 den ersten Fünfjahresplan in Angriff nehmen. Nach seinem Tode 1964 verglich seine Tochter Indira Ghandi ihren eigenen Regierungsstil mit dem ihres Vaters: »Mein Vater war ein Staatsmann, ich bin eine Politikerin. Mein Vater war ein Heiliger. Ich bin es nicht.«

Mr. Cornelius, der dunkelhäutige Südinder, hochgewachsen, schlank und westlich gebildet, beglückwünschte uns zu der Einladung und verriet, daß er ein wenig dazu beigetragen habe. Er habe nämlich bei unserem Wohltätigkeitskonzert für das CVJM-Haus Frau Indira Ghandi unter den Gästen gesehen. Ob sie wohl danach ihrem Vater von uns erzählt hatte? Oder hatten eher die Zeitungsartikel den Ausschlag gegeben? Warum sollte Nehru schließlich nicht zwei junge Deutsche kennenlernen wollen, die aus Sehnsucht nach Indien ein ganzes Jahr lang über Land dorthin gefahren waren und jetzt in Delhi weilten?

Wir kleideten uns korrekt, bestiegen die Cora und fuhren zum Amtssitz des Premierministers.

Er lag in dem noblen Regierungsviertel, das britische Architekten während der Zwanziger Jahre geplant hatten und das erst 1931 in verschwenderischem Kolonialstil fertiggestellt worden war. Sie hatten den gleichen roten Sandstein dafür gewählt, der den Mogulkaisern für ihre Paläste und Moscheen und somit auch als Baumaterial für das »Rote Fort« in Alt-Delhi gedient hatte.

Der ausgedehnte Regierungskomplex mit viel Rasengrün und indisch-historisierenden Jugendstil-Bauwerken imponierte durch Großzügigkeit, durch die Klarheit seiner Gestaltung und das Selbstbewußtsein der ehemaligen Kolonialherren, das aus ihm sprach.

Wir fanden das Gebäude, parkten das Beiwagengespann davor, und ein Lakai führte uns in die Amtsräume. Ich trug einen dunklen Zweireiher, Gustav den Glencheck-Sakko mit dunkler Hose. Man geleitete uns an eine Tür, klopfte dort an, und der Lakai öffnete einen Flügel der Doppeltür. Wir traten ein, und vor uns stand Pandit Nehru.

Die Nachmittagssonne fiel durch drei hohe Fenster herein, die den Blick auf den Rasen freigaben. Der Premierminister begrüßte uns auf englisch, und zwar in der makellosen Hochsprache des Establishments, nicht in dem Alltags-Englisch der Inder, das wir von der Straße her kannten.

Der schlanke Herr trat auf uns zu – er war etwas kleiner, als ich ihn mir vorgestellt hatte – und reichte uns die Hand. Wir stellten uns namentlich vor und mußten dabei den Kloß im Hals überwinden – schließlich hatte keiner von uns jemals auch nur einem Staatssekretär der rheinland-pfälzischen Landesregierung die Hand gegeben. Konsuln waren bisher die höchsten Staatsdiener gewesen, mit denen wir zu tun hatten.

Pandit Nehru trug die Tracht der indischen Oberschicht: Die seidene Soutane war tailliert geschnitten, und ihr helles Anthrazitgrau kontrastierte zu den engen, weißen Beinkleidern. So kannten wir ihn schon von Fotos her. Er trug jedoch keine Kopfbedeckung. Dafür zierte eine gelbe Rose im Knopfloch seine Soutane. Uns musterte er sehr genau, blickte jedem von uns in die Augen. In den seinigen lag eine große Sicherheit, zugleich aber auch Wärme und Großmut, und ich meinte, auch einen Hauch von Trauer darin zu ahnen. Von dem beinahe zierlichen Herrn ging eine Würde aus, die das ganze geräumige Zimmer füllte, das mit Polsterstühlen und einem leeren, langen Schreibtisch möbliert war und an den Wänden Bücherschränke mit Glastüren hatte. Wahrscheinlich beobachtete er uns genau so scharf wie wir ihn.

Er wies uns zwei Polsterstühle an und setzte sich uns gegenüber. In seinen Bewegungen lag Anmut. Außer uns beiden war niemand im Raum, nicht mal ein Diener. Nehru fragte uns nach Deutschland, nach der Teilung der Nation, nach den beiden deutschen Staaten, der wirtschaftlichen Lage und den Ansichten der westdeutschen Bürger zu ihrer jungen Bundesrepublik. Wir sprachen freier und freier, nachdem sich unsere anfängliche Beklommenheit gelöst hatte. Wir drückten unsere Bewunderung aus für den indischen Staat, erzählten auch von unserem dramatischen Grenzübergang, als wir das Gespann nach Indien hineinschieben mußten, weil das Schild »Germany – India« einen Saboteur auf den Plan gerufen hatte. Da ging ein Schmunzeln über Nehrus Züge. Wir sprachen auch über unsere geplante Route durch Indien, die nach Calcutta führen sollte und von dort nach Bombay, weil das der Hafen für die Schiffe nach Australien und Europa sei.

Fast eine Stunde saßen wir beisammen. Nehru erwähnte den kommenden Fünfjahresplan, der auch die Landwirtschaft vorwärtsbringen sollte.

Er hatte in landwirtschaftlichen Versuchsanstalten ertragreiche Getreidesorten in Auftrag gegeben, denn bisher hatte der Reisanbau pro Ernte und Hektar siebeneinhalb Millionen Kalorien erbracht, während der Weizen lediglich anderthalb Millionen Kalorien pro Hektar und Ernte geliefert hatte. Im indischen Süden dominierte zwar der Reis, aber rings um das dichtbesiedelte Gangestal bauten die armen Bauern nur Weizen an, und dort brauchte man neue, ertragreiche Sorten.

Dann wies uns der Premierminister noch auf seine nächste Rede im Parlament hin – Amtssprache war bis 1965 Englisch – die er am kommenden Tage zu halten gedachte, und er lud uns dazu ein. Er betätigte am Schreibtisch eine Klingel und ließ uns zwei Besucherkarten dafür ausstellen.

Wir hatten frank und frei gesprochen, und ich hatte den Eindruck, daß Nehru nicht von uns enttäuscht war, daß er von Deutschland nicht sonderlich viel wußte und nun die Gelegenheit wahrnehmen wollte, zwei »genuine Germans« unvoreingenommen zu sprechen. Das war ihm und uns denn auch gelungen. Vor dem Abschied baten wir noch um die Erlaubnis, ein Foto mit ihm zu machen; – »gladly« (aber gern). So fotografierte ich Gustav mit Nehru und Gustav anschließend Nehru und mich. Mir blieb der Eindruck, einen großen Staatsmann erlebt zu haben.

Obgleich er den Ausdruck »Pandit« (Gelehrter) nicht mochte, waren doch sein stilles Wesen und seine Gelehrsamkeit in dem Begriff enthalten. Seine Intelligenz und Tatkraft, sein Charme und seine Beredsamkeit überzeugten uns genau wie alle anderen in seinem Umkreis.

Jawaharlal Nehru geleitete uns an die zweiflügelige Tür, reichte uns die Hand zum Abschied und schaute uns dabei wieder mit seinen braunen Augen an, in denen diesmal vielleicht ein bißchen mehr Freude lag.

Ein Diener brachte uns durch die Gänge zum Parkplatz. Wie hell die Sonne schien, wie grün der Rasen leuchtete!

Delhi-katessen

Im Jahre 1911 gaben die Briten Calcutta als Hauptstadt ihrer Kronkolonie Indien auf und zogen nach Delhi. Hier verschmolzen aber die westlichen und östlichen Elemente nicht so nahtlos wie in vielen anderen Städten.

Im nach Norden hin gelegenen Alt-Delhi spürten wir noch deutlich die Tradition der indischen Geschichte. Das ungeheure »Rote Fort« beherrschte das Stadtbild, vom Mogul-Kaiser Schah Jahan im siebzehnten Jahrhundert aus Sandstein erbaut.

Auf der Hauptstraße, dem Silber-Bazar, lief das bunte Treiben wie in allen indischen Städten. Heilige Kühe, abgemagert und scheinbar herrenlos, trotteten durch die Gassen und fraßen vom Grünzeug der Marktstände – kein Hindu rührte sie an. Autos bahnten sich den Weg durch das Gewühl von Radfahrern, Rikschas und überladenen Lastkarren – von Kulis gezogen. Barfüßige Bettler ließen die Massen an sich vorüberströmen, und keiner kümmerte sich um Verkehrsregeln, – egal, ob rote, grüne oder gelbe Ampeln leuchteten. Der viele Schmutz schien niemanden zu stören, die Fliegen und der Staub überfüllter Straßen, pissende Hunde und stinkende Kuhfladen waren selbstverständlich.

In einer Seitenstraße stellten sich die Huren zur Schau. Jede einzelne saß hinter einem Gitter aus Eisenstäben wie eine Tigerin und geizte nicht mit ihren Reizen: Das Mieder in Shocking-Pink verhüllte den Busen, gab aber die bronzefarbenen Arme und den Nabel frei. Ein langer, weiter Rock fiel bis auf den Boden. Um den Hals hingen lange Ketten aus Korallen, an den Armgelenken rasselten Silberreifen, und jede von ihnen trug eine Lotosblüte hinterm Ohr; das Weiß der Blume Indiens leuchtete auf dem Blauschwarz des dichten Haares, das zu einem Knoten oder Zopf geflochten war.

Alle diese Mädchen waren schlank, vollbusig und langbeinig, und die anmutigen Gesichter zeigten meistens noch nicht die harten Züge levantinischer »Putanae«. Selbst den Abgebrühten, die hier ihre Beine zeigten, verliehen die sanften Rehaugen der Inderinnen noch Anmut und Lieblichkeit. Ich genoß den Spaziergang durch das Bordellviertel, wo die tausend Huren dieser Straße den Männern ihre Dienste anboten, vor allem wohl jenen Landflüchtigen, die Weib und Kind in ihrem Heimatdorf zurückgelassen hatten – ob freiwillig oder von der Not getrieben.

Am Stadtrand stanken die Elendsviertel, rauchten die Kuhfladenfeuer vor niedrigen Firstzelten aus Lumpen, Säcken und Pappe, verreckten die Elenden an Unterernährung, Tuberkulose, Malaria und den vielen anderen Tropenkrankheiten, die dort, bei den »Verdammten dieser Erde«, ihre Opfer zu Tausenden fanden. Täglich stand in der Zeitschrift »The Statesman« die Anzahl der Toten, die Lepra, Cholera, Fleckfieber und andere Seuchen am Vortag in Delhi gefordert hatten.

Neu Delhi hingegen, eine Schöpfung des zwanzigsten Jahrhunderts, zeigte uns ein modernes, luftig durchgrüntes Stadtbild. Die britischen Kolonialherren hatten die ehemalige Hauptstadt des Mogulreiches großzügig erneuert. Die Regierungsgebäude und Wohnquartiere der Kolonialbeamten waren von dem englischen Architekten Edwin Luytens entworfen worden, und ihre Errichtung hatte sich über zwei Jahrzehnte hingezogen. Die ausgedehnte Villenstadt kennt nur westliche Gebäude, die alle durchwegs in offenem Grün liegen, beschattet von großen Bäumen.

Die Wasser des Jamuna, eines der Nebenflüsse des Ganges, dienten daher schon im Februar der Bewässerung, sonst wären die ausgedehnten Rasenflächen vertrocknet. Überhaupt muß man in Delhi Unsummen für Bewässerung und Gartenpflege ausgeben, aber dieses britische Erbe findet man ja allerorten, wo Britannia einmal seine Kultur hinpflanzte: in Australien, Kanada, Südafrika usw.

Wir sahen täglich, daß hier auch die reichen und westlich orientierten Inder wohnten. Ein Mädcheninternat zum Beispiel engagierte uns für einen Nachmittagsauftritt. Alle »Lyzen« zwischen sechzehn und achtzehn Jahren, lauter braune Töchter Indiens, himmelten uns an, baten um Autogramme, kokettierten mit ihrem jugendlichen Charme, ließen die Busen unter den lose gewickelten Saris ahnen und nahmen dankbar unsere entgegenkommenden Blicke auf, aus blauen Augen, wie sie dortzulande selten sind.

Hatte Manfred Hausmanns »Lampioon« nicht auch eine ganze Mädchenklasse durchgeküßt, damals, als Landstreicher in Süddeutschland? Ob das in Neu-Delhi auch möglich gewesen wäre …?

»So, Sie kommen aus Deutschland? Ich habe die Deutschen leider nur als Kriegsgegner kennen- und fürchtengelernt; ich war nämlich bei den ›Commandos‹, kleinen Elite-Einheiten des Heeres. Bei der Probelandung im französischen Hafen Dieppe hätten mich die ›Jerries‹ beinahe gefangengenommen, aber ich bin ihnen dann doch entwischt. Ich bin hier, um mir ein Visum zu besorgen, denn ich habe den Auftrag, in Nepal vier Panzernashörner zu fangen …«

Der Sprecher, der neben mir im Warteraum der nepalesischen Botschaft saß, gehörte zu den sportlichen Muskeltypen, und seine junge Glatze mußte früher mit blonden Locken bedeckt gewesen sein. Der stattliche Schnurrbart verriet den ehemaligen Fallschirmjäger. Von Gestalt war er kürzer geraten als ich, dafür sprengten seine Muskelpakete beinahe das weiße Sommerhemd, und die Körperhaare krochen unter den Manschetten hervor.

»Als wir das Schwere Wasser gewaltsam aus Norwegen herausholten und so die deutschen Vorbereitungen zur Atomspaltung vereitelten, war ich auch dabei. Und ganz zuletzt in Arnheim, am 17. September 1944, bei den Luftlandetruppen, die fast alle in deutsche Gefangenschaft gerieten. Übrigens heiße ich Barber, Gordon N. Barber und stamme aus Brighton.«

Ich stellte mich vor und erzählte ihm von unserer Reise und dem Auftritt im Metro-Palace. Auch, daß wir möglicherweise einen Abstecher nach Nepal machen wollten. Das muß ihm imponiert haben, denn er brachte mir gleich die Einzelheiten bei, die zum Fang eines Panzernashorns gehörten.

»Das geht ziemlich einfach. Man läßt eine Fallgrube ausheben, möglichst auf einem der Wildwechsel, den die Nashörner täglich gehen. Da fällt dann der Anderthalbtonner hinein, aber bitte nicht zu tief. Die Kulis müssen dann lediglich den Sand wieder hineinschaufeln, damit sich das Nashorn auf die alte Ebene hochtrampeln kann. Dort steht schon ein Bambuskäfig bereit, die dicken Bohlen für den Boden werden untergeschoben, und dann hat man nur noch das Transportproblem zu lösen.«

Über uns flatterten die beiden schwarz-roten Wimpel des damals noch unzugänglichen Königreiches Nepal. Mr. Barber wurde dann wegen seines Visums vorgelassen, und ich verlor ihn aus den Augen. Unser geplanter Abstecher nach Nepal fand jedoch nicht statt.

Zwei Abende später, Gustav und ich hatten soeben unsere Schau abgezogen und flanierten vor den Schaufenstern des Connaught-Circus im Herzen der Innenstadt, sprach uns ein Weißer auf der nächtlichen Straße an.

»Welch ein Zufall, daß ich Sie wiedertreffe!«

Es war Gordon N. Barber, und ich stellte ihm Gustav vor.

»Ich habe mir überlegt, daß wir hier gemeinsam allerhand Geld verdienen könnten. Indien hat doch die zweitgrößte Filmindustrie der Welt, die brauchen doch andauernd Stunt-Teams! Wäre das nichts für uns drei?«

Leider wußten wir nicht, was ein Stunt-Team war.

»Stunt-men sind neben den Hauptdarstellern die höchstbezahlten Leute vor der Kamera. Sie spielen das, was Schauspieler nicht können: Schwere Schlägereien zum Beispiel, wo richtig draufgedroschen wird. Oder Flugzeug-Zusammenstöße, bei denen beide Maschinen brennend abstürzen ...«

Wir winkten ab. Wir verdienten als »Corano Brothers« so gut, daß diese gefährlichen Spiele für uns nicht in Frage kamen.

An einem lauen Februarabend schlenderten wir durch die Parliament-Street, eine der breiten Hauptstraßen des Stadtkerns. Da ertönte von fern eine sonderbare Musik. Wir folgten ihrem Klange mit gespitzten Ohren und gelangten an eine prächtig beleuchtete Villa. Alle Fenster strahlten in die Dämmerung, und von Palme zu Palme schwangen sich farbige Lichterketten. Diener eilten hin und her in glanzvollen Kostümen, mit Schärpen und Turbanen, aber barfuß.

Als wir nähertraten, boten sie uns in Silberfolie eingewickelte Blätter des Betelstrauchs an und erklärten, das würde die Verdauung anregen. Sogar Zigaretten mit echt vergoldeten Mundstücken hielten sie uns hin. Was war da nur los?

Die Tochter eines indischen Industriellen feierte Hochzeit. Die ohrenbetäubende Musik kam immer näher: ausschließlich Blechbläser, quer durch das Sortiment, von der Baßtuba bis zur B-Trompete. Phantastisch aufgeputzt, marschierte die Kapelle in den Hof der Villa, und alle Hochzeitsgäste bestaunten die Musici; die bliesen aus vollen Backen, jede Trompete die gleiche Weise, unisono im Sechsachteltakt. Es gab keinerlei Harmonien, nur eine Melodie, aber die in allen Klangfarben und vier Oktaven! Dazu schepperte metallisch ein Becken.

Eigentlich hatte ich mir indische Musik ein bißchen leiser vorgestellt. Plötzlich ein jähes Abbrechen der Kapelle – nur das Fistelstimmchen einer überblasenen Klarinette wiederholte das Motiv.

Dann, endlich, kam der Höhepunkt für alle Zuschauer: Auf einem Schecken ritt er, der Herrliche, der Bräutigam, in den illuminierten Gartenhof ein; sein Gesicht war hinter einem Schleier aus Glasperlen verborgen, und angetan war er mit einem orangefarbenen Turban, weißseidener Soutane und ebensolchen Beinkleidern.

Hinter ihm im Sattel saß ein kleiner Junge, und die Braut erwartete ihn oben auf der Freitreppe in ihrem Pracht-Sari, flankiert von sieben Begleiterinnen.

Man erzählte uns, daß das Brautgeld ziemlich hoch sei und der ungeheure Aufwand bei solchen Hochzeiten manche Familie auf Jahre verschulde; auch wurde uns beteuert, daß die Braut zwei Tage lang nur mit Milch und Honig gefüttert worden sei, und zwar von sieben glücklich verheirateten Frauen.

In beiden Familien hatte man in der Nacht vorher die Henna-Zeremonie vollzogen, bei der die Schwestern und jüngeren weiblichen Verwandten Hände und Füße des Bräutigams und der Braut mit Henna rot färbten. Auch banden sie beiden Verlobten je einen roten Faden ums Handgelenk.

Geschenke gab es in unvorstellbaren Mengen und Werten: Allein die Braut erhielt 101 Sets von Saris, Schuhen, Kopftüchern und anderem ...

Endlich geleitete man den reich mit Blumenkränzen geschmückten Bräutigam, der inzwischen vom Pferde gestiegen war, zu dem Zeremonialbett ins Haus, wo bereits die Braut saß. Segensgesten, zum Beispiel das siebenmalige Zusammenstoßen der Köpfe des Paares, und das Berühren mit Grashalmen, brachten die Brautleute einander näher ...

Wir wären noch gerne geblieben, waren aber in Eile, verabschiedeten uns und gingen ins Metro-Palace zu unserem Auftritt. Sonny Lobos Musik war bereits auf dem Bürgersteig zu hören, noch ehe wir die Treppen zum großen Saal hinaufstiegen und in unsere Künstlergarderobe gingen, um uns für die »Floorshow« umzuziehen und einzustimmen.

An einem der sonnigen Tage im Februar traf ein kleines, agiles Team von Presseleuten und Fotografen im YMCA-Haus ein, unter ihnen eine wirklich gut aussehende junge Inderin im Sari.

»Wir möchten Ihnen gern die neu gekürte Miss India vorstellen. Gestern wurde sie von der Jury aus allen Kandidatinnen der siebzehn Teilstaaten Indiens ausgewählt, und zwar einstimmig. Hier ist Miss Amineh Muckerjee – dürfen wir Sie der Dame vorstellen, bitte …?«

Uns war das recht; eine hübsche junge Inderin kennenzulernen, war allemal ein Vergnügen. Wir machten ein paar Minuten small-talk, tranken ein paar Soft-Drinks mit den Journalisten nebst Miss India und winkten ihr nach, als sie im offenen Cabriolet die geschwungene Auffahrt hinabrollte und entschwand. Daß uns ein späteres Wiedersehen bevorstand, davon ahnten wir noch nichts.

Eines Samstags klopfte es nachmittags an unser Bungalowchen. Lieber Himmel, muß jetzt einer stören? Weiteres Anklopfen. Gustav erhebt sich und öffnet. Vor uns steht Gordon N. Barber. »Hallo, come in, please …«

»Ich wollte Ihnen mal die neuen Briefbögen zeigen für das Stunt-Team, das wir drei zusammen gründen sollten!«

Dabei holte er aus einer Ledertasche die Andrucke heraus, wo er auf dem Briefkopf schon die Firma namentlich angeführt hatte. Wir bewunderten das Werk gebührend.

»Wie ich in der ›Hindustan-Times‹ las, wollen Sie bald abreisen. Nun ist heute Samstag, alle Banken sind geschlossen. Ich habe aber soeben eine Sendung Großtiere erhalten und muß den Lieferanten bezahlen. Wenn Sie mir bis Montag freundlicherweise tausend Rupien leihen könnten …? Dann kann ich schon übermorgen auf meine Bank gehen und Ihnen die Anleihe zurückzahlen.«

Tausend Rupien waren nach heutiger Kaufkraft etwa achttausend Mark; ein stattlicher Betrag, wenn man bedenkt, daß wir pro Tag für unsere Bleibe acht Rupien zahlten. Wir besaßen zwar die Summe, aber sie zwei Tage vor unserer Abreise herauszurücken, war sehr riskant.

Erst zögerten wir, überlegten hin und her, konnten aber nicht frei miteinander sprechen, weil Mr. Barber zugegen war. Der erzählte uns soeben noch die peinliche Geschichte von der Pythonschlange, die unter seinem Schrank herausgekrochen kam als er gerade auf dem Klo saß…

Ich hatte seit Jahren kaum über nennenswerte Geldbeträge verfügt, aber Gustav hatte doch ein Jahr in London Volkswirtschaft studiert, er verstand doch sicher mehr davon? Wahrscheinlich hielt er aber mich für das Finanzgenie. Jedenfalls gaben wir Mr. Barber am Ende achthundert Rupien, mit einer Kaufkraft von heute vielleicht siebentausend Mark – und er schrieb uns dafür einen Schuldschein aus. Schon am Montag wollte er zurückzahlen. Wir aber wollten am Montag weiterfahren, Richtung Agra und Benares, und brauchten dazu das Geld; wir hatten zwar noch einiges im Beutel, aber die fünfzehnhundert Kilometer – täglich etwa 150 – wollten finanziert sein.

Als am Montagabend die Rückzahlung noch nicht erfolgt war, entschlossen wir uns, am Dienstagmorgen die Anleihe bei Mr. Barber einzutreiben. »Landau ou la Mort«! – »Tod oder Landau!« hieß es in der Französischen Revolution. Das war jetzt unser Wahlspruch.

Der Brite wohnte in einem feinen Hotel mit schattigem Innenhof, Palmen reckten sich über die sieben Stockwerke zum Licht hinauf und weißgestrichene, offene Galerien verliehen dem Ganzen den Anstrich von Luxus. Der Rezeptionschef wies uns nach oben. Und Gordon N. Barber öffnete.

»Leider habe ich den Betrag noch nicht abheben können. Was, Sie sind schon im Aufbruch? Ja, dann überweise ich Ihnen die achthundert Rupien nach Calcutta ins Great Eastern Hotel – dort werden Sie doch sicherlich wohnen. Dann verfügen Sie gleich bei der Ankunft über einen höheren Barbetrag, und das ist doch nicht unangenehm. Jedenfalls kann ich Ihnen heute und morgen die Anleihe nicht zurückzahlen.«

Wir standen da wie dumme Bauern. So einfach hatte er uns reingelegt, vielleicht sogar richtig betrogen. Was nützte uns jetzt sein Schuldschein? Wir waren im Aufbruch begriffen und hatten Neu-Delhi adé gesagt. Gordon N. Barber aus Brighton, der Lump, stand seelenruhig auf der Galerie vor seiner Suite und blickte uns nach, als wir sein elegantes Hotel verließen.

Draußen wartete die Cora stramm bepackt, die Balalaika lag oben auf dem Beiwagen, und die letzte lange Etappe lockte – auch wenn wir schon ahnten, daß wir die Rupien nie wieder zurückbekämen. Den Berufsschwindler Gordon N. Barber trafen wir zwar später noch einmal in Bombay. Aber das ist eine andere Geschichte.

Den Ganges abwärts

Seit dem Kaiberpaß hatten wir Kurs Ost-Südost gehalten, und diese Richtung würden wir bis Calcutta nicht mehr wechseln.

Den Pandschab hatten wir bereits vor Delhi verlassen, wir reisten jetzt im Staate Uttar Pradesh. In diesen dichtbevölkerten Landstrichen liegen die heiligsten Wallfahrtsorte der Hindus wie auch die großen Residenzen der Mogulkaiser.

Unsere Reiseroute folgte der gleichen Richtung wie die alten Eroberungszüge nach Indien. So hatte Timur (Tamerlan) im Jahre 1398 Delhi verheert und war mordend und plündernd durch Indien gezogen. Mit der ganzen Intoleranz, zu der Anhänger von Offenbarungsreligionen fähig sind, hatte er die Hindus zu Hunderttausenden niedermetzeln lassen, bevor er sich nach Samarkand zurückzog.

Sein Nachkomme Babur hatte dann in Indien das Reich der Mogulen (Hindi für »Mongolen«) gegründet, nachdem er von Turkestan aus Kabul (1504) erobert hatte. Seine Nachkommen sollten die islamische Kunst in Indien zur höchsten Blüte verfeinern. Agra, wohin wir jetzt gerade fuhren, war ihm 1525 in die Hände gefallen.

Von Delhi nach Agra führte uns die 211 Kilometer lange Straße durch Bauernland. Der mittlere Streifen aus Asphalt war von Omnibussen und überladenen Lastwagen befahren. Auf den beiden äußeren Pisten der »Grand Trunk Road« rollten dagegen langsame Holzkarren, von Ochsen gezogen, trippelte auch mal ein Esel mit einem barfüßigen Pilger zum fernen Wallfahrtsort;

schaute mancher stolze Reitersmann herablassend auf unsere Cora herunter.

Nach wenigen Stunden hatten wir Agra erreicht und besuchten das berühmte indische Grabmal, »Taj Mahal« (Krone der Paläste). Es lag in gepflegten, grünen Parkanlagen am Ufer des Flusses Jamuna (sprich: »Djamna«). Solche Gärten waren in Indien erst mit den Mogulkaisern aufgekommen, denn sie waren immer mit islamischer Paradies-Symbolik verbunden.

Beim Anblick dieser weißen Marmorblume beschleunigte sich unser Herzschlag – vor Staunen über solche Baukunst: über die Klarheit der Linien, den Schwung der Zwiebelkuppel, die Harmonie der Größenverhältnisse und den Glanz der polierten Marmorfassade. Das Weltwunder spiegelte sich in einem streng angelegten, rechteckigen Teich, der – ganz in Marmor gefaßt – auf die Fassade zuführte, gesäumt von grünen Rasenflächen, Rosenbeeten und geschnittenen Hecken.

Das schwerelose Marmorgebilde schimmerte weiß im hellen Februarlicht und hatte in seinem Wesen etwas Weibliches, Sanftes, Strahlendes. Kein Besucher, den das Meisterwerk in seinen Bann schlug, hat das Staunen je verbergen können. Gustav fragte mich nach einer Weile Schweigens, ob es mir die Sprache verschlagen hätte. Ich konnte nur nicken.

Der Bau ist quadratisch angelegt, aber mit abgeschrägten Ecken, so daß der Grundriß dem Oktogon orthodoxer Kirchen ähnelt. Die Kuppel darüber ist dem Vorbild persischer Moscheen entlehnt, doch die vier flankierenden Nebenkuppelchen, die man Pavillons nennt, gehören zur indischen Architektur. Das Grabmal ist gänzlich mit weißem Marmor verkleidet, der bei Nagaur in Rajastan gebrochen und über ein paar hundert Kilometer herangekarrt wurde. Kunstvolle Einlegearbeiten aus »Pietra dura« (Hartstein) verzieren die Fassade. Und weil ein paar italienische Fachleute gerade am Ausbessern waren, fielen davon kleine Splitter aus Halbedelstein in Blau und Rot auf die Marmorterrasse. Ich steckte gleich einige davon ein. So besitze ich noch heute ein paar Steinchen vom Taj Mahal aus Jaspis, Karneol, Amethyst und Saphir.

Das beinahe magische Ebenmaß des Bauwerkes beruht auf vielen Grundsätzen. So ist beispielsweise die Fassade genau so hoch wie die Kuppel, nämlich 29 Meter, das gesamte Bauwerk also 58 Meter, und die vier 42 Meter hohen Minarette, die den Bau weiter außen flankieren, stehen an Höhe und Dicke im Gleichklang mit der Kuppel und den Pavillons.

Wenn man ins Innere tritt, so bestätigt sich, was man schon draußen sah: Das Taj Mahal hat keine Fenster. An ihrer Stelle lassen aber hauchdünn ausgearbeitete Marmorscheiben, einem zarten Gewebe gleich, das gedämpfte Tageslicht herein.

Im Inneren des Mausoleums stehen dann in einer tiefen Gruft die Sarkophage von Mogulkaiser Schah Jahan und seiner Gemahlin Mumtaz Mahal (Auserwählte des Palastes). Er war 1666 gestorben, nachdem ihn sein Sohn Aurangzeb (1628 – 1707) die letzten acht Jahre seines Lebens als Gefangenen im Fort von Agra gehalten hatte.

Einer der Hauptgründe seiner Entmachtung war der ungeheure Aufwand gewesen, mit dem er seine prunkvollen Bauwerke errichten ließ und damit das Mogulreich ruinierte. Deshalb kam er auch nicht mehr dazu, sein eigenes Mausoleum am jenseitigen Ufer des Flusses zu verwirklichen, das in schwarzem Marmor erbaut werden sollte als Kontrast zum weißen Marmor des Taj Mahal.

So aber hielt sein Sohn als mächtigster aller Mogule mit eiserner Hand das Reich zusammen, gestützt auf ein Reiterheer, das er mit verpachteten Steuern finanziert hatte und mit dessen Hilfe der asketische Herrscher seine Untertanen in Schach hielt.

Sein Vater, Schah Jahan, hatte den Bau der Grablege im Dezember 1631 in Angriff genommen, ein halbes Jahr, nachdem seine geliebte Gemahlin Mumtaz Mahal mit 38 Jahren bei der Geburt ihres vierzehnten Kindes gestorben war. Ihr zum Andenken ließ er das Grabmal errichten, wahrscheinlich nach den Plänen seines Hofarchitekten Ustad Ahmed Lahori. Italienische Handwerker sollen 22 Jahre an den Blumenarabesken und Kalligraphien gearbeitet haben. Man glaubt es gern.

Wesentlich für die Gesamtanlage ist der große Park, den ein zentraler Wassergraben durchzieht, in dem sich das weiße Wunder aus Marmor spiegelt. Zwei Moscheen flankieren das Mausoleum und umrahmen den Gesamtkomplex wirkungsvoll durch die kühne Kombination von rotem Sandstein und weißem Marmor.

Für uns beide gehören die stille Würde und das Ebenmaß dieses Grabmals zu den packendsten Erinnerungen unserer »Indienfahrt«. Der ewig rätselhafte Begriff Indien, den kein Maler und auch kein Wort eines Dichters in seiner ganzen Fülle und Eigenart vermitteln können, offenbarte sich uns hier in seiner schwebenden Eleganz, seiner Leichtigkeit und glühenden Inbrunst. Wir waren ergriffen von der Trauer, dem Schönheitssinn und der alten Herrschergewalt dieses Landes, die uns ehrfürchtig machte. Mir war, als wäre der Geist Indiens und seiner alten Völker an meine Seite getreten und hätte zu mir gesprochen.

Weiter, Gustav, Ost-Südost! Die »Grand Trunk Road« mit ihren drei Fahrbahnen hatte uns wieder, und die vier Baumreihen der Allee spendeten Schatten, der uns wohltat. Später warf die Abendsonne ihre Kringel mild auf den Asphalt.

Bereits in Amritsar hatten wir uns zwei Moskitonetze zugelegt, die wir des Nachts über unsere Betten hängten. Den Saum schlugen wir unter der Matratze ein, damit keine Schnake dem Schläfer Blut abzapfen und ihn womöglich mit einem Krankheitskeim infizieren konnte.

Dennoch wunderten wir uns beinahe jeden Morgen, daß einer oder zwei der Plagegeister trotz allem ein Schlupfloch gefunden hatten und vollgesaugt an der Innenseite des Netzes saßen. Beim Totschlagen gab es dann immer einen häßlichen Blutfleck.

Eines Abends hatten wir in der Dämmerung neben der äußeren Fahrbahn einen Lagerplatz unter einem gewaltigen Feigenbaum hergerichtet. Die beiden Feldbetten standen neben dem dicken Stamm, und weil die unteren Äste des Baumes waagerecht wuchsen, konnten wir die Moskitonetze daran aufhängen. Ich hatte ein Mahl bereitet, mit Früchten als Nachtisch, und die Affenherde in der riesigen Baumkrone hatte dem Diner als Zuschauer beigewohnt.

Dann schickte der Oberaffe zwei, drei seiner Untergebenen zu uns herunter, wo wir ihnen ein paar kleine grüne Bananen hinwarfen. Die Äffchen grabschten sie sich sofort und huschten mit der Beute ins Geäst hinauf, wo ihnen der Alte die Bananen aus den Händchen riß, sie sauber schälte, und zwar von der Spitze zum Strunk hin, und danach verschlang.

Unsere Petromaxlampe ließen wir diesmal nicht lange brennen, denn zuviele Insekten kamen ans Licht geflogen. Den kleinen Klapptisch und die Klappstühle ließ ich stehen, um sie in der Morgenfrühe wegzuräumen, und die restlichen Bananen blieben gleichfalls in der Schale liegen. Dann schlüpften wir unter die Moskitonetze und fühlten uns einigermaßen geschützt vor dem Gewürm der Asseln und Tausendfüßler, den Skorpionen, Nachtfaltern, Fliegen, Moskitos, Bremsen, Spinnen und dem sonstigen Ungeziefer des offenen Landes ringsum.

Die Nacht kam früh und schnell mit all ihren fremden Geräuschen der Kleintierwelt. Längst waren die Lockrufe der Wildtauben verstummt, aber Nachtvögel schrien – mal näher, mal fern. Wir schliefen ein, müde und voller Eindrücke vom Taj Mahal am Nachmittag.

Im Zwielicht der Morgendämmerung lag ich wach unter dem Moskitonetz und sah der Affenbande zu, wie sie sich an unseren Bananen gütlich tat.

Die etwa dreißig Zentimeter großen Äffchen hatten das Bündel auf den Boden gezerrt, saßen im Gras neben einem Busch und fraßen eifrig. Mich konnten sie hinter dem weißen Netzvorhang nicht sehen, und ich blieb auch mäuschenstill. Da hörte ich unter dem Busch heraus ein Geräusch, das mich stärker durchzuckte als der Knall einer Faustfeuerwaffe. Ich hatte das Gefühl, als ob mir das Blut in den Adern geronne. Es war ein durchdringendes, scharfes Zischen, das mich an die Drohlaute der Gänseriche Unterfrankens erinnerte, wenn sie uns Kinder mit vorgestrecktem Hals und aufgerissenem Schnabel von ihrer Herde vertreiben wollten.

Das Zischen aus dem Busch klang aber bedrohlicher. Wenn der Tod eine Stimme hätte, dachte ich, dann klänge sie so wie dies tonlose Fauchen. Ich wußte sofort: Das war eine Schlange, und zwar eine große, gefährliche. Ich fühlte, wie sich meine Haare sträubten. Dann war es still, nur das Blut sauste noch in den Ohren, und mein Atem ging flach. Mein Mund war trocken. Auch die vier Affen waren wie gelähmt. Sie saßen nur noch da und starrten auf den Busch. Die grünen Bananen hielten sie noch in den winzigen Fingern, und ihre runden Augen standen weit offen.

Dann glitt unter den Zweigen des Busches eine große Schlange hervor. Sie hielt den kleinen Kopf eine Spanne hoch über dem Boden, und ihre gespaltene Zunge leckte wiederholt aus dem geschlossenen Maul. Die Augen hielt sie auf einen der Affen gerichtet. Lächelte sie dabei? Ihr Leib floß lautlos unter den tiefen Ästen hervor, er war fast spannendick und trug ein gewürfeltes Muster auf dem Rücken; die Unterseite des Halses leuchtete hell.

Da ich hinter dem Moskitonetz lag, konnte mich die Schlange nicht bemerken. Doch selbst in der Entfernung von einigen Metern und im Schutz des Netzes fühlte ich mich ihr gegenüber wehrlos und fragte mich beklommen, was ich wohl tun sollte, wenn sie direkt auf mich zukäme. Gustav hinter seinem dicken Baumstamm schien noch zu schlafen. Ich fühlte mich nicht in der Lage, ihn zu wecken.

Und nun spielte sich vor meinen Augen das grausame Drama des Tötens ab: Ein Reptil, das ein Säugetier umbringt, wie alle tropischen Völker es kennen und erzählen, sei es nun rühmend oder verfluchend. Nur die Schlange hat ja jene geheimnisvolle Macht, die geräuschlos und unwiderstehlich aus dem Garten des Bösen stammt und auch so handelt, indem sie tötet.

Es schien ein seltsamer Schimmer auszugehen von ihrem rieselnden Gleiten. Trotz meines Ekels und meiner Abscheu spürte ich in ihrem zielstrebigen Näherschleichen die Kraft und die Würde des Naturgeschöpfs. Niemals war mir diese Fortbewegung ohne Gliedmaßen, dieses schleichende Fließen und Vorwärtsschieben so faszinierend und zugleich beängstigend erschienen wie bei dieser großen Schlange. Ein böser Zauber ging von ihr aus.

Näher und näher glitt sie und hielt dabei ihren glasigen Blick auf den kleinen Affen gerichtet, der sich noch immer nicht rührte. Mit weitaufgerissenen, runden Augen verfolgte er, wie sie den Hals zu einer seitlichen Schleife bog. Dann schnellte der Schlangenkopf blitzartig vor. Die mörderische Falle des Rachens klaffte sperrangelweit auf, und die vier Fangzähne blitzten weißlich hinter den hochgezogenen Lefzen.

So hieb sie ihre Fänge in den kleinen, haarigen Affenkörper, ringelte sich blitzschnell und kraftvoll um ihn herum und erstickte meinen kleinen Vetter aus Indien vor meinen Augen – es dauerte keine Minute. Die anderen Affen hatten sich mit panischen Sätzen und erhobenen Schwänzen in die Baumkrone geflüchtet, und auch ich konnte wieder atmen. Dann ließ das Reptil seine Beute aus der Umschlingung frei und begann, sie mit dem Kopfe voran zu verschlingen: es dauerte fast eine halbe Stunde und schien mir eine quälende Mühsal zu sein. Ihre Unter- und Oberkiefer hatte sie ausgehakt und würgte das Äffchen geduldig durch ihren engen Schlund. Mir schien, als habe sie der Schöpfer durch diese langwierige und lustlose Freßweise dafür bestraft, daß sie ihre Beute so hinterlistig beschleicht und so grausam tötet. Noch lange schaute der Schwanz des Äffchens aus dem geschlossenen Maul heraus, wurde langsam immer kürzer und verschwand schließlich ganz.

Keine neugierige Krähe kam angeflogen, keine Gabelweihe ließ sich auf den paar Abfällen unseres abendlichen Mahles nieder – nur ich, der Unberufene, war als Zeuge dabei.

Dann kroch die wadendicke und zweieinhalb Meter lange Python unter den Busch zurück. Über den nahen Feldern lichtete sich der Dunst, und Indiens Februarsonne stand schon eine Handbreit über dem Sichtkreis. Längst hatten die Sittiche ihr lärmendes Gezeter in den Alleebäumen angefangen, nur Gustav auf der anderen Seite des Feigenbaumes schnarchte leise und ahnungslos in den jungen Tag.

Ich blieb noch eine Viertelstunde liegen; dann stand ich auf, richtete das warme Wasser für die Morgenwäsche und bereitete das Frühstück auf dem kleinen Klapptisch. Das Fauchen des Primuskochers klang doch anheimelnder als jenes der Schlange! Ich erzählte Gustav vom Tod aus dem Busche, und er war ungehalten, weil ich ihn nicht geweckt hatte. Wir wagten aber nicht, uns dem Gebüsch zu nähern und nachzusehen, ob die Python sich dort zusammengeringelt hatte. Heute wollten wir es noch bis Kanpur schaffen, wohin uns ein Empfehlungsschreiben aus Delhi wies: Dort erwartete uns eine deutsche Familie.

Man empfing uns in der Tat mit großer Herzlichkeit. Ich glaube, wir waren die ersten Touristen aus Deutschland, die man nach dem Krieg in Indien sah.

Der Herr des Hauses war allerdings ausgeflogen – auf Tigerjagd – und wollte ein paar Tage in der Wildnis verbringen. »Waidmannsheil!«

So »nahmen« wir den Lunch mit der Lady aus Esslingen auf der schattigen Terrasse; der Koch steckte seinen Kopf zur Durchreiche heraus, wenn der nächste Gang zum Servieren bereitlag, und der Diener – ganz in Weiß, aber barfuß – wetzte hin und her. Wir tranken Lemon-Squash – frisch ausgedrückten Limonensaft –, gesüßt mit dem Honig der Wildbienen, und aßen als Nachtisch einen köstlichen Salat, den der Koch aus den Schößlingen von Kokospalmen zubereitet hatte: Die zarten und wohlschmeckenden Blätter des mittleren Triebes hatte er herausgeschnitten und mit Olivenöl und saurem Zitronensaft geglättet und gewürzt. Der Salat schmeckte ein wenig nach jungen Haselnüssen, und ich mußte gestehen, daß keine Küche Europas etwas Ähnliches auf den Tisch bringen könnte, denn die nördliche Verbreitungsgrenze der Kokospalme reicht nicht über das Tiefland der Gangesebene hinaus.

Mit Einbruch der Dunkelheit, kurz nach sechs Uhr abends, zogen wir uns in das geräumige Haus zurück, weil die Moskitos auf der Terrasse vom Lichte angezogen wurden. Alle Fenster waren mit dünnen Gazevorhängen verkleidet, und die Ventilatoren an der hohen Zimmerdecke fächelten kühle Luft herab. Wir erzählten von unserer langen Reise. Daß uns Pandit Nehru empfangen hatte, schien zu beeindrucken.

Als Gastgeschenk klimperte ich auf der Gitarre, und wir sangen gemeinsam ein paar Lieder aus der Heimat. Dort blühten jetzt die Krokusse, und die Meisen sangen wohl schon in kahlen Zweigen.

WEG DER SCHWÄNE

Über meiner Heimat Frühling
seh ich Schwäne nordwärts fliegen.
Ach, mein Herz möcht sich auf grauen
Eismeerwogen wiegen.

Schwan, im Singsang deiner Lieder,
grüß die grünen Birkenhaine.
Alle Rosen gäb ich gerne
hin für Nordlands Steine.

Grüß mir Schweden, weißer Vogel,
setz an meiner Statt die Füße
auf den grauen Fels der Ostsee,
sag ihr meine Grüße.

Grüß das Eismeer, grüß das Nordkap,
sing den Schären zu, den Fjorden.
Wie ein Schwan sei meine Seele
auf dem Weg nach Norden.
TUSK (EBERHARD KOEBEL)

Am anderen Tag erreichten wir kurz hinter der Stadt Kanpur den Ganges. Nach dem Euphrat, dem Tigris und dem Indus konnte sich der breite Strom durchaus sehen lassen in den sonnigen Vormittagsstunden des indischen Frühlings.

In der seichten Uferzone stand ein Silberreiher und fischte. Seine Augen und sein dünner, spitzer Schnabel waren auf die Wasserfläche gerichtet, und aus dem blütenweißen Gefieder hingen dünne Strähnen von Hals und Bürzel. Mit diesen Federn pflegten Maharadschas ihre Turbane zu schmücken.

Wir näherten uns vorsichtig durch eine Lücke im Schilf, wo

ein hölzerner Steg ins Wasser führte. Da wurde uns der Reiher gewahr, knickte seine langen, dünnen Beine in der Mitte nach hinten und warf sich schräg nach oben auf seine Flügel, die ihn mit ein paar kräftigen Schlägen davontrugen, während sein silberweißes Federkleid in der Sonne blitzte. Jetzt beim Fliegen hatte er den langen Hals s-förmig zurückgebogen, und so ruderte er kraftvoll, die Beine nach hinten gestreckt, zwei Meter hoch über den 800 Meter breiten Strom davon.

Die Sonne stand schon hoch am Himmel, und die Temperatur lag weit über zwanzig Grad. Also: Hinein in das schäumende Naß! Gemächlich trug uns die langsame Strömung zu Tal, aber wir schwammen zielbewußt zu einer nahen Sandbank, liefen dort stromaufwärts und trieben lachend und spritzend an unsere Landungsstelle zurück. Es war eine langentbehrte Erfrischung in dem recht sauberen Wasser. Ich hatte mir den Strom noch breiter vorgestellt, denn er führte sicherlich die sechsfache Wassermenge des Indus. Seine stärksten Nebenflüsse würden aber erst ein paar hundert Kilometer flußabwärts hineinmünden – da sollten uns dann die Augen übergehen.

Das vormittägliche Schwimmen hatte uns kregel gemacht, und wir witzelten über unsere weiße Haut und neckten einander, als ich im Uferschilf ein dickes, hölzernes Schild gewahrte: »Beware of Crocodiles!« (Vorsicht, Krokodile!)

»Menschenskind, Gustav, hast du das gelesen?«

Wir wurden schlagartig stiller, das Scherzen verging uns, und ich fühlte mich ein wenig wie der Reiter auf dem Bodensee. Aber es war klar: hier, wo der Strom noch nicht so erschlossen war wie unterhalb von Benares, hatten sich die Krokodile noch halten können. Die Stelle lag ja günstig für sie; Badende sind schließlich eine leichte Beute, wenn so ein Großmaul zuschnappt. Immerhin werden sie bis zu sieben Meter lang, zerren ihre Beute meistens vom Flachwasser ins Tiefwasser und ertränken sie dort, ehe sie sie in Stücke reißen und verschlingen.

Wir beschlossen, fürderhin nach ähnlichen Schildern Ausschau zu halten.

Übrigens trafen wir ein paar Wochen später in Calcutta einen jungen Franzosen, der als Krokodiljäger gut verdiente. Er wußte von dieser Badestelle und beglückwünschte uns, weil nichts passiert war. Er schilderte uns auch die Jagdweise der Riesenechsen.

Die Stadt Lucknow blieb im Norden liegen. Hier hatten Truppen der Indischen Armee im Jahre 1857 erstmals gemeutert und die Kolonialmacht Großbritannien zu rigorosem Eingreifen gezwungen:

Tod durch Erschießen! Damit hatte dann der Freiheitskampf begonnen, der 1947 zum Siege führte.

Das Reisen auf der Grand Trunk Road war ein reiner Genuß: im Schatten der großen Bäume, auf glatter Asphaltdecke, rechts und links gesäumt von zwei ebenso schattigen Sandbahn-Alleen, auf denen der nichtmotorisierte Verkehr ablief, knatterten wir vergnügt dahin.

Erste Kokospalmen standen in den Feldern. Ihre ungewöhnlich schlanken Stämme wuchsen über zwanzig Meter hoch, blieben aber gleichmäßig dünn und trugen die typisch gefiederten Kronen. Sie wiegten sich in der leichten Brise, und der schlanke Stamm neigte sich in die Windrichtung. Dort, wo die Palmwedel in großer Höhe aus den Stämmen sprossen, hingen die mattglänzenden, grünen Kokosnüsse, so dick wie Fußbälle, aber mit glatter Haut und nicht kugelig, sondern nußförmig, mit einer kleinen Spitze, so daß sie wie ein geschlossenes Visier am Helm eines Harnischs wirkten. Die eigentliche haarige Kokosnuß steckte in ihrem Inneren. Wir sahen später oft, wie der Kokosnußverkäufer die dicke, grüne Nuß mit einem Haumesser köpfte und die fruchtigsüße »Milch« in einen Becher goß, wenn sie der Käufer nicht direkt aus der hineingehackten Öffnung trinken wollte.

In Allahabad, der Geburtsstadt Nehrus, winkte uns ein feiner Hotelier unter das schattige Vordach der Auffahrt. Er hatte uns in der Wochenschau gesehen und bot uns an, gratis bei ihm zu wohnen. Abgemacht! Nachmittags gaben wir dann den Presseleuten Interviews, die anderntags in den Zeitungen erschienen und dem Gastronomen wohl nebenbei eine frische Publicity einbrachten.

Als wir am nächsten Tage kurz nach der Mittagsstunde Benares erreichten, schlug für uns eine Sternstunde. Die Märzensonne brannte vom blauen Himmel, und wir fuhren mitten in die Heilige Stadt der Hindus hinein bis zu den ausgemauerten Ufern der »Heiligen Ganga«. Weit über fünfzig Männlein und Weiblein umringten uns bei der Ankunft, und die Menschenmenge verfolgte uns bis an das Haus eines deutschen Pädagogen-Ehepaares, das vor ein paar Monaten aus Venezuela hierher gekommen war. Schon in Delhi hatten sie mit uns Kontakt aufgenommen und uns in ihrem geräumigen Haus ein halbes Stockwerk eingeräumt, damit wir unseren Aufenthalt in Benares mit der angemessenen Ruhe und Gelassenheit gestalten konnten.

Heute heißt die 800.000-Einwohner-Stadt »Varanasi« und ist für die Hindus noch immer der heiligste Ort auf Erden. Ihrer Mythologie zufolge hat Gott Schiwa nach seiner Hochzeit mit der anmutigen Göttin Parvani hier seinen Sitz genommen. Tatsächlich gehört die Stadt zu den ältesten Siedlungen im weiten Erdenrund. Auch der gewaltige Ganges gilt den Hindus als heilig, denn er strömte ihrem Glauben zufolge einst durch göttliche Gefilde.

Seit Tausenden von Jahren wallfahren die Pilger aus ganz Indien zu diesem heiligen Ort: Benares – Varanasi. Das geschah früher zumeist auf Schusters Rappen, wie in Europa ja auch.

Heute reisen die meisten allerdings mit dem Bus oder der Eisenbahn an, nur wenige pilgern noch immer zu Fuß dorthin.

Denn es heißt, daß jedem seine bösen Taten vergeben würden, wenn er die Mühsal der Fußwanderung auf sich nehme.

Varanasi zieht aber neben den Millionen gewöhnlicher Wallfahrer auch zahlreiche Asketen und Sadhus (Heilige) an, die alle Bindungen zur schnöden Welt gelöst haben und nur noch ihrer Erlösung aus dem irdischen Jammertale harren. Sollten sie ihr Leben in Varanasi beschließen, so würde ihre Seele stracks in das Nirwana fahren, und damit entginge sie dem langen Kreislauf von Wiedergeburt und Tod, dem Los eines jeden Sterblichen. Die Hindus glauben ja, daß die Seele beim Tod in den soeben entstehenden Leib eines anderen Lebewesens schlüpfe, und das kann dann auch ein Esel oder eine Mücke sein, ein Elefant oder eine Maus. Deshalb töten sie auch keine Tiere, überlassen das lieber den »Unberührbaren« oder den Muslimen – und viele von ihnen leben vegetarisch.

Weil in Varanasi das Glück der direkten »Himmelfahrt« aber auch jenen zuteil wird, die nicht als Heilige auf Erden gewandelt sind, pilgern auch zahlreiche Alte dorthin, hoffend, beim Besuch der Heiligen Stadt durch den Tod erlöst zu werden.

Das Ziel der Lebenden und der Toten in Varanasi aber ist der Ganges. Sein Westufer erstreckt sich über fünf Kilometer den Prallhang entlang durch die Stadt, die er von Süden nach Norden mit seinen gewaltigen Wassermassen durchfließt, bis zu neunzehn Metern tief. Steintreppen, »ghats« genannt, führen entlang dem Ufer zum Wasser hinunter. Sie wurden von reichen Maharadschas ab dem 16. Jahrhundert gebaut.

Dort steigen die Gläubigen in die heiligen Wellen und waschen sich von ihren Sünden rein, während nebenan Kinder im Wasser planschen, Sternendeuter Horoskope stellen, Handleser die Zukunft voraussagen und Scharen von Wäschern ihrem Handwerk nachgehen.

Andere wiederum vollziehen unglaubliche Übungen, stehen tagelang auf einem Bein, haben sich auf Dornen gebettet oder stehen stundenlang mit ausgebreiteten Armen, das Gesicht der Sonne zugewandt, um durch das Kasteien ihres sündigen Körpers Vergebung zu erlangen. Ganz in der Nähe des Flußufers verbrennt man auch die Leichen. Anschließend streuen die »Totenbrenner« die Asche der Verstorbenen in die Fluten des Ganges, damit ihre Seelen ins Reich der seligen Ruhe eingehen.

Gleich am nächsten Morgen ließen wir uns vor Sonnenaufgang mit einer Fahrradrikscha an die »Ghats« bringen. Dicht nebeneinander standen die hinduistischen Tempel am Gangesufer, und die meisten waren dem Gott Schiwa geweiht, der sowohl für Zerstörung als auch für Erneuerung steht. Diesem Gotte galten auch die vielen »lingas«, phallische Symbole in Form spitzer Türmchen aus Sandstein, die zahlreiche Straßen säumten.

Ich beobachtete einen jungen Inder, der bis zur Hüfte in den stillen Fluten stand und betete. Ich erkannte sein Brahmanentum an der Heiligen Schnur, die er um den rechten Oberarm trug. Er gab sich ganz der Verinnerlichung hin, hatte die Augen geschlossen und die Hände unter einem orangefarbenen Tuch gefaltet. Dabei schien er geheiligte Wörter oder Sätze zu flüstern und hatte, offenbar in Trance, eine höhere geistige Ebene erreicht.

Eine barfüßige Inderin im Sari brachte am Fuß einer Treppe ein Blumenopfer dar: Eine Lotosblüte, die auf einem winzigen Floß aus ihren Händen glitt und dann langsam davontrieb. Die Morgensonne lag rosa auf den Steinstufen und den Pilgern, die ihr stehend entgegenblickten, die Augen geschlossen und tief ins Gebet versunken. Währenddessen verkauften Priester unter Sonnenschirmen ihre Segenssprüche, waren andere Pilger in ihre Waschungen vertieft. Wallfahrerinnen tauchten anmutig in die Fluten und wechselten unter Wasser ihre seidenen Saris. Alle Männer trugen bei dem rituellen Baden ihren Oberkörper frei. Viele saßen in der Hocke auf den nassen Treppen, und ein riesiges Coca-Cola-Plakat bewies, daß amerikanisches Marketing selbst hier, am heiligen Orte, zu werben verstand.

Bei Sonnenaufgang entdeckte ich einen Pilger auf einem Balkon, wo er mit hocherhobenen Armen und geschlossenen Augen das Tagesgestirn begrüßte, rechts und links flankiert von trocknenden Wäschestücken auf der Leine. Ein älterer Mann studierte hockend heilige Schriften. Die waagrechten weißen Striche auf seiner Stirne wiesen ihn als Anhänger des Gottes Schiwa aus.

Sadhus, bärtige Wanderheilige, die nur mit einem wallenden Lendentuch bekleidet waren, hatten sich vor einem mit Blumen bunt bemalten Wasserturm niedergelassen. Im Schneidersitz bereiteten sie sich auf den neuen Tag vor, während die Morgensonne auf ihren Asketenkörpern die Rippen zählte. Einer von ihnen malte gerade senkrechte Linien auf seine Stirn als Zeichen seiner Verehrung für den Gott Vischnu. Unterdessen sprach sein neben ihm sitzender Glaubensbruder mit geschlossenen Augen Worte der Andacht, während er eine Gebetskette durch seine Finger gleiten ließ.

Eine ganze Wallfahrerfamilie brachte der Pockengöttin Schitala in deren Tempel oberhalb der Gangestreppen Opfergaben dar.

Die Morgensonne schien durch das Eisengitter in den Tempel, Hunde standen in Erwartung von etwas Freßbarem in gebührendem Abstand und vermißten bei den Opfergaben aus Blumen, Blättern, Reis und Süßigkeiten einen Happen Fleisch. Derweil saß die ganze Familie betend auf Teppichen um ihre Opfergaben herum, die Arme auf den Oberschenkeln, die Hände nach oben geöffnet.

Schmeißfliegen, so dick und fett wie Rinderbremsen, schillerten mit giftgrünen Hinterleibern metallisch in der Sonne. Seitlich an ihren Köpfen quollen signalrote, dicke Augen wie winzige Himbeeren.

Der »Goldene Tempel« in Amritsar ist das geistige Zentrum der Sikhs. Der Tempel ist mit hundert Kilo Blattgold beschlagen.

Links: Die Cora parkt vor dem Birla-Tempel in Delhi, einem der wichtigsten Baudenkmäler hinduistischer Architektur.

Rechts: Pandit Nehru gibt uns in seinen Amtsräumen in Neu-Delhi einen Empfang.

Unten: In Calcutta nimmt der Ministerpräsident des Bundesstaates Bengalen die Grußadresse des Oberbürgermeisters von Pirmasens entgegen. Oss übergibt ihm gerade einen Modellschuh. *(Pressefoto)*

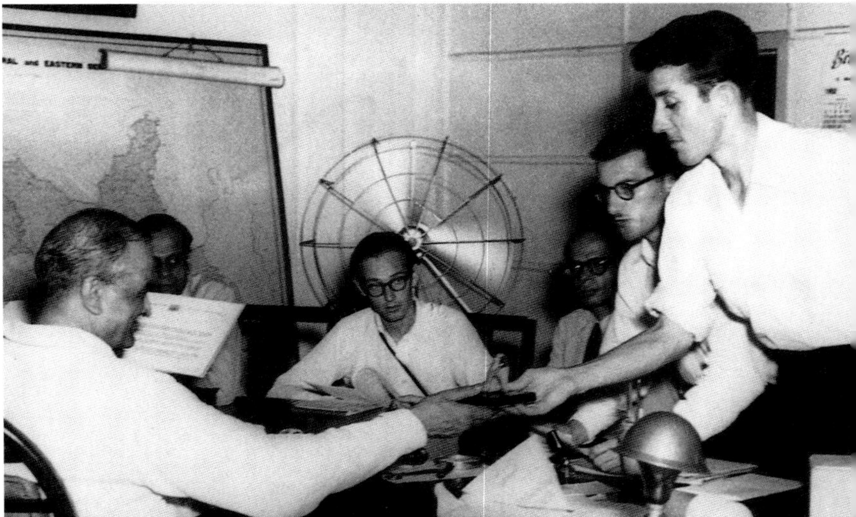

TELEPHONE
7073

METRO

QUEENSWAY
NEW DELHI

THE PALACE OF ENTERTAINMENT

PROUDLY PRESENTS
FROM 2ND FEBRUARY
AT EVERY TEA AND DINNER DANCE
THE FAMOUS GERMAN MOTOR-CYCLISTS

"CORANO BROS."

FOR THE FIRST TIME IN INDIA
ON THEIR WAY AROUND THE WORLD
CORANO Bros. have already entertained half the world in London - Paris - Rome - Athens Stambul - Ankara - Beirut - Damascus - Baghdad Teheran - Kabul

AND NOW

THEY ARE FOR A SHORT PERIOD IN DELHI
AT

METRO

TO GIVE YOU
A WONDERFUL DISPLAY OF
WIZARD MAGIC
AND
INTERNATIONAL SONGS

IT'S NEW ! IT'S ORIGINAL ! DON'T MISS IT !

Swan Press of Lahore Delhi 6

Links: Plakat vom Aufritt in Neu-Delhi.

Links unten: Die Feuernummer auf dunkler Bühne. *(© Oss Kröher)*

Rechts: Eine Speisenkarte vom Great Eastern Hotel.

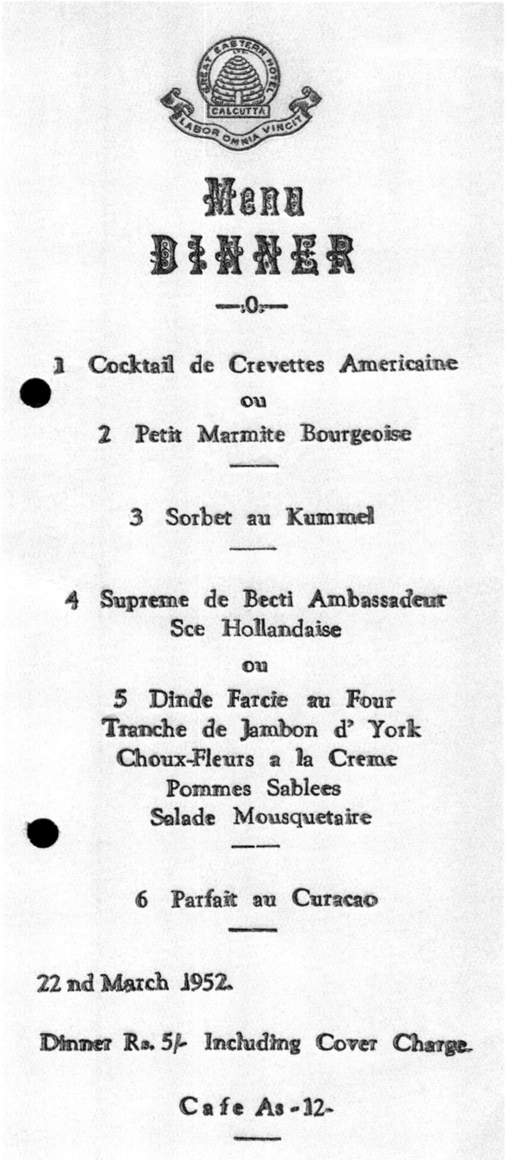

GREAT EASTERN HOTEL LTD.
CALCUTTA
LABOR OMNIA VINCIT

Menu

DINNER

—:0:—

1 Cocktail de Crevettes Americaine
ou
2 Petit Marmite Bourgeoise

3 Sorbet au Kummel

4 Supreme de Becti Ambassadeur
Sce Hollandaise
ou
5 Dinde Farcie au Four
Tranche de Jambon d' York
Choux-Fleurs a la Creme
Pommes Sablees
Salade Mousquetaire

6 Parfait au Curacao

22 nd March 1952.

Dinner Rs. 5/- Including Cover Charge.

Cafe As -12-

Oben: Mitte Juni setzt in Bombay der Monsun ein. *(© Oss Kröher)*

Links: Das geheimnisvollste Ereignis unserer Indienfahrt war die Begegnung mit dem Gru Biswajit Maharaj Brahmari.

Rechts oben: Der Tierhändler van Meems führt einen etwa zehnjährigen Elefanten. *(© Oss Kröher)*

Rechts unten: Der Schwergutfrachter »Bärenfels«. *(© Oss Kröher)*

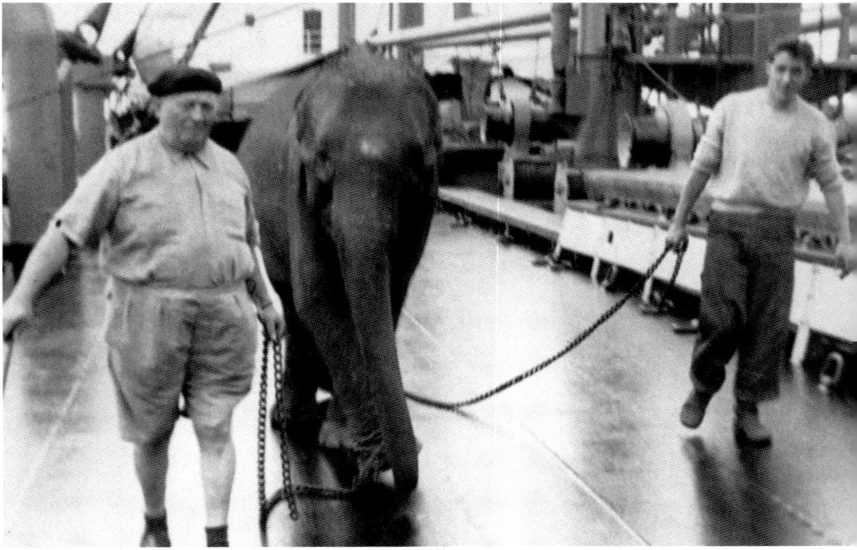

BÄRENFELS

Als Gustav nach weiteren elf Monaten im Juni 1953 heimkehrt, gibt uns der Oberbürgermeister Schunk im Rathaus von Pirmasens einen Empfang. *(Pressefoto)*

An den beiden Einäscherungsplätzen am Gangesufer, im Zentrum der Heiligen Stadt, schürten barfüßige und beturbante »Feuerwerker« mit langen Stangen die Holzfeuer, worin sie die Leichen verbrannten. Dadurch unterscheidet sich Varanasi von den anderen Städten Indiens, wo die Einäscherung nur außerhalb der Stadtmauern erlaubt ist. Ich sah einen kahlgeschorenen jungen Mann, nach Hindubrauch in weiße Tücher gehüllt, wie er ein Bündel brennendes Stroh auf den Scheiterhaufen seines toten Vaters warf. Nur wirklich Reiche können sich Sandelholz als Brennmaterial leisten: Sein Duft überdeckt dann den Gestank des verbrennenden Fleisches.

Wo hatte ich diesen penetrant-süßlichen Gestank schon einmal gerochen? Ach ja: in den rauchenden Ruinen zerbombter Städte des Sommers 1944, wo verkohlte Balken über dem Trümmerschutt schwelten und das angesengte Fleisch der Opfer ganz ähnlich gerochen hatte. Mehrfach würgte mich der Brechreiz in der Kehle, und bei aller Toleranz und vielleicht sogar Ehrfurcht vor den Toten fühlte ich an diesen Plätzen überwiegend Ekel.

Noch heute denke ich nur mit leichtem Grausen an den Schmutz dieser Ghats zurück, an den süßlichen Gestank der verbrennenden Leichen und die Verzückung wallfahrender Hindus. Das war nicht meine Welt – und ich dankte Gott, in einem kühlen Nordland geboren und aufgewachsen zu sein, wo man die Toten unauffälliger verschwinden läßt und sich nicht so öffentlich kasteit und reinigt.

Gustav aber war zutiefst berührt, vielleicht sogar erschüttert. Sein Sinn für Religiöses hat ihn dann ja auch bewogen, Indien noch mehrfach zu besuchen, vergleichende Religionswissenschaft zu studieren und über ein indisches Thema zu promovieren.

Im übrigen ist er der Alte geblieben. Erst gestern hat er mich besucht und mir unter dem gelben Herbstlaub der Weinreben-Pergola eröffnet, daß er ein paar Wochen in Welschlothringen zu meditieren gedenke. Schon damals in Benares hatte er sich den Gurus und auch den »Sadhus« (Wanderheiligen) verbunden gefühlt – mir blieben sie fremd und unheimlich.

Dennoch war es tief beeindruckend, diese frommen Hindus in Benares zu erleben. Ihre Religion läßt sich ja nicht auf einen Gründer zurückführen, sie ist über viele Jahrtausende in verschiedenen Phasen zu einem mehrschichtigen System zusammengewachsen – auch durch das Verschmelzen unterschiedlicher Strömungen der Philosophie und sozialer Normen. Die Hindus kennen in Religionsfragen weder ein Dogma noch eine oberste Autorität, sie haben es immer verstanden, ihren Glauben dem Wechsel der Zeiten anzupassen. So entstand denn ein unüberschaubarer Götterhimmel für eine Unzahl von Sekten.

Nur an eines glauben alle Hindus: an die Urkraft des »brahman«, der Weltseele, die ständig einen endlosen Kreislauf von Werden und Sterben bewirkt. Im Brahman äußert sich die ewige Ordnung, das »Dharma«, die daseinsbedingenden Kräfte, durch deren Zusammenwirken die menschliche Persönlichkeit und ihr Geschick zustande kommt.

In der Rangordnung der Lebewesen nimmt der Mensch zwar eine hohe Position ein, ist aber keinesfalls die Krone der Schöpfung. Ein unendlich mannigfaltiger Götterhimmel wölbt sich über ihm, der, genau wie die Pflanzen, Tiere und Menschen, dem ewigen Kreislauf folgt, einschließlich der niederen Lebewesen. Alle Seelen bleiben unvergänglich und wandern nach dem Tod des Körpers in ein anderes Geschöpf. Daher findet man bei den Hindus, unter allen Religionen der Welt, wohl die höchste Achtung vor dem Leben.

Höchstes Streben des Hindus ist es, den Kreislauf dieser Wiedergeburten zu durchbrechen und die persönliche Seele (atman) mit der Weltseele (brahman) zu verschmelzen, womit dann die endgültige Erlösung (mokscha) erreicht wäre.

Die unüberschaubare Götterwelt des Hinduismus läßt sich

nur schwer gliedern. »Brahma« aber ist der Welten-Erschaffer, er thront fern über allem. Der tanzende, vierarmige Vischnu, der Bewahrer, und Schiwa, der Verwandler und Zerstörer, gehören dagegen dem irdischen Leben an. Diese drei Götter bilden eine Einheit – »trimurti« – mit den Grundsätzen der Schöpfung (Brahma), der Erhaltung (Vischnu) und der Verwandlung, die ja auch immer Zerstörung einschließt (Schiwa).

Jedem dieser Götter ist auch eine Göttin zugeordnet. Vorderasiatische Muttergottheitskulte haben daran mitgeschaffen. Aber schon seit Urzeiten zieht sich das Moment der Erotik durch die Religion der Hindus – im Symbol der zeugenden Vereinigung von Lingam (Phallus) und Yoni (Vulva). Das hinduistische Glaubensbild hat von Anfang an im menschlichen Zeugungsakt die welterhaltende und deshalb anbetungswürdige Kraft der Natur erkannt.

Besonders vielgestaltig treten die Göttinnen auf: menschenähnlich oder in Tiergestalt, hell und freundlich oder düsterschaurig wie die rappeldürre Mahakali, die Varahi mit dem Schweinskopf oder die grausige Chinnamasta, die das aus ihrem Körper sprudelnde Blut mit dem Mund ihres abgeschnittenen Kopfes auffängt. Kali aber, die Schwarze oder Dunkelblaue, streckt vor Scham die Zunge heraus, ist mit Totenschädeln geschmückt und wird vielleicht am häufigsten verehrt. Ihr Tempel steht in Calcutta, dessen Name sich von ihr herleitet. Die Jünger des Ganapatyakultes hingegen verehren den elefantenköpfigen Gott der Fülle und der Weisheit »Ganesch« als obersten im Pantheon.

Nach zwei Tagen blieb Benares-Varanasi hinter uns. Den breiten Ganges überquerten wir auf einer Eisenbrücke, die sich, über zwei Kilometer lang, hoch über den gewaltigen Strom spannte, der jetzt weiter nach Osten floß, um später in Bengalen scharf nach Süden zum Delta hin abzubiegen. Unsere Fahrtrichtung verlief aber südostwärts, und so blieb der mächtige

Ganges hinter uns. Erst in Calcutta sollten wir auf seinen schiffbaren Seitenarm, den Hugli, treffen.

Die Tage waren nun schon drückend heiß, doch nicht etwa trocken heiß wie in den Wüsten des Nahen Ostens. Hier im Tiefland spürten wir eine lastende Luftfeuchtigkeit, die uns nötigte, während der Mittagsstunden täglich eine Rast einzulegen. Unter den schattenspendenden Laubkronen der Mangobäume am Rande der Grand-Trunk-Road, die mit ihren drei Fahrbahnen an die fünfzig Meter breit war, fiel das freilich leicht.

Fast immer kamen dann die Affen aus dem Gezweig heruntergeturnt, bettelten um Bananen oder andere Früchte, und wir gaben ihnen reichlich. Doch fast immer fraß der Oberaffe das Beste – sein Harem und seine Kinderschar hatten meistens das Nachsehen.

An einem Nachmittag bezog sich der Südhimmel mit einem Wolkenschleier, und die drückende Schwüle wurde fast unerträglich. Das Tageslicht verblaßte und wich einem grau-gelben Dämmern, das alles in sich zu ersticken schien.

Wir zögerten aufzubrechen, weil uns schwante, daß ein Unwetter aufziehen könnte. Und so suchten wir uns den kräftigsten Mangobaum als Regendach. Die altbewährte Zeltbahn zogen wir über das Gespann, und kaum hatten wir ihren Saum unter das Beiwagenrad geklemmt, da ging der Tanz auch schon los: Plötzlich, wie ein riesenhafter Axthieb, schlug der Zyklon zu: Seine Windsbräute rissen dicke Äste von den Bäumen und schleuderten sie auf die Felder neben der Straße. Wir saßen ja direkt unter dem mächtigen Baum und konnten so den fliegenden Ästen zuschauen.

Die Kokospalmen auf den Feldern bogen sich fast bis zum Boden hinunter. Sie federten, als wären sie aus Stahl, ihre Wedelkronen streckten sich wie Pferdeschweife, wie gigantische Rasierpinsel in die Windrichtung, und das allerschönste: Ihre Kokosnüsse flogen wie Kanonenkugeln durch die Luft. Ein Glück, daß uns die Baumkrone schützte!

Dann kam die »Brühe«. Sie kam wie aus Kübeln. Bis sie es durch das Ast- und Laubwerk unseres Mangobaumes geschafft hatte, verging etwa eine halbe Minute. Wir flüchteten unter die Zeltbahn und kauerten uns auf die Leeseite.

Dann hatte die Sintflut vom Himmel auch unser bescheidenes Obdach erreicht und prasselte, schüttete, goß auf die Zeltbahn, als ob eine Batterie Feuerwehrschläuche am Werke wäre. Wir kauerten eng an die Maschine gepreßt, rochen das Schmieröl und das Benzin und hielten die Zeltbahn mit den Rohrstiefeln an den Boden gedrückt, damit sie nicht davonflog. Die Sturmböen rissen zwar auf der Luvseite daran, aber auf unserer Seite blieb es erträglich. Immerhin floß das Wasser gut ab, so reichlich auch der Segen aus den Wolken niedergoß.

Zwei Stunden lang raste der Zyklon aus dem Golf von Bengalen in den Baumkronen und donnerte wie ein vorbeibrausender D-Zug. Oder war es mehr der Regen, der so gewaltig rauschte in den Millionen Blättern der vierfachen Allee? Ich fürchtete schon, daß irgendwelches Gewürm unter unserer Zeltbahn Schutz suchen könne. Hatte ich erst vor kurzem die Python erlebt, so erwartete ich jetzt, mit jeder Sekunde, eine Kobra als Dritte im Bunde unter dem Regendach. Himmel, hilf!

Ein Blitz fuhr ganz in der Nähe herunter, sein blendendes Licht drang gedämpft durch die Zeltbahn. Weil zugleich ein krachender, heller Donner uns beinahe taubschlug, wußten wir, daß der Einschlag ganz nahe sein mußte. Schlimmer konnte es kaum noch kommen. Es hieß nur: Geduld haben. So blieben wir stundenlang unter die Zeltbahn gekauert, auf die der Regen klatschte wie aus Eimern; die Nacht fiel über das vollgesogene Land, und wir verbrachten sie schlecht und recht, auf der Leeseite hockend, mal dösend, mal schlafend, mal wachend.

Träume zogen durch den Halbschlaf, Schlangen ringelten sich

darin, Affen stahlen Bananen, Orchester setzten ein mit sphärischer Musik. Manchmal erwachen – dann weiterdösen. Aber kein Frösteln dabei, alles blieb feucht und lauwarm.

Dann, mit dem ersten Morgengrauen, verlor die Regennacht ihre Schrecken. Der Zyklon war längst weitergezogen, als ich die Plane zurückschlug und über die nassen Felder blickte. Überall auf der Straße lag das heruntergerissene Laub, lagen Zweige und Äste. Keine hundert Meter weiter auf dem nassen Grasland saßen schon zwei Geier an einem Tierkadaver. Als ich näher hinsah, erkannte ich eine tote Hirschantilope. War sie wohl vom Blitz erschlagen worden? Die beiden Geier rissen ihr soeben mit ihren krummen Schnäbeln die Bauchdecke auf. Weitere stürzten schräg wie Stukas von überallher aus den Lüften, landeten mit rauschenden Flügelschlägen und hüpften eilig zu dem Aas heran.

Lautlos lag die feuchte Morgendämmerung, kein Auto fuhr auf der Straße. Die schwarzen Schwingen der Geier begannen in der Morgensonne zu glänzen. Bald waren es fünf, dann zehn, zuletzt vielleicht zwanzig: ein wirbelndes, sich balgendes Knäuel aus riesigen Vögeln, die sich gierig um das Luder stritten. Sie mußten aus großer Höhe das eilige Landen ihrer Artgenossen beobachtet haben und dann hergeflogen sein.

Binnen kurzem hatten sie den Kadaver der Hirschantilope gänzlich zugedeckt, und wohl hundert Krähen flatterten und hüpften um ihre riesigen, gefiederten Vettern herum und versuchten ab und zu, sich ihnen zu nähern. Dann drehte einer von ihnen den häßlichen Kopf, breitete eine seiner Schwingen aus, als ob er das Krähengelichter damit hinwegfegen wollte, und sofort hüpften die Krähen ein paar Meter zurück.

Über uns in den Zweigen lärmten leuchtend-blaue Elstern, sie blinkten metallisch im Sonnenlicht. Dem Großen Fressen blieben sie vorerst noch fern, aber ihre Stunde würde noch kommen. Von den 1200 Vogelarten Indiens hatten wir täglich einige um uns, die 350 Säugetierarten erlebten wir vorwiegend durch die Affen.

Wir packten das nasse Zeug auf den Beiwagen, schwangen uns in die Sättel und fuhren in die nächste Stadt, um dort den Frühstücks-Tee zu trinken. Mir war alles zu naß und feucht, um im Freien ein Frühstück zu bereiten.

So ließen wir den Geierschwarm, eng gedrängelt, zankend und von einem Ring schwarzer Krähen umhüpft, auf dem regendurchtränkten Feld zurück und fuhren weiter Richtung Calcutta. Kurz darauf erreichten wir einen ausgedehnten Bambuswald, der bis dicht an den Straßenrand reichte.

Seine Stämme waren bis zu schenkeldick und wuchsen wie immense Grasstengel. Manche grünten noch, andere waren schon gelblich verholzt. Jetzt, wußten wir, hatten die Tropen begonnen – und der Wendekreis des Krebses verläuft in der Tat durch Bengalen. Wieder war das Ziel ein Stück nähergerückt. Oh, Calcutta!

Die Nacht des Zyklons unter der Zeltplane hatte uns ziemlich mitgenommen. Als wir mittags die Industriestadt Asansol erreichten, mußten wir pausieren. Außerdem war es schon wieder drückend heiß. In Benares hatte uns ein deutscher Stahlingenieur aus Asansol zu sich eingeladen. Wir kamen angeknattert mit dem typischen Motorradgebrumm und waren schon von weitem zu hören. Sein Bungalow stand, wie fast immer bei leitenden Technikern in den Tropen, auf einem gepflegten Gartengrundstück. Der Diener meldete uns an, als wir am Gartentor geklingelt hatten.

»Schön, daß Sie da sind! Wir haben Sie schon seit Tagen erwartet. Fühlen Sie sich bei uns wie zu Hause«, begrüßte uns der wohlgenährte Stahlkocher.

Nach einer kühlen Dusche holten wir den Schlaf nach, den wir in der Regennacht versäumt hatten; die Moskitonetze hielten summende Quälgeister fern, an der hohen Decke rotierte langsam der dreiflügelige Ventilator.

Unser Hausherr hatte im Krieg seinen Stahl im lothringischen Sankt Avold gekocht. Jetzt half er Pandit Nehru, den ersten Fünfjahresplan Indiens zu erfüllen und die Stahlerzeugung zu fördern. Sein Koch hatte offenbar viel von ihm gelernt, denn er zauberte ein köstliches deutsches Abendessen auf den Tisch, das ein weiß gekleideter Diener servierte. Die Hausfrau freute sich an unserem Appetit, und ich brachte ihr anschließend ein Ständchen, in das ihr ebenso sangesfroher wie trinkfester Ehemann einfiel. Da konnte Gustav auch nicht mehr schweigen, und so klang es dreistimmig aus unseren wohlbenetzten Kehlen.

Als wir dann später durch die Straßen der Stadt spazierten, blickten wir verblüfft auf sechs Hochöfen, die wohl hundert Meter hoch aufragten und unweit der Wohnviertel arbeiteten. Wir rochen auch die nahen Kokereien, wo man aus der bei Asansol geförderten Steinkohle den Koks ausglühte und wo die Dampfschwaden vom Kokslöschen über die Wedel der Kokospalmen zogen. Auch rochen wir das »Gichtgas«, das bei der Eisenverhüttung entsteht. Woher das Erz kam, wußte ich nicht – der einzige sichtbare Grund für diese Eisenhüttenstadt schien die nahebei geförderte Steinkohle zu sein, die ein echtes Kombinat von Hochöfen, Stahl- und Walzwerken, Kraftwerken und einer Großkokerei geschaffen hatte. Den Kalk für die »Zuschläge« bei der Verhüttung schaffte man aus nahen Steinbrüchen herbei.

Das Bild rauchender Hochöfen hinter Palmenhainen beeindruckte mich. Die hochragenden Wind-Erhitzer mit ihren runden Hauben kannte ich schon von Völklingen an der Saar. Dort hatte ich auch schon die gleichen »Gichtgase« gerochen wie hier, und die indischen Schlackenhalden türmten sich vollends wie hinter der Dillinger Hütte bei Saarlouis. Sogar die Elektrobahn schleppte, genau wie im Saarland, ihre Schlackencontainer an die Oberkante der Halde und goß ihre Lava den steilen Abhang hinunter, wo sie rotglühend abwärts floß wie bei einem Vulkanausbruch. Beim Anstechen des Roheisens am Abend leuchtete der Himmel rot vom Glutfluß des Metalls, und die Silhouette der Hochöfen mit ihren Wind-Erhitzern, Schrägaufzügen und dem Gestänge hob sich filigranhaft vor dem dunklen Nachthimmel ab.

Am nächsten Tag hatten wir schon die Vororte Calcuttas erreicht, als wir an einer schier endlos langen Mauer direkt neben der belebten Straße vor einer breiten Toreinfahrt eine kleine Rast einlegen wollten.

Das Fabriktor war zwar verschlossen, doch der indische Pförtner schickte kurz nach unserer Ankunft einen Läufer los. Der kam nach einigen Minuten zurück, und der Pförtner schob das große Tor auf Rollen seitlich hinter die Mauer. Jetzt war die Einfahrt offen.

»Meine Herren (gentlemen), fahren Sie doch bitte um die Ecke herum zu dem Verwaltungsgebäude. Dort können Sie sich erfrischen und unter den Bäumen im Schatten rasten.«

Wir ließen uns das nicht zweimal sagen und fuhren in den ausgedehnten Industriekomplex hinein. Alle Mauern waren aus Backsteinen errichtet, und die Architektur erinnerte an jene der Jahrhundertwende, wie wir sie von Deutschland her kannten.

Zwischen den Pflastersteinen wuchs aber Gras aus den Ritzen, alle Gebäude lagen beängstigend still, nichts rührte sich, die große Industrieanlage arbeitete offenbar nicht. Warum nur?

Beim Verwaltungsgebäude angekommen, stellten wir die Cora auf den Parkplatz, wo bereits zwei englische Luxuslimousinen parkten. Hohe Papayapalmen ragten in die Nachmittagssonne, die Banyanbäume spendeten Schatten, und der grüne Rasen um das Gebäude zeugte von regelmäßiger Pflege, über viele Jahrzehnte hinweg.

Da öffnete sich die zweiflügelige Tür, und heraus trat ein Herr in dunklem Anzug, weißem Hemd und Krawatte. Er stieg die paar Treppenstufen zu uns herunter und begrüßte uns in klassischem Oxford-Englisch, wobei sein rosiges Gesicht nur so strahlte und die graublauen Augen zu lachen schienen: »So sehen also die beiden Deutschen aus, die ich vor vierzehn Tagen (a fortnight ago) in der Wochenschau gesehen habe! Ich freue mich, Sie in der größten Rupfenspinnerei und -weberei (jutemill) der Welt begrüßen zu können. Wie Sie aber wohl wissen, liegen unsere Hanf-Felder jenseits der Grenze in Ost-Pakistan (heute Bangladesch), und so ist die Fabrik seit Jahren stillgelegt.

Aber zusammen mit meinem Arbeitskollegen Burns aus Dundee halte ich hier die Stellung, bis wir erneut anfangen können, die Jute aus der Bastfaser des indischen Hanfes zu spinnen und zu Sackleinen zu verweben.«

Er hatte vom Pförtner gehört, daß wir beide am Tor gerastet hatten, und sofort den Läufer zurückgeschickt, um uns einzuladen. Nun bekam jeder von uns ein großes Zimmer mit Bett, Moskitonetz und Badezimmer, wie man es britischen Geschäftsfreunden bei Besuchen anzubieten pflegte.

Wenig später kam auch Mr. Burns aus Dundee, ein rothaariger Schotte reinsten Wassers aus den Highlands die Treppe herab. Der zeigte uns die stillgelegte Riesenanlage, mit Dampfmaschine und Generator, mit Spinnerei und Weberei und den Lagerhallen, die geisterhaft leer schienen. Dick lag der Staub auf den automatischen Webstühlen, Staub bedeckte die Fußböden, Staub überzog die leeren Regale der Lagerhallen.

Zum Dinner kleideten wir uns korrekt, mit weißem Hemd und Krawatte, und fanden uns rechtzeitig im Speisezimmer ein. Als Tafel diente ein ovaler Tisch von sieben Metern Länge. Auf schwerem, weißem Leinen standen die Teller, lagen die Silberbestecke, glänzten die geschliffenen Gläser im Schein der Kerzen. Mr. Burns aus Dundee saß am Kopfende – und sieben Meter ihm gegenüber Mr. Colin aus Folkstone, der uns begrüßt hatte. Gustav nahm auf der einen Längsseite Platz, ich auf der anderen – zum nächsten Tischnachbarn waren es mehr als drei Meter, die Tafel selbst war über zwei Meter breit.

Wir begannen mit einem Aperitiv, in diesem Falle einem Highland-Malt-Whisky, verdünnt mit kaltem Wasser, in dem Eiswürfel schwammen, »On the rocks«.

»Das läßt sich ja gut an«, dachte ich, hob das Glas und brachte auf unsere Gastgeber einen Trinkspruch aus. Die beiden einsamen Fabrikwächter im Range von Direktoren waren glücklich, endlich einmal Tischgäste bei ihrem täglichen »Dinner for Two« zu bewirten, die zudem noch eine Unterhaltung führen konnten.

Im Scotch, dem Highland-Malt-Whisky, schmeckten wir das frische Wasser der Bergheide, vom Moorboden leicht bräunlich gefärbt und vorher über Granitfelsen geronnen.

Nach der Schildkrötensuppe – damals noch nicht so verpönt wie später – folgten die schmackhaften Gänge des Dinners, und Gustav erzählte von seinen Studienreisen auf den Britischen Inseln.

»Ich besuchte damals auch Edinburgh ...«

»Das sind achtzig Meilen von Dundee«, fiel Mr. Burns ein.

»... und habe auch Glasgow mit seinen Werften besichtigt ...«

»Siebzig Meilen nach Dundee ...«

»... quer durch die Highlands bin ich mit einem Bus nach Inverness gefahren ...«

»Das sind bis Dundee sogar 125 englische Meilen.«

Für ihn war Dundee nun einmal der Mittelpunkt der Welt.

Oh, Calcutta!

Die Stadt Calcutta – hat sie heute elf oder vierzehn Millionen Einwohner? – gehört zu den menschenfeindlichsten Plätzen der Erde. Dorthin fuhren wir nun.

Unseren beiden britischen Gastgebern hatten wir nach einer Nacht, in der uns die drückende Schwüle unter den Moskitonetzen nur mühsam zum Schlaf kommen ließ, und nach dem englischen Frühstück an der ovalen Tafel adé gesagt, wo sie uns mit Tee, Porridge, Toast, gesalzener Butter, Spiegeleiern und Ingwermarmelade verwöhnt hatten. Mir schien, daß sie unseren Besuch in hohem Maße genossen hatten. Nun würden sie sich wieder allein gegenübersitzen, getrennt durch sieben Meter Tischlänge bei ihrem »Dinner for Two« – und immer korrekt »in Schale«, wie es alle Kolonialbeamten und -soldaten gelernt hatten, als ehernes Zeichen britischer Selbstdisziplin.

Schon damals uferte die Riesenstadt schier endlos nach Norden aus, und die Elendsviertel erstreckten sich weit in das Umland, unüberschaubar, kaum Vorstädte zu nennen, voll armer, halbnackter, großenteils kranker, unterernährter und besitzloser Menschen. Alle waren dem Schoß einer Mutter entsprossen, aber nie im Leben würden sie die Würde des Menschseins erleben. Sie würden den Begriff Freiheit nicht einmal ahnen, und keiner würde sich Gedanken um die Zukunft machen können über der elenden, täglichen Plage um ein bißchen Essen, eine kleine bezahlte Arbeitsleistung, einen Schlafplatz irgendwo im Heer der Bruchbuden und der verrottenden Zelte aus Sackleinen, Pappe und Stoff-Fetzen – ohne Hoffnung, ohne Trost, ohne Aussicht auf Besserung, und wäre sie noch so gering.

Neben der Einfallsstraße, auf der wir fuhren, fädelten sich allmählich die Bahngleise ein, und wir kamen am Bahnhof von Howrah vorbei, der die fünftgrößte Stadt der Welt mit Gütern versorgt – eine Riesenkarawanserei, auch für Reisende, die in die damalige Zehnmillionen-Stadt strebten. Diese »Howrah-Station« war um ein Vielfaches größer als die Bahnhöfe von München, Hamburg und Rom zusammengenommen – wie eine Spinne spannte sie ihr Schienennetz über den ganzen Subkontinent.

Da wir dort am Morgen ankamen, sahen wir, wie Hunderttausende aus dem Umland hier zusammenströmten, um ihre Arbeitsplätze in der Großstadt aufzusuchen. Ein ameisenhaftes Gewimmel quoll aus den Zügen über die Bahnsteige, ergoß sich auf die Straßen und sammelte sich vor den Busbahnhöfen und Straßenbahn-Haltestellen, um sich überraschend schnell in alle Richtungen zu verlieren.

Die meisten aber mußten auf dem Weg zur Stadt den Hugli überqueren, den schiffbaren Mündungsarm des Ganges. Wir sahen sie in Scharen über die Howrah-Brücke strömen mit allen Mitteln des Nahverkehrs: mit Bussen und Straßenbahnen, Fahrrädern, Rikschas, Motorrädern und -rollern und auch zu Fuß.

Der unerwartete Anblick der Brücke verschlug uns den Atem. Das monströse Eisengerippe spannte sich 665 Meter lang über den Fluß, seine beiden Brückenpfeiler ragten 82 Meter hoch und trugen die 2500 Tonnen der genieteten Stahlkonstruktion, ein Mittelding zwischen Hängebrücke und Fachwerk. Gewaltig, kolonial und very british. Der Schwung ihres Stahlbogens erinnert ein wenig an die Tower-Bridge in London, und das Fachwerk der Stahlträger zeugt von der Industrie-Architektur der Jahre 1937 bis 1942, als sie ja auch entstand.

24 Stunden täglich wälzt sich seitdem das größte Verkehrsgewühl Indiens über die acht Fahrbahnen des eisernen Ungetüms, in seiner Riesenhaftigkeit und Überfülltheit ein Wesensmerkmal des Molochs Calcutta, das nun auch uns zu verschlingen drohte in seinem Übermaß an Menschenmengen.

Wir hatten auf unserer Reise schon viele orientalische Innenstädte befahren, mit ihrer wimmelnden, aber doch irgendwie funktionierenden Anarchie des buntgemischten Verkehrs. Doch nirgends war das farbige Treiben so toll wie hier. Inder und Inderinnen in wallenden Gewändern gingen drängelnd neben europäisch gekleideten Geschäftsleuten. Bei den Studentinnen sah man die ersten Blue Jeans und offene Haartrachten. Halbnackte Kulis schoben hochrädrige Handkarren, vollbeladen mit Säcken, Teppichen oder abgepackten Kartons. Wasserbüffel trotteten gemächlich im Joch vor ihren schwerbeladenen Wagen. Leichte Einspänner wurden von Pferden oder Maultieren gezogen. Und all diese Fahrzeuge bahnten sich ihre Wege zwischen Lastwagen, Personenautos und Bussen, dazwischen klingelten die Straßenbahnen, fraßen Heilige Kühe von den Gemüseständen auf den überfüllten Bürgersteigen, schoben Radfahrer ihre Tretesel, weil sie sie mit irgendwelchen Gütern beladen hatten, die an der Lenkstange baumelten, auf den Gepäckträger gezurrt waren und auch den Sattel als Basis brauchten. Italienische Vespas und Leichtmotorräder belebten das Wahnsinns-Tohuwabohu, durch das sie stinkend hindurchschlüpften wie glitschige Fische, immer doppelt besetzt. Und längst schrottreife Lastwagen mit Vollgummireifen und knallbunt aufgemalten Springbrunnen oder radschlagenden Pfauhähnen rumpelten im Schritt durch den brodelnden und hupenden Trubel unter der heißen Vormittagssonne. Und wir beide auf der Cora mittendrin!

Dennoch konnten wir nur lachen und uns freuen: Fast genau am Jahrestag der Abfahrt, am 5. März 1952, hielten wir unseren

Einzug in Calcutta; kein Triumphmarsch aus Aida begleitete ihn, aber ein Wonnegefühl inmitten des wüsten Verkehrs. Daß wir nicht im Duett jodelten oder anderswie jauchzten, wunderte uns beide. Innerlich genossen wir den Triumph, unser Ziel erreicht zu haben – und gesund an Leib und Seele geblieben zu sein, in bewährter Freundschaft, die alle Fährnisse bestanden hatte: Gustav, wir sind da!

Wir kämpften uns durch das Gewühl, quälten uns hinter Büffelkarren vorwärts, würgten das Gespann zwischen Lastwagen und Handkarren hindurch, sahen in vor Anstrengung geweitete Kuli-Augen, überquerten Straßenkreuzungen, die gordischen Knoten glichen. Die Hitze des Mittags machte unsere Haut klebrig, und wir sehnten uns nach Schatten und Kühle, nach Ruhe und der Einsamkeit, die so lange unsere Begleiterin gewesen war.

Besonders Gustav war voller Stolz und Genugtuung, hatte er doch bei seinem Studium an der London School of Economics einigen Kommilitonen aus Indien seinen Besuch angekündigt. Nun war er mit mir in Calcutta und freute sich, seine Zusage einlösen zu können, so wie es weltweit von einem Teutonen erwartet wird. Und weil die Reise darüber hinaus ja lediglich Selbstzweck war, hatten wir auch das stolze Motto verwirklicht: »Deutsch sein heißt: eine Sache um ihrer selbst willen tun.«

Das hatten wir nun in der Tat geschafft. Schon von der großen »Jutemill« aus hatte Gustav am Tage zuvor bei Sri Biren Roy angerufen.

Dieser bengalische Brahmane hatte als Sportflieger schon vor dem Zweiten Weltkrieg enge Kontakte mit Deutschland geknüpft und sogar die damals sehr berühmte Sportfliegerin Elly Beinhorn in Berlin persönlich aufgesucht. Mit diesem Biren Roy hatte Gustav von London aus enge Kontakte gepflegt und eine volkswirtschaftliche Diplomarbeit über ein indisches Thema geschrieben. Und da ich kalligraphisch ein wenig bewandert war, hatte ich ihm als Vorwort und in Hindi den Spruch von Rabindranath Tagore auf feines Papier gemalt:

»Ich werde in Indien immer wieder geboren werden; mit all seiner Armut, seinem Leid und seinem Elend. Ich liebe Indien über alles.«

Zu diesem Brahmanen waren wir nun unterwegs, hatten die Nahkämpfe auf den acht Fahrspuren der Howrah-Brücke gut überstanden und fuhren am Ostufer des Hugli gen Süden, bis wir den grünen Vorort Behala erreicht hatten, wo Sri Biren Roy wohnte. Wir fanden seine dreistöckige, geräumige Villa in einem ausgedehnten Rasengrundstück. Kokospalmen spreizten ihre fiedrigen Kronen in den Himmel, teichgroße Wassertümpel, umwuchert von gefräßigem Grün, dienten soeben einigen Frauen als Badeweiher. Beim Hineinsteigen wickelten sie kunstvoll ihren Sari ab, bis nur noch ihre Köpfe aus dem Wasser schauten. Das schmiedeeiserne Eingangstor hing beidseitig an drei Meter hohen Sandsteinsäulen, in deren Vorderseite das Rad des legendären Königs Ashoka als Relief gehauen war. Die Fensterläden der Villa waren zugeklappt, ihre Holzlamellen hielten die grelle Sonne draußen.

Die moderne, weiß verputzte Villa bot auf ihren drei Stockwerken sicherlich sechshundert Quadratmeter Wohnfläche, davor parkte der Bentley des Hausherrn. Schon vor unserer Ankunft hatte Biren Roy für jeden von uns eine »Ehrenjungfer« engagiert in leuchtendem Sari, der locker über die linke Schulter geschwungen war und die Füße bedeckte. Das dichte, blauschwarze Haar der beiden Mädchen war zu langen Zöpfen geflochten. Sie begrüßten uns mit Blumenketten, die sie uns um die Schultern legten.

Biren Roy, klein und wuselig, in weißer Hose und locker darüber getragenem weißen Hemd, empfing uns herzlich. Waren wir tatsächlich »seine« Deutschen, von denen er seinen Freunden seit dreizehn Jahren erzählt hatte?

»Ich bin glücklich, Sie bei mir begrüßen zu können. Ihre lange Reise beeindruckt nicht nur mich, sondern die ganze Öffentlichkeit meines Landes. Unser Premierminister hat Sie sicherlich empfangen, um unsere Anerkennung und Achtung zu demonstrieren. Hier in Bengalen werden Sie viele Freunde finden. Bengal gehört – wie schon immer – zu den bedeutendsten indischen Staaten.

Ich habe für alles gesorgt: Noch heute abend bringt Sie mein Fahrer in das feinste Hotel Calcuttas, ins ›Great Eastern‹. Dort erwartet man Sie bereits, und der Entertainment-Manager, Mr. Gerald Green, hat schon ein Engagement von drei Wochen für Sie ins Auge gefaßt. Die Gage wird dann dem Renommee des Hauses entsprechen. Sie können dort sechsmal in der Woche, immer abends, auftreten. Anschließend wohnen Sie bei mir. Ich habe Ihnen eine meiner Villen – hier auf dem Grundstück – reserviert und auch bereits zwei Diener dafür abgestellt, einen Koch und einen Putzer. Also nochmals, seien Sie herzlich willkommen!«

Gustav dankte zuerst und überreichte seine Diplomarbeit. Weil Biren Roy nicht deutsch lesen konnte, fand vor allem meine Kalligraphie des Tagore-Spruchs seine Aufmerksamkeit.

Die Ehrenjungfern waren inzwischen verschwunden, aber dafür brachte uns der Fahrer im Bentley zum »Great Eastern Hotel« im Herzen der City, der damals feinsten Adresse. Wir waren platt, als wir die Fassade sahen: Solchen Luxus hatten wir noch nie erfahren.

Der »Bellmaster« ließ sich vom Fahrer unser Gepäck aus dem Kofferraum bringen. Wir stiegen aus und genossen den Schatten unter dem Vordach, das den breiten Bürgersteig überdeckte. Der wie ein Maharadscha aufgeputzte Portier riß die breite Glastür mit dem hochglanzpolierten Messinggriff auf. Wir »schritten« durch einen mit Palmettos begrünten Vorraum auf rotem Teppich in die »Lounge«, die Empfangshalle mit ihrer hohen

Decke, den Marmorsäulen, die aus dem Terrazzoboden wuchsen, und erlesenen Teppichläufern.

Dann brachte uns der Empfangs-Chef in das Büro von Mr. Green, einem der drei Manager des feinen Hauses. Noch ehe er uns entgegenkam, entdeckte ich in einem der Fenster zur Straße die eingeätzte Inschrift:

»By appointment of H. M. the King-Emperor and H. M. the Queen Empress.« (Durch Erlaß seiner Majestät des Königs und Kaisers und ihrer Majestät, der Königin und Kaiserin.) Offenbar hatte das unabhängige Indien seine Kolonialzeit problemlos verarbeitet, sonst wäre diese Fensterinschrift längst gelöscht worden.

»Ich heiße Gerald Green und bin hier der Unterhaltungs-Chef. Von Ihnen habe ich schon aus Bagdad gehört, als Sie dort bei Gregor Thomasian auftraten. Wir haben Sie bereits eingeplant, zunächst für drei Wochen, aber mit beiderseitigem Verlängerungsrecht von zehn Tagen. Wir sind stolz, daß Sie bei uns weilen und hier auftreten; schließlich haben wir in der Wochenschau von Ihnen schon manches gesehen. Und Nehru hat Sie in Delhi empfangen – der stille Typ (quiet chap) muß Sie wirklich gemocht haben!

Wenn es Ihnen nichts ausmacht, könnten Sie gleich meinem Bekannten vom ›Statesman‹ ein Interview geben. Er wartet auf Sie in der Lounge...«

Jetzt wußten wir, daß wir es geschafft hatten; gaben das Interview und tranken dabei einen eisgekühlten Lemon-Squash, während zwei Bedienstete unser Gepäck in die Suite hinaufschafften. Jawohl, wir bewohnten eine richtige Suite, mit einem kleinen Korridor, einem Badezimmer und zwei ruhigen Schlafzimmern, die gottlob nicht auf die belebte Straße hinausgingen.

Am Abend speisten wir dann à la »Great Eastern Hotel« (siehe Speisekarte), trugen zum Dinner Sakko, weißes Hemd und Krawatte, wie es damals noch in allen feinen Häusern üblich war, freuten uns in der Suite über die langsam rotierenden Ventilatoren an der Decke und auch an den Baldachinen der Moskitonetze über den breiten, kühlen Betten.

Unsere beiden Bediensteten, Abdulla und Hassan – zwei bengalische Muslime –, waren weiß gekleidet, mit Baumwolljacke und -hose sowie sauber gewickeltem Turban und gingen barfuß. Sie lasen uns jeden Wunsch von den Augen ab und wachten rund um die Uhr abwechselnd vor unseren Zimmern.

Nach dem Dinner wollten wir noch ein bißchen spazierengehen. Die Nacht war kurz vor sieben hereingebrochen, und die Innenstadt glühte noch von der Tageshitze: eine Innenstadt mit sechsstöckigen Prachtgebäuden zu beiden Straßenseiten, wie sie in London, Paris oder Rom nicht viel anders aussehen würde. Nur die Menschenmassen übertrafen all unsere Vorstellungen. Zwar hatte der Schwerverkehr aufgehört, aber die Fahrradrikschas und Straßenbahnen, die Motorräder und Personenwagen fluteten mit Abblendlicht über den Corso, während auf den Bürgersteigen bereits die »Straßenpenner« ihren Schlafplatz aufzusuchen begannen.

Mr. Gerald Green hatte uns nach dem Interview manches über sie erzählt: daß in der Stadt auf einem Quadratkilometer 38.000 Menschen wohnen, daß die Wohnhäuser abseits der verkehrsreichen City nur selten Wasserleitungen und Aborte besaßen, und daß jeweils ein Raum zumeist eine ganze Familie barg. Von den Hunderttausenden der Armen und Besitzlosen hausten fast alle auf der Straße. Wieviele Arbeitslose es gab, wußte keiner. Ihr Zuhause war der Schlafplatz auf dem Trottoir. Keine Behörde war in der Lage oder auch nur gewillt, sie wegzuschaffen, denn jeder freie Platz würde sofort von anderen »Pavement-dwellers« besetzt.

Dabei gehörten manche von ihnen schon zu den Privilegierten, wenn sie nämlich im Häuserschatten gegen die Sonne oder unter den Vorsprüngen der Fassaden und Dächer gegen den Regen geschützt waren; als Unterlage diente ihnen in der Regel Sackleinen. Meistens hatten sie auch Zugang zu Wasserstellen, konnten in Abfallbergen und Müllhalden nach Nahrung wühlen und sich ein paar »Anas« (1 Ana = 1/16 Rupie) zusammenbetteln. Deshalb verpachteten auch die Bettler-Zünfte gegen kleine Beträge die günstigsten Schlafplätze. Wer nicht zahlte, mochte sehen, wo er blieb. Auch die fünfzigtausend Rikschakulis waren streng organisiert.

In Calcutta herrschte Ordnung! Das merkten wir bereits, als wir vom Straßenbahn-Knotenpunkt an der Esplanade durch die nächtliche Stadt nach Hause gingen. Wie die Störche stelzten wir über die Schläfer auf dem Bürgersteig bis zum Hoteleingang, um den sich selbst zu dieser nächtlichen Stunde ein paar Arbeitslose drückten, die jedem Hotelgast, der heraustrat, ihre Dienste anboten – meistens, um ihm die Aktentasche zu tragen. Wir sahen Indiens erschreckendes Gesicht.

Betreten und verwirrt gingen wir auf unsere Zimmer, badeten nochmals ausgiebig und schlüpften unter die Moskitonetze, während der Ventilator an der Decke langsam rotierte, aber kaum Luft durch die Netzmaschen fächeln konnte.

Am nächsten Morgen brachte der »Statesman« – die damals größte Zeitung der Stadt – eine Schlagzeile über uns und unsere Reise, mit einem ausführlichen Bericht in bester britischer Tradition. Gerald Green strahlte, als er uns die Morgenausgabe auf den Frühstückstisch legte.

Der mittelgroße Engländer war elegant gekleidet und von schlanker Gestalt. Seine braunen Locken schenkten ihm Jugendlichkeit. Dazu hatte er die Gabe, seinen Partnern offen und heiter zu begegnen, und seine angenehme Stimme gewann ihm Sympathie. Meistens hatte er schon die Hälfte der Probleme gelöst, bevor man sie überhaupt zur Sprache brachte.

»Ist für uns eine Überweisung von achthundert Rupien aus Delhi bei Ihnen eingegangen?« wollten wir wissen.

»Bis heute noch nicht. Aber wenn sie eintrifft, gebe ich Ihnen sofort Bescheid. Übrigens, wenn Sie Ihre Post abholen möchten: das Hauptpostamt liegt keine zweihundert Meter von hier auf der anderen Seite der kleinen Parkanlage. Sie erwarten doch sicherlich Post von zu Hause.«

Gordon N. Barber, der englische Lump, hatte also nicht Wort gehalten! Der Verlust traf uns ziemlich hart, denn wir sparten ja schon für die Heimfahrt bzw. die Überfahrt nach Australien. Gewiß, das fürstliche Engagement im »Great Eastern« machte vieles wett, aber die Enttäuschung über einen Europäer, der uns so schäbig betrogen hatte, hinterließ einen bitteren Nachgeschmack.

Auf dem »Post-office« lagen die Briefe bündelweise, und der anglo-indische Sekretär hinter dem Schalter war froh, das Fach endlich ausräumen zu können. Das Hauptpostamt war, ebenso wie die anderen Behördengebäude der City, im viktorianischen und eduardischen Stil erbaut und zeugte von der Macht und Größe Großbritanniens um die Jahrhundertwende. Noch feierte der Beton keinen fröhlichen Urstand, noch prangten die Fassaden in kunstvoll behauenen Natursteinen, waren die Fensterkreuze aus tropischen Hölzern geschreinert, und die Portale weiteten sich protzig im Stolz des Kolonialzeitalters. Denn die vielen hundert Millionen Menschen in Britisch-Indien waren lange Zeit der größte Absatz-Markt für Englands Industrie gewesen.

Ab 1774 hatte ein vom König eingesetzter »Gouvernor General« die Geschäfte in Indien kontrolliert, und die wilden Gründerjahre der Stadt waren dem geordneten Tagwerk einer Kolonial-Hauptstadt gewichen.

Der Flußhafen lag zwar weitab vom Schuß, und die Segler von Englands Südküste brauchten viele Monate, bis sie das Kap der Guten Hoffnung umrundet hatten und auf Nordostkurs drehen konnten, um ihr Ziel, Calcutta, anzusteuern, das noch viele tausend Meilen entfernt lag. Dennoch blühte der Handel von Jahr zu Jahr weiter auf.

1858 hatte die englische Krone Indien zum Vize-Königreich erhoben, über dessen einheimische Potentaten sie weiterhin herrschte. Als König Georg V. dann am 12. Dezember 1911 die Verlegung der Hauptstadt nach Neu-Delhi ankündigte, geriet Calcutta in eine geografische Randlage und sank zu einer Provinz-Hauptstadt ab.

Dennoch blieb es eine Megalopolis, ein Handels- und Kulturzentrum für ganz Indien mit dem Anspruch, eine Hochburg der Kunst zu sein. Aber die Müllberge auf den Straßen und die Stromausfälle, die fast täglich alles stundenlang lahmlegten, gehörten seither ebenso zu Calcutta wie das Ameisengewimmel seiner Menschen.

Die Wäscherei des Hotels hatte unseren Bühnendress gereinigt und gebügelt. Am Nachmittag kontrollierten wir die Mikrophone und stellten die Beleuchtung entsprechend ein:

Viel Licht von oben auf das frisch gewaschene Haar, schräg von vorne zwei Scheinwerfer als »Spotlights« auf die Gesichter – und von der Bühnenrampe her die Strahlen nach oben, damit die ganze Gestalt effektvoll ausgeleuchtet war. Nur bei der Feuernummer brauchte Gustav überhaupt kein Licht – da blieb lediglich die Notbeleuchtung neben den Ausgängen an, und zwei Feuerwehrleute standen hinter dem Vorhang bereit.

Das Aussteuern der Mikrophone verlangte viel Zeit: Baßblende, Obertöne, Timbre der Stimme und Saitenklang der Gitarre wollten aufeinander abgestimmt sein.

Sonny Lobo – er hatte schon in Delhi mit uns gespielt – probte noch einen neuen »Indicative-Gallop«, die Erkennungsmelodie für unseren Auftritt. Und Ljuba, die russische Ansagerin, brauchte noch Auskünfte für unsere Präsentation. Ihr äußerst zurückhaltendes Wesen befremdete uns ein wenig, aber sie machte dann ihre Sache abends recht gut, als sie uns zum Beispiel »amazing« (erstaunlich) nannte. Ihre weißrussischen Eltern waren nach der Roten Revolution über die Mandschurei bis Schanghai geflüchtet.

Das noble Publikum spendete uns reichlich Beifall, und wir genossen die Bühnenarbeit im Lichte der Scheinwerfer und freuten uns, die jüngsten in der Truppe zu sein. Nach uns trat ein Tanzpaar auf, und die Primadonna Ann Nicholson sang später Arien aus italienischen Opern. Das Mikrophon verschmähte sie.

In der zweiten Woche war die Reihenfolge umgestellt, und »Corano Brothers« traten als letzte der abendfüllenden Floorshow auf. Das tat uns gut, löste aber bei den Kollegen nicht gerade Begeisterung aus. Wir waren über Nacht die Stars geworden, die Attraktion des Abends, und da blieb der Neid der Konkurrenz nicht aus.

Wenn der Klaviervirtuose Sonny Lobo Boogie-Woogie spielend in den Tasten wühlte, strahlten die Augen der Jazzfans im Publikum. Bei »Caravan«, einem exotischen Foxtrott in Es-Moll, ließ der grandiose Showmaster die Leuchter im Saal ganz herunterdimmen. Nur das dünne Stimmchen einer gestopften Trompete schwebte über den dunklen Baßläufen eines aufgelösten Molldreiklangs. Eine glänzende Inszenierung!

Als deutscher »Liedersänger« tat ich mich übrigens leichter als so manche weibliche Kollegin, die außer ihren Liedern auch noch »Sex-Appeal« über die Rampe bringen mußte. »Zeig'n 'Se Bein«, so singt meine Sanges-Schwester Joana ein bitteres Lied davon. Und wer je in Floorshows aufgetreten ist, der weiß, wie schwierig es ist, Gäste so weit zu bringen, daß sie von ihren Steaks und Drinks überhaupt aufschauen und zuhören.

Meine Lehrzeit in den Drei-Sterne-Lokalen von Rom machte sich nun bezahlt: Ich hatte dort gelernt, mit Worten und Melodien das Publikum aufhorchen zu lassen. Mit eingängigen Melodien, die sich schon beim ersten Anhören im Unterbewußtsein heimisch machten. Die Texte der Lieder mußten anspruchsvoll sein und dennoch leicht verständlich.

Wir hatten tags darauf die Schlagzeile im »Statesman«, und alle Leser wußten jetzt von unserer Reise und unseren Erfolgen. Dazu kam noch das »deutsche Moment« – schließlich waren wir im vergangenen Krieg die gefürchteten Gegner gewesen, deren Image zwar durch die Nazi-Verbrechen schwer gelitten hatte; doch in Indien – und besonders in Bengalen – hatten wir noch immer einen Stein im Brett. Nicht zuletzt, weil der bengalische Freiheitskämpfer Subhas Chandra Bose unter Hitler eine »Indische Legion« aufgestellt hatte, die später bei den Japanern an der Burma-Front gegen die britischen Kolonialtruppen für Indiens Unabhängigkeit kämpfte, oder besser: zu kämpfen glaubte.

Bose war Parteivorsitzender des »All-India-Congress« gewesen und zählte damals auch Ghandi und Nehru zu seinen Kampfgenossen. Auch hatte der deutsche Sprachforscher Max Müller die wichtigsten Sanskrit-Veröffentlichungen herausgebracht, und schließlich kannte die britische und teilweise auch die indische Oberschicht die deutsche Musik.

Franz Schuberts Liederwerk machte mir einerseits die Auftritte leicht, doch erwartete man auch von einem deutschen Sänger entsprechendes Können, Sicherheit und Meisterschaft. Wurde ich diesem Anspruch tatsächlich gerecht?

Immerhin: In meinen Liedern war die Liebe keine Hurerei wie in manchen Brecht-Songs, waren Schecks keine Liebesbeweise – ganz gleich, ob ich Blues, Swing, Chanson oder Balladen bot. Dabei wagte ich mich nie an die zynisch-bösen Kabarett-Chansons der Rive Gauche in Paris heran. Zwar bekannte ich mich zur Selbstironie, brachte auch mal ein verschmitztes Lächeln zwischen den Zeilen unter und versuchte, als »Fahrender Sänger«, als »Minstrel« zu überzeugen, aber durchwegs blieb ich »brav«.

Damals, kurz vor dem Siegeszug des Fernsehens, hatte die Populär-Musik, hatten das Chanson und der Edelschlager einen künstlerischen Höhepunkt erreicht, der das Publikum für meine Lieder vorbereitet hatte.

Meine Bühnenroutine hatte mich auch gelehrt, die beiden Zwanzig-Minuten-Auftritte dramaturgisch klug aufzubauen, das heißt, zu inszenieren. Ich begann mit einem bekannten Titel aus dem englischen Sprachraum, der ins Ohr ging und dessen Rhythmus die meisten im Publikum mitriß, zum Beispiel »Buttons and Bows«, eine Parodie auf die Gegensätze zwischen dem Leben in einer Stadt und jenem in der freien Natur.

Dann ließ ich gern einen langsamen Walzer folgen, wie sie damals noch beliebt waren. »Parlez moi d'amour« zum Beispiel kannte jedermann, aber auch das serbokroatische »Tamo daleko«, mit dem ich in Istanbul bei der »Yougoslavenska Sloga« so gut angekommen war, ließ das Publikum aufhorchen.

Daneben durfte ein flotter Jodler nicht fehlen. Schließlich erwartete man von einem jungen Sänger aus dem deutschen Sprachraum auch eine alpenländische Weise.

Im zweiten Auftritt, so gegen halb elf Uhr abends, durfte ich Kühneres anstimmen. Jetzt war das Publikum schon angeheizt vom Dinieren und Tanzen, von den anderen »Nummern« der Floorshow und auch vom Trinken. Ein mitreißendes Kosakenlied wie »Poljuschka Polje« – auch von Glen Miller in die Welt getragen – bekam seinen Applaus. Neapolitanische Romanzen ließen die Zuhörer ins Träumen geraten, und mein Abschiedslied »Auf Wiedersehn« ließ manchen freudig-traurig miteinstimmen. Ich sang jeden Abend sechs neue andere Lieder, die ich aus den gängigsten Liedern meines damals schon recht breiten Repertoires auswählte. Bühnenreif konnte ich etwa zweihundert davon abrufen.

Nach vierzehn Tagen kaufte ich mir eine neue Gitarre, weil sie besser zu mir paßte. Der portugiesische Name der Musikalienhandlung, »Braganza«, deutete abermals auf die Kolonie Goa hin, die erst 1961 an Indien fallen sollte.

Die neue Schlaggitarre hatte einen eng taillierten Korpus, dessen Decke sich nach oben wölbte. Die beiden F-Löcher – anstelle des runden Schall-Lochs – verliehen ihr ein »jazziges« Aussehen, und die gelb-roten, ineinanderfließenden Farben der Decke, der Zargen und des Rückens leuchteten beinahe grell und spiegelten das Rampenlicht. Der schmale Hals aus Ebenholz trug Perlmutt-Einlagen, die Kanten waren mit hellem Elfenbein eingefaßt, und ein poliertes Brettchen schützte die gewölbte Decke vor Kratzern, die beim Anschlag mit dem Plektrum hätten entstehen können. Ich zupfte aber mit den Fingerkuppen und hatte weiche Stahlsaiten aufgezogen, die in den Bässen warm klangen und im Diskant wie Feuer glühten. Der Nachhall dehnte sich über vier, fünf Sekunden, und dieses große Klang-Volumen befeuerte mich und steigerte meine Lust am Singen.

Als ich im Hotel die Gitarre auspackte und durch die schmalen F-Löcher – ähnlich wie bei einem Violoncello – in das Innere des Korpus blickte, entdeckte ich ein aufgeklebtes Papierschild: »Made in the German Democratic Republic – Markneukirchen im Erzgebirge«. Welch ein Glück, denn in Markneukirchen saßen hochberühmte Gitarrenbauer! Selbst die bekannten und teuren Marken aus den USA haben großenteils hier ihren Ursprung.

Das Hotel trug seinen Namen nach dem Riesendampfer »Great Eastern«, der niemals die Meere befuhr. Mitte des 19. Jahrhunderts war der 30.000-Tonnen-Leviathan auf einer Glasgower Werft am Clyde vom Stapel gelaufen. Seitliche Schaufelräder hatten ihn antreiben, gigantische Dampfmaschinen die Energie dazu liefern sollen. Aber wie den Sauriern, so brachte auch ihm sein Riesenwuchs Unglück – und er lief niemals aus. Nur der Name »Great Eastern« überdauerte die Zeiten.

In den fünfziger Jahren war das Hotel in Asien so renommiert wie in Amerika das »Waldorf-Astoria« von New York. Die Gästemassen des Ferntourismus konnte sich noch niemand vorstellen, denn das Reisen war damals um ein Vielfaches teurer als heute und verlangte auch viel mehr Zeit, zumal die Luftreisen gerade erst anfingen. So wohnten im »Great Eastern Hotel« ausschließlich reiche Leute.

Mrs. Eleonore Roosevelt blickte erstaunt, als sie bei ihrer Pressekonferenz unsere Frage hörte, warum ihr verstorbener Ehemann, Präsident Franklin Delano Roosevelt, den Russen, Tschechen und Polen die deutschen Ostgebiete in den Rachen geworfen habe, die doch großenteils seit achthundert Jahren von Deutschen besiedelt seien. Der deutsche Fahrrad-Tourist Heinz Helfgen – er war per Drahtesel nach Calcutta gekommen und brachte später sein Buch heraus »Ich radle um die Welt« – saß unterdessen neben mir, fühlte sich aber wegen unserer insistierenden Fragen an die Lady nicht gerade wohl in seiner Haut. Mrs. Roosevelt antwortete höflich und souverän: »Aber meine Herren, ich bin doch nicht nach Indien gekommen, um über deutsche Nachkriegsprobleme zu sprechen. Mich bewegt hierzulande die Lage der indischen Nation. Deshalb habe ich diese Pressekonferenz einberufen. Bitte, verstehen Sie das!« Dabei schien sie sich keinesfalls wohlzufühlen, auch wegen der 14 Millionen Flüchtlinge in Indien und Pakistan. Für die Journalisten war die Überraschung, daß wir überhaupt gefragt haben, ein gefundenes Fressen.

Der Hotelservice lief wie geölt und ruhig. Da dudelten keine Lautsprecher sogenannte Hintergrundmusik, sondern die Teppiche schluckten jeden Laut, und die Bediensteten lasen ihren Gästen die Wünsche von den Augen ab. Wir fühlten uns wie im Himmel und waren jeden Abend neu befeuert, wenn wir unsere flotte Schau auf die Bühne legten, während das elegante Publikum unten im Dunkeln saß und Sonny Lobo mit dem Galopp einsetzte, der unsere Erkennungsmelodie war; wenn der Scheinwerferstrahl uns folgte, als wir die Bühne betraten, und Ljuba ins Mikrophon hauchte, mit ihren schweren slawischen R's kokettierte und die »amazing Corano Brothers« ansagte. Sie nannte Gustav vor seiner Feuernummer ständig »Nikolasch Corano«, und wir haben nie herausgekriegt, warum sie ihn so getauft hatte. Ich trug ein leichtes Sommerhemd mit großen Karos in rot und grün zu einer hellen Hose und setzte mich schon dadurch typenmäßig von den dunklen Anzügen der Herren im Publikum ab. Dort saßen indische Nabobs mit ihren sari-bekleideten Frauen und Europäer als Paare oder Singles. Dort sahen wir auch die ersten Chinesen, fast immer in Gruppen und ewig lächelnd, lächelnd.

Das Luxushotel nahm einen ganzen Häuserblock ein. An seinem Hinterausgang holte eine junge Nonne mit ein paar Ordensschwestern jeden Tag die Küchenabfälle. Die Klosterfrauen luden die in offene Eimer gefüllten Speisereste auf gummibereifte Karren und transportierten sie zu den Ärmsten der Armen in das von ihnen geführte Hospital. Wie mir Gustav jetzt mitteilte, hieß die Nonne Teresa. Es war die junge Mutter Teresa, der Engel von Calcultta. Ein halbes Jahrhundert hat sie ihr Leben den Armen, Kranken und Sterbenden geopfert.

Als ich eines Abends »Ali Baba« anstimmte, hatte ich sogleich bei allen Kellnern gewonnen. Denn als Muslime war ihnen Ali Baba natürlich bekannt – und von nun an verwöhnten sie uns beide tagaus, tagein. Welcher weiße Sänger hatte denn jemals eine ihrer Märchengestalten besungen? Mir tat das ungemein wohl – dabei fiel es mir doch spielend leicht, zumal der Beckenklang des Schlagzeugers zwischen Strophenteil und »Trio« den exotischen Eindruck verstärkte, bevor ich die Melodie, statt sie zu singen, pfiff und das blasierte Publikum damit überraschte.

Eines Abends sang ich ein zündendes russisches Seemannslied vom Kaspischen Meer. Mit dem Schlagbassisten hatte ich nachmittags die Harmonie geprobt – er bekam auch ein stattliches Bakschisch dafür – und so legte er mir einen Baßlauf unter meine Gitarrenstimme, daß das Publikum mäuschenstill lauschte und zum Schluß in rauschenden Beifall ausbrach.

Ich hatte diesen Titel vielleicht nur deshalb angestimmt, weil ich nachmittags im Kolonialgebäude des »Victoria Memorial« eine Ausstellung sowjetischer Malerei besichtigt hatte. Dort war Väterchen Stalin groß, ja überlebensgroß herausgekommen, und die Schinken des sozialistischen Realismus' mit ihrem unerträglichen Pathos hatten mich angeödet. Als ich aber unerwartet vor Ilja Repins großem Werk stand: »Die Saporoger Kosaken schreiben dem Sultan einen Brief«, da fiel mir doch, wie man so sagt, der Unterkiefer herab. Das war ein Gemälde, das sich in mein Gedächtnis eingrub, mit seiner Komposition im Breitformat und seinen Typen, den Kosaken aus dem »Sitsch«, ihrem Lager unterhalb der Stromschnellen des Dnjepr bei Saporoschje. Ich kannte ja längst ein herrliches Lied von ihnen, kongenial übersetzt von Jürgen Riehl. Nun stand ich sprachlos vor Repins Meisterwerk, das er als junger Maler um die Jahrhundertwende geschaffen hatte.

DIE SAPOROGER

Wir treiben nachts in spritzend kühle Wellen
die raschen Rosse jäh hinein.
Und durch des Stromes wilde Schnellen
reiten wir ins große Lager ein.

Wir haben nichts als Lanzen, Zelte, Pferde
und der Gewehre sich'res Blei.
Dort, wo wir reiten, blüht die dunkle Erde
rot vom Blut und wird vom Feinde frei.

Bis einst der Feinde übermächt'ge Horden
uns dicht umstellt zur feigen Schlacht.
Das halbe Heer erlag dem Morden,
doch sie haben eines nicht bedacht:

Für jeden Reiter, der im Kampf gefallen,
fängt unser Stamm zwei Jungen ein.
Und von den Steppensöhnen allen
möcht' ein jeder Saporoger sein.

Fasziniert betrachtete ich die Einzelheiten des Bildes: die Haarlocken der Männer nach Art der Tataren; die nach vorne geschwungenen, schweren Reitersäbel im Wehrgehänge; die Bandura – ein Zupfinstrument – auf den Knien; die phantastisch zusammengewürfelten Trachten; die gesammelte, heitere Miene des Schreibers, die zurufenden Spötter und die dröhnend lachenden Kosaken, die dem Sultan einen Antwortbrief schicken auf sein Angebot hin, sich ihm zu unterstellen. Hier ist ihre Antwort in deutscher Übersetzung, der es an drastischer Würze nicht fehlt:

Du sultanischer Teufelsschwanz, Bruder und Genosse des erbärmlichen Satans und des leibhaftigen Luzifers Sekretär! Ei, was bist Du Hosentrompeter doch für ein armes Zwiebelchen! Was Beelzebub scheißt, das frißt Du samt deinen Scharen. Wie will so ein Windei wie Du ehrliche Christensöhne und Saporoger Kosaken in seine Gewalt kriegen?

Hörst Du unser Gelächter, Du taubstumme Krötenzehe? Zu Wasser und zu Land haben wir Dich völlig zu Boden gestreckt. Komm nur, daß wir Dir gänzlich den Garaus machen, Du babylonischer Fingerhut, Du alexandrinischer Geißenmetzger, Du Erz-Sauhalter von Ägypten, Du armenisches Schwein, Du tatarischer Geißbock, Du Taschendieb von Podolsk und blutbesudelter Hinterfotz von Kamenetz, Du Enkel aller Höllenbewohner, Du stinkender Narr der Welt und Unterwelt, dazu unseres Gottes Dummkopf!

Sollten wir Dich anreden, wie Du es verdienst, Du aufgedunsener Schweinekopf, dann hör zu:

Stutenarsch und Metzgerhund, der Du bist, du ungetaufter Schädel und Mistkäfer, wir wissen vor allem dieses: Du Unflat bist nicht würdig, einer rechtgläubigen Christenmutter Sohn zu sein. Deshalb schlagen wir diesen Brief um Dein rotziges Maul, Ungewaschener! Und das ist auf Siegel und Wort unsere Antwort, Muhammed.

Da wir keinen Kalender haben, wissen wir das Datum nicht. Der Mond steht am Himmel, und wir tafeln im Freien. Das Jahr steht im Buch geschrieben, und der Tag ist der gleiche wie bei Euch. Womit Du uns am Arsch lecken kannst.

Der Ataman vom Alten Lager Iwan Tyerko
und alle seine braven und tapferen Saporoger Kosaken

Nun hatte ich auf der Bühne des »Great Eastern« Hotels ein Seemannslied vom Kaspischen Meer angestimmt und großen Beifall erzielt. Verbeugung im Scheinwerferlicht – Beifall; zweite Verbeugung – Beifall; Blick ins Publikum, Lächeln, leichtes Verbeugen – raus. Da fällt mir hinter der Bühne eine Frau um den Hals, sie lacht und sie weint, es ist Ljuba, die russische Ansagerin:

»Also Oskar, ihr Deutschen seid doch das rätselhafteste Volk von allen! Da überzieht ihr zweimal in einer Generation mein Heimatland mit Krieg, da bringt der Hitlerfaschismus zwanzig Millionen meiner Landsleute um, da zerstören die Nazis alle

Städte, die sie eingenommen haben, da versklavt ihr meine zivilen Landsleute und schleppt sie als Fremdarbeiter nach Deutschland, und die Rote Armee – mit der ich als Weißrussin nichts zu tun haben will – nimmt blutige Rache ... Und jetzt kommst du als junger Deutscher hierher und singst mir:

Tyi morják, krassiwyi ssam ssabóju,
tjibjé atródu dwátzatj ljet ...

Du schöner Seemann,
du bist zwanzig Jahre alt ...

Du kannst ja russisch singen! Wo hast du das gelernt? Warum singst du die Lieder meines Volkes?«

Da traten auch mir die Tränen in die Augen, ich hielt die blonde dralle Ljuba hinter der Bühne in den Armen und erklärte ihr:

»Aber Ljuba, ich singe eure Lieder genau so gern wie unsere oder wie jene aus England oder Frankreich! Ich singe nur Lieder, die mir gefallen. ›Tyi morják‹ habe ich als Elfjähriger im Deutschen Jungvolk gelernt, als drei Siebzehnjährige von den Bündischen in unser Fähnlein kamen, und seither singe ich es immer wieder. Ljuba, liebe Kollegin, ich habe auch eine Balalaika bei mir, die aus Russisch-Aserbeidschan stammt und die ich in Teheran geschenkt bekam.

Ich kannte schon immer ein paar Lieder aus Rußland, auch dieses von den Saporoger Kosaken; deren großes Ölbild aus Repins Hand habe ich heute nachmittag in der Ausstellung bewundert; ich kenne die Lieder von der ›Petersburger Straße‹, vom ›Räuber Kudijar‹, vom ›Poljuschka Polje‹ und andere Weisen vom Don und von der Wolga.«

Da weinte sie noch mehr, und ich hielt die schöne Russin in meinen Armen. Später mußte sich Ljuba in der Künstlergarderobe eigens wieder schminken, weil ihre Tränen das ganze Make-up weggeschwemmt hatten. Ich saß derweilen neben ihr und war ebenso aufgewühlt und gerührt. Sie war die erste Russin, die mir ihr Herz geöffnet hatte, und so geleitete ich sie auf den Balkon im großen Saal zurück, wo sie mit ihrem Ehemann zwischen ihren Ansagen diniert hatte. Von dort aus war sie nach meinem Auftritt stante pede zu mir hinter die Bühne gerast und hatte den Ärmsten am Tische allein gelassen. Jetzt klärten wir ihn auf, und Ljuba versprach, mich ein weiteres schönes neues Lied zu lehren, das im Krieg bei den Soldaten an der Front entstanden war. Aus ihm sprächen Heimweh und Schwermut, wie aus so vielen Soldatenliedern – und auch aus »Lili Marleen«, das ich auf Zuruf aus dem Publikum fast allabendlich anstimmen mußte.

FINSTERE NACHT

Finstere Nacht,
nur Gewehrkugeln schwirren vorbei,
wo der Wind durch die Stellungen fegt,
trüb nur schimmern die Sterne.
Finstere Nacht,
ach, Geliebte, ich weiß, du bist wach,
und du stehst an der Wiege und weinst
und du trocknest die Tränen.
Dein froher Blick und die Tiefe deiner Augen,
gern würd' ich jetzt einen Kuß darauf drücken.
Finstere Nacht,
auch du findest wie ich keinen Schlaf,
und so glaube ich ganz fest daran,
daß wir uns wieder sehen.
Nachdichtung aus dem Russischen
von Andrej Popkowkin

Die »Upper Ten«, unser Publikum, hatten von Ljubas Gefühlsausbruch hinter der Bühne gottseidank nichts mitgekriegt. Ab dem nächsten Abend jedoch sagte sie uns an wie eine junge Göttin. Sie schmeichelte und lobte, sie machte das Publikum scharf auf uns, sie spielte mit ihren Reizen. Wir aber hatten eine Freundin gewonnen – und vielleicht auch Deutschland einen kleinen Dienst erwiesen.

Jeden Morgen nach dem Aufstehen pflegte ich mich in das kühle Wasser der Badewanne zu legen und erst dort so richtig zu erwachen. Nach einer halben Stunde ging ich dann zur ausgiebigen Morgentoilette über, während Gustav seinerseits im Wasserbad erwachte.

Unsere beiden Diener, Abdullah und Hassan, wünschten uns einen »Guten Morgen«, lachten uns dabei an, und wir gaben den Morgengruß ebenso lachend zurück. Dann begaben wir uns wohlgelaunt und erfrischt an die Frühstückstafel. Frühstücksbuffets wie heute gab es noch lange nicht, aber jeder Gast wußte, was er sich bei den eilfertigen Kellnern bestellen konnte. Wir begannen gern mit einem Feigenkompott, dessen süße Frische den letzten Rest der Müdigkeit hinwegzauberte. Dann gingen wir zum üppigen englischen Breakfast über, ärgerten uns über den schlechten Kaffee und schlenderten dann für die Vormittagsstunden die Chowringee Road hinauf, in das nahe »Writers Building«. Dies markante Bauwerk barg unzählige Büros, die von Geschäftsleuten angemietet waren. Unser Freund, Sri Biren Roy, unterhielt dort die Redaktion seiner Monatszeitschrift »The Indian Airman« (Der indische Flieger). Wir trafen ihn täglich dort an, unterhielten uns mit ihm, und er zeigte uns mit stolzgeschwellter Brust allen seinen Bekannten. Denn nur wenige wirklich Betuchte hätten sich ja ein Dinner im »Great Eastern Hotel« erlauben und uns dort bewundern können.

Nicht weit vom »Writers' Building« lag dann auch das imposante Hauptpostamt. Die Briefe von zu Hause holten wir dort ab und waren überrascht, daß der Oberbürgermeister unserer Heimatstadt für den Ministerpräsidenten des Bundesstaates Bengal ein Gastgeschenk nebst Grußworten beigelegt hatte.

Wir erbaten uns einen Termin bei dem »Hohen Tier« und übergaben ihm den winzigen Modellschuh aus Leder, der auf einen blinkenden Messingsockel montiert war, nebst eingravierter Widmung. Presse und Wochenschau berichteten darüber in ganz Indien. Was doch so ein Empfang bei Pandit Nehru alles bewirken konnte!

Vom mittäglichen Lunch aßen wir nach dem Riesenfrühstück nur wenig und verbrachten die heißen Stunden des Nachmittags in der Suite, die schattig, kühl und wegen der herabgelassenen Rolläden nicht so hell war. In der City brütete derweil die Hitze.

Später am Nachmittag probten wir neue Nummern: Gustav vervollkommnete seine Fingerfertigkeiten, ich übte kühne Modulationen oder Rückungen, wie sie damals in der Populärmusik noch gänzlich unbekannt waren. Probeweise spielte ich die Titel meines Abendprogramms durch, verfeinerte einige Instrumentalsoli zu kleinen Intermezzi und wagte mich auch an neue Titel heran. Ljuba hatte mich das schöne Lied gelehrt: »Tjom noja notsch«, (Finstere Nacht) aber ich brauchte viele Wochen, bis ich seiner absolut sicher war, und konnte es in Calcutta nicht mehr auf die Bühne bringen.

Im übrigen verbrachten wir die Vormittage nur selten gemeinsam, waren wir doch schon über ein Jahr aneinander gefesselt gewesen in Leid und Freud.

Eines Tages, als ich so gegen zwölf Uhr allein ins Hotel zurückkam, wartete dort eine junge Inderin auf mich. Sie trug europäische Kleidung, war also eine Christin. Schwarze Lockenpracht umgab ihr Antlitz wie ein Medusenhaupt, die Fülle der Korkenzieherkringel war kaum zu bändigen. Ihre dunklen Augen blickten keck in die Welt, und das machte mich ein wenig stutzig, denn die Frauen des Ostens blickten meistens weich und anmutig, mitunter sogar unterwürfig, aber niemals keck. Ihr Orchideenmund leuchtete violett und war von einer hochgestülpten Oberlippe gekrönt, unter der die Perlenreihe ihrer Zähne nur so leuchtete; Bronzeteint, schlanker Hals, tadelloser Busen und schmale Taille – Donnerwetter, ein Prachtweib aus dem Dschungel? Nur die leichte Augenlidfalte deutete auf den östlichen Himalaya hin.

»Verzeihen Sie, Sir, sind Sie Oskar, Gustavs Partner?«

»Ja, der bin ich, ...und was führt Sie zu mir, bitte?«

»Herr Gustav hat mich in der Markthalle angesprochen. Ich bin eine Tänzerin. Er sagte, ich sollte Sie hier treffen und bei Ihnen warten, bis er kommt. Sie haben doch nichts dagegen?«

»Ich weiß zwar noch nicht, was er vorhat, aber wir können ja inzwischen einen Lemonsquash trinken.«

Kaum saßen wir, da traf Gustav im Foyer des Hotels ein.

»Da seid Ihr ja! Ich habe Jeannette im Bazar angesprochen und hierher gebeten. Weißt du, Oss, unsere Schau könnte sich durch eine Schlangentänzerin noch enorm verbessern lassen. Dann erst wäre sie perfekt.«

Jeannette, so hieß die Tänzerin aus den Bergen Assams, war von der Schlange allerdings nicht so begeistert, wie Gustav erwartet hatte. Immerhin tranken wir unseren Softdrink, verabschiedeten sie und bestellten sie für den nächsten Tag wieder, wo sie eine Probenummer mit der Python einstudieren sollte.

»Die kann man hier als Meterware in jeder Tierhandlung kaufen – ich habe mich schon erkundigt. Am besten, wir fahren gleich hin und suchen uns eine aus. Die nehmen wir mit ins Hotel, ihre Kiste stellen wir ins Bad. Und zu füttern brauchen wir sie erst in ein paar Wochen«, begeisterte sich Gustav.

Ich konnte diese Ansicht nicht teilen, ließ ihn aber gewähren. Mit der Cora gondelten wir in die Vorstadt, wo die Tierhandlung ein ausgedehntes Areal innehatte. Zwei indische Verkäufer führten uns durch das Gelände, wo sich die Tierwelt Südasiens ein Stelldichein ab: Ein Marabu betrachtete uns mit seinen weisen Augen, seine gestutzten Flügel verwehrten ihm das Fliegen; ein schwarzer Panther, ungewöhnlich groß, lief mit wilden und unsteten Blicken in seinem Käfig herum – grün funkelten seine Augen aus dem schwarzglänzenden Fell mit den matten Flecken. In einer Ecke ruhte majestätisch ein bengalischer Königstiger; eine Gruppe Äffchen drängte sich ans Gitter ihres Käfigs. Ich näherte mich den kleinen Vettern, die mit ihren winzigen Kinder-Fingern die Stäbe umfaßten und dabei herausblickten. Sie standen in drei Reihen hintereinander. Da drängte sich von ganz hinten einer vor, schob mit den Ellbogen die anderen Affen zur Seite und erreichte so das Gitter. Jetzt war er nur noch einen halben Meter von mir entfernt. Er blickte mir in die Augen und streckte mir die Hand hin. Sein Ärmchen mit dem winzigen Bizeps, mit Handgelenk und haarigem Handrücken kam durch das Gitter heraus. Da streckte auch ich ihm die Hand hin, spürte seine Fingerchen und die winzige Handfläche, spürte die Fingernägel der Zwergenhand und war eigenartig berührt. Dann zwängte sich das Äffchen wieder in den Hintergrund.

Am nahen Tümpel stand gravitätisch ein weißer Pelikan, auch er mit beschnittenen Flügeln.

Aber wo ist die Python, unsere Python?

»Moment, Sahib, da drin hab ich sie.«

Die Kiste war mit Maschendraht abgedeckt. Darunter lag bewegungslos ein unentwirrbares Knäuel: der Schlangenleib mit dem gewürfelten Schuppenmuster. Kein Kopf war zu sehen, kein Schwanz.

Der Händler öffnete seitlich eine Klappe und wühlte in den Schlingen des Schlangenleibes. Dann zog er daran – offenbar hatte er das Reptil am Schwanzende erwischt. Meter um Meter zerrte er heraus. Endlich erschien das Kopfende: Beinahe winzig wirkte der helle Schlangenkopf mit den starren Augen und der

Hundeschnauze. Züngelnd glitt die Python durch das Gras, und wir standen dabei. Sofort huschten alle Affen von den Käfiggittern zurück. Die Affenfresserin hatte genau so ausgesehen.

»Sie ist harmlos, Sahib. Erst letzte Woche hat sie ein Ferkel gefressen.«

Das also war unsere Python. Vor uns lag sie im Gras, ohne Bewegung, denn der Inder hielt sie mit einer Astgabel an den Boden gepreßt. Ob sie uns gefiele?

Sicherlich – was kostet sie denn?

Hundert Rupien. Das waren umgerechnet etwa 80 Mark.

Das Handeln und Feilschen, der ureigentliche Sport aller Orientalen, lag uns wenig; aber nach einer halben Stunde einigten wir uns auf achtzig Rupien, damals etwa 65 Mark.

Sie maß elf Fuß, das waren rund drei Meter dreißig.

Die achtzig Rupien wechselten ihre Besitzer und die Python auch.

»Sie braucht alle vier Wochen ein Zicklein, ein Ferkel oder ein paar Ratten – mehr nicht –, und wenn Sie das mal nicht haben, so fastet sie auch ein halbes Jahr. Aber zahm ist sie dann nicht mehr.«

Die Kiste mit der Pythonschlange luden wir auf den Beiwagen und brachten sie zu unserem Hotel. Ein Kuli trug sie nach oben. Im Badezimmer stellten wir die Neuerwerbung ab, wagten aber nicht, heranzutreten.

Am nächsten Morgen warteten wir auf Jeannette, unsere Tänzerin, die ja nun erscheinen sollte, um sich mit der Schlange anzufreunden. Aber seltsamerweise blieb sie verschwunden, und zwar für immer – offenbar waren Riesenschlangen ebensowenig ihre Sache wie meine.

Dann liefen wir um die Importlizenz. Das Vieh aus Indien herauszubringen, war einfach – aber führ' du mal eine Python in ein fremdes Land ein! Singapur winkte ab, Australien winkte ab, alle winkten ab … Wir liefen von Pontius zu Pilatus.

»Es tut uns außerordentlich leid, aber Reptilien werden von unseren eigenen Tierhändlern eingeführt.«

Unsere »Music and Magic«-Schau war bereits Klasse. Wie aber würde sie wirken, wenn sie um einen Schlangentanz bereichert wäre? So war jedenfalls Gustavs Meinung.

»Nein, meine Herren, wir können das Tier bedauerlicherweise nicht einführen lassen ...«

Nach mehrwöchigem Ringen gaben wir den Kampf mit den Behörden auf. Nirgendwohin konnten wir die Schlange mitnehmen. Aber jetzt, wohin damit?

Hundert Ideen, hundert Vorschläge und Einwände, die wieder verworfen wurden. Zuletzt blieb uns nichts anderes übrig: Wir luden die Kiste mit der Schlange ein zweites Mal auf den Beiwagen. Zurück zum Händler in die Vorstadt, wo alle Mauern mit trocknenden Kuhfladen vollgeklatscht waren.

Der Händler blieb eisig. Keinen Pfennig, keine Ana war er bereit, für die Python zu zahlen. Nur die Hände hat er sich gerieben.

Die achtzig Rupien waren futsch, die Python war futsch, und die Tänzerin war futsch.

Kein Wort hat der Händler gesagt, nur still vor sich hin gelächelt.

Es war an einem sonnigen Vormittag, da traf ich vor unserem Hotel auf Gérard. Wir schienen uns längst zu kennen und sahen uns doch zum ersten Mal. Er latschte gerade von der Hauptpost zu seiner Bleibe, trug Shorts, Sandalen und ein Sommerhemd, hatte sein dunkelblondes Haar kurzgeschnitten, und der Flaum seines jungen Bartes sproßte auf seinen Wangen.

Der junge Franzose aus Paris war über Jugoslawien, die Türkei und Persien nach Indien gefahren, zuerst mit dem Fahrrad, dann mit Bus oder Bahn, und wollte so die Erde umrunden.

Gérard war drei Jahre jünger als wir, stammte aus gutem Hause und sprach schlichtes, aber ausreichendes Englisch. Bevor er die Leitung der drei Pariser Hotels auf den Champs-Élysées, dem Montparnasse und am Bois de Boulogne übernehmen sollte, die er von seinem Vater erben würde, genehmigte er sich diese »tour du monde«. Bei der Heilsarmee hatte er Quartier gemacht – und staunte, als ich ihn auf eine Tasse Tee im Foyer einlud.

»Du scheinst aber viel Geld zu haben, mich in solch einen Nobelschuppen einzuladen. Hätte das nicht ein einfacheres Restaurant auch getan?« versuchte er seine Bescheidenheit auszudrücken.

»Ich wohne hier, Gérard, denn ich trete täglich mit meinem Freund und Partner Gustav in der abendlichen Floorshow auf. Er schluckt Feuer, und ich singe Lieder zur Gitarre.«

Da blickte er mich ungläubig an, wähnend, ich wollte ihn auf den Arm nehmen. Von einem Hotelboy ließ ich mir eine Zeitungsausgabe vom gleichen Tage bringen und zeigte Gérard die große Anzeige, die uns täglich im »Statesman« anpries. Er staunte ganz schön.

Da kam gerade Gustav durch die Glastür in die Empfangshalle, und ich stellte ihn vor, indem ich von seinen Zauberkünsten erzählte. Ungläubig hörte Gérard zu.

Am selben Abend saß er jedoch im Publikum, hatte seine legere Tageskleidung gegen einen feinen Anzug gewechselt und trug auch eine Krawatte – sonst hätte man ihn gar nicht eingelassen. An seiner Seite saß eine nette Französin, die er uns nach unseren Auftritten vorstellte. Sie arbeitete als Bibliothekarin im »Maison de France«, war vorher noch nie im »Great Eastern Hotel« gewesen, und unser beider Eindruck auf das Franzosenpaar muß überwältigend gewesen sein.

Mit Gérard wurde ich danach gut Freund und blieb es bis zum heutigen Tag. Wir liehen uns im »Maison de France« die schönsten Platten von Edith Piaf oder von den »Compagnons de la Chanson« aus, verbrachten aber die sehr heißen Nachmittage im schattigen Marine-Club, wo sogar das Schwimmbecken überdacht war, damit die Badenden keinen Sonnenstich bekämen.

Ein neuer Chansonnier hatte damals seine erste Schallplatte herausgebracht, die wir begeistert auf dem Koffergrammophon abnudelten, das mit einer Kurbel aufzuziehen war. Sein Name war Georges Brassens – er sollte Frankreichs größter Dichtersänger der zweiten Jahrhunderthälfte werden. Niemand hatte zuvor seinen Namen gehört.

Eines Tages beschlossen Gérard und ich, uns die Huren von Calcutta anzusehen, und wählten dafür einen arbeitsfreien Abend. Wir schlenderten die breite und belebte Chowringhee Road hinab in Richtung Esplanade. Die Sonne war schon weg, und die Aprilnacht kam rasch. Das bunte Straßentreiben kannten wir ja, die Welt der Gaukler und der Straßenmusikanten, der Schlangenbeschwörer, Schwertschlucker, Jongleure und Puppenspieler. Männer in Affenkostümen sprangen übermütig auf dem Rasen des »Maidan« herum, des großen Parkes zwischen dem Hugli und der Prachtstraße; Akrobaten hechteten durch Feuerreifen, während an einer stillen Ecke einige Erzähler alte Epen vortrugen. Sie alle entstammten niederen Kasten, von denen sich jede auf ein Gebiet spezialisiert hatte. Ihre jeweilige Technik hielten sie geheim und gaben sie nur an ihre eigenen Leute weiter. So verdienten sie zwar auf der Straße ihr Geld, waren aber zum Teil bereits in die Slums abgedrängt.

Mit Tambourin, Trommel und Zupfinstrumenten traten sie auf, ein Schlangenbeschwörer trug seine »entschärfte« Cobra im Deckelkorb, weil er noch keinen geeigneten Platz für seine Darbietung gefunden hatte. Alle traten sie barfuß auf, alle waren sie phantastisch kostümiert, in wallenden Gewändern oder bestickten Blusen und Pluderhosen, mit oder ohne Turban.

»Sahib! Fine Madam, good Madam!« rief uns ein Pferdekutscher zu. Wir setzten uns in den Einspänner, atmeten die schwüle Abendluft, die nach Roßäpfeln, Menschenschweiß und parfümiertem Haaröl roch, dann zog der Gaul den Wagen um ein paar Ecken herum. Es war dunkler geworden, bunter Lichtschein drang aus geöffneten Türen und Fenstern, die Straßen wurden enger und die Passanten weniger. Hätten uns hier ein paar Straßenräuber überfallen und ausgeplündert, kein Hahn hätte danach gekräht. Der Kutscher hielt an und bezeichnete mit dem Peitschenstiel ein Haus auf der anderen Straßenseite. Eine Bezahlung wollte er noch nicht annehmen, weil er hoffte, uns später wieder nach Hause zu bringen. Er wartete.

Wir traten durch die angelehnte Tür in ein Holzhaus mit zwei Stockwerken und standen nun in einem relativ breiten Korridor, den eine rosa Papierampel dämmrig erhellte. An den Wänden waren schmale und hohe Spiegel befestigt, die das matte Licht der Deckenlampe in ein magisches All hineinzuzaubern schienen. Von irgendwoher hörten wir gedämpfte Saitenmusik – es mußte eine Sitar sein, deren Melodie sich aber nicht einordnen ließ. Intervalle und Takt klangen fremd, bildeten jedoch eine musikalische Einheit. Ein schwerer, süßer Geruch erfüllte den Raum, wie von betäubendem Räucherwerk. Er quoll aus dem Spalt eines Vorhangs an der Rückseite hervor, wie aus einer aufgeplatzten Frucht, die am Verfaulen war.

Eine Weile standen wir in diesem Korridor herum, unschlüssig, was wir nun tun sollten, als der Vorhang plötzlich aufging und eine Inderin im Sari etwas zögerlich auf uns zutrat. Sie sah nicht mehr anziehend aus, ihre Züge schnitten hart in die welke Haut, und das dünne Haar war ergraut. Im matten Schein der Deckenlampe hatte sie etwas Körperloses. Sie winkte uns nach oben, und wir folgten ihr eine Holztreppe hinauf, wobei sie in Bengali auf uns einredete – offenbar war das eine Begrüßung.

Im nächsten Stockwerk saßen sie wirklich »Parade«, die Huren, ringsum an allen vier Wänden auf Stühlen, und der Lichtschein war nicht mehr so trübe wie unten. Wir ließen unsere Blicke schweifen über die Mädchen der Hafenstadt Calcutta. Da gab es nichts, was es nicht gab: Riesinnen und Zwerge, Dicke und Dünne, Schlanke und Mollige, Schwarze, Weiße, Gelbe, Mischlinge jeder Couleur. »Oh Calcutta! Oh, quel cul tu as!«

Zambos und Creolinnen, Quadronen, Mulattinnen und Mestizinnen, Eurasierinnen und Drawidas, Paschtunas und Pandschabis. Alle blickten sie zu uns auf, zu uns beiden Dunkelblonden aus Europa. Und alle setzten sich in Positur, mit leichter Unterwürfigkeit, doch auch mit dem Stolz der Jugend, gänzlich ohne Scham; sie hoben die strammen Brüste, schlugen die nackten Beine übereinander, wippten mit den pedikürten Füßen in offenen Sandalen. Die leichten Sommerkleidchen im Minilook enthüllten schon sehr viel. Auch ihr Englisch überraschte uns.

»Sahib, ich bin eine Bengalin. So eine Meisterin wie mich finden Sie in diesem Hause nicht mehr. Ich biete Ihnen alles. Sehen Sie meinen durchtrainierten Körper, mein gepflegtes Haar ...«

»Ich habe in Singapur gelernt; die Malaien lehrten mich die Künste ihrer Liebe. Meine Taille ist die schmalste im ganzen Viertel, und sehen Sie den Ansatz meiner Oberschenkel an der Hüfte! Von mir werden Sie noch lange träumen. Sahib, nehmen Sie mich ...«

»Meine Mutter stammte aus Wales, von ihr habe ich mein rotes Haar. Ich kann auch indisch tanzen! Kein europäisches Gehopse, meine Herren, nein, echte Kunst mit sprechenden Gesten der Hände. Und wenn Sie wollen, zu einem flotten Dreier wäre ich mit Ihnen beiden bereit. Na, was meinen Sie?«

So redeten sie auf uns ein, die jungen Dinger, durchwegs jünger als wir und ansehnlich gebaut. Gérard und ich wußten nicht, ob wir lachen sollten; wir prüften den Fleischmarkt der Lebenden – und zuckten bedauernd die Achseln, bevor wir uns umdrehten und die Stiege wieder hinuntergingen. Der ganze Hurenstall paßte uns nicht, er war uns einfach zu ordinär.

Nicht ohne schlechtes Gewissen stiegen wir die Treppe hinab und verließen das Haus.

Unser Kutscher wartete vor dem Puff, wir stiegen ein, und der Gaul trottete ein paar Meter weiter. Aussteigen, Eintreten, Treppe nach oben, Angebot prüfen, achselzuckend wieder aus dem Etablissement hinaus. Es war zu schäbig.

So machten wir es noch einige Male, bis der Kutscher merkte, daß wir keine »Shorttimers« waren. Wir wollten ihn entlohnen, aber er nahm immer noch nichts. So verabschiedeten wir uns lachend voneinander und von ihm.

Gérard entfernte sich weiter die Straße hinunter, während ich am oberen Straßenende bereits die Trambahn entdeckt hatte. Nach ein paar Schritten drehte ich mich noch einmal nach Gérard um – da war er bereits von einem Haufen dunkler Gestalten umzingelt, und der Kutscher hatte seine Peitsche erhoben und schien sich lauthals über seinen Fahrgast zu beschweren. Das schien ja in eine handfeste Schlägerei auszuarten – ich mußte Gérard da heraushauen!

Lautlos rannte ich in der schwach beleuchteten Hurenstraße auf den Männerhaufen zu – vermutlich waren es Zuhälter. Als ich hinter ihnen stand, fiel mir wieder auf, daß sie alle einen Kopf kleiner waren als ich, und Gérard stak mittendrin, das Gerangel wollte gerade anfangen. Da packte ich zwei Köpfe von hinten und knallte sie einfach gegeneinander – Sekundensache. Die beiden nächsten von hinten aneinandergeknallt – und das dritte Kopfpaar folgte in Sekundenschnelle. So hatte ich innerhalb von drei oder vier Sekunden die Angreifer außer Gefecht gesetzt.

Der Kutscher fuchtelte mit seiner Peitsche und keifte weiter, schließlich hatte er kein Geld bekommen, aber wenn er bis zuletzt keins nehmen wollte? Jedenfalls war Gérard frei. Wir gaben Fersengeld und flitzten wie die Windhunde in Richtung Straßenbahn. Bis sich die Gekopfnußten erhoben hatten, waren wir beide außer Reichweite und hechteten auf die fahrende Tram, die uns fortbrachte. Daß wir so den Kutscher um seinen

Lohn prellten, tat uns später leid, war aber leider nicht zu ändern.

Jetzt erst schauten wir uns an, mußten lachen und wußten beide genau, daß der Ausflug zu den Huren Calcuttas hätte genausogut anders verlaufen können. »A narrow escape« – ein knappes Entkommen – hieß ein Kapitel in der Englischlektüre von T.E. Lawrence, und an diesen Titel mußte ich denken, während uns die Straßenbahn zur Esplanade brachte, von wo ich dann über die »Straßenschläfer« bis zu meinem Hotel stelzte. Gérard hatte es nicht viel weiter bis zur Heilsarmee.

Seit dreißig Jahren züchtet er nun Schafe und Ziegen auf dem Larzac in den südfranzösischen Cevennen. Die Hotels in Paris hat er verkauft. Wenn ich in den »Midi« reise, besuche ich ihn gern auf seinem Hochplateau im Karst. Dann trinken wir von seinem Rotwein und erzählen uns was – nicht nur von Calcutta und seinen Huren.

Während der letzten Woche unserer Gastspielserie konnte ich auf einmal mit meinem rechten Ohr nichts mehr hören. Ein indischer Arzt, dem wir bekannt waren, erklärte sich bereit, das Ohr zu untersuchen.

»Legen Sie sich bitte hier auf die Pritsche.«

»Herr Doktor, kommt es nicht vielleicht vom Ohrenschmalz, das den Gehörgang verstopft hat?«

Er leuchtete mit einer kleinen Lampe in den Gehörgang. Dann suchte er unter seinen Instrumenten das ihm geeignet Erscheinende heraus, um mich von meiner Taubheit zu kurieren. Es war zu meinem Schrecken eine ellenlange Stahl-Nadel, mit der er sich »in eindeutiger Absicht« näherte. Ich sah ihn kommen und stellte mir schon vor, wie er mit der Mordwaffe rechts hineinstäche, und links käme die Spitze wieder heraus.

Das wollte ich allerdings nicht: Ich sprang von der Liege, schaute ihn an und fragte:

»Was bin ich Ihnen für die Diagnose schuldig?«

»Mein Honorar beläuft sich auf achtzig Rupien«, kam die Antwort wie aus der Pistole geschossen. Ich zahlte das Honorar – nach deutscher Währung 65 Mark – und verabschiedete mich von dem Quacksalber.

Ein amerikanischer Arzt, den ich im Hotel kennengelernt hatte, spülte mir dann den Gehörgang mit warmem Wasser aus und erlöste mich auf diese einfache Art. Jetzt hörte ich auf beiden Ohren wieder gleich gut.

Das rätselhafteste Vorkommnis, das uns auf der ganzen Indienfahrt widerfuhr, geschah eines Nachmittags, als uns der Polizeipräsident von Calcutta, aus der feinsten Gesellschaft Bengalens, zum Tee eingeladen hatte.

In seinem geräumigen Hause plauderten illustre Partygruppen small talk; man wandte sich von einer zur anderen und erging sich in dem wohlgepflegten Garten, zu dem offene Flügeltüren wiesen. Uns beide kannten ja fast alle Gäste von den Auftritten im »Great Eastern-Hotel« und aus der Presse.

Da entdeckte Gustav unter den Gästen einen der namhaftesten Gurus des Subkontinents, Biswajit Maharaj Brahmari, den er schon von seinem Studium her mit Namen kannte. Der Heilige saß unter blühenden Büschen und unterhielt sich lächelnd mit den indischen Gästen, die ihn alle offenbar verehrten. Als Prophet, der in die Zukunft schauen konnte, genoß er einen hohen Ruf im hinduistischen Kulturkreis.

Er winkte uns zu sich heran, und mir gefiel sein heiteres, offenes Wesen. Wenn ich an die sauertöpfischen Mienen unserer protestantischen Geistlichen dachte, fühlte ich mich in seiner Nähe regelrecht wohl.

»Kommen Sie doch näher, mein Sohn«, rief er mir lachend zu, »ich habe Ihnen vielleicht etwas zu sagen.«

Gustav und ich gingen zu dem wohlgenährten Heiligen hin und bewunderten die Ruhe und Sicherheit, die sein ganzes Wesen ausstrahlte; vor allem seine dunklen Augen, deren Wärme,

Strahlkraft und Innigkeit mir heute noch sichtbar sind. Eine magische Anziehungskraft ging von ihm aus.

»Also ihr beiden seid aus Deutschland zu uns gekommen«, begann er in heiterem Plauderton, und wir erzählten ihm von der langen Reise, vom Staubfressen und den Auftritten. Er hörte uns lächelnd zu, blickte mal Gustav an und mal mich und meinte am Ende zu mir:

»Reich mir doch mal deine Hand, mein Sohn«, und ich hielt ihm meine Rechte hin.

»Nicht doch, ich brauche die Linke, um dein Leben daraus lesen zu können.«

Ein wenig verwundert streckte ich ihm meine Linke hin; er legte sie mit der Handfläche nach oben in seine Rechte und betrachtete die Linien darin. Ich sah seine bronzefarbenen Arme, sah unterm Saum des weißen Wickelrockes, des »Dohti«, seine gepflegten Füße, mit denen er seine flachen Sandalen wippen ließ. Die anderen Gäste hatten sich entfernt, nur Gustav stand noch an meiner Seite, als der Guru wieder aufblickte, mich eindringlich anschaute und mit dem Satz überraschte:

»Du wirst in deinem Leben zweimal heiraten: einmal eine Reiche und einmal eine Stille.«

Er sagte das so beiläufig, so leichthin, daß ich es zunächst nicht weiter ernst nahm. Konnte er tatsächlich in die Zukunft schauen?

Weil sich das nicht überprüfen ließ, stellte ich ihm halb im Scherz eine Frage, die vielleicht eher erweisen würde, ob er ein Hellseher sei.

»Erzählen Sie mir lieber«, meinte ich, »was mein Schatz (darling) in diesem Augenblick zu Hause macht.«

»Das kann ich dir sagen«, meinte er lächelnd. »Mit einem anderen Mädchen sitzt sie jetzt (also um die Mittagszeit, wegen der Zeitverschiebung von fünf Stunden) in einem grünen Garten. Da läuft auch ein Springbrunnen. Und die Mädchen nehmen ein kühles Getränk zu sich …«

Nun, das war immerhin möglich, und so ließ ich es dabei bewenden. Mein großes Staunen aber kam erst später, als ich wieder in Deutschland war. Ich hatte mir die Uhrzeit und das Datum aufgeschrieben und fragte Trudel, wo sie an jenem Mittag gewesen sei. Da entsann sie sich genau, daß sie mit ihrer Schwester um diese Uhrzeit eine Geburtstagsvisite bei deren Schwiegermutter gemacht hatte. Der Garten, der Springbrunnen und das kühle Getränk stimmten ebenfalls. Weißweinschorle sauer!

Erfreut war sie aber nicht über die Prophezeiung, denn die besagte ja, daß entweder unser Lebensbund scheitern oder daß sie lange vor mir sterben würde. Sie verstarb tatsächlich vor einigen Jahren. Ich habe dann nochmals geheiratet, eine »Stille«, wie mir der Seher voraussagte, und wir sind sehr glücklich miteinander.

Aber woher hatte das der Guru wissen können, fast vierzig Jahre im voraus? Zufall? Echte Magie? Ewige Rätsel Asiens!

Auch Gustav ließ sich seine Zukunft aus der Hand lesen, verriet mir jedoch nichts darüber, später konnte er sich nicht einmal daran erinnern. Doch hat er sich nach ein paar Jahren, auf seiner zweiten Indienreise, noch mehrfach mit diesem Hindu-Philosophen unterhalten, den er wiederholt in seinem Ashram besuchte, am Rand des westbengalischen Dschungelstädtchens Hazaribagh.

An jenem Nachmittag aber sprachen sie nur über die Lehren der Upanischaden-Seher und die sechs klassischen Systeme altindischer Wahrheitssuche, wobei die abgeklärte und verinnerlichte Sprechweise des Gurus den Europäer tief beeindruckte. Für Gustav blieb dieses Treffen der nachhaltigste Eindruck unserer ganzen Indienfahrt, ja es gab seinem Leben die entscheidene Wendung. Von nun an war ihm klar, daß das Studium der vergleichenden Religionswissenschaften sein Leben erfüllen würde. Nach seiner Heimkehr von Australien beschäftigte er sich an der London School of Oriental and African Studies mit dem

Sanskrit, der heiligen Sprache Alt-Indiens, bemühte sich um ein tieferes Verstehen der Hindu-Philosophie und promovierte schließlich darüber. Manchmal meine ich, daß des Sehers Worte uns beiden noch heute vernehmbar sind.

Vor dem Hotel bot ein bunter Zeitungsstand die ganze Weltpresse feil – ein Zeichen urbaner Kultur. Fast alle wichtigen Gazetten der Erde waren hier ausgelegt in einer Mannigfaltigkeit, die ich mir nie hatte vorstellen können. Sogar ein deutsches Magazin, mit dem Titel »Der Sonnenstrahl«, war darunter: Schwarzweißfotos der FKK-Bewegung zeigten sportliche Mädchen im »Lichtkleide«, die aber der sportlichen Übung wegen nicht unter die damals prüden Pressegesetze Indiens fielen, die in den Filmen sogar Kuß-Szenen untersagten.

Darin fand ich auch die Humoreske des österreichischen Schriftstellers Roda-Roda, dessen Anekdoten, Persiflagen, Schwänke, satirische Romane und Komödien die Welt der k.u.k. Monarchie aufs Korn nahmen. Seine ironische Sicht auf das Showbusiness sagt mir bis heute mehr als die meisten Memoiren der Film- und Bühnenstars:

> *»Hereinspaziert, meine Herrschaften – ziert, meine Herrschaften – ziert, meine 'schaften! Was die sämtlichen Weltteile, was Amerika und der Ozean wirklich Gediegenes bieten, hier wird es gezeigt und sieht man es, hier entrollt es sich dem staunenden Auge des Besuchers. Hier amüsiert man sich, hier unterhält man sich, hier ist das Vergnügen zu Haus, die Wonne, Seligkeit und Unterhaltung.*
>
> *Kuriositäten, Raritäten, Athleten, Magneten samt Geräten. Der Löwenmensch, der herrliche Jüngling in scheußlicher Tiergestalt, ein kolossales Weltmonstrum von wunderbarer Schönheit. Er liest die Bibel, altes und neues Testament, ein Mensch von wunderbarer Monstrosität, innen und außen mit blonden Haaren bewachsen, ein Liebling*

der Damen. Nur zwanzig Pfennig, zwei Sechser, meine Herrschaften!

Die große Negerkarawane. Nicht ein Neger, nicht zwei Neger oder drei Neger, sondern eine unzählige Karawane, nämlich vier Neger! Wo der Äquator seinen Gürtel um die Erde spannt, da ist diesen Negern deren Heimat. Schöne Neger, graziöse Neger, die schwarze Schmach, Lieblinge der Damen. Menschenfleisch ist ihre Nahrung, Mohammed ihr Gebet. Sie sprengen Fesseln und sie fressen Feuer. Mit wunderbarer Muskulatur sprengen sie Fesseln, mit herrlicher Muskulatur fressen sie Feuer. Die scheußliche Brillenschlange Provoca – vom Kopf bis zum Schwanz zehn Fuß lang, vom Schwanz bis zum Kopf abermals fünfzehn Fuß, im ganzen fünfunddreißig Fuß, das giftigste Insekt der Erde. Ohne Preisaufschlag wird sie gähnen und dem zitternden Besucher ihren Rachen zeigen – ein Liebling der Kinder. Das interessiert den Gelehrten, meine Herrschaften, interessiert den Soldaten, das ist Wissenschaft.

Die Riesendame, unsere schöne Zessa, zu Zürich in der Schweiz geboren. Schon mit siebzehn Jahren verlor sie ihren Vater und kam in Kloster-Erziehung. Sie wiegt 837 Pfund. Die schwerste, die zierlichste Dame der Erde, ein Liebling der Herren. Soeben ist der Beginn der Galavorstellung, soeben wird ein Kavalier auf ihren Busen steigen. Gegen eine Extravergütung von zehn Pfennig können die Herren ihre Waden umspannen. Nur anständig, meine Herren, nur anständig! Zehn Pfennig Extravergütung – dieses ist ihr Douceur, dieses ist ihre Gage.

Die herrliche Miss Sivilla, die Dame ohne Unterleib, ein Gnadengeschenk des Himmels an die schönheitsdürstende Menschheit. Keine Spiegelung, meine Herrschaften, und keine Täuschung, Sivilla, die Dame ohne Unterleib, doch die Schöpfung hat ihr den Unterleib versagt – ein herzer-

greifendes Unglück. Mit tränennassen Augen wird sie Ihnen ihr Schicksal erzählen – Sivilla: von Seeräubern entführt, vom Sultan von Zansibar gefangen, von General Lettow-Vorbeck befreit und retourniert. Koko und Toto sind ihre Kinder – die zusammengewachsenen Zwillinge, ein launisches Spiel der Natur. –

Das achte Weltwunder, Miss Leonora, die tätowierteste Dame der Welt. Diese Anmut, Künstlerschaft und Grazie! Sehen Sie die Hand, meine Herrschaften, das Korsett und Füßchen! Alles über und über in dreizehn Farben tätowiert. Ich verspreche Ihnen nicht zuviel – sie trägt auf dem Oberschenkel das wohlgelungene Porträt weiland des hochseligen Königs Leopold von Belgien. In der Achselhöhle die Tugend, die neun Musen, das Abendgebet. Auf den Hüften seine Majestät, den Präsidenten Ohm Krüger von Transvaal. Glaube, Liebe und Hoffnung. Der Beruf des Seemanns. Ich könnte Ihnen die Eleganz bis zu den Schultern zeigen. Ich könnte Ihnen die Eleganz bis zu den Knien zeigen – ich zeige Ihnen die ganze Eleganz. Hier amüsiert man sich, hier ist die Bildung zu Hause, hierher führt man seine Kinder. Das ist kein Schwindel oder Humbug, sondern Amüsement und Eleganz.

Sie hören die Glocke, Musik und die Klingel. Im Augenblick beginnt die große Festvorstellung: Der Löwenmensch, die vier Riesenneger, die schöne Zessa, die Brillenschlange, Miss Leonore, die Dame ohne Unterleib mit ihren Söhnen, Sivilla – zu herabgesetzten Preisen. Soeben sprengt man die ersten Fesseln, soeben gähnt die Schlange. Wer seine Familie liebt, ergreift die Gelegenheit. Nur für Erwachsene. Ausschließlich für Männer. Heute auch für Damen. Kinder zahlen die Hälfte.«

Mit dieser Parodie fand ich unseren Stellenwert – wenn wir ihn je überschätzt haben sollten – wieder zurechtgerückt.

Gérard Danielou bereitete sich allmählich auf seine Abfahrt nach Singapur vor, und auch für uns nahte das Ende unserer Gastspielserie im Great Eastern Hotel. Mit Gérard zusammen strolchte ich noch ein paarmal auf der Strand Road am Ufer des Hugli entlang, wo malaiische Praus vor Anker lagen und große Frachtschiffe aus der ganzen Welt. Die »Fuji Maru« aus Yokohama war funkelnagelneu und konkurrierte mit der »Hög Silvermoon« aus Stockholm. Sie ankerten mitten im Strom bei vier Meter Tidenhub. Überdachte und offene Schuten, teilweise besegelt, fuhren hin und her, um die Ladung zu löschen. Ihre indischen Besatzungen arbeiteten halbnackt und barfuß, lebten anscheinend amphibisch auf dem Strom, der immerhin auf 1400 Kilometer Länge schiffbar ist und hier sogar Schiffen bis zu 8,5 Meter Tiefgang das Laden und Löschen ermöglicht.

Die flach ansteigenden Ufer des Hugli waren ausgemauert und lagen voll rostiger Ankerketten. Die zweitgrößte Stadt Asiens kochte vor Geschäftigkeit.

Nach drei Wochen Luxusleben im Hotel zogen wir nach Behala um, in das kleine Dorf am Westrand des 44.000 Quadratkilometer großen Deltas von Ganges und Brahmaputra. Sri Biren Roy hatte uns dort eine seiner Villen zur Verfügung gestellt, und weil die Straßenbahn aus der City bis hierher zur Endstation fuhr, war unsere Anbindung gewährleistet. Die Cora stand derweil in der Garage, wo Mauergeckos an den Wänden Fliegen fingen.

Wir richteten uns das zweite Stockwerk ein, gaben sowohl dem »Sweeper« (Putzer) als auch dem Koch – beide noch Knaben – die Anweisungen zum Frühstück und speisten nun jeden Abend im Hause Biren Roys mit dessen indischen Freunden, lauter Brahmanen. Wir wußten diese Ehre zu schätzen, denn Brahmanen essen ansonsten nur unter sich. Biren Roys Ehefrau lebte im Zimmer nebenan, ließ aber meist die Türe offenstehen und folgte so allabendlich der Unterhaltung.

»Endlich lerne ich mal Deutsche kennen«, gestand einer der alten Herren im »Dohti«. Er trug das Gewand, aus einer weißen Stoffbahn gefertigt, um die Hüfte geschlungen und zwischen den Beinen hindurchgezogen, ebenso wie seine Kastenkollegen, die beim abendlichen Essen zugegen waren. Biren Roy war ja schon vor dem Krieg als junger Mann in Deutschland. Ernst Udet, der berühmte deutsche Jagdflieger aus dem Ersten Weltkrieg, hat damals den begeisterten indischen Flieger gefördert.

Wir mußten der Altherrenrunde Rede und Antwort stehen über die Hitlerei und den unseligen Krieg, der ja vor den Toren Calcuttas endete, als die Indische Legion unter japanischem Oberkommando den Durchbruch von Burma aus nicht schaffte. Aber die japanischen Bomberverbände hatten mehrmals ihre tödliche Fracht über dem Hafen abgeladen.

Biren Roy beschäftigte einen vorzüglichen Koch, der sein Herdfeuer nicht mit getrockneten Kuhfladen schürte, wie es die meisten Einwohner von Behala taten. Sie pflegten den frischgesammelten Dung, mit Stroh und Kohlegrus gemischt, an sonnige Mauern zu klatschen und dort dörren zu lassen. Dieser Koch bereitete die Speisen auf zwei Primuskochern und ließ sich von einem Küchenjungen dabei helfen.

Seine Gerichte waren so vielfältig wie das Land selbst und jedesmal für uns ein Abenteuer des Gaumens. »Curry« (sprich: Kari) heißt ja lediglich »Soße«! Die »Karis« unterschieden sich je nach den Zutaten und wurden in Bengalen nicht mit dem hierzulande bekannten gelben Pulver gekocht – immer waren es Gewürze aus frischen Pflanzen, Blättern und Früchten.

Wir aßen fast nur vegetarisch, weil dem Hindu das Rind heilig ist und den Muslimen das Schwein als unrein gilt. Also blieben Fische, Huhn und Lamm. Dazu gab es täglich köstlichen Reis – den lockeren Langkornreis – und als Beilage Fladenbrot. Diese »Chapati« unterteilten sich in »Roti« aus Vollkornmehl, »Naan« aus Weißmehl sowie »Parantha«, die Mehlpfannekuchen.

Alle Speisen hatte der Koch scharf gewürzt, aber das waren wir inzwischen gewohnt. Zudem löschte milder Joghurt als Nachtisch den Brand auf Gaumen und Zunge. Dal, der Linsenbrei, war immer verfügbar und Thali, die reichhaltige Mahlzeit, kam in vielen kleinen Messingschalen auf den Tisch mit verschiedenen Currys, Gemüsen, scharfen Pickles, Würztunken und süßsauren Chutneys aus Obst oder Gemüse als Beilage.

Wir aßen auch Tandoori-Gerichte aus dem Lehmofen, in dem der Koch das vorher in Soßen marinierte Fleisch fettarm garen ließ. Lammfleisch in cremiger Curry-Soße zerging auf der Zunge, als Beilage gab es Viriyani, eine Reistafel mit Rosinen und Nüssen, nebst Eiern oder Hühnchen. Die Mannigfaltigkeit der Reisgerichte überraschte uns jeden Abend.

Leichte Fischgerichte, gegrillte Garnelen oder mit Kokosmilch bereitete Speisen, die Masala Dasa – dünne Pfannkuchen mit Gemüsefüllung, auch Uttapam – Pfannkuchen aus Reismehl und Samosas, sowie frittierte, gefüllte Pasteten gehörten fast jeden Abend zur Mahlzeit. Dazu tranken wir immer kühles Wasser aus Gläsern und abschließend frischen Tee mit Milch.

Östlich dieses Dorfes breitete sich dann das Delta aus, jene Fluß-Ebene, wo sich Ganges und Brahmaputra vereinen und ins Meer strömen.

»Dort wächst der Reis bei Überflutung, also fünf Meter unter Wasser, in zwölf Stunden dreißig Zentimeter«, verriet uns ein Brahmane der Tafelrunde.

»Wir leben hier nur fünf Meter über dem Meeresspiegel, und die Zyklone rasen in jedem Frühjahr vom Ozean herein. Was meinen Sie, wieviel Schlamm die Ströme alljährlich hier abladen? Zwei Milliarden Tonnen, meine Herren, das sind am Tag fast sieben Millionen! Aber davon profitiert jetzt größtenteils Ostpakistan (Bangladesch), das fast ganz aus dem Delta besteht. Wir hier in Westbengalen bekommen lediglich ein Viertel davon. Mit Ihrem Motorrad hätten Sie übrigens hier nicht mehr weitergekonnt. Oder kann das auch schwimmen? Euch Deutschen ist ja alles zuzutrauen.«

In der abendlichen Herrenrunde wurden wir ein wenig mit der indischen Lebensweise vertraut, obgleich die Brahmanen einer müßiggehenden Oberschicht und mithin einer Minderheit angehörten. Die humorvollen und bedächtigen Herren sprachen fließend englisch, und ihre politischen Ansichten waren ausgereift. Ich hatte den Eindruck, daß wir beide für sie von größtem Interesse waren. Sie hatten bisher ja höchstens Kontakte zu Briten gehabt, und die Deutschen waren seit Jahren durch ihre Kriegsverbrechen gebrandmarkt. Ob wir das eine oder andere ins Lot richten konnten? Ich möchte es hoffen.

Eine Woche nach uns trat im »Great Eastern« der deutsche Artist Rox-Schulz auf. Als Einstand drückte er hoch oben auf der Dachkante des »Writers Building« den einarmigen Handstand, 25 Meter über dem brodelnden Verkehr. In der Floorshow steckte er dann seinen Zeigefinger in eine Flasche und zeigte aus dieser Position heraus dem staunenden Publikum den einarmigen Handstand.

Ich besuchte ihn im Hotel und lernte auch seine Partnerin kennen, die als Equilibristin wie ein Schlangenweib sich ringeln konnte. So eroberten deutsche Künstler im Frühling 1952 die Riesenstadt Calcutta.

Der französische Regisseur Louis Malle drehte 1967 einen Dokumentarfilm über den alles verschlingenden Städte-Moloch Calcutta mit seiner Maßlosigkeit an Elend, Krankheit, Kinderleid, Not und Tod.

»Der Film beansprucht nicht, mehr zu sein, als er tatsächlich ist: ein Blick auf die Stadt während einiger Wochen. Er zeigt Calcutta aus westlicher Sicht. Er wurde von A bis Z improvisiert und zu dritt gedreht (ein Kameramann, ein Toningenieur und ein Regisseur), in Farbe mit Synchronton, im Reportagestil. So konnten wir ohne Inszenierung, ohne feste Dramaturgie und ohne uns um ästhetische Prinzipien zu kümmern, in die Wirklichkeit dieser Stadt vordringen.« (Louis Malle)

Günther Grass hat das Thema »Calcutta« literarisch und zeichnerisch in seinem Buch »Zunge zeigen« bewältigt. Der eigenartige Titel bezieht sich auf die Göttin Kali, die dem einstmals kleinen Ort seinen Namen gab, weil dort ein ihr geweihter Tempel stand und noch steht. Die schwarzblaue Göttin des Todes streckt nämlich ihre Zunge heraus, aus Scham, wie die Hindus erklären.

Nun aber hieß es für uns Abschied nehmen. Bombay, die letzte Station auf indischem Boden, lag fast tausend Meilen weiter westlich, also über 1600 Kilometer. Dorthin stand unser Sinn, von dort aus fuhren die Schiffe nach Australien und auch nach Deutschland, und dort würden wir uns trennen müssen.

Gustavs Schwester war ein paar Monate vorher nach Australien ausgewandert und hatte sich mit ihrer Familie in Brisbane niedergelassen. Die englische Reederei Peninsular and Oriental, kurz »P & O – Line« genannt, hatte ihre Fahrgastschiffe dorthin laufen, und auf einem davon würde Gustav sich einschiffen. Welche Reederei für mich in Frage käme, wußte ich noch nicht. Denn die deutsche Handelsschiffahrt war nach dem Krieg nicht mehr vorhanden, sie war uns verboten worden. Na, irgendeinen Kahn würde ich schon bekommen! Geld hatten wir ja genug verdient, und gesund waren wir auch. Aber quer durch den Subkontinent sollte uns nicht mehr die altersschwache Cora bringen, sondern die Indische Eisenbahn, und zwar Erster Klasse. Das waren wir jetzt unserem Namen schuldig, wenn auch der Fahrpreis astronomisch hoch lag.

Übrigens hatte uns ein Nabob aus Bombay seine leere Villa auf dem dortigen Malabar Hill im voraus zur Verfügung gestellt; dort sollten wir Wohnrecht genießen bis zur Abreise.

Aber vorher wollten wir noch gehörig Kasse machen für die Überfahrt.

Nun ließen wir die Cora mit einem Lkw zur Bahn bringen, während wir selbst im Bentley von Sri Biren Roy zur Howrah-Station fuhren. Noch einmal ging es quer durch Calcutta, von Süden nach Norden. Im Osten lag das Delta, links von uns strömte der Hugli, diesmal kam er uns entgegen. Dann überquerten wir ihn auf der Howrah-Brücke, dem stählernen Monstrum. Der Bentley fuhr bis auf den Bahnsteig vor die Abteiltür. Dort empfing uns der Schlafwagen-Schaffner und ließ uns in das geräumige Abteil geleiten. Luxus ist doch etwas Feines!

Einmal noch nach Bombay

Einmal noch nach Bombay, einmal nach Hawaii,
einmal noch nach Rio, einmal nach Schanghai,
einmal durch den Suez und durch den Panama,
wieder nach Sankt Pauli, Hamburg-Altona.
Hans Leip

Das Abteil erster Klasse war nur für uns beide bestimmt. Auf den Polstersitzen und ihren Lehnen lagen weiße Spitzendeckchen, der Fußboden war feucht aufgewischt und glänzte »clean and tidy«, die Fensterscheiben blitzten vor Sauberkeit. Zwei ausladende Gepäcknetze nahmen unsere Blechkoffer auf, auch die neue Gitarre und die Balalaika in ihren Etuis.

Dann machten wir es uns auf den Polsterbänken bequem und hofften auf frischen Durchzug während der Zweitagereise, die auch eine Übernachtung einschloß. Der diensteifrige Schaffner hatte schon beim Einsteigen ein angemessenes Bakschisch erhalten.

Auf dem Bahnsteig fuhren weitere Personenautos vor, hielten alle vor dem Erste-Klasse-Wagen und luden dort selbst ihre Passagiere, deren Abteile man längst reserviert hatte – so tat sich der Schaffner leicht, seine Fahrgäste einzuweisen. Neben ein paar Familien der Oberschicht, alle in indischen Trachten, also die Frauen im Sari und die Männer im Dohti, kamen auch europäisch gekleidete Herren per Taxi an. Es schienen Geschäftsleute zu sein, denn ihr Statussymbol, die Aktentasche, war allenthalben sichtbar. Auch Offiziere der Streitkräfte gehörten zu den Reisenden der Bengal-Nagpur-Eisenbahn, die Bombay mit Calcutta verbindet, quer durch den ganzen Subkontinent, eine Strecke wie von Frankfurt nach Saloniki oder nach Valencia in Südspanien.

Wir fühlten uns in Hochstimmung. Acht Wochen lang hatten wir in Calcutta herrlich und in Freuden gelebt. Hatten auch nicht vergessen, unsere beiden Diener in Behala beim Abschied generös zu entlohnen, ebenso wie zuvor Abdullah und Hassan im »Great Eastern-Hotel«, unsere beiden guten Geister. Schon die Anrede »Sahib« verpflichtete uns, und die armen Kerle waren grundsätzlich auf solche Bakschische angewiesen, sonst hätten sie kaum überleben können.

Auf dem Bahnsteig wimmelte es von Passagieren und fliegenden Händlern. Die Betelverkäufer boten ihre frischen Blätter an, in die sie, je nach Geschmack des Kunden, etwas gebrannten Kalk rieseln ließen und die Schnipsel der Betelnuß mit Kardamon würzten, bevor sie das grüne Blatt wie eine kleine Zigarre zusammenrollten und ihren Kunden reichten. Die spuckten den Saft dann überall hin. Schon in der Straßenbahn hatte ich mich vor dem blutroten Schleim auf dem Boden geekelt – und auch in der Howrah-Station glänzte der Boden schleimig rot von Betelspucke.

Die Dampflok aus England stand zischend und pustend am Eingang der Bahnhofshalle. Der Lokomotivführer steckte seinen beturbanten Kopf heraus, und sein Heizer machte sich auf dem mit Steinkohle beladenen Tender zu schaffen. Das Gestänge des Fahrwerks und die riesigen Räder – höher als ich – glänzten ölig, Dampf zischte aus den Ventilen. Der lange D-Zug bestand überwiegend aus Zweiter- und Dritter-Klasse-Wagen, wo es beim Einsteigen und Einladen lebhafter zuging als bei unserem Luxus-Waggon. Wir sahen viele Frauen mit Kindern, nebst geschnürten Bündeln als Gepäck.

Obstverkäufer hielten Bananen und die gerade ausgereiften Mangofrüchte feil, die ich vorher noch nie gesehen hatte. Die länglich ovalen Mangos glänzten gelblich-rot bis rotbraun; ihre glatte Haut lockte zum Hineinbeißen, und das gelbe Fruchtfleisch schmeckte würzig und fremd. Schade, daß der dicke Kern so wenig Fruchtfleisch übrig ließ.

Wir hatten uns eben mit einigem Obst eingedeckt, da hob der Fahrdienstleiter schon die grüne Kelle, stieß schrill in seine Pfeife, und der Lokomotivführer antwortete zehnmal so laut auf seiner Dampf-Pfeife. Dann fuhr der Zug gemächlich an, das rhythmische Zischen des Dampfes, anfangs noch langsam und schwerfällig, beschleunigte sich, und schon rollte die Wagenkette aus der hohen Halle des Bahnhofes Howrah hinaus in den hellen Sonnenschein des Aprilmorgens.

Adé, Calcutta! Adé, Hugli! Adé, Behala mit Sri Biren Roy und seiner unsichtbaren Ehefrau! Lebt wohl, ihr Straßenpenner und ihr Weisen, ihr Handleser und Hoteliers, ihr Huren und Zuhälter und weiß Gott noch, wer alles! Adé auch, schwarze Todesgöttin Kali! Deinen Tempel südlich des Maidan-Parkes habe ich nie besucht, weil ich die täglich dort geopferten Zicklein nicht in ihrem Blute sterben sehen wollte. Adé, du Moloch von Stadt in Hitze und Staub, Dreck und Gestank!

Der D-Zug fuhr nach Westen, er ließ die Vororte hinter sich. Die Hitze stieg, und draußen flog das ländliche Indien vorbei. Seit November war kaum noch Regen gefallen, das Land lag halbverdurstet.

Staub wirbelte auf sandigen Wegen, Ochsenkarren brachten die Weizenernte ein. In etlichen Dörfern war das Dreschen im Gange, teils maschinell, teils mit dem Holzschlitten, wie wir es schon vor Aleppo gesehen hatten. Frauen trugen Wasser-Krüge auf dem Kopf in ihre dörflichen Hütten.

So flog das ausgetrocknete Land vorbei, mit flirrender Hitze auf den Feldern und Sonnenglast über den lichten Waldungen des Dekhan, wie sich das zentrale Hochland Indiens nennt, das bei weitem nicht so dicht besiedelt ist wie das Tiefland des Ganges und seines langen Nebenflusses Jamuna. Hier, in Zentralindien, gedieh viel weniger an Ackerfrucht, denn die schwachen Flüsse führten kaum noch Wasser, und einige waren schon ausgetrocknet.

Staubige Zickzackwege führten durch Kameldornwäldchen und Elefantengras in schlangenverseuchte Schluchten. Auf den Feldern war die Arbeit getan. Nur ein paar Jungen scheuchten unter Geschrei mit ihren Schleudern Wildschweine und Antilopen aus der Hirse.

Auf der Schattenseite des Zuges öffneten wir das Fenster, damit der Fahrtwind Kühlung bringen sollte; zur Sonne hin hatten wir die Vorhänge zugezogen. Klima-Anlagen waren in der Eisenbahn noch unbekannt, wohl aber fächelte der Ventilator von der Decke leichte Erfrischung herab.

Das Dinner nahmen wir im Speisewagen ein, nachdem wir zuvor unser Abteil vom Schaffner hatten abschließen lassen. Inzwischen zierte uns die Lässigkeit zahlungskräftiger Globetrotter, die abends immer wenig aßen, weil sie großen Wert auf guten Schlaf legten. Aber die gekühlten Getränke erfrischten uns doch.

Später richtete ein Gehilfe des Schaffners die Betten her, überzog die nun ausgebreiteten Sitze mit kühlen Leintüchern und wünschte uns eine gute Nacht. Wir schliefen recht und schlecht, hörten dann und wann die Lokomotive mit ihrer Dampfsirene heulen, wurden an manchen Stationen auch wach und vernahmen, wie die Aus- und Einsteigenden auf dem Bahnsteig lärmten. Dennoch blieb es vor unserem Schlafwagen meistens ruhig – die Passagiere nach Bombay fuhren ja durch.

Es war ein eigenartiges Gefühl, nach so langem Fahren im Motorradsattel, täglich der Hitze und dem Straßenstaub ausgesetzt, wieder mit der Eisenbahn zu reisen. Fast hatten wir ein schlechtes Gewissen dabei und genierten uns ein wenig voreinander.

Aber wir hatten ja Geld genug, um uns diesen Luxus ausnahmsweise zu leisten, und so konnten wir uns, ohne den Strapazen der Landstraße trotzen zu müssen, auf die entscheidenden Schritte in Bombay konzentrieren.

Vor allem wollten wir die Cora in Bombay unterstellen, bis Gustav sie mit nach Australien nehmen könnte. Pro forma müßte ich sie ihm auch noch verkaufen, weil ja das Carnet de Passage auf mich als Eigentümer ausgestellt war.

Die Morgentoilette am Waschbecken bereitete viel Vergnügen. Draußen flog das Land vorbei, wiegten sich die Palmen im heißen Wind und die Temperaturen begannen wieder zu steigen. Schon am späten Vormittag zogen wir auf der Sonnenseite die Vorhänge zu und ließen auf der Schattenseite das Fenster ein wenig herunter, um Durchzug zu erzielen.

»Ich meine, Sie hätte ich schon in der Wochenschau gesehen«, sprach uns ein angloindischer Fahrgast an, der ein paar Abteile neben uns seinen Platz hatte. »Demnach waren Sie aber mit einer Beiwagenmaschine nach Indien gekommen, nicht wahr? Und die ganze weite Strecke von Deutschland über den Nahen und Mittleren Osten.«

»Richtig. Wir haben viele Wochen in Calcutta verbracht und fahren jetzt mit der Bahn nach Bombay; 1600 Kilometer Straße konnten wir unserem Motorrad nicht mehr zumuten.«

»Verständlich! Und wie gefällt Ihnen Indien? Wir sind ja seit fünf Jahren unabhängig und konnten die Schwierigkeiten des Anfangs einigermaßen bewältigen. Unser Premierminister Nehru hat mit der Sowjetunion enge Kontakte geschaffen, weil das riesige China mit seiner langen Grenze zu Indien nicht ungefährlich ist. Zwar hat Tibet pro forma schon immer zu China gehört, aber die chinesischen Truppen an unserer Nordgrenze erscheinen mir doch als Bedrohung.«

Wir wollten und konnten uns nicht dazu äußern, waren auch militärstrategisch nicht auf dem Laufenden.

»Wo werden Sie denn in Bombay auftreten? Sicherlich im Taj Mahal Hotel, dem feinsten der Stadt ...«

»Mit großer Wahrscheinlichkeit. Denn Peter Pawlicek, der Unterhaltungsdirektor, hat mit dem ›Great Eastern-Hotel‹ in Calcutta unseretwegen schon telefoniert. Aber einen Vertrag haben wir noch nicht unterzeichnet.«

An die Wand der Dorfhütten geklatschte Kuhfladen trockneten in der Sonne, ein jeder mit dem Basrelief einer bäuerlichen Hand versehen. Das bewaldete Randgebirge der Westghats mit seinen Anderthalbtausendern zeigte die nahe Malabarküste an, als sich die Trasse der Bahn zügig auf Meereshöhe hinabsenkte.

Ungeheure Pfefferpflanzen rankten sich als Schlinggewächse in grünen Wäldern empor. Gewürznelkenbäume reichten mit ihren Kronen zwölf Meter hoch und versprachen pro Ernte jeder einen halben Zentner Ertrag. Wir hatten die Niederung der Küste erreicht. Jetzt waren wir dort, wo der Pfeffer wächst.

Am zweiten Reisetag rollte der D-Zug abends in den bombastischen Sackbahnhof »Victoria Terminus« von Bombay ein. Schnaubend und zischend blieb die Dampflok vor dem Prellbock stehen. Müde? O ja, wir waren ziemlich geschafft und verschwitzt.

Das Gewühl auf dem Bahnsteig kam uns inzwischen vertraut vor. Zwei Träger schafften unser Gepäck nach draußen in ein Taxi. Die Dampflok prustete und blies wie ein Saurier – und der Taxifahrer staunte nicht schlecht, als wir ihm die Adresse nannten:

»Malabar Hill!« – die feinste Wohngegend Bombays. Dort hatte uns ein Bekannter für die ersten paar Tage in der Stadt seine Villa überlassen, die in der heißen Jahreszeit leerstand.

Das Taxi brauchte nicht weit zu fahren, denn die City lag im Bogen an die halbmondförmige »bom bahia« (gute Bucht) geschmiegt, wie die Portugiesen den besten Tiefwasserhafen der Westküste getauft hatten, als sie ihn vor 500 Jahren in Besitz nahmen. Und gegenüber dieser Bay, die wir auf dem Marine Drive gänzlich umrundeten, streckte sich der Malabar Hill als grüne Landzunge in die Arabische See hinaus, die Stadt nach Westen hin begrenzend: »Snob Hill«, Millionärsviertel, Parkterrassen unter Palmen.

Eine frisch asphaltierte, breite Straße schlängelte sich den sanft geneigten Hang empor. Alte Villen aus Kolonialzeiten versteckten sich hinter hohen Toren aus Schmiedeeisen. Gerade war die Sonne hinter dem Meer versunken, und die kurze Dämmerung der Tropen ließ die immergrünen Gärten noch einmal im Widerschein des Abendhimmels leuchten, als der Fahrer anhielt.

Er läutete an einem modernen Eisentor, und ein Diener erschien, dem wir das Empfehlungsschreiben durch die Gitterstäbe reichten. Zwar konnte er nicht lesen, doch erkannte er im Briefkopf den Schriftzug seines Herrn und öffnete beflissen das Tor. Mit einem kleinen Karren brachte er unser Gepäck nach oben, denn das Gartengrundstück stieg an, und oben lag die Villa – ein Traum in Weiß! Mitunter haben reiche Leute ja wirklich einen ausgereiften Geschmack, zudem hatte der Architekt unseres Hausherrn aus dem Vollen geschöpft.

Eine breite Freitreppe führte mit wenigen Stufen auf einen Sockel hinauf, der seinerseits auf einer breiten Marmorterrasse das Traumhaus trug, einstöckig, mit einem Dach aus Mönch- und Nonne-Ziegeln. Rings um die Villa liefen Arkaden, die von weißen Säulen abgestützt waren und dem Inneren genügend Schatten spendeten.

Halb seitlich entdeckte ich einen Swimming-Pool, wie ich ihn bisher nur aus Hollywood-Filmen kannte. Voluminöse Blumenkübel begrenzten den Treppenaufgang, und eine Balustrade mit bauchigen Stützen verlief auf der Talseite der Terrasse. Bananenstauden standen im Rasen, ihre Baumscheiben waren einwandfrei geharkt. Und hinter dem flachen, langgestreckten Marmorgebäude wiegte sich eine Gruppe Kokospalmen im Abendwind, ihre Fiederkronen raschelten in der Brise. Träumte ich?

Blühende Büsche dufteten, immergrüne Kirschlorbeerhecken und Rhododendren waren tadellos geschnitten, die ganze gepflegte Anlage deutete auf gediegenen Reichtum hin.

Unser Diener ließ sich von einem Nachbarkollegen das Empfehlungsschreiben übersetzen und zeigte uns dann die Innenräume. Sie waren stilvoll und spärlich möbliert, nur wenige Teppiche bedeckten die Marmorfliesen. Breite Sessel und Couchgarnituren im kubistischen Stil der neuen Sachlichkeit bildeten den Gegensatz zu kanellierten Säulen, die die Decke des breiten Wohnzimmers trugen. Efeu umrankte ihre Kapitelle, und die Rundsockel an den Basen waren mit maurischen Ornamenten behauen. Glastische, ovale und eckige, zentrierten die Sitzgruppen, Bodenvasen und alte Skulpturen indischer Tempelfassaden zierten Flure und Gänge.

Mit so einer Überraschung hatten wir nicht gerechnet, doch freuten wir uns an der unerwarteten Wohnkultur, die uns auf den staubigen Straßen so selten begegnet war, abgesehen vom Aufenthalt im »Great Eastern-Hotel«.

Weil die Nacht sich kaum abkühlte, beschlossen wir, auf der Terrasse zu schlafen, wo wir die Brise genossen und nur die Bambusmöbel ein wenig auf die Seite schieben mußten. Wir schliefen auf dem nackten Marmor, weil der so angenehm kühlte, und wechselten den Platz, wenn ihn unsere Körper erwärmt hatten. Die nächtliche Brise verblies alle Moskitos. Welch ein Genuß, unter den Maiensternen über Bombay sich zum Schlaf im Freien niederzulegen! Weit erstreckte sich die dunkle Scheibe des Meeres nach Westen hin. Atmete es in der Nacht, hob es sich und senkte es sich nicht wie der Busen einer schlafenden Frau?

Eine Nachtschwalbe, der »Ziegenmelker«, jagte in der sinkenden Dunkelheit die Leuchtkäfer im Garten.

In der Frühdämmerung war ich schon auf: Die kühlsten Stunden des Tages wollte ich mit Haut und Haar genießen und frische Luft atmen. Die ferne Scheibe des Meeres färbte sich silbern, und darüber schwamm der blasse Schein der Dämmerung, wie sie matt und glanzlos gen Westen die Luft erfüllte. Ich hatte mich auf die Balustrade gesetzt und blickte auf das Meer hinaus, das den Himmel spiegelte und immer heller wurde. Nun war der Tag da.

Schon ließen sich die Windbahnen auf der geriffelten Oberfläche ausmachen. Möwen segelten im Hangwind, und da kam auch schon die Sonne hoch. Sie strahlte in die Palmkronen hinterm Haus und gleißte jetzt auch draußen auf dem Meer, das zu meinen Füßen, vom Schatten des Malabar Hill geschwärzt, eine stumpfe schiefergraue Farbe besaß. Nach Osten hin ragte die Bergkette der Westghats über den Dächern der Stadt. Ihre goldenen Ränder glänzten unter dem Morgenblau.

Auch Gustav war nun aufgestanden, und wir standen schweigend auf der Terrasse, über uns den Himmel, in dem Milane schwebten und nach Futter Ausschau hielten.

Als wir unsere Blicke ein wenig nach rechts wendeten, sahen wir in ein paar hundert Metern Entfernung die »Türme des Schweigens« stehen. Von ihnen hatten wir schon in Deutschland gelesen.

Es waren ihrer sieben, doch schützte üppiger Baumwuchs die etwa drei Meter hohen und sieben Meter breiten Rundbauten gegen Blicke von unten. Wir konnten aber von oben hineinblicken, weil sie kein Dach trugen. Diese »dakhmans« (Behälter für die Toten) gehörten der Religionsgemeinde der Parsen, die ihre Toten hierhin brachten, um sie den Geiern auszusetzen.

Die Parsen, meist reiche Reeder und Baumwoll-Barone, gehören noch heute zu den einflußreichsten Familien Indiens. Ihr

Religionsgründer Zarathustra hatte vor über 2500 Jahren verfügt, daß sie ihre Toten weder beerdigen noch einäschern sollten, denn das würde die drei wichtigen Elemente Erde, Feuer und Wasser entweihen. Aus diesem Grund besorgen seit eh und je Geier das grausige Werk.

An einem der nächsten Tage konnten wir denn auch beobachten, wie vier weißgekleidete Träger eine mit Leintuch bedeckte Leiche durch eine Tür in das Innere eines der Türme trugen, sie dort enthüllten und – wie wir von oben her sahen – auf den nach unten konisch ausgemauerten Boden legten.

Derweilen hockten die Geier schon auf der Mauerkrone und warteten auf ihre Stunde. Erst dieser makabre Kontrast machte uns den Morgen auf dem duftigen Malabar Hill zu einem Erlebnis.

Was kostet die Welt? Wir fühlten uns wie Fürsten, genossen das kostbare Ambiente der Riesenräume, des Gartens und der Fernsicht weit über das Meer, lauschten dem Windrascheln in den hohen, alten Latan- und Tamarindenbäumen, freuten uns an den fleischigen Blättern der Bananenstauden und gaben dem Hausmeister-Gärtner-Diener einen stattlichen Vorschuß.

Dann begaben wir uns in die Stadt und fuhren mit einer Fahrrad-Rikscha ins noble Taj-Mahal-Hotel, direkt an der Wasserfront unweit des »Tors von Indien«. Dieser Triumphbogen aus gelbem Basalt, der an den Staatsbesuch von König Georg V. und seiner Gemahlin Mary im Jahre 1911 erinnern sollte, war allerdings erst 1924 fertiggestellt worden.

Vielleicht hatte das Taj-Mahal-Hotel noch mehr zu bieten, was Luxus und Eleganz betraf, als das Great Eastern Hotel in Calcutta: Die Kronleuchter im »Crystal-Room« unter der mit Stuck und Spiegelglas kassettierten Decke zeugten ebenso von Reichtum wie die weißen Säulen vor den ochsenblutfarbenen Wänden und den breiten Türen. Über jeder von ihnen wölbte sich eine halbkreisförmige Öffnung, die strahlenförmig mit

Glas und Holzspeichen ausgelegt war. Das prächtige Treppenhaus aus Granit stellte jenes von Balthasar Neumann in der Würzburger Residenz fast in den Schatten. Belle Epoque von 1903 in Reinkultur – ohne Tiepolos Deckenbilder.

Das »Taj« war das erste Bauwerk, das Reisende bei ihrer Ankunft vom Schiff aus erkennen konnten, und sein Ruhm war genau so alt wie der zweier anderer Herbergen im Britischen Osten: des Peninsular Hotels in Hongkong und des »Raffels'« in Singapur. »Rule, Britannia! Britannia, rule the waves ...« Schon die Preise sorgten für zahlungskräftige Klientel.

Ein Lakai im Maharaja-Kostüm meldete uns bei Peter Pawlicek an. Wir betraten sein Büro, und der liebenswürdige Tscheche erhob sich hinter seinem Schreibtisch, kam uns entgegen und hieß uns willkommen.

Er trug den üblichen leichten Leinenanzug, ein fast durchsichtiges Hemd aus Batist, und sein Haarschopf hatte schon bessere Tage gesehen. Er mochte wohl zehn Jahre älter sein als wir, reichte uns die Hand und bat uns, Platz zu nehmen. Er sprach deutsch:

»So sehen also die ›Corano-Brothers‹ aus! Ich habe Sie mir etwas älter vorgestellt, so um die Dreißig. Ihr Landsmann Rox-Schulz war vor Ihnen hier, bevor er nach Calcutta ins ›Great Eastern‹ ging.

Sie haben ja ganz schön für Schlagzeilen gesorgt: Zuerst in Delhi, da hat sogar die ›Times of India‹ einen Einspalter über Sie gebracht. Dann in der Wochenschau und schließlich noch im ›Statesman‹ von Calcutta! Das nenne ich eine souveräne Public Relation. Welche Firma haben Sie damit beauftragt, bitte?«

Wir schauten uns fragend an, wußten nicht genau, was er damit meinte, fühlten uns aber im höchsten Himmel ob des Lobes. Was »public relations« waren, wußte damals in Europa niemand.

»Engagieren kann ich Sie aber nicht, so gern ich das täte. Ich habe einfach keine Mittel dafür. Wissen Sie, Bombay ist ›trocken‹

(dry), hier wird kein Alkohol ausgeschenkt. Der Ministerpräsident des Staates ist eben ein trockener Hindu. Deshalb verdiene ich in meiner Bar keinen Pfennig. Kein Whisky, kein Gin, kein Wein, kein Bier! Ich bin froh, daß ich meine sehr bescheidene Floorshow mit einer indischen Tänzerin durchziehen kann. Zu mehr reicht es nicht, trotz guter Umsätze in unserem Rendezvous-Restaurant und auch im ›Goldenen Drachen‹, dem chinesischen Speiselokal mit Szezuaner Küche. In unserer Hafenbar fließen leider nur Soft-Drinks, brrr ...«

Ich spürte den Schlag im Magen wie einen Fausthieb und wußte im Bruchteil einer Sekunde, daß das für alle Hotels in Bombay gelten würde. Daß kein Hotel uns bezahlen könne, weil sie am Alkoholausschank nichts verdienten. Das hieß mit anderen Worten: wir würden hier keinerlei Einnahmen haben.

Wir würden hier stranden oder müßten eine andere Möglichkeit finden, an Geld zu kommen. Meine Heimreise nach Deutschland war schließlich kein Pappenstiel, und Gustavs Seereise nach Australien mit der Cora samt Beiwagen erst recht nicht.

Wenn wir Pech hatten, standen uns in Bombay noch vier Wochen Wartezeit bevor, ehe ein Schiff abfuhr. So lange von der Substanz zu leben, noch dazu in einer teuren Großstadt, schien uns ganz unmöglich, zumal wir in Calcutta nicht gespart hatten. Zwar hatten wir den Betrag für die Schiffskarten schon halb beisammen, aber da fehlte noch viel.

Peter Pawlicek ließ Softdrinks kommen, er plauderte von seinem Weltklassehotel mit den vierhundert Zimmerfluchten und allem Comfort. Er plauderte von seinem internationalen Publikum, von der Tradition und der Gegenwart. Ich hörte nur das Wortgeklingel seiner Stimme mit dem Prager Tonfall und wagte nicht einmal, Gustav anzublicken. Was mochte der jetzt fühlen? Wie würde seine Reise weitergehen, wie würde die meinige enden ...?

Den Abschieds-Händedruck nahm ich kaum wahr, ich schwebte in einem Zwischenreich von Wirklichkeit und Alptraum.

»Ach was«, meinte Gustav beim Hinausgehen. »Wenn wir hier kein Engagement kriegen, klappt es garantiert woanders. Wir müssen eben alle Hotels abklappern und dazu die feinen Clubs. Schließlich ist Bombay die reichste und kosmopolitischste Stadt von ganz Indien.«

»Da fahren wir doch am besten mit der Cora als Solomaschine los und lassen den Beiwagen solange beim Frachtgut liegen«, schlug ich vor.

Gesagt, getan. Ein schwarzgelbes Taxi brachte uns an den Bahnhof Victoria Terminus. Bei der Ankunft am Abend zuvor hatten wir vor lauter Aufregung um das Gepäck und das Taxi den imposanten Bau überhaupt nicht beachtet.

Jetzt, am späten Vormittag, bestaunten wir die Fassade mit ihren neugotischen und indischen Stilelementen, die auch maurische Hufeisenbögen über Doppelsäulen aufwies und alle Vorübergehenden zu Zwergen machte. Ein prachtvoller schmiedeeiserner Zaun grenzte den mit Buchsbaumhecken und Palmen begrünten Vorplatz ab, durch den die Auffahrt im Bogen hinauflief, von zwei britischen Löwenfiguren – fast so groß wie Saurier – flankiert.

Wir betraten Bombays größten Bahnhof mit seinen reich im Stil von 1888 verzierten Mauern, drängten uns durch die Gruppen wartender Reisender, die sich mit ihren Bündeln am Boden niedergelassen hatten, und wehrten die rotbedreßten Gepäckträger mit ihren eisernen Schubkarren ab.

An den ankommenden und abfahrenden Massen merkten wir, daß hier täglich fast neunhundert Züge etwa zwei Millionen Fahrgäste zu ganz niedrigen Tarifen transportierten. Unser Bahnsteig von gestern dagegen, wo die Fernzüge standen, war bei weitem nicht so stark belebt.

Beim Frachtgut ließen wir den schon in Calcutta abmontierten Beiwagen auf die Seite stellen und zahlten für vier Wochen im voraus die Lagergebühr. Dann schwangen wir uns auf die Solomaschine und waren überrascht von dem völlig neuen Fahrgefühl: Wir konnten uns jetzt in die Kurven legen, schlängelten uns leger durch dichten Verkehr und fragten uns, warum wir das nicht schon in Calcutta so gemacht hatten.

Unser Gärtner-Diener auf dem Malabar-Hill guckte leicht befremdet, als er uns so ankommen sah. Er mußte das Tor öffnen, damit wir vor dem Hause parken konnten, und das paßte ihm gar nicht – schließlich waren seine Herrschaften für die heißen Tage des Maien in eine Hill-Station bei Darjeeling gereist, und er wollte seine Ferien genießen.

Die heißen Mittagsstunden verbrachten wir in der Kühle der Marmorvilla. Gegen fünf Uhr duschten wir und machten uns dann auf die Socken, nein, auf die Reifen, und kurvten die Asphaltstraße hinab zur Marine Drive.

Die palmenbesäumte Uferstraße lag im »Chaya« – in der Abenddämmerung. Ihre vielhundert Lampen erhellten den weitgeschweiften Bogen der Bucht und gaben ihr den Namen »Halsband der Königin«.

»Sie sind also die Corano Brothers! Wir kennen Ihren Namen gut und würden Sie auch gern engagieren, aber es geht leider nicht. Kein Alkoholausschank, keine Überschüsse für die Floorshow ...«

Das hörten wir jetzt schon zum zweiten Male, nämlich im nächsten Hotel, wo wir vorgefahren waren und mit dem Direktor sprachen. Unsere Sorgen um die Zukunft wuchsen. Noch zweifelten wir nicht an unserem Durchsetzungsvermögen, doch am nächsten und am übernächsten Tag erteilten uns weitere Hoteldirektoren die gleiche Abfuhr. Die viktorianischste und britischste Stadt Indiens ließ sich offenbar nicht erobern. Wir mußten eine neue Strategie entwickeln. Unser Hausmeister-Gärtner-Diener aber war anscheinend hellhörig. Er spürte, daß wir kein Engagement bekamen, und wurde immer verschlossener, ja abweisend.

Nach ungefähr einer Woche zeigte er uns ein Schreiben seiner Herrschaft, daß wir die schöne Villa doch möglichst bald räumen und uns anderswo einquartieren möchten. Das war ein Hinauswurf. Doch wir hatten in Calcutta mit dem Besitzer der Villa ja kaum etwas zu tun gehabt, vermutlich hatte er nur mit uns angeben wollen, in der Hoffnung, daß unsere Namen in Bombay ebenso groß herauskommen würden wie in Calcutta. War aber nicht.

Was tun?

Am unteren Ende des Malabar Hill hatten wir ein Studentenwohnheim ausgemacht, das altberühmte »Elphistone College«. Da die Studenten aber über die heißen Sommermonate in Semesterferien gegangen waren, stand es fast leer, und so mieteten wir dort ein Doppelzimmer. Das war zwar sehr schlicht, hatte nur Holzfußboden, aber immerhin einen schmalen Balkon. Die Waschräume sowie eine bescheidene Teeküche lagen auf dem gleichen Flur.

O weh! Die Herrentage am Swimmingpool unter Palmen, mit der Fernsicht über das Arabische Meer, sie waren vorbei. Ich kochte selber einfache Gerichte. Ein paar irische Dozenten kümmerten sich um uns, doch hatten wir den Schulmief bald satt – schließlich waren wir seit Calcutta andere Maßstäbe gewöhnt.

Wenn wir schon in den Hotels keine Engagements bekamen, wie wäre es dann mit den Sportclubs? Also hin! Lord Willingdon war 1916 Gouverneur von Bombay gewesen und hatte damals den nach ihm benannten »Willingdon Sports Club« gegründet. Auf seinem Golfplatz schlugen eben ein paar gelangweilte Nabobs ihre Runden, als wir mit der Cora vorgefahren kamen.

Ein Parse, der uns in Delhi gesehen hatte, kam gleich auf uns zu und lud uns zu einem gewaltigen Essen im Club ein, das sich »Willingdon Fowl« (Geflügel) nannte. Es begann mit gebratenen Brachsenmakrelen zu einer Sauce Tartare und frischen Austern als Hors d'Oeuvre. Das folgende Hähnchen war mit gehacktem Schweinefleisch, Hühnerleber und in Eiern aufgeweichtem Brosamen gefüllt. Wir langten kräftig zu, denn Schmalhans war ja Küchenmeister geworden, seit wir die Luxusvilla auf dem Malabar Hill verlassen mußten.

Aber auch der einflußreiche Parse konnte uns in diesem Sportklub keinen Auftritt ermöglichen – aus denselben Gründen. Die Zeiten, wo die Clubmitglieder als Aperitiv noch Pink Gin und Bier genossen hatten, waren längst vorbei, Bombay lag trocken.

Dort, wo die lange Strandpromenade Marine Drive ihren Anfang nahm, um dann als »Halsband der Königin« die weite Bucht mit ihren Palmen und Lichtern zu säumen, lagen vier Sportstätten dicht nebeneinander: das Gymkhana der Hindus, das Gymkhana der Muslime, das der Parsen und das der Katholiken.

»Gustav, dort müssen wir hin! Dort könnte doch ein Auftritt rauszuschinden sein, wenigstens einer!« Vielleicht klang in unseren Ohren der Name »Gymkhana Lahore« noch immer verlockend nach? Dort hatte uns im Januar ein glänzender Auftritt bekannt gemacht.

Mit gespielter Lässigkeit betraten wir die jeweilige Eingangshalle, ließen uns anmelden und führten in den durchwegs wohlhabend ausgestatteten Clublokalen die Gespräche mit dem Präsidenten oder seinem Angestellten. Aber es sollte nicht sein. Auch hier das alte Argument: kein Alkoholausschank und folglich keine Überschüsse.

»Sorry, Sir, we can't.« Unsere Erwartungen schrumpften nach jeder Absage. Hinzu kam, daß unsere Aufenthaltsvisen abgelaufen waren. Wir mußten sie erneuern lassen und brauchten große Überredungskünste, um den indischen Beamten zu überzeugen, daß wir in ein paar Wochen das Land verlassen wollten.

»Ihre Schiffskarten, bitte«!

»Die haben wir noch nicht gelöst«, erwiderte Gustav, »denn wir haben uns noch nicht entschieden, welche Linie wir nehmen wollen. Die P & O Line fährt ja nicht über Singapur; ich möchte aber unbedingt dort ...«

»Ihr Partner fährt aber doch nach Deutschland.«

»Richtig«, schaltete ich mich ein. »Aber ich weiß auch noch nicht, ob ich eine indische Linie nehmen soll oder die deutsche ›Hansa‹ aus Bremen. Die braucht ja viel länger, denn sie darf nur 12,5 Knoten fahren, und da meinte ich ...«

Nach vielem Hin und Her wurde das Visum verlängert. Zugleich begegneten wir bei dieser Behörde aber Dr. Peter Kaplan, einem Deutschen aus Danzig.

»Was, ihr habt kein Engagement? Ich bin der Direktor des Ritz-Hotels. Könnt ihr morgen gegen sechs Uhr abends zu mir kommen? Mein Büro liegt im achten Stockwerk, ganz oben. Dann besprechen wir die Sache. Ich schenke zwar auch keinen Alkohol aus, aber einen Auftritt kriegen wir hin, allein schon eures Namens wegen. Also, bis morgen ...«

Am nächsten Abend warfen wir uns in Schale und fuhren auf der Solomaschine ins Ritz. Das moderne Hotel überraschte uns schon im Foyer mit einer Klima-Anlage. Kühl! Ein Aufzug brachte uns hinauf zu Peter Kaplan.

Im Lauf der ausgedehnten Unterredung einigten wir uns auf das Datum und die Uhrzeit der »Corano Brothers Show«. Peter würde Handzettel drucken lassen und zudem in der »Times of India« inserieren; auch die Gage war akzeptabel. Es gab also doch noch Möglichkeiten aufzutreten, man mußte nur die richtigen Leute an der Hand haben. Bei dieser Erkenntnis leerten wir aus Peter Kaplans Kühlschrank ein paar Gläser Gin mit Soda on the rocks und erfuhren dabei, daß er einige Jahre als buddhistischer Mönch in Burmas Klöstern gelebt und den Managerposten erst vor einem halben Jahr übernommen hatte.

Promoviert hatte er in Theologie. Als er mich nach ein paar Liedertiteln fragte, sagte ich ihm auf den Kopf zu: »Dann warst du in Danzig bei der ›Rotte Brabant‹!«

»Stimmt. Und woher weißt du das, bitte?«

»Na, wenn einer das Kosakenlied ›Platoff preisen wir, den Helden‹ gesungen hat, und auch noch ›Strom der Schwere‹ kann oder die stille Weise ›Schließ Aug' und Ohr für eine Weil'‹, und zugleich in Danzig gewohnt hat, dann muß er dort mit der ›Rotte Brabant‹ auf Fahrt gegangen sein. Ich kenne den Namen dieses Bundes, weil ich in meiner Heimat bei dem gleichen Haufen war und die gleichen Lieder lernte.« Sie waren seitdem so etwas wie Gaunerzinken, die ein Eingeweihter lesen und auslegen konnte. Da staunten wir mal wieder über die kleine Welt!

Ich hatte inzwischen ganz schön gebechert, Gustav nicht weniger. Wir verabschiedeten uns von Peter, fuhren mit dem Lift in die Empfangshalle hinunter, schritten durch die Glastür auf die beleuchtete Marmorterrasse vor dem Eingang, wo eine breite Freitreppe mit ein paar Stufen auf die Straße hinabführte. Und wer kommt da die breite Freitreppe herauf, begleitet von drei oder vier seiner Bekannten?

Gordon N. Barber! Der Betrüger von Delhi! Der Glatzkopf!

Noch hatte er uns nicht gesehen, weil er sich mit seinen Begleitern unterhielt. Da nahm ich zwei Stufen auf einmal, stürzte mich auf ihn und packte ihn mit beiden Händen an den Rockaufschlägen.

Erschrocken blickte er auf, sah mich an, seine Glatze leuchtete im Licht der Lampen, sein weitausladender Schnurrbart schwebte vielleicht vierzig Zentimeter vor mir. Ich hatte den Schuft an der Kehle, und Gustav stand neben mir. Jetzt kriegen wir unser Geld! Jetzt muß er blechen! Seine Begleiter waren ein paar Schritte zurückgewichen.

»Mr. Barber«, keuchte ich in großer Erregung, »wo haben Sie unsere achthundert Rupien? An das Hotel in Calcutta haben Sie

sie nicht geschickt! Jetzt gehen wir hier in die Hall, und Sie zahlen uns Ihre Schuld bar auf den Tisch!«

Barber machte eine abwehrende Bewegung mit der Rechten. Ich ließ ihn los und blickte ihn an. Gustav neben mir. Jetzt gilt's! Jetzt kommen wir aus der Patsche!

»Aber meine Herren, warum so erregt? Haben Sie meine Überweisung nach Calcutta denn nicht bekommen? Die habe ich doch schon vor Wochen an Sie abgeschickt! Wenn Sie sie noch nicht erhalten haben, dann kann ich nichts dafür. Rufen Sie doch gleich dort an! Ihr Geld sollten Sie längst wieder in Händen haben ...«

Das war eine dreiste Lüge, denn im Februar hatten wir ihm die achthundert Rupien geliehen und waren am 5. März in Calcutta angekommen. Nichts, keine einzige Ana, hatte uns der Gauner in diesen acht Wochen überwiesen. Er hatte uns hereingelegt, wie eben ein abgefeimter und ausgebuffter Ganove zwei Greenhorns aufs Kreuz legt.

Was konnten wir also tun? Als ehemaliger Nahkämpfer der »Commandos« beherrschte Barber alle Killergriffe. Hätten wir in unserer Wut versucht, ihn zusammenzuschlagen, wäre uns das vermutlich übel bekommen. Seine durchtrainierte Gestalt verriet ja den sicheren Schläger, den geübten, selbstbewußten Kampfsportler, der viele Jahre Erfahrung hatte. Ein Handkantenschläger!

Also ließen wir ihn los. Wir standen uns auf der hellbeleuchteten Freitreppe vor dem Ritz gegenüber, eigentlich ein klassischer Showdown. Doch beide waren wir keine erfahrenen Faustkämpfer. Ein bloßer »Fußfeger« hätte uns flachgelegt. Zudem war unser Selbstbewußtsein angeknackst; wir saßen seit Wochen mit schwindenden Barmitteln im tropischen Ausland fest und konnten uns keine Schlägerei erlauben – sie hätte uns nur Scherereien mit der Polizei gebracht.

Eine Anzeige aber, ein Gang vor den Kadi? Wäre gleichfalls

aussichtslos gewesen – kein indisches Gericht hätte sich für Europäer zuständig gefühlt. Wahrscheinlich wußte das der Lump, und so fühlte er sich völlig sicher. Was waren wir denn in seinen Augen? Zwei naive Trottel, die man ausnehmen konnte wie eine Weihnachtsgans.

Wir schämten uns für ihn. Wir waren doch nahezu pleite, wir saßen in der Bredouille. Nur weil Peter Kaplan uns engagiert hatte, sahen wir ein Licht im Dunkel. Und jetzt beschiß uns dieser Lump mit seiner Lügerei zum zweitenmal! Dabei hatte er den Großteil unseres Geldes vermutlich schon ausgegeben – es hatte keinen Zweck, noch weiter daran zu denken. Wir ließen ihn gehen.

Das Gastspiel im »Ritz« brachte uns ein volles Haus und eine gute Presse. Es brachte uns auch eine schöne Gage, die uns aber während der nächsten Tage zwischen den Fingern zerrann. Die Überfahrtkosten nach Australien und Europa waren horrend. Außerdem entnervte uns die zunehmende Hitze und die Primitivität unserer Unterkunft.

Wir schliefen nachts kaum noch, hatten wieder die Moskitonetze über die Betten gehängt und erstickten fast an dem greulichen Schulmief. Tagsüber kletterten die Temperaturen auf vierzig Grad Celsius, und von Tag zu Tag schmolzen unsere Barmittel dahin.

Eines Maienabends saßen Gustav und ich am »Gateway of India«, dem imposanten Triumphbogen am Meeresufer in der Nähe vom Taj-Mahal-Hotel, und schauten auf die See hinaus. Wie könnten wir es schaffen, uns die Überfahrt zu verdienen? Sollten wir etwa hier stranden? Wir konnten ja schon die Tage zählen, bis uns das Geld ausgehen würde.

Da fuhr auf einmal eine dunkle Limousine vor, der ein indischer Fotograf mit zwei Assistenten entstieg. Sie prüften die Lichtverhältnisse, stellten ein Dreibeinstativ auf und ein paar Blenden aus weißem Stoff. Dann entstieg der Limousine – Miss

India 1951, die hübsche Amineh Muckerjee aus New Delhi! Sie sah uns, wir sahen sie – und schon stürzten wir aufeinander los zu einer stürmischen Begrüßung. Endlich hielt ich ein schönes indisches Mädchen in meinen Armen, vielleicht gar das schönste im Land! Ihr Parfüm roch streng, und unter ihrem Sari spürte ich ihre Brüste.

»Was macht denn ihr hier? Und wie geht es euch?«

Die Fotografen waren leicht verwirrt über unser Treiben und baten um Verständnis für ihre Arbeit. Da ging Amineh vor das Objektiv, stellte sich in Positur, lächelte, blickte uns ab und zu an, nahm eine andere Position ein. Derweilen klickte die Kamera, der Fotograf rief ihr aufmunternde Worte zu, und die Schöne badete in ihren Posen. Es sollten Bilder für eine Zahnpasta-Reklame werden, die den Triumphbogen des »Gateway of India« als Kulisse verwendete. Ihr Gesicht war von jenem schablonenhaften, gleichsam leeren Ebenmaß, wie man es häufig bei solchen Schönheitsköniginnen findet.

Nach den Aufnahmen setzten wir uns mit Amineh ins nahe Taj-Mahal-Hotel, tranken süßen, dicken Milchtee und erklärten ihr unsere Lage. Wir, die tapferen Deutschen, die Weißen aus dem fernen Abendland, offenbarten der jungen Schönen aus Indien die Gefahr unseres Scheiterns, zehntausend Meilen von zu Hause entfernt.

»Wir haben fast alle Hotels abgeklappert, wir haben in den großen Sportclubs vorgesprochen – aber nur im ›Ritz‹ konnten wir ein Gastspiel geben, weil der Manager ein Deutscher ist. Jetzt sieht es böse aus.«

Da wurden die sanften Augen der indischen Schönheitskönigin todernst. Sie schien zu überlegen.

»Wart ihr schon im ›Grand-Hotel‹?«

»Nein, Amineh; auch dort würden wir bloß ein Nein ernten. Wir sind sehr deprimiert.«

Amineh versprach uns, zu tun, was sie könne. Noch am gleichen Abend rief sie gegen zehn Uhr in unserem Studentenheim an.

»Morgen vormittag erwartet euch Herr Jacobi vom ›Grand Hotel‹ an der Rezeption seines Hauses. Er hat die ›Times of India‹ gelesen und sieht gewisse Möglichkeiten. Aber versprecht euch nicht zuviel, was die Gage betrifft! Macht's gut, ihr beiden deutschen Reiter auf zwölf PS.«

Am nächsten Vormittag engagierte uns Herr Jacobi auf unbegrenzte Zeit – aber nicht über vier Wochen hinaus – für das Grand Hotel.

»In unserem klimatisierten ›Rainbow-Room‹ ist wenig los. Die Sängerin piepst lustlos vor sich hin, und die Leute schlafen ein. Ich habe über Sie gelesen und verspreche mir von Ihrem Programm ziemlich viel. Nicht, daß Sie meinen, ich täte es bloß, um Ihnen zu helfen. Aber mein Haus braucht eine Publizitätsspritze, und da fügt es sich gut, daß Sie hier sind. Sie brauchen Geld für Ihre Rückfahrt, und ich brauche gute Künstlernamen, um den Saal zu füllen und auch die neu installierte Klima-Anlage bekannt zu machen. In der Gage kann ich allerdings mit dem ›Great Eastern‹ nicht konkurrieren.«

»Wir werden Ihnen die Bude schon vollmachen«, entgegnete Gustav, worauf ihn Herr Jacobi fragend anblickte.

»Ich meine, daß Ihr ›Rainbow-Room‹ mit Publikum gefüllt sein wird«, ergänzte Gustav. Wir hatten ja genügend Routine, um das vorhersagen zu können.

Herr Jacobi war als deutscher Jude nach dem Pogrom vom 9. November 1938 geflüchtet und hatte den Holocaust in Indien überlebt. Der stille, schlanke Herr sprach mit ruhiger Stimme die Frankfurter Mundart.

Obwohl er uns als Jude sehr wohl hätte hassen dürfen, hat er uns doch vor dem Scheitern bewahrt. Wir konnten bei ihm einziehen; ein Doppelzimmer mit Bad nahm uns auf, denn wir hatten ja, wie bei allen Engagements in Hotels, »free board and lodging«. Der »Rainbow Room«, der Schauplatz unserer Auftritte, besaß eine Klima-Anlage, die zum Mittagessen und zum Dinner auf 19 Grad Celsius geschaltet wurde. Da konnte man getrost ein Sakko tragen.

Weil das fünfstöckige Dreisterne-Hotel unweit des Handelshafens lag, verkehrten dort gerne die Schiffsoffiziere. Sie schätzten besonders die europäische Küche, von einem badischen Koch mit seiner »weißen Brigade« köstlich zubereitet und ohne die mundverbrennenden indischen Gewürze.

Im »Rainbow Room« trat auch allabendlich »Pepita« auf, eine Sängerin ohne Fortüne. Ihre vollen Lippen ließen auf Afrika schließen, der Melangeton ihrer Hautfarbe hatte den Glanz der Jugend verloren, und auch sonst war sie nicht mehr die Knackigste. Als wir uns am ersten Abend zum Dinner setzten, nahm sie bei uns Platz, denn Herr Jacobi hatte sie bereits eingeweiht.

»Kein Publikum, kein Publikum!« klagte die Mulattin. »Ich kann machen, was ich will. Sie hören mir überhaupt nicht zu, selbst wenn ich die schärfsten Sachen auspacke. Aber das werden Sie ja mitkriegen, wenn Sie ab morgen hier auftreten.«

Dann nahm sie das Mikro lustlos in ihre Rechte, ein Pianist klimperte das Vorspiel, und Pepita sang ihren ersten, lasziven Titel, der mit der Zeile begann:

»They say, the birds do it, bees do it ...« und in jeder Strophe mit »Let's do it« endete – eine abgedroschene Schmonzette. Gustavs Augen begegneten den meinen, und beide wußten wir Bescheid: Pepita gehörte zu jenem Orden der erfolglosen Schwestern, zu den »Croonern« ohne Persönlichkeit, den Sängerinnen mit zu wenig Stimme, obgleich sie mit ihrem weiblichen Charme zu kokettieren verstand.

Ihr Künstlerleben hatte sie mehr verplempert als zielbewußt geführt. Im Privatleben machte sie es umgekehrt – nach ihrem Gastspiel im Grand-Hotel heiratete sie den Militärattaché der

USA in Indien. Da brauchte sie dann nicht mehr die Offiziere der Handelsschiffe scharfzumachen mit ihrem Hit von »Davids schnuckeligem Dingi«, den sie allabendlich ins Mikrophon hauchte. Refrain: »Hiev' ho!«

Wir wunderten uns nicht über den faden Auftritt. Dafür freute uns am nächsten Morgen die Anzeige in der »Times of India«, die Herr Jacobi wirkungsvoll hatte plazieren lassen. Abends war schon die Hälfte der Stühle besetzt – und vom nächsten Abend an spielten wir täglich vor vollem Haus! Alle waren zufrieden, selbst Pepita hatte neuen Glanz in ihre Gassenhauer gebracht und bekam viel mehr Beifall.

In den nächsten Tagen sprach Herr Jacobi die allmählich wachsende deutsche Kolonie von Bombay an. Er ließ typisch landsmannschaftliche Gerichte auffahren, verschickte lockende Speisekarten an Privatadressen und hatte bald die ganze deutsche Kolonie im Rainbow-Room versammelt. Wir hatten soviel Spaß, daß wir zum Lunch eine Art Tafelmusik spielten: Ich pfiff bisweilen eine Schlagermelodie zu Gustavs tanzenden Fingern auf den Tasten und genoß das leicht gewölbte Griffbrett auf meiner neuen Gitarre aus Markneukirchen. Für Barréegriffe eignete sie sich ausgezeichnet.

Nun waren wir aus dem Tief heraus. Nicht auszudenken, was wir alles hätten veranstalten müssen, hätte uns Miss India nicht dieses Engagement besorgt. El hamdul'illah!

Jetzt konnten wir uns auf den Abschied vorbereiten, der uns teilweise leicht fiel – schließlich hatten wir unser Ziel erreicht.

Ich freute mich schon auf die Heimreise, obgleich ich noch gar nicht recht wußte, wie sie erfolgen würde. Nur Gustav hatte bereits bei der P & O Line nach Freemantle in Westaustralien gebucht. Sein Schiff, die »Strathnaver«, würde in vierzehn Tagen Bombay anlaufen und ihn an Bord nehmen.

Ein leitender Angestellter der Agentur war gern zu unserer Corano-Brothers-Show gekommen und bewunderte Gustavs

Zauberei. Er räumte ihm sogar einen handfesten Preisnachlaß ein und verschaffte ihm eine gutgelegene Kabine. Ich meinerseits bekam Wind von einer indischen Reederei, die deutsche Häfen anlief. Sie suchten einen Vierten Offizier, und weil ich bei der Kriegsmarine gerade noch Seekadett geworden war, bevor »alles in Scherben fiel«, hatte ich dort gute Chancen.

Sie ließen mich allerdings wissen, daß vier Reisen das Mindeste seien, was sie von mir erwarteten. Also zweimal hin und zurück. Nach der fünften Reise könnte ich dann in Bremerhaven oder Hamburg abmustern. Da fiel mir Hans Leips Gedicht ein:

O JONNY!

Die erste Reise war angenehm,
die zweite Reise war unbequem,
die dritte Reise war ungesund,
die vierte Reise kamen wir alle auf den Hund.
O Jonny!

dessen Kehrreim »Einmal noch nach Bombay« ich vor dieses Kapitel gestellt habe. Die wunderschöne Melodie von Richard Germer hat das Lied dann sehr bekannt gemacht.

Doch ich brauchte bei der indischen Reederei nicht anzuheuern. Der britische Agent der »Hansa«-Reederei aus Bremen sprach mich eines Abends an, als ich eben von der Bühne kam. Er verriet mir, daß die »Bärenfels«, ein deutscher Schwergutfrachter von über zehntausend Tonnen, in ein paar Tagen nach Bombay käme. Der Tierhändler Willem van Meems habe vier Ponys auf dem Schiff von Bremen nach Madras gebracht. Inzwischen sei er nach Südindien weitergereist, wo er auf einer staatlichen Versteigerung Großtiere einkaufe für eine Tierhandlung in Norddeutschland. Er suche noch einen Begleiter für die Schiffsreise nach Deutschland. Ob ich nicht Lust hätte …?

Das durfte doch nicht wahr sein, das fragte er noch? Da war ich mit Gustav zehntausend Meilen durch Wind und Wetter nach Calcutta gefahren, da waren wir vor Gott und dem Teufel, vor aller Welt – und auch Halbwelt aufgetreten, da waren wir fünfzehn Monate unterwegs gewesen, hatten Plattfüße geflickt und Staub gefressen, Menschen und Länder kennengelernt und wären schließlich zum bösen Ende um ein Haar in Bombay gescheitert – und da kriege ich dies Angebot! Ewige Rätsel Asiens? Wunder gibt es immer wieder …

Die letzten Tage in Bombay wurden ein Fest. Gustav wußte schon den Tag, wann er in Australien ankommen würde, und auch ich fühlte mich sorgloser als zuvor. Unser Publikum, jeden Abend wohl einhundertfünfzig Männlein und Weiblein, Deutsche, Inder und Briten, aber auch Schweizer, die in Bombay helvetische Handelsfirmen vertraten, sogar junge Italiener und Franzosen besuchten unsere Schau, speisten mit uns zu Mittag, erzählten von ihren Berufen, von Bombay und ihrer Heimat in Europa. Wir konnten uns ganz unseren Auftritten widmen, die finanziellen Sorgen hatten sich in Wonne aufgelöst.

Einem der Schweizer spannte ich, ohne auch nur den Finger zu rühren, seine indische Freundin aus: Die haselnußbraune Avril, eine katholische Christin, eröffnete mir eines Tages, daß sie mich besonders gern habe. Da hatte dann ihr Schwyzerbua das Nachsehen. Das kam mir allerdings nicht schlimm vor, denn er hatte mir Alfred Rosenbergs »Mythos des Zwanzigsten Jahrhunderts« zum Lesen gebracht und dazu versichert, daß Deutschland den Krieg nur deshalb verloren habe, weil vor Stalingrad die schweizerischen Divisionen gefehlt hätten. So etwas dürfe nie wieder geschehen!

Ich dachte mir meinen Teil, antwortete ihm höflich, aber bestimmt, daß wir Deutschen weder in Leningrad noch in Stalingrad etwas zu suchen gehabt, dort aber alles verloren hätten. Und daß, wenn wir daheim geblieben wären, es für alle Welt besser gewesen wäre, besonders aber für Deutschland und die Deutschen »von der Maas bis an die Memel, von der Etsch bis an den Belt«.

Der junge, sportliche Zürcher wollte von solchen Reuegedanken aber nichts wissen, schwadronierte von »Mein Kampf« und ließ sich von seinen Siegesträumen nicht abbringen.

Zwei feine Damen luden mich zum Pferderennen ein. Eine der beiden, so um die Dreißig, war von außergewöhnlicher, wenn auch strenger Schönheit. Sie trug das reiche, dunkle Haar nach indischer Weise gescheitelt und gewellt. Die hohe Stirn, die großen, runden Augen, die geradlinige Nase, der Stolz ihrer aristokratischen Züge und die Majestät ihrer vollen Gestalt schenkten ihrer Erscheinung die Würde einer Begum.

Die jüngere überraschte mich mit der blendenden Grazie der Jugend. Sie glich ihrer Schwester an Adel und Hoheit, aber ihre mädchenhaften Züge überwältigten mich mit feurigem Leben. Von reizvollem Ebenmaß, blühender Anmut und feiner Schlankheit, gemahnte sie an eine Märchengestalt. Der Zauber ihrer unbewußten Sinnlichkeit, ihrer reinen Mädchenschönheit bannte meinen Blick. Ich mußte mich richtig losreißen von diesem Liebreiz aus Fleisch und Blut, von soviel strahlender Jugend zum Anhimmeln und Anbeißen.

Ihr dunkles Haar trug sie zu einem dicken Zopf geflochten, der seitlich über ihren Busen herunterfiel. Es leuchtete mit einem leichten Rotschimmer, aber die langen Wimpern schimmerten schwarz. Das Auffälligste waren jedoch die jadegrünen Augen mit ihrem träumerischen Ausdruck. Als sich unsere Blicke trafen, schlug mir das Herz bis in den Hals, und ich spürte, wie mir das Blut ins Gesicht schoß. Aber dann fand ich meine Sicherheit wieder und konnte mich den beiden Schwestern widmen. Als Parsen gehörten sie jenen einflußreichen Familien an, die Indiens Industrie und Handel weitgehend leiteten.

Das »Indian Derby« des »Royal Western India Turf Club« lief auf der großzügig angelegten Mahalakshmi-Rennbahn als sportliches Ereignis von Welt vor etwa tausend Besuchern. Barfüßige Reitknechte führten unter den Blicken der Wettenden die auf Hochglanz gestriegelten Vollblüter auf den Sattelplatz. Aufgesessene Jockeys im bunten Dress hatten ihre Schaftstiefel schon in die Steigbügel gesteckt und trugen die Reitgerten in der Linken, während sie die Zügel hielten.

»Meine« beiden Damen aalten sich derweil in den neugierigen Blicken ihrer Altersgenossinnen aus der gleichen Gesellschaftsschicht. Als Mitglieder des »Royal Western Indian Turf Club« gestalteten sie Inhalt und Stil des wohl elegantesten Treffpunkts von Bombay. Zu dritt flanierten wir auf der Terrasse, nahmen auch Platz an einem Tisch, und ich mußte von Deutschland und unserer Reise erzählen.

Unterdessen ließ ich meine Augen über elegante Menschen gleiten, bewunderte den Faltenwurf leichter Saris und goldenes Geschmeide auf klassisch geschnittenen Sommerkleidern der Haute Couture, nicht zu vergessen die schimmernden Perlenketten, deren Schwung die Herzgrube im Ausschnitt unauffällig betonte.

Weiß bejackte Kellner mit weiß gezwirnten Handschuhen servierten leichte Speisen. Hier gingen die Reichen der Stadt ihren Vergnügungen nach, hier hatten sie ihre eigene Welt, die nichts gemein hatte mit den Mietskasernen voll verschwitzter Massen, mit muffigen Speiselokalen, Schwarzbrennereien und billigen Imbißständen.

In Bombay lebten mehr wohlhabende, westlich gebildete Familien als in jeder anderen Stadt des Subkontinents. Sie gaben in der Mode, im Sport und im Film den Ton an, und in den erlauchten Kreisen dieser Managerfamilien und des großen Geldes galt ich als Exote. Wann hatten die denn jemals einen jungen Deutschen unter sich gehabt, der per Motorrad zu ihnen gekommen war, singen konnte und noch obendrein als junger Dachs den Krieg überlebt hatte? Und sein Partner schluckte jeden Abend Feuer – im Grand Hotel!

»Mein Bruder hat in der Indischen Legion gekämpft«, gestand mir eine meiner beiden Begleiterinnen. »Wir wissen nicht, wie er zu Tode kam. Seit 1945 ist er vermißt. Ich wollte schon immer mal einen Deutschen kennenlernen, einen Mann jenes Volkes, das die Welt verbessern wollte und sie in einen alles verschlingenden Krieg gerissen hat. Nun kommen Sie zu uns mit Ihren Liedern. In meinem Elternhaus hat man auch deutsche Lieder gesungen, zum Beispiel von Schubert, die haben mir gut gefallen ...«

Als eine Kette fliegender Hunde – riesige Fledermäuse – zum nächtlichen Beutezug ausflog und über die Palmkronen flatterte, brachten mich die beiden in ihrem Wagen zum Hotel zurück. Eine Stunde später stand ich auf der Bühne.

In den nächsten Tagen setzte der Monsun ein, langerwartet und heißersehnt. Anfangs kündigte er sich nur mit Wolkenstürmen an, die das Arabische Meer auch am Strand von Juhu aufwühlten.

Trotzdem ging ich dort schwimmen, durchtauchte die hohen Wogen, bevor sie sich am Strand im Gischt überschlugen. Vom Seetang wehte Jodgeruch aufs Land. Vor mir weitete sich die bewegte See bis zum Horizont. Eine mit Lateinersegel getakelte Dhau, den weit vorragenden Klipperbug nach Norden gerichtet, tanzte auf den Wellen, und die Stämme der Kokos-palmen knarrten im Wind und neigten sich nach Lee.

Immer schwerer sahen die Wolken aus, hingen tief über dem Meer, das ihre dunklen Unterseiten spiegelte. Nicht nur die Menschen sehnten den Regen herbei; das ganze ausgetrocknete Land lechzte nach Wasser.

Eines Morgens lag die »Strathnaver«, Gustavs Fahrgastschiff, weiß und majestätisch an der Pier. Nun hieß es Abschied nehmen voneinander; doch wußten wir beide, daß wir uns wiedersehen, daß wir Freunde bleiben würden. Zusammen fuhren wir in den Hafen, und ich half ihm, sein Gepäck an Bord zu bringen. Gerade schob ein Seemann die Cora als Solomaschine in das geöffnete Ochsenschott. Ein zweiter hatte den Beiwagen auf einen Karren geladen und kam hinterdrein. Im Bauch des Ozeanriesen verstaut, würden sie nach Australien schippern.

Fahre wohl, du treue Cora, Gefährtin staubiger Straßen über zehntausend Meilen! Du hast dich so wacker geschlagen! Ob ich dich noch einmal wiedersehen werde? Ja, das sollte mir vergönnt sein: Als Gustav nach Jahresfrist wieder in Deutschland eintraf – ich holte ihn auf meiner »Fox« an der Grenze zum Saarland ab –, brachte er das alte Schlachtroß mit. Seither steht das Cora-Gespann im Motorradmuseum von Neckarsulm.

Gustav teilte seine Zweierkabine mit einem Griechen und blieb gleich an Bord. So stieg ich alleine das Fallreep hinab auf die Pier. Gustav stand noch oben an der Reling. Wir blickten einander an und ahnten vielleicht, daß wir zu den Glücklichen gehörten, die den Traum ihres Lebens hatten wahrmachen können. Fortuna war uns hold gewesen.

Neben uns nahmen viele Menschen voneinander Abschied. Sie winkten sich zu und versuchten mit Worten, ihre Verlegenheit zu übertünchen. Abschiede sind Momente der Wahrheit. Ich stand auf dem Kai und blickte zu Gustav hinauf. Die Stelling wurde eingezogen.

»Achterleinen los!«

»Achterleinen sind los!«

»Vorderleinen los!«

»Vorderleinen sind los!«

»Kleine Fahrt voraus!«

Ich hörte den Maschinentelegrafen läuten. Der Wasserstreifen zwischen Kaimauer und Bordwand verbreiterte sich, die beiden Schiffsschrauben wirbelten achtern Schaum auf, indes der Bug schon auf die Hafenausfahrt wies. Da warf mir Gustav ein kleines, in braunes Papier gewickeltes Päckchen herunter.

»Bring das bitte meinen Eltern, wenn du heimkommst! Es ist eine Messingschale aus Benares. Nächstes Jahr komm' ich nach Hause. Mach's gut – und komm gut heim!«

Ich winkte ihm noch zu, und er winkte zurück, konnte aber meinen Zuruf nicht mehr verstehen, der Monsun riß mir die Worte von den Lippen. Das weiße Riesenschiff sandte mir noch sein schäumendes Heckwasser zu und ging dann auf Kurs. Die Menschen verliefen sich. Jetzt war ich in Bombay allein.

Vom Hafen aus nahm ich einen der roten Doppeldeckerbusse und fuhr ins Hotel zurück. Dort steckte in meinem Fach ein Zettel:

»Herr van Meems hat aus dem Oberoi-Hotel angerufen. Er möchte Sie gern kennenlernen. Bitte zurückrufen!« Das tat ich, und wir machten für den gleichen Abend einen Termin aus.

Draußen hatten sich nun die Himmelsschleusen geöffnet. Der Monsun war losgebrochen mit einer Wucht, die einer Naturkatastrophe gleichkam. Von Südwesten war er über das Meer gekommen und hatte Bombay pünktlich am 15. Juni erreicht. Nun würde er drei Monate lang regieren, zuerst einmal wolkenbruchartig für täglich einige Stunden, mit kleinen Pausen dazwischen – dann dampft alles in der Sonne.

Der Monsun bestimmt ja den Lebensrhythmus ganz Indiens. Von seiner Regelmäßigkeit, seiner Ergiebigkeit hängen, wie von einem Gottesurteil, reiche Ernten, lange Dürren und Überschwemmungen ab. Sein Name leitet sich von dem arabischen Wort »mausim« (Regenwind) her.

Die Stadt schien im Regenmeer zu ertrinken, zumindest kam es mir so vor. Aber der Monsun brachte auch willkommene Abkühlung.

Als ich mich gegen Abend in eines der gelbschwarzen Taxis setzte, um Herrn van Meems im »Oberoi« aufzusuchen, stieß ich unterwegs bereits auf Überflutungen, weil die Abflußrohre überlastet waren. Im strömenden Regen kämpften sich Fußgänger durch überschwemmte Straßen, die Regenschirme wirkten fast nur noch als Dekoration, weil die Brühe auch von der Seite her spritzte. Radfahrer mußten schieben, weil die Fluten längst über den Radnaben zusammenschlugen. Der Verkehr drohte zusammenzubrechen, nur einige höher gelegene Fahrbahnen blieben passierbar.

Fußgänger hatten ihre »Dohtis« (Wickeltücher) hochgeschürzt, wenn sie nicht schon resignierten und ihre Beine bis zu den Knien überspülen ließen. Trotzdem schienen alle diese jährliche Heimsuchung mit einer Gelassenheit zu ertragen, die von langer Gewohnheit zeugte.

Während mein Taxi mehr einem Motorboot mit schäumender Bugwelle ähnelte, bemühten sich wasserumspülte Pendler, ihre Busse zu besteigen, wobei sie lange Wartezeiten in Kauf nahmen. Gummistiefel liefen voll, Aktenkoffer galt es, unterm Arm zu tragen, und nasse Füße bis über die Knöchel gab's allemal.

Nur die Ochsenkarren kamen besser zurecht in den schwappenden Fluten. Alles stakte durch die Brühe: die Kulis, die Weißen, die Droschkenpferde, die Rikschafahrer, ja selbst die grauschwarzen Krähen schienen mehr in den Regenfluten zu schwimmen als zu fliegen, wenn sie sich in der Luft um einen Bissen balgten.

An der Rezeption wies man mich zu einem wohlbeleibten Herrn im Khaki-Sommerdress, schon über sechzig alt, mit strähnigem Blondhaar und jener rosigen Gesichtshaut, die bei Hellbeschopften nicht selten ist.

Willem van Meems hatte einen Lemon-Squash auf der gläsernen Tischplatte stehen und sah mich prüfend an mit seinen schweren, wasserhellen Augen, aus deren Winkeln mitunter der Schalk blitzen konnte. Offenbar ärgerte aber auch ihn das Alkoholverbot, denn seine Stimmung war gleich null.

»Mit mi can Sie dutsch reden; ik ben zwar Hollander, but ik lewe already seit dreizig Jahren in Dutschland.« Ich verkniff mir ein Lächeln über sein drolliges Sprachgemisch. »Wat, Student sind Sie? Ik hev mol en svenska Student had, den mut ik mornings und abends us de Koje schmeißen.« Und dann, wesentlich freundlicher: »Morjen früh jommen die Tiere, Klock feif holen we sie ab.«

Ich blickte den rotnackigen Dicken fragend an.

»Verzeihung, Herr van Meems, aber was für Tiere meinen Sie?«

Er schaute mir belustigt in die Augen, nahm mit einem gewissen Ekel einen Schluck Lemon-Squash und fuhr fort:

»...Olifante meen ik, acht grote Olifante! Ik hev de Olifante in Mysore jesteigert for onse Tierhandlung in Hannover. And met de Olifante kommen twee Leopards in twee Kisten. Die cats hev ik ooch jesteigert. Und Sie, Herr Kröger« – er nannte mich dann immer so – »sollen de Biester füttern and misten.«

Ich hatte bis dato noch nicht einmal einen Kanarienvogel als Haustier versorgt, geschweige denn einen Hund oder eine Katze. Aber Elefanten und Leoparden, das paßte mir sehr; es hätten ja ebensogut Krokodile oder Giftschlangen sein können. Ich traute mir auf Anhieb zu, mit diesen Viechern umzugehen, ja ich freute mich schon auf die neue Herausforderung. Einen solchen Abschied von Indien hätte ich nicht mal zu träumen gewagt!

So war meine Heimfahrt gesichert, und als Reisegefährten waren Elefanten und Leoparden genau das richtige. Van Meems sah meine Neugier, ja meine Freude, und offenbar spürte auch er, daß wir beide gut zusammenpaßten.

Der dicke Herr erhob sich, und zwei kniebestrumpfte Altherrenbeine streckten sich aus seinen langen Khaki-Shorts. Er geleitete mich durch die Halle zur Empfangstür, wo der Baldachin nur so troff und die Pferdedroschken und Taxis durch den Monsunregen spritzten. »Mit dem werde ich gut auskommen«, dachte ich, und ich sollte mich nicht täuschen.

»Klock feif bin ich bei Ihnen«, sagte ich zum Abschied. Gemeint war fünf Uhr früh.

Herr van Meems war ein erfahrener Tierhändler, der im ganzen Orient Wildfänge für eine norddeutsche Tierhandlung kaufte, die internationale Verbindungen pflegte. Noch vor der Jahrhundertwende war er in Niederländisch-Indien großgeworden und kannte den damals noch friedlichen und gemächlichen Osten von Suez bis Macao. In ihm gewann ich einen Freund, der mein Vater hätte sein können: eine Gestalt wie aus den Geschichten Joseph Conrads und Charles de Costers.

Er hinkte ein wenig und zog das rechte Bein etwas nach. Wie ich später erfuhr, hatte ihn mal ein Elefantenbulle an das Schanzkleid genagelt, wobei der Nagel aus acht Kilo Elfenbein bestand. Doch zum Glück war der Elefantenzahn am Stahlblech zersplittert und Willem van Meems mit dem Leben und einem hinkenden Bein davongekommen.

Früh um viere ließ ich mich vom Portier wecken. Eine Kutsche brachte mich in der Dunkelheit durch strömende Regengüsse ans Oberoi-Hotel. Dort nahmen wir beide ein Taxi und fuhren in den kleinen Park Azad Maidan beim Floral-Brunnen.

Zwei Mahouts – Elefantenführer – hatten die Tiere vor ein paar Stunden dorthin gebracht. Sie hatten sie im Dschungel bei Bangalore in Südindien gefangen und nach der staatlichen Versteigerung in Mysore mit dem Güterwagen nach Bombay begleitet. Ich selbst war mehr auf *mich* gespannt als auf die Elefanten, die ich immerhin vom Zirkus her kannte.

Fast noch mehr gespannt war ich freilich auf die zwei Leoparden, die als Wildfänge unseren Transport ergänzen sollten. In mir zankte sich die Vorfreude mit einer leisen Bangnis.

»Acht grote Olifante«

Da standen sie also: sieben graue Kolosse und ein putziger Winzling. Sie standen unter einem Bretterverschlag, der sie vor dem Monsunregen schützte, mit Ketten an den Füßen, die gelegentlich klirrten. Ihre Rüssel wühlten im Heu, schlangen sich um Zuckerrohrbündel, die dann krachend und triefend unter dem gewaltigen Rüsselansatz verschwanden. Ihre Stoßzähne waren etwa spannenlang. Bald sollten sie meine Freunde werden: sieben junge Elefantenfrauen aus Südindien, deren Herde sich eines Morgens im Dschungel eingekesselt gefunden hatte.

Ihre Augen blickten ruhig, sie schienen bereits an Menschen gewöhnt und satt und zufrieden zu sein.

Der jüngste und achte – wir tauften ihn »Rajah« – zählte knappe zehn Monate und war männlichen Geschlechts; er reichte mir kaum bis zur Brust, war aber fast ebenso dick wie hoch. Sein dünnes Rüsselchen, noch dicht behaart, suchte sogleich in all meinen Taschen nach Leckerbissen. Einmal erwischte er die Tabakspfeife und zerbiß sie sofort, bevor er sie wieder ausspuckte. Wir würden bald Freunde werden – das spürte ich gleich.

Der Frachter lief am Nachmittag in Bombay ein und machte am Kai vom »Prince's Dock« fest. Wegen der Gezeiten des Indischen Ozeans waren die Schleusentore nur alle sechs Stunden passierbar.

Die nagelneue »Bärenfels«, ein Schwergutfrachter von 10.700 Tonnen, gehörte der deutschen Dampfschiffahrtsgesellschaft

»Hansa« in Bremen und war erst im vorigen Jahr, 1951, auf der Weser-Werft in Bremerhaven vom Stapel gelaufen. Sie kam von Rangun, wo sie sechs Elektroloks ausgeladen hatte, die in Deutschland gebaut worden waren. Sie war über 171 Meter lang und 20 Meter breit.

Die Brücke erhob sich vorne über dem Vorschiff. Die Dieselmotoren im Achterschiff leisteten 3600 PS, und dort ragte auch der Schornstein über die weißen Aufbauten, in denen die Seeleute und Maschinisten in schmucken Zwei-Mann-Kabinen wohnten – mit Blick über die See. Über die ganze Länge des Mittelschiffs erstreckte sich das etwa sechzig Meter lange, freie Oberdeck, auf dem an Steuerbordseite meine acht Dickhäuter zu stehen kommen sollten.

Noch am gleichen Nachmittag zog ich auf die »Bärenfels« um und verstaute mein Gepäck in der kleinen Kabine. Ich war auf deutschem Boden – wenn er auch aus Eisen war. Der Kapitän begrüßte mich und stellte mich den Schiffsoffizieren, Seeleuten und Ingenieuren vor. Sie betrachteten mich wie ein seltenes Insekt, schon weil ich nebst Balalaika und Gitarre zwei Schößlinge von Bananenstauden dabei hatte, die ich meiner Heimatstadt als Mitbringsel widmen wollte. Sie gediehen dann wirklich als Kübelpflanzen im Foyer des Hallenbads von Pirmasens und trugen nach zwei Jahren sogar Früchte, die man essen konnte.

Dann begann das Beladen des Frachters mit Manganerz. Als erstes hatten die Matrosen dicke Netze aus Hanftrossen an der Bordwand heruntergelassen. Dorthinein kletterten nun etwa zwei Dutzend halbnackte Schauerleute mit Bronzehaut und verklammerten sich darin. Ihre Frauen, etwa doppelt so viele wie die Männer im Netz, trugen alsdann das Manganerz in Körben auf dem Kopf von den Güterwaggons über die Gleise bis ans Schiff, wohl an die hundert Meter weit. Dort nahmen ihnen dann die im Netz Hängenden die Körbe ab, reichten sie Hand über Hand nach oben und füllten so allmählich viertausend

Tonnen Manganerz in die Ladeluken. Die andere Hälfte der Männer schaufelte in den Waggons das Erz in die Körbe der Frauen.

Roter Manganstaub wirbelte beim Schaufeln aus den Waggons, legte sich auf den Schienenstrang und den Verladekai, auf die Kulis samt den Frauen mit den Körben und auf den Schwergutfrachter selbst. Dann rauschten die Fluten des Monsunregens nieder und wuschen ihn so weit ab, daß er als rotbrauner Schlammfilm alles überzog.

Bärtige Pathanen vom Nordwestgebirge unter riesigen Turbanen trieben die Kulis und ihre armen Weiber an. Ihre dicken Knotenstöcke sahen bedrohlich aus – aber ob sie sie auch benutzten? Zuzutrauen war es ihnen.

Nach Feierabend entlohnten sie die Tagelöhner mit Münzen. Auch verliehen sie Geld und erhoben dabei für eine Rupie (90 Pfennig) pro Tag den Wucherzins von einer Ana (etwa sechs Pfennig). Die »Outcasts« selber schienen, ihrem Aussehen nach, aus Südindien zu stammen – sie waren kleinwüchsig und sehr dunkelhäutig. Ihre Sprache hatte ich noch nie gehört.

Am nächsten Vormittag holten wir die Tiere vom Azad-Maidan-Park ab und brachten sie auf das Schiff. Herr van Meems hatte für die zwei Leoparden einen Lastwagen angemietet. Die beiden Kisten, die an der Schmalseite mit Eisenstäben vergittert waren, ließen sich noch zusätzlich mit einem Holzschieber verschließen. Außer dem Leopardenpaar luden wir etwa fünfzig Bündel Zuckerrohr und viele Heuballen auf. Dann fuhr der Lastwagen ab, und es galt, die acht Elefanten zu Fuß in den Hafen zu bringen, über eine Strecke von etwa drei Kilometern.

Ich baute aus Heuballen ein paar Stufen und bestieg damit den größten der Elefanten, setzte mich ihm ins Genick. Ich hatte keine Angst vor ihm, und offenbar beeindruckte das den Wildfang. Jedenfalls hielt er ganz still. Ob er wohl schon früher, etwa in Mysore, geritten worden war? Ich stieß ihm die nackten Füße hinter die Ohren, und wir setzten uns in Marsch. Bereits vorher hatte ich allen die Fußketten gelöst. Die beiden dunkelbraunen Mahouts aus Südindien begleiteten uns barfuß, rechts und links der kleinen Herde, und gaben gleichsam »Flankenschutz«, indem sie allzu aufdringliche Zuschauer fernhielten und die Tiere beruhigten. Die blieben auch als Herdentiere brav beisammen, und so stampften wir durch Bombays Innenstadt. Den kleinen Rajah führte ich an einem dicken Tau zu meiner Linken.

So nahm ich nun Abschied von Indien, dem Wunderland. Ab und zu setzte der Regen aus. Dann lief im Nu an beiden Straßenseiten das bunte Völkchen zusammen, aber nicht nur die »Unberührbaren«, die Lastenträger und Latrinenputzer, die Rattengifthausierer und Tagediebe, sondern auch Bessergestellte aus den höheren Kasten. Die Vier-Millionen-Stadt war ja von zahlreichen Gruppen bevölkert, die sich in der verwirrenden Vielfalt ihrer Gesichter widerspiegelten.

Da gafften halbnackte Hinduknaben mit Hakenkreuzamuletten am Handgelenk; da kicherten Novizinnen des Mount-Mary-Convents in ihren weißen Nonnentrachten unter Regenschirmen; da staunten mit Goldschmuck behängte Frauen der Jaina-Sekte, deren Geschmeide vom linken Nasenloch zum Ohr führte und von dort die Stirn umrankte, oder Hindufrauen mit dem roten Punkt, dem »tika« auf der Stirn. Da lachten Schülerlotsen im roten Barett ebenso wie fesch bemützte Verkehrspolizisten, deren Trillerpfeifen meinen Tier-Konvoi vor dem Kraftverkehr schützten. Aber alle erfreuten sich an der zielstrebig ausschreitenden Elefantenherde, und ich saß auf dem Leittier!

Man bedenke, daß der Anblick eines Elefanten in der Großstadt Bombay nichts Alltägliches war; und ein junger »Sahib«, der anstelle des gewohnten Mahouts im Nacken eines solchen Riesen saß und ihn reitend lenkte, mußte vollends wie ein Wunder wirken.

Mit den bloßen Füßen, die ich rechts und links hinter seine

Ohransätze gestemmt hielt, lenkte ich den Elefanten; anders wäre es auch kaum gegangen. Der Regen hatte meinen breitkrempigen Pflanzerhut längst durchgeweicht; auch durch das seidene Tropenhemd, aus den Achselhöhlen und von den Hüften herab rannen die lauwarmen Fluten bis auf die Schenkel und tropften von den blanken Fersen zu Boden.

Das waren vielleicht meine herrlichsten Stunden in Indien – ach was, auf der ganzen Reise! Ich hätte laut singen können vor Lebenslust – »singing in the rain«.

Mein Leittier schritt rüstig aus. Nur hie und da mußten wir eine kurze Rast einlegen, damit der kleine Rajah wieder etwas zu Atem kam. Nach einer knappen Stunde waren wir im Hafen.

Vor uns wuchtete sich der Rumpf des Schwergutfrachters empor. Noch kreischten die Dampf- und Elektrowinden, und die bronzefarbigen Kulis schafften noch immer ihre Körbe voll Manganerz in den dicken, sich langsam füllenden Schiffsbauch. Seit gestern nachmittag hatten sie schon den ersten Güterzug mit 54 Waggons geleert, seine tausend Tonnen Ladung nur mit Schaufeln, Händen und Körben in die Laderäume gestaut.

Da kam ich angetrabt mit meinen Elefanten. Doch wie brachte man sie nun an Bord? Zwar standen acht riesige Kisten aus Eisenholz dafür bereit, die der Kran später an Bord hieven sollte, aber aus unerfindlichen Gründen zog Herr van Meems es vor, die Tiere anders einzuschiffen. Er hatte ein riesiges, sehr festes Hanfgeflecht herstellen lassen, das nun wie eine weitmaschige, 6 x 6 m breite Matte auf dem Kai lag. Mit List und Tücke lotste ich den ersten meiner Schützlinge darauf. Als dann die Winsch an den vier Ecken die Matte emporzog, war mein Elefant darin geborgen wie ein Riesenspielzeug in einem Einkaufsnetz.

So hievte man sie alle acht an Bord, einen nach dem anderen, hoch durch die Lüfte. Alle hatten große Angst dabei. Ihr Trompeten klang nicht dünn und zaghaft wie bisher im Park, wenn Fremde auftauchten, sondern gellte laut und angsterfüllt über die Hafenbecken. Einer machte sich sogar vor Schreck »in die Hosen«. Auch die Kulis blickten mit furchtgeweiteten Augen hinauf, wo das gewaltige Tier jeweils minutenlang schwebte, bis es am Ende sanft auf dem Oberdeck abgesetzt wurde.

Dort nahmen die deutschen Matrosen es herzlich in Empfang. Sie hatten beim Emporhieven an der Reling gelehnt und das Manöver fachmännisch beurteilt. Es kamen auch Wochenschauleute geschwärmt, Reporter der Tageszeitungen sowie Radiomänner, die alles mögliche wissen wollten. Meist hatten sie überhaupt keine Ahnung, ihre Fragen waren ausgesprochen dümmlich.

Dann verflogen der Lärm und das Getümmel, nur noch meine acht grauen Dickhäuter standen ruhig und zufrieden mittschiffs an Deck auf der Steuerbordseite, kauten das Heu oder bettelten bei den Matrosen um eine Banane. Über ihren Köpfen hatten die Seeleute eine Persenning, eine Segeltuchplane als Regendach ausgespannt; später sollte sie auch Schatten spenden.

Jedes Tier bekam nun eine Kette um den rechten Vorderfuß, die locker in Richtung Decksmitte bis an das Luk lief, wo sie festgemacht war. Eine zweite Kette, um den linken Hinterfuß, führte rückwärts an die Bordwand und war dort befestigt. So standen alle Elefanten mit den mächtigen Hintervierteln nach außen und blickten über das Luk hinweg zu Rajah in seinem Ställchen gegenüber auf der Backbordseite. Alle paar Tage mußte ich sie umketten, um ihnen eine gewisse Abwechslung beim Bewegen zu gönnen. Rajah führte ich an einem dicken Halsband täglich übers Deck spazieren.

Da kam mit einem Mal der dicke Kapitän gerannt:

»Die Elefanten«, rief er »man soll es nicht glauben, aber ihretwegen haben wir Schlagseite! Wegen der paar Tonnen!«

»Na, ik steh ja ook noch da«, tönte die Antwort von Herrn van Meems, der ja kein Fliegengewicht über das Deck trug. Er stand zwischen den Tieren und führte eine seiner rätselhaften Unterhaltungen mit ihnen, wozu auch Kraulen und Halspatschen gehörten: »Jaja, mein Dicker, hoffentlich smekt's lekker ... Von dem Heu haben wir noch dreihundert bales for you loaden ...«

Der kleine Rajah wurde mit Reisknödeln, verdünnter Milch und Südfrüchten wie ein Wunderkind verwöhnt. Immer wieder wollte er an meinen Daumen saugen. Wo mochte seine Mutter geblieben sein? Ich erfuhr es leider nie.

Auch Willem van Meems hatte inzwischen seine Kabine bezogen. Nun zeigte er mir, wie reichlich ich die Portionen beim Füttern bemessen sollte:

»Dat Water mut lauwarm sein! Wenn de Steeldrums (Wassertonnen) in de Sun stehn, dann it's alright. Ik help Ihnen mit de bales of hey for de erste paar Tag.«

Endlich lagerte das gesamte Manganerz im Schiffsbauch, die »Bärenfels« war seeklar, und am dritten Nachmittag lief sie aus. Die Schleusentore des gewaltigen, an der ganzen Westküste einzigartigen Tiefwasserbeckens öffneten sich, die Diesel rummelten los, und Indiens größter und geschäftigster Hafen blieb allmählich hinter uns zurück.

Das »Tor von Indien« passierten wir an Steuerbordseite; kleiner wurde die Fassade des Taj-Mahal-Hotels, kleiner dahinter die Kuppel des Rathauses und der hohe Uhrenturm der Universität, der aus gelbem Sandstein war und mich sofort an Big Ben in London erinnert hatte.

Wir waren noch nicht weit auf See, als uns die hohe Dünung aufnahm und in langen Schwüngen zu wiegen begann. Der Monsun kam von Afrika her, aus Südwesten geweht, seine dunklen Regenschauer verhüllten die Sicht. Dann gewann das Schiff die hohe See, stampfte und schlingerte im Regensturm. Mitunter hob sich das Heck so hoch aus dem Wasser, daß die Schiffsschraube durchdrehte.

Mittschiffs rauschten die Wogen nur knapp unter dem Schanzkleid vorbei, zweimal schwappten sie an Oberdeck. Auch in dem dicht verzurrten Ladegeschirr des Schwergutbaums, der senkrecht hochgeklappt war, brauste der Sturm. Einmal mußten zwei Matrosen hinaufentern, weil sich die Plane losgerissen hatte. Es schwankte dort oben ganz übel, und einer der Lords mußte sich zusätzlich mit den Beinen festklammern, damit er nicht fortgeblasen wurde.

Ich hatte schon am ersten Abend eine Hängematte achtern auf dem Bootsdeck, gleich hinter dem Schornstein, aufgehängt und konnte so das Schlingern des Schiffes ausgleichen und den Nachtsturm ohne Seekrankheit genießen. Der Schornstein war in den Farben Bremens beringt, rot-weiß-rot, und trug als Reedereizeichen ein schwarzes Eisernes Kreuz auf beide Seiten gepönt. Gründerzeit!

»Na, is noch alles drin?« fragte mich Herr van Meems am nächsten Morgen – er meinte meinen Mageninhalt.

»Bis jetzt ja«, antwortete ich – ein halbes Wunder, denn die See machte sogar einem der Schiffsoffiziere zu schaffen. Ich aß aber zwei Tage lang gar nichts, und so blieb »alles drin«.

Und die Elefanten? Ha, die wiegten sich genüßlich im groben Seegang, fraßen wie die Drescher, schnaubten, schnalzten und schmatzten, und ich mistete jeden Morgen mit einer breiten Gabel ihre dicken »Industriebriketts« nach Leeseite außenbords. Nur für die Bananenpälmchen zweigte ich ein wenig davon ab: ich füllte es in eine Orangenkiste, und in diesem Mistbeet gediehen die beiden Schößlinge vorzüglich, zumal ich sie täglich begoß – und zwar reichlich.

Als die beiden Leoparden auf dem Achterschiff, weit von den Elefanten entfernt, nach sechs Tagen Seereise immer noch nichts gefressen hatten, wurde Herr van Meems unruhig: »Wenn die morjen nix freeten, wird's mir bannig«.

Sie fraßen dann doch noch ihr aufgetautes Gefrierfleisch, das ich am Abend zuvor herausgelegt hatte, und taten das von nun an regelmäßig. Nur an einem Tag in der Woche mußten sie fasten. »In de Wilderness is de Leopardskost ook niet so plenty«, erläuterte Herr van Meems.

Ich brauchte lange, bis ich mich an den infernalischen Gestank der beiden Raubtiere gewöhnt hatte. Ihr Platz auf dem Heck in den beiden Kisten war eigens so gewählt, daß der Fahrtwind den Gestank nach achtern wegblies. Denn die Elefanten wären bei der kleinsten Witterung von Fleischfressern unruhig geworden. Aber abgesehen von dem Gestank war ich von der wilden Schönheit des Pärchens gepackt und mußte sie stundenlang betrachten.

Das Männchen war unzähmbar. Wenn man seinem Eisengitter nahe kam, drohte es mit schnarchendem Fauchen und aufgerissenem Rachen, darin die Zähne blitzten, daß einem das Blut gerann.

Manchmal hieb der Leopard in seiner Wut die Pranken durch die Gitterstäbe, und man sah die mörderischen Krallen weit hervorgestreckt. Sein böses Fauchen verscheuchte anfangs den Bordhund, einen kläffenden, weißen Spitz, der ständig die Beine des Kapitäns umspielte und seine Häufchen aufs Oberdeck schiß. Die Matrosen haßten ihn deswegen.

Einmal hätte ihn mein Leopard ums Haar erwischt – als der Köter nämlich um die Beine des »Alten« scharwenzelte, nicht auf den ruhig daliegenden Leoparden achtete und den Gitterstäben ziemlich nahe kam.

Da fuhr das Raubtier blitzschnell mit der Tatze durch die Stäbe; es hatte die Krallen ganz ausgefahren und verpaßte den Spitz nur um Millimeter – sonst hätte es ihn zu sich hineingerissen, mit einem einzigen Biß getötet und aufgefressen, denn Hunde gehören zu den Leibspeisen der Leoparden. Der Spitz stand vor Schreck wie versteinert, dann wetzte er ab und ward auf dem Achterschiff nicht mehr gesehen.

Einmal – wir fuhren schon weit in der Arabischen See, näherten uns Bab el Mandeb, dem »Tor der Tränen«, aber noch immer wühlte der Monsun im Meer – kam ein Funkspruch von der Tierhandlung aus Deutschland: »bitte an futter etwas sparen ende«. Und was antwortete der dicke van Meems? »Ik fret ooch gern«, ließ er zurückfunken, und zwar auf der Kurzwelle über Radio Norddeich.

Die Leopardin benahm sich weit friedlicher als ihr Mitgefangener. Sie drehte ihre Runden in der Kiste und strich dabei mit ihrer rechten Flanke regelmäßig an den Eisenstäben entlang. Ich hatte mich vor dem Gitter in die Hocke begeben und studierte sie dabei.

Jeden Tag rückte ich ihr eine Spanne näher, bis ich sie mit den Fingerspitzen berühren konnte, wenn sie sich an dem Eisengitter entlangdrückte. Am Ende tat ich es wirklich, war aber bereit, die Hand sofort zurückzuziehen, wenn sie bösartig reagieren sollte, und gleichzeitig zurückzuspringen.

Das ging so ein paar Tage lang. Immer wieder schob ich meine rechte Hand senkrecht zwischen den Stäben hindurch und streichelte die Großkatze, wenn sie vorbeistrich. Und auf einmal blieb sie dabei stehen; offenbar hatte sie gemerkt, daß die Berührung nicht von den Eisenstäben herrührte. Ich saß in der Hocke dicht vor ihr, die Leopardin stand regungslos hinter dem Gitter, und ich streichelte ihre rechte Seite. Da schnurrte sie wie eine Hauskatze, drückte kurz zurück und zog dann langsam weiter, wobei sie mir auch noch den Schwanz zum Streicheln überließ.

War sie jetzt zahm? Jedenfalls schien sie mein Streicheln zu mögen. Als sie von neuem nach vorne kam, hatte ich die Hand zurückgezogen und schob sie erst zwischen die Stäbe, als ihr Kopf vorbei war. Das ging so tagelang, und wir kamen einander näher.

Dann blieb sie eines Tages wieder stehen, aber ich kraulte weiterhin an ihrer Seite und merkte, daß es ihr wohltat. Sie schob sich ein wenig zurück, so daß ich ihre Kehle erreichen konnte, und ich spürte, daß sie mir gut war.

Da senkte sie ihre weiche Schnauze mit den langen Schnurrhaaren auf meine Hand herunter und leckte sie! Leckte sie mit ihrer rauhen Zunge, die einem Reibeisen glich und sich genau so anfühlte wie eine Katzenzunge daheim, so rauh und so wohltuend.

Nun waren wir uns einig. Ich kraulte sie jeden Tag mehrere Male, und sie leckte mir dafür die Hand und sogar den Unterarm. Schließlich legte ich ihr auch noch den linken Arm um den Hals – spürte ihre Wärme unter dem mit Rosetten gefleckten Fell und fühlte ihren Atem auf meiner Haut, wenn sie mir den Handrücken leckte. Dabei wagte keiner der Seeleute, den beiden Großkatzen nahe zu kommen. Auch der Kapitän in seiner weißen Uniform hielt Abstand, und sogar Willem van Meems blieb den Wildfängen fern.

Während das Männchen sich weiterhin bösartig gab, ließ das Weibchen sich also bereits nach vierzehn Tagen von mir streicheln und umhalsen. Ich weiß nicht, warum mir das so gelang. Nach Jahren erzählte ich die Story einem Dompteur. Der bestätigte mir, daß männliche Leoparden nicht zu zähmen wären, Weibchen aber sehr wohl.

DER PANTHER

Im Jardin des Plantes, Paris

Sein Blick ist vom Vorübergehn der Stäbe
so müd geworden, daß er nichts mehr hält.
Ihm ist, als ob es tausend Stäbe gäbe
und hinter tausend Stäben keine Welt.

Der weiche Gang geschmeidig starker Schritte,
der sich im allerkleinsten Kreise dreht,
ist wie ein Tanz von Kraft um eine Mitte,
in der betäubt ein großer Wille steht.

Nur manchmal schiebt der Vorhang der Pupille
sich lautlos auf –. Dann geht ein Bild hinein,
geht durch der Glieder angespannte Stille –
und hört im Herzen auf zu sein.
Rainer Maria Rilke

Schon am zweiten Reisetag auf See flaute der Regen ab, während der Sturm anhielt. Schiffe, die uns entgegenkamen, verschwanden hinter den sich auftürmenden Wogen, zeigten mitunter sogar die flache Unterseite ihres Rumpfes, wenn ihr Bug, von einer See hinaufgestemmt, schräg in die Luft ragte. Dann klatschten sie ins Wellental hinunter, daß ihr Vorschiff gänzlich zu versinken schien, sich aber gleich wieder aufrichtete.

So mußte sich auch unser Frachter durch die tobenden Seen kämpfen.

Fliegende Fische platschten auf das Eisendeck, nachdem sie gegen die Aufbauten gesegelt waren – ihre breiten Flossen ermöglichten ihnen das Gleiten über die Wogen.

Sturmvögel und Seeschwalben warfen sich in den Böen herum, glitten bis zur Mastspitze empor und drifteten nach Lee hinüber. Der Monsun brauste in der Takelage, und das Arabische Meer donnerte, daß man sich an Deck nur schreiend verständigen konnte.

Tag und Nacht weilte ich bei meinen Elefanten. Meine Hängematte baumelte am festgezurrten Ladebaum über dem sauber verschalkten und mit Segeltuch beschlagenen Luk drei. Wenn ich abends das Licht abdrehte, schliefen sie meist schon, auf der Seite liegend, mit eingerollten Rüsseln. Aber nicht alle. Einer stand immerzu Wache, eine Stunde, vielleicht auch zwei oder drei. Dann löste ihn ein anderer ab. So ging's die ganze Nacht hindurch, immer stand einer als dunkler Wächter für seine schlafenden Schwestern und den kleinen Bruder.

Fern in der Nacht zogen langsame Lichter vorüber, Schiffe auf Gegenkurs. Der Seewind jaulte und heulte in den Wanten und Masten, an der Bordwand schäumten die dunklen Wogen vorbei, leckten fast bis an die Speigatts herauf und verliefen achteraus im Dunkel.

Stetig kroch der brave Frachter nach Südwesten. Der Monsun begleitete ihn bis vor die Piratenküste, wo der Seegang endlich abnahm und zuguterletzt einschlief. Jetzt lösten Kreuzseen den schweren Wellengang ab. An Backbordseite kam die Insel Sokotra über die Kimm heraus, und van Meems erzählte mir von den brutalen Einwohnern:

»Dat is de Ziejeninsel. Last year ist dort een russisches Schiff jestrandet. Van de sailors is nöch eener am Lewe jebliewe. De Kanaken han se all dood jeschlag und utjeraubt. Dat Horn van Afrika jehört not at all to de liebenswerte Lanstriche van onse Planet.«

Bei den Elefanten war das Aufstehen morgens, wie bei vielen jungen Menschen auch, fast immer eine Qual. Noch um acht Uhr lagen sie schläfrig am Boden und blickten mich an, als wollten sie sagen: Was, schon raus?

Aber dann servierte ich das Frühstück, bestehend aus Kleie, Karotten, Süßkartoffeln und einigen Fässern abgestandenen lauwarmen Wassers. Als Nachtisch reichte ich einige Stangen Zuckerrohr und reichlich Heu.

Die jungen Weibchen hatten es gern, wenn ich sie mit einem Bambusstab am Bug kratzte. Dabei setzte sich plötzlich eines von ihnen vor Wohlbehagen hin und machte wahrhaftig ein »Männchen«: mit hocherhobenem Rüssel und angezogenen Vorderbeinen!

Auf der Stelle belohnte ich es mit einer Orange. Als das seine Nachbarin sah, machte sie sofort das gleiche und wurde ebenso dafür belohnt. Auf diese Weise lernten sowohl die Elefanten als auch ich den ersten Dressurakt. Nur eine von ihnen machte nicht mit – warum, blieb mir unklar. Bis zum Schluß der Reise lernte sie nichts hinzu.

Dafür legte ein anderer Dickhäuter spontan einen gewagten »Exzentrikerakt« hin: Obgleich die »Bärenfels« in der schweren Dünung rollte, brachte es der Kerl zuwege, auf nur jeweils einem Vorder- und Hinterbein zu stehen, den Rüssel weit vorgestreckt. Dabei waren seine Augen bereits bettelnd auf mich gerichtet. Bananen, Orangen oder Karotten gab es dann jedesmal als Lohn, vielleicht auch eine Handvoll Süßkartoffeln.

Niemals mußten sie bestraft werden. Sie wußten genau, daß man die Fußfesseln keinesfalls abreißen durfte. Aber manchmal spielte einer so lange mit dem Rüssel daran herum und hieb sie so kräftig aufs Stahldeck, daß der Krach bis in den Maschinenraum zu hören war: dann löste sich mitunter die Schraube in dem Schäkel, der die Kette am Vorderbein verschloß, und das Tier war nur noch an einem Hinterbein gefesselt. Dann sah ich ihm sein schlechtes Gewissen schon von weitem an: Mit geschlossenen Augen stand es da und wartete auf die fällige »Standpauke«.

Niemals aber wurden sie geschlagen oder gezüchtigt. Willem van Meems verabscheute Picke und Haken.

Übrigens hatte ich an Bord keine Gelegenheit, auch nur eine Minute mit den »Lords« zu singen.

Sie bewunderten zwar Balalaika und Gitarre, waren jedoch nicht zum Singen aufgelegt. Sonst aber unterhielt ich mich gern mit ihnen. Einige hatten jahrelang zwischen Island und Grönland auf Fischdampfern »gefahren«, waren belesen und weltoffen. Die Offiziere hielt ich eher für Schnösel, sie gaben sich mir gegenüber unsicher und hielten mich vielleicht für einen Hallodri oder Tunichtgut. Nur mit Herrn van Meems lief alles wie geschmiert.

An der Südspitze Arabiens liefen wir den Hafen Aden an – er lag unter einem trostlos heißen Himmel. Dort bunkerte die »Bärenfels« Frischwasser. Nachdem die schwere See des Monsuns eine ganze Woche lang den Schwergutfrachter wie einen Korken hin- und hergeworfen hatte, war an Oberdeck eine Doppelreihe von Nieten aus den Stahlplatten gesprungen. Diesen Schaden behoben nun drei Schiffsbauer aus der Werft des Hafens. Ihr Niethämmern dröhnte den ganzen Tag betäubend über die Reede von Aden.

Einige Meilen nach dem Auslaufen warfen wir dann die Küchenabfälle über Bord, die sich während der Liegezeit angesammelt hatten. Wir kippten sie ins aufgewirbelte Heckwasser, und sofort begann ein Rudel Haie sich um das Fressen zu balgen. Mit weitaufgerissenen Mäulern verschlangen sie ratzeputz alles, einschließlich eimergroßer Konservendosen und des schadhaften Kleppermantels unseres »Ersten«: Mit einem Haps verschwand er im Rachen des Haifischs. Ich hatte mich über die achtere Reeling gelehnt und schaute dem großen Fressen zu, dieser Seeschlacht am Nassen Buffet – dagegen waren meine Leoparden sanfte Schmusekätzchen.

Als es im Roten Meer heiß wurde, als kein Wind mehr wehte und die steinigen »Inseln der Sieben Brüder« in der bleigrauen, glatten See vorüberdösten, spritzten sich die Älteren meiner Elefanten regelmäßig ab. Sie standen dabei im Schatten. Mit großer Treffsicherheit und offenkundiger Freude bliesen sie sich das laue Süßwasser, das ich ihnen in Kübeln hingestellt hatte, aus dem vollgesogenen Rüssel genau an die angepeilten Körperstellen: zuerst auf den Rücken, dann gegen die Flanken und zum Schluß auf den runden, vollgeschlagenen Bauch.

Nur der kleine Rajah, der seine großen Schwestern anstaunte, als sie dieses Kunststück hinlegten, brachte es nicht zuwege.

Mit seinem kurzen Gießkannenrüsselchen spritzte er so ziellos in der Gegend herum, daß einige der Schiffsoffiziere ihre hellen Tropenuniformen wechseln mußten.

Da nahm ich einen Schrubber, schloß den Wasserschlauch an, und Rajah wurde von allen Seiten abgeschrubbt, was ihm sichtlich wohltat. Nach einer halben Stunde stand er da, glatt und stramm wie eine Pellkartoffel, und seine dunkelgraue, dichtbehaarte Dickhaut glänzte feucht in der warmen Sonne.

Seit wir Bombay verlassen hatten, schlief ich bei meinen Elefanten in einer Hängematte. So konnte ich des nachts die erfrischende Meeresluft atmen, auch wenn der Sturm während der ersten Woche noch wie ein D-Zug brauste. Jetzt aber, im Roten Meer, lag die Luft ganz ruhig unter dem Himmel, so heiß war es.

Nur die Dieselmotoren im Schiffsbauch rummelten rhythmisch, und das bißchen Fahrtwind von den zwölf Knoten Geschwindigkeit brachte leichte Kühlung. An Oberdeck maßen wir tagelang 40 Grad im Schatten, obgleich wir den Wendekreis des Krebses, auf 23,5 Grad Nord, knapp hinter Jiddah – etwa auf halber Strecke durchs Rote Meer – passiert hatten und die Tropen nun hinter uns lagen.

Die Köche in der Kombüse mußten bei 56 Grad C den Zwiebelrostbraten zubereiten, und die Maschinisten im Schiffsbauch arbeiteten bei 50 Grad Hitze und empfanden selbst den Backofenwind aus der Wüste als Kühlung.

Willem van Meems bestellte dann beim Steward einen »Eimer«. Das war in Wirklichkeit ein Kasten mit einem Dutzend »Stubbychen«, auf Eiswürfeln gekühlt: köstliches, süffiges Gerstengebräu aus Bremen, mit dem schrägen Schlüssel auf dem Etikett. Die Flaschen waren außen angelaufen wegen der Tageshitze, und wir schlürften gemächlich das kühle Bier. Nach anderthalb Stunden hatten van Meems und ich den »Eimer« geleert, die Elefanten gefüttert, getränkt und gemistet – und konnten nun getrost den zweiten »Eimer« vom Steward servieren lassen.

Kein Wunder, daß dann später, hinter der Straße von Gibraltar, das Bier alle war: die 44 Mann Besatzung hatten in den drei Monaten Reisedauer volle dreißigtausend Flaschen geleert! Von da an gab es nur noch Wein beim Steward.

»Herr Kröger, luken Sie mal over there«, rief Herr van Meems, als wir in den Golf von Suez hineinfuhren. »Da drüben, dat Jebirje, dat is de Halfinsel Sinai. And wenn Sie jenau kucken, dann you see den Berg Horeb, wo Moses de Zehn Jebote ofjeschriebe had. From here sind dat only ten miles.«

Kahle Felsenberge ragen im Osten auf, vor uns liegt Suez. »Maschine stop!« Die Ankerkette läuft laut rasselnd durch die Klüsen, und der Anker sinkt ins Meer. Wir warten.

Mittagsglut, vierzig Grad an Deck, selbst die Elefanten unter der Plane scheinen in der Hitze zu dösen.

Wir lassen einen Konvoi passieren, der von Norden her aus dem Kanal kommt: zwei Truppentransporter unter der Trikolore Frankreichs – sie bringen ein Infanterie-Regiment der Fremdenlegion von Sidi-Bel-Abès in Algerien nach Französisch-Indochina. Dort hat die Nationale Befreiungsfront unter Ho-Chi-Minh den französischen Kolonialherren angedroht, sie hinauszuwerfen. Dann, nach einigen Stunden Wartezeit, hievt die »Bärenfels« wieder die Anker, wirft die Maschinen an und geht von neuem auf Reise, Richtung Heimat.

Der schnurgerade Kanal nahm uns auf; vor uns ein anderer Frachter, achteraus ebenso. Der Kanallotse, ein Ägypto-Grieche, war zusammen mit einem Arzt und einem Zöllner an Bord gekommen. Nach etwa sechzig Kilometern mußten wir dann im Großen Bittersee nochmals vor Anker gehen und den Gegenverkehr passieren lassen.

Mit uns ankerten die restlichen neunzehn Schiffe, die auf Kurs Europa waren. Dann ging's weiter, 161 Kilometer mitten durch die Wüste, auf dem längsten Kanal der Erde, und ohne Schleusen.

Vor uns andere Schiffe, darunter mittelgroße Öltanker aus dem Persischen Golf sowie ein Fahrgastschiff voll Mekkapilgern, das zurück nach Tunis ging.

Für unsere »Bärenfels« zahlte die »Hansa«-Reederei nicht weniger als dreitausend englische Pfund Kanalgebühr, das Pfund zu einem Wechselkurs von 12 D-Mark! Die Suez-Kanal-Gesellschaft in London wußte eben, wie man leicht und mengenweise Geld verdient. Täglich fuhren ja wohl hundert Schiffe durch den Kanal. Sie fuhren aber trotz der horrenden Gebühren noch weit billiger, als wenn sie die endlos lange Reise um das Kap der Guten Hoffnung hätten machen müssen – das wußte man in London ganz genau. Und auch die Ägypter wußten das, als sie später, 1956, den Kanal im Handstreich verstaatlichten und so die Suez-Krise heraufbeschworen.

Als wir uns nach kurzer Fahrt durch die Bitterseen wieder in den engen Kanal einfädelten, bemerkte ich auf dem etwa 25 Meter breiten Streifen zwischen den Uferböschungen und den Sandhügeln dahinter, die beim Ausbaggern entstanden waren, eine Reihe von Wellblechbaracken. Darin wohnten, wie man mir erklärte, die »Kanalarbeiter«, also jene Ägypter, die die wichtigste künstliche Schiffahrtsstraße der Welt in Ordnung hielten. Dort wuchs kein Baum, kein Strauch, nicht mal ein Grashalm; es gab nur Sand und eine gnadenlose Sonne.

Im breiten Kanalbett war neben den vielen Frachtern noch Platz für arabische Dhaus. Einige dieser mit einem Lateinersegel getakelten Holzschiffe kamen uns in Kiellinie entgegen und glitten ruhig an Backbordseite vorüber, auf Kurs ins Rote Meer. Ob Sindbad auf einer von ihnen an Bord war?

Abends erreichten wir Port Said und hielten ein drittes Mal an, gingen auf Reede vor Anker und verbrachten hier die Nacht. Die Offiziellen gingen von Bord: also die ägyptischen Beamten, die ab Suez mitgefahren waren und beim Essen herzhaft zugegriffen und ihre Kehlen nicht wenig gespült hatten.

Vom Alten Ägypten, seinen Pyramiden und Pharaonen sah ich nichts – und hätte auch nichts ahnen können von den Paschas und Sultanen, die hier Kriege geführt und das Land ausgeplündert, Paläste gebaut und Triumphbögen errichtet hatten. Daß König Faruk, der Fettwanst, in Kairo residierte, wußte ich zwar. Nicht aber, daß er noch im selben Jahr von seinem Thron gestoßen werden sollte.

Als wir auf der Reede lagen, kam ein ganzer Schwarm von ambulanten Händlern mit ihren Schaluppen und Pinassen längsseits und bot uns allerlei Souvenirs an.

Sie wußten genau, daß für uns Heimfahrer hier der Orient aufhörte, und erwarteten deshalb gute Geschäfte. Preiswerte Taschen und Sitzkissen aus Ziegenleder boten sie an, Messingkleopatras, Mokkatassen in allen Farben, kurz: den Tand und Schund der finstersten Basare.

»Sahib, bei mir kriegen Sie die besten Socken aus ägyptischer Baumwolle. Unsere zarte Unterwäsche sitzt wie angegossen und schmeichelt der Haut. Hier, fühlen Sie mal …« Einige dieser maritimen Hausierer sprachen sogar deutsch.

So sagte hier der Orient »Leb wohl« – hier verabschiedete er sich mit seiner Aufschneiderei und seinem Feilschen, seinem liebenswerten Hang zum Übertreiben, seinem Glanz und seiner Schäbigkeit, mit seinen allgegenwärtigen Peinlichkeiten und Unzulänglichkeiten, seiner geheimen Trauer und der ewigglimmenden Hoffnung auf Besserung, seinem verzagten Lächeln und seiner Suche nach Anerkennung unter verhohlenem Gram.

Mit dem Tagesgrauen lichteten wir die Anker, und das Mittelmeer nahm uns auf, zwar immer noch heiß, aber schon halb europäisch.

Bei Pantelleria, einer italienischen Insel nahe Malta, kamen drei Pottwale prustend an die Oberfläche. »Blaas! Blaas!« Und vor Algier fragte ein Matrose den Schiffsjungen:

»Moses, wie alt bist du eigentlich?«

»Sechzehn bin ich.«

»Was, schon sechzehn Jahre hast du auf dem Buckel? Dann kannst du ja in Begleitung Erwachsener schon in den Puff gehen! Der ist da oben, gleich neben der Kasbah.«

Aber die »Bärenfels« legte nicht an.

Als wir uns im Morgengrauen der Straße von Gibraltar näherten, sperrte eine weiße Nebelbank die Meerenge. Da hinein fuhren wir, und sofort heulte unsere Schiffssirene los. Ihr Ton war so tief, daß ich meinte, die Schwingungen einzeln auf dem Trommelfell zu spüren, zugleich jedoch von einer Lautstärke, die das ganze Schiff zum Vibrieren brachte. Alle zwanzig Sekunden ertönte sie nun für die nächsten zwei Stunden, während wir mit kleiner Fahrt dahintuckerten. Da, ein Krachen an Steuerbordseite! Ich wetze zur Reling, neige mich hinüber – und sehe noch eben, wie unten eine Barkasse längs schert, direkt am Schiffsrumpf entlang, und achteraus im Nebel verschwindet.

»Dat macht nix«, brummelte Willem van Meems, der hinter mir stand. »De Smugglers van Tanger profitieren gerne van de fog. This one may vielleicht half a million Zigarettes nach Spanien smuggel wollen. Want de Spaniarden sind sharp op de Tobak.«

Dann riß die Nebelbank mit einem Schlage auf, und rechts, keine zwei Meilen entfernt, ragte aus der blauen Scheibe des Meeres der sonnenbeschienene Felsen von Gibraltar. Sein helles Gestein schimmerte im schrägen Frühlicht, was ihn besonders plastisch hervortreten ließ. Unterhalb davon, entlang der Küstenlinie, zog sich der Strand hin, und an der Mole des Kriegshafens lagen vier graue Zerstörer der Royal Navy. Vor uns aber weitete sich der Atlantik bis zur Kimm; eine hellgraue Wolkenschicht überzog den Westhimmel in großer Höhe, und das Meer leuchtete grün. Wie wohl tat mir die Farbe!

Nun ging die »Bärenfels« auf Nordkurs, hinein in den Sommertag. Lissabon blieb weitab liegen, aber wir erkannten das Land. Dann blinkten die Strahlen des Leuchtturms vom Kap Finisterre in den Abend, und nachts überquerten wir die Biskaya. Am nächsten Morgen sahen wir rechts die Klippenküste der Bretagne, und wenig später fuhren wir schon in den Ärmelkanal hinein, der von Schiffen nur so wimmelte. In beiden Fahrwassern zog jeweils eine Reihe von ihnen ihre Bahn, eine nach Osten, die andere nach Westen. »Jetzt bist du bald daheim«, dachte ich, sog gierig die aromatische Sommerluft in die Nase und entdeckte kurz darauf zur Linken die Kreideklippen von Dover.

Die Nordsee hatte uns aufgenommen. Flandern grünte an Steuerbordseite mit seinen Kuhweiden, Hoek van Holland war jetzt auch schon erreicht, und am späten Nachmittag machten wir in Rotterdam fest. Die Schiffsdiesel verstummten, und die Ehefrauen der seemännischen und technischen Offiziere kamen an Bord. Sie fuhren nun bis Bremerhaven mit nach Hause. Als erste durfte die Gattin des dicken Kapitäns die Planken der »Bärenfels« betreten.

Alle meine Tiere waren wohlauf; sechs Elefanten hatte ich ein wenig abrichten können und die Leopardin für mich gezähmt.

Vier Wochen hatten wir von Bombay nach Rotterdam gebraucht, und der Juli-Nachmittag ging allmählich in den Sommerabend über. Im Hafen war mächtig Betrieb. Nun kamen auch die acht riesigen Eisenholz-Kisten zu Ehren, die wir seit Bombay an Bord stehen hatten: In jede von ihnen bugsierten wir einen der Elefanten und entluden sie einzeln, mit Hilfe des Ladebaums und der Dampfwinde. Zwei Viehwaggons der Deutschen Bundesbahn warteten schon am Kai.

Die beiden ältesten Tiere kamen zu Herrn van Meems in den einen Waggon, die sechs jüngeren Dickhäuter betreute ich in dem anderen. War das ein Gepolter und Gestoße, ein Geschubse um das Fressen, schlimmer denn je! Erst in der Dunkelheit kamen sie zur Ruhe. Willem van Meems und ein Angestellter der Tierhandlung aus Hannover schafften es derweil, die beiden Leoparden und die zwei großen Elefanten gemeinsam im gleichen Waggon zu betreuen, ohne daß dort eine Panik ausbrach. Sie fütterten und tränkten sie und schliefen auch dort.

Ich lag zwischen den meinigen im lockeren Heu. Der kleine Rajah fuhr mir mit der warmhauchenden Rüsselnase über das Gesicht, dann legte er sich neben mir nieder und schlang seinen Rüssel um meinen Arm wie ein kleiner Bruder. Die Tiere waren genau so müde wie ich von der wochenlangen Seereise, von Stürmen und heißen Flauten, vom Meer, das so unschuldig azurblau daliegen konnte, aber so nebenbei, mit einer einzigen hohen Welle, das Oberdeck eines Zehntausendtonners aufzusprengen vermochte, daß die Nieten aus den Löchern platzten.

Klammheimlich hatten wir beide, Herr van Meems und ich, einen halben Zentner Rohkaffee zwischen den beiden Kisten der Leoparden versteckt – die Idee hatte der dicke Holländer gehabt. So wagte kein Zöllner, nach dem Inhalt zu fragen, denn der Leopard, das Männchen, fauchte und hieb mit der Tatze nach jedem, der sich nähern wollte – eigens deshalb hatten wir den Holzschieber vor den Eisenstäben offen gelassen.

»Auweia, sind die aber scharf!« meinte der Beamte bei seinem Kontrollblick in den Waggon, als wir die deutsche Grenzstation hinter Utrecht passierten. »Wie kommen Sie denn mit denen klar?«

»Ich halte eben den richtigen Abstand«, gab ich zur Antwort, denn ich war bei der Zollkontrolle im anderen Wagen dabei.

Die letzte Nacht mit den Tieren verlief ohne Zwischenfall. In Hannover luden wir sie alle auf geräumige Lastwagen um und brachten sie zum Zoo, wo ein neues Gehege auf sie wartete. Ich legte jedem von ihnen wieder die Fußfesseln an, jeweils eine an den rechten Vorderfuß, die andere an den linken Hinterfuß. So waren sie in ihrem Bewegungsraum begrenzt und standen in einer Reihe nebeneinander vor dem Publikum.

»Bitte fernbleiben, nicht füttern – frisch importierte Wildfänge«, mahnte ein Schild und flößte den Besuchern ein leichtes Gruseln ein. Herr van Meems verhandelte derweilen schon im Zoo mit zwei Sowjetmenschen, die einen Sibirischen Königstiger angeliefert hatten, ein majestätisches Geschöpf.

Ich hatte mich in einem nahen Hotel einquartiert, die Kleider gewechselt und war äußerlich wieder ein Mitteleuropäer geworden. Die Nietenhosen und das kurzärmelige Seidenhemd, das ich in den Tropen und auf dem Frachter zu tragen pflegte, hatten kilometerweit nach Elefantenmist gerochen und vor Dreck gestarrt. Dreimal hatte ich die Badewanne im Hotel wieder füllen müssen, bis ich einigermaßen zivilisiert heraussteigen konnte. Nach einem Haarschnitt und einer ausgiebigen Naßrasur war ich dann vollends wieder »europafähig«.

Herr van Meems schien mich kaum wiederzuerkennen, als ich mich »landfein« von ihm verabschiedete. Er entlohnte mich königlich. Die Leoparden hatte er bereits in ihr Raubtiergehege bringen lassen. Der Transport in den geschlossenen Kisten vom Bahnhof zum Zoo hatte sie aufgeregt.

»Herr Kröger, dat is for de ›taming of a shrew‹ (für ›Der Widerspenstigen Zähmung‹)« – er meinte vermutlich die Leopardin. So hatte ich nun meine Taschen voll Geld, denn die Kosten für die Schiffsreise hatte ich ja gespart. Dazu kam mein Honorar als Elefantenboy. Und was passierte mit dem Rohkaffee? Herr van Meems hatte meinen Anteil bereits abgepackt auf seinem Schreibtisch stehen und schob ihn mir wortlos zu, wobei der Schalk in seinen Augenwinkeln blitzte. Ich verstand sein Schweigen. Der Kaffee wurde dann zu Hause immer hübsch dosiert, auf dem heimischen Küchenherd geröstet – er reichte für ein ganzes Jahr.

Nun also galt es, von meinen Elefanten Abschied zu nehmen.

Ich ging von der Zoodirektion zum Gehege und stellte mich unter die Zuschauer.

Staunende Bewunderung für die acht jungen Dickhäuter dort hinter den Gittern.

»Papa, waren die vorigen Monat noch im Urwald?«

»Ja, die sind noch ganz wild.«

»Sind das die neuen Elefanten, von denen gestern was in der Zeitung stand?«

»Ja, das müssen sie sein.«

Da standen sie auch wirklich, meine sieben grauen Riesen und der Winzling, wiegten sich nach Elefantenart hin und her und schubsten einander an. Sie waren guter Dinge, denn Herr van Meems hatte sofort frisches Wiesenheu vorlegen lassen, um ihnen die ersten Stunden im fremden Gehege leichter zu machen. Sie trugen noch immer die Fußfesseln.

Auf der Rückseite des Elefantengeheges kannte ich die kleine Pforte, durch die ich am Morgen hinausgegangen war, um mich »landfein« zu machen.

Nun ließ ich sie mir von einem Zoowärter aufschließen, der mir bei der Ankunft geholfen hatte, die Tiere ins Gehege zu bringen, und spazierte seelenruhig zu den Dickhäutern hinein. Die Zoobesucher sperrten vor Staunen die Münder auf, denn ich war ja im noblen Zivil und sah nicht wie ein Tierpfleger aus.

»Mann, was wollen Sie denn bei den Elefanten? Bleiben Sie besser weg, die sind nicht ohne!«

Trotzdem – ich mußte ein letztes Mal zu ihnen, mußte Abschied nehmen von meinen Freunden. Draußen, vor dem Gitter, steht eine Menschenmenge und glaubt, einen Lebensmüden vor sich zu haben. Sie ist stumm vor Staunen. Da erkennen mich meine acht Dickhäuter, meine lieben Freunde aus Indien. Und acht Rüssel richten sich empor – und trompeten, trompeten vor Freude, mich wiederzusehen! Jedem drücke ich den Rüssel. Und jeder schaut mich an, aus seinen sanften, weisen

Augen, jeder Elefant … Dann ging ich wieder auf die Pforte zu, trat hindurch und schloß sie fest.

HEIMKEHR

Es liegt etwas auf den Straßen
im Land umher,
in Welschland und in Britannien
und auch am Meer,
am Rhein, und wo die Scholle
der Newa splittert wie Glas,
es liegt etwas auf den Straßen,
ich weiß nicht, was.

Ich hab' auf den Straßen verlaufen
sieben Paar Schuh,
mein Stecken blieb immer derselbe,
mein Herz dazu.
Ich wanderte sieben Jahre
durch Regen und Sonnenlicht,
die Straßen wußten mein Glück
und sagten es nicht.

Es pfeift eine Drossel in Thule
im Holderstrauch,
und hab' ich Land Elend gefunden,
so find' ich Thule auch.
Die Drossel weiß meiner Sehnsucht
süßesten Reim,
und alle Straßen im Lande
singen: »Kehr heim!«
Börries Freiherr von Münchhausen

Zu guter Letzt – Tamam schud

»Tamam schud – Es ist zu Ende gebracht« (Omar Kayyam), und meine Dankbarkeit ist groß. Vor allem denen gegenüber, die das Entstehen meines bisher umfangreichsten Buches ermutigend gefördert und kritisch gewürdigt haben.

Ich danke zunächst Ludwig Harig, der das Skript beim Gollenstein Verlag empfohlen hat. Ebenso danke ich Alfred Diwersy. Er hat das Buch so herausgebracht, wie ich es mir vorgestellt habe.

Ferner bin ich Renate Fischer für ihre Arbeit als Sekretärin dankbar. Auch gebührt Salome Panitz und Susi Kröher Dank, die mir geholfen haben, die Entwürfe voranzubringen.

Besonderer Dank aber gilt meinem alten Freund Lothar Sauer, der in unermüdlicher Begeisterung das Werk begleitet hat mit kompetenten Vorschlägen, Meisterschaft und Ausdauer während der langen Zeit seines Entstehens.

Schließlich möchte ich Martin Heinz danken für sein scharfsichtiges Lesen der Endfassung. Und meiner Frau Gretel, die, wie immer, mit ihrem Herzen, ihrer Persönlichkeit und ihrem Sachverstand als ruhender Pol gewirkt hat.

»Tamam schud – Es ist zu Ende gebracht«; die Reportage über die große Fahrt ins Morgenland ist geschrieben, und sie tritt als Buch – gesetzt, gedruckt, gebunden – die Reise zu den Lesern an.

Gute Fahrt!

Pirmasens, an Maria Lichtmeß 1997
Oss Kröher

Abdruckrechte

Die Abdrucke erfolgen mit freundlicher Genehmigung von: